普通高等教育"十一五"国家级规划教材

U0661046

江苏省人民政府高等教育教学成果特等奖

江 苏 省 高 等 教 育 精 品 教 材

大学研究型课程
专 业 系 列 教 材

总主编　周　宪

中国语言文学类

普通语言学研究导引

郭熙　盛林　编著

南京大学出版社

大学研究型课程专业系列教材

顾　问

[学校按拼音顺序排列]

北京大学	温儒敏
北京师范大学	张　健
复旦大学	陈思和
华东师范大学	陈大康
南开大学	陈　洪
清华大学	王中忱
山东大学	陈　炎
武汉大学	尚永亮
中山大学	欧阳光

序

周　宪

近些年来，大学文科的教材建设可谓突飞猛进。各类教材林林总总，百花齐放。实际上，作为教学改革的一个"抓手"，教材的变化反映了教学改革的深化。

诚然，教材数量增多并不足以表明教学理念的深刻转变。不少在教学第一线的教师感到，虽然教材的品种很多，但是真正合用的、有特色的教材却并不多见。常见的情况是多本教材虽然体例结构有所差异，但内容上并无根本不同，只是排列组合上有所不同。这表明，教材建设需要从根本上加以改变，而如何改则取决于我们有什么样的教学理念。

说到这里，我想对大学文科教育目前存在的一些问题谈一点看法。过去我们通常认为，应试教育主要反映在基础教育（中小学）阶段，大学基本上没有这种情况。这些年来，客观地说，应试教育的某些征兆也出现在大学教育中。"背多分"的现象不再是少数，高分低能现象也随处可见。死啃一本教材，就可以得到高分。这其中一方面有学习考核方式的问题，但另一方面也反映出搞定一本教材便可过关，甚至得到高分评价。这就向我们提出了一个严峻的问题，如何使得教材更符合大学文科教与学的特点？如何激发学生钻研问题的主动性和积极性？如何通过教材的把握让学生进入更广阔的知识领域？一言以蔽之，如何更好地培育出学生敏锐的问题意识？这是当前教材建设亟须解决的问题，也是所谓研究型教材的主旨所在。

此处推出的"大学研究型课程专业系列教材"，从浅层看，好像只是把过去教材编写者的"一言堂"，转变为读本性质的"群言堂"。但往深层看，这里有一系列教学理念及教材编写理念上的变化。

首先，这套教材旨在强调研究性。研究性主要体现为两个方面：第一，突出教材本身的问题型结构和理路。传统教材的通史通论型结构，因照顾到知识的系统性和全面性，往往对特定学科的核心或前沿问题关注不够。这样对学生训练偏重于全面掌握知识却忽略了问题意识（主要是发现问题和解决问题的意识及其能力）的培养。这套教材以问题为核心来架构，每章或每个单元以一个相对独立的重要问题为中心来设计。这样可以改变过去教材的单纯的历史线索或逻辑结构的束缚。因此，不再强调知识面面俱到，也不强调学习平均用力，而是聚焦于本学科的重要问题，强化学术研究上的问题意识。这种问题结构使教材更具弹性和灵活性。对编者来说，可以根据学科知识的发展不断修订增删，进而改变过去教材编写的误区，即受制于结构很难修订，不得不推倒重来。对教师来说，以问题为中心的结构框架，也可以为他们富有个性的授课留有充分的空间和自由，教师可以根据自己的知识结构和研究特长作相应的调整。第二，注重学生思维方式的训练和研究能力的培养。这套教材以典范性研究论文为主干，因此选文凸现了如何发现和确定问题、如何研究问题、如何采集相关资料、如何思考和分析问题、如何得出科学的结论等。每章都有一个导论，每篇范文都有具体的分析和概括，还附有延伸阅读以及思考题，这些设计都在强化问题意识这一主旨，这有助于改变传统教材只注重知识性而忽略研究性的倾向。

其次，这套教材意在突出研究范例性。依据美国科学哲学家库恩的研究，科学知识的范式要素之一是所谓研究范例，通俗地讲，就是特定学科发展史上重要的、经典的研究个案。中国哲学史家冯友兰则指出，学术研究有"照着讲"和"接着讲"两种方式。前者是别人怎么说的，后者是从前人说到之处接着讲下去。把这两种看法结合起来，可以用来描述这套教材的典范性。就是通过研究范例的学习，首先学会"照着讲"，然后进一步发展出"接着讲"。因此，所谓范例性主要体现在如下两个方面：第一，选文的经典性。亦即力求把特定问题及其研究领域中具有代表性和经典性的学术论文选出来，这些论文不但具有权威性，而且代表了一定时期特定问题的研究水平。经过对这样的选文的解读，可以让学生了解具体的问题史和研究成果。选文不但关注问题史，同时也注重当前的发展和前沿性，将最新成果吸纳进教材中。第二，范例性还指选文作为具体的研究个案，对教师来说，是绝佳的授课内容，对学生来说，是上好的学习范本。老师通过讲解让学生掌握特定文本的研究范例，学生通过研读，模仿和学会如何研究问题，如何写作学术论文。由此实现研究型教材的特定功能。

最后，这套教材彰显了学术观点的多元化。传统教材有时为了突出编写者个人的学术观点，往往采用一家之说，而对其他各种观点的介绍评析不足。由于本教材采用选文与导言相结合的方式，因此可以实现教材内容、学术观点和研究方法的多元化，进而达到学术研究上的"视界融合"。多元化一方面体现在博采各家之说，尽显研究特定问题的思路或方法的多样性，形成了各家之说的对话性。另一方面，选文在学术论文的文体、方法和表述风格上也明显多样化，这有助于学生掌握多种阐释途径和写作方法，进而避免研究方法和写作上的"八股"文风。

由于这套教材采用了新思路和新构架，所以也面临一些新问题。

对教师来说，由于不同于传统教材，这套教材便对授课教师提出了较高的要求。教师不但要具有广泛的知识背景，而且对特定选文及其问题要有较深入的了解。如何编写教学提纲？如何选择其他相关资料？如何安排延伸阅读？如何考试和评价？如何强化教材的可操作性？这些问题都有待于授课教师的创意性探索。

对学生来说，由于教材侧重于研究能力和问题意识的培养，因此，如何使用这套教材？如何在使用过程中紧扣研究能力和问题意识的训练？如何做到课堂听讲与课外阅读、课堂讨论和课程考试等诸多方面的有效结合，也有待学生的创造性的探索。

这套研究型教材凝聚了南京大学中文系诸多同仁的心血，尤其是中文系副主任徐兴无教授做了大量组织协调工作。借此机会谨向他们表示由衷的谢意！正是他们的敬业、合作和努力使新的教学理念得以实现。

研究型教材是一个值得尝试的教材改革思路。作为编撰者，我们很希望听到来自各个方面的意见和建议，以便将来再版修订，进而发展出更多更好的研究型教材。

序

前　　言

　　《普通语言学研究导引》是综合性大学中文系汉语言文学专业必修基础课语言学概论的新型教材。该教材选取重要的语言学文献的全文或部分为文本，分门别类，集中讨论语言和语言学的基本问题，力图使学生通过对相关文献的学习，掌握语言学的基本概念、基本理论和基础知识，了解语言的性质、语言的结构、语言的演变规律、语言与社会的关系，了解语言学的基本面貌和发展脉络，为进一步学习其他语言课程奠定必要的语言理论基础；使学生能学会关注语言现象，能联系实际开展初步的研究工作，撰写语言学论文。

　　该教材分为 5 个部分：（1）绪论；（2）语言的性质和特点；（3）语言的结构；（4）语言的发展变化；（5）语言研究方法和语言学流派。主要内容包括：语言学的学科地位和研究对象，语言的性质和特点，语言的内部结构，语言的产生和发展，语言和社会的关系，语言研究的方法，语言学的流派等等。

　　多年以来，我国的语言学概论教学采取的是系统的教材模式，这种传统模式的好处是系统性强，便于初学者学习。但同时也有缺点：学生围着教材转，忽略了探究精神的培养，不少同学到了高年级还看不懂语言学论文；而且由于教材追求体系性，有不少内容和其他相关课程重复，也不得不对一些容易引起争论的或不成熟的问题进行回避，而这些对于培养大学生的研究能力来说却可能恰恰是非常重要的。为了弥补以往教材的不足，本教材注意培养学生的动手能力，鼓励学生主动参与教学活动，力求突出学习重点和难点，把语言学研究的最新成果融入教学中。教师可根据实际需要选取教学内容，也可以随时补充新的文献，以使语言学的教学适应时代的需求。

　　当然，与其他一些学科相比，我们目前的这种尝试或许面临着更多的困难。例如，阅读语言学文献，对于语言学初学者来说，是相当不容易的，尤其是其中涉及到大量语言学术语、国际音标以及许多学生并不熟悉的语言实例。因此，教师在教学中要集中讲授文献的要点和疑难问题，要讲清楚语言学的基本概念，尽量多结合实例进行深入浅出的讲解，并安排学生课外阅读一些浅显的语言学教材的相关章节。学生则要多注意实践练习，通过必要的练习去掌握有关的知识，同时还应注意延伸阅读，加强自学。考虑到学生阅读这些文本需要一定的基础知识，相关专题前面附有新出现的概念和术语的解释。

　　作为一种尝试，尽管我们在理论上曾经进行过一些探讨，也曾经在教学中进行过一些试验，但无论在理论上还是实践上都还需要进一步的探索。我们期待着教材使用者的批评和建议。

本课程按每周 3 学时设计,教师可根据自己的教学需要进行必要的取舍或增补。

与本课程相关联的课程有:现代汉语、古代汉语。

本教材由郭熙、盛林编写。蒙李开先生审阅全稿并提出了许多宝贵的意见,在此深表谢意。高温酷暑之中,责任编辑顾涛先生为此书四处奔波,研究生周艳、马媛媛协助校对书稿,在此一并致谢。

目　录

第一章 绪 论

导 论

本章主要介绍关于语言学的基本知识，涉及的内容有：语言学的学科地位、语言学的研究对象、语言学的分类、现代语言学的特征等。

语言学既是一门古老的科学，又是一门年轻的科学，更是一门领先的科学，是人文科学中的一支先锋力量。说它是一门古老的科学，因为早在几千年以前古人就展开了对语言文字的研究，印度、希腊、中国等文明古国的典籍中都有关于语言文字的阐述，但在古代和中世纪的时候，关于语言文字的研究常常是宗教和哲学的附庸，受哲学、文学、逻辑学、心理学的影响较大。说它是一门年轻的科学，是因为直到 20 世纪初期语言学才成为一门独立的科学，摆脱对其他学科的依附，建立起自己的理论体系，明确自己的研究对象，确立自己的研究方法。说它是一门领先的科学，是因为语言学自古以来就备受注目——欧洲古典教育系统中设有 7 门一般文化课程（统称七艺），位于前三位的是语法、修辞、逻辑（又称三艺），东罗马帝国所授学科中居于前列的也分别是逻辑学、修辞学和语法学——修辞学和语法学是语言学的分支学科，而古代的逻辑学也和语言学密不可分——所以说古代的语言学就处于领先地位。而当代的语言学更是因其研究对象的特殊性成了连接人文科学、社会科学和自然科学的桥梁，其理论和方法在人文科学和社会科学中具有领先性，对其他的人文科学和社会科学产生过巨大而深远的影响——最早萌生进化论的思想以及历史比较的理论和方法，对很多学科产生了影响；导源于语言学的结构主义理论在众多的人文科学和社会科学中都掀起了一场结构主义狂飙；转换生成语言学则促进了人工智能、机器翻译、计算机科学方面的发展，也促进了人文科学和自然科学的结合。所以瑞士心理学家皮亚杰这样评价语言学："语言学，无论就其理论结构而言，还是就其任务之确切性而言，都是在人文科学中最先进而且对其他各种学科有重大作用的带头学科。"

人们研究语言的目的、角度、方法多种多样，于是就形成了语言学的各种分类。

1. 理论语言学和应用语言学　理论语言学主要是对研究对象进行理论研究，概括语言事实，形成科学原理。理论语言学是语言学的主体部分、理论基础，它包括对具体的、个别的语言的研究和各种语言的综合研究。应用语言学一般则是用理论语言学的原理来解决各种实际问题,如语言教学、人工智能、机器翻译、词典编撰、语言障碍的治疗等。近年来人们也把从应用的角度对语言展开的各种研究称为应用语言学。

2. 一般语言学和个别语言学　一般语言学也叫普通语言学,以人类使用的所有语言为研究对象,是语言学的重要的理论部分,是在人们对各种具体语言研究成果的基础上建立起来的,同时又对个别语言学的研究具有指导作用。个别语言学以一种或几种语言为研究对象,如以汉语为研究对象的,叫汉语语言学,以英语为研究对象的,叫英语语言学。

3. 共时语言学和历时语言学　研究语言发展的历史,观察一种语言的各个结构要素在不同发展阶段的历史演变的,叫做历时语言学;以同时的、静态分析的方法,研究语言相对静止的状态,描写分析语言在某一个时期、某一个阶段的状况的,叫做共时语言学。研究分析任何一种语言,既需要看它在当代的状态,认识它的现状,也要看它发展的特点,找出它演变的规律,因此共时的研究和历时的研究都是不可或缺的。

4. 内部语言学和外部语言学　内部语言学主要着眼于语言本身内部要素的研究,而外部语言学则着眼于语言与外部因素的关系,如语言与社会、文化、民族、哲学、心理、思维、生理等因素的关系。传统语言学的分支多属于内部语言学,如文字学、训诂学、音韵学、词汇学、语法学等,只有修辞学属于外部语言学;而近几十年来新兴的语言学分支如社会语言学、心理语言学、神经语言学、数理语言学、统计语言学、实验语音学等等多属于外部语言学,是语言学与其他学科交叉融合而产生的。

5. 宏观语言学和微观语言学　宏观语言学以整个语言体系为研究对象,而微观语言学以语言的局部变体为研究对象,如以结构的变体、社会的变体为研究对象,也就是以某一语言体系的局部为研究对象。

由于分类角度不同,语言学的某一分支学科可以划分在不同的类别中。例如我国高等院校汉语言文学专业中的“现代汉语”课程,从功能看属于理论语言学,从对象看是个别语言学,从研究的时间范围看是共时语言学。

与传统语言学不同,现代语言学提倡理论研究和应用研究并重,一般研究和个别研究并重,共时研究和历时研究并重,内部研究和外部研究并重,宏观研究和微观研究并重。现代语言学以一切的语言作为研究对象,包括书面语、口语,也包括自然语言、人工语言、机器语言等,有自己独特的研究方法,建立起了自己的理论体系。

“语言学概论”这门课程是语言学理论的入门课程,主要介绍关于语言和语言学的基本理论和基本知识,属于理论语言学和一般语言学。

选　文

三论语言学是一门领先的科学

伍铁平

导言——

　　本文原载《语言教学与研究》1991 年第 3 期,今选自伍铁平编著《语言学是一门领先的科学——论语言与语言学的重要性》,北京语言学院出版社,1994。

　　作者伍铁平(1928～　　),原名黄定添,湖南湘潭人,北京师范大学中文系教授。

　　作者 20 世纪八九十年代曾多次撰文阐述语言学的重要性及其与现代科学技术的关系,这些文章多收入《语言学是一门领先的科学》一书中。选文是其中的第三篇,该文吸收了前两篇文章的一些主要观点。文章认为语言学被许多学者公认为一门领先的科学,主要表现在以下几个方面:第一,语言学为其他社会科学相继提供过具有普遍意义的思想和方法,如进化论的思想、历史比较的理论和方法、结构主义的理论和方法、转换生成的理论等。第二,语言是一种最重要的信息载体,以语言作为研究对象的语言学在当今信息社会中越来越重要。第三,语言学特别是语法学的抽象性质同数学十分相近,对培养人的抽象思维能力很有帮助。第四,语言和语言学是认识世界的重要手段。第五,语言学是历史学、考古学、民族学、人类学等学科的重要基础。文章还谈了其他学科如数学、哲学等对语言学的影响。

　　《光明日报》1990 年 11 月 12 日发表了思若的一篇文章:《"比较"须立于"知己知彼"上》。文章的主旨是好的,但是其中有一段话说明作者对世界文化史缺乏应有的了解,故特撰此文。思若的那段话是:"世上冠以'比较×学'最早者当推'比较文学',而'比较文学'的首先使用者,当推巴黎大学教授维尔曼。他于 1929 年第一个把自己的一部著作称为'比较文学研究'"。思若同志完全没有考虑到,著名的德国语言学家施列格尔(1772～1829)早在 1808 年写的《论印度人的语言和智慧》第 28 页上就说过:"比较语法可以给我们一个关于语言谱系的崭新的知识,正如比较解剖学曾经给自然历史以光明一样"。"比较语法"(即"历史比较语言学")这个术语可能是施列格尔最先提出来的①。1748 年法国的孟德斯鸠派曾用比较方法写成《论法的精神》(旧

---

　　① 见 R. H. 罗宾司著《语言学简史》,朗门出版社,1976 年英文版,第 170 页。

译《法意》），开创了"比较法学"这一学科和学派①。由此可见，比较法学、比较解剖学、比较语言学的出现比"比较文学"的出现都要早几十年。比较文学、比较神话学、比较民俗学都是受比较法学、比较解剖学、特别是比较语言学的影响才产生的，是较晚的事情。

从这个事例可以看出，介绍当代学术思想史，特别是语言学对各门科学的巨大影响十分必要，它可以使人避免犯上述错误。

为了说明语言学在发展学术思想中的重要地位，我曾写过《语言学是一门领先的科学》②、《再论语言学是一门领先科学》③、《从语言学的领先地位谈到语言学在方法论上对哲学研究的意义》④、《论语言和语言学的重要性》⑤。为了纠正思若同志的上述提法，特撰此文，有些地方复述了上述诸文的部分要点。

语言学被当代许多学者公认为一门领先科学。⑥ 这主要表现在以下几个方面：

第一，语言学为其他社会科学相继提供过具有普遍意义的思想和方法。这就是：

（1）进化论的思想。控制论的提出者诺伯特·维纳（1894～1964）说过："语言进化论是达尔文进化论的前驱"⑦。著名的语言学家麦克斯·缪勒（1823～1900）说过："在语言问题上，我是达尔文以前的达尔文主义者。"⑧

（2）语言学中的历史比较的理论和方法为后来所建立的比较人类学、比较民俗学、比较神话学、比较文学等提供了楷模。葛林伯格说过，这些比较学科的提出是"有意识地模仿语言学"的结果⑨。

---

① 见《辞海》，第3101页，上海辞书出版社，1979年；并参看本书第93页葛林伯格的提法。（编者按："本书"指伍铁平著《语言学是一门领先的科学——论语言与语言学的重要性》。下同。）

② 刊《把我国语言科学推向前进——中国语言学会成立大会学术报告集》，湖北人民出版社，1981年，并见本书。

③ 刊《中文自学指导》1985年第2期，并见本书。

④ 初稿刊《北京师范大学学报》1988年第3期，补充修订稿刊《语言与思维关系新探》（增订本），上海教育出版社，1990年。

⑤ 见本书。

⑥ 就这个题目写过论文的有美国语言学家葛林伯格（《语言学是一门领先科学》，载E.P.韩普主编《七十年代语言学的课题》，摩顿出版社，1973年；中译文刊《国外语言学》1983年第2期），罗马尼亚语言学家和数学家索罗门·马尔库斯（《语言学是一门领先科学》，载西比奥克主编《语言学当代趋势》，第12卷第4分册，摩顿出版社，1974年；中译文刊《福建外语》1988年第1～2期）和苏联语言学家布达戈夫（见苏联《哲学问题》杂志1977年第11期第137页）。葛林伯格和马尔库斯文均收入本书。

⑦ 转引自朱晓农《现代语言学的地位》，载《读书》1984年第9期第85页，1933年。

⑧ 见上引拙文《语言学是一门领先的科学》。

⑨ 见上引葛林伯格著《语言学是一门领先科学》，刊《七十年代语言学的课题》第45页，并见本书。

（3）结构主义的兴起导源于语言学，然后才传播到其他各门学科。布拉格学派的重要代表人物特鲁别茨柯依（1890～1938）说过："我们生活的时代的特征是在一切科学中都有用结构主义取代原子主义，用普遍主义取代个别主义的趋势。在物理学、化学、生物学、心理学、经济学等科学中都可以看到这一趋势。"[1]

法国著名的社会学家和人类学家列维-斯特罗斯把语言学中的音位分析方法广泛运用于人类学研究，并把他的人类学称之为结构主义人类学。他说："结构主义在社会科学中所起的革新作用同原子物理学之在自然科学中所起的作用是相同的。"[2]现在除结构人类学和社会学外，在哲学、教育学、逻辑学、文学（包括诗学）、音乐学、晶体学、美学、民俗学、建筑学、精神病学、数学、符号学、宗教史、电影学等各方面都有结构主义思潮[3]。当代著名的心理学家皮亚热（1896～1980）晚年也自称为结构主义者。"从结构角度研究历史已成为20世纪法国历史和思想史研究的传统。"[4]格式塔心理学派认为，我们周围的事物是某种综合的统一体，具有一定的结构，具有整体的特性，内在的规律性，而不是杂乱无章的个别的、孤立的部分。我们通过感官知觉得到的是一些整个的形、式样，即格式塔。他们讽刺传统的心理学是"砖泥心理学"[5]。这跟结构主义讽刺传统语言学是原子主义的（指将语言单位看作彼此孤立的原子一般）如出一辙。格式塔心理学的创始人维特墨（1880～1943）、考夫卡（1886～1941）、苛勒（1887～1967）都是德国人，当时正是结构主义在欧洲盛行的时代。在他们的学说中，我们可以明显地看到结构主义思想的影响。萨丕尔在本书所收《作为一门科学的语言学的地位》（原刊美国《语言》杂志第5卷，1929年）中指出，"或许语言学同心理学真正卓有成效的联袂研究将来才会出现。我认为，语言学对完形心理学有着十分特殊的重要意义"。

结构主义鼻祖索绪尔（1857～1913）所提出的组合关系（索绪尔当时称联想关系）和聚合关系的思想也运用于西方的符号学、历史学、社会学和人类学[6]。系统论虽然是贝特朗菲最先提出的，但他显然受惠于索绪尔所提出的语言是一个系统的思想。索绪尔在整个科学界的影响如此之大，以致索罗门·马尔库斯把法国的

---

[1] 见特鲁别茨柯依《现代音位学》，载《语言心理学》第245～246页。

[2] 见列维-斯特罗斯《结构人类学》英译本第33页，纽约，1966年。

[3] 关于教育学中结构主义的运用，见申振信《结构主义教育》，载《新知识手册》第192～193页，北京师范大学出版社，1986年。关于其他学科中的结构主义的有关文献见上引拙文《语言学是一门领先的科学》。

[4] 见杜任之主编《现代西方著名哲学家述评（续集）》第415页，三联书店，1983年。

[5] 见郭占基《国外教育心理学的基本理论简介》，刊《国外教育》1981年，第3期，第35～36页。

[6] 见苏联《语言学问题》1977年第6期对斯捷潘诺夫所著《罗曼语国家中的语言状况类型》的书评。

一组数学大师布尔巴基(法国一组数学家的笔名——编者)称作数学中的索绪尔①。王力非常重视语言是一个系统的思想。他在《我的治学经验》(刊《语言论文集》,商务印书馆,1985年)谈到"研究语言学应有的修养"时,在谈到方法论的重要性后,接着就提到"普通语言学理论指导"的巨大意义。其中他首先提出的就是"语言是一个系统"的思想对他的指导意义。他并且认为戴震的音韵学原理,"从系统来看是对的"。

顺便说一下,从下述事实我们还可以看出,索绪尔和后来的语言哲学思想对当今中国文化界的影响:柯云路在其所著半带报告文学性质的《大气功师》(人民文学出版社1989年出版。对书中所述气功的各种作用,本文不拟加以评论)一书中多处谈到语言、文字和思维问题(在文学作品中谈到这些问题,我还是第一次见到)。该书第225页所述语言和言语、共时和历时、组合关系和联想关系,217页所述语言学和符号学的关系,基本上正确地表述了索绪尔的观点。这对一个文学家来说,是难能可贵的。柯云路说"音乐也是一种语言,每一个曲子都是一个语言系统,都有特殊结构"(第340页),也有一定道理。他还说"我们该把对宇宙各方面、各环节、各角度研究的成果(人类哲学、社会科学、自然科学的各种学说)都引入语言学;同时,该把语言学的研究成果扩展到宇宙各方面、各环节、各角度的研究中去"(217页),这也是符合当今世界把语言学看作一门领先科学这一认识的,尽管柯所述有些夸大。柯云路力图将中国的文化同模糊理论挂钩,也有一定的道理,尽管他过分夸大了中国象形文字的特点和优点,提出"破译了中国的象形文字,就破译了中国的文化"(423页)。他还说"深入破译语言,就能发现整个宇宙的规律。其实,规律就是语言"(225页)。这些说法都不大科学,后一句话还有点西方语言哲学的味道,过分夸大了语言的作用。

又如,索绪尔提出的"能指"和"所指"的概念,以及从语言学发端的"元语言(学)"(meta-language 和 meta-linguistics),也被吸收进文艺理论(见李心峰:《元艺术学》,刊《百科知识》1991年第1期)。

结构主义的影响还表现在美国语言学家肯尼斯·派克(Kenneth L. Pike,1912～　)将语言学中位和素(如音位和音素、语位和语素、词位和调素等)的区别扩展到整个社会现象领域。他指出,一所遭冰雹损坏其屋顶的住宅,尽管从物理观点来看已不同于未遭冰雹损坏的住宅,但这种变异并不足以改变这座住宅之仍为住宅的属性,不足以改变它同教堂或桌子的对立,一如音素或语素的变异并不足以改变其音位或语位的属性。可见在整个社会现象领域都存在着常体和变体的对立。这一观点已被广泛运用于人类学、心理学、社会学、音乐学等多门学科。被人公认为美国当代最伟大的哲

---

① 见上引索罗门·马尔库斯《语言学是一门领先科学》。

学家的奎因（Willard V. Quine,1908～　）也在其哲学著作中引用了派克的音位理论①。

（4）美国语言学家、逻辑学家和哲学家乔姆斯基提出的转换生成的思想在机器翻译、人工智能、自动机理论、心理学、模糊理论、儿童语言研究、神话学、人类学、民俗学、文学理论和西方哲学等各方面都有很大影响②。从生成语法还派生出生成诗学，其开创作品是 M. 哈勒和 S. J. 凯泽所著《英语重音；其形式、形成和它在诗歌中的作用》（纽约，1971 年）。葛林伯格说："在乔姆斯基的领导下，研究语言学的一种新的方法，即生成语法的方法，在美国，甚至在世界的语言学界都跃升至统帅的地位。"③英国当代著名语言学家莱昂斯在《诺姆·乔姆斯基》中指出，乔姆斯基"极大地扩展了被称作'数理语言学'的范围，并且开拓了不但语言学家，而且逻辑学家和数学家都感兴趣的整个研究领域"④。乔姆斯基的影响当然远不限于数学方面，他已被我国称为西方当代著名哲学家。我国研究西方哲学的学者杜任之主编的《现代西方著名哲学家述评（续集）》（三联书店，1983 年）中称乔姆斯基的理论"对哲学、逻辑、心理学、语言教学、通讯工程等也产生了影响，最近还在文学研究、音乐美学、文体理论等方面引起了人们的重视和讨论。"⑤

在这里要说明一点：我们只是指出在西方世界乔姆斯基理论有着巨大影响这一客观事实⑥，这并不等于我们赞同他的哲学观。乔姆斯基明确地承认他是笛卡儿的门徒，是先验论者。他主张语言天赋学说。他说，莱布尼茨"主张我们有许多知识是天生的……休谟也和莱布尼茨一样，把这种先天的知识说成是'本能之一种'。我认为这些说法基本上是正确的。"⑦就连西方也有学者指出乔姆斯基理论的唯心主义性

———————————

① 见 K. L. Pike:"The Relation of language to the World"（语言对世界的关系），刊《国际德拉维达语言学杂志》第 16 卷（1987 年）第 1 期第 78,80～81 页；Ruth M. Brend 编《肯尼斯·派克书目》（欧亚语言学会出版，1987 年）所附派克传，第 38 页。在 K. L. Pike 等三人主编的《位的理论和素的理论》（Emics and Etics，人类学新领域第 7 卷，Sage Publications 公司，1990 年）一书中，奎因和海姆斯（Dell H. Hymes）等著名教授都撰文评价派克提出的位素理论。

② 有关文献见本书所收拙文《语言学是一门领先科学》。

③ 见上引葛林伯格文。

④ 见 *Noam Chomsky*（诺姆·乔姆斯基），1978 年增订版，第 138 页，企鹅丛书。

⑤ 见该书第 575 页。

⑥ 前苏联学者大多数不同意乔姆斯基的理论。安德烈耶夫在苏联《语言学问题》1976 年第 5 期著文《乔姆斯基的伪语言学》，干脆将乔姆斯基的理论斥之为"伪科学"。这同我国个别人将乔姆斯基的理论吹捧为"可贵的辩证唯物论思想"（出处见《乔姆斯基语言理论介绍》，黑龙江大学《外语学刊》编辑部编，1982 年，第 58 页）相比，走向了另一个极端。我们不能因为乔姆斯基错误的哲学观而否定他的全部理论。

⑦ 见乔姆斯基为《乔姆斯基语言理论介绍》（黑龙江大学《外语学刊》编辑部编，1982 年）写的序（该书第 4 页）。

质。例如比蒂(G. M. Beattie)写了一篇长文①反驳乔姆斯基的著作《语言的反思》(或译《关于语言的一些想法》),列举了生理学中的许多论据,全面地批评乔姆斯基的语言天赋说。他指出,乔姆斯基想以生理学中的先验论去证明其语言先验论是不恰当的。因为,以视觉为例,人的"早期的经验能极大地改变视觉皮层","只有不到1%的最初的视觉皮层是在儿童张开眼以前形成的"。我曾亲自系统地记录过我的子女言语的发展过程。据此我曾著文②,说明儿童掌握语言经历过不断犯错误不断得到成人纠正的艰苦过程,绝不像乔姆斯基所说的那样容易,似乎儿童天生有一种什么语言获得机制(他又称它为"普遍语法"),只要经过语言环境的"触发",一下子便能学会一种语言。

我国也有不少学者认识到前面谈到的语言学为其他学科提供先进方法的这一作用。例如中国社会科学院少数民族文学研究所所长刘魁立在《文学评论》1984年第6期的开卷文章《要重视科学研究的方法论问题》中指出:"19世纪初,语言学家拉斯克、博普和格林兄弟,在语言学领域运用历史比较研究法,将语言科学大大地向前推进了一步。后来这种方法被介绍到民间文学研究和文学研究领域,开拓了文学研究的视野,促使他们根据自己……学科的特点,建立起若干新的学派,新的理论。文学领域中的心理分析、结构主义、比较研究、类型研究等方法的出现,无不和借鉴其他学科的方法有关。语言学作为一门'领先的科学',在不同的历史时期,曾经为社会科学的一些学科,多次移植过本学科(指语言学——引者)的研究方法。"他的这段话再次说明了上引思若同志言论的错误。

西方有些语言学家甚至认为,当代西方文学理论不过是语言学的附属物。③

第二,语言是一种最重要的信息载体,因此研究语言的科学在当今信息社会中起着越来越重要的作用。我国著名语言学家,北京市语言学会会长张志公教授指出:"我们现在正面临着一个新的技术革命潮流的挑战。在许多新技术中带头的、关键的是信息技术,而最根本的信息载体是语言。语言不仅是人和人的交际工具,而且也将成为人和机器的'交际'工具。所以,现在国内外都承认,语言学不仅是各种科学的基础部分,而且又是先导科学。"④

当代最大的一个国际性语言学机构"暑期语言学研究所"(Summer Institute of Linguistics)的主席肯·格雷格森(Ken Gregerson,1990年卸任该院主席职位,1990

---

① 《〈语言的反思〉的反思》,载荷兰《语言学》杂志第17卷(1979年)第9,10期合刊,第910~911页。

② 见《直接教学法和自觉-实践教学法重探》,《上海外语教学》1980年第3~4期;并见上引拙著《语言与思维关系新探》,增订本第116~134页。

③ 见B. Bartsch等主编《语言学与相邻科学》第137页,北荷兰出版社,1975年。

④ 见《张志公作学术报告》,《北京社联通讯》1984年第3期。

年任第 23 届国际汉藏语和语言学会议副主席)在该学院的《双年时报》(1990 年 5 月)第 1 页上指出:"在信息时代,语言知识是基础。我们必须精通语言,不仅精通那个从社会观点和人类学观点着眼深深植根于文化之中的语言;而且要精通语言的运用和语言理论。语言是人类所需要传递的所有信息中最重要的信息宝库"。

从事理工研究的天津大学学者指出:"属于现代科学技术前列的电脑、控制论、自动化技术和属于人文科学传统学科的语言学之间存在着牵丝攀藤的联系。程序语言的设计(软件),归根结底都是人们发挥智力和思维效能,参照自然语言编制的。对自然语言研究得越深入、越透彻,程序语言就设计得越完善、越科学。国外一些科学家断言,'在当今及未来的电子时代与电子文化中,语言学发达的程度是衡量一个国家科学技术水平,首先是电子学与电子工业发展情况的一个重要标志。'"[1]人工智能、机器人学的研究现在特别倚重于语言学的研究。由于人脑在辨认客观事物时具有模糊(指扎德所说的科学意义上的模糊)的特点,自然语言的特征之一是其模糊性,因此人工智能和机器人学在模拟人的智能时也力图从模糊数学和模糊语言学的研究中寻找新的出路。因为事实上要机器人十分精确地感知客观世界的每一个物体和每一个人是不可能的。自动驾驶的汽车不可能也不需要掌握街道上所遇到的每一个人和每一个物体的所有精确信息。否则它将寸步难行。

第三,语言学,特别是语法学的抽象性质同数学十分相近,因此它对培养人的抽象逻辑思维能力起着很大的作用。语言学中的布拉格学派的代表人物雅可布逊(1896～1982)写道:"人们常说,语言学是自然科学和人文科学之间的桥梁。"他接着引用了德国著名的物理学家,能量守恒和转换定律[2]的提出者之一赫尔姆霍兹(1821～1894)的如下言论:"学者们将发现他们必须经过比语法所提供的训练更为严格的训练。"[3]可见著名的自然科学家多么重视语法的训练。

第四,语言和语言学是认识世界的重要手段。德国著名的语言学家、柏林大学的创办者洪堡特(1767～1835)说:"语言不只是呈现已知真理的简单手段,而是在更大程度上揭示尚未知晓的真理的手段。"[4]乔姆斯基认为,认知心理学的诞生就是哲学、心理学和语言学密切协作的结果。在这门新学科中语言学占有一席之地。[5] 他还说:"研究语言的长远意义在于这样一个事实:在这种研究中有可能对心理学的某些中心问题提供一个清晰、明确的表述,并对这些问题提供大量证明。……语言研究能

---

① 见韩纯武、耿二岭《人文社会科学在理工科大学的作用》,刊 1984 年 8 月 17 日《光明日报》。

② 恩格斯将这一定律连同细胞学说和进化论并称为 19 世纪自然科学的三大发现。

③ 见罗曼·雅可布逊《语言普遍现象对语言学的意义》,载葛林伯格主编《语言普遍现象》第 263 页,麻省理工学院出版社,1973 年。

④ 转引自 B.A.兹维金采夫《语言和语言理论》第 137 页,莫斯科大学出版社,1973 年。

⑤ 见乔姆斯基《语言与责任》第 134 页,英文版,1979 年。

够有助于理解心理过程的性质和结构。"①沙夫也指出："语言是哲学研究的一个特别重要的对象"，"这不仅是因为语言有产生悖论和自相矛盾现象的危险，而且主要是因为通过语言分析的中介，我们可以得到认识上的其他结果。"②法国著名的生理学家贝尔纳(1813～1878)说过："语言是洞察人类心智的最好的窗口。"③

众所周知，新实证主义认为，语言的逻辑句法(logical syntax)的分析是哲学的唯一任务。20 世纪语言哲学的蓬勃发展，充分说明语言学对哲学的巨大影响。维特根施坦有一句名言："不弄清语言的意义，便没有资格讨论哲学"。语言哲学，包括语义哲学的根源之一可以追溯到弗朗西斯·培根(1561～1626)。他在 1620 年所著《新工具》第 59 章中说："人们以为，他们的理性支配词语；其实，同样真实的是词语反作用于理性"。我在《论颜色词及其模糊性质》和《不同语言的味觉词和温度词对客观现实的不同切分》(分别刊《语言教学与研究》1986 年第 2 期和 1989 年第 1 期)等论文中讨论了颜色词、味觉词、表示温度和亲属称谓的词对人的知觉的影响问题，就不在这儿赘述了。

在谈到语言和语言学对哲学的巨大影响时，不能不提到现代解释学(hermeneutics)大师汉斯-乔治·加达默尔(1900～　)的理论。他认为："谁拥有语言，谁就拥有世界"。"在一个特定的语言和文化传统中成长起来的人看世界，跟一个在其他传统影响下成长起来的人看世界，其方法是不同的"。④

列维-斯特罗斯指出："人性的最突出表现是人类的语言。一方面，语言使人们能够进行交流和组成社会关系；另一方面，语言是我们所谓神秘的'思考'过程的基本要素。在这个过程中，我们在'思考'之前，先要对我们的环境进行分门别类，然后再用符号表现形式("语言成分""词汇")去描述它们"⑤。这是语言学受到哲学家、心理学家高度重视的一个原因。

第五，语言学是历史学、考古学、民族学、人类学等学科的重要基础。马克思在《资本论》上卷第 194 页谈到用遗骨研究灭绝的动物。西方著名的语言学家 S. H. Sayce 在他所著《语言科学导论》中指出："词好比化石。词语中体现了首先创造和使用词语的那个社会的思想和知识。如果我们能借助(历史)比较法找出词语的最原始的意义，我们就能得知产生这些词语的社会的性质和该社会所达到的文明程度。比

---

① 见乔姆斯基《语言和心理》第 59 页，麻省理工学院出版社，1968 年。这本书全面论述了语言学过去、现在和未来对心理学的意义，还用一章探讨了语言学与哲学的关系。

② 见沙夫《语义学引论》，英译本，第 350、358 页。

③ 转引自摩里斯·哈勒《洞察人类心智的窗口》，载 E. P. 韩普主编《七十年代语言学的课题》第 83 页，摩顿出版社，1973 年。

④ 加达默尔《真理与方法》，英文版，第 411、405 页，1960 年。

⑤ 见埃德蒙·利奇《列维-斯特罗斯》第 134 页，三联书店，1986 年，译文有改动。列维-斯特罗斯是法国人，而不是德国人。根据名从主人的原则，按法语发音，应转写为"斯特罗斯"。

较语言学家重建古老的、被人遗忘的社群的生活,其艰难程度不亚于古生物学家重建地球上过去许多年代的动物生活。一块骨头化石能告诉我们一个灭绝的世界的历史,同样,词语的遗痕也能向我们揭示古代社会的斗争和那些早已消逝的观念和认识"①。瑞士语言学家彼格特仿照古生物学,创立了一门叫语言古生物学的学科,其目的就是想通过语言追溯远古人类的文化、生活、思想等。在他以前,库恩等学者已利用语言学重建印欧人的神话和宗教。英国著名语言学家 L. R. 帕默尔也指出:"语言史和文化史是联系在一起的,它们互相提供证据和解释"②。德国著名的语言学家和民俗学家、《格林童话》的作者雅可布·格林说过:"关于(既往)民族的见证有骨头、武器、坟墓。但是还有一种比这些更生动的见证,这就是语言。"③

索绪尔指出:"语言学同民族学关系很密切。语言史同种族史和文化史之间存在各种关系"。"这两种历史总是混杂在一起的,彼此之间有多种相互关系……一个民族的风俗习惯常会在它的语言中有所反映;另一方面,在很大程度上,构成民族的正是语言"④。这一论断至今仍适用于上述各门学科研究的状况。下文将提到的"词与物"学派所研究的正是语言同文化的关系。由此可见,对语言和文化关系的研究源远流长。我国有个别青年人新创了"文化语言学"这个术语,就认为开创了一门新学科,是不符合事实的,例如,从语言和方言的演变和传播看民族迁徙、疆界的变动、作物的栽培、地名的来源、词汇的借入等都是外国人从十九世纪起就进行了大量研究的课题。当然这些青年结合汉语,突破国内过去某些人所进行的语言研究框框,有所发现,这也是应予以肯定的。关于这个问题,还可参看我在《外语学刊》1993 年第 1 期第 24~25 页上写的一节文字和我同我的研究生合写的《评申小龙部分著述中的若干问题》(《北方论丛》1992 年第 2 期),拙文《论语言的比较和文化的比较》(刊钟敬文、何兹全主编《东西文化研究》第 4 辑,1989 年),《语言中所反映的价值形态的演变——比较词源四探》(刊《洛阳解放军外语学院学报》1991 年第 4 期)。该文提到的已发表的前三探中也列举了中外语言和文化比较的许多例证。这里再举一个国内罕为人知的例子。波兰语中表示"邮政信箱"的词是 Skrytka pocztowa。Skrytka 同俄语的 скрытый(隐蔽的)是同源词。Skrytka 的本义是"秘室","秘密藏所",这反映了"邮政信箱"的保密性质。

正因为语言学有着上述种种特点,所以西方当代最著名的一位哲学家恩斯特·

① 转引自 Issag Golderg 著 *The Wonder of Words*(词的奇迹),伦敦,1958 年版。

② 见 L. R. Palmer《现代语言学导论》英文版第 151 页,1936 年。

③ 转引自 C. B. 斯密尔兹卡娅:《雅可布·格林和日尔曼语言学》,刊苏联《语言学问题》1986 年第 3 期第 22 页。

④ 索绪尔《普通语言学教程》中译本第 43 页,商务印书馆,1980 年。译文根据法文原文有所改动。

卡西勒尔(1874～1945)说:"在整部科学史中也许没有一章比语言学这门科学的出现更令人神往。这门科学的重要性完全可以跟 17 世纪伽利略改变了我们关于物质世界的整个观念的新科学媲美。"①法国当代著名的语言学家莫里斯·格罗斯在美国《语言》杂志 1979 年第 4 期上也指出:"历来有一种传统:把语言学看作是这样一种活动,它能导致发现新的认识论,发现富有启发意义的革命的纲领。"②雅可布逊说过:"人类学家和心理学家都公认,在有关人的科学中,语言学是最进步、最准确的科学,因此,它是其他人文科学在方法论上的典范……语言在人类所有符号系统中最为重要,居于中心地位……在新思想的产生中,普通语言起着很大的作用。如德语词Gestalt(形成)就有助于形成一种新的心理学,即完形心理学(或音译为格式塔心理学)。"雅可布逊着重谈到了语言学同生物学的关系。他指出遗传代码同语言符号惊人地相似,两者都分别构成一种系统,孤立的单位本身没有任何意义;两者都表现为层次结构,一个层次的单位只有在更高层次中确定其地位,才能确定其本身的同一性。细胞核的代码也同语言中的音位结构一样,形成二分对立的结构。这种类同绝非偶然,而是因为遗传代码和语言是人类从祖先传递到后代的两种基本的信息储存方式。法国的莫诺因此认为,是语言创造了人类,而不是人类创造了语言。③ 英国语言学家 L. R. 帕默尔也说:"在大学里面,……哲学家、心理学家、人类学家和别的学者都认为语言是他们学科里面的中心问题之一。"④因此在西方大学中,哲学系、心理学系、社会学系、人类学系、计算机系都开设语言学课程。北京师范大学哲学系也准备开设现代语言学课程。索罗门·马尔库斯在本书中所收的他的论文《语言学是一门领先科学》中还强调工科学校在其有关通讯的课程中必须加进语言学。

　　上面我们只是谈到语言学对其他科学的影响。语言学当然也同样受惠于其他学科。索罗门·马尔库斯在上引文中指出,乔姆斯基其实是数学中的希尔伯特(1862～1943),因为他在语言学中引进生成的观点时,显然受了希尔伯特在数学中采用生成方法的启示。希尔伯特 1899 年出版《几何基础》,把欧几里得几何学整理为从公理出发的纯粹演绎系统。他是数学理论中形式主义学派的代表。乔姆斯基理论和方法的特点也正是其演绎性和形式化,他的语言学理论有时就被称为形式(主义)语言学。数理逻辑和数学原理研究中的形式主义学派认为,"数学的真实性必须也只须建立在它公理系(统)的无矛盾性上,而这公理系(统)又只须形式地描述出不加定义的对象

---

　　① 见恩斯特·卡西勒尔《现代语言学中的结构主义》,刊美国《词》杂志,1945 年第 1 卷第 2 期第 99 页。

　　② 见该刊第 882 页。

　　③ 见《第十届国际语言学家会议录》第 1 卷,第 76 页,布加勒斯特,1969 年。雅可布逊的说法有很大的片面性,因为西方学者很少考虑马克思主义的指导作用。当我们谈到语言学的领先作用时,我们绝不应用这种提法去否定马克思主义的指导作用。

　　④ 见 L. R. 帕默尔《语言学概论》,中译本,第 iii 页,商务印书馆,1983 年。

间所具有的关系。"①这些思想不仅同乔姆斯基的理论,而且同经典结构主义,特别是其丹麦学派的观点十分接近(我们陈述这一客观事实,也不等于我们同意这种观点)。

对语言学同数学有密切关系的认识当然并非从乔姆斯基才开始。我在与人合写的《谈谈语言、语言学和现代科学技术革命》(刊《中国语文》1990 年第 2 期,收入本书)中曾引用过语言结构主义的两位奠基者索绪尔、博杜恩·德·库尔德内(1845~1929,他是现代音位学理论的创始人)和美国描写语言学派的鼻祖布龙菲尔德关于语言、语言学和数学之间的关系的言论。这里我想再补充引用两位著名学者论述数学重要性的话。一位是上面提到过的卡西勒尔。他说:"只有采用精密科学-数学的方法才能获得关于语言的系统的认识"②。卡西勒尔一直非常重视语言,他把人定义为"进行符号活动的动物",认为最古老的两种符号表现形式是语言和神话,它们是一对孪生兄弟,因为语言产生的过程同神话的发展过程是不可分的;人类的逻辑是在语言这个最重要的符号形式成熟后才从语言中产生出来的③。现代的数理逻辑的创始人罗素也是语言哲学的鼻祖,这都不是偶然的。

另一位是奥地利著名的语言学家、"词与物"学派的创始人舒哈特(Hugo Schuchardt,1842~1929)。他说:"康德认为,一门科学在多大程度上称得上科学,取决于它所包含的数学成分的多寡。他的这一思想曾对我产生了十分强烈的印象"④。舒哈特曾研究过数学,特别是他称之为"哲学数学"(可能指数理逻辑——伍)的学科⑤。雅可布逊在上引《第十届国际语言学家会议录》中指出,"在数学中,形式化的语言达到了最精确的程度……数学家多次强调,数学深深地嵌入了普通语言之中……数学中的集论、布尔代数、拓扑学、统计学、概率微积分、对策论(旧译"博弈论")等学科都同人类的语言结构有关"。

语言学受惠于数学,这当然不是偶然的。当代的许多新学科,如控制论、对策论、电脑学、系统论、模糊理论的创立者维纳、诺伊曼、贝特朗菲、扎德都是大数学家,而其中的维纳、扎德都对语言学感兴趣,更不必说语言哲学的奠基人罗素、维特根施坦、弗雷格都是大数学家了。其中尤其值得一提的是弗雷格的语言哲学是乔姆斯基转换生成语法理论的一个重要来源。关于这一点可参看奥尔伍德著《语言学中的逻辑分析》(1984 年)。奥氏在这本书的第 3 页还指出:"现在的语言家和逻辑学家已开始认真

---

① 见《辞海》"形式主义""希尔伯特"两条目。国际上现在公认,自从法国的物理学家和数学家彭加勒 1912 年去世以后,希尔伯特是世界上最重要的数学家。

② 见 E. Cassirer(卡西勒尔):*The Philosophy of Symbolic Forms*(符号形式哲学),第 1 卷,第 127 页,1920 年。

③ 见杜任之主编《现代西方著名哲学家述评》,第 33~34 页,三联书店,1980 年。

④ 见 T. A. 阿米罗娃等三人合著《语言学史纲要》,第 495 页,莫斯科,1975 年;《舒哈特语言学论文选》(俄译本)第 275 页,莫斯科,1950 年。

⑤ 同上。

地把逻辑方法应用于自然语言的研究。"弗雷格在其名篇《Über Sinn und Bedeutung》(论意义和指称。1892 年) 中区别开意义和指称(或者叫"客观所指"),是奥格登和理查兹提出"符号学三角理论"的基础。这一理论对正确认识中国传统语言学关于语义的论述也有很大的价值。关于这一点,可参看拙文《传统语文学某些著作的一个缺点》(《古汉语研究》1989 年第 3 期)。弗雷格晚年关于语句所产生的力量的观点,对奥斯汀提出他的言语行为理论也起了很大的作用。

当然,我们也应看到,近年来在语言学中也有一种力图从它同各门学科的关系中游离开来,建立所谓自主句法等的倾向。对此肯尼斯·派克最近著文进行了批评。他说:"在我看来,想使语言学脱离开其他学科,使之完全独立出来的企图在哲学上和实践上都会遇到同样的困难。语言学需要社会关系的知识……社会语言学现在已开始在填补这一空白"①。

语言学在其整个发展过程中还受到生物学、哲学、心理学、逻辑学等多门学科的深刻影响。对此我在上面提到的拙文《语言学是一门领先的科学》作过详细分析,就不在这儿赘述了。

各门学科之间在理论和方法上的相互影响和渗透是当代科学的一大特征。非常有意义的是,同语言学中产生一系列交叉学科(心理语言学、社会语言学、人类语言学、语言政治学等)不谋而合,在历史学中也产生了名称类似的交叉学科。"当代史学发展的重要趋势之一,就是与其他学科的互相渗透、互相作用和有机结合。20 世纪以来,历史社会学、历史人类学、历史心理学等一系列新的交叉学科的建立,即充分证明了这一点。这是历史学青春常在的奥秘之一。现在,我觉得,我们还应该让历史学与政治学联姻,建立一门历史政治学。"②类似现象不仅出现在语言学和历史学中,也出现在其他科学领域。

值得欣慰的是自从我 1981 年发表《语言学是一门领先的科学》以后,我国已陆续发表了一些与此有关的论文。仅列近几年的论文就有吴道平的《语言学——科学的前沿》(刊《复旦大学学报》1989 年第 2 期),孙维张的《语言学在现代科学体系中的地位》(刊《烟台大学学报》1990 年第 3 期),李开的《论现代理论语言学的科学方法意义》(刊《南京社会科学》1990 年第 5 期)等。我们相信,这种认识一定会得到越来越多的人的赞同。

＊　　　　　＊　　　　　＊

众所周知,在欧洲传统的古典教育系统中,共设立七门一般文化课程,通称七艺。这七艺是语法、修辞、逻辑(中世纪称为"辩证法")、算术、几何、音乐和天文。这七艺

---

① 见肯尼斯·派克《我们是语言的富有创见的观察者》,刊 E. Reuchlin 和 François 主编《研究语言的方法》第 28 页,法国 1989 年出版。

② 郝铁川《历史政治学刍议》,1987 年 8 月 5 日《光明日报》。

中居首位的是语法和修辞。逻辑同语法的关系也十分密切,所以这三门又通称三艺。古典的所谓修辞(rhetoric)还可译为"雄辩术",它实际上包含雄辩术和修辞学两方面的内容①。由此可见语法、修辞和逻辑在古典教育系统中占据何等重要的地位。

不仅在欧洲,在拜占庭,即东罗马帝国(从公元 330 年罗马帝国迁都拜占庭算起),从 9 世纪起修辞学就获得蓬勃的发展。到 10 世纪中叶,在拜占庭所教授的学科中,居首位的学科也是逻辑学、修辞学和语法学,即欧洲教育传统中的所谓三艺。当时拜占庭把这三门学科看作哲学的主要组成部分②。

恩格斯说过,欧洲文艺复兴时代(14~16 世纪)是产生了"多才多艺和学识渊博的巨人的时代"。那时"差不多没有一个著名人物不曾作过长途旅行,不会说四五种语言,不在几个专业上放射光芒"③。乔姆斯基在《语言和心理》第一章中称赞 17 世纪(本文所引培根、洛克、莱布尼茨都是 17 世纪的学者,后二人逝于 18 世纪初)是"天才的世纪,这个世纪建立起了近代科学的巩固基础"。美国学者罗伯特·坦普尔教授在《中国的天才·中国三千年来的科学、发现和发明》(1986 年纽约出版)指出,西方现代科学诞生于 17 世纪。从文艺复兴时代到 17 世纪,一直连绵到现在,这种学术巨人辈出的现象显然同在此以前欧洲的古典教育传统(包括三艺的教育)有关。我们要想在科学上赶上世界先进水平,不加强教育,包括语言和语言学的教育,是不可想象的。

一般语言学的对象与任务

方光焘

导言——

本文原载《江海学刊》1958 年第 3 期,今选自《方光焘语言学论文集》,商务印书馆,1997。

作者方光焘(1898~1964),字曙先,浙江衢州人。1919 年留学东京高等师范学校,专习英语和语言学。1924 年毕业回国,历任上海大学、立达学园中文专修科、上海劳动大学教授。1929 年到法国留学,入里昂大学专攻一般语言学和语法理论。1931 年回国后先后在上海大学、安徽大学、复旦大学任教,1935~1947 年任上海暨南

---

① 见若利《思想、词和比喻——用哲学阐释的语义问题》,第 58 页,基辅,1984 年。

② 同上,第 61 页。

③ 《马克思恩格斯选集》第 3 卷,第 445 页,人民出版社,1974 年。

大学教授，1947年秋，他先到中山大学任教，是年冬，来到国立中央大学（新中国成立后改名为南京大学）文学院中文系任教授，直至1964年去世。方光焘是中国理论语言学的宗师，是"中国语言学界全面而系统地、严肃认真地介绍索绪尔学说的第一人"①。

　　选文主要从不同方面谈了对一般语言学的认识。文章分为四个部分。第一部分是对学科名称的斟酌，认为宜称为"一般语言学"，而当时通行的名称"普通语言学"不妥，因为其中的"普通"二字容易让人对学科产生误解②。第二部分分析了中国不重视一般语言学的原因，认为欧洲语言理论与汉语实际的不相符合、我国语言学界对外国语言理论的不熟悉都是导致不重视一般语言学的原因。第三部分简要介绍了国外一般语言学的成果，主要介绍了保尔的《语言史原理》和索绪尔的《普通语言学教程》。第四部分阐述了一般语言学的对象和任务。认为一般语言学的研究对象是语言的一般性、共同性，这种一般性存在于具体语言之中；认为语言学的任务就是要探寻能够指导具体语言研究的原理和方法。

一、译名商兑

　　一般语言学是俄语 общее языкознание，英语 general linguistics，法语 linguistique générale，德语 all gemeine sprachwissenschaft 的译语。我国语言学界一向是以"普通语言学"的名称来翻译这一术语的。岑麒祥先生在他编著的《普通语言学》一书里，说过"曾有人提议叫做一般语言学"这样一句话。那里面所指的"有人"，恐怕就是我。吕叔湘先生在1958年2月号的《语文学习》上发表了一篇《语言和语言学》。在那篇文章的附注里，吕先生也明白指出："应该叫做一般语言学（方光焘教授对于这一点很坚持），不过现在大家已经用惯了普通语言学这个名称。"我并不是喜欢标新立异，妄想推翻用惯了的名称来坚持一己的私见。荀子在《正名》篇中说过："名无固宜，约之以命。约定俗成，谓之宜。"这一点极浅显的道理，我自信还能懂得。我认为"普通"一词在汉语里，具有多种含义；把这种多义的词，安放在学术用语里，就很容易引起误解。而且"普通"一词也不能反映出这一门科学的性质。布达哥夫（P. A. Вудаков）说得好："在我们的社会主义社会的条件下，术语也和整个科学一样，乃是全体人民都能享受到的。"③普通语言学这一名称，就算在语言学工作者之间已经用惯了，可是会不会在使用汉语的全体人民中招致一些不必要的误解呢？全体人民能

---

　　① 见郭伯康《索绪尔的语言观在中国的传播与中国现代语言学的发展——"现代语言学在中国"座谈会纪要》，《语言文字应用》1994年第3期。

　　② 虽然我们今天依然使用"普通语言学"的名称，但方光焘的见解确实有一定道理。

　　③ 布达哥夫《语言学概论》，时代出版社，1956年，25页。

不能通过这一名称，理解得这一门科学的性质呢？这些都是应该加以考虑的问题。现在我想趁便在这篇短文里，把提议更改译名的理由扼要地叙述一下。

首先，"普通语言学"中的"普通"，既不是"普普通通"的意思，也没有像在"普通话"一词中那种"普遍通行"的含义。普通语言学并不是以一种世界上普遍通行的语言来作为研究对象的。事实上，在人类的现阶段，我们还没有一种全世界普遍通行的语言。在汉语里，我们也常用"普通"一词来作科学名称的限定语，例如普通化学、普通物理等等；这些科学名称前面的"普通"，是作"基本"或"初等"解的。普通语言学决不是基本语言学，而且在普通语言学之上也并没有什么高等语言学。严格地说，每一个术语，应该只有一个单一的意义。术语的多义性，实在是很大的缺点。现在姑且退一步说，假如在那含有多种意义的"普通"一词中，有一种意义能反映出这门科学的性质的话，那末我们就用普通语言学这个名称，也没有什么不可以。然而事实上，一般语言学是在个别的、具体的、特殊的语言研究的成果上建立起来的语言理论。"一般"一词显然是对个别、特殊而言的。一般语言学中的"一般"，也明白指出存在一切个别的、特殊的语言里面的一般性或共同性。一般语言学的主要课题就在于寻求能把语言史上的一切特殊现象都归结在里面的一般规律。"普通"一词虽然在汉语的少数用例中，也有作"一般"解的；但是严格地说来，和"普通"相对的应该是"特别"或"专门"。这样看来，一般语言学这一译名，实在比较普通语言学更能反映出这门科学的性质。我提议更改译名的理由就在于此。有人认为一般语言学是日人的翻译，我们犯不着去抄袭日人的译名。我看这并不是"犯得着"或"犯不着"的问题，而是译名是否恰当的问题。只要译名恰当，我们就不妨沿用日译。我们不是有许多科学名称，都是沿用日人的翻译的吗？为什么独对一般语言学这个术语，就非得别出心裁改译成普通语言学不可呢？而且"一般"一词在哲学、社会科学中也用得很频繁。我们不是有"一般性"、"一般概念"、"劳动一般"、"生产一般"以及"一般的发展规律"等等术语吗？我真不明白，为什么一定要把一般语言学改译作普通语言学。也许有人会说，一般语言学也好，普通语言学也好，这并不是一个值得争论的问题。要知道，不正确地使用术语会使我们离开科学愈远，甚至于会堵塞了走向科学的途径。术语的问题决不是无足轻重的小事，翻译界前辈严又陵先生的"一名之立，旬日踟蹰"的慎重态度，仍然是值得我们效法的。

二、我们为什么不重视一般语言学

中国科学院语言学顾问谢尔久琴柯（Г. П. Сердюченко）教授在答《中国语文》记者问时曾经指出："我认为中国语言学界的工作中的缺点之一，首先就是对普通语言学（按：即指一般语言学——焘）的问题注意不够。"[①]这是一针见血、击中要害的忠

---

① 谢尔久琴科《答本刊记者问》，《中国语文》1957年7月，28页。

告。王力教授在天津语言学会成立大会上的报告中，也有一段发人深省的论述。他说："首先应该强调的是普通语言学（按：即指一般语言学——焘）。可以这样说，最近五十年来，中国语言学各部门如果有了一点一滴的成就，那就是普通语言学的恩赐。普通语言学通过直接和间接的道路来影响中国语言学。但是如果我们不承认中国语言学的落后，我们就是没有自知之明。而中国语言学的落后，主要是由于我们的普通语言学的落后。这一个薄弱的部门如果不加强，中国语言学的发展前途就会遭受很大的障碍。"①从上述两位教授的言论中，我们深深感到一个国家的语言学的发展前途是和一般语言学的发展分不开的。为什么我们以往不肯重视一般语言学呢？为什么一般语言学不能引起我国语言工作者的注意呢？假如我们能把忽视一般语言学的原因寻找出来，那对于今后开展一般语言学的研究和推动中国语言学向前发展都会有一定的帮助。

第一，欧洲的一般语言学是在比较语言学的研究成果上建立起来的，所有这些一般理论都具有一定的局限性。我们固然应该接受这些理论的指导，可是倘一味生硬地要把这些理论搬来解决我们汉语的特殊问题，那就未必能获得令人满意的结果。谢尔久琴柯教授曾经指出："欧洲的一些普通语言学教程基本上是根据印欧语的材料编写的，因此不能使中国的学生、教师和科学工作者满意。"②是的，我们语言工作者虽然从欧洲的一般语言学教科书中，也学到一些理论，可是一旦把这些理论应用到汉语研究的实践中去，便会感到"格格不入"。我们就开始怀疑这些一般理论的应用范围。这样一来，忽视一般语言学的倾向便在不知不觉之间形成了。

其次，我们应该指出，20世纪以来，欧洲语言学界在一般语言学方面，有了显著的进展。这四五十年中在欧洲和美国出版了不少的应用范围较广、概括性较大的一般语言学的理论著作。我们可以举出索绪尔的《一般语言学教程》(1916)，布龙菲尔德的《语言论》(1933)和特鲁别茨柯依(Н. С. Трубецкой)的《音位学原理》(1939)等等作为例子。我国语言工作者以往对于那些著作从没有系统地介绍过，更谈不上批判了。这固然和我国语言工作者人数不多、水平不够有关；可是我认为，我国语言工作者只重视汉语研究工作，看不起翻译、介绍工作却是一个主要原因。这种对介绍工作的忽视，便招致了忽视一般语言学的必然后果。

第三，我们还应该从汉语的特性来谈一谈。汉语和印欧语言比较起来，无论在语音结构上，语法形态上，以及构词法上，都具有极大的悬殊。研究汉语就必须注意汉语的特殊性，汉语的民族特点，这也是理所当然的事。可是无论怎样强调特殊性，我们却不能把作为交际工具的语言的共同性抛开不谈。我们决不能以汉语和印欧语言有很大的不同为借口，就排拒一般理论的指导。毋庸讳言，强调汉语的特殊性也是造

---

① 王力《中国语言学的现状及其存在的问题》，《中国语文》1957年3月，4～5页。
② 谢尔久琴柯《答本刊记者问》，《中国语文》1957年7月，28页。

成忽视一般语言学的一个原因。

最后，我们应该指出，我们语言工作者太偏重实用，始终局限在部分的研究里。我们没有把部分的研究和另一部分的研究联系起来，更没有把这些研究提高到一般语言学的角度来加以考察。我们只看到枝枝节节的许多实际问题，而没有看到语言的整个体系。偏重实际，轻视理论，满足于部分的研究，也可以说是造成忽视一般语言学的另一个原因。

三、一般语言学的建立

一般语言学是一门极年轻的科学。倘若撇开先验论的、思辩的、形而上学的语言哲学不谈，科学的一般语言学应该说是在 19 世纪末、20 世纪初才建立起来的。1880年青年语法学派代表保尔(H. Paul)出版了《语言史原理》。那一著作可以说是一般语言学的前身。1916 年索绪尔的《一般语言学教程》出版了。那本书却奠定了一般语言学的基础。我不想在这篇短文里对一般语言学的成立和发展，作冗长的叙述。为了正确地理解一般语言学的对象和任务，我想对保尔和索绪尔的著作，作一简单的介绍还是有必要的。

19 世纪对于我们的科学来说，实在是一个编纂历史的时代。罗列事实，堆积材料并不能构成历史。历史本身应该是一个说明。法兰西语的 père(父亲)是从拉丁语 pater 演变来的，语言史家用这样的话来说明。比较语言学者更加添了一句"pater和同语族的其他语词，都是从印欧语的拟测形 pater 演变来的"这样的话，来进行说明。这是把时间的连续，看作因果关系的推理。其实，以一事项和同位的另一事项之间的连续关系，来说明因果，那是不够的。历史决不是简单的记述，应该在记述之上能有所说明。我们只有把既定的事项和已经知道的更高一位的事项相联系起来，那才是真正的说明。

语言史家保尔想要认识贯串在历史的根底里并且在历史发展中起作用的诸种力量。他想要寻找出存在于诸种力量中的恒存关系的法则来。《语言史原理》一书显示了他在这方面的努力。保尔认为语言和人类文化的其他一切产物同样，都是历史的考察的对象。但是，对于这样的历史的考察(因而语言史也在内)应该成立一种与之相并行的学科。那是探寻在历史上发展的事物的一般的生活条件，并且研究一切推动历史发展的要因的性质和作用的学科。这种学科就是保尔所指的原理论，是语言研究的最后的结果，是经验的。

保尔想把生理学和心理学当作解释语言事实的基础学科。其中最被重视的，显然是心理学。保尔常常被人指责为个人心理主义的理由就在于此。他以为，在人类文化中，多种多样的要素混杂着，而且许多种力量同时起着作用，那是历史发展的本质。为了理解这一点，我们对于各个要素及其作用的性质，应该抱有明确的概念。因此，首先必须对要素进行分析，然后再来观察它们的结合。这样看来，保尔的原理论是要建立在从事那些工作的学科上面的。这种学科无疑地首先是心理学。按照保尔的意见,在一切文化运动中最本质的要因是心理的要素,一切都和心理有关。所以保尔认为心理学是文化科学的基础。

然而保尔却并没有把心理的东西看作唯一的要素,纯粹地只建立在心理的基础上的文化并不存在。他认为把文化科学叫作精神科学是不正确的。事实上只存在着一个唯一的纯粹的精神科学,那就是作为法则科学的心理学。一进入历史发展的领域,我们就不能不在处理心理的力的同时,处理物理的力。人们的精神为了要作出文化的产物,常常不能不和身体及其周围的自然协同一致。因此,有关物理的力的活动法则的知识也是必要的。

上面的叙述是对保尔的《语言史原理》的极简略的介绍。保尔的原理论主要想用类推的心理作用和语音法则无例外的物理作用,来解释一切语言事实。岑麒祥先生在他编著的《普通语言学》一书里,对保尔的学说,已有了正确的批判。我不想在这里作重复的论述。我的目的就在于指出保尔的《语言史原理》和一般语言学之间的关系。保尔认为原理论是和各种历史的科学相对立的,有多少历史的分支,就会有多少原理论。有和美术史相并行的美术史原理论,也有和宗教史相并行的宗教史原理论。显然,在保尔的心目中已经具有一种和语言史相对的语言学的概念了。这样看来,保尔所指的原理论,即使不是产生一般语言学的母胎,至少也可以说是一般语言学的前身了。

从洪堡特(W. V. Humboldt)经斯坦塔尔(H. Steinthal)、冯特而到了保尔的所谓德国正统派的心理学派的研究态度,单纯是心理学的。他们的研究的对象也只是语言的成立、成长的机构。语言在一切意义上,对他们来说,都不外是史的考察的对象。

可是一到了索绪尔,我们却又进入了另外一个新的广大的处女地。那就是语言的静态的世界,是体系构成情况的认识。索绪尔认为静态的认识应该先于动态的认识。语言在作为史的进化的担当者之前,首先不能不是一定社会的表现手段、交际工具。无论怎样,语言学首先第一应该研究作为表现手段的记号的性质和生活条件。进一步还应该把语言学和更高一位的科学连结起来,那就是索绪尔定名为记号学(sémiologie)的科学。寻求记号学的原理的是心理学。这样,语言学便在科学的总体中获得了确定的位置。

索绪尔的语言学说是和唯心主义的社会学家杜尔干的社会学说有关系的。在他的语言理论中有强烈的唯心主义的色彩。索绪尔区分了体系的研究和历史的研究,而且不适当地对立起来,很容易引人走向反历史主义的道路。他把声音和听觉映象分割开来,以语言意识代替了语言,歪曲地把语言归结为心理现象。对于这些错误的理论,我想以后另作专文批判讨论,但在这里我们不能不指出:索绪尔对于一般语言学,尤其在方法论的探索上却有一定的贡献。兹维金采夫曾经正确地指出:"德·索绪尔提出了许多语言学上的新问题,在语言研究上发现了许多重要方面,促进了对于语言特点的深刻了解。但是在他的学说上有不少内在的矛盾。"①索绪尔在《一般语言学教程》中提供了一些非常一般的和基本的原则。其中最主要的原则就是:第一,语言是一个体系,应该作为一个体系来研究;第二,语言体系的研究在语言存在的一定时期内不应以语言历史的研究替代;第三,语言研究的对象必须是语言而不是其他任何东西。三四十年来,这些原则成为方法论探索的基础,而且也给予了20世纪的一般语言学以很大的影响。斯铁布林-卡勉斯基(М. И. Стеблин-Каменский)说过:"因此,可以毫不夸大地说,从索绪尔对语言学发展的影响上看,恐怕语言学史上没有一个学者可以和他相比。"②我们所以把索绪尔认为是一般语言学的奠基人,不是没有理由的。

1950年斯大林发表了《马克思主义与语言学问题》。斯大林的这一著作不特揭露了马尔的"语言新学说"的庸俗唯物论和非科学的性质,而且同时也批判了资产阶级语言学家的唯心主义。对于语言的本质,语言与思维,语言的起源和发展,语言的融合等等问题,斯大林都作了原则性的指导、科学性的阐明和经典式的解决。我们可以毫不迟疑地说,斯大林的著作奠定了马克思主义语言学的基础,确定了今后语言科学发展方向,并且标志着一般语言学发展的新阶段的开始。

四、一般语言学的对象与任务

我们在上面已经提到过,一般语言学是以语言的一般性、共同性作为研究对象的。这种一般性究竟存在在哪里呢? 我们不能设想: 在听得到或看得到的语言之外还存在着一般的语言。列宁在《谈谈辩证法问题》里指导我们:"个别一定与一般相联而存在。一般只能在个别中存在,只能通过个别而存在。任何个别(不论怎样)都是一般。任何一般都是个别的(一部分,或一方面,或本质)。任何一般只是大致地包括一切个别事物。任何个别都不能完全地列入一般之中等等。"③列宁的这一科学规定,在我们的语言研究范围内,也是完全适合的。一般语言学不能单凭个别的、具体的语言研究的成果而成立,但是离开了个别的、具体的语言研究成果,也就不会有什么一般语言学。

在普通叫做"语言"的一词里,有两种含义:一种是指作为人类的一般的可能性的言语活动,另一种是在特定的条件下被实现了出来的语言。法兰西人把前者叫做langage(语言活动),把后者叫做 langue(语言)。

可能性本来是潜在的东西。我们只能在实现中去捉摸它。语言活动(langage)

---

① 兹维金采夫《19~20世纪语言学说史选集》(俄文本),225页。

② 斯铁布林-卡勉斯基《关于结构主义的几点意见》,《中国语文》1957年8月,28页。

③ 列宁《哲学笔记》,人民出版社,1956年,363页。

是可以作为概念来理会的,但并不是可以凭感官感知的。我们在各种个别的、特殊的语言里,看到了人类言语活动的实现。因此离开了各个特殊的、个别的语言学,就不会有一般语言学。这样看来,特殊语言学对一般语言学的关系不是外延的,而是内涵的。可是要想在个别的、特殊的单一语言中看出语言的具体而微的小宇宙,那也是不可能的。任何一个个别的、特殊的语言仅仅分有语言的一般性的一部分罢了。

我们在这里还应该附带说明一下,有人认为,语言活动(langage)是抽象的东西,而语言(langue)才是具体的。我们认为这种看法是不很正确的。放在我们的直观前面的,只是整个的语言。那既不是单独的语言活动,也不是单独的语言。那可以说是同时兼有双方的。倘把这整个的语言,看成单独的语言活动或单独的语言,那都应该说是抽象行为。

从上面的叙述中我们可以看出,在具体语言里都存在着个别和一般的辩证的统一。一般语言学也就是以个别与一般相结合的各个具体语言中的一般性作为研究对象的。一般语言学者要从个别的语言的静态研究、历史研究和各个语族的历史比较研究的成果中建立起一般理论,复又回过来用这些一般理论来指导个别的语言的静态研究、历史研究和各个语族的历史比较研究。

有人把语言研究"分为个别的(演绎的)和综合的(归纳的)研究"。[①] 所谓个别的研究是指个别语言的静态研究和历史研究,而综合的研究却是指一般语言学。这种把演绎法和归纳法对立起来的说法是有问题的,而且个别的研究并不一定以演绎法为主,而一般语言学也未必完全专用归纳法。

我们从归纳法和演绎法的相互关系出发,可以把全部自然科学和社会科学,按照它们本身的方法,分为归纳分析占优势的科学和演绎分析占优势的科学。例如植物学和动物学在科学里是属于前者的,而物理学却是以后一种分析方法占优势的科学。

我们也可以使用上述的方法来说明在发展过程中的一些科学的不同阶段。正如科学的历史所证明的那样,就科学发展的低级阶段来说,那是以归纳方法作为特征的。但当科学发展到更高的阶段的时候,演绎分析便占了统治的地位。

在语言科学的历史上成为新阶段的、20 世纪的结构主义语言学的方法,与传统语言学的归纳法相对立,是以演绎法占统治地位为特征的。[②]

结构主义用演绎法研究语言,并规定了一些一般原理。这些一般原理是否经得起具体语言事实的检验,是否全无缺点? 我不想在这里评述。作为综合的、理论的研究的一般语言学,自索绪尔以来,已经逐渐地向着以演绎分析占优势的方面发展了。

①　彭楚南《谈谈语言学》,《中国语文》1957 年 1 月,27 页。
②　邵勉《论结构主义语言学的本质》,《语言学论文选择》第 6 辑,中华书局,1958 年。

把个别的语言研究看作是演绎的,把综合的语言研究看作是归纳的,那是毫无科学根据的说法。

也许会有人提出这样的疑问:建立在语言的一般理论上的个别的语言的语法体系,是否能站得稳固呢? 是否会像沙滩上的建筑一样呢? 这倒不能不看一看所根据的一般理论的情况了。假如建立在本身不健全的一般理论(例如叶斯柏森的三品学说)的基础上,那无疑是站不住的。可是射程较远的、正确的理论(例如谢尔巴院士的音位理论、语法理论等)一定会对于我们汉语语法体系的建立和汉语音位的研究,都有很大的启发和帮助。

现在让我们来谈一谈一般语言学的任务。索绪尔在《一般语言学教程》中曾提出了语言学的三项任务:(1)对所有一切能接触到的语言,进行记述,并编辑那些语言的历史,进一步编辑各语族的历史,更在可能范围内拟测各语族的祖语;(2)寻求在一切语言中恒常地、普遍地起作用的力,并引导出能把语言史上的一切特殊现象都归结在里面的一般规律来;(3)限定语言学的范围,并对语言学本身下定义。

索绪尔所提出的这几项任务,当然也是现今的一般语言学的努力方向。作为和个别语言的静态研究相并行的一般语言学,首先应该在理论上探寻一些足以指导个别语言的静态分析的原理和方法。另一方面,作为和语言史相并行的一般语言学,也应该首先建立起足以指导编辑语言史的理论。在这门年轻的一般语言学中,寥阔的园地正期待着我们语言工作者今后的辛勤劳动和开发。

自1950年以来,全国语言学界掀起了学习斯大林的语言学著作的高潮。我们在语法方面也展开了热烈的讨论。语法学家也检查了以往自己的研究方法的错误,并确定了今后建立语法体系的正确方向。我们也翻译和介绍了一些有关一般语言理论的著作。1955年教育部和中国文字改革委员会召开了文字改革会议,中国科学院哲学社会科学部又举行了现代汉语规范问题的学术会议。八年来,在党的正确领导下,我国语言学界呈现出空前的活跃。在这大跃进的时代里,在全国语言工作者的共同努力下,一般语言学的研究将会有显著的进步,那是可以断言的。汉语史的研究,汉语的静态研究,也将随着一般语言学的进展,向前迈进。在不久的将来,汉语研究的成果,一定会丰富世界语言学,也一定会对一般语言学作出应有的贡献。

语言学的对象

〔瑞士〕索绪尔

导言——

本文选自索绪尔著《普通语言学教程》"绪论"部分的第三章至第五章,高名凯译,商务印书馆,1980。文中序号为编者所加。

作者费尔迪南·德·索绪尔(Ferdinand de Saussure 1857～1913),生于瑞士日内瓦,日内瓦大学教授。是20世纪最著名、最具深远影响的语言学家之一,是结构主义语言学的创始人、现代语言学的开山鼻祖。《普通语言学教程》是他留给20世纪最宝贵的遗产,是一部具有划时代意义的语言学著作。这部著作是结构主义语言学的奠基之作,提出了一套结构主义的语言理论和研究方法,改变了20世纪语言学研究的发展方向。

选文主要谈语言学的研究对象。索绪尔仔细分析了言语活动中的各有关因素,从符号学的观点阐述了语言的性质,区分了语言和言语两个重要的概念,阐述了语言内部要素和外部要素的关系。索绪尔首次区分语言的语言学和言语的语言学,认为"固有意义的语言学"的研究对象是语言,认为语言研究必须把语言结构作为主要的研究对象,并把言语行为的全部表现形式与其联系起来,他指出"把语言系统和言语分开,我们就把什么是社会的,什么是个人的,什么是主要的,什么是从属的和偶然的分开了";索绪尔也首次区分了内部语言学和外部语言学,指出内部语言学研究语言系统(语言的内部要素),外部语言学研究语言同民族、文化、种族、政治、社会、地理等因素(语言的外部因素)的关系。但索绪尔面临的或许是把语言和言语对立起来,忽视外部语言学等,因此后来受到学术界的质疑。

一、语言学的对象

§1. 语言;它的定义

语言学的又完整又具体的对象是什么呢? 这个问题特别难以回答,原因将在下面说明,这里只限于使大家了解这种困难。

别的科学都是对预先确定了的对象进行工作,接着就可以从不同的观点去加以考虑。在我们的领域里,情况却不是这样。有人发出法语 nu "赤裸裸的"这个词,一个肤浅的观察者在这里也许会看到一个具体的语言学对象;但是仔细考察一下,人们将会按照不同的看法连续找到三四个完全不同的事物,如把它看作一个声音,一种观念的表达，一个跟拉丁语 nūdum 相对应的词①等等。那远不是对象在观点之前，人们将会说，这是观点创造了对象，而且我们也没法预先知道，在这种种看法中，哪一种比其他的优越。

此外，不管我们采用哪一种看法，语言现象总有两个方面，这两个方面是互相对应的，而且其中的一个要有另外一个才能有它的价值。例如：

（1）人们发出的音节是耳朵听得到的音响印象，但是声音没有发音器官就不能存在；例如一个 n 音只因有这两个方面的对应才能存在。所以我们不能把语言归结为声音，也不能使声音脱离口头上的发音；反过来说，撇开了音响印象也就无从确定发音器官的动作。

（2）就算声音是简单的东西，它是否就构成言语活动了呢？不，它只是思想的工具；它本身不能单独存在。在这里又出现了一种新的可怕的对应：声音是音响·发音的复合单位，它跟观念结合起来又构成了生理·心理的复合单位。事情还不只是这样：

（3）言语活动有个人的一面，又有社会的一面；没有这一面就无从设想另一面。此外：

（4）在任何时候，言语活动既包含一个已定的系统，又包含一种演变；在任何时候，它都是现行的制度和过去的产物。乍一看来，把这个系统和它的历史，把它的现状和过去的状态区别开来似乎很简单；实际上两者的关系非常密切，很难把它们截然分开。假如我们从起源方面去考虑语言现象，例如从研究儿童的言语活动开始，问题会不会变得简单些呢？不，因为就言语活动来说，认为起源的问题和永恒条件的问题有什么不同，那是非常错误的；所以我们还是跳不出圈子。

因此，我们无论从哪一方面去着手解决问题，任何地方都找不着语言学的完整的对象；处处都会碰到这样一种进退两难的窘境：要么只执着于每个问题的一个方面，冒着看不见上述二重性的危险；要么同时从几个方面去研究言语活动，这样，语言学的对象就像是乱七八糟的一堆离奇古怪、彼此毫无联系的东西。两种做法都将为好几种科学——心理学、人类学、规范语法、语文学等等——同时敞开大门；这几种科学，我们要把它们跟语言学划分清楚，但是由于用上了错误的方法，它们都将会要求言语活动作为它们的一个对象。

在我们看来，要解决这一切困难只有一个办法：一开始就站在语言的阵地上，把它当作言语活动的其他一切表现的准则。事实上，在这许多二重性当中，看来只有语言可能有一个独立的定义，为人们的精神提供一个差强人意的支点。

---

① 法语的 nu 这个词和民间拉丁语的 nudo 相对应，到 11 世纪末才由民间拉丁语的 nudo 变成了现代法语的 nu。它跟古典拉丁语的 nūdum 没有直接联系。德·索绪尔在这里认为法语的 nu 和拉丁语的 nūdum 相对应，这是一种比较简单的说法。——校注

但语言是什么呢？在我们看来，语言和言语活动不能混为一谈；它只是言语活动的一个确定的部分，而且当然是一个主要的部分。它既是言语机能的社会产物，又是社会集团为了使个人有可能行使这机能所采用的一整套必不可少的规约。整个来看，言语活动是多方面的、性质复杂的，同时跨着物理、生理和心理几个领域，它还属于个人的领域和社会的领域。我们没法把它归入任何一个人文事实的范畴，因为不知道怎样去理出它的统一体。

相反，语言本身就是一个整体、一个分类的原则。我们一旦在言语活动的事实中给以首要的地位，就在一个不容许作其他任何分类的整体中引入一种自然的秩序。

也许有人会反对这样一个分类的原则，认为言语活动的运用要以我们的天赋机能为基础，而语言却是某种后天获得的、约定俗成的东西，它应该从属于自然的本能，而不应该居于它之上。

我们可以这样回答：

首先，人们还没有证明，说话时所表现的言语活动的功能完全出于天赋，就是说，人体之有发音器官是为了说话，正如双腿是为了行走一样。语言学家关于这一点的意见很不一致。例如辉特尼就把语言看作一种社会制度，跟其他一切社会制度一样。在他看来，我们之所以使用发音器官作为语言的工具，只是出于偶然，只是为了方便起见：人类本来也可以选择手势，使用视觉形象，而不使用音响形象[1]。他的这番议论无疑太绝对了；语言并不是在任何一点上都跟其他社会制度相同的社会制度。此外，辉特尼说我们之所以选择发音器官只是出于偶然，也未免走得太远；这选择在某种程度上其实是自然强加于我们的。但是在主要论点上，我们觉得这位美国语言学家是对的：语言是一种约定俗成的东西，人们同意使用什么符号，这符号的性质是无关轻重的。所以，关于发音器官的问题，在言语活动的问题上是次要的。

这种想法可以用人们对于所谓 langage articulé（分节语）所下的定义来加以证实。拉丁语 articulus 的意思是"肢体、部分，一连串事物的小区分"。就言语活动来说，articulation（分节）可以指把语链分成音节，也可以指把意链分成意义单位；德语的 gegliederte Sprache 正是就这个意义来说的。根据这个定义，我们可以说，对人类天赋的不是口头的言语活动，而是构成语言——即一套和不同的观念相当的不同的符号——的机能。

卜洛卡（Broca）[2]发现说话的机能位于左大脑第三额回，人们也就根据这一点认

---

① 辉特尼的这些话，见于他所著的《语言和语言研究》第十四章。——校注

② 卜洛卡（1824～1880），法国解剖学家兼外科医生。他研究人脑结构，曾发现人们的言语发动中枢位于左大脑第三额回，它跟语言音响中枢和书写中枢有紧密联系。这些神经中枢受到损害，就会引起失语症和失书症。——校注

为言语活动有天赋的性质。但是大家知道,这个定位已被证明是跟言语活动的一切,其中包括文字,有关的。这些证明,加上人们对于因为这一部位的神经中枢受损害而引起的各种形式的失语症所作的观察,似乎可以表明:(1)口头言语活动的各种错乱跟书写言语活动有千丝万缕的联系;(2)在任何失语症或失书症的病例中,受影响的,与其说是发出某些声音或写出某些符号的机能,不如说是使用某种工具——不管是什么工具——来唤起正常的言语活动中的符号的机能。这一切使我们相信,在各种器官的运用上面有一种更一般的机能,指挥各种符号的机能,它恰恰就是语言机能。我们上述的结论就是从这里得出的。

为了使语言在言语活动的研究中占首要地位,我们最后还可以提出这样的论据:人们说话的机能——不管是天赋的或非天赋的——只有借助于集体所创造和提供的工具才能运用;所以,说语言使言语活动成为统一体,那决不是什么空想。

§2. 语言在言语活动事实中的地位

要在整个言语活动中找出与语言相当的部分,必须仔细考察可以把言语循环重建出来的个人行为。这种行为至少要有两个人参加:这是使循环完整的最低限度的人数。所以,假设有甲乙两个人在交谈:

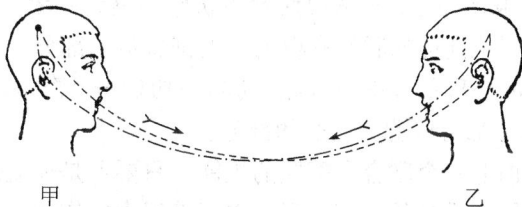

甲　　　　　　　　　　　　乙

循环的出发点是在对话者之一例如甲的脑子里,在这里,被称为概念的意识事实是跟用来表达它们的语言符号的表象或音响形象联结在一起的。假设某一个概念在脑子里引起一个相应的音响形象,这完全是一个心理现象。接着是一个生理过程:脑子把一个与那音响形象有相互关系的冲动传递给发音器官,然后把声波从甲的口里播送到乙的耳朵:这是纯粹的物理过程。随后,循环在乙方以相反的程序继续着:从耳朵到脑子,这是音响形象在生理上的传递;在脑子里,是这形象和相应的概念在心理上的联结①。如果轮到乙方说话,这新的行为就继续下去——从他的脑子到甲方的脑子——进程跟前一个完全相同,连续经过同一些阶段,可以图示如下:

---

① 德·索绪尔对于心理现象的分析,一般采用了德国赫尔巴特(Herbart)联想心理学的术语和概念,这使他和新语法学派很接近。试参看德尔勃吕克的《语言学的基本问题》和保罗的《语言史原理》。——校注

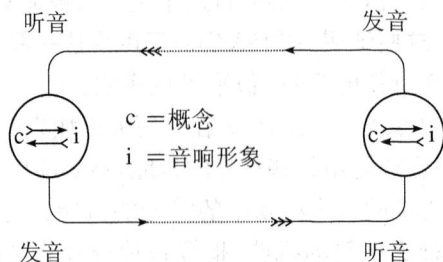

这分析当然不是很完备的;我们还可以区分出:纯粹的音响感觉,音响感觉和潜在的音响形象的合一,发音的肌动形象,等等。我们考虑的只是大家认为是主要的要素;但是上图已能使我们把物理部分(声波)同生理部分(发音和听音)和心理部分(词语形象和概念)一举区别开来。重要的是不要把词语形象和声音本身混为一谈,它和跟它联结在一起的概念都是心理现象。

上述循环还可以分为:

(a) 外面部分(声音从口到耳的振动)和包括其余一切的里面部分;

(b) 心理部分和非心理部分,后者既包括由发音器官发出的生理事实,也包括个人以外的物理事实;

(c) 主动部分和被动部分:凡从说话者的联想中枢到听者的耳朵的一切都属主动部分,凡从听者的耳朵到他的联想中枢的一切都属被动部分;

最后,在脑子里的心理部分中,凡属主动的一切(c→i)都可以称为执行的部分,凡属被动的一切(i→c)都可以称为接受的部分。

此外,我们还要加上一个联合和配置的机能。只要不是孤立的符号,到处都可以看到这个机能;它在作为系的语言的组织中起着很大的作用。

但是要彻底了解这种作用,我们必须离开个人行为,走向社会事实,因为个人行为只是言语活动的胚胎。

在由言语活动联系起来的每个个人当中,会建立起一种平均数:每个人都在复制(当然不是很确切地,而只是近似地)与相同的概念结合在一起的相同的符号。

这种社会的晶化是怎么来的呢? 上述循环中的哪一部分可能是跟它有关的呢? 因为很可能不是任何部分都同样在里面起作用的。

我们首先可以把物理部分撇开。当我们听到人家说一种我们不懂的语言的时候,我们的确听到一些声音,但是由于我们不了解,我们仍然是在语言事实之外。

心理部分也不是全部起作用的:执行的一方是没有关系的,因为执行永远不是由集体,而是由个人进行的。个人永远是它的主人;我们管它叫言语。

由于接受机能和配置机能的运用,在说话者当中形成了一些大家都觉得是相同的印迹。我们究竟应该怎样去设想这种社会产物,才能使语言看来是完全跟其他一切分立的呢? 如果我们能够全部掌握储存在每个人脑子里的词语形象,也许会接触到构成语言的社会纽带。这是通过言语实践存放在某一社会集团全体成员中的宝库，一个潜存在每一个人的脑子里，或者说得更确切些，潜存在一群人的脑子里的语法体系；因为在任何人的脑子里，语言都是不完备的，它只有在集体中才能完全存在。

把语言和言语分开，我们一下子就把(1)什么是社会的，什么是个人的；(2)什么是主要的，什么是从属的和多少是偶然的分开来了。

语言不是说话者的一种功能，它是个人被动地纪录下来的产物；它从来不需要什么深思熟虑，思考也只是为了分类的活动才插进手来，这将是我们在以下第170页所要讨论的问题。

相反，言语却是个人的意志和智能的行为，其中应该区别开：(1)说话者赖以运用语言规则表达他的个人思想的组合；(2)使他有可能把这些组合表露出来的心理·物理机构。

应该注意，我们是给事物下定义，而不是给词下定义，因此，我们所确立的区别不必因为各种语言有某些意义不尽相符的含糊的术语而觉得有什么可怕。例如，德语的 Sprache 是"语言"和"言语活动"的意思；Rede 大致相当于"言语"，但要加上"谈话"的特殊意味。拉丁语的 sermo 无宁说是指"言语活动"和"言语"，而 lingua 却是"语言"的意思，如此等等。没有一个词跟上面所确定的任何一个概念完全相当。因此，对词下任何定义都是徒劳的；从词出发给事物下定义是一个要不得的办法。

语言的特征可以概括如下：

(1)它是言语活动事实的混杂的总体中一个十分确定的对象。我们可以把它定位在循环中听觉形象和概念相联结的那确定的部分。它是言语活动的社会部分，个人以外的东西；个人本身不能创造语言，也不能改变语言；它只凭社会的成员间通过的一种契约而存在。另一方面，个人必须经过一个见习期才能懂得它的运用；儿童只能一点一滴地掌握它。它是一种很明确的东西，一个人即使丧失了使用言语的能力，只要能理解所听到的声音符号，还算是保持着语言。

(2)语言和言语不同，它是人们能够分出来加以研究的对象。我们虽已不再说死去的语言，但是完全能够掌握它们的语言机构。语言科学不仅可以没有言语活动的其他要素，而且正要没有这些要素搀杂在里面，才能够建立起来。

(3)言语活动是异质的，而这样规定下来的语言却是同质的：它是一种符号系统；在这系统里，只有意义和音响形象的结合是主要的；在这系统里，符号的两个部分都是心理的。

(4)语言这个对象在具体性上比之言语毫无逊色，这对于研究特别有利。语言符号虽然主要是心理的，但并不是抽象的概念；由于集体的同意而得到认可，其全体即构成语言的那种种联结，都是实在的东西，它们的所在地就在我们脑子里。此外，语言的符号可以说都是可以捉摸的；文字把它们固定在约定俗成的形象里。但是要把言语行为的一切细节都摄成照片却是不可能的；一个词的发音，哪怕是一个很短的词的发音，都是无数肌肉运动的结果，是极难以认识和描绘的。相反，语言中只有音响形象，我们可以把它们译成固定的视觉形象。因为把言语中实现音响形象的许许多多动作撇开不谈，那么，我们将可以看到，每个音响形象也不过是若干为数有限的要素或音位的总和，我们还可以在文字中用相应数量的符号把它们唤起。正是这种把有关语言的事实固定下来的可能性使得一本词典和语法能够成为语言的忠实代表；语言既然是音响形象的堆栈，文字就是这些形象的可以捉摸的形式。

§3. 语言在人文事实中的地位：符号学

语言的这些特征可以使我们发现另外一个更重要的特征。在言语活动的全部事实中这样划定了界限的语言，可以归入人文事实一类，而言语活动却不可能。

我们刚才已经看到，语言是一种社会制度；但是有几个特点使它和政治、法律等其他制度不同。要了解它的特殊性质，我们必须援引另一类新的事实。

语言是一种表达观念的符号系统，因此，可以比之于文字、聋哑人的字母、象征仪式、礼节形式、军用信号等等，等等。它只是这些系统中最重要的。

因此，我们可以设想有一门研究社会生活中符号生命的科学；它将构成社会心理学的一部分，因而也是普通心理学的一部分；我们管它叫符号学（sémiologie①，来自希腊语 sēmeîon"符号"）。它将告诉我们符号是由什么构成的，受什么规律支配。因为这门科学还不存在，我们说不出它将会是什么样了，但是它有存在的权利，它的地位是预先确定了的。语言学不过是这门一般科学的一部分，将来符号学发现的规律也可以应用于语言学，所以后者将属于全部人文事实中一个非常确定的领域。

确定符号学的恰当地位，这是心理学家的事②，语言学家的任务是要确定究竟是什么使得语言在全部符号事实中成为一个特殊的系统。这个问题我们回头再谈，在这里只提出一点：如果我们能够在各门科学中第一次为语言学指定一个地位，那是因为我们已把它归属于符号学。

为什么大家还不承认符号学是一门独立的科学，像其他任何科学一样有它自己的研究对象呢？因为大家老是在一个圈子里打转：一方面，语言比任何东西都更适宜于使人了解符号学问题的性质，但是要把问题提得适当，又必须研究语言本身；可是直到现在，人们差不多老是把它当作别的东西，从别的观点去进行研究。

首先是大众有一种很肤浅的理解，只把语言看作一种分类命名集，这样就取消了

---

① 仔细不要把符号学和语义学混为一谈。语义学是研究语义的变化的，德·索绪尔没有作过有系统的阐述；但是在第 112 页我们可以找到他所表述的基本原理。——原编者注

② 参看纳维尔（Ad. Naville）的《科学的分类》第二版，第 104 页。——原编者注
按关于符号学的范围，摩里斯（Charles Morris）在《符号，语言和行为》（1946）一书中有所论述。——校注

对它的真正性质作任何探讨。

其次是心理学家的观点，它要研究个人脑海中符号的机构：这方法是最容易的，但是跨不出个人执行的范围，和符号沾不上边，因为符号在本质上是社会的。

或者，就算看到了符号应该从社会方面去进行研究，大家也只注意到语言中那些使它归属于其他制度，即多少依靠人们的意志的制度的特征。这样就没有对准目标，把那些一般地只属于符号系统和特殊地属于语言的特征忽略了。因为符号在某种程度上总要逃避个人的或社会的意志，这就是它的主要的特征；但这正是乍看起来最不明显的。

正因为这个特征只在语言中显露得最清楚，而它却正是在人们研究得最少的地方表现出来，结果，人们就看不出一门符号科学有什么必要或特殊效用。相反，依我们看来，语言的问题主要是符号学的问题，我们的全部论证都从这一重要的事实获得意义。要发现语言的真正本质，首先必须知道它跟其他一切同类的符号系统有什么共同点。有些语言的因素乍一看来似乎很重要（例如发音器官的作用），但如果只能用来使语言区别于其他系统，那就只好放到次要的地位去考虑。这样做，不仅可以阐明语言的问题，而且我们认为，把仪礼、习惯等等看作符号，这些事实也将显得完全是另一种样子。到那时，人们将会感到有必要把它们划归符号学，并用这门科学的规律去进行解释。

二、语言的语言学和言语的语言学

我们在全部言语活动的研究中为语言科学安排好了它的真正的位置，同时也就确定了整个语言学的地位。言语活动中其他一切构成言语的要素都会自动来归附于这头一门科学；正是由于这种归附，语言学的各部分也就都找到了它们的自然的位置。

例如，试就言语所必需的发音来考虑：发音器官对于语言是外在的东西，正如用来转写莫尔斯电码的发报机对于这电码是外在的东西一样；而且发音，即音响形象的实施，决不会影响到系统本身。在这一方面，我们可以把语言比之于交响乐，它的现实性是跟演奏的方法无关的；演奏交响乐的乐师可能犯的错误绝不致损害这现实性。

我们这样把发音和语言分开，也许有人会提出语音演变，即在言语中发生并对语言本身的命运具有深远影响的声音变化来加以反驳。我们果真有权利认为，语言是不依靠这些现象而独立存在的吗？是的，因为这些现象只能影响到词的物质材料。如果侵蚀到作为符号系统的语言，那也是通过由此产生的解释上的变化间接地进行的，可是这种现象绝对不是语音上的。寻求这些变化的原因也许是很有趣味的，而且语音的研究在这一点上会对我们有很大帮助；但这不是主要的：对语言科学来说，只要看到语音变化并估计到它们的效果也就够了。

我们所说的关于发音的这些话，也适用于言语的其他任何部分。说话者的活动应该在许多学科中研究,这些学科只有跟语言有关,才能在语言学中占一席地。

因此,言语活动的研究就包含着两部分:一部分是主要的,它以实质上是社会的、不依赖于个人的语言为研究对象,这种研究纯粹是心理的;另一部分是次要的,它以言语活动的个人部分,即言语,其中包括发音,为研究对象,它是心理·物理的。

毫无疑问,这两个对象是紧密相联而且互为前提的:要言语为人所理解,并产生它的一切效果,必须有语言;但是要使语言能够建立,也必须有言语。从历史上看,言语的事实总是在前的。如果人们不是先在言语行为中碰到观念和词语形象的联结,他怎么会进行这种联结呢?另一方面,我们总是听见别人说话才学会自己的母语的;它要经过无数次的经验,才能储存在我们的脑子里。最后,促使语言演变的是言语:听别人说话所获得的印象改变着我们的语言习惯。由此可见,语言和言语是互相依存的;语言既是言语的工具,又是言语的产物。但是这一切并不妨碍它们是两种绝对不同的东西。

语言以许多储存于每个人脑子里的印迹的形式存在于集体中,有点像把同样的词典分发给每个人使用。所以,语言是每个人都具有的东西,同时对任何人又都是共同的,而且是在储存人的意志之外的。语言的这种存在方式可表以如下的公式:

$$1+1+1+\cdots\cdots=1(集体模型)$$

言语在这同一集体中是什么样的呢?它是人们所说的话的总和,其中包括:(a) 以说话人的意志为转移的个人的组合,(b) 实现这些组合所必需的同样是与意志有关的发音行为。

所以在言语中没有任何东西是集体的;它的表现是个人的和暂时的。在这里只有许多特殊情况的总和,其公式如下:

$$(1+1'+1''+1'''\cdots\cdots)$$

根据这一切理由,要用同一个观点把语言和言语联合起来,简直是幻想。言语活动的整体是没法认识的,因为它并不是同质的,但上面提到的区别和归附关系却可以阐明一切。

这就是我们在建立言语活动理论时遇到的第一条分叉路。两条路不能同时走,我们必须有所选择;它们应该分开走。

如果必要,这两门学科都可以保留语言学这个名称,我们并且可以说有一种言语的语言学。但是不要把它和固有意义的语言学混为一谈,后者是以语言为唯一对象的。

我们将只讨论后一种语言学;如果本陈述的过程中有时要借助于有关言语研究的知识,我们也将力求不抹杀这两个领域的界限。

三、语言的内部要素和外部要素

我们的关于语言的定义是要把一切跟语言的组织、语言的系统无关的东西,简言之,一切我们用"外部语言学"这个术语所指的东西排除出去的。可是外部语言学所研究的却是一些很重要的东西；我们着手研究言语活动的时候想到的也正是这些东西。

首先是语言学和民族学的一切接触点，语言史和种族史或文化史之间可能存在的一切关系。这两种史总是混杂在一起的，彼此之间有相互关系。这有点像固有语言现象之间的对应关系。一个民族的风俗习惯常会在它的语言中有所反映，另一方面，在很大程度上，构成民族的也正是语言。

其次，必须提到语言和政治史的关系。有些历史上的大事件，例如罗马人的征服其他民族，对于许多语言事实有无可估量的影响[①]。殖民只是征服的一种形式，它把一种语言移植到不同的环境，结果引起了这种语言的变化。我们可以举出各种事实来加以证明。例如挪威在政治上和丹麦联合时曾采用过丹麦语；诚然，挪威人今天正要摆脱这种语言的影响[②]。国家的内政对于语言的生命也同样重要：某些政府，例如瑞士，容许几种语言同时并存[③]；另外一些政府，例如法国，却希望语言统一[④]。高度的文明有利于某些特殊语言（法律语言，科学术语等等）的发展。

第三点是语言和各种制度如教会、学校等的关系。这些制度和一种语言的文学发展又有密切的联系；这更是一种同政治史分不开的普遍现象。文学语言在任何方面都超越了文学为它划定的界限；例如沙龙、宫廷、科学院都对它发生影响。另一方面，文学语言又提出了它和地方方言发生冲突的重大问题；语言学家还应该考察书面语和口语的相互关系；因为任何文学语言都是文化的产物，到头来都会使它的生存范围脱离自然的范围，即口语的范围。

最后，凡与语言在地理上的扩展和方言分裂有关的一切，都属外部语言学的范围。毫无疑问，正是在这一点上，外部语言学和内部语言学的区别看来似乎最没有道理，因为地理的现象和任何语言的存在都是紧密地联系在一起的；可是，实际上，它并没有触及语言的内部机构。

有人认为，把所有这些问题和固有意义的语言研究分开是绝对不可能的。特别是自从人们强调"Realia"（实物知识）以来，这就是一个很流行的观点[⑤]。

---

① 罗马人于罗马帝国极盛时代征服了西欧的许多国家，使拉丁语在这些地区取得了统治地位，其后同当地语言发生融合，变成了现在各罗曼族语言。——校注

② 挪威在中世纪末叶和丹麦结成联盟，曾采用丹麦的 riksmål 语，到 19 世纪初才开始摆脱这种语言的影响，推行一种以挪威方言为基础的 landsmål 语。——校注

③ 瑞士没有自己的语言，现在国内同时使用德语、法语、意大利语等几种语言。——校注

④ 法国政府只承认一种以法兰西岛方言为基础的法语，这是它的正式语言，尽管各地还或多或少有一些方言。——校注

⑤ 德语常用"Realia"这个词来指生活的物质事实，事物的形状、大小等等。这里所说的特别是指舒哈尔德（Schuchardt）所主张的文化史理论。他认为"词物史"（Sachwortgeschicht）是语言学的基本任务。——校注

正如植物会因受外部因素如土壤、气候等的影响而改变它的内部机构一样，难道语法机构不也经常要依赖于语言变化的外部因素吗①？语言里有许多技术上的术语和借词，如果不考虑到它们的来源，似乎很不好解释。一种语言的自然的、有机的发展，我们能把它跟那语言由于外部的，因而是无机的因素而形成的人为的形式，比方文学语言，区别开来吗？我们不是经常看见共同语和地方方言并肩发展吗？

我们认为，外部语言现象的研究是富有成果的；但是不能说，没有这些现象就不能认识语言的内部机构。试以外来借词为例：我们首先可以看到它绝对不是语言生命中的经常要素。在某些偏僻的山谷中有些土语可以说从来没有从外面接受过任何人为的词语，我们难道可以说，这些语言处在言语活动的正常条件之外，不能说明言语活动，而且正因为它们没有经受过混合，所以要对它们进行一种"畸形学的"研究吗？但是借词只要放到系统当中去研究，首先就不算是借词了；它会跟任何土生土长的符号一样，只因与它有关联的词的关系和对立而存在。一般地说，一种语言曾在什么环境中发展，是并不一定要知道的。有些语言，例如禅德语②和古斯拉夫语，我们甚至并不确切地知道过去是哪些民族说的，但是这并不妨碍我们从内部研究这些语言和了解它们所经受过的变化。无论如何，把这两种观点分开是必不可少的，这一点我们遵守得越严格越好。

最好的证据是每种观点都创立了不同的方法。外部语言学可以把各种细节一件件地堆积起来而不致感到被系统的老虎钳钳住。例如每个作者都能按照自己的理解把一种语言在它的领域以外扩展的事实作出归类；他如果想要找出是什么因素在各种方言面前创造了一种文学语言，常可以采用简单的列举法；如果他把事实安排得多少有点条理，那只是为了眉目清楚的需要。

至于内部语言学，情况却完全不同：它不容许随意安排；语言是一个系统，它只知道自己固有的秩序。把它跟国际象棋相比，将更可以使人感觉到这一点。在这里，要区别什么是外部的，什么是内部的，是比较容易的：国际象棋由波斯传到欧洲，这是外部的事实，反之，一切与系统和规则有关的都是内部的。例如我把木头的棋子换成象牙的棋子，这种改变对于系统是无关紧要的；但是假如我减少或增加了棋子的数目，那么，这种改变就会深深影响到"棋法"。不错，要作出这种区别，需要一定的注意。例如，在任何情况下，人们都会提出有关现象的性质问题，而要解决这个问题，我们必须遵守这条规则：一切在任何程度上改变了系统的，都是内部的。

---

① 这句话引自拉法格(Lafargue)的《革命前和革命后的法语》。——校注

② 波斯人注释火祆教经典《阿味斯达》所用的语言，一般认为是代表中古波斯语的贝尔维语，但也有人说是波斯西北部或东北部的一种方言。——校注

现代语言学的特征

〔英〕J. 莱昂斯

导言——

    本文选自《语言研究译丛》第一辑,刘叔新译,南开大学出版社,1984。原文是 John Lyons 所著 *Introduction to Theoretical Linguistics*(《理论语言学导论》,剑桥大学出版社,1975)一书第一章(语言学:语言的科学研究)的第四节。标题由译者改定。

    作者莱昂斯(John Lyons 1932~　　),英国著名的理论语言学家、语义学家。曾任英国苏克塞斯(Sussex)大学教授(1976~1984)和剑桥大学三位一体学院院长、教授(1984~2000)。英国大不列颠科学院院士、美国语言学会名誉会员。

    选文主要论述了现代语言学的特点。一般认为索绪尔是现代语言学的奠基人,为二十世纪语言学开辟了新天地,现代语言学由此而诞生。20 世纪前半叶,以索绪尔的理论为基础,在欧洲和美国语言学界中出现了结构主义思潮,其中欧洲有布拉格学派和哥本哈根学派,美国有描写语言学派,此后语言学得到了迅速的发展。英国的莱昂斯在 20 世纪 60 年代对这一阶段现代语言学的重要特征,作了高度的概括,认为其特征是:(1)口语占优先地位;(2)语言学是一门描写性而非科学性的科学;(3)语言学家对所有语言都感兴趣;(4)共时描写占优先地位;(5)重视语言的结构分析;(6)区分"语言"和"言语"。对于这些特征的认识,将有助于我们对现代语言学的理解。

1. 费尔迪南·德·索绪尔

    如果谁可以称为现代语言学的奠基人的话,那么就是伟大的瑞士学者费尔迪南·德·索绪尔;他的讲义《普通语言学教程》(在他死后,据他的学生的笔记整理出来)出版于 1915 年①。现代能区分出很多不同的语言学学派,但是他们都直接或间接地受到索绪尔的《教程》的影响(在不同程度上)。虽然我们在本书后面的章节里需要提出这样一些不同的学派,可是他们晚近五十多年来对于这门学科的发展所作的贡献,其一般意图如何,我们并没有加以估计。在这一节里,我们事实上要放弃完全年代顺序的原则。换一种做法,要列出现代语言学区别于先前时期语言学的最重要的特征。

---

① 编者按:应为 1916 年。

2. 口语的优先地位

像我们已经看到的,传统语法学家倾向于设想,口语比标准的书面语低级一些,而且在某种意义上依赖于标准的书面语。和这种观点明显地相对立,现代语言学家主张(虽然带有一定的重要条件,那是我们马上就要谈到的),口语是第一位的,而书写根本上只是以另一种媒介来表现说话的手段。

口语优先于书面语的原则,首先包含有这样的意思:说话比起书写来,历史久远些和更加普及。有时,说话被认为不能"证实"历史久远于书写。这只是当"证据"这个字眼在历史事实的问题中用来承负比我们一般要求它所承负的东西多很多时,才是真实的。我们不知道有超过六七千年历史的书写体系。另一方面,也不知道有任何一族人民不具说话能力而存在着或存在过。千百种语言直到近代由传教士或语言学家弄到书写上之前,是从没有和书写系统发生过关系的。因而,似乎有理由推测,说话可以回溯到人类社会的起源。

然而,说话和书写相比较的古旧性,不是最重要的。对于了解说话和书写之间的关系更为有用得多的事实是,所有书写体系确然建立在口语单位的基础上。(在某种情况下,须要追溯一种特殊语言的较早形式或从它借来文字体系的其他语言;但是这并不能使原则无效。)在口语的描写中,语言学家一般发现,他必须认识三种不同的单位(当然还有许多其他的):"音素"、"音节"和"词"。现在,所有通用的书写系统都以这些单位的某一种作为基础;"字母的"系统建立在"音素"的基础上,"音节的"建立在音节上,而"表意的"则建立在"词"上。假定这所有三项单位事先在口语当中出现,那就足以说明,每一种主要的书写体系,都产生于口语的不同单位。虽然特殊的字母或特殊的音节字,可能更适应于一定的语言而非其他语言,各种口语的一般结构同用来表现这些口语的书写体系类型之间,仍然没有因应关系。土耳其口语并不随着 1926 年以罗马字母代写阿拉伯文字而改变;现代中国政府关于引入拼音文字来代替传统的表意系统的建议,也并不意味着汉语口语的改变。

由于某种原因(通常是音变或从正字法习惯不同的语言借用的结果),某些词可以在它们的写法而非讲说的形式上有区别:英语中的 great(大)和 lgrate(擦),meat(食用兽肉)和 meet(遇见),seen(懂得)和 scene(景色),是这种词(传统上称为同音词)的例子。相反,写法一样的词,发音可以是不同的:英语书写的 lead(铅)和 read(读)(后者在韵脚上可同 bleed 或 bled 协和)是这类形式(我们可以称之为同书词①)的实例。语言可以被书写(用于文学和管理)的时期越长,拼写和发音之间的矛盾就越大,当然,除非这种矛盾定期地被拼写的改革所克服。从整个历史来看,书写传统是倾向于保守的:保守性可由一种阶级观点占了优势来解释,该观点认为语言变化

---

　　① 编者按:这种情况我们通常叫作同形,即书写形式相同。

是"败坏";而到了现代,保守的倾向又为印刷上拼写的标准化所增强。

在口说的和书写的语言之间,还有比同音词和同书词的发展所带来的更重要一些的差异。没有一种书写系统,表示出口头话语中出现的语调和重音的全部有意义的变化;而区别不同句子类别的标点习惯(比如用感叹号或问号比用句号好)和为了强调而应用词的斜体印刷,在最好的情况下,是补充这种欠缺的间接而不完善的方法。再有,使用书面语的典型情况下,没有写作者和读者面对面的遭遇,因而伴随着说话可能由手势和面部表情所带来的信息就需用话来传达。像这样在说话和书写之间常有着如此差异的事实,说明了书面语不能仅仅看作口语所转移的另一种媒介。

对于一些特别的语言来说,说话优先于书写的原则甚至更突出一些。在有教育的社会里,特别是在对于以往文字的知识和鉴赏进行教育的社会里,书面语和口语可能在不同程度上发展,并且可能在词汇和语法领域彼此有不小的分化。现代法语在这方面提供了特别明显的例子。不仅语法上不相干的形式之间有大量的同音词,而且很多语法上有关系的形式(如同一名词或动词的单数和复数)在口语中也完全没有区别,虽然拼法上不同(比较:ilpense[他想]和 ils pensent[他们想])。结果,有很多法语句子在说时(从上下文中抽取出来)是混淆的(比较:ilvient foujours àsep heures[他常在七点钟来]——ilvient toujours àcettt heure[他在这时间来])。比同音词更重要的事实是,"简单过去"时的形式(如 donna[给过],repondit[回答过]等等)和过去假设式(如 qu'ildonnât[他要是给了]等等)已经显著地从法语口语里消失,法国的儿童们因而在他们上学时只是在书面上学习它。除了语法结构的这些差异之外,还有很多词汇的差异:如英语里有很多词语如果用于说话,会被认为"书本气的";更多的词语也不能出现于书面法语(当然,小说或戏剧中的谈话书面记录是例外)。换言之,书写的和口说的法语(比书写的和口说的英语在更大程度上)是作为两种特殊的独立的语言而为受过教育的法国人所学习和使用的。既然习惯上说,汉语的不同方言(官话,广州话,等等)基本上用同样的方式书写,那么,书写的和口说的汉语就更是彼此独立的。因此,官话和广州话的受过教育的说者,能彼此用书面交际,虽然他们不能在谈说上如此。

虽然这样一些事实引导我们修正口语占优势的原则,却并不迫使我们完全放弃它。因为一种书面语变成完全独立于它所源生的口语,那只是例外。这种例外对拉丁语的情况来说,表现得很明显。拉丁语在欧洲数个世纪里,曾作为宗教的、管理的和学术的语言而被使用(至今仍以此方式为罗马天主教所使用)。在中世纪和文艺复兴的欧洲,学者、教士和外交官的拉丁语是"死的"语言;它不是他们日常交往的正式媒介,而是孩提时代"天然地"学习的、学习和使用只出于有限目的的语言。再有,它基本上是不变化的、书写的语言(建立在很多世纪之前"活的"拉丁口语的基础上);而在说时,常常任意地征引过去的书面著作。像我们所看到的,在中世纪和文艺复兴的欧洲,拉丁语的特殊形象大体上使那时的学者坚定他们对书面语优先原则的吸收。

其他继续用于宗教或学术的"死的"语言,还有几个著名的例子,那就是梵语、拜占庭希腊语和古老的教会斯拉夫语。

在讨论书面语和口语之间的关系(我们已经看到,它决不是简单的关系,在不同语言的情况下会有相当大的变化)当中,我们没有谈到不同的"风格",那在涉及说的和写的两种语言时是必须区别的。当传统语法学家主张书面语占优先地位的原则时,当然,他首先考虑到文学的语言(比如,它胜于电报的、报纸标题的或公告的语言);他会倾向于说,文学的语言是语言中"最高贵的"或"最正确的"。我们现在可以开始这个问题的讨论。

3. 语言学是一种描写的而非规定的科学

传统的语法学家倾向于假定,不仅书面语比起口语来是更加基本的,而且书面语的一种特殊形式,所谓文学的语言,比所有其他各种书写的和口说的语言形式固有地"更纯洁"和"更正确";而作为一个语法学家,维护这种语言形式,使它不"败坏",就是他的任务。这里有几个不同的方面,但是它们在区别规定的和描写的语言学的情形下,都适宜地用得上。

要讨论的第一个问题是"纯粹性"或"正确性"。在语言中并没有"纯粹性"和"正确性"的绝对标准,这应是明显的;纯粹、正确的说法只能在同一些择优标准相关时才有道理。我们可以由于一个外国人说了我们本族说话人不可能说的什么,而说他把话说错了。如果我们现在假定,英语一个地区方言的说话人在某个特殊情况下应该说标准英语,可是他说了一个和标准英语模式不一致的形式,那么愿意的话,也可以说他产生了一个"错误的"或非语法"的形式。断言任何语言形式是"正确的",或由于某个形式同其他当作(明白地或不明白地)标准的形式相比较而有了变化,就断言它是"不正确的",这便是赘余。语言每一个社会上或地区上不同的形式,都包含有其自身的"纯洁性"和"正确性"标准。一旦这种情况被认识和接受,那么对于语言较为理想的描写来说,道路是清楚的。一个地区或一个社会集团的话语,应否作为更广的应用的标准(如作为文学语言的基础),那是完全不同的问题。语言学家的首要任务,是描写人们实际说(和写)他们的语言的方法,而不是规定他们应该怎样说和写。换句话说,语言学(至少在最初)是描写的,而不是规定的(或标准的)。

要做的第二点,需要看看关于语言变化必然包含"败坏"的这个概念。这是一个经验的事实,借一定数量的因素就可以说明的;某些这样的因素,一如我们在前面的章节里见到的,现在或多或少是广为了解的了。语言会在它们所依循的几条道路上变化,至少这不是件遗憾的事。可以设想,所有活的语言都是使用它们的社会集体的交际系统,它们具有天然的力量和活力,服务于社会的各种各样不同的需要。当这些需要变化时,语言就倾向于变化以适应新的条件。如果需要新的词语,这新词语就加进词汇之中,不论它们是从别的语言"搬借"来的还是利用词汇中作为语言能产资源的现存成分来构成的;新的特征可能出现,而老的特征则消失掉;同样的特征可能由不同的方式来表现。我们否认语言的所有变化都是坏的,当然并不意味着必然是好的。我们所要说的仅仅是,对语言变化所作估价的任何准则,必须建立在承认语言的各种功能的基础上,这些功能是语言在使用它的社会中称职地实现的。

应该强调,在描写和规定的区别当中,语言学家不是说没有地方可留给语言的规定的研究。并不否认,可能有文化的、社会的或政治的确实理由,要助长更广泛地在其他代价上采用某种特殊的语言或方言。特别是,在有了比较统一的文学标准的情形下,会有明显的管理和教育的进步。然而重要的是,要承认两样东西:第一,文学标准本身受变化的支配;第二,文学标准从其起源的观点看,一般建立在一个社会或地区里决定性阶级的人们的话语基础上,而这些话语照样并不比任何其他阶级或地区的话语更"正确些"和"纯洁些"(在语言学家对这些称法所能理解的任何意义上)。如果文学的标准有丰富的词汇(那就是说,如果有较大的词汇而可以使阅读和写作得益),这是因为我们通过文学,可以替代参加很多社会的生活,包括那些过去的,并且分享其种种经验。

在谴责传统语法学的文学偏见时,语言学家只是主张语言用于很多的目的,而且它和这些功能相因应的用处不应由能够针对或主要针对文学语言的批评来裁决。语言学家不否认,在我们的学校和大学里,有把语言用于文学研究目的的位置。他们很少要求进入文学批评的领域。这一点常被语言学的批评弄得不清楚。

4. 语言学家对所有语言都感兴趣

这个原则只是前头那个原则的普遍化。仍然常常听到门外汉谈论关于"第一位的"语言,甚至重复那样的神话,说有某些人民的语言包含着由手势来补充的二百个词。事实是,每一种研究到的语言,不论使用它的人民是如何"落后"或"不文明",经调查,证明了都是一个复杂的和高度发展的交际系统。再有,社会由文化发展而发达起来,但是文化发展的不同阶段和这些发展阶段当中所用语言的"类型"之间,并没有相互的因应。如果十九世纪关于语言从结构复杂发展向简单或从简单发展向复杂的空论毕竟有点真实的东西,那么它也不是从对今天整个世界上说着的几千种不同语言的任何研究得出的。当今的大部分语言学家都禁戒以一般的话,来空论语言的起源和发展。他们已经发现,一切语言的研究都是有同等酬报的。结果,对人类遥远的太古期语言较为一般的起源、发展问题而作的研究,被抛置到角落里去了。

为研究一个特殊的课题或满意地谈论它,可能会有必要去学习另一种语言,或至少某种特殊的词汇。例如,如果有谁想了解希腊哲学或经院哲学,那么他必须学习希腊语或中世纪拉丁语(或者至少,借着努力而聪慧的对于注释和说明的研究,得以了解关键术语的含义——这是一种间接地学习语言某一小部分的方式)。于是他可以发现,讨论毕竟使希腊人和经院哲学家烦心的问题,却不使用他们的术语,那是不可能的。这就可以说，他自己的语言，比如说英语，既不能在这个特殊领域给他提供必要的特点，因而是比希腊语或拉丁语"贫乏些"吗？就此，似乎可以背道而驰地假定，一切语言都是有效而有活力的交际系统，都服务于应用他们的那个社会的需要。对立只是表面的。一个人从"世界"特征的分类中引出的区别数目，原则上是无限的。只有具体社会生活中那些重要的事物，会被这社会的词汇所承认。我们标准英语白话中没有涉及古代哲学词语的这一事实，仅仅是我们大多数人不讨论古代哲学的事实的反映：如果我们讨论，那么这样的词语就会为此而创造出来。由各小集团为了各自的特殊目的（如讨论核物理学或纹章学）而使用的、特殊而扩展了的词汇，是英语的一部分：这样一种说法，我们是否采取，要取决于我们给"英语"下定义的方式。问题在于：没有一种语言能说实质上比另一种语言"丰富些"，因为每一种语言都适应于其使用者的特殊追求。

语言学家（原则上）关心所有的语言，出自他们的学科所公布的目的：建立人类语言结构的科学理论。所有记录的和可观察的语言资料，都可供作由一般理论所"系统化"和"解释"的材料。

5. 横序描写的优先地位

由德·索绪尔引入语言学的许多概念、术语的最重要划分之一，是语言的纵序和横序研究之间的区别。（这区别有时作"历史的"和"描写的"的对立。此处术语"描写的"，意义上和对立于"规定的"的"描写的"不同；参见前面 3. 小节。由于这个理由，使用索绪尔所制造的术语更好一些。）在对具体语言作纵序研究的情况下，意味着描写其历史的发展（"历时"）；例如，英语的纵序研究，可以处理它从我们这里最早的文字记录之时起而直到现代的发展，或者也可以截取更有限的一个时间段落。在语言的横序研究下，意味着描写该语言的一个特殊"状态"（在某个时间"点"上）。承认横序描写原则上并不限于分析现代口说的语言，是重要的。可以对"死"的语言作出横序的分析，这语言是提供有充足的证明而保存在遗留至今的书面记载上的。对"死"的语言所作的描写，必然不如现代口语的描写那样完全；原因很简单，要凭出现于本族说者进一步的证据材料来验证有关语言的一定状态的确实性，那是不可能的。但是有很多"死的"语言，存在着足够的材料来作合理而完全的横序描写。

一如我们所看到的，19 世纪的语言学（"比较语言学"）首先注意到纵序的。横序描写优先的原则，是 20 世纪大多数语言理论的特点，它含有那样的意思：历史的考察，对于语言特殊时期的"状态"的研究是不相干的。这个原则的应用，可借德·索绪尔所用的有名的类比来说明。在该类比（他用来建立一些不同的理论观点）中，索绪尔把语言同象棋比赛作比较。

象棋比赛的过程里，棋盘上的状态是经常在变化的，但是在每个时刻，比赛的状态可以借几个棋子所占据的位置来描写。它同下棋者达到比赛的特殊状态所经的什么路线(移动的数目、性质和顺序)不是一回事：这个状态是横序地描写的,不涉及先前的移动。德·索绪尔说,语言也是如此。所有语言都经常在变化;而正如在某个特殊时刻的象棋棋盘的状态可以描写,却无须涉及使比赛达到那种状态的棋子移动的具体联结那样,语言连续的或在社会上和地理上被限制的各个状态,也能够一个一个地单独加以描写。

上述的几点,可用一个例子表示清楚。在古典时期的拉丁语里,名词的六个格是借词尾的不同而互相区别的。这些不同的格,标志着句子中词与词之间所存在的不同种类的关系。在后期拉丁语里,由于介词的增加使用,以及使得互有区别的词尾减少了数目的某些"音变',结果,逐渐发展出名词不超出两个格的系统:一个"主格"和一个"斜格",前者用作句子的主语,后者用作及物动词的或介词的宾语。这是在古法语里所发现的情况。然而,这两个格的不同,不是在所有名词(及形容词)的类型中都标志了出来。事实上,下列三个主要的名词类别,可以表现出语法的最古老的时期:

		Ⅰ	Ⅱ	Ⅲ
单数	主格	murs(墙)	porte(门)	chantre(歌唱者)
	斜格	mur	porte	chanteur
复数	主格	mur	portes	chanteurs
	斜格	murs	portes	chanteurs

(第三类词主格单数有个不同词干的发展,其原因是拉丁重音和非重音的元音在历史发展上的差异:chantre 来自拉丁的 cántor[歌唱者],chanteur 则来自拉丁 cantórem[cántor 的受格形式——译者注]。)如果我们比较这些不同的类别,我们会看到,在第一类词中,词尾 s 不论出现还是不出现,都不能单独地作为格或数的形式标志。只是与其他词结合起来,murs 才能被认出是单数(主格)或复数(斜格)。比较第二类的词,s 可以看作 portes 复数的标志,而它的不出现则标志着单数的 porte;在这一类词里,词的内部结构并不存在格的指示。在 11 世纪和 14 世纪之间,由于主格和斜格之间的区别消失掉,而且 s 尾成为复数的标志,整个法语的主格(连及形容词的)系统就成规则地变成第二类词的模式。(两个格在单数情况下的区别,在第三类词上持续了稍长一点的时间——chantre:chanteur,majre[市长]:majeur,pastre(pâtre)[牧人]:pasteur,等等——但是这作为一个语法特征,最终是消失了,尽管在一些例子里,两个格在现代法语中作为"对似语"[doublets]而保存下来,即作为各自具有单复数的不同的词。)如像名词 fils("儿子")、Georges("乔治")、Louis("路易")等,从历史观点看,保存着古老的主格单数 s,但这时它们都已失去同没有 s 的形式的对照(古老法语具有单数 fils：fil 的对照)。两个时期之间发生变化的结果,是发展出仍然反映了法语正字法传统的系统,这系统从整体来看,由是否出现 s 而把数标志在名词(及形容词)上,格则没有标志。

现在,我们可以按照德·索绪尔的类比来说明这个例子。问题是有两种语言状态。居于后头的系统,其历史发展若不涉及前头的系统,那是不能了解的;但是历史发展的这个事实,清楚地同了解后一系统如何活动并不相干。例如,提出后一时期portes 和 porte 的相互关系不同于 murs 和 mur,这会是荒谬的。语言的每一状态能够而且应该在它本身的期间上来描写,而不涉及它从什么样子发展来以及要发展为什么。虽然这语言的两种不同状态中的词,形式上是一样的(为了简化解释,我们可以假定是如此),它们相互间的语法关系却大不相同。棋子也可说是一样,只不过它们在棋盘上占据的位置有所变化罢了。(在现代法语口语里,棋盘的状态又不同了:名词单、复数的区别,可说一般不是由词自身的形式作出的,而是由某些不同的方法,包括伴随着的一定冠词的形式、动词的一致关系、以元音开始的词发生在前头的"连诵"等等而作出的。我们已经看到,在现代法语的口语和书面语的结构之间,有相当大的差异:参看 2. 小节。)

一种语言的说者当中,较少人深晓该语言的历史发展;然而,他们在孩提时代就"自然地"学习这语言,根据听到的语段中一定的系统原则或"规则"、"内在的东西",而来说它。把这些作用于特殊时期语言中的系统"规则",用公式表示出来,这就是横序语言描写的任务。(可能,规则统合为描写系统的方法,会反映语言发展中的特殊的历史过程。如果这样,那是语言结构的一个重要事实,但它并不影响横序优先地位的一般原则,既然具体语言的本族说者能学习和应用他们的语言的"规则"而不凭靠任何历史知识。)要是一个言语集体的少数成员确实具有语言先前状态的某些知识,那么下面的论说似乎会恰当而适用:他们的特殊知识或者影响了他们说这语言的方式,或者没有。如果影响及他们的使用,那么他们的话语在某些方面是不同于这社会集体其他成员的(大抵较为"古旧"些),在这种程度上成为另一种语言,不能归入对这言语社会较为典型的使用的描写范围之内。而如果并没有明显地影响及他们的标准话语,那就甚而更加清楚地无涉于横序描写。因此,在两种情况下,横序的分析都是独立于那些可能存在于言语集体的语言历史知识的。

横序描写占优先地位的原则,一般还被理解有进一步的含义,就是纵序的描写须预先假定先前有各种状态的横序描写,这些状态是语言在其历史发展中曾经经历的。既然我们不是主要关心历史的和比较的语言学,我们不在这个问题上走远。然而有重要的一点必须在这里谈谈。

横序的和纵序的描写之间术语上合宜的区别,绝不能理解为含有那样一种意思——时间本身是语言变化的决定因素。严格地说,语言的变化在这个意义上决不是"时间的功能"。有许多不同的因素,既有语言内部的,也有外部的,可以决定语言从一种状态向另一种状态的发展。时间的过程,仅仅是容许这各种因素复杂的相互作用。而且,人们必须记住,纵序发展(语言变化)的概念宏观地应用——就是说,比较语言在时间上相互有较远移动的不同状态——是最有用的。如果有谁设想,在具体时期内一个具体的"言语-社会"的语言是完全一致的,而语言变化无非是一个同质的交际系统在某个时点上由另一个同样同质的交际系统所替代,那么他就十分错误。

"言语社会"常由许多不同的群体所组成,这些群体的成员,其话语会以各种方式(发音、语法上和词汇上)反映了年龄、籍贯或长期居住地、职业兴趣、教育背景等等的差别。言语社会任何具体成员,当然一起属于这类语言上有关的很多群体。语言中除了来自社会里各种社会群体的存在的那些差异之外,又还有"风格"的重要差异;这风格的差异同语言的各种功能及应用语言的不同社会场合有关:它可以认为有"正式的"和"俗白的"的区别,等等。通常惯于(除了在特别牵涉到这个问题的工作里)凭靠把语言的描写限制在使用一个特殊"风格"的特定群体的言语上,或靠着使用对于各种"变体"都是适宜的(至少在愿望上)那种通则去描写语言,而从语言的横序变化中进行抽象。在这两种程序中,都会引出某种程度的"理想化",而这在语言理论的现阶段可能有其必要。然而了解语言纵序地决定的两种"状态"之间的许多差异,可以表现在同时存在于语言的两种"变体"上,这是重要的。从同宏观的观点有别的微观观点来看,在纵序的"变化"和横序的"变异"之间作一个严格的区别,那也很重要。

6. 结构的研究

现代语言学最有特点的特征——和其他科学共同赋有的——是"结构主义"(使用一般常带偏见地使用的标记)。这主要是意味着,每一种语言都被看作一个关系的系统(更准确地说,是一系列有互相关系的一些系统),其成分——音素、词等——没有独立于网罗在它们之间的等价、对照关系的实体性。(读者可能已经很好地留意到,关键的词"系统"和"关系"已经在德·索绪尔讨论关于横序与纵序的划分时就使用了。事实上,德·索绪尔作出这一划分,是由于他坚信每一种语言在一定时期都构成一个相互关系的完整系统。)

结构主义更加特殊的含义,可以留待下面的章节来谈。这里只要表明,在语言研究上特殊抽象的研究——现代"结构的"语言学引以为特征的——和较为"实际的"研究之间,并没有矛盾。然而抽象的或"公式的"现代语言理论,可能已经发展到要说明人们实际使用语言的方法。它出自经验的证明,又是由经验的证明来证实或反驳的。在这个方面,语言学没有不同于其他科学之处;如果不是某些语言学家并非出于同情当代的发展而看出语言研究中所谓的"形式主义"和"现实主义"的对立,那么强调这一点是没有价值的。

7. "Langue"(语言)和"Parole"(言语)

在这点上,为了以后要提到,介绍德·索绪尔对于 langue(语言)和 parole(言语)的划分是适宜的。(英语的相当说法已经提出过,但是大部分学者继续使用德·索绪尔应用过的字眼。乔姆斯基最近涉及具体语言时借语言的"能力"和"实行",粗粗作出了同样的划分。）

区分的意图是要消除"语言"这个词在使用上的含混。假定我们把"英语"暂时作出如下的定义：英语可以规定为英语说者说英语时所产生的语段系列。我们立即看到含混不清。当我们说某个人"说英语"（或某个人是"英语说者"）时,我们并不包含那样的意思：他在任何一个时候都是实际上"说英语"。可以很有理由地拿一个鹦鹉来说明,它在适当的环境下,"在说着英语",但不是"说英语"。让我们跟着德·索绪尔,说所有那些"说英语"的人（或"英语说者"）分有一种特殊的语言,而当他们在"说着英语"时所产生的一系列语段就构成言语的材料。

现在提出一些问题。langue 和 Parole 之间的相互关系是怎样的？当语言学家述写"英语"（或任何其他"语言"）的语法时,他要求描写什么？德·索绪尔自己对于这两个问题的回答,是在很大程度上由他对杜尔干的心理学和社会学理论的执着来决定的；而我们不需要深入到这些细节里去。现在提出了问题并介绍了索绪尔的字眼,也就够了。

langue 和 Parole 之间的相互关系,是十分复杂的,并且是有某种争议的。现在,我们可以满足于那样的叙述,即具体语言社会的一切成员（他们都说一种具体的语言,如英语）,在他们说着语言时产生语段,这些语段尽管有其个人的变异,是可以凭借特殊的规则和关系的系统而加以描写的：在某种意义上,它们具有相同的结构特点。这语段是言语的材料,语言学家拿它作为建立根基性质的共同结构——langue 的证据。因此语言学家所描写的是 langue,是语言系统。下面我们将看到,在"语段"和"句子"之间必须作出区别；而对于一种"语言"的描写,原则上是两个阶段的活动。具体"语言"的语段（说话人实际产生的,当我们说他们"在说这语言"时）,只能在优先描写"语言"句子的基础上间接地描写,而这时的描写是很不充分的。在大部分现代语言学理论中,语段和句子的这种区别是基本的。但是我们可以不牵涉它而发展一些预备的概念。虽然我们在下面整个三章中或多或少同义地使用术语"句子"和"话语",读者应当记住,我们描写的关系是发生在下面要确定的句子（langue 的单位）之间而不是语段（Parole 的材料）之间的。

＝延伸阅读＝

1. 胡明扬《语言与语言学》,湖北教育出版社,1985。

2. 伍铁平编著《语言学是一门领先的科学——论语言与语言学的重要性》,北京语言学院出版社,1994。

3. 〔法〕马丁内《研究语言本身的语言学》,《语言学译丛》第一辑,周绍珩译,中国社会科学出版社,1979。

＝问题与思考＝

1. 为什么说语言学是一门领先的学科？语言学与现代科学技术的关系如何？

2. 现代语言学有什么特点？

3. 语言学的研究对象是什么？

4. 怎样理解口语优先？

5. 近年来产生了哪些新兴的语言学分支学科？它们有什么共同的特点？

6. 为什么这些年来外部因素在语言研究中越来越受到重视？

7. 语言学概论课程中有一些内容与现代汉语、古代汉语等课程的内容重复，如何解释这一现象？

第二章 语言的性质和特点

导　论

本章介绍对语言的一些基本认识,涉及的主要内容有:语言的社会功能、语言的符号性、语言和言语的关系、语言和思维的关系、语言和文字的关系、口语和书面语的关系等。

语言是什么?这是语言学的基本问题和核心问题。20世纪初期著名语言学家索绪尔开始用符号学和系统论的观点来阐释语言的性质和特点,他的理论使人们对语言的认识提升到了一个新的高度。

从语言的社会功能来说,语言是人类最重要的交际工具。语言作为交际工具,可以表达思想、传递信息、交流感情,是人与人之间进行联系,协调行动,共同生活、生产、斗争所必不可少的。人类社会离不开语言,人类语言的形成和发展以及人的语言能力的形成和发展也都离不开社会。相比于其他的交际工具如旗语、红绿灯、电报代码、数学符号、化学公式、文字、体态语等,语言要重要得多,它的历史更长,使用范围更广,能表达的意思更复杂,也是其他工具得以成立的基础。语言虽然是人类最重要的交际工具,但不能无限夸大语言的功能,把语言神化。即使作为一种工具,语言也是跛脚的,在很多情况下会出现语言表达不能胜任的情况,经常会出现"辞不达意"的情况,也会出现表达和理解的错位,而且语言中还存在很多不合逻辑的表达,经不起推敲。语言是作为人们交流思想的工具,作为思维工具来为社会服务的;语言既不是经济基础,也不是上层建筑。它对使用它的社会全体成员来说是一视同仁的,是统一的,共同的,没有阶级性;但在使用中却会出现个人变异和社会变异,语言会因使用者的性别、年龄、文化、职业、社会阶层的不同而表现出不同的特点,如果使用者是一个群体,那么这种变异就是一种社会变体——即社会方言。

从语言的内部结构来说,语言是音义结合的符号系统。语言是一种符号,而符号都由能指(形式)和所指(内容)两方面构成,语言符号的能指是语音,所指是语义,语音是形式,语义是内容,语音和语义二者的结合就构成了语言符号。

语言符号具有以下一些特点:(1) 任意性。语言符号的声音和意义之间的联系不是必然的而是任意的,由社会约定俗成。但这种任意性只表现在语言形成的初始阶段,约定俗成一旦形成就不再以任何个人的意志为转移,不能随意变更,要变更则必须形成再一次的约定俗成。语言符号和客观事物之间的关系是由社会集团"约定俗成"的,这也反映了语言符号的社会性。(2)线条性。语言只能沿着时间线绵延、叠加、展开,是一维的,一维的语言在表达二维的、三维的事物时会出现语言表达不能胜任的情况(例如,在读图表或表述一场赛事时就有一些力不从心)。(3)系统性。语言中的各种单位相互间紧密联系,彼此依存,组成一个系统。语言系统是由音位、语素、词、词组、句子等结构单位组成的一种层级体系。它是一种复杂而灵活的装置。按照索绪尔的理论,在这个装置里,组合关系(又译句段关系)和聚合关系(又译联想关系)是这个系统灵活运转的两根"轴"。组合关系和聚合关系在语言系统中具有重要地位。聚合规则是潜存的,组合规则是现实的。这二者的区分是纲领性的。语言的规则和语言的单位都是有限的,但是人们却能说出无限多的话语来。这就是语言符号的生成性。语言符号还具有稳固性、发展性、社会性等特点。

　　语言和说话不是一回事。说话是一种复合现象。它至少包括以下几个方面:(1)说话行为本身;(2)说话所使用的一套符号系统;(3)说出来的话语。在语言研究中应该把这些不同的方面加以区分。尽管学术界对语言和言语在界定上还有不同的认识,但有些方面似乎已成共识:语言是从话语中抽象出来的一套语音、词汇和语法的规则,言语则指运用语言"生产"出来的"产品",言语活动是使用语言的过程。语言是抽象的,看不见摸不着的;语言是全民族共有的,言语是具体的,具有个人的说话特点。语言存在于言语之中,只能从言语中去概括认识。言语有内外之分。内部言语跳跃性强,具有片断性和不完备性,以生物电信号作为载体。外部言语是可以观察到的,它比较连贯完整。语言和言语是一般与个别、抽象与具体的关系。语言和言语不是对立的,而是互相依存的,语言以言语为前提,言语以语言为根据,言语的发展反过来又丰富语言系统。区分语言和言语是索绪尔的一大理论贡献,它对于语言研究的深入具有重要意义。我国最早引入索绪尔这一观点并进行深入研究的是方光焘。

　　语言和思维的关系问题是哲学家、语言学家、人类学家、心理学家、生理学家共同关心的一个热门课题,也是众说纷纭、迄今为止尚未形成共识的一个课题。语言和思维一样都离不开大脑,大脑的侧化(即左右半脑的分工)是人的语言能力形成的一个必经过程,也是人类特有的现象。人的左脑负责支配语言、理解、逻辑和计算等,右脑负责形象、时间、音乐、想象、情绪等。在人的左半脑有四个区域跟语言有关,它们是:海希尔区(又称听性言语中枢)、韦尼克区(又称视性言语中枢)、布洛卡区(又称运动性言语中枢)和书写中枢。这四个区域的脑损伤会使人产生相应的语言障碍,形成各种失语症,如"失读症"、"失写症"、"词聋症"、"运动性失语症"等。

　　语言和思维的关系非常密切,一方面语言是思维的工具,思维在语言材料的基础上进行,另一方面人类的语言能力主要表现为抽象的思维能力和灵活的发音能力。关于语言和思维的关系,过去主要有以下三种观点:(1)语言决定思维,语言和思维不可分割,二者是形式和内容的关系。这是过去影响最大的一种观点,很多语言学家和哲学家都有这方面的论述。(2) 思维决定语言,思维可以独立于语言而存在。(3) 认为语言即思维。现在人们一般认为:语言和思维之间的影响是双向的、辩证的、复杂的;语言对于思维作用重大,它可以使思维定型化、物质化,使思维成果得到巩固、积累和交流,也使人的思维更加缜密,语言是思维的主要工具,但不是唯一工具,思维(尤其是形象思维、技术思维)还可以借助于其他工具进行;思维具有人类共性,而语言则具有民族特色,不同民族的语言会以不同的形式来反映同一认识。语言符号具有高度复杂性。现代的科学技术还不可能完全模拟人脑的语言机能,机器翻译至今还不能完全实现。

语言和文字不是一回事,世界上存在很多没有文字的语言。文字是记录语言的书写符号系统,是符号的符号。文字起源于记事图画,文字的发展大体上可以分表意、意音和表音三个阶段。文字需要随着语言的发展进行必要的改进和改革。

文字的产生弥补了口语的不足。有了文字才有书面语,但口语和书面语的区别不只在于二者的载体不同,它们在词语和句法结构方面也有不少差异。从语言发生学的角度看,口语是第一性的,书面语是第二性的。一种语言可以没有书面语,但不能没有口语。书面语是在口语的基础上形成的,同时还会从口语中吸取营养成分。在语言发展中,书面语相对保守,会和口语保持一定距离;如果二者严重脱节,人们就可能会对它进行改革。在语言研究中,口语和书面语同样是重要的。传统语言学把注意力集中在书面语方面,忽略了活的语言。

选　文

语言符号的性质

〔瑞士〕索绪尔

导言——

本文选自索绪尔著《普通语言学教程》"第一编"部分的第一、第二章,高名凯译,商务印书馆,1980。

作者费尔迪南·德·索绪尔(Ferdinand de Saussure)的简介见本书第一章。

选文主要讨论语言符号的性质。这是索绪尔在书中对语言理论所阐述的第一条原理。他在批判命名集的基础上阐述了语言符号的任意性和线性特征、不变性和可变性。他指出语言符号联系的不是事物和名称,而是概念和音响形象。概念和音响形象分别是语言符号的所指和能指,这两者的结合就构成了语言符号的整体。语言符号的任意性即所指和能指的联系或结合是任意的、没有必然联系的（其实也是有条件的，不等于个人的自由选择，由使用这种语言的社会集体来约定俗成）。他认为语言符号的任意性原则是"头等重要的"，"支配着整个语言的语言学，它的后果是不胜枚举的"。语言符号的线性指语言只能沿着时间这一个向度展开。因为语言具有社会性，它也就具有一定的惰性，世代相袭，具有不变性；但随着时间的推移，语言也具有可变性。

一、语言符号的性质
§1. 符号、所指、能指

在有些人看来，语言，归结到它的基本原则，不外是一种分类命名集，即一份跟同样多的事物相当的名词术语表。例如：

这种观念有好些方面要受到批评。它假定有现成的、先于词而存在的概念。它没有告诉我们名称按本质来说是声音的还是心理的，因为 arbor "树"可以从这一方面考虑，也可以从那一方面考虑。最后，它会使人想到名称和事物的联系是一种非常简单的作业，而事实上绝不是这样。但是这种天真的看法却可以使我们接近真理，它向我们表明语言单位是一种由两项要素联合构成的双重的东西。

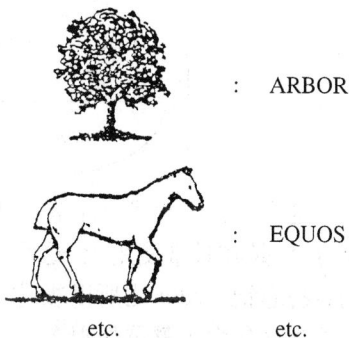

: ARBOR

: EQUOS

etc.　　　　etc.

我们在第 33 页谈论言语循环时已经看到，语言符号所包含的两项要素都是心理的，而且由联想的纽带连接在我们的脑子里。我们要强调这一点。

语言符号连结的不是事物和名称，而是概念和音响形象①。后者不是物质的声音，纯粹物理的东西，而是这声音的心理印迹，我们的感觉给我们证明的声音表象。它是属于感觉的，我们有时把它叫做"物质的"，那只是在这个意义上说的，而且是跟联想的另一个要素，一般更抽象的概念相对立而言的。

我们试观察一下自己的言语活动，就可以清楚地看到音响形象的心理性质：我们不动嘴唇，也不动舌头，就能自言自语，或在心里默念一首诗。那是因为语言中的

---

① 音响形象这个术语看来也许过于狭隘，因为一个词除了它的声音表象以外，还有它的发音表象，发音行为的肌动形象。但是在德·索绪尔看来，语言主要是一个贮藏所，一种从外面接受过来的东西（参看第 35 页）。音响形象作为在一切言语实现之外的潜在的语言事实，就是词的最好不过的自然表象。所以动觉方面可以是不言而喻的，或者无论如何跟音响形象比较起来只占从属的地位。——原编者注

词对我们来说都是一些音响形象,我们必须避免说到构成词的"音位"。"音位"这个术语含有声音动作的观念,只适用于口说的词,适用于内部形象在话语中的实现。我们说到一个词的声音和音节的时候,只要记住那是指的音响形象,就可以避免这种误会。

因此语言符号是一种两面的心理实体,我们可以用图表示如下:

这两个要素是紧密相连而且彼此呼应的。很明显,我们无论是要找出拉丁语 arbor 这个词的意义,还是拉丁语用来表示"树"这个概念的词,都会觉得只有那语言所认定的联接才是符合实际的,并抛开我们所能想象的其他一切。

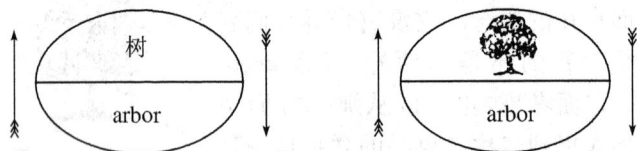

这个定义提出了一个有关术语的重要问题。我们把概念和音响形象的结合叫做符号,但是在日常使用上,这个术语一般只指音响形象,例如指词(arbor 等等)。人们容易忘记,arbor 之所以被称为符号,只是因为它带有"树"的概念,结果让感觉部分的观念包含了整体的观念。

如果我们用一些彼此呼应同时又互相对立的名称来表示这三个概念,那么歧义就可以消除。我们建议保留用符号这个词表示整体,用所指和能指分别代替概念和音响形象。后两个术语的好处是既能表明它们彼此间的对立,又能表明它们和它们所从属的整体间的对立。至于符号,如果我们认为可以满意,那是因为我们不知道该用什么去代替,日常用语没有提出任何别的术语。

这样确定的语言符号有两个头等重要的特征。我们在陈述这些特征的时候将同时提出整个这类研究的基本原则。

§2. 第一个原则:符号的任意性

能指和所指的联系是任意的,或者,因为我们所说的符号是指能指和所指相联结所产生的整体,我们可以更简单地说:语言符号是任意的。

例如"姊妹"的观念在法语里同用来做它的能指的 s-ö-r(sœur)这串声音没有任何内在的关系;它也可以用任何别的声音来表示。语言间的差别和不同语言的存在就是证明:"牛"这个所指的能指在国界的一边是 b-ö-f(bœuf),另一边却是 o-k-s(Ochs)①。

符号的任意性原则没有人反对。但是发现真理往往比为这真理派定一个适当的地位来得容易。上面所说的这个原则支配着整个语言的语言学,它的后果是不胜枚举的。诚然,这些后果不是一下子就能看得同样清楚的;人们经过许多周折才发现它们,同时也发现了这个原则是头等重要的。

顺便指出:等到符号学将来建立起来的时候,它将会提出这样一个问题:那些以完全自然的符号为基础的表达方式——例如哑剧——是否属于它的管辖范围②。假定它接纳这些自然的符号,它的主要对象仍然是以符号任意性为基础的全体系统。事实上,一个社会所接受的任何表达手段,原则上都是以集体习惯,或者同样可以说,以约定俗成为基础的。例如那些往往带有某种自然表情的礼节符号(试想一想汉人从前用三跪九叩拜见他们的皇帝)也仍然是依照一种规矩给定下来的。强制使用礼节符号的正是这种规矩,而不是符号的内在价值。所以我们可以说,完全任意的符号比其他符号更能实现符号方式的理想;这就是为什么语言这种最复杂、最广泛的表达系统,同时也是最富有特点的表达系统。正是在这个意义上,语言学可以成为整个符号学中的典范,尽管语言也不过是一种特殊的系统。

曾有人用象征一词来指语言符号,或者更确切地说,来指我们叫做能指的东西③。我们不便接受这个词,恰恰就是由于我们的第一个原则。象征的特点是:它永远不是完全任意的;它不是空洞的;它在能指和所指之间有一种自然联系的根基。象征法律的天平就不能随便用什么东西,例如一辆车,来代替。

任意性这个词还要加上一个注解。它不应该使人想起能指完全取决于说话者的自由选择(我们在下面将可以看到,一个符号在语言集体中确立后,个人是不能对它有任何改变的)。我们的意思是说,它是不可论证的,即对现实中跟它没有任何自然联系的所指来说是任意的。

最后,我们想指出,对这第一个原则的建立可能有两种反对意见:

(1)人们可能以拟声词为依据认为能指的选择并不都是任意的。但拟声词从来不是语言系统的有机成分,而且它们的数量比人们所设想的少得多。有些词,例如法语的 fouet"鞭子"或 glas"丧钟"可能以一种富有暗示的音响刺激某些人的耳朵;但是如果我们追溯到它们的拉丁语形式(fouet 来自 fāgus"山毛榉",glas 来自 classicum

<hr>

① 法语管"牛"叫 bœuf[bœf],德语管"牛"叫 Ochs[ɔks]。——校注

② 这里暗指冯德(Wundt)认为语言的声音表情动作出于自然的哑剧运动,参看他所著的《民族心理学》第一编《语言》。——校注

③ 这里特别是指德国哲学家卡西勒尔(Cassirer)在《象征形式的哲学》中的观点。他把象征也看作一种符号,忽视了符号的特征。德·索绪尔认为象征和符号有明显的差别。——校注

"一种喇叭的声音")①，就足以看出它们原来并没有这种特征。它们当前的声音性质，或者无宁说，人们赋予它们的性质，其实是语音演变的一种偶然的结果。

至于真正的拟声词（象 glou-glou "火鸡的叫声或液体由瓶口流出的声音"，tic-tac "嘀嗒"等等），不仅为数甚少，而且它们的选择在某种程度上已经就是任意的，因为它们只是某些声音的近似的、而且有一半已经是约定俗成的模仿（试比较法语的 oua-oua 和德语的 wauwau "汪汪" 狗吠声）。此外，它们一旦被引进语言，就或多或少要卷入其他的词所经受的语音演变，形态演变等等的漩涡（试比较 pigeon "鸽子"，来自民间拉丁语的 pipiō，后者是由一个拟声词派生的）：这显然可以证明，它们已经丧失了它们原有的某些特性，披上了一般语言符号的不可论证的特征。

(2) 感叹词很接近于拟声词，也会引起同样的反对意见，但是对于我们的论断并不更为危险。有人想把感叹词看作据说是出乎自然的对现实的自发表达。但是对其中的大多数来说，我们可以否认在所指和能指之间有必然的联系。在这一方面，我们试把两种语言比较一下，就足以看到这些表达是多么彼此不同（例如德语的 au! "唉!" 和法语的 aïe! 相当）。此外，我们知道，有许多感叹词起初都是一些有确定意义的词（试比较法语的 diable! "见鬼!" mordieu! "天哪!" mort Dieu "上帝的死" 等等）。

总而言之，拟声词和感叹词都是次要的，认为它们源出于象征，有一部分是可以争论的。

§3. 第二个原则：能指的线条特征

能指属听觉性质，只在时间上展开，而且具有借自时间的特征：(a) 它体现一个长度，(b) 这长度只能在一个向度上测定：它是一条线。

这个原则是显而易见的，但似乎常为人所忽略，无疑是因为大家觉得太简单了。然而这是一个基本原则，它的后果是数之不尽的；它的重要性与第一条规律不相上下。语言的整个机构都取决于它。它跟视觉的能指（航海信号等等）相反：视觉的能指可以在几个向度上同时并发，而听觉的能指却只有时间上的一条线；它的要素相继出现，构成一个链条。我们只要用文字把它们表示出来，用书写符号的空间线条代替时间上的前后相继，这个特征就马上可以看到。

在某些情况下，这表现得不很清楚。例如我用重音发出一个音节，那似乎是把不止一个有意义的要素结集在同一点上。但这只是一种错觉。音节和它的重音只构成一个发音行为，在这行为内部并没有什么二重性，而只有和相邻要素的各种对立。

---

① 现代法语的 fouet "鞭子" 是古代法语 fou 的指小词，后者来自拉丁语的 fāgus "山毛榉"；glas "丧钟" 来自民间拉丁语的 classum，古典拉丁语的 classicum "一种喇叭的声音"，c 在 l 之前变成了浊音。——校注

二、符号的不变性和可变性
§1. 不变性

能指对它所表示的观念来说,看来是自由选择的,相反,对使用它的语言社会来说,却不是自由的,而是强制的。语言并不同社会大众商量,它所选择的能指不能用另外一个来代替。这一事实似乎包含着一种矛盾,我们可以通俗地叫做"强制的牌"①。人们对语言说:"您选择罢!"但是随即加上一句:"您必须选择这个符号,不能选择别的。"已经选定的东西,不但个人即使想改变也不能丝毫有所改变,就是大众也不能对任何一个词行使它的主权;不管语言是什么样子,大众都得同它捆绑在一起。

因此语言不能同单纯的契约相提并论;正是在这一方面,语言符号研究起来特别有趣;因为如果我们想要证明一个集体所承认的法律是人们必须服从的东西,而不是一种可以随便同意或不同意的规则,那么语言就是最明显的证据。

所以首先让我们来看看语言符号怎样不受意志的管束,然后引出这种现象所产生的严重后果。

在任何时代,哪怕追溯到最古的时代,语言看来都是前一时代的遗产。人们什么时候把名称分派给事物,就在概念和音响形象之间订立了一种契约——这种行为是可以设想的,但是从来没有得到证实。我们对符号的任意性有一种非常敏锐的感觉,这使我们想到事情可能是这样。

事实上任何社会,现在或过去,都只知道语言是从前代继承来的产物而照样加以接受。因此,语言起源的问题并不像人们一般认为的那么重要。它甚至不是一个值得提出的问题②。语言学的唯一的真正的对象是一种已经构成的语言的正常的、有规律的生命。一定的语言状态始终是历史因素的产物。正是这些因素可以解释符号为什么是不变的,即拒绝一切任意的代替。

但是仅仅说语言是一种遗产,如果不更进一步进行考察,那么问题也解释不了。我们不是随时可以改变一些现存的和继承下来的法律吗?

这种反驳使我们不能不把语言放到它的社会环境里去考察,并像对待其他社会制度一样去提出问题。其他社会制度是怎样流传下来的呢? 这是一个包含着不变性问题的更 般的问题。我们首先必须评定其他制度所享受的或大或小的自由;可以看到,对其中任何一种来说,在强制的传统和社会的自由行动之间各有一种不同的平

---

① "强制的牌"(la carte forcée)是变戏法的人使用的一种障眼术:他在洗牌的时候私下把一张牌夹在一付纸牌里让人家挑选,但是说,"你必须选择这张牌,不能选择别的。"——校注

② 语言起源的问题是 18 世纪欧洲各派学者最喜欢讨论的问题,从 19 世纪起,许多语言学家由于一种实证主义精神的激发,往往拒绝讨论这个问题,尤以法国语言学家表现得最为突出。德·索绪尔正是在这种精神的影响下提出这个问题的。——校注

衡。其次，我们要探究，在某类制度里，为什么头一类因素会比另一类因素强些或弱些。最后再回到语言，我们不仅要问为什么累代相传的历史因素完全支配着语言，排除任何一般的和突如其来的变化。

为了回答这个问题，我们可以提出许多论据。比方说语言的变化同世代的交替没有联系①，因为世代并不像家具的抽屉那样一层叠着一层，而是互相混杂，互相渗透，而且每一世代都包含着各种年龄的人。我们也可以考虑一下一个人学会自己的母语需要花多大的力气，从而断定全面的变化是不可能的。此外，我们还可以再加上一句：语言的实践不需要深思熟虑，说话者在很大程度上并不意识到语言的规律，他们既不知道，又怎能改变呢？即使意识到，我们也不应该忘记，语言事实差不多不致引起批评，因为任何民族一般都满意于它所接受的语言。

这些考虑很重要，但不切题。我们在下面将提出一些更主要、更直接的考虑，其他一切考虑都取决于它们：

（1）符号的任意性。在上面，符号的任意性使我们不能不承认语言的变化在理论上是可能的；深入一步，我们却可以看到，符号的任意性本身实际上使语言避开一切旨在使它发生变化的尝试。大众即使比实际上更加自觉，也不知道怎样去讨论。因为要讨论一件事情，必须以合理的规范为基础。例如我们可以辩论一夫一妻制的婚姻形式是否比一夫多妻制的形式更为合理，并提出赞成这种或那种形式的理由。我们也可以讨论象征系统，因为象征同它所指的事物之间有一种合理的关系。但是对语言——任意的符号系统——来说，却缺少这种基础，因此也就没有任何进行讨论的牢固的基地。为什么要用 sœur 而不用 sister，用 Ochs 而不用 bœuf② 等等，那是没有什么道理可说的。

（2）构成任何语言都必须有大量的符号。这一事实的涉及面很宽。一个文字体系只有二十至四十个字母，必要时可以用另一个体系来代替。如果语言只有为数有限的要素，情况也是这样；但语言的符号却是数不胜数的。

（3）系统的性质太复杂。一种语言就构成一个系统。我们将可以看到，在这一方面，语言不是完全任意的，而且里面有相对的道理，同时，也正是在这一点上表现出大众不能改变语言。因为这个系统是一种很复杂的机构，人们要经过深切思考才能掌握，甚至每天使用语言的人对它也很茫然。人们要经过专家、语法学家、逻辑学家等等的参与才能对某一变化有所理解；但是经验表明，直到现在，这种性质的参与并

---

① 19世纪80年代，欧洲有些语言学家如洛伊德（Lloyd）和皮平（Pipping）等认为语音的自发变化是由儿童和成年人发同一个音有差别引起的。德·索绪尔在这里不同意他们的这种"世代理论"。——校注

② Sœur 是法语的词，sister 是英语的词，都是"姊妹"的意思；Ochs 是德语的词，bœuf 是法语的词，都是"牛"的意思。——校注

没有获得成功。

（4）集体惰性对一切语言创新的抗拒。这点超出了其他的任何考虑。语言无论什么时候都是每个人的事情；它流行于大众之中，为大众所运用，所有的人整天都在使用着它。在这一点上，我们没法把它跟其他制度作任何比较。法典的条款，宗教的仪式，以及航海信号等等，在一定的时间内，每次只跟一定数目的人打交道，相反，语言却是每个人每时都在里面参与其事的，因此它不停地受到大伙儿的影响。这一首要事实已足以说明要对它进行革命是不可能的。在一切社会制度中，语言是最不适宜于创制的。它同社会大众的生活结成一体，而后者在本质上是惰性的，看来首先就是一种保守的因素。

然而，说语言是社会力量的产物还不足以使人看清它不是自由的。回想语言始终是前一时代的遗产，我们还得补充一句：这些社会力量是因时间而起作用的。语言之所以有稳固的性质，不仅是因为它被绑在集体的镇石上，而且因为它是处在时间之中。这两件事是分不开的。无论什么时候，跟过去有连带关系就会对选择的自由有所妨碍。我们现在说 homme"人"和 chien"狗"，因为在我们之前人们就已经说 homme 和 chien。这并不妨碍在整个现象中两个互相抵触的因素之间有一种联系：一个是使选择得以自由的任意的约定俗成，另一个是使选择成为固定的时间。因为符号是任意的，所以它除了传统的规律之外不知道有别的规律；因为它是建立在传统的基础上的，所以它可能是任意的。

§2. 可变性

时间保证语言的连续性，同时又有一个从表面看来好像是跟前一个相矛盾的效果，就是使语言符号或快或慢发生变化的效果；因此，在某种意义上，我们可以同时说到符号的不变性和可变性①。

最后分析起来，这两件事是有连带关系的：符号正因为是连续的，所以总是处在变化的状态中。在整个变化中，总是旧有材料的保持占优势；对过去不忠实只是相对的。所以，变化的原则是建立在连续性原则的基础上的。

时间上的变化有各种不同的形式，每一种变化都可以写成语言学中很重要的一章。我们不作详细讨论，这里只说明其中几点重要的。

首先，我们不要误解这里所说的变化这个词的意义。它可能使人认为，那是特别指能指所受到的语音变化，或者所指的概念在意义上的变化。这种看法是不充分的。不管变化的因素是什么，孤立的还是结合的，结果都会导致所指和能指关系的转移。

---

① 责备德·索绪尔认为语言有两种互相矛盾的性质不合逻辑或似是而非，那是错误的。他只是想用两个引人注目的术语的对立着重表明这个真理：语言发生变化，但是说话者不能使它发生变化。我们也可以说，语言是不可触动的，但不是不能改变的。——原编者注

试举几个例子。拉丁语的 necāre 原是"杀死"的意思,在法语变成了 noyer"溺死",它的意义是大家都知道的。音响形象和概念都起了变化。但是我们无需把这现象的两个部分区别开来,只从总的方面看到观念和符号的联系已经松懈,它们的关系有了转移也就够了①。如果我们不把古典拉丁语的 necāre 跟法语的 noyer 比较,而把它跟四世纪或五世纪民间拉丁语带有"溺死"意义的 necare 对比,那么,情况就有点不同。可是就在这里,尽管能指方面没有什么显著的变化,但观念和符号的关系已有了转移②。

古代德语的 dritteil"三分之一"变成了现代德语的 Drittel。在这里,虽然概念还是一样,关系却起了两种变化:能指不只在它的物质方面有了改变,而且在它的语法形式方面也起了变化;它已不再含有 Teil"部分"的观念,变成了一个单纯词。不管是哪种变化,都是一种关系的转移。

在盎格鲁·撒克逊语里,文学语言以前的形式 fōt"脚"还是 fōt(现代英语 foot),而它的复数* fōti 变成了 fēt(现代英语 feet)。不管那是什么样的变化,有一件事是确定的:关系有了转移。语言材料和观念之间出现了另一种对应。

语言根本无力抵抗那些随时促使所指和能指的关系发生转移的因素。这就是符号任意性的后果之一。

别的人文制度——习惯、法律等等——在不同的程度上都是以事物的自然关系为基础的;它们在所采用的手段和所追求的目的之间有一种必不可少的适应。甚至服装的时式也不是完全任意的:人们不能过分离开身材所规定的条件。相反,语言在选择它的手段方面却不受任何的限制,因为我们看不出有什么东西会妨碍我们把任何一个观念和任何一连串声音联结起来。

为了使人感到语言是一种纯粹的制度,辉特尼曾很正确地强调符号有任意的性质,从而把语言学置于它的真正的轴线上③。但是他没有贯彻到底,没有看到这种任意的性质把语言同其他一切制度从根本上分开。关于这点,我们试看看语言怎么发展就能一目了然。情况是最复杂不过的:一方面,语言处在大众之中,同时又处在时间之中,谁也不能对它有任何的改变;另一方面,语言符号的任意性在理论上又使人们在声音材料和观念之间有建立任何关系的自由。结果是,结合在符号中的这两个要素以绝无仅有的程度各自保持着自己的生命,而语言也就在一切可能达到它的声音或意义的

① 在 19 世纪末和 20 世纪初,许多语言学家和心理学家,如德国的保罗和冯德,常把语言变化分为语音变化和意义变化两部分,并把它们对立起来。德·索绪尔在这里认为应该把这两部分结合起来,考虑它们之间的关系。——校注

② 德·索绪尔在这期讲课里(1911 年 5 月至 7 月),常把"观念"和"符号"以及"所指"和"能指"这些术语交替运用,不加区别。——校注

③ 辉特尼的这一观点,见于他所著的《语言的生命和成长》。——校注

动原的影响下变化着,或者无宁说,发展着。这种发展是逃避不了的;我们找不到任何语言抗拒发展的例子。过了一定时间,我们常可以看到它已有了明显的转移。

情况确实如此,这个原则甚至在人造语方面也可以得到验证。人造语只要还没有流行开,创制者还能把它控制在手里;但是一旦它要完成它的使命,成为每个人的东西,那就没法控制了。世界语就是一种这样的尝试[①];假如它获得成功,它能逃避这种注定的规律吗? 过了头一段时期,这种语言很可能进入它的符号的生命,按照一些与经过深思熟虑创制出来的规律毫无共同之处的规律流传下去,再也拉不回来。想要制成一种不变的语言,让后代照原样接受过去的人,好像孵鸭蛋的母鸡一样:他所创制的语言,不管他愿意不愿意,终将被那席卷一切语言的潮流冲走。

符号在时间上的连续性与在时间上的变化相连,这就是普通符号学的一个原则;我们在文字的体系,聋哑人的言语活动等等中都可以得到验证。

但是变化的必然性是以什么为基础的呢? 人们也许会责备我们在这一点上没有说得象不变性的原则那么清楚。这是因为我们没有把变化的各种因素区别开来;只有考察了多种多样的因素,才能知道它们在什么程度上是必然的。

连续性的原因是观察者先验地看得到的,而语言随着时间起变化的原因却不是这样。我们不如暂时放弃对它作出确切的论述,而只限于一般地谈谈关系的转移。时间可以改变一切,我们没有理由认为语言会逃脱这一普遍的规律。

我们现在参照绪论中所确立的原则,把上面陈述的各个要点总括一下。

(1)我们避免下徒劳无益的词的定义,首先在言语活动所代表的整个现象中分出两个因素:语言和言语。在我们看来,语言就是言语活动减去言语。它是使一个人能够了解和被人了解的全部语言习惯。

(2)但是这个定义还是把语言留在它的社会现实性之外,使语言成了一种非现实的东西,因为它只包括现实性的一个方面,即个人的方面。要有语言,必须有说话的大众。在任何时候,同表面看来相反,语言都不能离开社会事实而存在,因为它是一种符号现象。它的社会性质就是它的内在的特性之一。要给语言下一个完备的定义,必须正视两样分不开的东西,如右图所示:

①　世界语(Esperanto)是波兰眼科医生柴门霍夫(Zamenhof)于 1887 年创制的一种人造语,只有 28 个字母,16 条语法规则,词根百分之七十五出自拉丁语,其余的出自日耳曼语和斯拉夫语,简单易学。这种语言自问世后曾引起许多语言学家的讨论。新语法学派奥斯特霍夫和勃鲁格曼于 1876 年曾撰《人造世界语批判》一书,对一般人造语持极端怀疑的态度。德·索绪尔在这里对世界语的评价,大致采取了其中的观点。但是拥护世界语的人,如波兰的博杜恩·德·库尔特内和法国的梅耶等,却认为这种人造语只是一种国际辅助语,不能代替自然语言,不必考虑它会发生什么样的变化。——校注

但是到了这一步,语言只是能活的东西,还不是活着的东西;我们只考虑了社会的现实性,而没有考虑历史事实。

(3)语言符号既然是任意的,这样下定义的语言看来就好像是一个单纯取决于理性原则的,自然而可以随意组织的系统。语言的社会性质,就其本身来说,并不与这种看法正面抵触。诚然,集体心理并不依靠纯粹逻辑的材料进行活动,我们必须考虑到人与人的实际关系中使理性屈服的一切因素。然而我们之所以不能把语言看作一种简单的、可以由当事人随意改变的规约,并不是因为这一点,而是同社会力量的作用结合在一起的时间的作用。离开了时间,语言现实性就不完备,任何结论都无法作出。

要是单从时间方面考虑语言,没有说话的大众——假设有一个人孤零零地活上几个世纪——那么我们也许看不到有什么变化;时间会对它不起作用。反过来,要是只考虑说话的大众,没有时间,我们就将看不见社会力量对语言发生作用的效果。所以,要符合实际,我们必须在上图中添上一个标明时间进程的符号:(见右图)

这样一来,语言就不是自由的了,因为时间将使对语言起作用的社会力量可能发挥效力,而我们就达到了那把自由取消的连续性原则。但连续性必然隐含着变化,隐含着关系的不同程度的转移。

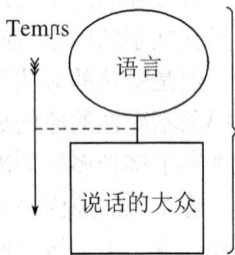

语言的社会性

高名凯

导言——

本文选自高名凯著《语言论》的"第一部分 语言的社会本质",科学出版社,1963;商务印书馆,1995。

作者高名凯(1911~1965),曾用名苏旋,福建平潭人。1936年自燕京大学哲学系毕业后赴法国巴黎大学攻读语言学,1940年获博士学位后回国。曾历任北京中法汉学研究所研究员,燕京大学国文系教授、系主任,北京大学中文系教授。著名的语言学家,在汉语语法学和普通语言学理论方面卓有建树。《语言论》是他的代表作之一。

选文主要论述语言的社会性。作者从三个方面来论述语言的这一性质:(1)从语言和社会互相制约、互相依存的关系来正面证明。语言是人类社会的产物,语言的存在和发展都受到社会的制约，社会的存在和发展也受到语言的制约。（2）从语言不是个人现象，不是自然现象来反面地加以证明。（3）从语言符号的社会性来进一步加以具体的证明。构成语言符号的两个部分——音和义之间的联系是任意的，是约定俗成的，是社会性的体现，所以语言符号具有社会性。

《语言论》一书其他部分还分从语言的职能、语言与交际、语言与思维、语言与言语、语言的变体等方面阐述了"语言的社会本质"。

第一节　语言和社会的相互制约与相互依存

马克思主义对语言的理解首先着重指出语言的社会性。斯大林说："语言是属于社会现象之列的，从有社会存在的时候起，就有语言存在。"①语言是社会现象，这一论断就是对语言的社会性的具体解释。语言是社会现象这一原理可以从三方面来加以阐明：（一）从语言和社会的互相制约和互相依存的关系来正面地加以证明；（二）从语言不是个人现象，不是自然现象来反面地加以证明；（三）从语言符号的社会性来进一步地加以具体的证明。

语言存在于人类社会之中，"社会以外，无所谓语言"。② 存在于社会之中的语言一方面制约了社会，一方面则受社会的制约。离开了社会，语言就不能存在；离开了语言，社会也就要崩溃。加尔金娜-费多卢克曾经建议从下面两方面来说明语言和社会的这种互相制约、互相依存的关系：（一）语言对社会的依赖性，（二）语言在社会生活中的作用。③ 我们不妨就这两方面来正面地论述语言的社会性。

语言是人类社会所创造的产物。马克思说："使用对象当作价值规定，本来就和语言一样，是人类的社会的产物。"④没有人类社会，就没有语言。天地间也只有人类社会有语言。人类和其他的动物不同，就在于他是社会动物，从他开始生存的第一天起，他就采用集体劳动的方式，共同创造生产工具，共同改造自然，和自然进行斗争，进行生产，取得生活资料。这种共同的社会劳动就是运用语言来协调的，而人类的语言也就是在这种社会劳动的过程中，在这生产物质财富的共同劳动中，为了协调人与人之间的生产行为，由于交际的迫切需要而产生出来的。可以想象，如果人类不进行共同的社会劳动，人与人之间可以"老死不相往来"，孤独地生活着，并且只和其他的动物似的，仅仅利用自然界现成的赐予去取得生活资料，不去改造自然，语言是不可能产生的。也可以想象得到，如果没有语言，人类改造自然的共同劳动将是如何地受

① 斯大林《马克思主义与语言学问题》，人民出版社，1953，第20页。
② 同上。
③ 参阅加尔金娜-费多卢克《语言是社会现象》，时代出版社，1956。
④ 马克思《资本论》，人民出版社，1953，第一卷，第56页。

到阻碍。

历史曾经给我们留下许多不再为人们所运用的语言的记录。这种语言就是人们所说的"死去了的语言"。我们今天所以能够看到这些"死去了的语言",只是借助于记录它们的文字。这些语言事实上已经不再存在了。他们之所以不再存在,因为运用它们的具体的社会团体已经不再存在。例如我国古代的鲜卑语已经随着鲜卑部族的消亡而不再存在。尽管我们今天还可以在《隋书·经籍志》里看到有关鲜卑语著作的书名,我们却已经不知道鲜卑语到底是什么样的了。可见,语言的存在是依赖于社会的存在的,某一具体语言的存在是依赖于某一具体社会的存在的。今天世界中之所以有许多不同的语言,也正是语言受不同的具体社会集团的制约而产生的结果。不同的具体社会集团的环境使语言呈现不同的情况,各有各的不同的特点。

就是从一般的语言发展的情况来说,语言受社会的制约也是极其明显的。随着人类社会集团的日益扩大,语言的服务对象和语言运用的范围也日益扩大。由于社会集团的聚合和离散,语言也就随着统一和分化,而各社会集团之间的彼此接触又可以引起各语言之间的相互影响。就是在同一种语言里,运用这种语言的社会集团的生产力的发展、文化的发展、社会制度的变革、思想意识的变化,也都使语言在其历史的发展过程中在词汇方面发生巨大的变化,在语法方面日益精密。所以,无论从语言的产生,或是从语言的发展来看,语言都是依赖于社会的,语言存在本身就是受社会的制约的。

不但语言的存在和发展受到社会的制约,社会的存在和发展也受到语言的制约。这就具体地表现在语言在社会生活中所起的作用上。无论是什么时候,或是什么地方,我们从来也没有遇见过没有语言而能有社会生活的情形。人类学家告诉我们:不但今天存在的世界上最落后的所谓"原始民族",例如澳洲的土著民族,也有他们的语言。就是今天的科学所能知道的"最原始的人",例如爪哇猿人、北京猿人,也有他们的语言机能的活动。爪哇猿人和北京猿人尽管只能说出孤立的、没有联系的言语,但是他们却已经能够发出基本的元音、喉辅音、后舌辅音、鼻辅音以及吸气音等确定的、稍微分化的分节音,已经能够发出不依个人的直接意向而转移的大声喊叫。[①] 在今天的社会里,情形只有更加明显。无论是在北京或是在莫斯科,无论是在好望角,或是在悉尼,无论是在珠穆朗玛山麓或是在阿尔卑斯山腰,只要有人类社会的存在,就有语言的存在。

就是在两个个人之间,如果没有共同了解的语言,他们之间的社会生活也就不能存在。社会生活不仅是朴素的群居。动物也可能有群居的本能,但他们却没有社会生活。社会生活是人们共同改造自然、共同创造劳动工具、共同生产的生活。没有语言作为彼此了解的交流思想的交际工具,两个人之间也就不能协调劳动,借

普通语言学研究导引

---

① 参阅布纳克《人的起源与古代的人类分布》(俄文本),莫斯科,1951。

以改造自然、创造工具或从事共同的生产活动。当然,有的时候,两个人之间可能默然无语地共同进行一项工作,但这种工作总是在预先以语言来交换意见作出决定之后进行的,或在进行中以某种代用品来代替语言去进行交际的,例如以目示意;目之所以能够示意,是因为在社会生活中已经养成习惯拿它去代替语言所要说明的某种意思。

很难想象,在没有语言的情况下,人们如何能够协调生产中的共同活动。不但在人类社会形成的第一天,语言就是他们组织社会生活的必要条件之一,就是在人类社会的后来的全部发展过程中,语言也是社会生活的不可缺少的凭借之一,并且是推动社会发展的主要动力之一。作为交流思想和彼此交际的工具的语言,作为抽象思维的承担者的语言,随时都在帮助人们进行生产劳动,改造自然,改造社会,发展文化,传授知识。语言事实上也是人类社会全部劳动经验的"贮藏库",它把先人的全部劳动经验巩固下来,记录下来,使后世的人能够借此接受千百代累积下来的知识。语言不但是维系当代社会生活的不可缺少的武器,同时也能够帮助人们掌握先人或别人的思维活动所获得的成果,并加以发展的不可缺少的工具。人们不但利用语言来体现或表达日常生活中的简单的思想,并且能够利用它来体现或表达生产斗争和政治斗争(阶级斗争)中所要宣扬和批判的极其复杂的思想。所以,社会也要受到语言的制约,社会的生存和发展也要依赖于语言。

第二节　语言不是个人现象或自然现象

语言是社会现象这一原理,同时也是就其不是个人现象、不是自然现象而言的。我们可以从两方面来说明和社会现象相对立的现象,即个人现象和自然现象。是个人现象的,就不是社会现象;是自然现象的,也不是社会现象。相反地,不是个人现象的就是社会现象;不是自然现象的也就是社会现象。所以,语言到底是否社会现象也可以从其到底是否个人现象或自然现象来加以证明。

语言不是个人现象是显而易见的道理。世界上没有任何一个个人可以杜撰一种属于他一个人的语言来和别人进行交际。语言并且不是任何一个人所能创造的。个人必须向其所属的社会学习语言。不这样是不行的。语言当然是由个人来说或来听的。它要有个人的生理器官来说,也要有个人的生理器官来听;它要有个人的言语动觉神经(心理活动)来指挥说的活动,也要有个人的言语听觉神经(心理活动)来指挥听的活动。但这种情形并不说明语言是个人现象,正如阶级斗争要由各个个人来进行而不证明阶级斗争是个人现象似的。问题在于说话的人尽管拿他自己的生理器官和心理机能去说,他却必得说出别人听得懂的话,听话的人尽管拿他自己的生理器官和心理机能去听,他却必得听懂别人所说的话。语言不但不是个人所能创造的,语言不但是个人向社会学来的东西,它并且是在社会中被运用的,是为社会生活服务的。

当然，个人也有自言自语、不与别人交际而运用语言的时候，个人也有默然思索、不与别人交际而运用语言的情形，但这些都不足以证明语言是个人现象。因为个人自言自语或默然思索的时候，往往是把自己当做对话对象来和自己交谈的；个人自言自语或默然思索的时候，他所运用的却仍然是别人能够听懂、他向社会学来的语言。语言是交际工具、人们进行抽象思维的工具，运用工具的可以是个人，但这不等于说这工具就是个人现象，正如个人可以拿石子去打猎，但石子并不是个人现象，而是自然现象一样。语言是社会现象要从语言的本质特点来看，不是从运用它的是否可以是个人来衡量。因为交际是一种社会现象，因为语言是人们在交际的需要和交际的实践中创造出来的，它的发展要受社会的制约，它本身就是带有社会性的一套符号系统，因此，语言是社会现象，不是个人现象，尽管个人可以运用语言去自言自语或默然思索。何况人是社会动物，不是所有个人的活动都是属于个人的。个人在语言的创造中当然也起作用，但是个人总是在适应社会的需要和要求之下才能"创造"语言中的个别成分，并且他的"创造"也要通过社会的同意才能成为语言事实。所以，不能因此而说语言是个人现象，这正如个人也能在社会革命事业中起一定的作用，但不能因此而说革命活动是个人现象一样。

语言是社会现象，不是个人现象是显而易见的道理。但是有不少的语言学家却在个人主义世界观的影响下，强调个人的作用，有意无意地否认语言的社会性，而把语言看成个人现象。例如德国的语言学家福斯勒尔(K. Vossler)就是现代各语言学派中采取个人主义观点的典型实例。福斯勒尔在他的《语言学中的实证主义和唯心主义》一书中，抄袭了洪堡尔特(W. von Humboldt)语言是创造性的思想工具、克罗采(B. Croce)语言是"心灵最初的表达"的学说，加以发展，认为"语言就是精神的表现"，因之，把语言学纳入美学范围之内，而把带有美学性的风格学提到语言学研究中的头等地位。他认为，通过风格学的媒介，可以容易地找出语言发展的事实和文化史及社会史现象之间的联系，依靠风格学的帮助，可以明显地阐明个人创作对语言发展的影响，并且可以对全民语言与作家语言不加区别，而提出语言发展的过程是个人创作的行为。福斯勒尔当然也谈到语言和文化、人民的社会环境的关系，但是这种社会因素在他看来是无足轻重的，只有美学因素，换言之，只有与风格有关的因素才可能是作为表现个人创作行为的任何一种语言变化的原始的动因。他说："风格就是个人的语言的应用，与一般的应用不同，一般的应用基本上不外是尽可能全部或至少是极重要的个人的语言应用的近似总和。由于语言的应用是社会的规定，也就是说，它变成了规范，所以它是由句法来叙述的。又因为语言的应用是个人的创作，所以风格学也要研究它。然而，归纳法是由个别到全体、由个别的场合到一般的规范。绝对不能反过来。因此，先有风格学，然后才有句法。每一种表达手段在成为规范的、句法的手段以前，早就是个人的、风格学上的手段了……换句话说，一切语言因素都是风格学的表达手段。"①这样一来,他就肯定地指出语言是个人所创作出来的表达精神的手段。至于语言之所以作为交际的工具,在他看来,也不是因为语言具有社会性,语言是社会的产物,语言受社会的制约,而只是因为各个个人之间有共同的语言能力。他说:"当人们借助于语言互相交际的时候,那末这种交际的可能性本身并不是建立在共同的语言规定性或者共同的语言材料和句法构造上面,而是建立在共同的语言能力上面。总之,任何语言的共同性、方言等等实际上是不存在的……如果使两个或数个属于极不相同的语言共同体,并且没有任何共同语言规则的个人彼此接触,由于他们中间每一个人都具有语言能力,他们很快地就会互相谈起话来。英语及其他语言就是这样产生的。"②在他看来,语言的交际作用既是起源于人类的共同的语言能力,这个作为交际工具的语言就不是社会现象,而只是各个个人对它的共同的运用,正如各个个人对自然现象的共同运用似的;社会环境对语言仿佛也起作用,但它只不过是一种"接触条件",这种"接触条件"事实上也只能是起刺激作用的普通触媒剂。在他看来,语言是不能学会的,它只能是被激起的,即被唤醒的人类共同的语言才能的精神性能。他并且明确地指出不能把语言看作是社会的规定和规范。他说:"在缺点开始的地方,在语言能力终止活动的地方,也就是语言学的边界。把语言看作社会的规定和规范,就意味着是从非科学的观点出发的。由此得出结论:句法如同形态学一样,不是科学。全部语法学科的总和乃是一些孜孜不倦的实证主义者所建造的一座宏大的墓地,语言的死去的部分被零碎地或整批地埋葬在这个墓地的华丽坟墓里,而坟墓还标上了号码,刻了题词。"③

福斯勒尔自称只有唯心主义的方法论才是科学的方法论,他的个人主义观点的语言理论的唯心主义的错误,是不打自招的。所以,只批评他是唯心主义者,还不能明确他的错误的所在。我们还应当拿出论证来粉碎他的怪诞的学说。福斯勒尔说,语言是精神的表达,也就是个人的心灵的表现。我们并不否认语言有表达个人心灵的作用,但这是不是足以说明语言不是社会现象,而是个人现象呢?语言的确在某种情况下,可以作为表达个人心灵的工具,正如语言可以作为个人表达思想的工具一样,但是我们能够把表达个人思想的工具就说成个人现象、个人所创作的东西吗?表达个人的心灵是个人的行为,但是拿来表达个人心灵的工具却不见得是个人现象,正如打猎可以是个人的行为,但被个人拿去打猎的石头却不是个人现象而是自然现象一样。语言作为表达个人心灵的工具这一事实并不能证明语言是个人现象。福斯勒尔也许可以说,他之所以否认语言是社会现象,因为语言是个人创作出来的东西。然

---

① 福斯勒尔《语言学中的实证主义与唯心主义》(Positivismus und Idealismus in der Sprach-wissenschaft),第15~16页。

② 同上,第37~38页。

③ 同上,第38页。

而语言是个人创作出来的东西吗？我们也并不否认个人在创作语言中所起的作用，但这不等于说，语言就是个人创作的东西。如果语言是个人创作的东西，那末中国有六亿多人口，中国就可能有六亿多种语言，然而谁能否认中国只有汉、藏、蒙、满、苗、壮、维吾尔等语言，而并没有六亿多种语言这一事实呢？如果语言是个人创作出来的，那末，个人所创作的所谓语言成分就应当不可抗拒地进入语言的范围，成为语言的成分，然而像严复所创作的"么匿"之类的东西为什么竟没有成为汉语的词汇成员呢？如果像福斯勒尔所说的，语言之所以能够具有交际的可能性只是因为人们有共同的语言能力，那末，这共同的语言能力就应当使所有的人只创作出一个共同的人类语言，然而为什么福斯勒尔却用一般汉人所不理解的德语去说明他的个人创作语言的理论呢？为什么具有共同语言能力的不同民族的人们却需要通过翻译才能彼此了解呢？事实是和福斯勒尔所说的那样，"没有任何共同语言规则的个人彼此接触……他们很快地就会互相谈起话来"吗？应当知道欧洲的汉学家，尽管学了多年汉语，成了专家，还不见得能用汉语和汉人谈话，这难道不是事实吗？语言如果不是人们能够学会的，只是人们能够被激起的，那末，人们为什么要在学校里学习语言呢？这些都是极其明显的事实。总之，福斯勒尔的个人主义观点的语言理论没有任何科学的根据，它只有使我们更加相信语言是社会现象，不是个人现象。

语言是自然现象吗？自然现象是自然界的产物，不是人们所能创造出来的，不但天上的日、月、云、霞不是人们所能创造出来的，就是自然界的一粒沙也不是人们所能创造出来的。如果人们能够运用自然界的材料，依照自然界的规律创造出类似自然界的事物的东西，这些东西也仍然只是人造的。这正是人们为什么把某些科学上的发明称为"人造卫星"、"人造丝"之类的缘故。自然现象的产生和发展都不是依靠人类社会的动因的。虽然人类社会能够在某种情况下促进自然现象的发展。但是没有人工的培养，自然界的植物也可以按照其一定的发展规律发展下去。自然界事物的生存、发展和死亡并不随着社会的生存、发展和死亡而发生，不受社会条件的制约。但是社会现象却是人类社会的产物，它的生存、发展和死亡都是随着社会的生存、发展和死亡而发生的，并且是受社会的条件所制约的。语言是不是和自然界的事物似的，可以不受社会条件的制约而自生自灭呢？显然不是的。人们从来也没有发现过有存在于社会之外、不是由社会创造出来的语言，人们也没有看见过不随着社会的发展而发展、不随着社会的死亡而死亡的语言。语言不是自然现象是显而易见的。

然而这种显而易见的事实却没有引起某些语言学家的注意。他们竟视而不见地主张语言是自然现象。语言学中的自然主义者就是这样看待语言的。十九世纪初年，这一学派的德国语言学家施莱哈尔（A. Schleicher）就在他的《语言比较的研究》（Sprachvergleichende Unterssuchungen）中说："语言有它的将来，这将来就词的广义来说也可以叫做历史，但是这历史的最纯粹的形式，我们也可以在自然界比方一棵植物的增长里找到，语言是属于自然界的范围，而不是属于自由的心理活动的范围。"①他并且在他的许多著作里把语言说成一种有机体，这种有机体的增长表现着语言的生命。他甚至于认为，语言的生命和植物的生命并没有什么本质上的区别，有增长的时期，也有衰老的时期；史前时期的语言是增长时期的语言，由孤立形式变成粘着形式，由粘着形式变成屈折形式，梵语这个"语言中的玫瑰"就是增长达到最高峰的语言；历史时期的语言是衰老时期的语言，历史时期的印欧诸语言已经走上了衰老的道路；人们可以根据各语言的有机体的结构把语言分为若干种，又可以根据语言的历史把语言分为语系，每一种语系都有它的原始语或母语，这种原始语就像是一条树根，所有同系的语言都是由这树根长出来的树枝，这就是所谓的"谱系树"。十九世纪下半叶的英国语言学家缪勒(F. Max Müller)继承了施莱哈尔的理论，也在他的《语言学讲话》中，把语言学和历史学对立起来，认为语言学以语言为研究对象，应当属于自然科学，语文学以语言为手段去研究人类社会的道德、智慧、宗教和文学，属于历史科学。他虽然认为"在自然科学中没有一种像语言学一样是跟人类历史有这样密切的关系的"②，但又认为语言的一切变化"都不是历史的变化，而只是自然的增长；艺术、科学、哲学和宗教可以有历史，而语言或任何其他自然界的产物，严格地说，没有历史，只有增长"，因为"语言虽不断起变化，但不是任何人所能产生或阻止的"。③

这种把语言看成自然现象的理论是极端错误的。把自然现象和历史现象对立起来，本来就是错误的。天地间的任何事物都有它的发展，都有它的历史，自然界事物也不能例外。所谓自然科学事实上就是自然历史科学。和自然现象相对立的应当是社会现象。社会科学事实上就是社会历史科学。把语言看成跟生物似的有生命的有机体，更是荒谬的。语言当然也有产生、发展和死亡，但是语言的产生、发展和死亡是随着社会的产生、发展和死亡而来的，是受社会所制约的，而自然界事物的产生、发展和死亡则不受社会的制约。语言的产生并且指的不是生物性的产生，没有人说得出所谓"母语"是如何怀胎、如何产生它的"子语"的。语言的发展也只指的是语言在历史中的各种新成分的增加和旧成分的演变或消亡。所谓"子语"事实上就是所谓"母语"在下一时代由于这种情形而变了样子的结果，它不能像生物似的和"母语"同时存在，不是指的生物性的繁殖。语言的死亡也只指的是不再被人所运用，不是指的生物性的停止心脏的跳动，"寿终正寝"。语言是社会的产物，和自然界产物的生物没有任何共同之处。缪勒说，"语言虽不断起变化，但不是任何人所能产生或阻止的"，这正是他的错误的一个来源。缪勒看到一些事实，他注意到语言中的变化不是任何人所

---

① 转引自岑麒祥《语言学史概要》，科学出版社，1958年版，第242页。

② 缪勒《语言学讲话》(Lectures on The Science of Language)，伦敦，1899，第一卷，第39～40页。

③ 同上，第38页。

能产生或阻止的。但是他没有注意到，不是任何人所能产生或阻止的东西并不就是自然现象。社会现象也并不是任何人所能产生或阻止的，只有社会才能产生或阻止社会现象。语言的变化显然不是任何人所能产生或阻止的，但却是社会所能产生或阻止的。解放以后，现代汉语中产生了许多变化，从前所没有的词，例如"宇宙火箭、武装示威、人民公社、土洋结合、卫星汽车、人造卫星、政治挂帅……"等，现在产生了。这些词语的产生当然不是任何个人所能决定的，但却反映了社会的发展。它们是社会发展中群众所创造出来的新词语。从前存在过的词，例如"冰人、弄瓦、令媛、贵庚、台甫……"等已不再存在于日常的语言中。当然这些词的消亡并不是任何一个个人所能决定的，但它却反映了社会的变革，受到社会条件的制约。今天某些"原始社会"的语言没有能够像汉语这样的发展，这无疑的是在某种程度上受到了社会的限制。可见，自然主义语言学家们以为个人不决定语言的产生和发展就证明了语言是自然现象，不但是犯了逻辑上的错误，并且也在事实的认识上犯了错误。

自然主义学派把语言看成生物性的自然现象的谬论是容易看出的。就是西方的语言学家中也有很多不同意他们的谬论的，魏特尼（W. D. Whitney）即其一例。但是，这不等于说自然主义的观点在语言学中没有留下不良的影响。自然主义学派除了把语言看成生物性的自然现象之外，还进而主张用自然科学的方法来研究语言，用物理规律、力学规律或生物学规律来解释语言现象。博布（F. Bopp）就曾在他的著作《梵语、辛德语、阿尔明尼亚语、希腊语、拉丁语、立陶宛语、古斯拉夫语、峨特语和德语的比较语法》（Vergleichende Grammatik der Sanskrit, Zend, Armenischen, Griechischen, Lateinischen, Litauischen, Altslawischen, Gotischen und Deutschen）的《序言》里说："我打算在这部著作里描写本书标题所指出的各种不同语言的机构，比较其中同样性质的事实，研究制约这些语言的物理的和力学的规律，并寻找表达这些语法关系的形式的来源。"博布并且曾经用通信的形式解释他所说的"物理的"、"力学的"和"动力学"的规律。他说："我把'物理的'规律主要解释为重力的规律，特别是人称词尾的重要对前一音节的影响。如果，和我们的意见相反，人们同意格林姆（Grimm）的说法，认为日耳曼语的动词变位之中的元音变化具有语法的意义；如果，例如峨特语的方过时 band（我刚刚连结）里的 a 被视为过去意义的表达，和现在时 binda（我现在连结）里的 i 相对立，人们就有资格说，这个 a 赋有一定动力学的力量。我所说的物理的规律指的是其他的语法规则和（尤其是）语音规律。例如：人们在梵语里不说 ad-ti（来自词根 ad-，'吃'），而说 at-ti，从 d 到 t 的变化就有一种物理规律的原因。"①这种把自然科学的研究方法，把自然现象的规律机械地搬用到语言学中来，正是某些语言

---

① 见布勒阿尔（M. Bréal）法译本《梵语、辛德语、阿尔明尼亚语、希腊语、拉丁语、立陶宛语、古斯拉夫语、峨特语和德语的比较语法》（Grammaire comparée des langues indo-européennes），第一卷，序言，第 1 页译注。

普通语言学研究导引

66

学家,特别是某些结构主义者把语言学看成自然科学的错误观点的滥觞。一直到现在为止,我国还有一部分语言学家把语言学看成自然科学,也是受这种观点的影响的。不消说,这个观点是极端有害的,"它使人们走进离开语言的方向,走进一个虚假的东西里面去,描写语言之'不属于经验'(用叶尔姆斯列夫(V. Hjelmslev)的话来说),并抛弃'存在的假设',从言辞里找出和分出其'不可腐蚀的基本的单位'(unités de base indissociables),再拿这些单位去构造语言的'共同状态',然后就去布置'层级的分化'(stratification)。"①某些结构主义者,特别是丹麦学派的叶尔姆斯列夫认为语言学的研究对象应是语言符号系统的常数,这种符号系统事实上就是语言形式彼此之间的关系。虽然他们也说到语言是社会现象,但是他们却认为有必要从语言内部的自足存在的系统去研究语言,把语言和社会的关系排斥在语言学的研究范围之外,只让"形而上语言学"(metalinguistics)去研究。这样地把语言和社会割裂开之后,语言事实上就被理解为和物理界的事物的结构相同的一个结构系统,事实上也就是把语言看成了自然现象。某些结构主义者主张要用对待自然现象的自然科学的研究法来研究语言,反对根据语言的社会性来研究语言,正是他们把语言看成自然现象的一个具体的表现,尽管他们口头上也说语言是社会现象。这样的对待语言,自然就会把语言学引上错误的道路上去,因为它会引导人们忽视语言的社会本质。抛弃语言的社会本质去研究语言,就像脱离自然界的物理本质去研究某种生物就会造成古代人们的迷信一样,只能导致非科学的结果。语言学家们之所以把语言看成自然现象,无疑地是和语言中的语音结构有关的。博布所说的"词尾的重要对前一音节的影响",和 i 相对立的 a 之赋有动力学的力量,从 d-到 t-的变化等都是就语音来说的,虽然他也企图解释语法现象。语言中的语音结构的确具有物理性,它也正是语言能够为人所掌握的物质材料。这些语音结构的规则及其在历史上的发展或变化都可能有其生理上和物理上的原因。因此有些人就把语言看成自然现象,以为必须拿对待生理现象和物理现象的方法来研究语言。其实语言并不是物理现象,也不是生理现象,虽然语言成分都有它的声音部分,而这种声音则是由生理器官发出来的。但是声音并不就是语言,生理器官也并不一定就是语言器官。风吹草动,虫鱼鸟兽都能发出声音,但却不是语言。人类的幼儿初入人世时也能发出喃喃之声,但是我们并不因此而说初生婴儿有语言。语言必得是声音和意义相结合的复合物。这正是语言以体现思维或表达思想的方式而作为人们的交际工具用的社会本质所使然。离开了它所包含的意义,人们口里发出的声音就不是抽象思维的承担者的语言,就不是交际工具的语言,一句话,就不是语言。语言的确要有声音作为它的素材,但是声音并不就是语言,语言的声音部分的演变当然可能有其物理的和生理的原因,但是这些原因并不是

---

① 参阅葛尔农格(Б. В. Горнунг)《论语言结构的特点》,见《语言学译丛》,1960 年第 1 期,第 20 页。

直接对语音的演变起作用的,而是通过社会交际而成为语音演变的条件的,何况声音并不就是语言,语言的声音部分的演变并不就是语言的演变。所以,把语言的结构规律及语音的演变规律的某些物理上和生理上的原因来直接解释语言,认为语言本质上是自然现象,就像是拿个人的某些生物结构及其演变的原因来直接解释社会,认为社会是自然现象一样,都是极端错误的。

第三节　语言符号的社会性

列宁说:"语言是人类最重要的交际工具。"①斯大林说:"语言是工具、武器,人们利用它来互相交际,交流思想,达到互相了解。"②语言是以交流思想、达到互相了解的方式而作为人类社会中人与人之间的交际工具的。语言的这种特点正是语言社会性的根源,也正是语言的社会本质之所在。但是,语言既然是以人们交际工具的资格而成为社会现象的,语言就要有其不同于其他非交际工具的社会现象的特点。语言既然是最重要的人类的交际工具,语言就要有其不同于人类其他交际工具的特点。这种特点是什么呢? 斯大林说:"语言之替社会服务,乃是作为人们交际的工具,作为社会中交流思想的工具,作为使人们相互了解并使人们在其一切活动范围中调整其共同工作的工具。这一切活动范围包括生产的领域,也包括经济关系的领域,包括政治的领域,也包括文化的领域,包括社会生活,也包括日常生活。这些特点仅仅是语言所特有的,而且正因为它们仅仅是语言所特有的,所以语言才是独立科学——语言学的研究对象。"③作为语言学研究对象的语言之所以不同于其他的社会现象,因为它是人类最重要的,能够在生产、经济、政治、文化、社会生活、日常生活中交流思想,达到了解,调整工作的交际工具,而语言之所以是交际工具中最重要的一种,则是因为它是一套复杂的符号系统。语言事实上就是作为人类最重要的交际工具用的一套复杂的符号系统。从语言的社会作用来说,语言是人类最重要的交际工具;从语言之所以不同于其他事物的内部结构来说,语言是一套极其复杂的符号系统。语言之所以成为交际工具,正因为它是这一套复杂的符号系统。离开了这一套符号系统,语言就是不可想象的东西,也就不成其为交际工具。

某些结构主义者和其他语言学家强调语言是一种符号系统,而有意无意地否认语言的交际工具的社会本质。这是他们的严重错误。但这不等于说,承认语言是一套复杂的符号系统就是错误的。问题在于这些结构主义者认为这一套符号系统可以离开社会环境而独自存在,认为这一套符号系统是物理性的、非社会性的、自足存在的东西,而我们则认为语言符号系统本身就是社会现象,因为语言这个存在物不是别

---

① 《列宁全集》,人民出版社,1958,第20卷,第396页。

② 斯大林《马克思主义与语言学问题》,第20页。

③ 同上,第35页。

的,它就是这一套复杂的符号系统,不过这个复杂的符号系统具有充作交际工具用的性质罢了。语言既然是社会现象,这一套符号系统自然也就是社会现象了。

然而为什么说这一套符号系统是社会现象呢? 这就需要我们对语言符号的社会性作出分析,加以证明。

语言学家早就注意到语言的符号性问题。19世纪初年,洪堡尔特就在阐明词是事物的符号时指出:"人们能够互相了解,不是因为他们掌握了事物的符号,也不是因为他们能够按照规定的符号正确地理解同一概念,而是因为它们(符号)在人们的感性知觉的链条和形成概念的内部机体中是同样的一些环节。因此,在称呼它们的时候就触动了精神乐器的同一弦索,结果每个人都产生了相应的,但不是同一的概念。"俄罗斯的语言学家波铁布尼亚(А. А. Потебня)也曾谈过"词的声音不是符号,只是符号的外壳,即所谓符号的符号。所以不能根据上面这个把词看成声音和意义的统一体的定义得出结论说词中含有两个要素,而实际上是三个"。他们都谈到语言符号的问题。不过那时候人们对语言的符号性问题尽管有各种看法,他们却有共同的趋向,就是就语言和说话人心理活动的关系去说明语言的符号性问题。① 自从瑞士的语言学家德·苏胥尔(F. de Saussure)在他的《普通语言学教程》中提出语言是符号系统,它和社会生活中其他的符号,例如文字、聋哑人的字母、象征性的仪礼、表示敬意的姿态以及军事信号等同属于符号学的范围,不过是比较复杂的符号系统之后,语言的符号性问题得到了许多语言学家的注意。德·苏胥尔认为符号是能指(signifiant)和所指(signifié)的结合。语言符号中的能指就是听觉印象或声音形象;语言符号中的所指就是概念;听觉印象和概念的结合就结成了符号,离开了其中的任何一面,符号都不存在。符号的特点就在于它的能指和所指之间的结合是任意的,说不出理由;语言符号是一度向的,它只在时间中前后相继地出现,不在空间上伸张;语言符号同时是一个系统,每一个符号都依赖系统而存在,它的价值要受到系统的制约;因为符号是任意的,符号可以随时发生变化,即能指和所指可以改换;因为符号是任意的,社会公认了之后,符号就不能随时变化,符号的可变性和不变性都是符号的任意性的产物;又因为符号受到系统的制约,受到其他符号和它的关系的影响,符号的任意性是相对的。② 德·苏胥尔的语言符号的理论在各个不同的语言学派中得到不同的发展。他的理论还是今天语言学家们纷纷议论的题材。语言既然是一套符号系统,对符号的不同看法事实上就是对语言的不同看法。因此,正确的看待语言的符号性问题是十分重要的。

① 参阅兹维金采夫(В. А. звегинцев)《语言的符号性问题》,见《语言学论文选译》,第七辑,中华书局,1958,第65~66页。

② 参阅德·苏胥尔《普通语言学教程》(Cours de linguistique générale),巴黎,1931,第97~113页;第180~184页。

符号是什么呢？在认识活动中拿甲事物去代表乙事物，借用甲事物去认识乙事物时，就有了符号关系；在这种关系中甲事物成为了"能指"，乙事物成为了"所指"。例如拿红旗去代表胜利，看到了红旗就认出了胜利。事物本来都有其存在，都有其特点，但是当它们进入符号关系之中时，它们就变了质，成为了符号关系中的"能指"和"所指"。一般的了解，这"能指"就叫做符号。兹维金采夫在他的《语言的符号性问题》中认为符号除了有任意性的基本特征之外，还有（1）不能产性，（2）缺乏系统性，（3）符号与意义的自主性，（4）符号的单义性。[①] 他拿语言中的词来和这些特征相比较，认为词不能适应这些特征，因此，怀疑词的符号性。[②] 其实，兹维金采夫所说的符号的特征并不是一切符号所具备的，只是像旗语、交通信号之类的东西所具备的特点，因此拿这些特点来和语言中的词相比较就没有足够的根据。旗语、交通信号等虽然也是符号，但却和语言有极大的差别。葛尔农格说："对任何一个符号所生的感觉活动不同于对非符号的事物所生的感觉活动；对符号所生的感觉活动是理解或'理智的活动'。这既属于语言符号，同时也属于其他加入复杂性程度不同的系统成分之列的一切符号，……但是，语言的理解活动和对所有其他符号及其系统所生的感觉活动比，却复杂得多，致使我们甚至于要根据量变质的原则来承认语言主要是在质的方面不同于所有其他的符号系统……"[③]他的论点是正确的。此外，任意性也不是符号的基本特征，因为符号不只是旗语、交通信号之类的东西，国旗、国徽、勋章等也都是符号，然而这些符号却不具备任意性。事实上，符号可以分为两大类，一是象征性的符号，也就是非任意性的符号；一是信号性的符号，也就是任意性的符号[④]。象征性的符号和它的所指之间的关系是有理由可说的，起有所象、有所征的作用：用什么样式的国旗去代表国家，不是可以随意规定的，而是要经过大家讨论，根据国旗的样式和国家的特点之间的某种近似之点来规定的。然而信号性的符号和它的所指之间的关系则是没有理由可说的：为什么开了一枪就意味着百米竞赛的开始？说不出什么道理，这只是人们的约定。可见，任意性只是符号中的信号性符号的基本特征；一般符号的特征只在于它在认识中起了代表的作用；这种认识活动也不见得就是"理智的活动"，因为形象思维也有信号的问题。

　　语言是不是符号呢？语言显然是一种符号。这可以就三方面来加以理解：（1）语言是抽象思维的承担者，它代表了抽象思维，我们可以通过人的语言去认识人的抽象思维；（2）语言是客观事物的标志，它代表了客观事物，我们可以通过人的语

---

①　兹维金采夫《语言的符号性问题》，见《语言学论文选择》，第七辑，第72～74页。
②　同上，第75～81页。
③　葛尔农格《论语言结构的特点》，见《语言学译丛》，1960年第1期，第21页。
④　参阅桑德曼（M. Sandmann）《主语与谓语》（Subject and Predicate），爱登堡，1954，第47～57页。

言去认识客观世界的情况;(3)语言中的每一个成分都是语音和语义的结合物,其中语音代表语义,我们可以通过别人口里说出的语音去认识他所要说明的意义。语言符号是哪一种符号呢?关于这个问题,语言学家们曾经有过热烈的争论。有的人认为语言符号是任意性的,因此,它是信号性的符号。有的人认为语言符号并不是任意性的,因此,它是象征性的符号。加尔金娜-弗多卢克认为"词的语音方面可以理解为固着于事物、物件、动作等,即固着于词的内容的符号。……每一个词,即音组,都是一个符号,它固着于事物,并且得到社会的承认"①。她并且引了马克思的话"物的名称,对于物的性质,全然是外在的"②,而且解释说:"'鱼'这个词和生活在水中的某种动物的联系完全是有条件的;音组只是一个符号,而不是镜子的反映,不是形象,不是复制品,不像事物的概念那样具有这些特性。"③这里,加尔金娜-费多卢克是把语言符号看成任意性的信号性符号的,因为她把语言中的词(即她所理解的音组)和它所代表的事物之间的联系看成某种条件(按即社会习惯)所决定的,不是具有象征性的反映或形象。然而布达哥夫(Р. А. Будаков)却在他的《语言学概论》中说:"当然,对于词的声音外壳与概念之间的联系以及这种概念与现实之间的联系,是不可以像马尔那样简单化的和从庸俗社会学的观点来理解的,……但是我们也不能附和像德·苏胥尔这样的语言学家从唯心主义观点解决这个问题的意见——德·苏胥尔主张语言不但与现实完全没有关系,而且也与概念完全没有关系。虽然词的声音外壳也有某种程度的独立性和稳定性,它对于词的意义自身具有某种程度的独立性,但是,我们仍然必须记住:任何词都可以由于后来的词汇发展而得到解释的根据。"④他的意思就是说,语言成分中的词的声音部分和它的意义部分的结合不是完全任意性的,特别在语言的发展中,这种任意性就不存在了,因为词的声音和它的意义的结合要受词的内部形式所决定。例如,我们今天不能任意说"水炮",而要说"火箭"。换言之,布达哥夫认为语言符号不是任意性的信号,而是非任意性的象征。我们认为语言的符号性问题是个复杂的问题,我们要从各方面来说明它的特点。上面已经说过语言符号要从三方面来加以理解:语言既是抽象思维的符号,又是客观事物的符号,语言中的各个成分又是以语音形式为符号的音义结合体。所谓语言符号的特点问题要看我们是从哪一个方面来理解它的。如果我们所说的语言符号指的是语言成分中的语音

① 加尔金娜-费多卢克《从马克思主义语言学的观点看语言的符号性》,见《外语教学》(俄文本),1952,第 2 期,第 9 页。

② 马克思《资本论》,1953,人民出版社,第 1 卷,第 88 页。

③ 加尔金娜-费多卢克《从马克思主义语言学的观点看语言的符号性》,见《外语教学》(俄文本),1952,第 2 期,第 8 页。

④ 布达哥夫《语言学概论》,时代出版社,1956,第 53~54 页。这里布达哥夫误解了德·苏胥尔的论点,德·苏胥尔从来也没有说过语言和概念无关,相反地,他认为概念是语言符号的必不可少的一个面,和另外一个面,即听觉印象共同组成语言符号。

形式和意义的关系，那末，这种语言符号的结构就是任意性的，不是象征性的。布达哥夫所说的词的内部形式不能作为否认语言符号的这种任意性的根据，因为词的内部形式是另外一个问题，与语言的这种符号（能指）和它的意义（所指）之间的关系是否具备任意性的问题无关。诚然，我们今天要说"火箭"，不能说"水炮"，"火箭"这个词的发明受到了限制，但这并不属于[xuə-tɕien]这个声音符号和它所指的意义（由爆炸物射人空中，在空中快速飞行的箭形的机器）之间的结合有什么必然的理由的问题，而是属于这个音义结合物的"[xuə-tɕien]×火箭"和另外两个音义结合物"[xuə]×火"和"[tɕien]×箭"之间的关系不是任意性的问题，也就是在构词当中，要用其他的任意性的"能指×所指"的结合物来限制这个"能指×所指"的结合物的问题。就[xuə-tɕien]这个声音和"火箭"这个意义的结合来说，能指和所指之间的关系仍然是任意的。法国的语言学家本文尼斯特（E. Benveniste）也有语言符号完全没有任意性的主张。他认为符号在语言中必然要受制约，因为对说话的人来说，概念和语音形式是在它的理智活动中不可分割地联系着的，是在统一中发生作用的。概念是在声音形式的基础上形成的，而如果没有相应的概念，语音形式就不能为理智所接受。①他的意见也同样地没有解决问题，因为他只证明了概念和语音形式是不可分割地联系着的，并没有证明这不可分割地联系在一起的声音（能指）和它所指的意义之间的关系可以说出理由。我们并不否认在语言的音义结合物的系统中存在着个别"先语言"（prelinguistic）和"后语言"（postlinguistic）的象征性的符号。例如拟声词就是"先语言"的象征性的符号，比喻就是"后语言"的象征性的符号，因为前者在没有形成语言成分之前就可以作为符号去代表它的所指（例如拿 ja 的声音去代表"鸭"），后者在已形成语言成分之后可以拿来比拟其他的意义（例如已经有了语言中的词"水"和"龙头"，才能够拿它们来比拟卫生器皿中的水管的开关"水龙头"）。但这些结构也并没有能够破坏这种符号的任意性的原则，因为作为先语言的象征性符号的"鸭"这个词的语音部分和语义部分的结合也只是相对地具有象征的性质，它还可以随着社会的不同，时代的不同而起各种变化，使其失去象征的性质，作为后语言的象征性符号的"水龙头"这个词的声音部分和意义部分的结合也还是任意的，谁也说不出为什么[ʂui luŋ t'ou]这个声音（纯粹的声音）和"水龙头"这个意义之间会有什么理由可说。语言中的各个成分的声音结构当然会受到声音系统的影响，语音价值系统的制约，但是这种影响和制约仍然没有破坏声音和意义的符号关系的任意性。固然由于语音系统的影响，汉语原来的 nim（您）变成了 nin，这并且是不可避免的，但无论是 nim 或是nin，它们和"您"的意义之间的关系却都是没有理由可说的，却都是任意的。所以，从语言成分之中的音义结合物的能指和所指的关系来说，作为它的能指部分的声音和

①　本文尼斯特《语言符号的性质》(Nature du Signe linguistique)，见《语言学动态》(Acta lin-guistica)，Ⅰ,1939，第23～29页。

所指部分的意义之间的关系是信号性的符号关系，任意性是它的基本特点。

正因为这种关系是任意的，所以，要决定拿什么声音去代表什么意义就不取决于声音的物理特点，而是取决于社会习惯。这也正是语言的这种符号的社会性的具体表现。语言中某一成分的声音和意义的结合事实上都是社会成员在共同的劳动过程中，由于具体的社会条件而建立起来的联系。这事实上就是一种社会性的条件反射。语言之所以是第二信号系统的刺激物，语言之所以不同于第一信号系统的刺激物，除了它不是形象思维的刺激物，而是抽象思维的刺激物之外，还在于它具有社会性，而第一信号系统的刺激物却不具备社会性。语言中的各个成分的声音部分，离开了社会性的条件反射，就不可能成为符号关系之中的"能指"，也就不成其为语言符号。所以，语言中的声音部分，语言符号之中的这种能指部分本身就是一种社会现象。它不是个人现象，也不是自然现象。这也正是荀子所说的"约定俗成"的道理。

我们也可以把语言中的整个的音义结合物看做"能指"，思维的能指，而把思维看成这种符号关系之中的"所指"。在这种情况之下，语言符号就指的是包含有意义的语言成分，例如词、形位①等。巴甫洛夫第二信号系统的学说就认为词并不是仅仅以声音的材料作为第二信号系统的刺激物的，它是以包含有意义的声音材料作为第二信号系统的刺激物的。可见，作为抽象思维的承担者的语言，作为第二信号系刺激物（即符号）的语言，又是以音义结合物的资格作为思维的符号的。从这个角度来看问题，语言符号的特点就在于它的相对的任意性。语言成分中的主要的意义部分事实上就是思维中的概念在语言成分中的表现形式，它要受到概念的制约，因此，作为符号中的组成成分之一的意义和它的所指（概念）之间的关系不是任意性的。然而，由于在语言的这种符号关系中不但有意义部分，还有声音部分，并且这后者以其具有物质性更为重要，它和概念之间的关系则是任意性的。因此，我们认为语言的这种符号关系只具有相对的任意性。本文尼斯特的错误就在于他误把语言的这种符号关系（即音义结合物和概念之间的关系）认为是语言成分中声音部分和意义部分的符号关系。语言的这种符号关系也同样地表现了语言的社会性。要知道，意义所以不同于概念，就因为意义是社会成员在社会交际条件下把概念表现在语言里的情形，意义事实上也是通过特殊的社会条件而形成的。语言的这种符号关系中的声音部分具有社会性，它的意义部分也具有社会性，而这声音方面和意义方面的结合又取决于社会条件，这整个的音义结合物的语言成分就是社会现象了。某些语言学家把意义看成个人的心理活动，是极端错误的观点。其实，从语言和思维的符号关系来看，作为思维的符号的语言成分（即音义结合物的结构）也具体地表现了语言是社会现象这一原理。

---

① "形位"一般人称为"词素"，我从前也说成"词素"，现在为了理论上的系统性，改为"形位"，参阅本书第二部分第四章第二节的解释。

　　语言也可以被理解为客观事物的符号,因为它是客观事物的一种标志,它能够以能指的身分去和它所指的对象(即事物)发生符号关系。语言之所以能够作为客观事物的标志,因为它把反映客观事物、受客观事物所决定的思维的成果巩固或表现在语言里,成为它的意义部分。换言之,它是通过思维之反映客观事物而间接地成为了客观事物的符号(能指)的。思维本来就是一种社会现象,语言和思维的关系又是以社会现象的语音和社会现象的语义相结合的复合物去作为思维的符号的。在语言和客观事物的符号关系之中,也同样的表现了语言符号的相对的任意性和它的社会性。

　　总之,无论从什么角度来看问题,语言符号都具有社会性。这正是我们和某些结构主义者的观点不能相容的主要论点之一。语言本身就是这样一套符号系统,除此之外,就没有具体语言的存在。如果语言符号不具备社会性,空谈语言的社会性就是无益的。事实上,语言符号具有明显的社会性,这正是语言的社会本质的具体表现。语言之所以是交际工具,正因为它的任何一个组成成分都是作为交际工具的组成成分而被社会所建立和运用的符号。

分歧的根源究竟在哪里?
——语言与言语问题讨论会上的总结发言

方光焘

导言——

　　本文原载《南京大学学报》1964 年第 1 期,后收入《方光焘语言学论文集》,商务印书馆,1997。

　　作者方光焘的简介见本书第一章。

　　本文是作者 1963 年秋天在南京大学举行的"语言与言语问题"讨论会上的总结性发言。50 年代末到 60 年代初,我国语言学界开展了关于语言和言语问题的学术讨论。这次讨论主要由方光焘对高名凯 1958 年提出"言语有阶级性"的观点提出不同看法而引起。许多学者参与了这次讨论,从而形成了南北两大阵营,南方阵营以方光焘为中心,北方阵营以高名凯为中心。讨论从 1959 年一直持续到 1964 年。

　　选文着重分析了高名凯《语言与言语问题的争论》一文中所述观点与自己观点分歧之所在,并在三个方面进行讨论:(1) 语言与言语是不是两个截然不同的现象? 对此,作者从高名凯所指出的五个方面加以分析,指出高先生把两者对立起来的原因是与"言语"术语的理解有关;(2) 语言与言语的关系是不是一般和个别的关系? 作者认为语言是一般的、稳定的,而言语却是个别的、变易的;(3) 在"语言机能"、"记号"、

"体系"、"言辞"等术语以及"术语体系"等方面存在着理解上的根本分歧。最后作者指出"区分语言与言语和明确规定语言学的研究对象不仅仅是理论问题,而且在实践上也具有重大的意义"。

20世纪八九十年代我国又展开了一场关于语言和言语问题的讨论,参加讨论的主要有刘叔新、王希杰、范晓、石安石等人。但迄今为止,语言学界对于语言和言语问题的认识依然存在着一些分歧。

一、引　言

1963年10月26日高名凯先生在《光明日报》上发表了《语言与言语问题的争论》一文,①这篇文章很引起我们的注意。1962年12月14日高先生曾在南京大学做过一次有关语言与言语的报告,现在发表的《争论》似乎就是根据那次报告改写的。高先生在这篇文章里针对我的《漫谈语言和言语问题》一文中提出的论点,作了一些批评和驳诘。1962年10月我在《合肥师范学院学报》上发表了一篇《答客问》,对《漫谈》中的论点曾作了一些补充说明。1963年4月上海教育出版社出版了《语言和言语问题讨论集》,拙文《答客问》也被收集在这一《讨论集》里。

首先令人感到遗憾的是:高先生在写作《争论》的过程中始终没有参阅一下《答客问》或《讨论集》。在《答客问》里我对工具与工具使用问题,言语与言语行为的区别问题等等,都作了补充的阐述。假如高先生能参阅一下,也许不会像现在这样地误解甚至曲解我的论点吧。

其次,令人感到遗憾的是:高先生喜欢摘出别人的片言只语,用自己的术语来加以曲解或改动,务使别人所提出的命题或论点,会在读者面前显得很可笑。其实高先生这样做,并不能解决问题,至多也只能显示出高先生的辩才无碍罢了。

举一个例来说吧。高先生认为,我所说的"言语是言语作品的表达形式这一论点不但是难于理解的,而且是不存在的东西"。高先生的这一论断是以高先生自行规定的术语为根据的。高先生只承认言语等于言语作品的说法,而忽略了"……各种言语作品中的言语是研究语言的原始材料"(斯米尔尼茨基语)②的另一种狭义的说法。按照高先生的推理,斯米尔尼茨基的这一句话也可以改成"……各种言语中的言语是研究语言的原始材料"。这样一改动,斯米尔尼茨基的话也就成为"难于理解的东西"了。实际上显得可笑的不是我,也不是斯米尔尼茨基,而是高先生自己的主观片面的想法。为了使"言语是言语作品的表达形式"这一论断显得可笑,高先生就编造一句"文学是文学作品的表达形式"来作对照。高先生为什么不考虑一下,言语作品和文

---

① 以下简称《争论》。文中引用高先生的话,未注出处的,都引自《争论》,不再一一注明。

② 斯米尔尼茨基《语言存在的客观性》,《语言学论文选辑》第5辑,127页。

学作品在本质上究竟有什么共同之处呢？难道我们就不可以用散文作品和韵文作品来和言语作品相比拟吗？我们觉得，"散文是散文作品的表达形式"或"韵文是韵文作品的表达形式"的说法，并不见得可笑。希望高先生今后能更全面地考虑别人的论断。假如高先生能够不用自行规定的术语来理解我所说的"言语作品"，假如高先生能把我所说的"言语作品"看作是和他的"言语·思想统一体"相同的概念，那末在我的论断："言语是言语作品的表达形式"，和高先生的论断："言语是言语、思想统一体的表达形式"之间，就不会存在着什么大差别。

还有一点令人感到遗憾的是：高先生运用一套自己制造的术语，把我所提出的和他不同的论点，都加以批评和驳诘。可是高先生却没有指出分歧的根源。这样地玩弄术语，怕也不是解决问题的好办法。在成套的新术语的烟幕笼罩下，高先生的滔滔雄辩却更显得理直气壮，而我的论断就立刻黯然失色，都变成"难于理解的，不存在的东西了"。可是高先生没有检查一下，在他这一套术语里却潜藏着不少自相矛盾的地方。只要把成套的术语中的矛盾一一揭露出来，那么高先生的雄辩声可能会消沉下去，而我的论断也就不一定会像高先生所想象的那样地可笑。

尽管高先生的一系列的结论和我所得出的结论完全不同，可是高先生和我之间也存在着一些共同的看法。例如，我们都主张区分语言与言语，高先生也同意言语不等于思想；我们都认为，言语是"言语·思想统一体"（或言语作品）的表达形式等等。为什么会从这些共同的看法中得出一系列大相悬殊的结论呢？我们应该寻找一下，在高先生和我之间究竟存在着哪些根本分歧。

从同志们在这次讨论会上的发言中，我得到很大的启发。我想结合同志们的发言，把高先生和我之间的分歧归纳为下列三个方面：

（1）语言与言语是同一现象的不同方面呢，还是两个截然不同的现象呢？

（2）语言与言语的关系是不是一般和个别的关系？

（3）对术语的理解和对术语体系的理解上的根本分歧。

现在我就从这三方面来把同志们的意见总结一下，并且也提出一些我个人的不成熟的看法和补充说明，请高先生和语言学界的同志们批评指正。

二、语言与言语是不是两个截然不同的现象？

高先生虽然承认语言与言语都是社会现象，但在索绪尔的影响下，他却依旧把两者对立起来。他断定两者是截然不同的现象，而且也否认两者相互依存的关系。

我们可以从下列五个方面来看高先生是怎样地把语言和言语对立起来的。

（1）高先生认为，在史前时期曾经有过一个没有语言的言语阶段。人类的"交际行为在语言之前就已存在"了。"从人类语言机能发展来看，形成中的人已有言语但没有语言"。这些话难道不是高先生否认语言与言语的互为前提、相互依存的关系的证明吗？这些话难道不是高先生把两者对立起来的最好说明吗？我不想在这里重复冯凭同志的话，只想请高先生不要忘记，索绪尔在《教程》中也曾经指出，言语和语言并不是各各独立、了无关系地存在着的。言语是语言成立的原因而语言却是使言语发挥作用的工具。① 索绪尔的这些话，在我们看来还是值得参考的。

（2）为了证明语言和言语是两种对立的、截然不同的现象，高先生就更进一步地把思维和思想、思维活动和思想活动也对立了起来。高先生一方面虽然承认思维是人脑的一种机能，是一种活动，但另一方面却又把思维理解为思想的组成材料或组成工具。我们不能同意高先生把概念和逻辑规则列入思维范围而把判断、推理之类的东西列入思想的说法。我们认为，周钟灵先生的分析和评论是值得高先生参考的。我也不想在这里重复周先生的话，但必须指出，高先生之所以要把概念、逻辑规则和判断、推理割裂开来，也无非是想要证明，词和语法规则是属于语言的而句子却是属于言语的罢了。实际上把句子和构成句子的规则割裂开来，并不符合语言事实。我在《漫谈》中曾经说过："实际上这（指句子和构成句子的规则）乃是一个整体，'构成句子的规则'不是独立的，它是句子的一个方面，而具体的句子也必然包含着构成句子的规则，它又是句子这一单位的另一方面。我们怎么能把它们割裂开来看作两种不同的单位呢？"这几句话即在今天似乎还可以供高先生作参考。

（3）为了掩盖形式即内容的主张，高先生又把形式分割成三种：表达形式、结构形式和体现形式。高先生对我们说："我们要弄清楚我们所说的形式是哪一方面的形式。表达形式是一种形式，结构形式也是一种形式，体现形式又是一种形式，各不相同。"我们要问这三种不同的形式究竟是从不同的层次上产生出来的呢，抑或是从不同的角度观察出来的呢？我们实在看不出，表达形式和体现形式，除了字面的不同，究竟有哪些实质上的差别。高先生之所以这样不惮烦地巧立名目，无非是为了要把言语和思想混为一谈罢了。作为表达形式的言语的内容部分据说是意义复合物，同时意义复合物却又是思想的体现形式，思想的代表。这样一来，所谓表达形式的言语也就等于思想了，也就有了阶级性了！高先生的说法尽管巧妙得很，但毕竟经不起语言事实的考验，是不会有说服力的。

（4）为了证明言语有阶级性，高先生竟把不能分割的音义结合物也分割成为音流（形式）和意义复合物（内容）了。高先生在《语言论》中论述到语言的两极性时，曾经告诉我们："……任何的语言成分都是语音和语义的结合物，不这样就不成其为语言成分。"②试问：没有意义的音流是不是语言成分？没有语音形式的意义复合物是不是语言成分？高先生应该承认，我们虽能把语言记号（符号）分开，可是离开声音的意义或离开意义的声音仅仅是一种抽象。抽象的音流怎么能充当"言语·思想统一体"的表达形式呢？又怎么能充当作为表达形式的言语的形式部分呢？这种说法不

---

① F. De Saussure: *Cours de linguistique générale*, Paris, 第 2 版, 37 页。

② 高名凯《语言论》，科学出版社，1963 年，145 页。

但是难于理解的,而且也是经不起语言事实的考验的。

(5) 高先生认为,语言和言语是两种截然不同的现象,而且也主张两者是不同科学的研究对象。对于张世禄先生建立言语科学的提议,高先生也表同意。这次高先生又提出了一个言语语言学的新名称,并把风格学、机器翻译学、言语分析法等都列入言语语言学的范围。关于建立言语科学的问题我曾经提出我的不同的看法,现在我就不再在这里重复那些话了。对于高先生的言语语言学,我和张礼训、施文涛两位先生一样,抱有很大的怀疑。这种言语语言学究竟研究"有阶级性的言语"呢,还是研究全民性的语言呢? 从千差万别的言语作品中能概括出"有阶级性的言语"的发展规律吗? 言语语言学的主要任务是不是研究言语的内部发展规律呢? 几年来,我们在报章杂志上看到了不少提议建立言语科学、言辞学、词章学、言语语言学的文章,可是锣鼓虽然敲得很响,戏文却始终没有开场。我们既不知道这些科学的具体内容,更没有看到这些科学的具体研究成果。

高先生之所以要把语言和言语这样地对立起来,并看作是两种性质截然不同的现象是跟高先生对言语这一术语的理解有关的。"言语"一词既是 parole 的译语,同时又是 langage 的译语。至于高先生的"言语",那更具有种种不同的含义:言语活动,言语行为,言语作品和语言机能(或言语机能)等等。有些同志认为,作为现代语言学的术语的"言语"不应该是多义的。我们应该明确规定"言语"这一术语的含义。有些同志却主张,我们不妨另用两个单义性的术语来代替言语和语言。这些建议对于进一步深入展开语言、言语问题的讨论和解决一些争论未决的问题,无疑地会有很大的帮助。我们应该重视术语问题。术语的混乱往往会阻碍科学研究的顺利进展。叶尔姆斯列夫在《语言和言语》中,曾经对索绪尔的语言、言语的区分作了重要的修订。他认为,语言和言语的区分只不过是一种初探,在历史上是重要的,但在理论上却是不完善的。他想用模式和惯用来代替语言和言语的对立。后来,他又在《语言理论导论》中提出了语言体系和语言过程的一对范畴。有的同志建议用语言体系和语言过程来代替语言和言语。这是值得我们慎重考虑的问题。毫无疑问,叶尔姆斯列夫的语言理论是在逻辑实证主义和现象学的影响下形成的。他的语言观具有极浓厚的唯心主义色彩。可是他的个别论点对于我们,还是有一定的参考价值的。高先生在《语言论》中,曾经有过一段批评叶尔姆斯列夫的话:"结构主义者叶尔姆斯列夫在建立他的语言理论时,认为要把'过程'(process)(焘按:即语言过程)和'系统'(system)(焘按:即语言体系)区别开来。他认为前后相续的联系属于结构段(syntagmatic)的范围,对应的联系属于格式类聚(paradigmatic)的范围,而格式类聚则属于系统的范围,'过程'可以称为言辞(即言语),'系统'可以称为语言。叶尔姆斯列夫的看法是错误的。其实,言语也是一种系统,而语言中也不是没有结构段的过程的。"①

---

　　① 　高名凯《语言论》,142 页。

我们不想在这里讨论高先生对叶尔姆斯列夫的批评是否正确,但应该指出,叶尔姆斯列夫虽然说过"过程"可以称为"言辞",却从没有说过"言辞"即"言语"的话。这显然是高先生的有意曲解。我们将在下面第四节里再谈这个问题。我们不懂得言语究竟有一种怎样的系统,更不懂得在语言体系中会有什么"过程"。叶尔姆斯列夫虽然区分语言体系和语言过程,但并没有把两者对立起来。他认为,语言体系贯穿在语言过程中间而语言过程却决定了语言体系。没有语言体系就不能有被人理解的语言过程。在叶尔姆斯列夫看来,语言过程不外是语言体系的实现。高先生在批评索绪尔的时候曾经正确地指出:"……语言存在于言语之中,和其他的语言成分一样,结构段当然也存在于言语之中,但言语之中的结构段,正是语言系统中的结构段的具体表现。"①高先生所说的这些话不是和区别语言体系与语言过程的叶尔姆斯列夫的说法很相接近吗?我认为,叶尔姆斯列夫的错误并不在于区分语言体系与语言过程,而在于主张体系是语言理论家事先预见的东西,体系也可以不依赖于过程的实现而存在着。这些说法显然是与他自己所说的过程决定体系的论点相矛盾的;而且在这些论述里叶尔姆斯列夫的唯心主义的观点、立场终于完全暴露出来了。

三、语言和言语的关系不是一般和个别的关系吗?

(一)一般与个别的关系问题

高先生在《争论》中重申语言与言语的关系并不是一般与个别的关系的主张。他说,"任何东西都有一般的方面和特殊的方面。语言既有一般的方面,又有特殊的方面;言语也既有一般的方面,又有特殊的方面。"高先生的这些论述都无非重复田茹先生的旧话罢了。我在《语言与言语问题讨论的现阶段》中已对田茹先生的批评作了一些答复。我不想再重复那些话,但在这里必须指出:一般和个别(特殊)是成对的范畴。尽管语言有语言的一般和个别,言语有言语的一般和个别,但这并不能证明语言和言语之间就不存在着一般和个别的关系。假如单独地说,汉人有汉人的一般,汉人也有汉人的个别,这是没有什么不可以的。可是我们倘把汉人与人看作是成对的概念,那么人就是一般而汉人却是个别。假如我们又把汉人与张三看作是成对的概念,那么张三是个别而汉人却是一般。我们不能因为人有人的一般和个别,就否认人与汉人之间存在着一般和个别的关系。我们也不能因为汉人有汉人的一般和个别,就抹杀了汉人与张三的一般和个别的关系。高先生虽然表面上承认语言和言语是紧密地联系在一起的,但骨子里却依旧把两者对立起来,看作是风马牛不相及的、了无关系的两种截然不同的现象。这是很难令人接受的。我们认为,语言和言语的关系是本质和它的表现的关系。具有社会性质的语言只能通过个人的表现形式才被表现出来;可是个人的言语也并不是和社会的语言相对立的,它只是作为具有社会性质的语

---

① 高名凯《语言论》,291页。

言的存在形式罢了。同时，我们也认为，语言是一般的，稳定的，而言语却是个别的，变易的。"一般的和稳定的存在于个别的和变易的形式之中，而在任何个别的和变易的之中都存在着一般的和稳定的。"①这是存在在高先生和我之间的另一根本分歧点。我们的看法不一定很正确，而且我们也不想把我们的意见强迫别人接受。我们只希望高先生能再慎重考虑一下，把语言和言语机械地割裂开来、看成两种截然不同性质的现象是否符合语言事实，是否符合辩证唯物主义的原理。

（二）语言究竟存在在哪里？

在高先生否定语言和言语的关系是一般和个别的关系的同时，他认为"语言从来也没有以整个系统的本质部分进入任何一个言语单位中"。我们不禁要问：作为系统（体系）的语言究竟存在在哪里呢？高先生告诉过我们："在概括成一个个语言成分的过程中，人们再一步步地把它们组织起来，总括成一个语言系统。"从高先生的这段话里我们可以体会到，语言系统（体系）并不是客观地存在于言语之中，而是人们主观地把语言成分组织、总括成的。这样看来，高先生的语言系统（体系）显然不是客观地贯穿在语言过程中运动着的东西，而是静止地存在在人们意识中的第二性的东西。记起洪堡特在什么地方曾经说过这样一句话："语言不是制成品（ergon，werk）而是活动（energia，tatigkeit）。"虽然洪堡特是唯心主义的语言学家，但他这句话即使在今日，对我们来说，还是有参考价值的。高先生否认语言系统存在于言语之中，而把语言系统看成为人们组织、概括成的，静止的存在物。高先生会不会重蹈索绪尔的覆辙呢？我们希望高先生提高警惕。

（三）言语系统问题

高先生否认语言和言语间的一般和个别的关系的重要理由之一是：语言有语言的系统而言语却另有言语的系统。我们不想在这里讨论大家所公认的语言系统。可是对于高先生所说的言语系统我们却抱着很大的怀疑。高先生曾经告诉过我们："……言语系统只是语言系统的个别组成成员和可能出现的超语言的表达手段所组成的整体，不可能是依照各种结合方式组织起来的所有语言成分的总和。言语系统可以随着说话人运用语言的不同环境而千变万化。"②我们从这段话里可以体会到，高先生的所谓言语系统的系统和语言系统的系统是有所不同的。根据高先生的定义："系统指的是由一系列处在相互关系之中的单位组织而成的一个统一体；在这统一体里，组成单位并不是孤立存在，而是彼此休戚相关的。"③我们可以接受高先生的这个定义，可是我们还得补添一句："高先生所说的单位或组成单位应该是同类的，同性质的要素而不是不同类的，异质的东西。"我们倘用高先生自己的定义来衡量"言语

---

① 罗姆切夫《语言和言语》，《莫斯科大学学报》（语文学和书志学部分）1961 年第 4 期。

② 高名凯《语言论》，141 页。

③ 高名凯《语言论》，132 页。

系统"的话,那就有问题了。高先生的言语系统只是语言系统的个别组成成员和可能出现的超语言的表达手段所组成的整体。我们不禁想问一问:语言成分和超语言的表达手段是不是同类要素呢?是不是同质的东西呢?假如两者不是同类的或同质的,那末不同类的或不同质的要素又怎么能组成一个有机的整体呢?语言成分和超语言的表达手段既然是不同类的组成单位又怎么能构成彼此休戚相关的统一体呢?言语系统,按照高先生的理解,可以随着说话人运用语言的不同环境而千变万化。我们真不知道这种千变万化的言语系统究竟是在怎样的原理之下被组织成的一种整体呢?我们也不知道,言语系统中的超语言的表达手段的单位究竟是根据怎样的一种分析原则划分出来的呢?言语系统究竟是不是处在相互联系、相互制约之中的同类单位所组成的有机的统一体呢?言语系统是不是由不同类的、不同质的要素堆积起来的堆积体呢?高先生对这一系列的问题都没有交代清楚,我们也就无法理解高先生所说的"言语系统"这一术语的真正含义了。

(四)高先生所规定的语言和言语的关系

高先生说:"语言和言语的关系就表现在被创造的东西与创造的活动的关系之中,被使用的工具与使用工具的行为及其成果的关系之中,被组织的材料或手段与把这些材料或手段组织起来的活动和成果的关系之中。"在这次讨论会上的发言中,有的同志对高先生的这种说法提出反驳的意见,有的同志认为,高先生的这种说法带有神秘的气味。我不想在这里重复同志们的论证,但必须指出:在高先生的这种提法的后面却潜藏着一种不可明言的深意。为什么高先生不说人创造语言、人使用工具和人把材料或手段组织起来呢?为什么高先生一定要把创造的活动、使用工具的活动和组织材料或手段的活动都归之于言语呢?高先生深怕一提到"人",别人就会诘问他:"原来高先生所说的言语的阶级性应该是创造语言的人、使用工具的人和把材料或手段组织起来的人的阶级性。我们也就用不着再去争论言语有没有阶级性的问题了。"高先生表面上虽然承认,言语不等于思想,可是高先生却依旧把作为表达形式的言语看作是有阶级性的。有人可能要问:"作为表达形式的言语既然不等于思想,为什么又会有阶级性呢?"高先生的理论的逻辑结构可能是这样的:作为表达形式的言语的形式部分是音流,当然不会有阶级性;可是作为表达形式的言语的内容部分——意义复合物,经高先生的魔杖一指,就变为体现思想的形式了。据说这种脱离语音形式而存在的意义复合物一旦变成了体现形式之后,就是思想的代表,就是被表现在言语里的思想,那还能没有阶级性吗?高先生的理论并不停留在这上面,他还要进一步证明,言语的阶级性是可以和客观存在物的性能相比拟的。在高先生看来,像"二加二等于四"、"地球是圆的"、"我是南京人"等言语作品,虽然不表现阶级性,但在特定的情况下却仍然表现出一定的阶级性来。高先生认为,"某物具有某性者,指的本来就是某物所具备的性能,它本身就包含有'可能'的含义在内。"巧妙得很!人的阶级性一变而为言语的阶级性,再变而为某物所具备的性能,最后却终于变成为一种

"潜在的"、"可能的"性质了。我不禁想问一问：在阶级社会里人的阶级本性难道仅仅是一种"潜在的"、"可能的"性质吗？高先生真跑得太远了！我们实在有点跟不上！可是，说来说去，高先生毕竟还不能自圆其说。高先生的手法虽然很巧妙，但也掩盖不了他的自相矛盾。在脱离语音形式的意义复合物里，在无形的"体现形式"里却潜藏着高先生的不可明言的秘密。

四、在对几个术语系统的理解上的根本分歧

在对术语和术语系统（体系）的理解上，高先生和我们之间存在着根本的分歧。存在在高先生和我们之间的一些不同的结论，可能是由于对术语的不同理解所造成的。高先生一方面喜欢创造成套的术语，可是对这些术语却未能一一作出明确的规定。因此，我们对高先生的成套术语的理解也就未能尽如高先生的意，这原是极自然的事。另一方面，高先生在理解其他语言学者所使用的术语上也有些和我们不相一致的地方。现在我们且就下列几个术语来检查一下。

（一）语言机能（langage）

索绪尔的 langage 这一术语究竟应该译作"言语活动"呢，还是译作"语言机能"呢？这固然是值得讨论的问题，可是问题的实质并不在译名上，而在于应该怎样来理解这一术语。除索绪尔外，法国的一些语言学家、心理学家，也都用这一术语。法国心理学家德拉古拉瓦（据高先生说，他是语言学家）曾经写过一本题名《Le langage et la pensée》的有关语言心理的书。高先生把这一书名译作《语言机能与思维》，[①]是不很恰当的。德拉古拉瓦在 1926 年发表过一篇题名为《L'analyse psychologique de la fonction linguistique》的论文，我们暂把这篇论文的题名译作《语言机能的心理学的分析》。在高先生看来，langage 和 la fonction linguistique 是同义语，但在我看来，两者应该是有区别的。关于译语的恰当与否，我们不想在这里作深入的讨论。应该指出，高先生一面虽然把索绪尔的 langage 译作"语言机能"，但另一面却采取斯米尔尼茨基的说法，又用"言语"来译 langage。众所周知，高先生的"言语"是包括言语行为、言语活动和言语作品的。这样一来，作为 langage 的译语的"语言机能"是全人类所公有的，是没有阶级性的，而作为 langage 的译语的"言语"（包括言语行为和言语作品）却是"有阶级性的"。langage 这一术语竟混乱到这样惊人的地步！高先生对这样的混乱状态能熟视无睹吗？我想现在应该是澄清混乱的时候了。

（二）记号（sign）

对于记号（或符号）这一术语，通常有两种不同的理解。有些人认为，记号（符号）是指示记号本身之外的内容的一种表现。有些人却认为，记号是由表现和内容的结合而产生的实体。高先生显然受了索绪尔的影响，似乎是主张后一说的。他说："但

---

① 高名凯《语言论》，99 页注①。

普通语言学研究导引

82

是德·索绪尔认为语言符号内部必得是这两个'极'的结合,则是正确的。任何一个语言符号,离开了语音和语义在它内部的结合,都不能存在。"①可是高先生却又有主张前一说的倾向。他说:"如果根据一般的了解,把符号关系中的能指部分(重点是我加的,能指就是索绪尔的听觉映象、也就是与语音相对应的——焘)看成符号的话,我们就可以说,语言符号的存在也和其他符号的存在一样,有赖于它和所指的结合。"②高先生似乎在两种说法之间摇摆着。正唯其如此,高先生才会把不能分割的音义结合物割裂成音流和意义复合物。高先生似乎早已忘记语言符号内部的两极性了。

(三)体系(system)

高先生把 system 一词译作系统(即体系),他认为,语言有语言的系统而言语有言语的系统。现在且撇开具有类聚性特点的语言系统不谈,我们不妨研究一下具有线条性特点的言语系统吧。可是系统究竟是什么呢?按照我们前面所述的定义,系统应该是由一系列处在相互联系之中的同类要素组织而成的有机的统一体。可是高先生的言语系统却是由语言成分和可能出现的、不同质的超语言的表达手段堆积起来的堆积体。所谓线条性不是可以在时间中展开的吗?不是可以在时间中无限地延伸的吗?言语系统既然是一个有机的整体,又怎么能在时间中展开呢?又怎么能在时间中无限地延伸呢?我们知道,所谓系统(system)应该具有相对的稳定性。言语系统又怎么能随着说话人运用语言的不同环境而千变万化呢?看来,言语系统中的"系统"和语言系统中的"系统"决不是同一个词而是两个同音异义词,我们不能接受言语有言语系统的说法,但同时我们也不否认言语中存在着系统。我们认为,存在于言语中的系统就是语言,就是语言系统。很显然,语言系统并不完全地存在于单独的一个言语作品中,但每一个言语作品却都体现了语言系统的最本质的特点。假如没有贯穿在言语作品中的语言系统,言语作品就不能被人理解,也就不能发挥应有的交际功能。

(四)言辞(text)

高先生译作"言辞"的 text 这一术语,似乎是从叶尔姆斯列夫的著作中引来的,可是高先生对这个术语的理解却与叶尔姆斯列夫不尽相同。根据高先生的理解,"言辞"等于"言语作品"也就等于"言语"。当高先生引用叶尔姆斯列夫的一段话时,却在叶尔姆斯列夫所用的"言辞"下面,加添了"(即言语)"三个字。③ 我们不想在这里讨论叶尔姆斯列夫的"言辞"这一术语的含义,但可以断言,叶尔姆斯列夫的"言辞"决不等于高先生的"言语"。高先生曾经翻译过苏联学者高尔农的《论语言结构的特点》一文,但高尔农对"言辞"的理解,显然也与高先生不尽相同。高尔农说:"作为分析对象的语言的总和是以'言辞'(текст)(口头的或书面的)的形式提供给我们的,并且是通

---

① 高名凯《语言论》,144 页。

② 同上书,131 页。

③ 同上书,142 页。

过言辞来暴露它的系统的。'言辞'这个概念和'言语'这个概念没有任何共同之处。"他又说:"'言辞'却首先要求人们对它理解,这种理解是从它和'语言系统'的相互关系中被揭露的(某些善于在这里和德·索绪尔破裂的结构主义者也理解到它是和'语言系统',而不是和'言语'关联着的)。"[①]高先生为什么却硬要把"言辞"和"言语"等同起来呢？高先生似乎对自己所翻译的高尔农的这些话,还有再加考虑的必要。

（五）术语体系问题

前面已经指出,高先生喜欢创造成套的术语,但却没有给这些术语一一下定义,而且对术语间的相互关系也未能作出明确的规定。因此这些术语不但不能帮助我们来理解高先生的论著,有时反而会给我们增加一些不必要的困难。高先生在对有些语言学家所使用的术语的理解上,有时也喜欢单凭自己的主观臆测,而不肯虚心体会使用这一术语的本人的原意。高先生把叶尔姆斯列夫的 langue comme usage(作为惯用的语言)理解为"相当于德·索绪尔的'言语'",[②]就是一个明显的例子。高先生也不愿意从术语体系(系统)中去理解各个术语,却喜欢把术语孤立起来,加以任意的规定。现在姑且以"言语"这个术语为例吧。20世纪初,索绪尔为了建立一种不同于语文学的语言学,为了寻求语言学的真正对象,才从言语活动中区分出"语言"和"言语"来。高先生现在却要把"言语"这个术语划归语文学了。高先生在《争论》中说:"古人所开创的语文学事实上就是一种言语学,不过古人只对书面的言语进行研究,因而语文学还不是言语学的全部内容。"看了高先生的这段话,我才明白,原来"言语"这一术语早就是古人所开创的语文学的研究对象了。我们认为,几年来争辩不休的语言和言语问题应该是20世纪中许多语言学家所想要建立的现代语言学中的术语问题。可是高先生却把"言语"这个术语,规定为语文学的研究对象。我们还有没有再争辩下去的必要呢？

术语问题实在是一个有关科学研究工作进展的重要问题。术语的任意滥用和主观片面的曲解,不仅仅暴露了个人的治学态度不够谨严,而且也会给科学研究工作带来一些障碍。只有反映客观实际和符合客观事实的术语,才能推动科学研究工作向前进展；也只有在正确地理解前人所使用的术语的基础上,才能批判和继承前人的学说。无可讳言,我们语言学界的同志们以往对于术语问题,还没有给予应有的重视。直到今天我们还没有公认的、成套的语言学术语体系和语法学术语体系。术语的统一规定无疑地应该是今后我们语言学界的头等重要的任务。

五、余　论

前几年有些同志说:"语言和言语问题是两字顺倒的争辩,是无关重要的概念游

---

① 高尔农《论语言结构的特点》,《语言学译丛》1960 年第 1 期,22 页。
② 高名凯《论语言与言语》,见《语言和言语问题讨论集》,26 页。

戏。"这不能不说是一个误解。这次高先生在《争论》中，不是提出了许多很关重要的问题吗：（一）语言和言语是两种相对立的、截然不同的现象吗？（二）语言和言语的关系是不是一般和个别的关系？（三）语言和思维、言语和思想的关系怎样？（四）言语是不是言语作品（或言语·思想的统一体）的表达形式？（五）表达形式和体现形式究竟有什么区别？（六）为什么作为表达形式的内容部分的意义复合物却会一变而为体现思想的形式呢？（七）言语语言学的研究对象是什么？（八）修辞学和机器翻译应该不应该列入言语语言学的范围内？这一系列的问题都牵涉到一般语言学的根本问题，也是和语言观、方法论、认识论相关联着的。在不同的哲学观点的影响下，人们对这些问题就可能提出各不相同的答案，那也是可以理解的。

正如高先生所指出的那样，"近代语言学"，或者说"日趋精密化的现代语言学"，无疑地是从古代的语文学中分化出来的。20世纪初，索绪尔区分语言与言语的尝试和寻求语言学的真正对象的意图当然在语言学史上具有一定的重要意义。但在唯心主义的哲学观、社会观的影响下，索绪尔的语言理论并不完善，而且还带有一定的局限性。60年来，不少语言学家追随在索绪尔之后，作出了继续不断的努力。虽然他们走了许多弯路，但也获得了一些成果。近年来最值得我们注意的是：静态语言学的迅速发展和应用语言学的勃兴。

区分语言与言语和明确规定语言学的研究对象不仅仅是理论问题，而且在实践上也具有重大的意义。现在我们不妨来谈一谈学习语言、掌握语言的例子吧。假如语言学的研究对象是"语言"，是一种模式，是一种具有独特的内部结构的体系，那末，掌握语言的关键就在于学会语言的模式，领悟语言体系的本质特点。我们能说，明确语言学的研究对象是与语言教学、外语教学无关的吗？二三十年来，许多语言学家在这方面作出很大的努力，也获得了显著的成就。事实上，语言和言语问题的讨论并不是少数语言学家在那里故弄玄虚，而是从事语言教学、外语教学的人们所应该关心的一件大事。

在语文学方面，我国有数千年的悠久历史，在研究方法上，也有足以自豪的优良传统。面对这一份宝贵的遗产，我们从事语言工作的人都有权利来继承，也都有责任来发扬光大。必须指出，在继承和发展我国语文学的同时，我们应该在马克思列宁主义哲学和毛泽东思想的指导下，来共同努力建设我们自己的现代语言学。无可讳言，目前我国的语言研究还带有浓厚的语文学的倾向。为了建立现代语言学，我们应该把语言和言语问题的讨论，更深入地展开，并且也希望得到有关各方面的同志们的关心和注意。通过了深入的讨论，我们倘能把语言学的研究对象和研究范围，都作出明确的规定，那末，我们今后一定能使我们的语言研究朝着现代语言学的方向迈出一大步。

论语言的共时性和历时性

徐思益

导言——

本文原载《新疆大学学报》1980 年第 1 期,后收入《语言学资料选编》(下册),王振昆、谢文庆等编,中央广播电视大学出版社,1983。

作者徐思益(1927~　),四川仪陇县人,1954 年毕业于四川师院中文系,同年考取南京大学中文系副博士研究生,受业于著名语言学家方光焘,学习理论语言学。1958 年毕业后任教于新疆师院(1962 年并入新疆大学)中文系。

选文对索绪尔提出的"语言的共时性和历时性"理论原则进行重新认识,并揭示其在方法论上的重要现实意义。文章从语言事实出发从三个方面对这一原则作了具体探讨:(1) 肯定。为了深入研究语言系统,划定研究范围,限制研究对象,作为一种描写语言系统的有效方法,划分语言的共时性和历时性是完全必要和正确的;(2) 诠释。索绪尔的语言共时研究(即语言的静态描写),并不否定语言在时间上的变化,而是作为一种方法论手段暂时撇开微小的变化罢了;(3) 商榷。索绪尔认为在历时的轴上只看到个别要素的变化,其中一个要素被另一个要素所代替,而不牵涉到整个系统,这既否定了语言发展的历史规律性,也忽视了要素交替和系统调整的辩证关系。接着针对"语言的共时性和历时性"理论原则的三种错误的看法提出了自己的见解。

19 世纪以前的语言研究,无论在中国或外国,都是以古代语言为研究对象,而不注重研究现存的活的口语。研究的目的是为了读懂古书。研究的方法大多是注疏式地解释古语词的音义,而不大注重语法研究,特别是不重视语言系统的描写。针对这种情况,结构主义学派的奠基人,著名的瑞士语言学家费尔狄南·德·索绪尔(F. de. Saussure,1857~1913),在他提出区分语言和言语之后,又系统地提出了划分语言共时性(Synchrony)和历时性(diachrony)的原则。今天我们来重新认识索绪尔提出的这一理论原则,在语言研究的方法论上仍然有重要的现实意义。

索绪尔根据语言在时间和空间所处的位置,他用下列图式表示语言的这两种关系。索绪尔说:"1. 同时性的轴(AB),牵涉到存在的东西之间的关系,在那里排除任何时间的干扰;2. 连续性的轴(CD),在它上面从来也不能一下子看到多于一个以上

的东西,它被安排着带有一切变化的第一轴上的现象。"①索绪尔强
调说:"绝对区分这两方面,是语言学家的义务;因为语言是纯粹的
价值(有意义)系统,除了作为在它自己组成的要素中所形成的状态
外,什么也不能确定。"索绪尔认为,"目前已有的术语完全不能表现
出这种区分。'历史'和'历史语言家'这样的术语是不适用的,因为
它们同不清楚的概念相联系着的。术语'进化'和'进化语言学'更确切些,我们常常
使用它;在它的对立面可以谈到语言的'状态'(静态)的科学,或者'静态语言学'。但
是为了更鲜明地指出这两种对立和这个序列现象的交叉点是牵涉到同一对象,我们
宁愿说'共时'语言学和'历时'语言学。共时的一切,牵涉到我们科学的静态方面,历
时的一切,牵涉到进化方面。名词'共时'和'历时'将适合于表示语言的状态和进化
的阶段。"②

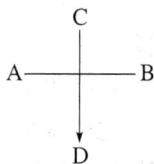

　　接着,索绪尔进一步阐明语言共时性和历时性的区别和关系。他说:"这两种观
点的对立——共时性的和历时性的——是绝对的和不容许妥协的。系统在任何时候
也不直接变化,它本身是不易变的;变化的仅仅是个别要素,而不管它同整体的联系。
在历时性的情景中,它无论如何也不牵涉到系统,虽然系统制约着它。语言是一种系
统,它的一切部分能够和应该被看作是处在共时的联系中。变化永远不是整个地在
系统之中产生,而仅仅是在它的要素中一个或另一个的联系中产生,我们只能够在系
统之外来研究。当然,一切变化都重新反映在系统上,但是最初的事实只牵涉到这一
点,它不能够在同那个结果的任何内部联系中找到。"③索绪尔又用形象的比喻来说
明这两者的关系,"共时和历时是有独立性的又是互相依赖的,这好比把树干加以横
切和纵切后所看到的情景一样,它们是一个依赖于另一个的;纵的切口表明植物构成
的纤维本身,而横的切口是纤维组织的个别的平面;但是第二个切口与第一个切口不
同,在纵的切口平面上要求发现纤维之间的某些关系是不可能的。"④索绪尔认为,语
言共时性和历时性的研究方法也不同,"a. 共时仅仅知道一个情景,它的一切方法可
以归结事实的收集。而历时语言学可以随着时间从上往下探究或从下往上追溯。
b. 共时的研究只是联系到每一种语言的事实的总和;在必要的范围内达到方言和土
语。恰恰相反,历时语言学不仅不需要,而且拒绝类似的专门化。认为它的要素不一
定属于一种语言。这样,共时的'现象'同历时的'现象'没有任何共同之处;前者是在

---

　　① 德·索绪尔《普通语言学教程》,俄文译本 *Курс Общей ли-Нгвнстики*,1933 年,莫斯科版,
88 页。
　　② 同①,89 页。
　　③ 同①,93 页。
　　④ 同①,88 页。

同一个时期内存在的要素之间的关系,后者是在时间之中一个要素为另一个要素代替。"①

索绪尔最后的结论说:"语言中一切历时的事实都是这样通过言语的。言语是一切变化的源泉;最初它当中的每一个在进入一般使用以前,开始是为某些数目的个人使用的,这样的形式常常被重复着,集体采用了就变成了语言的事实。但是,不是言语的一切革新都是同样成功的。语言在历史中任何革新,我们常遇到两个不同的时期:1. 它作为个人所有的出现时期;2. 它为集体所采用变成语言事实的时期。我们下面所列的表是合理的,它应当为语言科学所采纳:

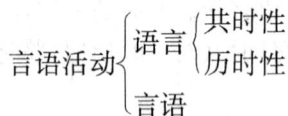

$$
\text{言语活动}
\begin{cases}
\text{语言}
\begin{cases}
\text{共时性} \\
\text{历时性}
\end{cases} \\
\text{言语}
\end{cases}
$$

......

共时语言学研究的是联系各同时存在并且构成系统的成分之间的逻辑的和心理的关系,这些成分是同一集体意识所感觉到的。历时语言学恰恰相反,它研究联系各个不为同一集体意识所感觉到的连续的成分间的关系,这些成分一个代替一个,互相间不构成系统。"②

我们把索绪尔以上说的这许多话简单地概括为:共时语言学要排除时间的干扰,它只描写语言的静止状态,研究组成语言系统各要素之间的关系。历时语言学是在时间流程中去研究,它只研究语言各个要素的变化,而各个要素的变化又只能在语言系统之外去研究,不牵涉到语言系统;虽然要素变化的结果最终要反映在系统上。因此,语言的共时性和历时性是绝对对立的,是不容许有妥协的。

对于索绪尔的这套理论,语言学家们有毁有誉,持有不同的评价。

契珂巴瓦(А. С. Чикобава)说:"在德·索绪尔以前,语言的静态分析的基本的方法问题还没有被人认为有意义;这些问题第一次在德·索绪尔的观念里得到原则上的承认,但不是拿历史语法学的成就来做基础,而是以损害历史主义的当然权利作代价的。"③"在索绪尔和结构主义的概念中的脱离历史主义是用静态语法学各主要原则没有研究的意义来提出论证的,动态语言学和系统语言学的对立渐渐地发展为泛时间主义,最后又发展为超时间主义。"④布达果夫(Р. А. Будагов)认为:"索绪尔关于断代研究和历代研究的学说是和他对语言体系的理解不可分离的;同样,他对脱离

① 德·索绪尔《普通语言学教程》,俄文译本 *Нурс Обшей лингвнстини*,1933 年,莫斯科版,96 页。

② 同上,102~103 页,重点是原有的。

③ 《语言学中的历史主义问题》,五十年代出版社,22 页。

④ 同上,77 页。

开语言的历史形成过程的语言体系(秩序和系统性)的理解使他建立了关于断代研究和历代研究的学说。因此,我们认为某些苏联语言学家下面的意见是错误的:他们认为索绪尔把断代研究和历代研究割裂开来是不正确的,但是他关于语言体系的学说则是正确的。"[1]"索绪尔坚信语言的变化本身是偶然的,因此他就不仅否定了语言的历史变化的规律性,同时也断言无论在什么时候都看不出语言有什么发展或日趋完善的趋向。"[2]谢列勃连尼柯夫(B. A. Сереб-Ренников)说:"索绪尔把割裂历代和断代看作是一种方法论手段的时候,绝对没有低估研究语言历史的必要性。索绪尔把历代和断代割裂开来也不是绝对的。""批评索绪尔的人有时给语言现象的历史主义提出完全歪曲的解释,说历史主义要求只在历史方面研究一切现象。马克思主义辩证法认为人类语言是一种历史地发展着的、处于运动和发展状态中的现象。但是马克思主义辩证法绝不排斥研究局部问题的可能性。往往有这样的情况,为了更深入研究一个复杂整体的个别细节,必须暂时集中研究一些现象而抛开其他现象。因此,抽象、限制研究对象、缩小情况以及其他研究方法,都是研究过程中不可避免的。在这里,重要的是不要离开了一般的方法原则——历史主义。""可是我们不能完全同意索绪尔的论断。断代和历代的划分作为一种方法论手段是完全可以接受的,但是这绝不意味着,这种划分不能有任何妥协。"[3]列弗尔玛茨基(A. A. Реформатский)的评价是:索绪尔的这一划分,"正确在于语言里的共时方面和历时方面是真实的并且必须区分它们:在实践上'共时方面比历时方面更重要,因为对于说话的大众是真实的现实'。""在任何研究上我们不能忘记,辩证法的基本要求在学科中是要研究既是联系的现象,又是发展的现象。索绪尔宣称共时性和历时性割离,两次违反了这个原则,因为他的共时的语言研究是研究联系的现象,可又是发展之外的联系的现象;而历时的研究是研究发展中的现象,可又是联系之外的发展中的现象。"[4]我国已故语言学家高名凯教授认为:"德·索绪尔的语言学理论有许多不正确的地方,他把横序语言学和纵序语言学对立起来,更是一个错误,但这不等于说把语言学分为横序语言学和纵序语言学两者是错误的,相反的,这种概念的确立是德·索绪尔的一个贡献,而德·索绪尔之提起人们对描写语言学或描写语法学的注意也有其不可磨灭的功绩。"[5]

对于索绪尔划分语言共时性和历时性这一理论原则,我们如何评价呢?

---

① 参见《语言学论文选择》第七辑,中华书局,54 页。

② 同上,55 页。

③ 见《有关语言学的几个问题》,科学出版社,19～21 页。

④ 见 *Введениев Языкознание*,1955 年莫斯科版,30～31 页。

⑤ 高名凯《语法理论》,商务印书馆,31 页。按:高氏把共时语言学和历时语言学译为横序语言学和纵序语言学。

第一，为了深入研究语言系统，划定研究范围，限制研究对象，作为一种描写语言系统的有效方法，划分语言的共时性和历时性是完全必要的和正确的。索绪尔机智地提出这一划分原则，可以说是对语言研究在方法论上的一次革新。在索绪尔以前，欧洲传统语言学，可以说都是历时语言学。正是索绪尔提出划分语言共时性和历时性原则之后，描写语法学才成为现实。当欧洲传统语言学（语言的历时研究）占统治地位的情况下，索绪尔提出划分语言共时性和历时性并强调两者的绝对对立，也是有其鲜明的时代针对性，是可以理解的。

索绪尔强调语言共时研究比历时研究更重要，也并非是忽视语言的历史。索绪尔说："共时方面比历时方面重要，因为对于说话的群众只有它才是真正的和唯一的现实。这对于语言学家来说也同样是正确的，假如他只注意历时的情景，他所看到的绝不是语言，而仅仅是它的现象变化的序列。"①语言是交际工具，广大人民群众天天使用的语言才是真正的唯一现实的语言；至于这种要素的语源考察对于使用这种语言的人民群众来说未必是重要的。鲁迅的一段话很能说明这个问题："诚然，如太炎先生说："乍见熟人而相寒喧曰'好呀'，'呀'即'乎'字；应人之称曰'是唉'，'唉'即'也'字。"但我们即使知道了这两个字，也不用"好乎"或"是也"，还是用"好呀"或"是唉"。因为白话是写给现代的人们看，并非写给商周秦汉的鬼看的，起古人于地下，看了不懂，我们也毫不畏缩。"②列弗尔玛茨基也有类似的看法，他说："的确，一切说话的人在共时性的范围内找到了这种语言，他把这种语言当作听从的工具，为了便于掌握它，他应当知道这种机构，他决不深入到历史的语音、历史语法和历史的词的事实。这些知识可能妨碍他在语言实践上的兴趣。把'ма'叫 лошадь，把'狗'叫 Сабака，如果知道第一个词是借自土耳其的，而第二个词是借自伊朗的，又未必有利。尤其是，如果他知道口语 Кавардак（乱七八糟）是从哈萨克语里借来的，原义是'很多块烤肉'，也未必有利。这些知识可能在许多情况下把说话者弄糊涂，并妨碍他正确地表达思想。"③我们认为，索绪尔强调语言共时研究的重要性，正是从使用语言的现实考虑问题的，并非是割断语言历史或"反历史主义"的。

第二，索绪尔的语言共时研究（即语言的静态描写），并不否定语言在时间上的变化，而是作为一种方法论手段暂时撇开微小的变化罢了。索绪尔说："绝对的'状态'被规定为无变化的状态，可是语言总是一点一滴地变化着的，所谓研究一种语言状态，实际上是把轻微的变化抛开不论罢了，有如数学家在计对数时把微小的数字舍去不算一样。""静态语言学也可以说是处理一个时代的，可是还是说'状态'较为好一些。在一时代的开头和结尾里，一般是多少有些较大的变化表现出来，'状态'一词在

---

① 高名凯《语法理论》，95 页。
② 鲁迅《名人和名言》，见《且介亭杂文》二集。
③ 见 *ВВеление В языко знание*，1955 年，莫斯科版，30 页。

语言学里可以不会发生类似的事实。""总之,'语言状态'这个概念仅仅是近似的。在静态语言学中正像在其他科学中一样,对于既定的材料若不加以限定使之单纯化,任何论证都是不可能的。"①细心研读索绪尔的这些话,就会消除人们的误解——认为语言的共时研究是"泛时间主义"、甚至是"超时间主义"的。

第三,索绪尔认为,在历时的轴上只看到个别要素的变化,其中一个要素被另一个要素所代替,而不牵涉到整个系统,它是在系统之外发生的。这既否定了语言发展历史规律性,也忽视了要素交替和系统调整的辩证关系。

我们认为,语言的发展是有规律性的,而不是杂乱无章的;往往一个要素的发展变化影响到同类要素有规律的变化,并非孤立的个别要素任意变化。以语音为例,如现代汉语普通话以北京语音为标准的/tɕ、tɕʻ、ɕ/,一是来源于中古汉语齐齿呼的/K、Kʻ、X/,一是来源于中古汉语齐齿呼的/ts、tsʻ、s/。这些舌根破裂音、舌根摩擦音、舌尖破裂摩擦音、舌尖摩擦音,都是由于受舌面前元音/i、y/的影响,而变为舌面前辅音/tɕ、tɕʻ、ɕ/的。这是语音学上所谓同化作用。② 这些例证说明,语音变化是有条件的,如中古汉语的/K/或/ts/变化为现代汉语的/tɕ/,是由于受舌面前元音/i、y/的影响;也是有规律的,即发音部位相同的/K、Kʻ、X/或/ts、tsʻ、s/在同样条件下都变为/tɕ、tɕʻ、ɕ/。这并非如索绪尔所说的只是一个个孤立的要素的变化。这种变化也必然要影响到汉语的整个语音结构,最终改变汉语的语音系统,也并非如索绪尔说的是在系统之外发生的变化。

再以语法的演变为例,如现代汉语表示复数的"们",最初产生大约是在 10 世纪和 11 世纪之间,但在当时既不稳定,也不规范,并且不一定表示复数。在宋元白话文学中,"们"也可以写作"懑、瞒、门、每"等;而不表示复数的例子,王力教授举的有:

自家懑都望有前程。(晁元礼词)

我扶你门归去。(元曲张协状元)

教他好看承我爹娘,料他每应不会遗忘。(巾箱本琵琶记)③

可是,"五四"以后,在印欧语的影响下,在翻译的作品里,"们"才逐渐地普遍运用起来,形成了现代汉语表示"数"的语法范畴。

这个例证也说明,要素交替将会影响到系统的改变。语法系统也不是被动地接受孤立的要素,如索绪尔所说的,"一个要素被另一个要素所代替";而是通过类推作用和规范化的途径调整同类的要素。所以,我们认为,索绪尔在这一点上用他的机械论的观点来看待要素交替和系统的变化,是完全错误的。

我们上面对索绪尔划分语言共时性和历时性原则作了全面的分析批判,然而我

① 德·索绪尔《普通语言学教程》,俄文译本,104~105 页。
② 参看王力《汉语史稿》上册,科学出版社,119 页。
③ 参看王力《汉语史稿》中册,科学出版社,274 页。

们今天又怎样划分和运用这一原则呢？

我们认为，语言是在时间过程中流动，它是有发展的；现代汉语不同于古代汉语，这是汉语历史发展的结果。但是，我们今天说的现代汉语，跟解放初期，跟三十年前的汉语还是一个样子，没有感觉出有什么质的变化，这是汉语的相对的静止状态。一切事物的发展过程，既呈现出相对的静止状态，又显现出绝对的变化状态，这是矛盾运动的普遍法则。毛泽东同志指出："无论什么事物的运动都采取两种状态，相对地静止的状态和显著地变动的状态。两种状态的运动都是由事物内部包含的两个矛盾着的因素互相斗争所引起的。当事物的运动在第一种状态的时候，它只有数量的变化，没有性质的变化，所以显出好似静止的面貌。当着事物的运动在第二种状态的时候，它已由第一种状态中的数量变化达到了某一个最高点，引起了统一物的分解，发生了性质的变化，所以显出显著地变化的面貌。"[①]事物的静止的面貌和显著的变化的面貌，就是我们划分语言共时性和历时性的理论根据。我们把语言发展过程中的某一相对的静止状态，叫做语言的共时性；而把语言在历史进程中逐渐质变的发展过程，叫做语言的历时性。

语言的共时性，从严格的科学意义上来说，几乎是不可能存在的。因为，作为人们交际工具的语言，总是在时间上活动着的，它或多或少是在变化的。无论从形式方面看，还是从内容方面看，语言都在永恒地变化。一个词的语音或语义，总是一代一代、一年一年、一天一天地起变化，甚至说话者在几秒钟内说同一句话都不可能完全相同。因此变化是绝对的。语言的共时性是一种科学的抽象。"一切科学的（正确的、郑重的、不是荒唐的）抽象，都更深刻、更正确、更全面地反映着自然。"[②]这是从方法论的角度截取语言发展过程中的横断面，把它看成是纯粹静止状态的现象，而不管它的细微变化。这好比数学家在计算数目时舍去小数点三位数以后的数字一样；或者好比一江春水，尽管它日夜不停地流逝着，但始终保持在平静的一个水平面上。在这种情况下，我们就把握住了语言的共时性。语言共时性和历时性的关系，可以用下图表示：

CD 代表历时性的轴，在它上面反映出语言变化的面貌，即语言要素沿着从 C 到 D 的方向逐渐变化着。AB 代表共时性的轴，它截取历时性轴的一个横断面，从而排除时间因素的干扰，在它上面反映出语言的静止状态。语言的共时性指的是共存的语言状态。其最主要的是正在作为人们交际工具的活的语言状态；当然它也包括历史上一定时期的语言状态。假定可以把我们的汉语划分为上古

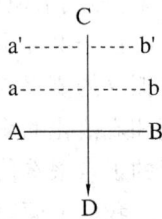

① 《毛泽东选集》四卷合订本，306～307 页。
② 列宁《哲学笔记》，人民出版社，1956 年，155 页。

普通语言学研究导引

汉语、中古汉语、近代汉语和现代汉语的话,那末,这不同时期的汉语就是它所服务时代的共存的语言状态。如上图所示:AB代表现存的活的语言状态,而ab和a′b′代表语言发展过程中不同时期的语言状态,它已成为历史遗物,故用虚线表示它是拟构的语言状态。这好比打井取样,不同地层的土质反映出不同的地质年代。语言的共时性同历史上时代划分没有必然关系。一种共存的语言状态可以存在于历史上几个不同时代,如古代汉语可以代表包括秦汉在内的以前一个很长历史时期的语言面貌。划分语言共时性的平面图,是根据语言内部结构的质的状态,而不是语言要素交替的数量变化。

　　语言的共时性是同一平面的语言要素构成的系统,其中最重要的是语法系统。现代汉语不同于古代汉语,不是量的变化,不是某个语词的内容或形式的变化,而是语言要素的组合关系发生了变化,也就是语法系统的不同。比如"来",在古代汉语和现代汉语里都是动词,孤立地看它,几乎古今一样,没有什么变化。可是,从"来"与其他语言要素的组合关系看,情况就大不一样。上古汉语的"来"不带宾语。比如:"有朋自远方来,不亦乐乎?"(《论语·学而》)"叟,不远千里而来,亦将有以利吾国乎?"(《孟子·梁惠王上》)"荣辱之来,必象其德。"(《荀子·劝学》)这些例句的"来"都不带宾语。可是在现代汉语里,不仅可以说"来人"、"来客了",而且可以说"来一瓶果露"、"你唱得好再来一个"等等。"来"的组合关系不同,反映了古今汉语的语法系统不同。语法系统只存在于语言的共时性之中,也是语言共时性和语言历时性赖以划分的根本标志。

　　语言的共时性是获得语言要素现存价值的基石。使用这种语言的人民群众最根本的是掌握现存的语言要素的价值,即这些语言要素在系统里的职能,应该怎样说怎样用才算正确,才能达到交际的目的。至于这些语言要素的形式和内容的历时性,即它的演变情况,不必追根溯源去探究;这虽然对于语言历时性的研究是必要的,但在语言共时性里弄清这些问题,反而给学习和使用这种语言的人增加不必要的负担。比如说吧,"钱"这个词所代表的物体,在古代是用铜造的,中间有小孔,可以用绳子穿起来,可以说"一吊钱"。后来,用金子、银子、镍等铸造的货币,也可以统称为"钱"。可是现在通行的"人民币"是用棉纸造的,我们还是叫"钱",即"钱"这个词的内容已经改变了。我们现在说"有钱"、"无钱"的时候,谁还考虑它是什么造的呢?只要它是社会上流通的货币,具有交换价值,就是"钱"。这好比下象棋,假定我的棋子丢了一个"马",于是我们就随便找一个物体——纽扣、镍币、石子去代替,只要这个代替物体能够与其他的棋子区别开来——赋予它"马"的价值就行了。"文章"这个词,在先秦是指"刺绣品";"处分"这个词,在唐以前是指"委任"或"安置"。我们现在说"写文章","给他警告处分",谁还管它的古代的用法呢?

　　这对于借词和外语翻译更能看出语言要素在语言共时性系统里的现存价值。比如"世界"、"现在"、"因果"、"法宝"等词,都是随着佛教传入,翻译佛经创造的新词,原来这些词义与佛教的教义有直接关系；但是我们现在使用这些词，完全按它在现代汉语里通行价值使用，一般人根本不会联想到佛教用语上去。"五四"以后的一些音译借词，如 beer（啤酒）、jeep（吉普车）、трактор（拖拉机）等，我们却用"音＋义"的方法来借用，即"啤"表 beer 的音，"吉普"表 jeep 的音，"拖拉"表 трактор 的音，然后再加上"酒"、"车"、"机"的中文意义，变成中外合璧的词，完全本土化了。而表音的部分也完全按照汉语语音系统模拟，根本不同于这个词的"原籍"的语音了。特别是在翻译文学作品时，有些用语用直译的办法会损伤原义，必须选择该民族语言中能够引起心理文化的联想的语义去表达，才算佳作。例如英国学者 David Hawkes 翻译我国的《红楼梦》，其中的"怡红院"、"怡红公子"应该怎样翻译呢？Hawkes 认为，"红"在中文里往往与春天、幸福、昌盛连在一起，在英文里足以引起相应的联想的（即具有同样信息价值的）颜色是绿色与金黄色。"怡红院"取义"怡红快绿"，于是 Hawkes 就取了"快绿"的意思，把它译为 green delights，并把"怡红公子"译为 green boy。这从字面上来看，中英两种语词的含义几乎完全无关，然而却具有同样的信息价值。

以上例证说明，无论是古代语词、外来语词以及作品翻译，最重要的是根据它在语言共时性系统里现存价值来运用，完全不必考虑它的"语源"。这是语言的共时性的根本立足点。

语言共时性和历时性是语言客观存在的纵横交错的两个方面，把它们明确地划分开来，不仅符合语言交际，而且在语言研究的方法论上具有重要的意义。它使人分清什么是历史的和现在的东西，什么是要素和系统的东西，以及怎样去描写现存的语言系统。不这样划分，人们往往只见树木，不见森林，只看到要素交替，而看不到语言系统的演变，甚至认为古今语言没有质变。

曾经有人主张，在汉语语法研究上，"语体文和文言文可用同一架格的文法来处理，决不会遇到窒碍"。认为"语体文和文言文的文法不分"，就可以"接得上本国语言演变的历史的线索"。① 这就是说，语言有历史继承关系，不必划分古今汉语，因而可以写一部适用于古今汉语的语法。这种主张不仅违背语言事实，混淆语言共时性和历时性的界限，而且在研究方法上会造成极大的混乱。提出这种主张的人，就在当时，已遭到我国已故语言学家方光焘教授的批评。方光焘说："我以为建立一时代的文法体系，应该以同时代的，用这言语的民众的共同意识为基础。文法体系的建立，和语源研究不同；若以单语的历史，作为建立体系的根据，那一定也会引起许多无谓的纠纷。""我不相信有什么'文法的历史的体系'。我也不相信有一个可以通用于文言和语体的中国文法体系。"②

又有人强调"汉语语法的历史继承性"，说"自周秦到现在，中国有三千多年的历

---

① 参看《中国文法革新论丛》，中华书局，1658 年，44～46 页。
② 同上，51 页。

史,然而汉语的基本结构却没有什么变动"。① 认为有一种情形,看起来与古代汉语语法不同,"其实只是写法不同,语音变化,或词汇变化的结果"。举出的例证有:现代口语的"的",就是古代的"之"[tjəg];现代口语的"吧",就是古代的"夫"[pjiu];现代口语的"在泰山举行旅祭",古代就说:"旅于泰山","在"和"于"是同义词,等等。也就是说:这一切只是要素交替,不涉及语法系统的变化。

我们认为,这种看法是片面的。语音变化或词汇变化,这是语言的要素交替,而要素交替的结果必然要引起语法系统的变化。比如说古音"之"念为[tjəg],似符合古无舌上音的音变规律;"夫"念为[pjiu],也符合古无轻唇音的音变规律。然而,"之"变为"的","夫"变为"吧",仅仅是语音变化而不影响语法系统吗? 现代汉语可以单独说出"我的","你的",而在古代汉语中却没有"吾之"、"汝之"、"尔之"的单独说法;现代汉语说"三分之一"、"光荣之家",也不便把"之"换成"的"。这说明"之"和"的"与其他语素的组合关系是不同的。同样,"夫"在古代汉语里,可以助句、助词;表感叹或表疑问。例如:"逝者如斯夫! 不舍昼夜。"(《论语·子罕》)"仁夫公子重耳!"(《礼记·檀弓》)"吾歌,可夫?"(《史记·孔子世家》)而"吧"在现代汉语里,只用于句末,不用于句中,并且主要是表祈使语气。如"我们走吧!""请说吧!"这说明"夫"和"吧"在古今汉语里的组合关系也发生了变化。再说"旅于泰山"就是"在泰山举行旅祭",即"于"等于"在"吧。"于"和"在"虽是同义词,即使在古代用法也有分别。例如:"子在齐闻韶。"(《论语·述而》)"在陈绝粮。"(《论语·卫灵公》)"子击磬于卫。"(《论语·宪问》)"子畏于匡。"(《论语·子罕》)即"在"带宾语用于动词前,"于"带宾语用于动词后。我们现在说"他在学校学习",似也不便把"在"换成"于"。以上用例,孤立地看,都是要素交替,然而无一不涉及到系统的演变。如果不从系统着眼看问题,就不能把握住语言的共时性,而在研究方法上有可能回复到诠释词语的老路上去。

还有人看起来很注意把语言的共时性和历时性分开,但由于含混不清,而陷入自相矛盾。如说:"有一些文言词,在现代普通话里已经不用或很少用了,只在许多古典作品当中可以见到。……至于这里所讲的文言词,不但不属于现代语的基本词汇,而且也不属于现代语的一般词汇。"可是在后面,作者又从八个方面谈了现代汉语吸收文词的情况,如"酝酿"、"诞辰"、"矛盾"、"父母"等等都是吸收的文言词。② 这里所谓"文言词",究竟是汉语共时性的东西,还是历时性的东西? 按照作者前面讲这段话的意思,应该是属于历时性的东西。可是又说"酝酿"、"诞辰"、"矛盾"、"父母"等是现代汉语的文言词,这就令人难于理解。如果说"文言词"是具有"历史性的、陈旧的、书面性的"这三种性质,那末,象"天、地、人、马、牛、羊"等词最有资格算文言词,因为它们在汉语历史上和书面上至少比"酝酿"、"诞辰"出现得早。如果按照这个标准给现代

---

① 高名凯《论汉语语法的历史继承性》,见《北京大学学报》,1955 年,第一期。

② 参看张世禄《普通话词汇》,新知识出版社,1957 年上海版。

汉语的词汇分类,恐怕绝大部分词都应该算成历时性的文言词,而真正算得上共时性的现代汉语的词汇,就可能为数不多而且十分贫乏了。我们以为,在现代汉语里提出"文言词"的说法在理论上是没有什么意义的。虽然从来源上说,似乎也可以分文言词(古语词)、方言词、外来词等等,但是对于文言词,划界困难,且没有多少实用价值。各种来源的词作为共时性的现代汉语的词汇,都要受现代汉语语法系统制约,是现代汉语的有机组成成分,谁还管它原来怎么用法?

我们以上谈到的这三种情形,都涉及到划分语言共时性和历时性在研究方法上的问题。由此可以看出,不分清语言的共时性和历时性,认为古今语法一体,不仅否定了语法的发展,而且在研究方法上必然陷入绝境。只看到语言的要素交替,看不到语言的系统演变,好比玩万花筒,使人眼花缭乱,抓不住要领。这在研究方法上使人陷入迷宫,认不清一种语言的本来面目。把不同来源的语言要素揉杂在一起,弄成个大杂烩,这不是语言,也不是语言研究;只考察个别要素的"出身",而不看它的现实表现(使用价值),这样研究的结果,是脱离现实的,无益的。总之,这样的研究方法都不能科学地描写出一种语言的系统。语言是一种符号系统,这是认识语言内部结构的基本特点。这又只能立足于语言的共时性,才能科学地描写出一种语言的系统。因而执着语言的共时性,同样是描写语言学或描写语法学的基本出发点。

介绍国外关于思维和语言关系问题的两次讨论

伍铁平

导言——

本文原载《北方论丛》1981 年第 1 期,后收入伍铁平著《语言与思维关系新探》,上海教育出版社,1986。

作者伍铁平的简介见本书第一章。

选文主要介绍了国外关于思维和语言关系进行的两次讨论:一次是 1954 年在荷兰《心理学学报》上进行的,一次是 1977 年在前苏联《哲学问题》上进行的。文章详细介绍了两次讨论中的几乎所有论文及每篇论文的主要观点,其中有荷兰的讨论中刊发于《心理学学报》1954 年 1~2 期合刊上的 10 篇文章,有前苏联的讨论中自 1977 年 4 期起陆续刊发于《哲学问题》上的 5 篇文章和稍后于 1979 年在《哲学问题》上展开的关于人工智能问题讨论中涉及到思维和语言关系问题的一些主要观点。文章简明扼要,条理清晰,对于后学者全面了解国外关于思维和语言关系问题的研究情况,深入思考思维和语言的关系问题,很有帮助。

拙文《思想和语言孰先孰后?》在《北方论丛》1980年第1期刊出后,收到一些读者来信,希望介绍一下文中提到的国外关于思维和语言关系问题的两次讨论。这两次讨论一次是1954年在荷兰《心理学学报》上进行的;一次是1977年在苏联《哲学问题》上进行的。前一次讨论虽然已是二十七年前的事情,但是由于文献中经常提及,国内还没有人作过介绍,所以并没有失去其学术价值。

《心理学学报》(阿姆斯特丹出版,主编为心理学家雷费斯[G. Révész]教授)1954年第1~2期合刊登载了这次思维和语言问题讨论的全部论文。第一篇是雷费斯为这文集写的导言。他说自从柏拉图以来,许多大学者都曾研究过思维和语言的关系。在解决这个问题时,只有各门学科协作,才有可能避免错误和片面性。因此他特别邀请了心理学家、哲学家、数学家、精神病专家、神经病专家参加这次讨论。文集的第一篇文章《思想和语言》的撰写者也是雷费斯,文分八节:(1)对思想和语言关系的一元论与二元论的理解;(2)为什么思想跟语言有区别?(3)两个根本问题;(4)发生学和语言心理学观点;(5)存在着没有思想的语言吗?(6)存在着没有语言的思想吗?(7)无言的思想无例外都是以语言为基础的证明;(8)思想和语言的双重统一。作者指出一元论者将语言和思想看作一个不可分割的整体;二元论者则认为二者各有其独立性,这两种观点都有一定道理。就内容而言,思想和语言在许多方面是吻合的,但就功能、意向和结构而言,二者却有显著的区别。作者在第五节中引了莎士比亚在《哈姆莱特》第三章中所说的一句话:"没有思想的语言永远上不了天国"后指出,普通心理学、儿童心理学和病理学的经验都表明言语的存在取决于思维的功能。在第六节中作者引用了洪堡特的一句话:"语言是思维的必需条件……"后,分析了没有言语的精神活动,分析了各种思想(普通的、无言的、无意识的、未定形的、直觉的思想)和失语症者的认识活动,然后作者得到结论:思想,包括无言的思想都毫无例外是以言语的功能为其先决条件的。作者还认为,刚产生的思想在定型为言语以前,已经有语法结构即符号结构,因而也是以言语为基础的。

第二篇文章是瑞士著名心理学家皮亚热(Jean Piaget)教授写的:《从发生学观点看语言和思想》。文分三节:(1)思想和符号功能;(2)语言和逻辑的具体运算;(3)句子的语言和逻辑。作者认为,言语是形成思想所必需的条件,但并非充足的条件;言语和思想在其永恒的相互作用中互相依属,但二者都取决于智力,智力则先于言语而不取决于言语。

第三篇文章是维也纳的凯因兹(Friedrich Kainz)教授写的:《思想的前提形式》。作者认为思维可分为两类,一类是科学家和技术专家的思维,它更多地跟事物连结在一起(作者管这种思维方法叫 more object-coherent way of thinking),一类是哲学家和人文科学家的思维,它更多地跟语言连结在一起(他叫做 the more language-coherent way of thinking)(第92页)。

第四篇文章的题目是《说话和思想》，作者是美国心理学教授伊莱斯伯格（Wladimir G. Eliasberg）。他认为思想的创造性行为，可以不用言语，但概念的形成则必须用言语表达。他引用了一些心理学家的研究表明，可以有不同程度的意识：从无意识到不加注意的意识到最后用言语明确表述出来的意识。

第五篇文章是英国心理学家柯恩（John Cohen）教授写的《思想和语言》。文章生动地回顾了古代和中世纪时人们对思想和语言的种种幼稚的看法。在荷马的著作中，思想通常被描写为说话，它是在心中或横膈膜中发生的。那时人们将思想等同于语言，将语言等同于呼吸，于是认为思想和语言都是储存在肺部之中。在荷马的史诗《伊利亚特》中，令人烦恼的思想被表现为胸腔中的飞禽。当时人们认为苏格拉底的胸腔中充满了思想。莎士比亚在《考利欧雷诺斯》中写道："我的肺将铸造词语"。英语有句成语 to get something off one's chest（把要讲的话讲完）即来源于过去以为思想和语言都产生于胸腔（chest）的错误认识。太平洋社会群岛上的土著至今还用"肚子里的词"（words in the belly）表示"思想"。

接着作者引用了皮亚热对不懂事的儿童的提问，说明儿童也是误以为思维的器官是肚子、嘴巴或舌头。皮亚热并从这些以及其他方面的观察中得到结论：儿童置思想于声音，跟他们置名于物、置梦于卧室是一个道理。

作者还引证了柏拉图、中世纪的唯名论者和现代某些哲学家认为思想不能脱离语言的观点。如施莱尔马赫（Schleiermacher，1768～1834）认为思想和言语是一件东西的内在和外在形式。穆勒（Max Müller）坚持"语言跟思想是不可分割的"。法国文学家都德（Daudet）说过："如果我不说话，我就不能思想"。贝恩（A. Bain）继达尔文之后，先于行为主义者，认为思想不过是没有说出来的话和没有作出来的行动而已。

作者引用了另一贝恩（W. R. Bain）的观点：言语感受跟思想的联系，比言语的发出跟思想的联系更紧密，因此当我们忘记了一个人的名字时，我们便不可能说出他的名字；但是只要别人一提起这个名字，我们都能立刻回忆起来。

作者还指出，古代和中世纪时人们读书都是读出声音来的，只是到现代，人们才学会默读。因此许多语言中"阅读"和"读出声"用的是一个词。儿童也是至今先学会朗读，后学会阅读，先学会说出声音来的思想，后学会默想。

但是，作者也引了跟上述观点完全相反的一些名家的看法。例如贝克莱认为"词语是思想的巨大障碍"；叔本华认为思想一旦用词语表达，思想就"死亡"了；雪莱认为"当写作开始时灵感就已经衰退"。哈德马尔德（J. Hadamard）认为思想是没有词语表达的，因为在人们读过一段文章或别人提出一个问题以后，每当他要重新思考这段文章或这个问题时，原文或原来问题中的每个词都消逝得无影无踪，但这丝毫不影响他的思考。爱因斯坦说过：在他的思索过程中，书面语言和口头语言看来都不起任何作用。他说，他将词在逻辑上连结在一起以前，他经历的是一种视觉的和肌肉的要素(可能是一些映象)的组合或联想的过程,只有在这以后才开始寻找相应词的艰辛过程。皮亚热认为,我向思维(autistic thinking)是跟映象(images)而不是跟词连在一起的,是属于前概念阶段的思维。只有当智力社会化以后,受语言的影响,儿童才开始运用概念。

作者用专门的一节谈到语言和思想的起源并非同时。作者引用了庞弗里(R. J. Pumphrey)1951年提出的理论:语言的产生是比较晚近的事情,其历史不超过三万年(旧石器时代的后期)。托尔曼(E. C. Tolman)也认为不论从个体发生还是从种系发生看,思想都先于语言。

最后作者介绍了他所作的一个试验:要两组水平相同的学生在一小时内写出一篇作文。结果表明,一组学生动笔之前先给十五分钟思索时间,比另一组学生立刻提笔就写的效果要好得多。作者说这个前写作阶段的思索是否没有借助语言,尚有待进一步加以探讨。

第六篇文章是丹麦哲学家约尔根·约根森教授写的,题为:《关于思维和说话的一些想法》。作者首先说道:思索比指出"思索"的涵义是什么,描写思索是怎样发生的,它受什么规律支配要容易得多。作者主张区分形象思维(他叫 depicting thinking)和非形象思维。他以还没有学会语言的儿童,甚至动物也会作出简单的推理为例,说明推理思维不一定借助语言,但是抽象思维不借助语言(自然语言或人造的符号系统)是不大可能的。

第七篇文章《从语言学角度看说话和思想》的作者是比利时语言学家拜森斯教授(Eric Buyssens)。作者指出,研究这个问题的困难首先在于对思想的定义不大好下。他对比了四部著作对言语和思想下的定义发现,不同学者所理解的思想(thought)的内容大不相同。如韦氏大词典中所说的思想包括"观念(ideas),感觉、感情(feelings),情感、情绪(emotions)和愿望(desires)";牛津英语词典却排除了感情,但也许包括观念。怀尔德(H. C. Wyld)的《通用英语词典》排除了观念,但也许包括感情;萨丕尔的《语言论》排除了情感和愿望,但不排除观念。作者接着指出,当人们说"我爱你"时,表达的既是感情、思想,又是意愿(will)。

作者认为语言是社会的,思想是个人的,语言永远不能完全表达思想。不同人说"我父亲病了"时,尽管这个句子的意义相同,但各人说这句话时所包含的思想可能完全不同,因为各有各的父亲,生的病也可能完全不同。

作者还指出语言是线性的(指一个语素接一个语素,一个词接一个词,一个句子接一个句子,永远不能重叠),但是思想却不然,一个人可以同时想好几件事情。作者还两次引用了下面这个例子:A penny is a penny(按字面逐词翻译是"一个便士是一个便士",义为:"一个便士顶一个便士用"),A penny is no longer a penny(逐词翻译是"一个便士不再是一个便士",义为:现在的一个便士不再值过去的一个便士的钱了)。说英语的人都能懂这两句话,但按字面却无法理解。可见思想超出语言,有时是不能用书面的语言表达的。

作者还以人们在写作时进行同义词的选择为例,说明思想并非依靠语言,而是支配语言,是思想在进行同义词的选择。人们常说为了说好外语,必须用外语进行思维。这实际上就是说不应先用本族语表达好自己的思想,然后再译成外语;而必须直接将我们的思想同外语的表达方式相连。这意味着思想是独立于语言的表达方式而存在的。人能操多种语言说明有某种不是用语言表达的思想活动在确定这些语言表达方式的等值性,在各种语言的表达方式之中进行选择。这说明这种人的思想至少有这多种不同语言加在一起那么丰富,那么精确。

第八篇文章是瑞士的数学家范德魏尔登教授(B. L. Van der Waerden)写的:《不用语言的思想》。他首先指出吸收数学家参加这次讨论是必要的。他认为在数学和逻辑运算中,在制造和使用工具时,都可以不用语言。

第九篇和第十篇文章的作者是精神病和神经病专家美国的戈尔德斯坦因(K. Goldstein)教授(其论文是:《根据脑病理学经验谈谈对语言和思想问题的一些看法》)和德国的格鲁莱(H. W. Gruhle)教授(其论文是:《说话和思想》)。格鲁莱认为,如果将两个或两个以上的客体(不论是眼前的还是不在场的)用任何一种方式组成一种关系就是思维,那么动物也有思维,因为动物发出警告声就是在跟其他动物进行交际,而这恰好是语言之为语言的最重要的一条标准。动物还有一定的想象力和联想能力。作者指出,在人类生活的许多场合下,思想无需用言语表达。作者不同意戈尔德斯坦因认为失语症必导致思维功能破坏的观点,而认为失语症者只不过是其神经不能支配说话的肌肉动作,并不等于不能思维,犹如还不会说话的婴儿不等于没有思维。

苏联《哲学问题》杂志从 1977 年第 4 期起开展了关于语言和思维相互关系问题的讨论。参加讨论的有语言学家、心理学家、文学家、哲学家和人工智能方面的十位专家。刊登他们的文章以前,《哲学问题》编辑部在 1977 年第 4 期上写了如下的前言:

"《哲学问题》杂志编辑部举行座谈会,讨论了在现代条件下研究语言和思维相互联系的途径和方法。由于这方面的研究是要解决一系列重要的实践任务和理论任务,而这些任务又首先是科学技术革命提出来的,所以与会者注意的中心是该问题的新的方面"。

参加这次讨论的第一篇文章是语言学家 B. A. 兹维金采夫写的:《语言和思维的相互关系问题和科学技术革命》(1977 年第 4 期)。作者指出,随着现代科学技术的发展和人工智能问题的提出,语言与思维及其相互关系的问题引起了人们越来越大的兴趣。1975 年 9 月在第比利斯召开的有各方面代表参加的第四届人工智能问题国际会议就有许多国外语言学家参加,遗憾的是苏联竟没有派一个语言学家参加。

语言学长期以来只是历史的和描写的,而不是解释性的,即不能说明语言究竟是怎样起作用的,它是怎样表达思想的;而这正是人工智能需要语言学回答的问题。语言和言语的正确区分对机器翻译有重大意义,过去机器翻译工作之所以失败就是因为没有考虑到这种区别。因为翻译机器是同言语打交道,但是人们在建立翻译机器的程序系统时依据的却是语言。作者认为言语就是语言加思想,所以讨论语言和思想的关系问题时不能脱离开言语这一重要现象。

1977 年第 6 期发表了伊利延科的:《关于思维和语言(言语)关系问题的一些想法》。他认为深层结构实际上就是语言之前的,不需要语言表现的人类活动的结构;它是逻辑学而非语言学的研究对象。他认为思维包括动物的心理。他还指出,天生聋哑人在学会手势语以前必然先学会料理自己,学会适应各种环境,即先掌握有意识活动的逻辑。这种逻辑是他们后来学习手势语的基础。

杜布罗夫斯基在《存在着没有语言的思想吗?》(1977 年第 9 期)中指出这个问题是一个有争论的问题。作者引用了胡克(C. A. Hooker)的话:"大脑包含大量的不能用任何自然语言表达的概念信息",并认为"存在着没有语言的思想,这种思想是认识过程必需的组成部分"。作者指出,许多大诗人和作家都有"词的痛苦"(мука слов)的亲身体验。这说明在他们寻找最恰当的语言表达形式以前,他们头脑里已经存在着某种思想。正是这种思想决定了他们抛弃他们认为不恰当的词,选择他们认为最恰当的一种表现方式。作者引用了苏联诗人费特(A. A. Фет)的一段诗说明语言不能完全表达思想的痛苦:"我们的语言有多么贫乏! 我的思想像清澈的波浪在心中翻滚。我想对朋友或敌人尽情倾诉,可是我却无能为力。我的心永远徒劳地为这烦恼。连年高德劲的圣哲也只好在这命定的谎言前,低垂下他的头颅。"

1977 年第 12 期所刊心理学家兼语言学家 A. A. 列昂捷耶夫的论文《活动、意识、语言》指出,认为思维跟语言有不可分割的联系并不等于马克思主义观点。因为英国的新实证主义、"普通语义学"的代表和形形色色的新洪堡特学派有时也同意抽象思维跟语言不可分割的论点。作者指出,部分语言学家将思维跟亚里士多德的逻辑混为一谈,将语言跟思维的关系完全归结为"词和概念""句子和判断"的关系。作者认为,语言跟思维的关系问题是语言、意识和活动之间的关系这个更大的问题中的一个局部的问题,因此必须深入到语言学、心理学、哲学等多门学科领域,才有可能将它研究透彻。

1977 年后《哲学问题》还发表了一些文章,其中也涉及思维和语言的关系问题。如 1978 年第 2 期罗登贝格(B. C. Ротенберг)在《意识和无意识之间的关系的各种形式》中也认为人有两种不同类型的思维:抽象、逻辑思维和空间形象思维(пространственно-образное мышление),或称语言思维和非语言思维。前者又叫分析思维,因为借助逻辑思维可以对物体和现象进行分析;后者又叫综合思维,因为形象思维时所知觉的是整个物体。前者还可叫离散思维,因为它对客观进行一系列的操作,而后者又叫同时思维(симультанное мышление),因为人们进行形象思维时是同时感知和识别整个物体。前者又叫社会思维,因为它是人适应复杂的社会环境的一种手段。但是客观现实不可能全部用语言思维进行描写。言语思维是发展意识的基础,非言语思维则是无意识心理活动的基础。作者还指出:对人所进行的实验表明,这两种思维分别同大脑的左半球和右半球相连。但是由于大脑是一个不可分割的整体,大脑的左右半球以及相应的两种类型的思维相互之间处于复杂的相互关系之中,两个半球的分工只能说是相对的。作者最后还引用科斯坦多夫(Э. А. Костандов)对生理机制的研究,说明大脑右半球(非言语思维)对任何信息的知觉和识别都要比左半球迅速。

《哲学问题》1979 年第 2、3、4 期上展开的关于人工智能问题的讨论中也多次涉及语言同思维的关系问题。编者在展开这个讨论的按语中指出,人工智能问题引起了工程师和控制论、哲学、语言学、逻辑学、心理学、社会学、经济学(参加讨论的人还列出算法理论、图论、启发探索理论、信息结构理论)等学者的广泛注意。

波斯别洛夫(Д. А. Поспелов)在《由职业和课题确定其方向的智能系统》(1979 年第 2 期)中指出:"人对大量信息的加工是不用语言进行的。对智力活动而言,许多十分重要的过程也不是用语言进行的。"因此,目前这些信息和过程还不能输入电子计算机。

布鲁什林斯基(А. В. Брушлинский)指出,机器的动作是离散的,一步到一步界限分明,但是人的思维的本质却是非离散的、连接的,思维的每个步骤相互渗透、转化(但是也有人不同意他的观点)。人的思维过程有一种对未来和未知的预测能力,因此在解决某项任务时(如下棋时),无须从许多种方法中进行逐一选择,便能迅速作出决策。

兹维金采夫在 1979 年第 3 期《从语言学角度看人工智能问题》一文中进一步阐明了思想学的内容。他引用美国著名科学家,第一个人机对话试验系统的创造者维诺格拉德(T. Winograd)的话说:思想学的研究对象是"思维结构和过程的广泛领域,其中包括知觉、学习、作出决定,当然也包括语言"。兹维金采夫还指出:"电子计算机能完成逻辑操作","但是人的能力和思维的特点却不能归结为逻辑操作。……人最大的能力恰好在于他能非逻辑地(нелогично)思维并超出思维的一切逻辑法则作出决定"。

奥尔菲耶夫在 1979 年第 4 期《电子计算机是人的思维活动的工具》一文中指出:"编制有效的人工智能系统的主要困难在于:人关于世界的一切知识和技能,远不是全能用一种可以在电子计算机上复制的、没有歧义的指令语言表达。"

《哲学问题》杂志对这两次讨论都没有作出总结。

＝延伸阅读＝

1. 〔瑞士〕索绪尔《普通语言学教程》，高名凯译，商务印书馆，1980。

2. 高名凯《语言论》，商务印书馆，1995。

3. 《语言和言语问题讨论集》，上海教育出版社，1963。

4. 刘叔新《语言和言语问题的重新认识》，见《刘叔新自选集》，河南教育出版社，1993。

5. 伍铁平《语言与思维关系新探》（增订本），上海教育出版社，1990。

6. 赵元任《汉语作为一种符号系统》，见《赵元任语言学论文集》，商务印书馆，2002。

7. 伍铁平《论人脑同电脑的"思维"、自然语言用电脑"语言"的区别》，《北京师范大学学报》，1993年第1期。

＝问题与思考＝

1. 结合实例谈谈你对"所指"和"能指"的认识。

2. 谈谈你对"语言符号具有任意性"这一观点的认识。

3. 语言和言语的关系如何？

4. 如何理解语言与言语划分在语言学上的重大意义？五六十年代关于"语言与言语问题"的讨论有哪些值得反思的问题。

5. 请结合语言实际谈谈对"语言的共时性和历时性"理论原则及其现实意义的理解。

6. 请谈谈对"语法系统只存在于语言的共时性之中，也是语言共时性和语言历时性赖以划分的根本标志"和"语言的共时性是获得语言要素现存价值的基石"这两句话的理解。

7. 如何理解"语言并不是尽善尽美的"这句话？

8. 如何看待语言和思维二者的关系？

第三章 语言的结构

导 论

    语言的各个方面都有完整的结构,例如语音结构、语法结构、语义结构。本章主要从语音和语法两个方面进行讨论,一是因为语音学和语法学是语言研究中比较成熟的两个部门,二是因为这两个方面的结构有比较明确的形式特征,初学容易把握。本章涉及的术语比较多,对初学者来说比较困难,我们将在导论中对一些必要的概念和术语作些简要的介绍,以利于学习。本章需要掌握关于语言结构的各种基本概念,以便今后开展专业的学习和研究。

(一) 语音学习的要点

    认识语音的基本属性;认识元音和辅音的区别;掌握元音的分类及其依据,要重点掌握 8 个基本元音(会看元音舌位图);掌握辅音的分类及其依据,要会看辅音表并能根据辅音表来分析辅音的特点;掌握音位及音位组合的规则,能划分音位,能用国际音标标注普通话的语音。

    语音有三个基本属性:(1) 生理属性;(2) 物理属性;(3) 社会属性。这三个属性中,社会属性是本质属性。

    在生理属性方面,发音器官分为三大部分:肺和气管构成动力部分;喉头和声带构成成音部分;咽腔、鼻腔和口腔构成共鸣部分。

    在物理属性方面,语音和其他声音一样,具有四个要素:(1) 音质(音色)——取决于发音体和发音方法;(2) 音高——取决于发音体振动的频率;(3) 音重(音强)——取决于发音体振动的幅度;(4) 音长——取决于发音体振动所持续的时间。

    语音的社会属性即在不同的社会中语音和语义之间的对应关系、语音系统的构成情况、具体某个音所起的作用都不一样。

    从音质的角度划分出来的最小的语音单位叫音素。某一种具体语言中能区分词的语音形式的最小语音结构单位叫音位。"对立"是鉴别一个音素能否成为一个音位的最根本的原则。"互补"是对"对立"原则的补充。音位可以分成两类,一类是音质音位,一类是非音质音位。处于互补关系之中而在音质上又比较相似的各个不同的音素是同一音位的不同变体。有的音位变体的出现是有条件的,称为条件变体;有的不受条件限制,称为自由变体。

我们可以将所有的音素分为元音和辅音两大类。

我们还可以根据舌位的高低、舌位的前后、嘴唇的圆展情况将不同的元音区分开来。根据舌位的高低,元音可以分为高元音、中元音、低元音;根据舌位的前后,元音可以分为前元音、央元音、后元音;根据嘴唇的圆展情况,元音可以分为圆唇元音和不圆唇元音。

我们可以根据发音部位和发音方法来区分不同的辅音。发音部位,可以分为双唇、唇齿、齿间、舌尖(前、中、后)、舌叶、舌面(前、中、后)、小舌、喉等。发音方法又可以分为三个方面:(1)根据成阻和除阻的方式,可以分为塞音、擦音、塞擦音、鼻音、边音、闪音、颤音等;(2)根据声带振动与否可以分为浊音和清音;(3)根据气流强弱可以分为送气音和不送气音。

在由音位组合构成的结构中最重要的就是音节。音节是最小的凭人耳可以感觉到的语音片断。在语流中语音会发生变化,常见的语流音变主要有同化、异化、弱化和脱落。

对于初学者来说,一个很大的困难是国际音标。为了标注音素,人们创制了各种音标。根据使用范围的不同,音标可分两种:一种是适用于某一种语言的,如汉语拼音只适用于汉语,英语的韦氏音标只适用于英语;一种是世界通用的,可以用来记录人类所有语言的语音系统,比如国际音标。现在通行的国际音标是国际语言协会1888年公布的。它最初用来记录欧洲各国语言的语音系统,数量不是很多,后来不断修订补充,以满足记录不同语音的需要。目前的最新版本是1996年的。为了同一般字母符号相区别,国际音标通常用方括号[]表示。国际音标记音有宽式和严式两种。严式记音要求只要一个音素有区别就要使用不同的符号,一般又叫音素标音法,同一音位中的各个变体都要使用单独的符号记录。宽式记音对于没有意义区别的几个音素使用一个符号记录。宽式和严式标音各有作用。采用宽式标音法,可以用少数符号概括多数音素,而且不妨碍语言的表达,有利于学习和运用。严式标音法可以细致入微地描写音素的差别,有利于分析描写和比较语音。

(二)语法学习的要点

认识语法的性质、特点,语法的四级单位;掌握语法中的组合规则与聚合规则;掌握变换的方法;掌握语法意义和语法范畴、语法形式和语法手段这两组四个概念,并据此来认识不同语言的语法结构特点;了解词的结构和词组的结构,熟练掌握层次分析法并能用来分析词组结构。

语法是语言结构的规律,具有规约性、抽象性和稳固性。语法可以分为词法和句法两个部分。词法研究构词规则和构形规则、词素分类和词类;句法研究词组构造规则和造句规则、词组类型和句型。能在组合的某一个位置上被替换下来的片段叫做语法单位。语素、词、词组、句子是不同结构层面上的语法结构单位。

语法学的主要任务是研究语法形式和语法意义的关系。

语法意义是语法成分所包含的内容。常从同类的语言单位中抽象出来，反映词语的组合方式、组合功能、表述功能等高度抽象的意义。如主谓关系、动宾关系等是反映组合方式的，名词、动词等是反映词语的组合功能的，陈述、疑问等是反映词语的表述功能的。

同一性质的语法意义抽象概括而成的类别就叫语法范畴。语法范畴有广义和狭义之分，广义的包含词类甚至句法关系，狭义的则只指基本上由词的形态来表达的语法意义。人们一般取狭义的意思。常见的语法范畴有性、数、格、时、体、态、人称、式、级等。

语法形式是语法意义的表现形式，是表达语法意义的语音物质材料——主要是音位及其组合，也包括重音、语调、词序等超音质材料。语法形式和语法意义是一个事物的两个方面，不可或缺，但又不是一对一的关系，一种语法形式可以表示多种语法意义，不同语法形式又可表示相同语法意义。

同一性质的语法形式概括而成的类别就叫语法手段，又叫语法方式。语法手段分成两大类：分析性语法手段和综合性语法手段。分析性语法手段是用实词之外的形式、通过词与词的结合来表示语法意义，一般有语序、辅助词、语调（指句子的快慢、轻重、停顿、升降等）几种形式。综合性语法手段是通过实词本身的形式变化来表示语法意义，这时词本身既表示词汇意义，又表示语法意义。综合性语法手段主要有重音、附加成分、内部屈折、异根、重叠等几种形式。根据某种语言中占主导地位的语法手段是分析性语法手段还是综合性语法手段，我们将语言分成分析语和综合语两类，分析语有汉语、英语等，综合语有德语、俄语等。

根据词的结构特点，一般把世界上的语言分为孤立语、黏着语、屈折语和复综语（又称多式综合语，或编插语）四类。

语法研究中要对词进行分类，一般根据词的语法功能，把词划分为各种功能类型，如名词、动词、形容词等等。但词类的划分是比较复杂的问题，因为划分词类有不同的标准，标准不同，分类结果就不同。此外，不同的语言有不同的特点，划分出来的词类也会有所不同。一般有三个不同的标准，一是根据词的语法意义划分，二是根据词的形态变化划分，三是根据词的语法功能划分。汉语中的词可分为单纯词和合成词两类。合成词包括复合词和派生词两类。

词和词按照一定的结构方式组合起来，就是短语，又叫词组。常见的短语结构类型主要有主谓短语、述宾短语（又称动宾短语）、偏正短语、联合短语等。汉语还有述补短语、兼语短语、连动短语等。短语的结构有简单和复杂之分，简单短语的构成成分都是单词，复杂短语的构成成分中至少有一个成分本身又是一个短语，因此复杂短语包含若干不同的结构层次。任何复杂的短语都是这样一层一层组合起来的，分析一个复杂短语时，就可以这样一层一层往下分，一般分到词为止。每一次划分时，都要找出相应短语的直接成分。除了联合短语可以多于两个之外,其他短语的直接成分一般只有两个。这种分析方法一般称为直接成分分析法或层次分析法,又叫二分法。用这种方法,可以清晰地揭示复杂短语的结构层次。短语也有各自的语法功能,可以分为名词性短语、动词性短语等等。

句子是言语交际的基本单位。句子能表达一个相对完整的意思,带有一个表示句子结束的语调(句调)。一个词或一个短语,只要带上了一个句调(书面上用句号、问号或感叹号表示),就是一个句子。

根据句子的结构特点,句子可以归纳为若干结构类型,简称句型,句型下面又可分为若干句式。归纳句型时,一般不考虑修饰语、补充和独立成分,只看主语、谓语、述语和宾语。句型也有若干大小不同的层级。句子首先可分单句和复句两大类。单句又可分主谓句和非主谓句两类。

不改变句子的基本意义的前提下,不同句型或句类之间相互变换称为换句法。句法变换的基本方式有五种:省略、移位、插入、替代、复写。

就语言系统而言,世界上的语言没有优劣之分,各种语言形式都有其自身的价值。

(三)语义学习的要点

语义的类型;语义的构成;语义的特点;词义和概念的关系;义素分析法;语义场;语义的组合;语义的聚合。

语义是语言的意义内容,是客观现实在人脑中的概括反映,语义同语音形式相结合就构成了语言单位。从语素、词、词组到句子、段落、篇章等各级语言单位都含有语义。但以往传统的语义研究多停留在词的层面,比词大的单位和比词小的单位的语义研究都被忽视了。而现代语义学则除了继续重视词义的研究之外,对宏观的语义研究和微观的语义研究都很重视。

语义可以分为各种类型:可以分为词汇意义和语法意义,也可以分为语言意义和言语意义。这些虽然都是语义学关注的内容,但语法意义主要是语法学关注的内容,词汇意义才是语义学关注的重点;传统的语义研究只关注语言意义,而现代语义学则开始重视言语意义,甚至有的语义学家主要研究言语意义,如英国的杰弗里·利奇。

我们可以以词义为代表来分析语义的构成。词义可以分为理性意义和感性意义(或曰附加色彩、色彩意义),附加色彩包括情态色彩、形象色彩和格调色彩(含意趣格调、语体格调)等。感性意义是辨析同义词的最主要的依据。词义和概念既联系紧密又互相区别,虽然有的时候两者指称相同,但无论是所属的范畴还是包含的内容两者都不一致,两者之间也不是一种一一对应的关系。

语义具有多方面的性质:它既有客观性,又有主观性;既有概括性,又有具体性;既有稳固性,又有变异性;既有明确性,又有模糊性;语义还具有民族性和系统性。

义素是语义的最小单位,是对词义进行分解得到的结果,常常为某些事物的共同特征和区别性特征。义素分析法是现代语义学的一种新的研究方法,利用这种方法我们可以对语义进行更加细致精微的研究,发现一些近义词之间的异同;也可以用较少的义素单位来描述较多的词语,符合编制计算机识别的"程序语言"的要求;但是目前的义素分析还带有很大的主观性和随意性,离这种科学要求尚有一定距离。在义素分析的基础上,现代语义学提出了语义场理论。若干具有共同义素的词语(义项)构成的聚合就是语义场。语义场具有层次性、系统性和相对性。

语义之间也具有聚合关系和组合关系。

所谓语义的聚合就是根据某一语义条件(或关系)所构成的语义集合。常见的语义聚合有:同义聚合、反义聚合、位义(上下位)聚合、并义聚合、类义聚合等。这些语义聚合实际上就是一个个的语义场。比较特殊的是多义聚合,因为前面的聚合都是不同的词语构成的聚合,而多义聚合是同一词语的不同义项之间构成的聚合。

语义的组合就是语义的搭配,既要注意合语法,也要注意合逻辑,还要注意附加色彩的和谐一致。在语义的组合之中有可能产生言外之意,如预设、语用含义等,这些在运用中产生的语义既是现代语义学关注的新课题,也是语用学关注的课题。

除了语音、语法和语义以外,语用研究也是目前语言研究的一个重要方面,尤其是话语结构的分析,取得了不少的成果,相信这方面会是今后语言研究的一个热点所在,一定会取得新的突破。

选　文

语　言　描　写

〔美〕J. 艾奇逊

导言——

本文选自艾奇逊所著《现代语言学导论》(Linguistics)中的第二篇,方文惠、郭谷兮译,福建人民出版社,1986。

作者简·艾奇逊(Jean Aitchison),女,英国牛津大学英国语言文学专业教授。主攻历史语言学。

选文主要介绍如何运用描写语言学的方法来研究语言——着重从语音、语义、语法几个方面来谈语言的描写和分析。语音方面主要介绍了音位、音位变体、区别性特征等的描写分析。语义方面主要介绍了语素和词的辨认，指出同一语素有时也有不同的语音形式，即存在语素变体，语素变体又分为音位条件语素变体和词汇条件语素变体；指出词可以分为词汇词、句法词、音位词三种。语法方面主要介绍运用直接成分分析法（即二分法）来进行句法分析，介绍了树形图和重写规则，也介绍了词类和复句。文章浅显易懂，且紧密结合语言事实。对这些描写和分析的学习，有助于我们了解语言结构、了解描写语言学的特点。

一、语音描写

语言学家都非常重视口语。因此，语音描写的首要任务就要考虑：怎样才能把滔滔不绝的讲话记录下来。用常规的字母拼写来记录，显然是很不能令人满意的，因为英语的拼写规则很乱，有时甚至近乎荒唐，不能为读音提供什么帮助。英国近代文学家肖伯纳（Bernard Shaw）对英语词的拼写与读音之不一致的夸张说法，虽然有点过分，但也合乎事实。他说，fish〔fiʃ〕（鱼）这个词，如果按照它跟其他词的读音与拼写的规则来类推，可以把它写为 ghoti，因为 f 这个音在 rough〔rʌf〕（粗糙的）这个词中写作 gh（即 f＝gh）；i 这个音在 women〔'wimin〕（妇女们）这个词中写作 O（即 i＝o）；sh〔ʃ〕这个音在 station〔'steiʃən〕（车站）这个词中写作 ti（即 sh＝ʃ＝ti）。可见，把 fish 这个词改拼为 ghoti 是完全有理据的。正如索绪尔所指出的："拼写形式模糊了我们的语言视线，它是语言的伪装外衣。"

语言学家在记录语音的时候，为了准确有效，不得不放弃常规拼写的字母而另行采用一套特殊设计的音素标写符号，要求一个符号只标示一个音素，一个音素只用一个符号来标示。最著名的一种标音符号就是国际音标（International Phonetic Alphabet，常缩写为 I. P. A.）①。

用作国际音标的符号大部分借自常用的拉丁字母小写印刷体，书面上用方括号〔 〕标出，以示区别。例如：

bird（鸟）中的 b，国际音标标作〔b〕；

dog（狗）中的 d，国际音标标作〔d〕。

借用的小写印刷体拉丁字母不够时，就采用下列办法解决：

1. 倒写。如〔ɒ〕——hot〔hɒt〕（热），以及 ə，ʌ，ʁ，f 等；

2. 合写。把两个拉丁字母合写在一起，如〔ŋ〕（＝n＋g）——reading〔'riːdiŋ〕（阅读），〔æ〕（＝ə＋e）——bang〔bæŋ〕（猛撞），以及 œ（＝o＋e）等；

3. 用草写体。如〔ɑ〕——part〔pɑːt〕（部分），以及 x 等；

---

① 国际音标原由帕西（P. Passy）于 1886 年根据斯威特（H. Sweet）提出的方案设计的，几经修改，于 1888 年由国际语音协会订正而成，并开始使用。——校注

4. 启用废弃的字母。如〔ʃ〕——dish〔diʃ〕(碟);

5. 借用希腊字母。如〔θ〕——thin〔θin〕(薄的),以及 β, φ, ε 等;

6. 新造。如〔ɸ〕,主要用来标记威尔士语(Welsh)①中的 ll,如 Llanelly〔ɸɑːnɸi〕。此外,有时还可根据需要在常规音标符号上加上附加符号(diacritic marks),例如以 ː 表示长音,〔uː〕(读 u 的长音)——boot〔buːt〕(长统靴)②。

国际音标设计的这一套符号,在语音理论上说,已经足够记录所有语言的语音了。

本书将用国际音标来注音。不过,我们在第一章里就已经说过,语音知识只是语言学的前提,并不是语言学本身的一部分,因此,本书关于语音基础知识部分(指关于语音的生理属性和物理属性诸方面的基本知识。——译注),就不加讨论了,读者如有兴趣,可参阅有关教科书或参考书。

1·1 区分基本语音

我们可以设想,假如有那么一位语言学家要对他不懂得的、还没有建立文字的某种语言进行调查,那么他就必须首先掌握好他自己选定的那一套音标系统。然后,他的第一步工作就要物色好一个合适的能够为语言调查直接提供语音资料的本地人(informant),以便从他嘴里获得言语(speech)的样品。如有可能,最好和他约定好每天相遇合作的时间,有计划有步骤地进行调查工作。在开头的几段时间中,他应当把精力集中在一些单词中的音素的精确标音,为此他必须询问这位本地人有关日常生活用词的发音,如"鼻子"、"嘴巴"、"房子"、"树"、"太阳"之类的词当地人是怎样说的,所有这些词的发音都要一一记录下来,越精细越好,甚至对那些与发音有关的打呃声和打喷嚏似的音,类似祖鲁语(Zulu)中的吸气音(clicks)③,也都要记录下来。

---

① 威尔士语实际上是威尔士人所说的凯尔特语。——校注

② 附加符号可附在音标主体符号之上或之下或之后;指示发音部位或发音方法;常用的附加符号有:～表示鼻化;˳表示清音化(如 l̥ 相当于清音化的 l);ˇ表示浊音化(如 s̬ 相当于 z);ˇˇ表示唇化(如 n 相当于唇化的 n);˷齿音化(如 t̪ 相当于齿音化的 t);'紧接在 p, t 等之后表示送气(如汉语的"飘"(送气)——〔pʻiau〕,"标"(不送气)——〔piau〕),等等。国际音标常分宽式与严式两种。严式标音常求助于附加符号。试比较英语词 tenth(第十):宽式——〔tenθ〕;严式——〔tʻɛn̪θ〕。严式准确地指出了〔t〕发送气音,〔ɛ〕是音位/e/的语音现实,〔n̪〕发齿龈音〔n〕的齿音。——校注

③ 吸气音是一种塞音(stop)。发这个音时,舌部要作出接触其他部位又脱离其他部位的状态,同时牵动软腭内吸气机制,从而产生吸气动作,有如打喷嚏时之初状。某些非洲语言(如布须曼语、果天托语、萨鲁斯语、祖鲁语等)使用吸气音。在英语拼写法中,由 tut-tut 所表示的音,往往类似某种类型的吸气音。汉语中没有吸气音,但在北方某些地区有用双唇吸气招呼小鸡的。——校注

经过一段时间，这位语言学家对他所调查的语言的语音逐渐熟悉了，他标记的音也越来越准确了。这时他会了解到他所接触的语言的基本语音并非多得无限，一般只有几十个基本音或叫音位(phoneme)。一个音位，可能有几个变体①。

各种语言的音位数目各不相同，平均在 35 个左右。英语的音位有 44 个。据说，夏威夷语只有 13 个，而高加索语却有 89 个之多。这种极端的例子不多，更何况有的调查报告也并不一定可靠。

音位(phoneme)是能区别意义的最小语音单位②。且以 pit(坑洼)和 bit(一点儿)两词为例，区别它们的意义的音就在开头的辅音/p/和/b/，这/p/和/b/就是音位，就是能够区别意义的最小语音单位，不能再细分下去了。又如，pet(宝贝儿；生气)和 pit 这两个词，它们中最小的能够区别意义的音是/e/和/i/，这/e/和/i/也同样是音位，无法再分了。因此，/p/，/b/，/e/，/i/都是英语的音位③。像这些能够区别 bit 和 pit，pet 和 pit 意义的成对的音位，叫做最小对立体(minimal pair)④。研究任何一种语言的音位，都要从这种最小对立体入手。

1·2　英语的音位

现在让我们来列举一下英语(British English)的音位。按照一般的说法，英语共有 44 个音位。它们可以分为两大类：元音(vowel)和辅音(consonant)。元音又可分为：纯元音(pure vowel)，也叫不变元音(unchanging vowel)，例如 bit(〔bit〕一点儿；钻头)，bet(〔bet〕打赌)，(bat〔bæt〕短棍；蝙蝠)，but(〔bʌt〕但是；外室)等词中的/i/，/e/，/æ/，/ʌ/；复合元音(diphthong)，也叫滑动元音(gliding vowel)，即由一个元音向另一个元音滑动的不稳定的元音，例如 boat(〔bout〕小艇)，buy(〔bai〕买)，bay(〔bei〕海湾；吠声)中的/ou/(也写作/əu/)，/ai/，/ei/。⑤

---

①　一个音位，在不同情况下可以有不同的发音。这种不同的发音就叫做音位变体。例如，英语的音位/p/，在 pin(别针)这个词中 p 发送气的〔pʻ〕，在 spin(纺纱；旋转)这个词中 p 发不送气的〔p〕，这里的〔pʻ〕和〔p〕就是/p/的音位变体。——校注

②　音位的标记用双斜线//(如/p/)，试比较音素的标记用方括号〔　〕(如〔p〕)。——校注

③　音位，除了是"能够区别意义的"而且又是"最小的语音单位"这两点之外，还有第三点，那就是：它总是"属于一定语言的"。各种语言都有它自己的音位系统，语言不同音位系统也就自有其别。因此，我们要注意这里的/p/，/b/，/e/，/i/是英语的音位。——校注

④　"最小对立体"也叫"对比的对立体"(contrastive pair)，两者为可以替换的术语。——校注

⑤　纯元音，也叫简单元音(simple vowel)或单元音(monophthong)，它们和不变元音都是可以替换的术语；复合元音也译为二合元音，滑动元音也译为滑元音或音渡元音，它们也都是可以替换的术语。——校注

辅　音（共 24 个）

音　位	例　词	音　位	例　词
|p|	*p*ill	|v|	*v*ast
|b|	*b*ill	|θ|	*th*in
|t|	*t*in	|ð|	*th*en
|d|	*d*in	|s|	*s*ink
|k|	cot	|z|	*z*inc
|g|	*g*ot	|ʃ|	*sh*ip
|m|	*m*eat	|ʒ|	bei*g*e
|n|	*n*eat	|h|	*h*at
|ŋ|	si*ng*	|tʃ|	*ch*in
|l|	*l*ake	|dʒ|	*g*in
|r|	*r*ake	|w|	*w*et
|f|	*f*ast	|j|	*y*et

元　音（共 20 个）

音　位	例　词	音　位	例　词
|æ|	p*a*t	|ɜː|	b*ir*d
|ɑ:|	p*ar*t	|ə|	*a*go
|e|	p*e*t	|eɪ|	b*ay*
|ɪ|	p*i*t	|aɪ|	b*uy*
|l:|	p*ea*t	|ɔɪ|	b*oy*
|ɒ|	p*o*t	|au|	b*ou*t
|ɔ:|	p*or*t	|əu|	b*oa*t
|u|	p*u*t	|ɪə|	b*eer*
|u:|	b*oo*t	|ɛə|	b*are*
|ʌ|	b*u*t	|uə|	b*oor*

（译注：ɪ 也写作 i，ɒ 也写作 ɔ，v 也写作 u，əv 也写作 ou）

1・3　超音段音位

上列两表所示的英语 44 个音位都是在成片段的话语连续体中分析出来的音位，叫做音段音位（segmental phoneme）。有些语言，除音段音位之外，还有一种非音段音位（non-segmental phoneme），也就是超音段音位（suprasegmental phoneme）①。例如，在汉语的北京话里，每个音节（字）的语音都有高低升降的变化（指"声调"的四声，即"调值"——校注），它们有区别意义的作用，是一种超音段音位。下面我们举 ma 为例，以作说明。

先看汉语声调调值的五度标记法：

---

①　这是两个可替换的术语。也有译为"非切分音位"，"非音质音位"和"超切分音位"，"超音质音位"的。——校注

〔说明〕

阴平调,也叫:高平调,或:第一声

阳平调,也叫:中升调,或:第二声

上声调,也叫:降升调,或:第三声

去声调,也叫:全降调,或:第四声

我们举例的 ma,

若读　阴平调,则标为mā(或 ma⁵⁵),意为：妈

　　　　阳平调,　　　　má(或 ma³⁵),　　　　麻

　　　　上声调,　　　　mǎ(或 ma²¹⁴),　　　　马

　　　　去声调,　　　　mà(或 ma⁵¹),　　　　骂

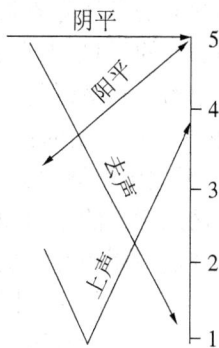

图 1

声调语言有一种有益的副产品：人们可以利用乐器摹拟言语的声调和韵律的变化来传递信息。非洲有一种"鼓声语言"(talking drums)就是利用鼓声的声调和韵律来表示意义的。值得注意的是：不管用什么方法,鼓声都不能产生音段音位,所以区别鼓声的特征必须依靠超音段音位。有时候,一个简单的信息用鼓声传递要耗费好几分钟才能表达出来,因为语言里的单独一个词的意义在鼓声里是无法表示出来的,非变换为短语形式不可。例如,居住在上刚果(Upper Congo)的劳凯洛(Lokele)地方的居民称"狗"为 ngwa(寡),它在口语中是一个低调的单音节。因为低调的单音节很多,为了避免因雷同而混淆,鼓声不得不改变直接表音的方法而采用节律变化的方法来表示,这样就非用一连串有高低缓急变化的鼓声不可了。如果把这种表示"狗"的一连串的鼓声直译出来,那就是"大的小的叫起来的声音汪汪一样的"。可见,声调语言的音位是超音段的音位。

1·4　音位变体

调查没有文字的语言时,不仅要为这种语言列出一张音位表来,而且还要注意同一个音位的不同的变异形式即音位变体(allophone)。事实上,音位识别的一个必不可少的组成部分,就是要察觉出哪些语音形式的变体可以归属于同一个音位。

不同音位的变体情况是不相同的。比如,英语的/s/在发音上的变异就非常微小,难于察觉,也不起什么作用;相反,英语中/l/这个音位的变体却非常明显,以致没有受过语音训练的耳朵也能辨认出来。

有时候,音位变体是任意的或随便的。例如,即使是同一个人先后两次发同一个音,也不可能完全一样。这无疑是一种变异,但这种变异极其微小,因而常被忽略了过去。我们把这种不影响意义的音位任意变体叫做自由变体(free variation)①。

在另一些时候,音位的变体是可以认知的,可以根据它在词中不同的位置或前后

---

①　英语中的 room(房间)可以任意读作〔rum〕或〔ruːm〕;同样,either(〔两者之中〕任一的)也可以读作〔aiðə〕或〔iːðə〕,它们都不影响意义,也都属于自由变体。

不同的语音环境的条件来进行分析。拿英语里的音位/p/来说,当它出现在词首时是送气的,但是当它出现在/s/之后时就自然变为不送气的了。这种区别可以用一个简单的实验来证明。你可以拿一张薄纸放在嘴唇前面,当你发 spot(斑点)和 spill(溅出;木片)的时候,纸不颤动,证明这个音不送气;当你发 pot(罐,锅)和 pill(药丸)时,纸就微微颤动了,证明这个音是送气的。在英语里,送气的〔pʻ〕和不送气的〔p〕没有区别意义的作用,所以它们是属于同一个音位的不同变体。我们把这种出现条件受环境限制的音位变体叫做条件变体(conditioned variant)①。

英语里的这种同一个音位的两个变体,把它写成/p/或者/pʻ/都无不可,但是一般都选用比较常用的音标作代表,因此可以把它们统写为/p/,即表示/p/包含〔p〕和〔pʻ〕两个变体。如果我们把〔p〕当作基本形式,那么我们就可以说,位于词首的送气的〔pʻ〕是/p/的变体。可用符号简示为:

$$p \longrightarrow p' / \# \text{———}$$

也就是:

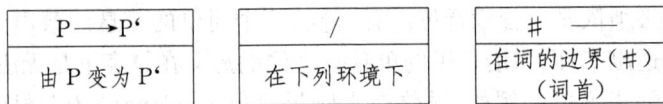

图 2

又如,我们还可以考察一下英语中音位/l/的情况。它可以位于词首,也可以位于词末。在 lip(嘴唇)这个词里(位于词首)发 l 这个音时,舌尖抵上齿龈,使舌的后部分低一些,发出的 l 音叫做"清晰"〔l〕;在 pill(药丸)这个词里(位于词末)发 l 音时,舌尖位置同前,但舌的后部分要提高一些,发出的 l 音叫做"暗"〔ɫ〕。"清晰"〔l〕和"暗"〔ɫ〕都是音位/l/的音位变体。如果我们把"清晰"〔l〕看作基本形式,那么我们就可以说,位于词末的"暗"〔ɫ〕是/l/的变体。可用符号简示为:

$$l \longrightarrow ɫ / \text{———} \#$$

也就是:

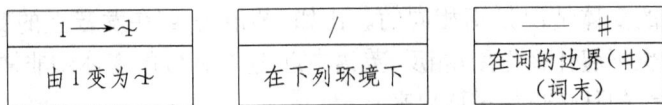

图 3

---

① 条件变体也同自由变体一样,要以不改意义为前提。如果意义改变了,就不能认作音位变体,而要给它另立一个音位。在英语里,你可以把 spot 中不送气的〔p〕发成送气的〔pʻ〕,或者把 pot 中送气的〔pʻ〕发成不送气的〔p〕,别人只会感到你发音不地道,而不会有什么词义上的不同,因而是同一个音位的不同变体;在汉语里,则情况不同,如果把〔piau〕(标)中不送气的〔p〕发成送气的〔pʻ〕,成了〔pʻiau〕(飘)意义就改变了,就不是音位变体,而该把它们算作两个不同的音位。——校注

1·5 语音组合

语言学家除了辨认和分析语言的音位之外,还要注意音位可能组合的情况。每一种语言的语音序列是有条件的。它在这种情况下可能是理所当然的,而在另一种情况下则未必就被允许。

举英语的例子来说。一个词的开头,凡是由三个辅音音位连续出现的序列常受着三条规律的支配:

(1) 第一个音位必定是/s/;

(2) 第二个音位必定是/p/,或/t/,或/k/;

(3) 第三个音位必定是/l/,或/r/,或/w/,或/j/。

因此,spring(春天),string(细线,线),squeal(〔skwi:l〕告密),splendid(灿烂的),stew(〔stju:〕炖,煨)都是由三个辅音音位开头的词,合乎上述三规律,能有效地组成词,但是我们从未发现有这样的词:bdling, sgteal, wbtendid,因为它们都不合乎上述三规律。

1·6 音位的共同特征和区别性特征

我们在前面所讨论的音位都是把它当作独立的单位来看待的。每个单位又都可能有它自己的不同变体。例如:

图 4

然而,不要误解,不要以为英语的 44 个音位都是孤立的,彼此毫无关系,正如不能把一个家庭中的许多成员看成各自独立完全不同一样。家庭中的成员,看起来好像各不相同,但实际上他们之间却具有某些相同的遗传基因。同样地,好些音位也都具有许多共同的特征。

拿英语的/p/, /t/, /b/, /d/, /m/, /n/这些音位来说,我们可以从中找到它们的许多特征:

第一,它们都是辅音(consonant)——发音时气流在一定部位受到阻碍,通过某种方式冲破阻碍而发出来的音;

第二,/b/, /d/, /m/, /n/都是浊音(voiced)——发音时声带颤动;

第三,/p/, /b/, /m/都是双唇音(labial,源于拉丁语词 lip"嘴唇")——用双唇阻塞气流或改变气流而发出的音;

第四,/m/和/n/都是鼻音(nasal,源于拉丁语词 nose"鼻")——发音时软腭下垂,使空气从起共鸣作用的鼻腔逸出而产生的一种音。

诸如此类的共同特征很多,然而语言学家往往只利用其中最主要的特征。至于哪些是主要特征,这就要看它在音位系统中所处的地位而定了。

我们可以用图表把六个音位可能具有的特性表示出来。凡具有某种特征的用加号"＋"表示,反之则用减号"－"表示。如表:

	/p/	/t/	/b/	/d/	/m/	/n/
辅　音	＋	＋	＋	＋	＋	＋
浊　音	－	－	＋	＋	＋	＋
双 唇 音	＋	－	＋	－	＋	－
鼻　音	－	－	－	－	＋	＋

语言学家经常用音位特征(feature)这个语言学术语来指称音位的"性质"(property)或"构成部分"(component)①。因此,在描述音位/n/时,我们可以说,这个音位/n/具有辅音、浊音、鼻音三个特征(features)。若与/m/比较,/n/就少了双唇音这个特征;如果不少,那这两个音位就全然一样,无从区别。因此,双唇音这个特征之有或者没有就把/n/和/m/这两个音位区别开来了。凡是能够区别两个音位的那个特征就叫做区别性特征(distinctive feature)。一般说来,不同的语言有不同的音位序列,因而它们的区别性特征也就不一样。在某些情况下,虽然可以在不同的语言中找到相同的区别性特征,但是它们的组合方式是不相同的。

我们这样分析语音的共同特征和区别性特征,对于语言学研究有什么好处呢?有两大好处。第一,可以使我们对语言规律的表述简明一些。比如,假设你遇到这么一种语言,在这种语音中位于词末的音位/m/,/n/和/ŋ/在某种情况下失落,那你只需说个"鼻音失落"就可以了。这种说法就比逐个列举出这三个音位的具体名称要简单得多,明了得多。第二,这样分析使我们有可能看到在不同语言的语音系统之间存在着部分巧合的情况。这就在一定程度上显示了:在语言特征的仓库里贮存着许多普遍性音位,每种语言或许可以从中选择出一些普遍性音位,并用不同的方式去进行组合。如果情况是这样,那么我们就将在描写语言学和语言的普遍性方面的联系研究上向前迈出了重要的一步。

1·7　音位不含意义

正如我们所看到的,音位本身并不含有任何意义。有时候可能出现偶然情况,即一个词或词内的一个有意义的部分恰巧是一个音位,比如,-s 在 cats 这个词里表示这个名词是"复数"(plural),但这种意义与音位/s/无关,因为词尾-s 的意义并不表示

---

① 其实,英语中的 feature(特征)这一语言学术语常指语言分析中可以作为描述规则模型基础成分的任何"性质"或"构成部分"。例如,除了"音位特征"外,还有"区别性特征"(distinctive feature),"声调特征"(tonality features),"形式特征"(formal features),等等。——校注

音位/s/本身有什么意义。音位只有在和别的音位组合起来时，才能起到意义的作用和具有语法的功能。例如，〔kæt〕(cat)之所以具有"猫"的意义，是因为/k/，/æ/，/t/组合起来了。若是单个的/k/，或/æ/，或/t/就没有什么意义。

我们将在下一章讨论语素(morpheme)。语素是具有意义和句法功能的最小语言单位。

二、语素和词

我们在上一章里讲过，音位在语言的句法里仅仅起一个间接的作用，只有组合成为较大的单位时才有一定的意义。这一章，我们就谈这些较大的语言单位。

2·1 语素

语素(morpheme)是最小的句法单位。语素大小不一，对于辨认语素来说音节或音段的长短是没有多少帮助的，因为语素的本质标志是不能再切分为更小的句法单位。例如：The sleep-walking albatross chanted a dreamy lullaby.（那在睡梦中行走的信天翁唱着梦一般美的摇篮曲。）
这句话可以分成十一个语素：

The	sleep	walk	ing	albatross	chant	ed	a	dream	y	lullaby
1	2	3	4	5	6	7	8	9	10	11

句中的 The，albatross(信天翁〈鸟名〉)，a，lullaby(摇篮曲)这四个词都是独立的语素。它们不能再作进一步的句法切分。例如，albatross 这个词在英语里就无法把它再切分为 alba-和-tross 两个部分，两者只有组合起来才能成为一个有意义的单位。与此相反，chanted(唱)和 dreamy(梦一样美妙的)这两个词却各含有两个可以切分的部分，即两个语素。chanted 中的 chant 这个语素，我们可以通过比较在 chanting 和 chants 这两个词中找到它，而且 chant 当作一个词，它本身就是由一个语素构成的词；chanted 中的-ed，我们也可以通过比较在 wanted 和 batted 等词中看出它也是一个语素。同样，我们也不难看出 dreamy 是由 dream-和-y 两个语素构成的。推而广之，sleep-walking 这个词含有三个语素：sleep，walk 和-ing。在理论上来说，一个词所包含的语素的数目是没有上限的。例如：

antidisestablishmentarianism①

这个词可以切分为六个最小成分，即六个语素：

anti- "反"，"抗"；(前缀)
dis- "否定"，"取消"；(前缀)

---

① 这个词的直义是"反对那些主张取消政府对国教的支持的人的主义"，似可译为：维护政府支持国教制度。——校注

establish　"规定"，"制定"；（用作词根）

-ment　"手段"，"状态"；（后缀，附在动词或动词词根之后构成名词）

-arian　"……派别的（人）"，"……主义的（人）"；（后缀，构成名词或形容词）

-ism　"主义"，"学说"，"制度"；（后缀）

由此可见，每个语素都有一定的词汇意义和语法意义。

2·2　语素的辨认

语言学家(linguist)辨认语素是用比较话语中的宽式变体（wide variety）的方法从中找出相同部分而得出来的。例如：

The	dinosaur （恐龙）	sniff-*ed* （嗅，闻）	arrogant-*ly* （傲慢地）	and	plodd-*ed* （慢慢走）	for-*wards* （向前）
The	dinosaur	grunt-*ed* （发呼噜声）	loud-*ly* （大声地）	and	edg-*ed* （徐徐移动）	back-*wards* （向后）

表中 sniffed, grunted, plodded 和 edged 四个词里的相同部分使语言学家有可能把-ed 分离出来而成为一个有意义的音段；同样，arrogantly 与 loudly 之中的相同部分-ly 和 forwards 与 backwards 之中的相同部分-wards 也都可以被分离出来而成为一个有意义的音段。这些音段都是语素。

在突厥语的 adamlar(男人们)和 kadrnlar(女人们)之间，通过比较可以分析出相同的音段-lar，它是一个表示复数的语素；而剩下的部分 adam(男人)和 kadrn(女人)也都是语素（词根），表示词的基本意义。

在斯瓦希里语中，也同样可以通过比较，找出其间部分相同之处：

nitasoma　　（我将读）

nitisoma　　（我读过）

utasoma　　（你将读）

utisoma　　（你读过）

不难看出，这里的 soma 表示"读"，ni——"我"，u——"你"，ta——将来时，ti——过去时。

并不是所有的语素都能像上面列举的例子那样容易地切分出来的。但是，从整体意义来看，这种从话语中进行相同部分的比较方法是辨认语素的一个基本的方法。

2·3　语素和语素变体

有时候，一个语素仅仅只有一个语音形式。例如：

　　　　　　loud　　　　/laud/

　　　　　　-ly　　　　　/-li/

但是，有时候有些语素却不止一种语音形式，而有不同的变体，这叫做语素变体（allomorphs)。[1]

　　语素变体有时候不是很容易归纳的。例如,英语里的 cats(猫),dogs(狗),hor-
ses(马),sheep(绵羊),oxen(牛),geese(鹅)等词里都含有一个表示复数的语素变体。

　　凡语素变体的形式依靠邻近音位的条件来决定的叫做音位条件语素变体(pho-
nologically conditioned allomorph);凡语素变体的形式,貌似偶然而实与个别词汇项
有关的叫做词汇条件语素变体(lexically condtioned allomorph)。

　　英语中表示复数的语素变体正好为音位条件语素变体和词汇条件语素变体提供
了实例。对此,让我们在下面分别作些介绍。

2·4　音位条件语素变体

　　研究语素变体中不同音位形态的学科叫做形态音位学(morphophonology,简作
morphonology)。[2]

　　/-z/, /-s/, /-iz/是英语表示复数语素的音位条件语素变体。这是因为每个语素
变体都发生在一定的音位条件的环境中,是有规律的:

　　/-z/出现在极大多数的浊音后面,例如 dogs(狗),lambs(羔羊),bees(蜜蜂)。
(发浊音时声带颤动,如〔b〕,〔d〕,〔g〕,〔v〕都是浊音;发元音时声带也颤动。)

　　/-s/出现在极大多数的清音之后,例如 cats(猫),giraffes(长颈鹿),skunks(臭
鼬)。(发清音时声带不颤动,如〔p〕,〔t〕,〔k〕,〔f〕。)

　　/-iz/出现在咝音(咝擦音)之后,例如 horses(马),cheeses(乳酪),dishes(碟,
盘)。

　　如果我们把/z/作为基本形式,那么我们就可以说明它的语素变体有两种情况:

　　1. /-z/在咝音后面变为/iz/。可用公式表示为:

φ——→i/〔＋咝音〕——z

(例词: /hɔːsz/——→/hɔːsiz/)

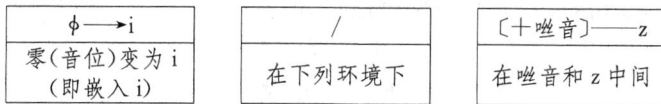

图 5

　　2. /-z/在清音之后变为/-s/。可用公式表示为:

z——→s/〔-清音〕——

（例词：/kætz/⟶/kæts/）

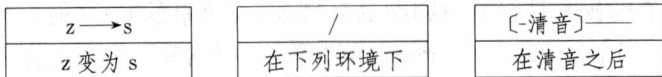

z ⟶ s	/	〔-清音〕——
z 变为 s	在下列环境下	在清音之后

图 6

注意：这两条"规律"必须按上面指出的顺序运用。倘若顺序颠倒了（即先按第 2 条规律），就会得到错误的结果。比如，若把 dish（〔diʃ〕碟，盘）的复数形式变为〔diʃs〕就错了，应该按第 1 条规律变为〔diʃiz〕。

2·5 词汇条件语素变体

象 oxen(牛)，sheep(绵羊)，geese(鹅)这些词的语素变体代表着另一种类型。它们表示的复数功能虽然和 cats，dogs 一样，但是，它们采用的复数形式却不相同。这类复数的词汇条件变体没有什么共同的规律可循，需要个别地学习。

在句法上，这类复数形式的词(指 oxen，sheep，geese)和 cats，dogs 之类的复数形式的词是等价的(equivalent)，因为它们可以同置于同一个句子的同一"位置"(slot)上。如：

The——are making a lot of noise.

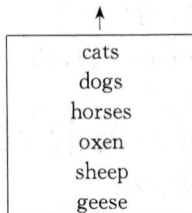

↑

| cats |
| dogs |
| horses |
| oxen |
| sheep |
| geese |

图 7

Oxen, sheep 和 geese 都含有两个语素，即：

ox＋复数

sheep＋复数

goose＋复数

但是，在这三者之中只有 oxen 容易切分为两个部分：

ox＋/-ən/(-en)

而 sheep 要切分为两个部分，必须设置一个零位后缀(zero suffix)。这"零位后缀"是为了适应于语言学上的需要而构拟出来的，它有时候还可用来表示格(case)的一种类型。零位后缀的常规写法是/ɸ/。如：

sheep＋/ɸ/

对于 geese 的分析还没有形成一套明显的方法。不少语言学家认为：复数/giːs/中的元音/iː/取代单数/guːs/(goose)中的/uː/应当被认作是语素组成成分的一种特殊类

型,可称之为内部替换语素(replacive morph)。可表示为:

$$/\text{gu:s}/＋/\text{i:}/ \longleftarrow (/\text{u:}/)$$

式中的/i:/←——(/u:/)表示"/i:/取代/u:/",或者"/u:/被替换为/i:/"。

换句话说,goose 这个词变为复数形式是把其中的元音/u:/用/i:/来替换而成的(goose〔gu:s〕⟶〔gi:s〕geese)。不过这种解释有点牵强,还不如干脆地说/gi:s/(geese)代替着两个语素:

$$\text{goose}＋复数$$

不过这两个语素是不能分开的。

这种解释方法可以同样适用于 went(走),took(拿)之类的不规则动词的形态变化。例如:

$$\text{went}＝\text{go}＋过去时$$
$$\text{took}＝\text{take}＋过去时$$

2·6 语素和词

语言学家能切分出语素,但不一定就能很自然地切分出词(word)来。什么是词?有人以为词是容易辨认的,因为它代表着一个"完整的事物"或"完整的概念"。但是,如果我们注意到了不同语言之间的词是缺乏一致性的,那末我们就不难发现这种看法是站不住脚的。比如,在英语里 cycle(自行车)repair(修理)outfit(全套工具)是三个词,而在德语里却是一个词:Fahrradreparaturwerkzeuge(自行车修理工具)。又如,在英语里 He used to live in Rome(他习惯于住在罗马)这个句子含有六个词,译成拉丁语就只有两个词了:Romae habitabat。

由此可见,一个词所含的语素数是随着语言的不同而不同的。同样,词内的语素组合情况在不同的语言中也不尽相同。19 世纪的一些语言学家试图根据词内语素组合的不同类型来对各种语言进行分类。他们认为世界上的语言有三种不同的形态类型:

1. 孤立语(isolating or analytical language)——一个词往往只含有一个语素。在英语中常有类似如下列的情况:

Will you please let the dog out now.

（请你现在把狗放出去。）

〔译按:这句中的八个词恰好是八个语素。这种由一个语素(词根语素)构成的词叫做词根词,简称根词。汉语因根词之多而显示出它是孤立语的典型代表。〕

2. 粘着语(agglutinating language)(agglutinate 源于拉丁语 glue"粘合"together"共同")——它的词是由几个语素粘结起来的,比较容易切分。例如,突厥语和斯瓦希里语都属于这一类①。〔译按：例见本书第六章第二节"语素的辨认"。〕英语的词只是在有限的程度上有粘着性质。例如：

lov-ing-ly （亲爱地）

faith-ful-ness（忠实性）

3. 溶合语②(fusional language)——它的词往往是由多个语素溶合而成的，不容易切分为若干组成成分。拉丁语是这类语言的典型代表。正如我们在上面的例子中所看到的，英语也偶而发生这样的溶合。例如：

went＝go＋过去时

曾在一段时间内，有人以为语言是按照这几种固定的模式发展的。孤立语是发展的第一个阶段，粘着语是第二个阶段，溶合语是第三个阶段。希腊语和拉丁语被誉为最好的最高级的语言类型。其他的语言都是畸形的，发育不全或衰退的。这种谬论已被美国的人类学家兼语言学家萨丕尔(Edward Sapir, 1884~1939)生动地批判过了。他说："如果语言学家坚持认为拉丁语的形态类型是语言发展中最高水平的必然标志，那么他就会象动物学家吹嘘他的赛马(race-horse)或者泽西种乳牛(Jersey cow)是在动物界中进化程度达到最高水平一样的可笑。"

这种分类法的最大缺陷是：任何语言都不是纯粹地属于某一种形态类型。只能说有少数语言接近某一种类型，而大多数语言的类型却是混淆不清的。所以，极大多数语言学家已经改用别的标准来给语言划分类型了。

2·7 词

大家对词(word)好象都有一个直觉上的认识。即使是一个没有受过文化洗礼而为语言学调查提供资料的"本地人"(informant)，似乎也能辨认出词来。然而令人奇怪的是，至今还没有一个人能够给词下一个令人满意的而又普遍适用于各种语言的定义(definition)和一套辨认词的简易可靠的方法。美国语言学家布龙菲尔德曾给词下过一个著名的定义，他认为词是"最小的自由形式"(a minimum free form)。这就是说，词是可以用来构成句子或话语的最小的自由自在的形式(smallest

---

① 此外，芬兰语、匈牙利语、土耳其语、日语、朝鲜语、维吾尔语等也都是粘着语。有些语言学家认为：从形态上和历史上来看，粘着语是处在孤立语和屈折语之间的语言，因此英语的一些复合词，如 un-god-li-ness(不信神)，un-avoid-ab-ly(不可避免地)〔able＋ly＝ab＋ly〕有粘着语的特点。——校注

② 溶合语也叫屈折语(inflected language)。它的词形变化丰富，如拉丁语动词 amare(爱)的变位为 amo(我爱)，amas(你爱)，amat(他爱)等。同时，一个屈折变化往往表示多个语法范畴意义，如俄语名词 перо(笔尖)中的"-o"同时表示中性、单数、主格三个意思；词根和词尾结合得很紧，一般互不独立，如 перо 中的词根 nep-和词尾-o 独立后就失去了词汇意义。属于这类语言的除拉丁语、俄语之外，还有梵语、阿拉伯语、埃及语、格鲁吉亚语等。英语和法语的屈折变化在历史演变中已大大简化了。——校注

form —— can occur by itself)。这个定义是很不令人满意的,因为词并不是绝对独立或自在的。这个定义对英语的书面语来说倒是很有用场,因为英语在书写时词与词之间总是留有一个空白;除此之外,它的用处就不大了。第一,有许多语言的书写体系并不要求在词与词之间留有空白。例如,有一种叫做天城书(Devanagri)的梵语(古印度语)文字就是这样的一种书写体系,它的词和词都是连成一片的。〔译按:有如我们的汉文和日本语的日文。〕第二,语言学家研究的对象主要是口语而不是书面语,而这两者又不是必然一致的。例如,英语中的"蟒蛇"——boa constrictor 实际上是一个词,但写出来就成了两个词了。更有趣的是,既然 seaside(海边)是一个词,为什么 sea shore(海岸)又是两个词呢?

语言学家要给词下一个令人满意的定义为什么这么困难呢? 回答是:词有几种不同的类型。仔细考虑一下 hit 的相关序列吧。如果你问某人:"hit 是英语中的一个词吗?"回答说:"是的,当然是一个词。"如果你又问:"hit 代表几个词呢?"他可能瞠目不知所答。实际上,hit 可以代表一个词,两个词,或者四个词,决定的关键就看我们说的是哪一类"词"了。

如果我们只把 hit 看作一个音位序列,那它当然是一个词,由/h/-/i/-/t/三个音位组合起来的。这里我们谈的是音位词(phonological word)。

然而,在《简明牛津词典》里,hit 却有两个词汇项(lexical item),一个是动词,另一个是名词:

hit v. strike with blow or missile (打击,击中)

hit n. blow, stroke (一击,打击)

如果把"词"的一个词汇项看作一个词,那么 hit 这个音位词就是两个词了。①

再从另一个角度来看,在句子里 hit 可能代表四个句法词(syntactic word):名词 hit,现在时 hit,过去时 hit,过去分词 hit。也就是说,音位序列 hit 有四个不同的句法功能:

(1) The play was a big hit. (Noun)

这次罢工是一个大的打击。(名词)

(2) Good tennis players hit balls hard. (Verb:present)

好的网球手击球很猛烈。(现在时)

(3) He hit me! (Verb:past)

他打过我!(过去时)

(4) He was hit by a bullet. (Verb:past participle)

他被枪弹击中了。(过去分词)

---

① 这里所说的"两个词"是指"两个词汇词"。所谓词汇词(lexical word)是含有具体意义的词汇项。——校注

总之,单独的一个音位词可以代表不止一个词汇词,也可以代表不止一个句法词。今表解如下:

词 汇 词	句 法 词	音 位 词
hit(名词)	hit(名词)	
hit(动词)	hit(现在时) hit(过去时) hit(过去分词)	/hit/

相反的情况也是常见的:单独的一个词汇项(词汇词)可以包含几个句法词,每个句法词都有不同的音位形式。拿词汇词 hear 来说,

hear　v. perceive with the ear(耳听) hear,

作为词汇词有不同的句法形式:hear, hearing, heard;作为句法词有两种不同的音位形式:在辅音前是/hiə/,在元音前是/hiər/。例如:

I hear noises. (/hiə/,我听见闹声。)
I hear a sound. (/hiər/,我听见一种声音。)

今表解如下:

词 汇 词	句 法 词	音 位 词	
hear(动词)	hear	/hiər/	/hiə/
	hearing	/hiəriŋ/	
	heard	/həːd/	

简单地说,我们不能期望不同类型的词恰巧重合在一起。可以注意的是,如果跟其他语言作比较,英语词的类型之间的差异相对地说还是比较少的,有些语言的词的变化则要多得多。例如,在拉丁语里,rosa(玫瑰)这个词汇词有十二种不同的句法词形式和七种不同的音位词形式。又如,在威尔斯语里,每个词的词首辅音常常随着前面元音的不同而发生规律性的变化。比如"父亲"这个词,就有 tad, dad, thad 或 nhad 四种形式,等等。

2·8　句法词的辨认

对任何一种陌生的语言进行调查研究时,最重要的是要辨认词的各种类型变化,尤其是辨认句法词。怎样进行辨认呢? 没有一套简易可行的规则系统。但是,在英语(或在其他一些语言)里,句法词的辨认可以在不可中断性(uninterruptability)和可移动性(mobility)这两个特性的基础上进行。

作为音位序列的 chickens(小鸡),它是不可中断的,不能说*chick-little-ens,或*chick-red-ens。同样,chickens 又是可以移动的,它可以出现在不同词的前面或者后面,充当句子的不同部分。例如:chickens lag eggs(鸡生蛋),we eat chickens(我们吃鸡),the chickens clucked loudly(小鸡咯咯乱叫)等等。

我们可以假定,有一位语言学家碰上了像 greentrousers(绿裤子)这样的一个音

位序列,他将怎样辨认这是一个词还是几个词呢？他可以先观察一些含有类如 greentrousers 的不同的句子,通过比较,就可发现:

Green corduroy trousers(绿灯芯绒裤子)

Red trousers(红裤子)

Green shirts(绿衬衫)

事实表明,green trousers 是可以拆开的,而且 corduroy 的插入其中更可以说明 green 和 trousers 是两个词。这个假定还可以得到进一步证实的是：green 和 trousers 都可以自由地与其他词进行句法组合,如 red trousers 和 green shirts 等等。可见 green 和 trousers 无疑是两个词了。

<h2 style="text-align:center">三、句　　型</h2>

一个个的词,或胡乱地串连在一起的一堆堆的词,都在交际上派不了什么大用场。这一事实,对于任何一个语言知识贫乏、单凭怀揣着的一本词典就出国旅游的人来说,是应当有所领悟的。比如"me-bus"(me——我,bus——公共汽车)的意思到底是"I am a bus"(我是一辆公共汽车)呢？还是"A bus hit me"(一辆公共汽车撞了我)？还是"I came by bus"(我是乘公共汽车来的)或者"I want to go by bus"(我要乘公共汽车去)呢？那是无法从词典里查出来的。现在就让我们来讨论讨论词是怎样组合成为较大的语言单位的。

句子(sentence)通常被认为是语言分析中的一个最大的语言单位。在这一章里,我们将首先讨论怎样把词组合成较大的单位,然后再重点讨论怎样把句子分析为几个组成部分——语言学术语所称之的构成成分(constituent)。①

3·1　词的组合

不同的语言用不同的手段来表示词与词之间的关系。大多数语言都有一两种最常用的手段。下面谈谈最常见的两种:

（一）词序(word order)——英语词的组合最常见的手段之一。先看下面两句:

（1）The large spider frightened Aunt Matilda.

（大蜘蛛惊扰了姑母玛悌达。）

（2）Aunt Matilda frightened the large spider.

（姑母玛悌达惊扰了大蜘蛛。）

这两个句子所用的词完全相同,但词的排列顺序不同。不同的词序决定了谁惊扰了谁(是蜘蛛惊扰了姑母,还是姑母惊扰了蜘蛛？——译注),并且,这里的 large(大的)

---

① 构成成分：一个较大单位内的构成成分。如词里的词素是词的构成成分;同样,某一结构里的词或句子里的主语和谓语分别为该结构或句子的构成成分。本章第二节讲的构成成分分析法即源于此。——校注

只能修饰蜘蛛，不能修饰姑母。

　　在拉丁语里，词与词之间的关系是依靠词的屈折变化（inflection）来表示的。上面的例句（1）用拉丁语说是：

（3）Magna aranea perterruit Matildam amitam.
　　　｜　　　｜　　　｜　　　　　｜　　　｜
　　　（Large-spider-frightened-Matilda-aunt）
　　　｜　　　｜　　　｜　　　　　｜　　　｜
　　　（大的—蜘蛛—惊扰了—玛悌达—姑母）

词序，对拉丁语来说是不重要的。这个句子的词序如果另作安排，也不影响句子的意义。例如：

（4）Magna Matildam perterruit amitam aranea.
　　　（Large-Matilda-frightened-Aunt-spider）
　　　（大的—玛悌达—惊扰了—姑母—蜘蛛）

由于拉丁语词有形态变化，它的每个词（实词）的词尾形态已经表示出了词与词之间的关系，所以"被惊扰的"一定是"姑母"而不是"蜘蛛"，"大的"一定是指"蜘蛛"而不是指"姑母"。

　　（二）功能词（function word）——也叫"虚词"（empty word）[①]，是英语和拉丁语中词的组合颇为常用的一种手段。[②] 例如 of、by 一类的词，它们只表示句法关系，一般不具有表示客观世界的事物、性质或动作之类的实在意义。英语和拉丁语都有这类词，以用来表示词与词之间的组合关系。例如：

（5）Aunt Matilda was terrified by a spider.
　　　（玛悌达姑母被一只蜘蛛惊扰了）

（6）The Queen of Sheba.
　　　（西巴的皇后）

（7）Matilda amita ab aranea perterrita est.
　　　｜　　　｜　　｜　　　｜　　　　　｜
　　　（Matilda-aunt-by-spider-frightened-is〔was〕）
　　　｜　　　｜　　｜　　　｜　　　　　｜
　　　（玛悌达—姑母—被—蜘蛛—惊扰了—是）

---

　　① 功能词除叫虚词外，还叫语法词（grammatical word），形式词（form word），结构词（structural word），封闭类词（closed-class word）。它们都是可替换的术语。——校注

　　② 请注意："词序"和"虚词"作为词的组合手段，在绝大多数语言中都适应。我们不能因本书只举了英语和拉丁语的例子而误以为只在这两种语言中才常用。其实，例如在汉语中词序就很重要，"母亲爱女儿"就不等于"女儿爱母亲"；虚词也同样重要，试比较："工厂和学校"，"工厂或学校"，"工厂的学校"，它们之不同，全是虚词在起作用。——校注

3·2 构成成分分析

句子不是胡乱地把一堆词儿串连在一起就能表达意义的。例如,下面的这个句子我们就无法懂得它是什么意思:

* The large spider terrified Aunt Matilda swims of Sheba by a car.

英语(像其他任何一种语言一样)只有为数不多的、经常出现的句型(sentence pattern,也译"句子模式")。句法分析的一个基本技术就是通过不断的同型替代过程来辨认句型。先看这么一个句子:

The dogs may bite the postman.

(狗会咬邮递员)

这句话中的 the 和 dogs 两个词,若用 dogs 一个词来代替,并不改变句型的基本结构,这就证明这两个词已经紧连在一起,并结合成了一个较大的单位。其次,may 和 bite 也同样是连在一起的,可用 bite 一个词来代替,它们也结合成了一个较大的单位。最后,the 和 postman 也已结合成了一个较大的单位,可以用 Albert(艾伯特——人名),him(他)一类的词来代替。这样一来,我们就把这个句子的六个组成成分归并为三个基本成分(basic component)了。即:

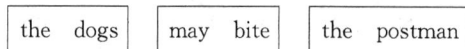

| the dogs | may bite | the postman |

图 8

在上面三个成分中的最后两个还可以用 bite 一类的词来代替,使它们归并为再大一点的单位。这样,我们就把一个句子的六个组成成分归并为两大基本成分了。即:

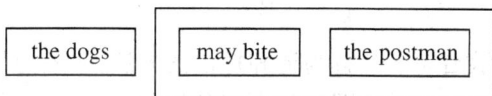

| the dogs | may bite the postman |

图 9

这种把句子区分为其若干组成部分(component parts)或若干构成成分(constituents)的语言分析程序(procedure)叫做构成成分分析法(constituent analysis)①。替换法是构成成分分析法的基础,虽然替换的过程并不是经常像上面所举之例那么直截了当。

3·3 树形图

句子的构成成分的连续层次,用树形图(tree diagram)来表示是最清楚不过的了,因为用这种图形表示出来的句子层次就像树的分枝一样井井有条。在树形图(译按:系倒立的树形图)里,句子的主干在顶部,分枝逐层下延,逐层复杂化。上面的例

---

① 这里所说的构成成分分析法,就其实质和下面几节所述的情况来看,就是人们常说的"直接成分分析法"(Immediate constituent analysis,简称 IC analysis)。——校注

句可图示如下：

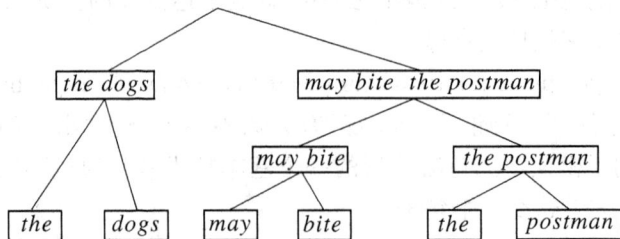

图 10

树形图的好处是可以在树枝叉处的节点(node)上作标记,这样就使句子的整个结构看得更清楚了。

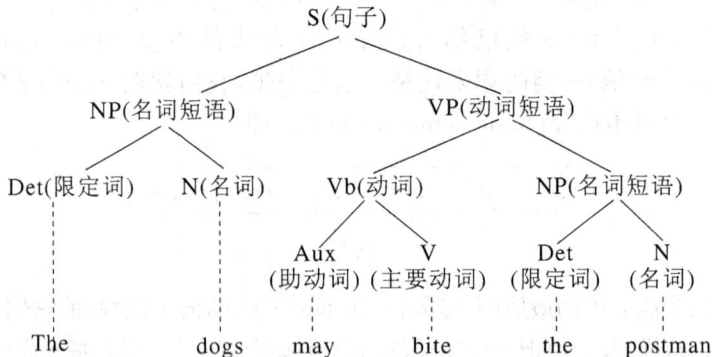

图 11

这种用树形图标示出句子分解为词和短语的方法,叫做短语标记(phrase marker,常缩写为 P-marker)。这样的图解包含着英语句子结构的重要项目。例如,短语标记包含着这样一个语言事实：句子,像英语中极大部分的句子,基本上都包含着一个名词短语(以名词为中心的短语)和它后面跟着的一个动词短语(以动词为中心的短语)。

3·4 重写规则

重写规则(rewrite rule),表示扩展一个项目的规则,方法是用较多的成分来替换这个项目。具体地说,重写规则就是替换规则,就是用箭头右边的扩展部分来替换箭头左边的符号：

$$S \longrightarrow NP+VP$$

它的意思是"用 NP+VP 来替换 S",或者说：S 被 NP+VP 替换了,重写了,扩展了。

$$VP \longrightarrow VB+NP$$

它的意思是"用 VB+NP 来替换 VP",或者说：VP 被 VB+NP 替换了,重写了,扩展了。

我们可以用树形图把这两项规则总示为：

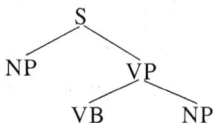

图 12

"The dog may bite the postman. "这句话可以重写为：

$$S \longrightarrow NP + VP$$
$$VP \longrightarrow VB + NP$$
$$NP \longrightarrow Det + N$$
$$VB \longrightarrow Aux + V$$
$$Det \longrightarrow the$$
$$N \longrightarrow dog, postman$$
$$Aux \longrightarrow may$$
$$V \longrightarrow bite$$

重写规则的最大长处是简明扼要。它不允许有任何想象。即使你不懂得英语，只知机械地运用规则，依样画葫芦，一步一步地随着公式推演下去，你也可以得出合格的句子来。

然而，值得注意的是，运用重写规则也可能得出这样的句子：

The postman may bite the dog.

（邮递员会咬狗。）

这并不要紧，因为这个句子的结构并没有错（虽然公认它可能不合事实）。这里要强调的是，重写规则只告诉我们关于句子结构的合格形式，而不是邮递员可能有的有关行为。

3·5　构成成分辨认

正如我们所看到的，每个句子都可以分解成不同层次的几个构成成分。然而，并非所有的句子都像前面举的例子那么容易分析，有时会遇到麻烦。仔细考虑考虑下面的一个句子：

The mouse ran up the clock.

（老鼠爬到钟上。）

这个句子该怎样分析？能不能把〔ran up〕归在一起用 climbed 一类的词去替换它呢？或者，能不能把〔up the clock〕归在一起用 upwards 一类的词去替换它呢？这类疑难问题的解决，就要看被组合而成的词群是否在别的地方也能用作一个构成成分。如果在某个句子内某些词能组合成一个单位，那末，它就有可能用作一个独立的构成成分而再现于别的句子之中。检验的一个方法就是改句，使原来的词在顺序上有所不同。例如：

（a）Up the clock ran the mouse.

（b）* The mouse ran the clock up.

检验的结果表明：应当把 up the clock 认作一个单位,因为它所在的原句(见前)是通顺的,移植于新句(a 句)后,新句仍然合格；但是,把它一拆开,句子(b 句)就不正确了。这样,我们就可以把原句分析为：

〔The mouse〕〔ran〕〔up the clock〕

并可进而用短语标记为：

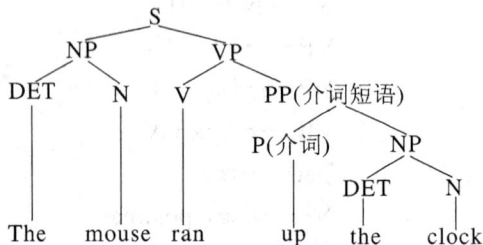

图 13

　　应当注意的是,对于表面上相似的句子要用另一种方法分析。例如：

The mouse ate up the cheese.

（老鼠吃光了乳酪。）

我们可以用转换句子的办法来表明其间之差异：

（c）* Up the cheese ate the mouse.

（比较：Up the clock ran the mouse. ）

（d）The mouse ate the cheese up.

（比较：* The mouse ran the clock up. ）

(c)句是错误的,而与其比较的句子是正确的；(d)句是正确的,而与其比较的句子是错误的。这样,我们就可以把原句分析为如下三个部分：

〔The mouse〕〔ate up〕〔the cheese〕

并可进而用短语标记为：

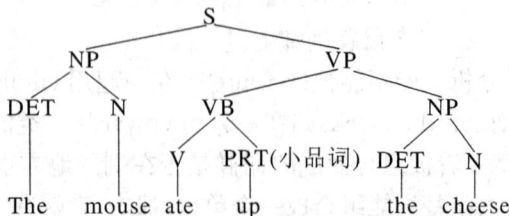

图 14

3·6 词类

让我们仍然运用转换句子的办法来进一步辨认较小一点的构成成分。仔细考虑考虑下面的两个句子：

Charlie ate caviare.

（查理吃鱼子酱。）

Charlie ate well.

（查理吃得很好。）

我们直觉地感到 caviare 和 well 是两个不同类型的构成成分。我们还可以用改动句子的办法来证实这一点：

Caviare was eaten by Charlie.

* Well was eaten by Charlie.

What Charlie ate was caviare.

* What Charlie ate was well.

它们之间的差异表明：caviare 和 well 是两个不同的句法结构，应该有不同的标示（如图 15 和图 16）。

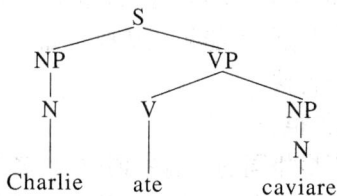

图 15

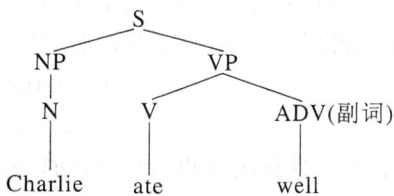

图 16

用语言学术语来说，这些词属于不同的词类（word class）：caviare 是一个名词，well 是一个副词。用传统语法的术语来说，它们属于不同的"词类"（part of speech）①。

每种语言都有它自己不同的词类数量。词类的辨认主要依靠句法行为（syntactic behaviour）——即词在句中的位置，词在句中的作用。词的形态形式有增添指导

---

① 语言学的词类（word class）是范畴词类。它对词类的理解是：一个词，由于它和该词类的其他词比较，在形式和/或功能方面有相似之处而被归入一个范畴，这个范畴就叫词类。传统的"词类"（part of speech）是语法词类。它对"词类"的理解是不连贯的，部分以"概念"定义为基础（如把名词说成是"命名词"），部分以"功能"范畴为基础（如把副词说成是"修饰动词"的词），但是，home（家）即使在 He goes home（他回家去）这样的句子中修饰动词时，它仍然是"命名词"，这就出现了混乱。——校注

意义的作用,也就是说,碰上某些不认识的词,有时可以借助形态形式来辨认它们是属于哪一类词。仔细考虑考虑下面的句子:

Peter skvatted these three books from him.

(彼得从他那里__?__三本书。)

We razrezzed his platties.

(我们__?__他的__?__。)

我们可以辨认出这两个句子中的 skvatted 和 razrezzed 都是动词:一是因为它们出现在动词的正常位置上(位于两个名词短语之间),二是因为它们都有动词过去时词尾-ed。

常常难于认定的是某种语言到底含有多少词类。许多传统的语法教科书认为英语有八大"词类"(part of speech)。但是,这八大词类大部分是古拉丁语语法的翻版,而古拉丁语语法又几乎完全脱胎于古希腊语语法的八大词类。如果我们作点仔细的观察,我们就会在好些方面发现这种分类的许多漏洞。例如,名词和代词在传统语法里是两种独立的词类,然而它们的句法功能非常相似。例如:

Max laughed.(马克思笑了。)

He laughed.(他笑了。)

其实,名词和代词的词类差异远不及副词内部的类型差异。比如 quickly 和 very 这两个词都属于副词,但是它们的句法功能却大有差别,不能相互替换。如:

He ran quickly.(他跑得快。)

* He ran very.(*他跑得很。)

还应当注意,这种语言和那种语言的词类数量是不尽相同的。有些词类,如名词和动词,各种语言都普遍具有,但是,其他的词类就不一定都有了,比如有的语言就没有明显的形容词。英语可以说:

Petronella is happy.

(彼托尼娜是幸福的。)

而在汉语里,这句话就要用动词来代替:

Petronella happies.

〔译按:作者的这种误解也许是源于不懂得汉语。其实,汉语里不仅有形容词,而且数量还不少。汉语中等价于英语 happy 的"幸福"这个词就是一个形容词。按照传统的说法,英语形容词用作表语,是谓语的一部分,即要与系动词一起才能共同地充当谓语,而汉语的形容词则可以独立地直接充当谓语。如"他幸福"。〕

3·7 复句

我们在前面所讨论的句子,如 The dog may bite the postman(狗会咬邮递员),The mouse ran up the clock(老鼠爬到钟上),都是单句(simple sentence)。实际上,句子并不都有这么简单,有些句子里面往往含有一些类似句子的结构,附着于句子的某个成分或插入两个成分之间。我们分析句子的时候，必须认识这种结构。例如：

Archibald played tennis, and Peter went fishing.

（阿奇博尔德打网球，而彼得去钓鱼。）

在这里，我们可以看到两个小句（sub-sentence），它们价值同等地联结在一起形成一个大句。这种大句叫做联合复句（conjoining sentence）。在理论上来讲，这种被联结在一起的句子的数量可以是无限的。例如：

Archibald played tennis, and Peter went fishing, and Pip played cricket, and Mary washed her hair, and Drusilla climbed the Eiffel tower...

（阿奇博尔德打网球，彼得去钓鱼，皮普玩蟋蟀，玛丽洗头发，德鲁西拉爬埃菲尔铁塔……）

不过，这种把类似的句子结构联在一起的方法不是构成复句的唯一方法。更常见的方法是把小句嵌入到主要的句子中去，这种构成的复句叫做包孕复句（embedding sentence，也可译为"内嵌复句"）。例如：

The rumour that the dinosaur had escaped worried the public.

（恐龙逃走的谣言惊扰了群众。）

可图解为：

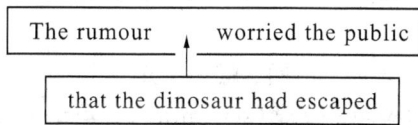

图 17

在理论上来讲，一个句子可以嵌入的小句是无限的。例如：

The fact that the rumour that the dinosaur had escaped worried the public is not surprising.

（那恐龙逃走的谣言惊扰了群众的事实是不足为怪的。）

这个句子嵌入了两个小句。可图解为：

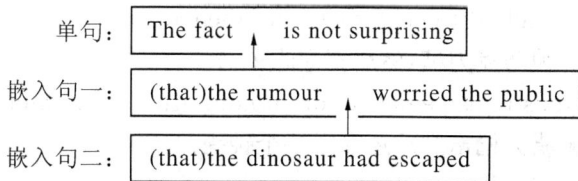

图 18

内嵌复句(包孕复句)的另一个好例就是下列的一个古老的童谣：

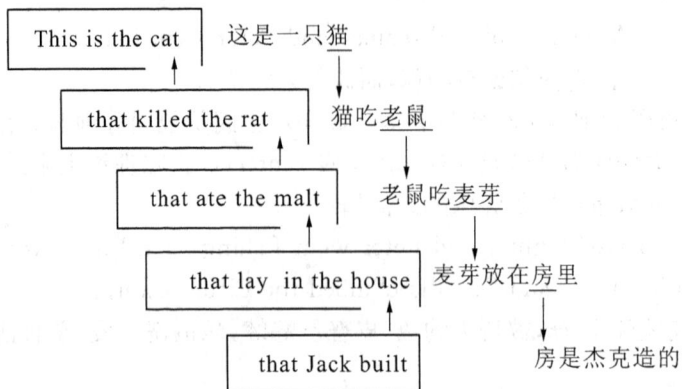

图 19

包孕和联合这两种图例都表明了语言的一种重要特性——那就是递归性(recursion，也叫循环性)。

递归性使语言中同一结构有可能多次反复出现，因而句子的长度也就没有止尽了。这是一个重要的启示。这启示就是：我们不可能把任何一种语言里可能出现的全部句子列举出来，但是，我们可以作出构成句子基础的规则系统。

四、意　义

研究语言的意义的学科叫语义学(semantics)。英语 semantics 这个词来自希腊语的名词 sema(符号，信号)和动词 semaino(用信号表示，标志；表意，意指)。语言学家(linguist)研究意义，是试图了解为什么某些词或结构组合在一起时就有可理解的意义，而另外的组合就没有可理解的意义。下面先举出两组例句，A 组是可以理解的，B 组是不可理解的。

A　组

My brother is a bachelor.

(我的哥哥是一个光棍。)

The camel sniffed the chocolate and then ate it.

(骆驼嗅了嗅巧克力糖，然后把它吃了。)

The platypus remained alive for an hour after the hunter shot it.

(鸭嘴兽被猎人枪击之后还活了一个钟头。)

Socrates arrived yesterday.

(苏格拉底昨天来过了。)

* My brother is a spinster.

（我的哥哥是个闺女）。

* The camel swallowed the chocolate and then ate it.

（骆驼吞下了巧克力糖,然后把它吃掉。）

* The platypus remained alive for an hour after the hunter killed it.

（鸭嘴兽在被猎人打死之后还活了一个钟头。）

* Socrates arrived tomorrow.

（苏格拉底明天来过了。）

这两组句子,按顺序一一对应地来看,在句法结构上是没有什么不同的(其间的动词、名词等,也都一一对应)。但是,相互对应的两句只因一词之差,就使得 B 组的每个句子产生了语义上的矛盾,失去了可理解的意义。要是一个懂得英语的人听你说"My brother is a spinster",他就会说:"不对,哥哥怎么能是'闺女'呢? 你大概是想说他是'光棍'吧!"

语言学家研究语义还试图了解,为什么懂得某种语言的人能够识别该种语言的某些短语和句子的相似意义,人是怎样识别它们的。下面再举两组意义相似而结构不同的句子作一比较:

C　　组

Indicate to me the route to my habitual abode.

（请告诉我到我住所去的路。）

I am fatigued and I wish to retire.

（我疲倦了,我希望休息一下。）

I imbibed a small amount of alcohol approximately 60 minutes ago.

（大约六十分钟以前,我喝了少量的酒精。）

And it has flowed into my cerebellum.

（它已流入了我的脑海。）

这四个句子的意义跟下面 D 组的四句大致相同。

D　　组

Show me the way to go home.

（请告诉我回家的路。）

I'm tired and I want to go to bed.

（我疲倦了,我要去睡觉了。）

I had a little drink about an hour ago.

（大约一小时之前,我喝了少量的酒。）

And it's gone right to my head.

（它已进入到我的头脑中了。）

人还有一种本领：听话者不仅能够辨认歧义句，而且还能根据语言环境或上下文来选择最合适的解释。例如：

Visiting great-aunts can be a nuisance.

这句话有歧义，到底是（我们）"看望姑婆"呢？还是"姑婆看望"（我们）呢？如果有上下文，歧义便消除了：

Visiting great-aunts can be a nuisance：I wish we didn't have to go.

（看望姑婆是一件无聊的事情，因此我希望我们不去。）

由于上下文排除了句子原有的歧义，因此这里就只能是"看望姑婆"的单义了。

4·1　词义

意义问题显然与单个词的意义有广泛的联系，或者更确切地说，与每个词项 (lexical item) 有关，——因为（正如我们在第 6 章中所看到的一样）"词"这个词可能引起误解，比如 boa constrictor（蟒蛇）我们就曾注意到这是两个书写词但却是一个词项。我们再以前面的一个错句为例：

* My brother is a spinster.

（我的哥哥是个闺女。）

这句话为什么不通？只要我们查阅一下关于 brother（哥哥）和 spinster（闺女）两个词的意义，就知道这两个词的词义矛盾，不能搭配，"哥哥"不可能是"闺女"。

关于词义的搭配，有三大要点必须弄清。

第一，我们必须特别关心各个"实"词（"full" word）的词义，例如 zoo（动物园），apple（苹果），jump（跳跃），red（红的）等；胜过关心"虚"词（"empty" item）的词义，例如 of，that，by，which 等，它们的功能是表示句法单位之间的关系。（虽然这两方面的区别有时难以分清。）

第二，我们必须只注意词的直接描写意义，而不管它的"感情"（emotive）色彩或"内涵"（connotation）意义。比如说 adolescent（青少年）这个词，就只指介于儿童和成人之间这一年龄段的人，而不管他们是不是笨拙的、没有成熟的、固执和忧郁的。

第三，我们必须知道意义的两面性。象 tree（树）这样的词项意义必须从两个方面来考虑：一方面它是语言系统里的一个要素，它的"意义"要跟系统里其他词的关系进行比较；另一方面它的"意义"是和客观世界里可以认知的对象相联系的。

对语言学家来说，这两个方面是互相补充的。他应当先考察第一方面，然后才是第二方面，也就是应当先从语言要素之间的内部关系开始考察。

如同语言诸要素一样，每一个词项在语言模式中都有它自己的特殊地位。语言学家通过对各单个的词项之间关系的研究，能够为整个语言词汇结构建立一个轮廓：在为词汇结构建立轮廓时，他必须忘记像 apple 之类的词和它在客观世界中所指对象的联系，必须把注意力集中在词和语言中的其他项目之间的关系上。

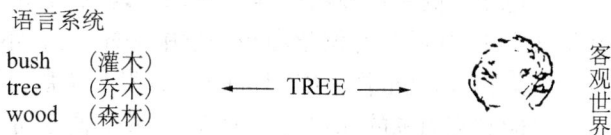

图 20

4·2 语义场

各种语言都用不同的方法反映客观世界，这是很清楚的。一种语言的词对某事物的反映比另一种语言的词对同一事物的反映有时候要精细得多。例如，阿拉伯语就用了很多的词来表示骆驼的不同类别，而英语表示狗的不同类别也用了不少的词。这种情况是相当复杂的。甲语言中的某一套词所覆盖的范围并不就与乙语言的同一套词所覆盖的范围相当，甚至有共同文化的说话者所用之词的涵义也不尽相同。例如，拿表示颜色这套词来说，英国人和威尔士人虽曾有过共同的生活，但是，威尔士语的"蓝"（glas）的范围就比英语的"蓝"（blue）的范围要大，它不仅包括了英语中的"蓝"，而且还包括了英语的"绿"（green）和"灰"（grey）的一部分。如图：

英　语	威尔士语
Green(绿)	Gwrdd(绿)
Blue(蓝)	Glas(蓝)
Grey(灰)	Llywd(灰)

图 21

自从光谱准确地划定了各种颜色的界线之后，各语言中表示颜色的这一套词所反映的混乱情况就更加明显了。

除此之外，我们还会碰到许多更加复杂的情况。例如，英语"The cat sat on the mat."（猫坐在地席上。）①这句话如果译成法语，就很难找到和 mat 完全对应的词，因为法语词如 paillasson(门毡，擦鞋垫)，tapis(小地毯，桌毯，台毯)，descente de lit(床前小地毯)都是关于"地毯"一类的词，但没有一个和英语的 mat 恰好完全对应。反之，法语的 tapis 一词虽然可以译成英语的 carpet(地毯，毛毯，毡毯，梯毯)或 rug(小地毯，炉边地毯，〔旅行等用的〕毛毯)，但都不是很恰当的。在法语里要找出和英语的 mat，或 rug，或 carpet 的对应译词也是相当困难的。

这些例子告诉我们，语言学家研究词汇结构要比研究孤立的词义更加重要。比如英语的 green(绿色)这个词要放在表示颜色的成套词中才能显示出它的意义，指

---

① mat：草席，地席，(体育运动用的)垫子，(放在门口的)蹭鞋垫，(花瓶、茶杯等的)衬垫。——校注

示出它是介乎蓝色和黄色之间的一种颜色;同样,purple(紫色)是介乎蓝色和红色之间的一种颜色。在语义学中,如同在音位学和句法学中一样,语言不是废物堆,不是杂乱无章的一堆词项的集合,而是很像一副"七巧板"(开发儿童智力的拼板玩具——译注),其中的每一块要能和它周围的几块巧合妙拼,如果位置变动,模式改换,被分离为单独的一块,那它就没有什么意义了。词汇系统里词和词的关系正如埃利奥特在一首诗中所描写的那样:

<blockquote>
"every word is at home
Taking its place to support the others."
</blockquote>

——T. S. ELIOT

（每一个词都有它活动的中心之地
它活动的位置保持在与其他词的关系之中。）

这就是说要从语义场里去了解词义。每一个义项在它所属的一群或一套词里才有它确定的地位和意义,因为它和它们是密切联系的。例如:adolescent(青少年)这个词是指既不再是儿童但又未到成年的人;cool(凉)是指温度介乎 cold(冷)和 warm(暖)之间。许多人还把 copse(矮林,小灌木林)归属于介乎 tree(树)和 wood(树林)之间的一个实体。

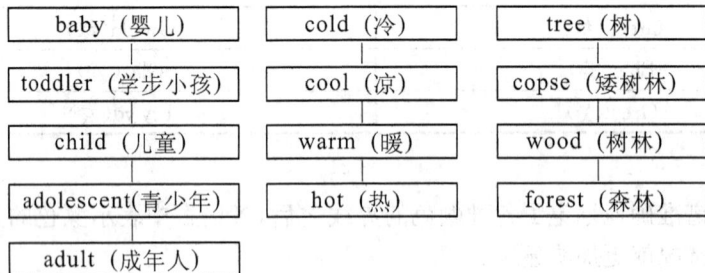

baby (婴儿)	cold (冷)	tree (树)
toddler (学步小孩)	cool (凉)	copse (矮树林)
child (儿童)	warm (暖)	wood (树林)
adolescent(青少年)	hot (热)	forest (森林)
adult (成年人)		

图 22

这样的词义研究,就是划分每个词在它所属的词汇场(lexical field)①的特殊地位。词汇场能使我们对每个词的词义了解得更深刻一些。然而,倘若认为聚集在整个词汇场里所有的词项都像拼花地砖一样,块块平滑合缝,那是错误的。实际上,聚集着的一群词,虽然彼此之间都有联系,但不是排列得整整齐齐的,有些词义是重迭的,有些是界线不清的,也有缺位空白的。例如,英语里就缺少一个表示包括紫色(purple)和紫红色(mauve)这两种颜色的词。英语里 corpse 指的是"人的尸体",carcase 指的是"动物的尸体",但是没有表示"植物的尸体"的词。所以,研究词汇场对了解词义只能说是迈出了第一步,而要获得比较全面的了解,我们就必须进一步探讨存

---

① 词汇场也就是语义场(semantic field),两者为可替换的术语。——校注

在于各词汇项之间的另一种关系类型。

4·3 同义词和对立词

同义词(synonym)和对立词(opposite)的研究对我们洞察词在词汇场里与其他一切词之间的关系很有价值。

在话语里，能够互相替换而不改变意义的词叫做同义词。例如：

> (1) He snapped the twig in half.
>
> （他把树枝折断为两半。）
>
> (2) He broke the twig in half.
>
> （他把树枝折断为两半。）

这里(1)句的动词 snapped 和(2)句的 broke 可以说是同义词。语言学家用替换词项的办法可以把意义相似的词列出一张表来。

然而，值得注意的是，完全同义词是罕见的。也就是说，两个词项在任何上下文中意义完全相同是极少有的。完全同义词仅只是偶而地出现在正式的和非正式的词汇项之间。例如，英语 rubella(风疹)这一在医学文献中表示一种疾病的术语恰巧和俗称的 German measles(德国麻疹)完全相同。[1] 但是，最常见的是一个词项和另一个词项只有部分的相同意义，所以它们只在一定的上下文中是同义词，在别的语境中就不是同义词了。例如：

> (3) He snapped his fingers.
>
> （他折断了手指。）
>
> (4) He broke his fingers.
>
> （他折断了手指。）

这两句的动词 snapped 和 broke 可以说是同义的，并且，虽然

> (5) He broke the record for the 100 yard sprint.
>
> （他打破了100 码短跑记录。）

这句话是可以接受的，但是，若把句中的 broke 替换为 snapped，说成

> (6) He snapped the record for the 100 yard sprint.

就不合规范了，绝大多数英国人都不这么说。[2]

对立词的情况更为复杂，因为有几种不同类型的对立词。有些作者沿用"反义词"(antonym)这一术语来指称所有不同类型的对立词，而另一些作者则只用它来指称其中的一种。这都是名不副实的。为了立名立解，我们不用"反义词"而用"对立词"这一术语。

最明显的一类对立词是意义相反、彼此对立的一对词。例如：

---

① 好像汉语中的"疟疾"和"打摆子"或"脾寒"是完全同义词一样。——校注
② 正如中国人不说"他折断了(或咬破了)100 米短跑纪录"一样。——校注

He is not married：he is single.

（他没有结婚：他是独身。）

He is not single：he is married.

（他不是独身：他已结婚。）

这里的 married（结婚）和 single（独身）是绝对对立的，属于第一类对立词。

第二类对立词是指两个词义不是绝对对立，而是只在某种程度上相对相反。比如 large（大）和 small（小）就只是比较而言的：

What a large mouse!

（多么大的一只老鼠！）

这里的"大"是对一般老鼠的大小而言的。

What a small elephant!

（多么小的一只象！）

这里的"小"是对一般象的大小而言的。

第三类对立词是指一个词的意义跟另一个词的意义之所以相反是从说话人的地位来看的。例如：

I give you the book：you take the book.

（我给你这本书：你取这本书。）

4·4 分类（内包）

词汇内部结构更进一步的研究方法是如何分类（classification）或内包（inclusion）的方法。例如，英语里 claret（红葡萄酒）和 hock（白葡萄酒）归为 wines（酒类）；tea（茶）和 coffee（咖啡）归为 beverages（一种饮料）。而 wines 和 beverages 这两类又可归为 drinks（饮料）。它们的分类层次如下图：

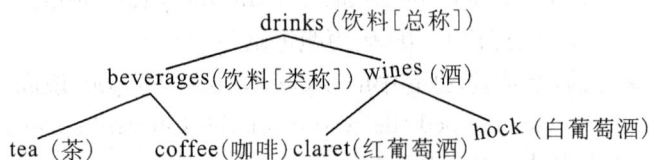

drinks（饮料［总称］）

beverages（饮料［类称］）　wines（酒）

tea（茶）　　coffee（咖啡）claret（红葡萄酒）　hock（白葡萄酒）

图 23

这说明，语言词汇是有结构等级的。如图所示的那样：意义比较概括的词项在顶部，顶部之下的意义比较具体的词项可再细分为若干部分。每一词项下的词是下义词（hyponym），其意义被包括在所属词项的词义之中。几个意义比较具体的词是意义比较概括的词的共同下义词（如 beverages 和 wines 是 drinks 的共同下义词；tea和 coffee，claret 和 hock 分别属于 beverages 和 wines 的共同下义词）。意义较概括的词叫做下义词的上坐标词（superordinate）。下义词的主要弊端是没有区别开词在文体风格和社交场合之间的可变性，从而不能支配同义词的选择。

4·5 成分分析

上节所谈词的分类现象启示我们,一组有关系的词项的词义有部分重合一致,并且有共同的特性。例如,lions(狮子)和 tigers(老虎)有一个共同的要素"wild animalness"(野兽);humans(人类),lions(狮子),gorillas(黑猩猩)和 spiders(蜘蛛)有一个共同的要素 animate being(动物)。与此不同的另一类例子,如:calf(小牛),puppy(小狗)和 baby(婴儿)有一个共同要素"nonadultness"(未成年);cow(母牛),woman(妇女)和 tigress(雌老虎)有一个共同要素"femaleness"(雌性)。这是什么原因呢?

有一种假设,认为词项(像音位一样)是由若干语义部分构成的,或者更明确地,一个词项都含有某些本质特征(essential propertie)。例如,"bull"(公牛)含有MALE(雄的),BOVINE(迟钝的)和 ADULT(成年的)三个语义特征;"calf"(小牛)则含有 BOVINE(迟钝的)和 NON-ADULT(未成年的)两个语义特征。像音位的区别性特征那样,我们可以绘制一帧图表来表示每一词项所含有的特征。用"+"号表示具有某一特征,用"-"号表示不具有某一特征。

把词的义项分为若干组成部分的分析方法叫做成分分析法(componential analysis)。这种分析方法并不是什么新奇的,因为词典中解释词义时早已无意中使用了这种方法。例如,《简明牛津词典》对 mare(牝驴)一词的释义是:"雌性马科动物"。这就告诉了我们三个语义特征。

	man（男人）	woman（女人）	child（儿童）	bull（公牛）	cow（母牛）	calf（小牛）
male(雄的)	+	−	−	+	−	−
human(人)	+	+	+	−	−	−
adult(成年)	+	+	−	+	+	−
bovine(迟钝的)	−	−	−	+	+	+

这种分析不仅适用于名词,而且也适用于动词。我们就拿 die(死),kill(杀死),murder(谋杀)和 slaughter(屠杀)这一组词来分析一下。分析结果表明:not alive(不活)是它们共同的语义特征;此外每个词还各有它自己的语义特征:

die:变成 不活(死)

kill:使 变成 不活(杀死)

murder:故意 使人 不活(谋杀)

slaughter:故意 使动物 不活(屠杀)

可再取 have(有),give(给)和 take(取)这一组动词来进行分析。分析结果表明:have(有)是它们的基础;give 和 take 除附有 cause(使)的共同语义特征外,还有一对相反的区别性语义特征。

have(有) $\begin{cases} \text{give:cause have(使有)——给} \\ \text{take:cause not have(使没有)——取} \end{cases}$

这种分析方法对了解词义确实有很大的好处。但是,哪些是词的本质特征,这是极关重要的一个问题,也常常是很不容易解决的一个问题。让我们来看看 bachelor(光棍,单身汉)和 tiger(老虎)这两个词。按常规的第一步是查词典。《简明牛津词典》告诉我们:bachelor 是"未婚男子"。这"未婚"和"男性"就该是这个词的本质特征了。如果有人说:"我遇到一个光棍,他已经结了婚。"听者就会马上反驳:"那他不是一个光棍。"或者,如果有人说:"我认识一个女孩子,她是一个单身汉。"听者也同样会反驳:"这是不可能的!"——除非她得了学士学位,才可以说"She is a bachelor."(bachelor 有两个义项:单身汉;学士。这句话的意思只能理解为"她是一个学士"。——译注)这就可以清楚地证明"男性"和"未婚"的确是 bachelor 这一词的本质特征。这样的词是容易分析的。

但是,tiger 就不同了。《简明牛津词典》对它的释义是:"large Asian yellow-brown black-striped carnivorous maneless feline"(大的,亚洲产的,棕黄色的,黑条纹的,食肉类的,无鬃毛的,动物)。这里列举了七项,是不是都是本质特征?"食肉类的"该是本质特征,因为如果你说:"哈里驯养的老虎是不吃肉的。"你就会马上得到反驳:"那它就不是老虎了。"至于"黑条纹的"是不是本质特征,那就可能有争执了,因为有的老虎有黑条纹,有的老虎却没有。因此,类如"黑条纹的"之类的问题就很难解决了。

4·6 语言与逻辑

上面我们已经讨论了词的意义,并体会到这种讨论对识别词义的本质特征是很有好处的,它使我们懂得像

* My brother is also a spinster.

(我的哥哥也是一个闺女。)

这样的句子为什么是矛盾的。用上节讲的语义成分分析法可以揭示出其间的矛盾所在:

brother:MALE SIBLING(男性同胞)

spinster:UNMARRIED FEMALE(未婚女性)

这样,我们就可以把上句改写为

My MALE SIBLING is also an UNMARRIED FEMALE.

(我的男性同胞也是一个未婚的女性。)

这里的"男性"(MALE)和"女性"(FEMALE)显然是矛盾的。

不过,我们要讨论的不光是词义,而且还要讨论整个句子的意义。这就复杂多了。我们怎样(用分析词义的本质特征的方法)来分析句子的本质特征呢?这是仍在热烈讨论中的一个课题。但是,最有希望的解决办法也许就是利用形式逻辑。

形式逻辑系统能够(在理论上)提供各种公式,用以描写任何语言的句子,而且还能表示句与句之间的各种逻辑关系。同时,逻辑还有一个最大的优点,那就是它能够

把一些有歧义的句子解释得清清楚楚。例如：

All the nice girls love a sailor.

这个句子的意思是"每一个好姑娘都爱上了一个水手（艾丽斯爱上了约瑟夫，玛丽爱上了伯特，黛娜爱上了威廉）"呢？还是"每一个好姑娘都爱上了某一个水手（比如杰克·塔）"呢？只有逻辑才能对这两种不同的语义结构提出准确的解释。

不过，哪种类型的逻辑最适用于语义分析，目前还不太清楚。这是有待将来回答的一个问题。

<h1 style="text-align:center">现代语言学教程（节选）</h1>

〔美〕霍凯特

导言——

本文选自霍凯特著《现代语言学教程》中的第十六章"语言的构造"和第三十一章"语法的核心"两章，索振羽、叶蜚声译，北京大学出版社，1986。

作者查尔斯·弗朗西斯·霍凯特（Charles Francis Hockett，1916～ ），生于美国俄亥俄州。1939年获人类学博士学位。1974年被选入美国国家科学院。是著名的语言学家和人类学家，是美国结构主义描写语言学后期的代表人物。

《现代语言学教程》是霍凯特的代表作之一，是美国结构主义描写语言学成熟阶段带有总结性的著作，是集大成的一部理论著作。它科学地总结了从20世纪30至50年代末美国结构主义语言学的发展成果。在节选的《语言的构造》这一章中，作者主要探讨人类语言作为一个系统是如何构造起来的。作者认为，语言是一个复杂的习惯系统，它由五个分系统构成，其中语法系统、音位系统和语素音位系统是中心的，而语义系统、语音系统是外围的。在《语法的核心》这一章中，作者首先通过语法系统之间的比较，区分出两类语法形式，即功能成分和实义成分，并着重论述了功能成分的定义；接着作者指出一个语言的基本要旨以及该语言和其他语言之间在语法系统上的主要差别就在于语法核心，而语法核心就是指：（1）词类系统；（2）语法范畴；（3）功能成分；（4）结构类型和结构。作者认为，语法核心是整个语法系统的基础，它对于外语教学，也起着相当重要的作用。

语言的构造
§1

现在我们已经奠定了必要的基础来描写任何一种人类语言中都能找到的基本的构造特征。

语言是一个复杂的习惯系统。整个系统能分成下述五个主要的分系统，其中三个分系统是中心的，两个分系统是外围的。

三个中心的分系统是：

(1) 语法系统：语素的总和以及语素出现的配列；

(2) 音位系统：音位的总和以及音位出现的配列；

(3) 语素音位系统：把语法系统和音位系统联结在一起的编码。

这三个分系统之所以被称为"中心"，是因为它们跟说话时的非言语界不发生直接的关系。不错，一个分析者——或正在学话的孩子——只有观察言语本身及其出现的语境，才能推断或学会中心分系统的细节；但是，根据这些观察所推断或学会的东西，是从言语和语境中抽象出来作为一种模式确立在孩子的脑海里，或者分析者的脑海里和笔记本上的。我们已经讨论过音位系统(§§2～13①)；我们也简要地论述了语法系统和语素音位系统，不久将回过头来对语法系统(§§17～31)和语素音位系统(§§32～35)分别进行详细的研究。

两个外围的分系统是：

(4) 语义系统：这个系统把语素、语素的组合以及语素可能进入的配列跟事物和情景或者事物和情景的类连接起来；

(5) 语音系统：说话人通过发音把音位序列转换成声波，以及听话人对言语信号进行解码的方式。

外围分系统不同于中心分系统的地方在于它们既连接非言语界，又连接中心分系统。语义系统，一头连接人们生活于其中的可以观察到的物质界和社会界，另一头又连接语言的语法系统。语音系统，一头接触可从物理上加以分析的言语信号的声波，另一头同样接触语言的音位系统。我们已经论述过语音系统(§§7～9,13)；关于语义系统，有些指导性的意见也将在下面(§16.2)简要地谈到。

语言学一直集中注意三个中心分系统，不怎么关心外围系统。确实有些学者喜欢把"语言"限定为只包括中心分系统，认为意义的问题，发音和语音声学的问题不属于语言学而属于别的学科。术语的定义选择得宽些或窄些是个人的爱好，并不重要。同样，任何人都可以自由地把重点集中在中心分系统，或随自己的喜好涉足于外围分系统。外围系统和中心系统一样重要；可是，事实上研究它们要困难得多，到目前为止，对它们知道得仍然甚少。

---

① 编者按：此指霍凯特《现代语言学教程》的章节号。下同。

面对上面所说的明显的新情况，有一件事可能使人感到奇怪，那就是分析者只有通过声音和意义才能达到中心分系统。但是，为了达到中心分系统而启发式地使用语音学和语义学是一回事，对外围分系统本身作详细的考察是另一回事，必须把它们分开。我们不得不用语音标准试着分析一种音位系统，因为我们总得弄清两段话语或话语的两部分对于说这种语言的人是"听起来一样"还是"听起来不一样"。同样，我们也不得不用语义标准去试着达到语法系统，因为我们总得弄清音位外形有特定方式的区别的两段话语或话语的两部分，对于说这种语言的人是"意义相同"还是"意义上有差别"。我们正是在这些标准的应用中最易步入歧途，损害对中心系统的应有的描写。没有一种语言的描写能免除来自这一根源的误差。没有一种描写能宣称自己已经高于大致准确的范围。

然而，如果我们希望系统地分析语言的语音或语义分系统，首先就要对最有关系的那个中心分系统作仔细的描写。不知道有关的音位系统，试图根据发音或音响去分析一种语音系统，是徒劳无益的。不了解有关的语法系统，试图分析一种语义系统，同样是徒劳无益的。声学家有时试走前一条路，结果只能利用对有关音位系统的粗糙而零散的认识去代替精确而详尽的认识。人类学家和哲学家常常试走后一条路，结果不得不杜撰出诸如"观念"或"概念"这样一些语言中冒牌的"精神"实体去代替语言中明显的可凭经验发现的语素和更大的语法形式。语音和语义分系统的精确的研究工作当前还处于幼年时期，因为我们仅仅在最近才大体上认识到对它们进行研究的必要前提和适当的入手角度。待这种研究取得更多的成绩时，像本书这样的概论性著作中将会有更多的成果可以介绍。

§2　意义、前因和后果

我们必须把语素和话语的意义跟具体言语活动的前因和后果区别开来。前面说过，语素和语素组合的意义是语素、语素的组合跟我们周围世界中的事物、情景或者事物、情景的类型之间的联系纽带。这种语义纽带对于使用一种语言的全体成员来说或多或少是相同的。而具体言语活动的前因和后果对说话人和听话人来说可以很不一样。

有些比语言简单的交际系统也是这样。例如摩尔斯电码就是所有报务员共同使用的一种规约，它用较短和较长的电压脉冲（点和划）的配列来代表书面英语中的不同字母和标点符号。单独的一个点的意思是字母"E"；这个意思对所有的报务员都是相同的，不管他当时的工作是发报还是收报。通报时，一个报务员发，另一个报务员收，实际传递的前因和后果对这两个人就不一样：他们中的一方接到别人交来的纸条，进行操作，把纸条上所写的东西转换为电压脉冲，另一方则通过蜂音器接受这种电压脉冲，进行操作，在一张纸条上把它们复原为字母的系列。前因和后果尽管对两个报务员不同，却按一定的方式联结在一起，即收报员记下的字母系列跟别人交给发报员的字母系列是一致的。这种关联之所以可能，是因为系统的语义规约相同。

假定两个人并排坐在便餐桌前，甲有一杯咖啡，需要一些糖，而自己又够不着糖碗。于是，甲说："请把糖递一下。"乙就把糖递给了他。这一情景至少粗略地勾画出包孕着言语活动的行为的前因和后果。这前因和后果对甲和乙是不同的：甲想要糖而且得到了糖；乙只是把糖递给甲。同样的话语也能在另外的条件下出现，例如，乙有一杯咖啡而向甲要糖。在原先的情景中，有的行为后果不是起因于话语的语言结构，而是起因于伴随的情况。乙把糖递给甲而不是递给丙，因为要糖的是甲不是丙。但是，语言的语义规约也起一份作用。如果甲和乙并不共同具有这种规约，那么甲会通过别的办法得到糖，或者不加糖也过得去。可见"糖"这个语素和某种物质之间有一种习惯的纽带：乙不是把"盐"递给甲。"递"这个语素和一种惯常的动作也有一种纽带：乙不是把糖碗扔在地板上。这里还有一种共同的理解，即语素"请"连同一定的词序和语调，表示一种有礼貌的请求：乙没有受到侮辱或感到生气。所以，尽管甲和乙在这段插曲中的活动不同，但"请把糖递一下"这整个话语的意义对他们来说是基本上相同的。

学话的孩子或分析一种语言的语言学家，要观察、使用或者描写语义的分系统，有两种办法，而且只有这两种办法。首先，对孩子来说，办法其实只有一种：他之所以了解话语和语素的意义，是因为他发现各种语法结构的言语活动和自己所参与的行为的前因与后果之间反复出现有规则的对应。然后，对分析者来说，还有另一种办法：他能通过自己已经懂得或部分懂得的语言从别人那里获知新观察到的形式是什么意思。这第二种方法是常常不能令人满足的。我们可以问一个粗知英语的中国人："先生"这个词在汉语里是什么意思？回答将是"mister"。粗略地说，这是对的。但中国人称别人"先生"的确切的社会环境并不和我们称某人"mister"完全相同。对说话人来说，"先生"或"mister"的意义是他以往跟这个词打交道的全部经验的结果。[①] 在单一的言语社会里，个人经历的偶然差别趋向于抵消，因此，即使语素的意义对于不同的说话人永远不会变得绝对相同，至少也足够相似，使他们能通过言语进行交际。但是在不同的社会之间，这种拉平现象就不会出现。双语词典和轻率的逐词对译必定引起误解。所以，向别人打听一个形式的意义只是一条捷径，它最终必须通过积极参与说这种语言的社会的生活来补充，这无疑是语义分析为什么如此困难的主要原因之一。

§3 语言和说话

我们在§1中概述的语言构造，指明语言是一套习惯。言语活动或话语却不是习惯，而是历史事件，虽然它部分地遵从、反映这种习惯并为这种习惯所支配。言语

---

① "先生"的例子是按照作者来信中的建议改用的，原书举的是俄语的例子。——译注

活动，像其他的历史事件一样，是可以直接观察的。习惯不能直接观察，它必须从观察到的事件加以推断，不管进行推断的是学话的孩子还是探索描写一种语言的分析者。

　　一段话语有一个音位结构和一个语法结构。它的音位结构反映这种语言的音位模式或系统的一些情况。它的语法结构反映这种语言的语法模式或系统的一些情况。它的音位结构和语法结构的关系反映这种语言的一些语素音位的模式。但是请注意，一次言语活动是没有"语素音位结构"的。语素音位完全寓于习惯之中：显示它的不是历史事件中的另一种结构，而是已详细列明的两种结构之间的相互关系。同样，一段话语既没有"语义结构"，也没有"语音结构"。语义和语音寓于习惯之中：显示它们的不是历史事件中两种别的结构。显示语义的是话语的语法结构与这段话语出现的语境间的关系；显示语音的是音位结构与说话时的发音动作和声波的关系。

　　说话的生理过程要求消耗能量，即物理学家所说的"功"。说话人说出的连续单位经常由变化着的语境、已经说出的单位和他的习惯支配着。这些因素不仅对下一步要说什么单位，而且对究竟是说下去还是停下来，常常提出抵触的指令。因此，说话往往因停顿、犹豫、中断、重复、突然改变话头而被打乱。作为听话人，我们不知不觉地删去说话这种艰难工作中的这类明显的表现。在有文字的社会里，把想说的话写下来的人是自己删掉这类东西，只把清晰的结果写入定稿。我们的听、写、读的体验使我们觉察不到自己说话中的嗯嗯呃呃的程度，难怪第一次听到自己谈话录音的人往往会大吃一惊。

　　这里有一个从实际谈话的录音磁带抄录下来的嗯嗯呃呃的例子。① "uh"表示一种出声的犹豫；".."表示一种无声的犹豫：

It's uh.. it's uh not.. I mean he.. (清喉咙) actually well he he we we had just sort of.. in many ways sort of given up.. trying to do very much.. until.. bedtime. Unless it's something that he can be included in.. whereupon he will.. usually isn't interested for long enough to really.. carry through with it.

　　总的印象是说话人在说话过程中有许多毛病，听话人却能从这段话里得出与下面经过剪辑的说法大致相同的意思：

We had (in many ways) just sort of given up trying to do much until bedtime. Unless it's something that he can be included in, whereupon he usually isn't interested for long enough to really carry through with it.

　　（我们〔想来想去〕差不多打消了在〔他〕睡觉之前多干点事儿的想法。〔这孩子〕除非有什么事儿把他迷住，就算那么着，他也往往没有长性把它真正干完。）

　　这个经过剪辑的说法是包含在原话之内的。它不是凭印象编出来的，而是仔细

---

　　①　这是某夫人向一位朋友谈论自己的孩子的情况的一段电话录音。——译注

查对了说话人的习惯,如嗯嗯呃呃,插入引人注意的字句,速度变化等等,而得出的。我们认定"bedtime"处于一个句子的末尾,是因为这个说话人用了一个/31↓/语调。不确定的主要部分是短语"in many ways"(想来想去)是否该列入经过剪辑的说法。这位说话人在思考下面接着该说什么的时候,常常用这个短语来"填补空白",但在这里她是否这么用,不能肯定。

大家知道,在任何言语社会里,说话人的流利程度是不同的,同一个说话人在不同的场合流利的程度也不同。这种变化的尺度有时被当作"正确的"说法和"不正确的"说法之间的差别,这是错误的,应该避免这种混淆。一个英语讲得"很糟"的人有时倒是他自己那种牌号语言的动人的演说家,而许多有天赋的讲"高雅"英语的人却夹杂着大量的嗯嗯呃呃。流利程度的不同似乎不是我们所理解的语言习惯的不同,而是指的在言语中跟语言习惯一起表现出来的别的方面的习惯。口吃就是这方面习惯的表现之一。它的原因还没有弄清楚,不管是什么,口吃总是重复语义上重要的重读音节的起首辅音(在 please pass the p-p-p-pe-pper 中,口吃的人连发两个/p/没有困难,却在关键词起首的这个音上结巴起来了)。

最近的研究提出:通过仔细考察一个人的未经剪辑的话语可以了解到关于这个人的不少情况。说话人嗯嗯呃呃,变换音域,改变音质等等特殊方式既能揭示说话人的基本个性,又可展现出他一时的情绪倾向。但是,因为这类现象不是说话人语言习惯的表现(如果我们的看法没错),所以,语言研究中可以不去管它,而只以经过剪辑的话语作为研究的基础。

语 法 的 核 心
§1　语法系统的比较

比较两种语言的音位系统并不太难:我们已经在第十一章粗略地说明了如何进行这种比较。但是比较语法系统就难得多,因为它们很复杂。然而就比较的目的而言,语法系统之间的某些差别显然比其他方面的差别重要得多。

例如考察一下 tea 和 write,he 和 she 这些词。现今的梅诺米尼语有相当于英语"tea"和"write"的词;1700 年时的梅诺米尼语没有这样的词。然而今天的梅诺米尼语在语法系统上并不比那时更接近英语一些。如果我们从英语中去掉 tea 和 write 这两个词,那么,去掉它们之后的系统和现在的系统不会有本质的差别。另一方面,梅诺米尼语现在没有,1700 年时也没有任何一对形式可以跟英语的 he 与 she 类似。这是一种真正重要的系统的差别。如果我们从英语中去掉 he 与 she,或者用一个词去代替它们两个,那么,这种被修改的语言的系统就会有显著的变化。

大体上,一种语言的基本形式的总汇可以分为两个不相等的部分:一部分包括 tea,write 和所有其他的在语法上"不重要的"形式(这一部分的量大得多);另一部分包含 he,she 和所有其他的语法上"重要的"形式。从第一类任意去掉一两个形式,这种语言的语法系统的本质不会改变；从第二类哪怕只去掉一项，就会产生严重的后果。调整第一部分是引不起这么严重的后果的，除非我们去掉某个大形类的全部成员。

这里我们用两个英语的句子来说明，它们虽有差别，但有一定的共同特征。这两个句子带点诗味，其原因过一会儿就会明白：

’Twas morning, and the merry sunbeams did glitter and dance in the snow；all tinselly were the treetops, and the happy fairies frolicked.

（晴朗的早晨，欢快的阳光在雪地上闪耀舞蹈；林梢上金光万道，快乐的仙女们在玩耍嬉笑。）

’Twas stormy, and the tall pines did quiver and tremble in the gale；all dark were the streets, and the weary villagers slept.

（暴风雨之夜，高大的松树在大风中颤抖伤悲；街道上一片漆黑，疲惫的村民们已沉沉入睡。）

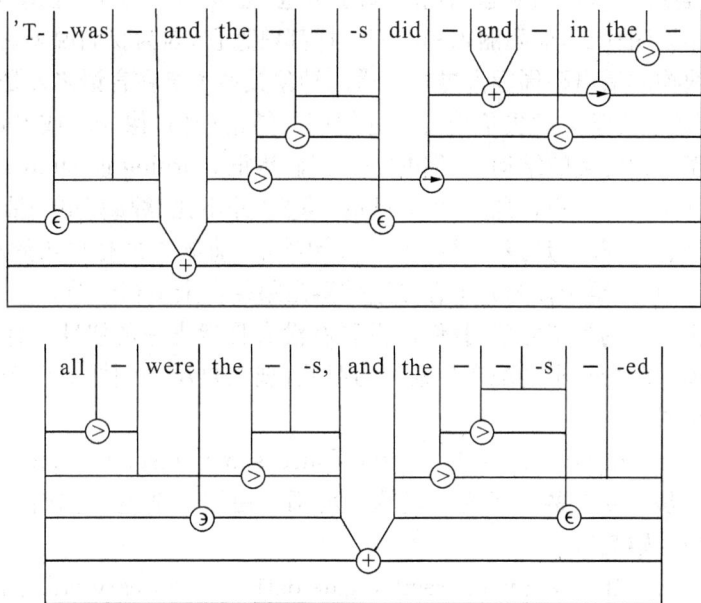

图 1

上面的图解分为两半，两半之间的句法连接关系是不清晰的：也许加起来是一个句子，也许在结构上是两个句子。

这两个句子是在同一副语法的"骨架"上配上两种不同的"肌肤"造成的。这种"骨架"一部分可以通过把两个句子所共有的语法上的重要形式按次序排列而让"肌肤词"空着的办法表示出来，一部分可以用两个句子共同的直接成分结构的空格图表示出来。图 1 把两种办法结合起来：骨架形式的格子填入了骨架形式，肌肤形式的格子空着。

语调不计。有的结构标出了类型："∈"表示话题在前的主谓结构，"∋"表示话题在后的主谓结构；"+"表示加合式并列型结构；">"表示修饰语在前的修饰型结构，"<"表示修饰语在后的修饰型结构；"→"表示引导结构。

刘易斯·卡罗尔(Lewis carroll)正是给这个语法骨架配上无意义音节的肌肤写出 Jabberwocky 的怪诗的第一个诗节①：

> 'Twas brillig, and the slithy toves
> Did gyre and gimble in the wabe;
> All mimsy were the borogoves,
> And the mome raths outgrabe.

(Humpty Dumpty〔矮胖子〕解释说，outgrabe 就是动词 outgribe 的过去时)。阿丽思听了这节诗之后说："不知怎么……，这节诗似乎给了我很多意念，只是我不确切知道究竟是些什么意念！"

在很大程度上，未被阿丽思识别出来的"意念"正是图 1 的那个抽象的关系间架。间架本身并不说明什么，但阿丽思和我们一样都熟悉它，因为我们说英语的人经常使用其中的板块构成话语跟周围世界打交道。抽象关系本身在言语之外是否存在于世界上，这个问题让哲学家们去争论。不管他们的结论如何，像 and 或 the 之类的词，或者像修饰型结构之类的结构，它们的"意义"显然跟 morning 或 sunbeam 之类的词的意义绝不同类。乍一想，可能以为 and 的"意义"并不比"麒麟"更加抽象或者更加特殊，其实不然。"麒麟"是指一种既像马又像羚羊、前额中央有独角的动物，而 and 则不指任何东西。(至于麒麟并不存在这件事是跟语言全不相干的。)

看过剥去肌肤的骨架之后，我们还得看看没有骨架支撑的肌肤是什么模样。我们已经有了前面两个句子的配在骨架上的肌肤，现在再添上同样适合于这一骨架的第三套肌肤形式：

morning merry sunbeam glitter dance snow tinselly treetop happy fairy frolic (早晨　欢快的　阳光　闪耀　舞蹈　白雪　金色　林梢　快乐的　仙女　玩耍　嬉笑)；

stormy tall pine quiver tremble gale dark street weary villager sleep(暴风雨　高大　松树　颤抖　焦虑　大风　漆黑的　街道　疲惫的　村民　入睡)；

father happy child jump shout yard ready present birthday festivity begin (父亲　快乐的　孩子　跳跃　欢叫　院子　摆好　礼品　生日　欢庆　开始)。

---

① 这是 Lewis Carroll 的童话《镜中世界》(Through the Looking-Glass)里的人物 Jabberwocky(废话专家)利用熟悉的语法骨架配上无意义的音节肌肤信口诌出来的一首怪诗的第一个诗节。——译注。

这些东西,其效果易于意会而难于言传——它像一种极端形式的英文标题,或者像某种类型的中国诗(特别像逐词对译的英译中国诗),有许多结构上的关系留给读者去想象。

我们的两类语法形式需要有合适的专门术语。"功能词"和"实义词"这样的术语不怎么好,因为这两类形式不总是完整的词。"骨架形式"和"肌肤形式"太不正规,我们采用的比较理想的一对术语是功能成分和实义成分。

§2　功能成分的定义

至少有三种类型的语法形式可以归到功能成分名下,也许还可以加上第四种类型:

第一种功能成分是全部的替代形式,包括自由的和粘附的。图1的抽象间架中,替代形式是 it('twas 中的 't),all,the,还有 was,were 中的屈折词缀。

第二种功能成分是全部的标记,包括纯标记和准标记。在我们的例句中是 was(词干:系连结构的标记),and,(did 中的)do,in。

第三种功能成分是全部的屈折词缀。在我们的例句中,屈折词缀是-s(复数),-ed(过去时),以及 was 与 were 中表示的人称-数的特殊屈折。

我们看到,有些语素属于功能成分的依据不止一个:was 和 were 中的屈折词缀又是粘附的替代形式。

第四种,抽象的支配性派生词缀也可算作功能成分。我们在§28.6 说过,派生词缀决定它所构成的派生词的词类的,叫支配性派生词缀。这种词缀如果别的作用很小或什么作用也没有,即它对基础形式不增添可辨识的意义要素,那就是抽象的支配性派生词缀。这可能难以判定。如果我们不强求达不到的精确性,那么我们可以认为(Lewis Carroll 原诗中)slithy 和 mimsy 的-y 是功能成分:这个后缀造成形容词(creamy, milky, watery, swishy, gluey),似乎没有增添多少它本身的意思。

§3　语言的语法核心

现在我们能回到 31.1 开始时提出的问题上来了。

一种语言的基本的语法要旨和不同语言的语法系统之间的主要差别,在于我们所称的语法核心。对任何语言来说,这就是指的:

(1) 它的词类系统;

(2) 它的语法范畴;

(3) 它的功能成分;

(4) 它的结构类型和结构。

一种语言的语法核心对于整个语法系统的作用,就像我们在图1中所列的抽象关系的骨架对于在它的基础上构成的各种完全句的作用。语法核心用几百个实义成分就能描写,作为例子,只要足以说明所有其他的实义成分也是这么起作用的就够了。一种语言能获取新的实义成分,也能丢弃旧的实义成分,而不改变它的基本机构;只要它的核心保持不变,这种语言就像从前一样,以相同的方式继续运转。同样,说一种语言的人在早年就掌握了这语言的语法核心,从那时起,就没有什么值得一提的格式变化,可是他却经常地增加新的实义成分,随着年岁的增长(例如成年人不用青少年的俚语),或者条件的变化(例如汽车代替了马车)而不时地停止使用一些词或短语。

在外语教学的实践中,语法核心有重要的作用。除发音和语素音位上的难点之外(这些困难主要取决于学习者的母语和所要学的语言在有关方面差异的大小),掌握一门外语的主要障碍是所要学的这种外语跟学习者的母语两者间在语法核心上的差别。在基础外语教材中,通常对词汇(实义词)加以限制,主要理由不是词汇本身难——其实,学习外语,词汇是最容易的方面——而在于不知道实义词该怎么用,学大量的实义词也是枉然。一旦掌握了语法核心之后,获取新词汇几乎不需要正式的指导,通过读或说就可以办到。

我们称之为逻辑和数学的这些准语言系统来源于语言的语法核心。正像图 1 的抽象语法间架并未断言我们周围世界的任何东西一样,纯粹数学的或逻辑的命题也不说明任何东西。它们不过是些空的容器,随便放进什么合适的内容都可以。逻辑和数学首先去掉任何一种实际语言的语法核心中的许多驳杂的东西,然后在此基础上架设起另外的抽象关系的巨大网络。逻辑和数学的主要特征在很大程度上就是许多语言或大多数语言的语法核心所共同具有的特征:从亚里斯多德到现在,逻辑学的历史只不过是不断舍弃一种具体语言的过分专门的特征而已。结果是,逻辑和数学著作比其他任何著作都能更精确地从一种语言译成另一种语言。

语 法 形 式

导言——

本文选自布龙菲尔德著《语言论》的第十章,袁家骅等译,商务印书馆,1980。

作者布龙菲尔德(Leonard Bloomfield,1887~1949),生于美国芝加哥。1909 年获芝加哥大学语言学博士学位。曾任俄亥俄州立大学、芝加哥大学、耶鲁大学的教授。是美国著名的语言学家,美国描写语言学派的创始人。布龙菲尔德的语言观在 20 世纪三四十年代影响着大多数的美国语言学家,形成了"布龙菲尔德学派";在美

普通语言学研究导引

国语言学史里,有人把 1933～1950 称作"布龙菲尔德时代"。

出版于 1933 年的《语言论》是布氏最重要的著作,也是美国结构主义语言学——描写语言学派的奠基性著作。该书提出了描写语言学派研究语言的基本原则和描写语言结构的总框架。在我们节选的章节中,作者着重谈对语法形式的分析和描写。指出:每一种语言都包含一定数量的语言形式——即音位的固定组合。语言形式既有粘附形式和自由形式之分,也有复合形式和简单形式之分。语言之所以能够表达无穷无尽的意思,正是由于这些有限的语言形式的不同组合。此外,作者还指出语言形式有四种配列方式:词序、变调、变音和形式的选择。在每一种语言里,各种语言形式的有意义的配列就构成了该语言的语法。而各语法单位加上它所具有的意义,便一起形成一个语法形式。作者认为,任何一段话语都可根据词汇形式或语法形式做出完全的描写,而一种语言的语法形式可以归纳成这样三类:句型、结构、替代。

§1

以上的论述多少说明了每一种语言都包含一定数量的信号,也就是语言形式。每一个语言形式都是一些信号单位,即音位的固定组合。在每一种语言里,音位的数目和实际出现的音位组合的数目是有严格限制的。说话的人用语言形式来说话,引起听话的人对客观环境作出反应;这个环境和对环境作出的反应就是这个形式的语言的意义。我们假定每个语言形式都有一个固定的和明确的意义,这个意义跟同一种语言中任何其他的语言形式的意义都不同。比方,好几次听到某一个语言形式,如 I'm hungry(我饿了),我们假设:(1)声音上的某些差别是无关紧要的(非语音的),(2)好些个说话人的环境包含某些共同的特征,而这些环境之间的差别是无关紧要的(非语义的),以及(3)这个语言意义同这语言中的任何其他形式的意义是不同的。我们已经看到这种假设是无法证实的,因为说话人的环境和听话人的反应可以包括几乎整个世界的任何东西,而特别是大部分决定于说话人和听话人当时神经系统的状态。此外,当我们处理语言的历史变化时,我们将会碰到我们的假设不能应用的事实。不过大致说来,说话的人们靠着语言信号以很精密的方式相互合作,单凭这个事实就可以承认我们的假设了。在描写一种语言的时候,我们的主要任务是说明在某一个时期里某一个社团如何利用语言信号进行这种合作,而不去管它偶然失败,没有发生作用或者在它历史过程中的变化。因此,语言学的描写工作在于对语言形式作出比较严格的分析,同时假定这些语言形式具有稳固的和可以确定的意义(§9.5①)。

不过,我们的基本假设从一开始就得用另一种方式来加以修正。在我们记录一种语言里的相当数量的语言形式以后,我们总会发现在我们以上的叙述中一直忽视

---

① 编者按:此指布龙菲尔德《语言论》的章节号。下同。

了的一个特征，即语言形式的部分相似。假定我们听到一个说话人说：John ran（约翰跑了），而过一会儿又听到他或另一个说话人说 John fell（约翰摔倒了）。我们立刻看出来 John ran 和 John fell 这两个形式在语音上有一部分相似，因为这二者都含有一个共同的成分 John〔dʒɔn〕，而我们的实际知识说明这二者的意义也相应地有一种相似之处：只要一个形式含有〔dʒɔn〕这个语音成分，这个意义就指的是在这个社团里的某个男人或者某个男孩。事实上，假如我们运气好的话，我们可能听到某个人说出这样的形式：John! 这个形式是单独出现的，并不伴随任何其他的成分。

在观察了这样一些情况以后，我们不得不把我们语言学的基本假设改成这样：在一个语言社团里，某些话语在语音和意义上是相似的或者部分地相似。

部分相似的话语的共同部分（如我们所举的例子中的 John），是一个带有稳定意义的语音形式；所以它符合语言形式的定义。在这个部分相似的话语中那些不同的部分（在我们所举的例子有一个话语里是 ran、另一个是 fell）也可以同样说成是语言形式。在听到 John ran 这个形式以后，我们也可能又听到 Bill ran（比尔跑了）这个形式，甚至（比方说在回答一个问题的时候）还可能是一个单独的形式 ran。同样的情况也会发生在 John fell 中 fell 这个成分上：我们可能听到 Dan fell（丹尼摔倒了）这样的形式或者甚至一个单独的形式 fell。

在另一些情况下，我们可能看不到单独的形式。知道了 John，Bill 和 Dan 这些形式以后，我们可能又听到 Johnny，Billy 和 Danny 这些形式，而希望听到一个带有某种类似'小'的意义的单独形式-y〔-i〕，可是这回我们就得失望了。同样，我们熟悉了 play（游玩）和 dance（跳舞）这些形式，又可能听到 playing（'游玩'的现在分词）和 dancing（'跳舞'的现在分词）这些形式，于是又徒然地希望听到一个孤立的-ing〔-iŋ〕，也许以为能进一步告诉我们这个音节的多少有点空泛的意义。尽管某些成分并不单独出现，而只作为较大形式的一部分，可是我们还是管这些成分叫作语言形式，因为它们是带有稳固意义的语音形式，如〔i〕或者〔iŋ〕。不能单说的语言形式叫作粘附形式（bound form）；其他所有的形式（例如 John ran 或 John 或 ran 或者 running）都是自由形式（free forms）。

在另一种情况下，我们甚至白费力气想找到某个形式作为其他某个形式的一部分出现的情况。例如，听到了 cranberry（蔓越橘）这个形式以后，我们很快会发现在其他形式里有 berry 这个成分，比方 blackberry（黑莓），甚至能听到把它单说，但是对于 cranberry 的另一个成分，我们却没有这样的机会。我们不仅听不到单说的 *cran，而且即使我们留神倾听，我们也总不会在 cranberry 这一个组合以外听到这个成分，我们不能从人们说的话里找出任何含有 cran-这个成分的别的形式。实际上，在实地调查研究语言时，我们立刻发现想抽引出这样的形式是不明智的；我们的问题会把说话人弄糊涂了，他们可能用一种虚假的承认来应付我们，比方说："噢，是的！我猜想 cran 大概是红色的意思"。如果我们要避免这个诱惑，我们就得做出如下的结论：cran-这成分只出现在 cranberry 的组合中。不过，由于它有一个固定的语音形式，而且它的意义也是固定的，cranberry 既然是某种特定的 berry，跟所有其他浆果不同，我们也就认为 cran-是一个语言形式了。经验指示我们可以把这种例子概括为独一无二的成分（unique elements），只出现在某一个组合中，也是一种语言形式。

有的时候，我们也许无法决定在语音上相同的形式在意义上是不是也一致。strawberry（草莓）中的 straw-同单说的 straw'草秆'和 strawflower（黄铃兰?）中的straw-在语音上是一样的，可是在意义上是不是"相同"，我们就没法说了。如果我们问问说话的人，他们的回答有的时候是这么说，有的时候又那么说；他们并不比我们更能够说明白。这个困难是语义学里面普遍存在的困难：现实的世界并不是一个划分得清清楚楚的世界。

§2

我们从此看出有些语言形式跟别的形式在语音-语义上有部分是相似的；例如 John ran, John fell, Bill ran, Bill fell; Johnny, Billy; playing, dancing; blackberry, cranberry; strawberry, strawflower。凡是跟别的语言形式在语音-语义上有部分相似的语言形式是复合形式（complex form）。

任何（两个或者两个以上）复合形式的共同部分都是语言形式；它是这些复合形式的成分（constituent），（或成员'component'）。这个成分是包含在（包括在或是进入）复合形式里的。如果一个复合形式除了共同部分以外还包括一个剩余部分，比方 cranberry 中的 cran-，它在任何其他复合形式中都不出现，那么这个剩余部分也是语言形式；这是这个复合形式中独一无二的成分（unique constituent）。在我们以上所举的例子里属于复合形式的成分有：John, ran, Bill, fell, play, dance, black, berry, straw, flower, cran-（cranberry 中独一无二的成分），-y（在 Johnny, Billy 中算是粘着形式的成分），-ing（在 playing, dancing 中算是粘着形式的成分）。在任何一个复合的形式里，每一个成分都附带有别的成分。

跟别的任何一个形式在语音-语义上没有任何部分相似的语言形式是一个简单形式（simple form）或者叫做语素（morpheme）。比方 bird, play, dance, cran-, -y, -ing 都是语素。语素之间也可能有部分语音的相似，比方 bird'鸟'和 burr'滚音'就是这样，不过这种相似是纯粹语音上的，在意义上并不互相对应。

从这一切看来，每一个复合形式单就它语音上可确定的成分而言，完全是由语素组成的。这些最终成分（ultimate constituents）的数目可能很大。Poor John ran away（可怜的约翰跑掉了），这个形式含有五个语素：poor, John, ran, a-（比方aground（搁浅），ashore（靠岸），aloft（高举），around（围绕）中重复出现的粘着形式）和 way。不过，复合形式的结构决不都是这样简单；如果我们把所有的复合形式都只划分成它们的最终成分，我们是无法了解一种语言的各种形式的。任何一个说英语的人，如果他有意来分析语言形式，他会肯定地告诉我们：Poor John ran away 的直接成分 immediate constituents 是 poor John 和 ran away 这两个形式；而这两个形式又各自是一个复合形式；ran away 的直接成分是语素 ran 和复合形式 away，后者的成分是语素 a-和 way；poor John 的直接成分是语素 poor 和 John。只有用这种方法分析，才能得出最终的语素成分的正确分析（就是把意义也考虑在内）。关于这一点的理由，我们在下面还会谈到。

§3

　　语素是可以用语音来描写的，因为它总是包含一个或者一个以上的音位，可是它的意义却不能在语言学的范围以内加以分析。例如我们知道 pin 这个词的语素跟别的一些词的语素在语音上有相似之处，比方 pig（猪），pen（笔），tin（锡），ten（十），而根据这些语音上的相似，我们可以用三个音位来分析和描写 pin 这个语素（§5.4），但是，这些语音上的相似并不和意义上的相似有联系，所以我们没法确定这些音位的任何意义，而且在语言学的范围以内也没法分析这个语素的意义。语素的意义叫做义素（sememe）。语言学家假设每一个义素是一个稳定的和明确的意义单位，每一义素同该语言中所有其他的意义（包括所有其他的义素在内）都不同，语言学家的假设也就到此为止。在 wolf（狼），fox（狐狸）和 dog（狗）这样一些语素的结构里，并没有什么东西告诉我们它们的意义之间有什么关系；这是属于动物学家的问题。我们是欢迎动物学家对这些意义所下的定义，作为我们的实际的帮助，可是从语言学的立场来说，这个定义既不能肯定什么也不能否定什么。

　　一个使用有效的信号系统，比方语言，只能包括数目很少的信号单位，可是这些信号所标示的事物——对我们来说是现实世界的全部内容——可能是无穷无尽的。因此，信号（即语言形式，以语素作为最小的信号）包括信号单位（音位）的不同组合，而每一个这样的组合都是任意地用来标示现实世界的某个特征（义素）。信号是可以分析的，可是它所标示的事物却是没法分析的。

　　这种情况更加肯定了这样一个原则：语言研究必需从语音形式开始而不是从意义开始。语音形式——比方我们说，一个语言里的全部语素——可以根据音位以及音位的排列加以描写，而在这个基础上，可以用某种简便的方式分类或列表，例如按字母顺序的方法，意义——就我们的例子说，就是一个语言的义素——只有无所不知的通才才能分析或者加以系统地排列。

§4

　　由于每一个复合形式整个儿是由语素组成的，一份完整的语素表就得考虑一种语言的全部语音形式。一种语言里的全部语素就是它的词汇（lexicon）。不过，即使我们能够知道一种语言的整个词汇，而且也相当准确地了解每一个义素，我们可能仍然不了解这个语言的各种形式。每一段话语都包含了词汇所概括不了的某些重要的特征。比方，我们看到 John, poor, ran, way, a-这五个语素组成了 Poor John ran away 这样一个形式，可是这五个语素并不能完全说明这段话语的意义。这段话语的一部分意义决定于这五个词素在这个复合形式中的配列——比方，决定于先后次序。每一种语言都用形式的配列（arrangement）来表示一部分意义。比如在英语里，John hit Bill（约翰打中了比尔）和 Bill hit John（比尔打中了约翰）在意义上的不同全靠说出这些语素时的两种不同的先后次序。

在每一种语言里，各种形式的有意义的配列构成了这种语言的语法。一般说来，语言形式似乎有四种配列的方式：

（1）词序（order）：指的是复合形式的成分说出来的先后次序。词序的重要性在 John hit Bill 和 Bill hit John 的对比中表现得最突出。另一种情况，*Bill John hit 就不是英语的形式，因为英语不把这些成分按照这样的次序安排的；同样，play-ing 是一个形式，可是*ing-play 就不是了。有的时候词序的不同具有附带意义的义值，比方 Away ran John 比 John ran away 更生动一些。

（2）变调（抑扬顿挫和轻重缓急）（modulation）：这是次音位的运用。我们回想一下（§3.11），次音位是不出现在任何语素中的音位，而只出现在语素的语法配列中。像 John[dʒɔn]或者 run[rʌn]这样的语素实际上是抽象的，因为在任何实际的话语里，语素总附带有某种含有语法意义的次音位。英语里一个语素要是单独说出来，就附带有一种音高的次音位（§7.6）；要不是 John! 就是 John? 或者 John[.]——最后这个语素带有下降的收尾音高，例如用于回答问题时——没有一个中立的或是抽象的形式，其中的语素是不带有收尾的音高的。在英语的复合形式里，某些成分总带有重音的次音位（§7.3）；比方，由于重音的位置不同就能区别名词 convict（罪人）和动词 convict（证明有罪）。①

（3）音变（即语音的变换，Phonetic modification）：这指的是形式中主音位的变化。例如，把 do[duw]和 not[nɔt]这两个形式组成一个复合的形式，do 的[uw]一般用[ow]来代替，而每当这种情况发生时，那么 not 就失去它的元音，这个组合形式就成了 don't[downt]。在这个例子里，语音的变换是自由选择的，同时我们还有不变换的形式 do not，具有不同的附带意义。在另外的一些情况下，我们就不能任意选择。比方，在 count-ess（伯爵夫人）里有'阴性'意义的后缀-ess，这个后缀也可以加在 duke[d(j)uwk]（公爵）上，但是在这个组合里，duke 的形式就得变换成 duch-[dʌtʃ-]，因为这个词是 duchess['dʌtʃis]（公爵夫人）。

严格地说，在这种情形下的语素有两种（有的时候或者更多）不同的语音形式，比

---

① 名词['kɔnvikt]，动词[kən'vikt]。——译注

方 not[nɔt]和[nt],do[duw]和[dow],duke 和 duch-,其中每一个交替形式(alter-nant)在一定的条件下出现。不过在我们的例子里,两个交替形式中有一个用得比另一个多,因而是基本的交替形式。在另外一些情况下,各个交替形式用得比较平均。比方 run 和 ran,任何一个交替形式的出现都不受任何伴随形式的约束,因此我们在挑选基本的交替形式时就会犹豫不决了。不过,在 keep:kep-t(保持)这样的例子里,我们发现过去时的形式里有一个交替形式(kep-),它总跟(-t)这个形式一同出现;因此,为了使叙述尽可能一致起见,我们把不定式(keep, run)当作基本的,而把在过去时中出现的交替形式(kep-,ran)当作语音上变换的形式。我们将看到旁的更难挑选的情况;当然,在选择基本的交替形式时,我们尽量设法能最终得到最简单的事实描写。

(4) 形式的选择(selection of forms):这也提供了意义的因素,因为在其他语法配列上都相同而在选择上不同的形式也会产生不同的意义。比方,某些带有感叹收尾音高的语素是呼唤人来或者要叫人注意(John! Boy!(服务员!)),而同样词尾音高的另一些词素却是命令(Run!(跑!)Jump!(跳!)),这种差别也引伸到一些复合形式(比方 Mr. Smith! Teacher!(史密斯先生! 老师!)同 Run away!(跑开!),Backwater!(回水!))之间的差别)。当在说一些形式的时候具有感叹的词尾音高,那么这个形式就有呼唤的意义,我们根据这个事实,就可以说这些形式构成英语的一个形类(form-class),我们可以管它叫"指人名称表达词语"形类。同样,具有感叹的词尾音高的形式,带有命令的意义的,根据这个事实,就构成英语"不定式词语"的形类。某个感叹词究竟是呼唤还是命令,就看你在这两类中选择这一类或那一类形式了。

复合形式的意义部分地决定于选择哪些形式作为它的成分。比方,drink milk(喝牛奶)和 watch John(看守住约翰)叙述的是动作,正如我们刚才所谈到的这些形式是"不定式动词词语",可是 fresh milk(新鲜牛奶)和 poor John(可怜的约翰)叙述的是事物,这些形式是"名词性词语"。第二个成分 milk 和 John 都是一样的,差别在于对第一个成分的选择。根据这个差别,drink 和 watch 这两个形式属于英语的一个形类(即"及物动词"的形类),而 fresh 和 poor 这两个形式属于另一个形类(即"形容词"形类)。

由于把形类再细加分类,选择的特征一般是很复杂的。在英语里,如果我们把 John 或者 the boys'孩子们'这样的形式("主格名词性词语"形类)同 ran 或者 went home'回家了'这样的形式("定式动词词语"形类)组合在一起,这样得出的复合形式就意味着这个人物'执行'这个动作(John ran, The boys ran, John went home, The boys went home)。不过,这些选择的特征还得加上一种习惯的用法:我们说 John runs fast(约翰跑得快),可是却说 The boys run fast(孩子们跑得快),我们决不会调换过来,把 John 同 run fast 组合在一起,或者把 the boys 和 runs fast 组合在一起。主格词语的形类被分成两个小类("单数"和"复数")而定式动词词语的形类也同样被分成两个小类("单数"和"复数"),这样一来,在表示某个事物执行某个动作的复合形式里,其中两个成分在"单数"和"复数"这两个小类上是一致的。在拉丁语里,pater filium amat(或者 filium pater amat)的意思是'父亲爱儿子',而 patrem filius amat(或者 filius patrem amat)意思是'儿子爱父亲';pater'父亲'和 filius'儿子'同属于一个形类("主格"),这类形式同 amat'他爱'这个动词组合在一起指的是动作的执行者;patrem'父亲'和 filium'儿子'这两个形式同属于另一个形类("宾格"),这类形式同 amat 这个动词组合在一起表示动作的'承担者'('受事'或'目的')。

选择特征往往是十分任意和奇怪的。我们在 princess(公主),authoress(女作家),sculptress(女雕刻师)这些词里,我们把 prince, author, sculptor 同后缀-ess 组合在一起(在 sculptress 里有[ə]变[r]的语音变换),可是不把 king(国王),singer(歌唱家),painter(画家)跟-ess 组合在一起。根据这个习惯,前一组词所属的形类把后一组词排除在外了。

§5

语法配列的诸特征出现在各种组合中,不过通常都可以单独地提出分别加以描写。语法配列的简单特征就是语法特征或者叫做语法单位(grammatical feature 或 taxeme)。语法单位在语法中正如音位在词汇中一样——都是形式的最小单位。一个语法单位同一个音位一样,如果把它单独地抽出来,是不具意义的。正如一组音位或者较少出现的单个音位,作为实际词汇的信号(语音形式)那样,一组语法单位或者单独的语法单位,这是较为常见的,也是作为常用的语法配列出现,即所谓结构形式(tactic forms)。一个语音形式加上它的意义就构成语言形式;结构形式加上它的意义就构成语法形式(grammatical form)。如果在某个场合,我们把语言形式的纯粹词汇特点跟它所属的语法配列的习惯形成对比,我们就把词汇的特点叫词汇形式(lexical form)。在词汇形式里,我们把最小的有意义的单位规定为语素,而把语素的意义规定为义;按同样的方式,我们管语法形式的最小的意义单位叫作语法元素(tagmemes),语法元素的意义叫作语法元素意义(episememes)。

比方 Run! 这段话语包含两个语法特征(语法单位),就是感叹收尾音高的音调和运用不定式动词的选择特征,(例如与运用名词的方式 John! 相对比)。英语里,这二者中的每一个语法单位恰就是一个结构形式,因为每一个单位都经常被用来作为信号的单位。把每一个单位加上它的意义,我们就把它叫做语法形式的单位(语法元素)。感叹收尾音高这个语法元素同任何词汇形式凑在一起,使它有了语法意义(一个语法元素意义),这样我们也许可以把这个语法元素大致描写为'强烈的刺激'。用语法元素的选择把不定形式归成一个形类,于是语法元素就具有某种语法意义(语法元素意义),我们把这个意义叫做类义(class-meaning),而且大致可以规定为'动作'。

一个语法元素可以包括一个以上的语法单位。例如，在 John ran；poor John ran away；The boys are here（孩子们在这儿）；I know（我知道）这样一些形式里，我们找出许多语法单位。每一个形式都有一个成分属于主格词语的形类（John, poor John, boys, I）。另一个成分属于定式动词词语的形类（ran, ran away are here, know）。再进一步做出选择的语法单位，把某些定式动词词语同某些主格词语联合在一起；比方在 I am, John is, you are 这三个例子，它们彼此之间的成分是不能互相调换的。再就是一种属于次序的语法单位，把主格词语放在定式动词之前：我们不说 * ran John。另外一些属于次序的语法单位的是把基本的次序作部分的颠倒，这些语法单位出现在以下的例子里：did John run？（约翰跑了吗？）away ran John（跑掉了约翰）；will John？（约翰要吗？）。变调的语法单位只出现在一些特殊的情况中，比方主格词语不带重音时，如 I know [aj'now]（我知道）。语音变换的语法单位也出现在其他一些特殊的情况中，比方 John's here（约翰在这儿），这儿用 [z] 代替 is，又如 I'd go（我要走了）用 [d] 代替 would（要）。这么看来，任何一个语法单位如果单独取出，就没有任何意义，可是如果把这些语法单位放在一起，却组成了一个语法形式，也就是一个语法元素，它的意义是：某一个成分（主格词语），执行另一个成分（定式动词词语）的事。

如果我们用感叹音高说 John ran！，这就是由三个语法元素组成的一个复杂的语法形式。其一是'强刺激'，其二是'（人物）在做（动作）'，其三是具有'完全的和新的'话语的语法元素意义，而在形式上使用一个'施事-动作'短语作为一个句子的选择特征。

§6

任何一段话语都可以根据词汇形式或者语法形式作出完全的描写；不过我们得记住，意义单凭语言科学是无法加以明确的界说的。

任何一个语素都可以全部描写为某个配列中一个或者一个以上的音位组合（不管它的意义）。比方，duke 这个语素包括简单的和复合的音位并且按照 [d]，[juw]，[k] 这个次序安排的；而 -ess 这个语素按 [i]，[s] 这两个音位顺序排列的。任何一个复合形式（抽掉它的意义）都可以全部描写为一组直接成分的形式和语法特征（语法单位），而直接成分是由语法特征来加以配列。例如，duchess ['dʌtʃis] 这个复合形式是由直接成分 duke [djuwk] 和 -ess [is] 组成的，它按以下的方式进行配列：

选择（selection）：duke 这个成分属于英语形式中特殊的一个形类，它跟 -ess 这个形式组合在一起。这个形类包括了诸如 count, prince（王子），lion（狮子），tiger（老虎），author（作者），waiter（侍者）这样一些形式，可是不包括 man, boy, dog, singer 等形式；这个形类是较大的阳性人称名词的形类的次类。-ess 这个形式本身构成一个小的形类，因为它（而且只有它）只跟刚才提出的那个形类中的一些形式组合在一起。所有这些实例综合起来，可以看成是一个单独的选择的语法单位。

次序(order)：-ess 这个形式跟在和它一同出现的形式的后头。

变调(modulation)：-ess 这个形式说的时候不加重音；同它一起出现的形式却有一个高重音。

语音变换(phonetic modification)：duke 的[iuw]变换为[ʌ]，[k]变换为[tʃ]。

以 duke 和-ess 这两个形式为例，这四种语法特征的说明就全部描写了 duchess 这个复合形式了。

任何实际的话语都可以根据词汇形式和附带的语法特征作出完整的描写。比方，Duchess! 这段话语包括词汇形式 duchess 和感叹收尾音高以及名词性词语的选择这两个语法单位。

如果某种科学能给我们这儿所谈到的各种单位的意义提供界说，给我们确定两个语素(duke 和-ess)的意义(亦即义素)以及三个语法单位(duke 和-ess 的配列，感叹收尾音高的运用，名词性词语的选择)的意义(即语法元素意义)，那么对 Duchess! 这段话语的意义就可以作出完满的分析和定义了。

§7

任何一种语言的意义只能附着在某些形式特征上：即说话的人只能用信号来标示。这样一条必要的原则——严格地说，我们应当把它叫做假设——对语法形式也不例外。可是这条原则，由于语法的形式特征不是我们能够说得出来或者加以标写的音位和音位的组合，而仅仅是语音形式的配列，使许多研究语言的人在这个问题上被引入歧途了。这件事，主要得怪我们的传统教育。如果不是由于这样的传统，对于有些事实也许就不会感到有什么困难了；例如，英语 John hit Bill 和 Bill hit John 标示两种不同的情境；把 convict(罪人)重音放在第一个音节上和放在第二个音节上的 convict(判罪)在意义上不同；John! 和 John? 和 John 之间，在意义上也不同。

抽象地提出 John 或者 run 这样的形式，如果没有任何词尾音高的区别，那么确切地说，这个形式并不是真正的语言形式，而只不过是词汇形式；真正说出来的语言形式总含有一个语法形式。不管我们所采用的形式是如何简单以及我们如何说它，我们总是作出了某种选择，根据这个选择，这段话语就不仅具有词汇内容并且还表达一种语法意义；我们还运用了某种音调格式，这种格式至少在英语里给这段话语加上"陈述句"，"是非问句"，"补充问句"或者"感叹句"的语法意义。

一种语言的语法形式可以归纳成以下三个大类：

(1) 如果单说某个形式(也就是说，不是作为更大的形式中的一个组成成分)，它总表现为某种句型，比方，在英语里，运用次音位[i]就成为感叹的句型，而运用名词性词语，就得出招呼(John!)的句型。

（2）凡是两个（或者两个以上，不过这种情况很少有）形式组合在一起作为一个复合形式的成分，联结这些形式的语法特征就构成了一个结构（construction）。比方，把 duke 和-ess 合成 duchess 这个形式的语法特征构成了一个结构，或者把 poor John 和 ran away 连合成 poor John ran away 这个形式的语法特征也构成了一个结构。

（3）如果一个形式经常用来代替属于整个其他一类的任何形式，在这种情况下就很有必要建立第三个语法形式的大类。比方，在英语里 he 这个形式经常用来替代另一个整类的形式，例如 John, poor John, a policeman（警察），the man I saw yesterday（我昨天看见的那个人），whoever did this（任何一个做这件事的人）等等（根据这种使用的习惯，这些形式组成了"单数阳性名词词语"的形类），这种经常使用的替代的选择特征毫无疑问应当看作第三类语法形式。对于这一类语法形式，我们可以给它一个名称叫做替代（substitutions）。

七类不同的意义

〔英〕杰弗里·利奇

导言——

本文选自利奇的《语义学》第二章，李瑞华等译①，上海外语教育出版社，1987。

杰弗里·利奇（Geoffrey Leech，1936～ ），生于英国的格罗斯特。1969 年获英国伦敦大学学院的博士学位。毕业后留校任教，后任英国兰开斯特大学教授。是英国著名的语言学家，他的专著《语义学》（Semantics）在国外影响很大。

文章总结出七种主要的意义类型：理性意义、内涵意义、社会意义、情感意义、反映意义、搭配意义、主题意义。理性意义又叫外延意义或认知意义，比较稳定，比较明确；内涵意义是词语所指事物的附加的、非标准的特征，与经验有关；社会意义是词语显示出使用词语的社会环境意义，如方言、时间、使用域、等级、语气、特性等；情感意义是词语反映出的说话人的感情态度；反映意义是多义词的一个义项引起的人们对另一义项的联想；搭配意义是指对跟这个词语经常搭配的其他所有词语的联想。内涵意义、社会意义、情感意义、反映意义、搭配意义可以合称为联想意义，他们都表现出不稳定性和不明确性。主题意义指词语在传递信息时的不同作用，如是否充当话

---

① 利奇的《语义学》1974 年在英国初版，1981 年他作了重大的修改和补充后再版。中文译本系根据修订后的第二版译出。

普通语言学研究导引

语主题。文章突破了把意义只局限于理性意义的常规做法，从较开阔的视野来认识意义，对我们全面而立体地来认识意义很有帮助。需要注意的是，目前学术界用来指称这些意义类型的术语并不统一，五花八门。

有些人希望语义学从广义上，即从"通过语言进行的一切交际"这个意义上去对意义进行研究。另外一些人（包括大多数从事普通语言学研究的现代著作家）实际上则把语义学限制为对逻辑意义或理性意义的研究，这一点在第一章里已作了论述。前者，即广义的语义学可能会再一次把我们引入使 Bloomfield 望而生忧，最终只能退离的那个空泛的境地，因为这种广义语义学旨在描述人类的一切认识或信仰。另一方面，我们可以通过精心区分不同类型的意义，来说明这些不同类型的意义如何适从于语言交际的总体效果，同时说明适用于一类意义的研究方法不一定适用于另一类意义。

据此，我将把最广义的"意义"划分为七种不同的类型，并将重点放在逻辑意义或（我喜欢把它称为）**理性意义**上，这类意义我在前面结合"语义能力"已谈到过。我还将谈到的其他六类意义是内涵意义、社会意义、情感意义、反映意义、搭配意义和主题意义。

理 性 意 义

人们普遍认为**理性意义**（有时叫做"外延"意义或"认知"意义）是语言交际的核心因素。我认为可以证明在某种意义上理性意义对语言的基本功能来说是不可缺少的，而其他类型的意义却并非如此（这并不是说理性意义总是语言交际行为中最重要的因素）。我优先考虑理性意义的主要理由是它有一种复杂的结构，这种结构可以同语言的句法层次和音位层次上类似的结构相比，并且与之交叉相关。我特别要指出，在所有的语言模式结构中似乎都存在两条结构原则：**对比**原则和**结构**原则。对比特征是音位学中对语音进行分类的基础；例如，我们应用于语音的任何标记都是根据语音所具有的特征来确定的，它所具有的特征用正号表示，它不具有的特征则用负号表示。比如可以说音标/b/代表了这样一组对比特征：＋双唇、＋浊音、＋爆破音、－鼻音；其出发点是：一种语言中的不同音或音位可以通过两项对比或大体上通过两项对比来识别。同样，语言的理性意义也能够根据对比特征进行研究。例如：*woman*（女人）这个词的意义可以说包含了＋HUMAN（人）、－MALE（非男性）、＋ADULT（成人）这几个特征，因此它就有别于 boy（男孩）这样一个词，boy 可以被"解释"为＋HUMAN（人）、＋MALE（男性）、－ADULT（未成年）（见第 127 页）。

第二是结构原则。按照这条原则，较大的语言单位由较小的语言单位组成，或者说（从相反的角度来看这个问题），根据这个原则，我们可以把一个句子在句法上分析成它的各个组成部分；这种分析从句子的直接成分开始，按层次逐步进行，直到它的最终成分，即最小的句法成分。语言结构的这个侧面常用树形图形象地加以表示：

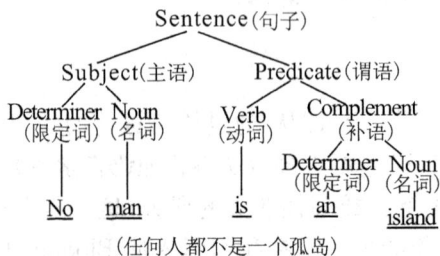

```
                    Sentence(句子)
              ┌───────────┴───────────┐
        Subject(主语)              Predicate(谓语)
      ┌──────┴──────┐          ┌──────┴──────┐
Determiner    Noun        Verb        Complement
(限定词)      (名词)      (动词)         (补语)
                                    ┌──────┴──────┐
                              Determiner       Noun
                               (限定词)        (名词)
    No          man          is        an         island
```

（任何人都不是一个孤岛）

或者可以用括号来表示：

$$\{(No)(man)\}\{[(is)][(an)(island)]\}$$

以这种方式来分析语言的句法结构，人们早已习以为常；但是现在很多人也已接受了以下这种观点：自然语言的语义层有其本身与句法结构相对应的成分，或者说（用一个在许多方面更加接近的类比）有与数学家及哲学家所建立的符号逻辑体系相对应的成分（参看第八、九两章）。

对比和成分结构这两条原则分别说明了语言是如何在被语言学家称作语言结构的**聚合**（即选择性的）轴和**组合**（即组合性的）轴上组织起来的。在本书的后面部分（第 6～17 章）我的主要目的将是尽力探索如何把这些原则应用于语义分析，从而说明为语言的其他层次所设计的研究方法如何能促进概念语义学向更精确、更深入的方向发展。

在这一讨论中，我把被普遍接受的语言结构的第三条原则看作是不言而喻的。这条原则是，任何一个语言片断都是同时在一个以上的"层次"上组织起来的。如果要对我们赖以生成和理解话语的语言能力进行充分描写，那么至少需要下列三个按图表顺序的层次：

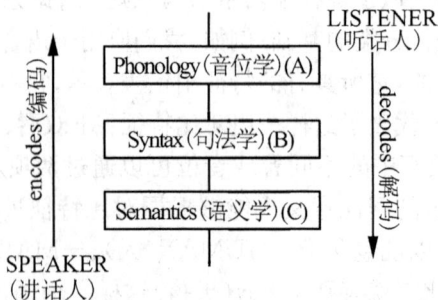

```
                                    LISTENER
                                    (听话人)
              ┌──────────────────────────┐
    encodes   │  Phonology(音位学)(A)     │   decodes
    (编码)    │                           │   (解码)
              │  Syntax(句法学)(B)        │
              │                           │
              │  Semantics(语义学)(C)     │
              └──────────────────────────┘
    SPEAKER
    (讲话人)
```

这个图表告诉我们，对任何句子进行分析，都需要进行"音位表达"、"句法表达"和"语义表达"，以及确定从一个层次的表达派生出另一个层次的表达所需要的步骤。概念语义学的目标就是为一个句子的任何特定解释提供一套抽象的符号，即这个句子的

"语义表达"。这套抽象符号要能确切地表明,如果我们要把该句的意义与语言中可能存在的其他一切句子意义区分开来,并使该句的意义与一定的句法和音位表达方式对应,那么我们需要知道些什么。假若我们在**解码**,即我们在听并且在理解一个句子,这种与层次相符的能力就沿着上面图表所表示的(A→B→C)方向发挥作用;如果我们在**编码**,即在编排并且讲出一个句子,这种能力就沿着相反的方向(C→B→A)发挥作用。由此可见,理性意义是语言不可缺少的基本组成部分;如果不提理性意义,就几乎无法说明什么是语言。一种不依靠理性意义而依靠其他手段进行交际的"语言"(例如只靠像 Oh!(哦!)Ah!(啊!)Oho!(哦嗬!)Alas!(哎呀!)Tally ho!(嗬!)之类的感叹词进行交际的"语言")就根本不是我们所谈的语言。

内 涵 意 义

当我们将理性意义与**内涵意义**加以对比时,就会发现理性意义更多的区别性特征。内涵意义是指一个词语除了它的纯理性内容之外,凭借它所指的内容而具有的一种交际价值。在很大程度上,"所指"这个概念与理性意义相重叠。如果 *woman* 这个词从概念上按照三个特征(＋HUMAN、－MALE、＋ADULT)确定其含义,那么"human","adult"和"female"这三个特征就一定会提供一个正确使用这个词的标准。这些对比特征一经转为"真实世界"中使用的词语就成为所指事物(这个词所指的事物)的特征。但是我们知道,*woman* 这个词所指的事物还应包含很多附加的、非标准的特性。它们不仅包括躯体特征("双足"、"有子宫"),而且包括心理和社会特征("爱聚群"、"有母性本能"),还可以进而包括仅仅是典型的而不是女性所必具的特征("善于词令"、"善于烹调"、"穿裙子或连衣裙")。再进一步,由于某一个人或一部分人或整个社会的看法,内涵意义可包含所指事物的"公认特性"。过去居于支配地位的男子喜欢把"脆弱"、"易流眼泪"、"懦怯"、"好动感情"、"缺乏理性"、"反复无常"这些形容词强加于女子头上,当然,也把她们描述为具有像"文雅"、"富有同情心"、"敏感"和"勤勉"这些比较符合其性格的品质。显然,内涵是随着时代和社会的变化而变化的。一百年以前,"无权当家"这个概念,无疑是英语和欧洲各种语言中女子这个词完全确定的内涵,今天在许多非西方社会中,女子这个词仍具有许多在我们看来是陌生的含义。同样,十分明显,在某种程度上内涵在同一言语社团中是因人而异的。对一个讲英语的厌恶女子的人来说,woman 一词会引起许多不好的联想,但这种联想不会出现在具有较多男女平等思想的人的头脑中。

很清楚,在讨论内涵的时候,我实际上谈的是人们在使用或听到一个词语时,这个词语使人所联想到的"真实世界"中的经验。因此理性意义和内涵意义的界限是与第一章中讨论过的"语言"和"真实世界"之间的那种模糊不清但又十分重要的界限相一致的。这就是为什么人们感觉到内涵对语言来说是附带的,而不是语言的基本组成部分的原因。我们可以注意到,内涵意义并非为语言所特有,而是为视觉艺术和音乐之类的其他交际体系所共有的,这也证实了内涵意义不是语言的基本组成部分,而仅是附带的。不管婴儿这个词有什么样的内涵,都可以凭着一张婴儿的图画或模仿婴儿的哭声更有效地想象出来(因为使用了直接的表达手段)。语言内涵和形象内涵之间的重叠在广告中特别值得注意,在竭力宣传赞美某一产品的广告上,文字的作用往往不及画面的作用大。

与理性意义相比,内涵意义比较不稳定,这也表明了内涵意义的附属性。正像我们已经看到的,内涵意义经常随着文化、历史时期和个人经历的变化而发生很大的变化。虽然说所有讲一种特定语言的人都使用"同一种语言"讲话,这种说法未免太简单化了,但可以认为,正像讲那种语言的人都使用大体上相同的句法一样,他们大体上也都具有同样的概念体系。这是一条重要的原则,否则就不可能用那种语言进行交际。实际上,现在有一些语义学家认为,所有的语言都具有同样的基本概念体系,这个基本概念体系是人类思维的一种普遍特征。

再次,在某种意义上说内涵意义是不明确的、无限的,而理性意义却不是如此。正如我们对宇宙的认识和看法具有无限性一样,内涵意义也同样具有无限性:主观上或客观上认识到的所指事物的任何特点,都对表示该所指事物的那个词的内涵意义有一定作用。对比之下,人们一般认为以下两点认识构成语义理论的基础:(一)一个词或一个句子的理性意义可以通过一套有限的符号来表示(例如采用一套有限的、互不重复的意义特性);(二)通过有限的规律可以表达一个句子的语义。对理性内容的有限性和限定性作这种假设是以语言学家分析语言结构的其他方面时一般所作出的设想为根据的。这样的设想在某种程度上过于简单,但是如果没有这种设想,人们就难以把语言说成是一个有限的连贯的体系。

社会意义和情感意义

现在我们来讨论与产生话语的环境有关的交际的两个方面。**社会意义**是一段语言所表示的关于使用该段语言的社会环境的意义。某一语言的文体有不同的侧面和层次,我们部分地通过对这些不同的侧面和层次的辨认,来对一个语段的社会意义进行"解码"。我们说一些词或发音具有方言性质,就是说这些词或发音在告诉我们说话人所生活的地理环境和社会环境;语言的其他特征向我们表明讲话人和听话人之间的社会关系。我们可以在用法方面分成一系列不同的"等级",例如,最高的等级是正式英语和文学英语,较低的等级是口语和熟稔用法,最后是俚语。

Crystal 和 Davy 在《英语文体探讨》一书中区分了社会——文体变异的若干方面(我对各个方面的用法范畴补充了一些例子):

根据以下诸方面产生变异

方言(某一地理区域或社会阶级的语言)

时间(如:十八世纪的语言)

使用域（如：法律语言、科学语言、广告语言）

等级（如：礼貌语言、口语、俚语）

语气（如：便函语言、讲演语言、笑话语言）

特性（如：狄更斯风格、海明威风格）

上表虽然不是详尽无遗，但表明了在一种语言中可能区分的语体的范围。我们很难找到理性意义和语体意义完全等同的两个词，这一点恐怕并不奇怪。因此，人们往往认为"真正的同义词是不存在的"。如果我们把两个同义词之间的关系理解为两者的交际效果完全相同，那真是很难找到反驳这个意见的例证。但是如果把"同义关系"这个术语限制在理性意义等同这个范围之内，那就会方便得多，这样我们就可以比较概念同义词之间不同的语体含义：

马 {
steed（诗歌用语）
horse（一般用语）
nag（俚语）
gee-gee（儿语）
}

住宅 {
domicile（很正式的公文用语）
residence（正式用语）
abode（诗歌用语）
home（一般用语）
}

掷抛 {
cast（文学用语，圣经用语）
throw（一般用语）
chuck（较随便的用语，俚语）
}

小 {
diminutive（很正式的用语）
tiny（口语）
wee（口语的，方言用语）
}

"等级"这一语体侧面在区别同义词时特别重要。在下面的例子中，可以看到等级差别贯穿全句，这种差别不仅反映在词汇上，也反映在句法上：

1) They chucked a stone at the cops, and then did a bunk with the boot.

（他们用石头扔了警察，拿着抢来的东西逃跑了。）

2) After casting a stone at the police, they absconded with the money.

（他们以石头掷了警察之后，就带着钱潜逃了。）

句(1)可能是两个犯罪分子在事后随便谈起抢劫行为时说的；句(2)大概是探长在正式报告中使用的语言。两者可描述发生的同一件事。任何人都很难既肯定其中一个句子的真实性又否定另一个句子的真实性，可见这两个句子的理性意义显然有其共同之点。

从比较狭隘的意义来说，社会意义能包括一段话语的**言外之意**（参看第 455～458 页）：例如，这句话是否应解释为请求、陈述、道歉、或威胁，等等。一段话语在这方面所起的作用与其本身的理性意义可能只有间接的关系。句子 *I haven't got a knife.*（我没有小刀。）具有陈述的形式和意义，但在社会现实中（例如，在餐馆里对服务员说这样一句话）这个句子就很容易有像"Please bring me a knife."（请拿给我一把餐刀。）这样的请求的意思。

由此我们很容易考虑到语言如何反映讲话人的个人感情，包括他对听者和他所谈事物的态度。这一类意义可以叫做**情感意义**，它经常通过所用词的理性内容或内涵内容明确地表达出来。当有人对某个人说："你是个凶恶的土霸王，可耻的堕落者，为此我非常恨你！"，说话人对他的感情是无庸置疑的了。但是我们也可以用不这么直接的方式来表达我们的态度：例如我们可以根据礼貌的需要而采用不同的措辞。要让人安静些，我们或许可以说：

3) I'm terribly sorry to interrupt, but I wonder if you would be so kind as to lower your voice a little. （打扰您我十分抱歉，不过不知您是否能把声音稍放低一点。）

或者说：

4) Will you belt up. （你快点住嘴！）

被我们经常称之为"语气"的语调和音色这些因素在上述情况下也是很重要的。句(3)若用了讽刺挖苦的语气，那温文尔雅的口吻就烟消云散了；句(4)如果用一种温和的请求的语调来表达，那就可以变为知己之间的嬉笑之辞。

情感意义基本上是依附性的，因为为了表达情感，我们要依赖意义的其他范畴（即理性范畴、内涵范畴或语体范畴）。例如当我们采用不礼貌的语气表示不愉快（像在上面的句(4)中那样）或采用较随便的语气表示友好的时候，情感的表达都是通过语体来实现的。另一方面，有一些语言成分（主要是感叹词，如 Aha！［表示得意、嘲弄、惊奇等］和 Yippee！［表示欢欣鼓舞的欢呼声］），其主要功能就是表达情感，在我们使用这些语言成分时，即使没有任何其他种类的语义功能作媒介，也能表示情感和态度。

反映意义和搭配意义

虽然这两类意义不那么重要，但它们包含着语言词汇层次上的一种相互联系。

首先，在存在多重理性意义的情况下，当一个词的一种意义构成我们对这个词的另一种意义的反应的一部分时，便产生**反映意义**，在教堂做礼拜时一听到同义词 *The Comforter*（圣灵）和 *The Holy Ghost*（圣灵）（两者均是基督教中圣父、圣子、圣灵三位一体的第三人称提法），我就觉察到我对这两个词的反应受 *comfort*（安慰）和 *ghost*（幽灵）这两个词的日常的、非宗教意义的影响。听到 *The Comforter* 这个词使人感到温暖和"安慰"（虽然在宗教这种语境中，Comforter 这个词意味着"给人以力量或支持"），而 *The Holy Ghost* 听起来却使人敬畏。

一个词的意义只有由于出现的频率较高，并且人们对它较为熟悉（例如 *The Holy Ghost* 中的 *ghost*），或者通过联想的力量，而且有很强的启示能力的时候，才能以上述方式"扯"到另一种意义上去。只有在使人们对语言的各个方面高度敏感的诗歌中，我们才能看到反映意义在不太显眼的情况下所起的作用：

Are limbs, so *dear*-achieved, are sides,

Full-nerved—still warm—too hard to stir?

（战士如此珍贵的四肢，他那密布神经依然温热的两肋，难道已僵直得动弹不得？）

这两行诗句摘自一首描写阵亡士兵的诗《无益》，作者 Wilfree Owen 在字面上用 *dear* 这个词表达了"珍贵的"这个意义，但人们感到在诗的上下文中，他也用这个词来暗指"可爱的"这个意思。

反映意义通过情感联想突出地表现出来，这种情况可以用带有禁忌意义的词语清楚地加以说明。由于 *intercourse*、*ejaculation*、*erection* 这些词语有关性生理的意义（分别指"性交"、"射精"、"勃起"），变得越来越为人们所熟知，所以要在不发生性的联想，在"毫无邪念"的意义上使用它们，使人日益感到困难。禁忌词语这一污染过程已说明了一个词所含的非禁忌意义为什么会渐渐消失：Bloomfield 解释过为什么 cock 这个词在养鸡场的意义上要用 *rooster*（雄鸡）来代替：是因为 *cock* 一词受到它的禁忌用法（指"阴茎"）的影响。或许 *intercourse* 这个词现在正发生着类似的变化。

搭配意义是由一个词所获得的各种联想构成的，而这些联想则产生于与这个词经常同时出现的一些词的意义，*pretty*（漂亮）和 *handsome*（俊美）在"好看"这个含义上有其共同点，但两者可以通过与一系列名词同现或（用语言学家的术语来说）"搭配"来加以区别：

pretty		handsome	
girl（女孩）		boy（男孩）	
boy（男孩）		man（男子）	
woman（女人）		car（汽车）	
flower（花）		vessel（船）	
garden（花园）		overcoat（大衣）	
colour（颜色）		airliner（客机）	
village（村庄）		typewriter（打字机）	
等等		等等	

当然这两个搭配范围很可能重叠：虽然 *handsome woman*（端庄美貌的女子）和 *pretty woman*（漂亮的女人）由于这两个形容词的搭配关系表明了不同类型的"美"，但两者都是可以接受的。还可以再举一些准同义动词为例，例如 *wander*（蹓跶）和 *stroll*（散步）——cows（母牛）可以 *wander* 但不能 *stroll*；再如 *tremble*（发抖）和 *quiver*（颤动）——人们由于害怕而发抖（*tremble* with *fear*），但因为激动而颤动（*quiver* with *excitement*）。不必把可能同现的一切差别都解释为搭配意义：有些可能是由于语体的差异而引起的，另外一些也可能因为概念的差别而相异。"He *mounted* his *gee-gee*"或者"He *got* on his *steed*"，这两句之所以搭配不当，是因为在这两个句子中把一些语体不同的词语不协调地结合在一起了。另一方面，"The donkey *ate hay*"（驴吃了干草）这个句子可以接受，而相比之下，"The donkey *ate silence*"（驴吃了沉默）这句话则不能接受。这是一个相容性的问题，属于观念语义学这一层次（关于这种

"选择限制"见第193～200页)。只有在按照意义的其他范畴都解释不通的时候,我们才需要求助于搭配意义这个特殊范畴;其他类型的意义具有普遍性,而搭配意义却是各个词具有的特异性。

联想意义:一个概括性的术语

反映意义、搭配意义、情感意义和社会意义这四个意义与内涵意义之间比它们与理性意义之间具有更多的共同之处;它们都具有同样的不限定、可变化的特性,并且都能作程度和范围的分析,而不能用那些孤立的"不是这个便是那个"的方式进行分析。这五种意义都可以用**联想意义**这一名称来概括。为了说明这五种意义层次上的交际作用,我们不需要很深奥的理论,只需要浅近的"联想"理论——以经验的相互关联为基础说明思维之间联系的理论。我们所以把这五种类型的意义都与理性意义加以对比,是因为理性意义似乎需要以人类所特有的语言和复杂的思维结构为前提。

联想意义含有很多无法正确估计的因素,以至于只能用近似统计的方法对它进行系统的研究。实际上,Osgood,Suci 和 Tannenbaum 在 1957 年出版他们那本题目涉及范围很大的著作《意义的衡量》时,就提出一种对联想意义部分地进行分析的方法。Osgood 和他的合作者设计了一种从多面语义空间去测定意义的方法(牵涉到一种叫做"语义鉴别法"的统计度量),他们根据七项阶记录下说话人的判断,用来作为研究资料。这些阶是通过比较成对的形容词,例如,*happy-sad*(愉快的—悲哀的)、*hard-soft*(坚硬的—柔软的)、*slow-fast*(迟缓的—迅速的)来作标记的。这样,就可以用下面的方法把一个人对 *bagpipe*(风笛)这样一个词的印象记录在一张图表上:

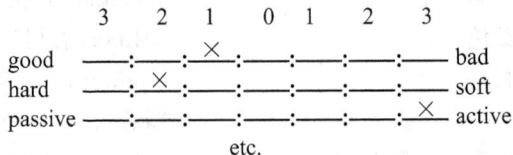

```
        3    2    1    0    1    2    3
good   ——:——:——:×——:——:——:—— bad
hard   ——:——×:——:——:——:——:—— soft
passive ——:——:——:——:——:——:×—— active
                 etc.
```

从统计的角度看,研究者发现三个主要方面特别重要:一是评价(优—劣),二是效验(坚硬的—柔软的),三是活动(主动的—被动的)。甚至从这个很简单的图上也可以清楚地看到,这个方法只能为联想主义提供一种部分的和近似的描写:之所以只能是部分描写,是因为它需要从无数个可能存在的阶中加以选择,而只有在用阶分的术语可能解释的范围内,才能用这种阶来解释联想意义;之所以只能是近似描写,是因为只能作抽样统计,同时因为七项阶把一个连续的阶分割成七段,在每段中就不再作进一步的区分,这就像把光谱分割成七种原色一样粗略。这不是要贬低作为度量联想意义的一种手段的语义鉴别法,实际上,要引起注意的是,只有依靠像上面说的那种比较迟钝的工具,才能系统地研究联想意义,因为它不适合于那种在"是""非"之间作选择、并只能以独特方式对结构进行分割的确定的分析方法。

关于语义鉴别法的另一个重要方面,是已经发现这种方法在像个性研究、"态度衡量"和心理治疗之类的心理学领域里极其有用。在这些领域中,需要详尽调查的是人们反应的差别,而不是他们反应中的共同之处。这一点和我前面关于内涵意义的论述是一致的:即理性意义实质上是言语集团的成员所共有的语言"共同体系"的一部分,联想意义则不那么稳定,可以因个人经历的不同而变化。

主 题 意 义

我试图区分的最后一个意义范畴是**主题意义**,这种意义是说话者或写文章的人借助组织信息的方式(语序、强调手段、信息焦点的安排)来传递的一种意义。例如我们经常感觉到,虽然下面句(1)和句(2)在理性内容上似乎相同,但像句(1)这样的主动句和与之对等的被动句句(2)却有不同的意义:

1) Mrs. Bessie Smith donated the first prize.

    (贝西·史密斯夫人捐赠了一等奖。)

2) The first prize was donated by Mrs. Bessie Smith.

    (一等奖由贝西·史密斯夫人捐赠。)

无疑这两个句子具有不同的交际价值,因为它们使我们联想到不同的上下文:主动句似乎隐含着这个问题"What did Mrs. Bessie Smith donate?"(贝西·史密斯夫人捐赠了什么?),而被动句似乎回答了以下的问题"Who was the first prize donated by?"(一等奖由谁捐赠?)或更简单地说,"Who donated the first prize?"(谁捐赠了一等奖?)。这就是说,与句(2)比较,句(1)表明我们知道贝西·史密斯夫人是谁(可能因为前面已提到过)。然而两个句子具有同样的真实性:句(1)和句(2)都精确地描述了同一情景。

主题意义主要涉及在不同的语法结构之间进行选择的问题,如:

3) A man is waiting in the hall. (一个男人正在大厅里等着。)

4) There's a man waiting in the hall. (有一个男人在大厅里等着。)

5) They stopped at the end of the corridor. (他们在走廊的一头停下。)

6) At the end of the corridor, they stopped. (在走廊的一头,他们停下了。)

7) I like Danish cheese best. (我最喜欢丹麦乳酪。)

8) Danish cheese I like best. (丹麦的乳酪我最喜欢。)

9) It's Danish cheese that I like best. (我最喜欢的是丹麦乳酪。)

但是句(1)和句(2)所表明的通过语序和强调来达到的对比,也可以凭借词汇手段来获取,例如可以用 *belongs to*(属于)来替换 *owns*(拥有):

10) My brother owns the largest betting-shop in London.

    (我兄弟拥有伦敦最大的赌场。)

11) The largest betting-shop belongs to my brother.

    (伦敦最大的赌场为我兄弟所有。)

在其他情况下,是通过重音和语调而不是通过语法结构来强调句子中某一部分的信息。在句(12)中如果给 *electric*(电的)这个词加上对比重音:

> (12) Bill uses an *electric* razor.（比尔使用电剃刀。）
>
> (13) The kind of razor that Bill uses is an electric one.
>
> （比尔用的那种剃刀是电剃刀。）

结果就把注意力集中在这个词上,把它看作是包含新信息的一个词,从而和假设是已知的情况(即比尔使用剃刀)形成对比。在英语中这样强调的目的同样可以通过句(13)这种不同的句法结构来达到。从某种意义上说,上面每个大括号中的一组句子显然都具有"相同的意义";但我们仍然必须承认它们的交际效果可能稍有差别;在同样的上下文中,并不是每个句子都合适的。

分 界 问 题

现在我已经论述了在本章开始时提出的七种不同类型的意义,但我不希望给人这样的印象:这些就是全部的意义类型,能说明一段话所传递的一切意义。还可以增添一个通过言语行为或文字来传递生理方面信息的范畴,比方说,关于讲话人的性别、年龄、器官状态等等方面的信息。

关于意义的七种类型还有一点需要说明:它们之间总是存在着一些"界限"问题,尤其是理性意义和附带意义之间的"界限"问题。前面已经提到的划定理性意义和内涵意义之间界限的困难也存在于其他的一些范畴之间,例如存在于理性意义与社会语体意义之间:

> 1) He *stuck* the key in his pocket.（他把钥匙塞进口袋。）

> 2) He *put* the key in his pocket.（他把钥匙放进口袋。）

我们可以说句(1)和句(2)在理性上是同义的,但在语体上是不同的[句(2)属于中性语体,而句(1)属于口语和较随便的语体]。另一方面我们可以认为,语体的变化是与概念的差别结合在一起的:就是说 *stick*(塞进)这个词在句(1)这样的上下文中,比句(2)具有一个更明确的外延,可以大致解释为"迅速而粗率地放"。后一种解释可以从下面这两句有点奇怪的句子中得到进一步的证实:

> ?* He stuck the key slowly in his pocket.（他把钥匙慢慢地塞进他的口袋。）

> ?* He stuck the key carefully in his pocket.（他把钥匙细心地塞进他的口袋。）

[根据语言家的一个规约,句子前边的星号表示该句是不可接受的。]

实际上,要解决划界问题,我们必须承认准同义词之间至少在意义的两个平面上是不同的。

我们还可以以动词 *smile*(微笑)和 *grin*(露齿而笑)为例,来说明理性意义和搭配意义之间的界限。这两个词的区别仅仅在于它们具有不同的理性意义还是习惯性搭配的词语范围不同?几乎人人都能毫不犹豫地把上述两个动词分别填入下边两个句子的空格中去：

The duchess _____ ed graciously as she shook hands with her guests.

（公爵夫人与客人握手时谦和地_____。）

Gargoyles _____ ed hideously from the walls of the building.

（奇形怪状的滴水咀从墙边上狰狞地_____。）

然而问题在于搭配中的这种差别，是不是出自不同的理性内容和内涵内容：例如与 *smile* 相比，*grin* 这个词可否解释为人笑时嘴张得更大，牙齿露得更多，并带有敌意。正因为这个原因，*grin* 这个词所包含的内容在奇形怪状的脸上比在公爵夫人的脸上更加可能看到。这是一种特别复杂的情况，因为社会意义和情感意义的差别也清楚地包含在里面。实际上，我们已经看到，情感意义在很大程度上是一个与语体、内涵和理性内容重叠的范畴。

要表达的意义与被理解的意义

要表达的意义是指讲话者在组织他的信息时头脑中考虑的那种意义；**被理解的**意义则指听话者接受信息时传递到他头脑中的那种意义。可能有人要问我为什么不把这两者加以区别。我已把广义的意义和"交际效果"这个概念等同起来，而"交际"通常指把信息从其来源（A）传送到它的目标（B）。根据这一点，我们可以说如果我们知道（A）头脑中的信息已传到或印在（B）的头脑中，我们才可以断定交际过程已经发生。于是，研究意义（特别在哲学领域研究意义）应该特别注意意义本身——要表达的意义——被理解的意义之间的关系这一令人头痛的问题。尽管如此，语言学家可能认为信息的目的与效果之间的差别可以不必考虑，因为他们的兴趣在于交际体系本身，而不在于交际体系的正确使用或误用。语言学家感兴趣的是语言的语义侧面，我们认为，对来源和目标来说，语义侧面是共同的。对语言的语义侧面的研究包括歧义和会给交际带来困难的其他方面的问题（如联想意义的变异），但重要的是，就语义学而言，语义在"说话者的意义"和"听话者的意义"之间是中性的；这样说是确实有道理的，因为只有通过理解交际手段本身的中性潜力，我们才能研究一个人准备传递和实际传递的两种信息之间的区别。

当然，语言的一切正常使用都意味着讲话者带有某种目的，但是只要语义本身隐含着目的，这种目的就只能通过意义才能领会到。换言之，想要表达的意思是私下的，而意义是公开的。这甚至也适用于社会意义；我将在十六章讨论语义学和语用学之间的关系时对此作进一步的论述。

由于这一章介绍了一系列有关意义类型的术语，所以在结束此章时应该加以归纳，并提出一两点有关简化术语的建议。

意义的七种类型

1. 理性意义（或意义）		关于逻辑、认知或外延内容的意义。
联想意义	2. 内涵意义	通过语言所指事物来传递的意义。
	3. 社会意义	关于语言运用的社会环境的意义。
	4. 情感意义	关于讲话人/写文章的人的感情和态度的意义。
	5. 反映意义	通过与同一个词语的另一意义的联想来传递的意义。
	6. 搭配意义	通过经常与另一个词同时出现的词的联想来传递的意义。
7. 主题意义		组织信息的方式（语序、强调手段）所传递的意义。

我在这儿使用了**意义**（sense）这个词作为一个比较简短的术语来代替"理性意义"这个术语（即狭义的"意义"），并且从现在开始，为了清楚和方便起见，我将使用这个术语。对于包含上述七种意义的广义的"意义"，另一个术语——**交际价值**（communicative value）是很有用处的。

词 的 意 义

张永言

导言——

本文选自张永言著《词汇学简论》第三章，华中工学院出版社，1982。

作者张永言（1927～　），四川成都人，四川大学中文系教授。我国当代著名的汉语词汇史专家。

文章全面论述了词的意义，论述了词义和概念的关系、词的多义性、词的意义结构和词汇意义的类型、词义变化的原因、词义变化的类型。文章能博采古今中外前人研究之长，对问题的分析非常全面，条理清晰，简明扼要，又能结合古今语料，对初学者很有启发意义。

词的词汇意义——词义和概念

§1　词的词汇意义（以下简称"词的意义"或"词义"）就是概念通过某种语言的

手段而得到的体现,同时带有反映某些伴随观念的补充特点以及某种感情色彩和风格特征。例如,"冰"这个词的意义就是"冻结的水"这个概念通过汉语的手段而得到的体现,同时带有"明亮"、"清澈"、"光润"等反映某些伴随观念的补充特点和"纯洁可爱"等感情色彩。

由于词义和概念的关系很复杂,给词义下定义是相当困难的,上面我们所下的那个定义也是很粗略的。要深入了解词义和概念的相互关系,就必须系统地研究构成词义的特征的全部因素。这个特征就是:词义是具有民族特点的语言范畴,而概念一般说来是各民族共通的逻辑范畴。比如,冰和玉的概念在汉人和英吉利人是共同的,但是汉语"冰"和"玉"跟英语 ice 和 jade 的词义却各有其民族特点。例如,王昌龄《芙蓉楼送辛渐》诗二首之一:"寒雨连江夜入吴,平明送客楚山孤。洛阳亲友如相问,一片冰心在玉壶。"著名的英国汉学家老翟理斯(Herbert A. Giles 1845～1935)在他的《中国文学菁华录:诗歌之部》(Gems of Chinese Literature:Verse)里,把这末一句译为:Tell them, "an icy heart in vase of jade."(告诉他们,"一颗冰冷的心在玉石的瓶子里。")这样,原来富于意境和情韵的诗句就变得索然无味了。其所以如此,就因为英语的 icy(＜ice)和 jade 没有"冰清玉洁"这样的补充意义和感情色彩的缘故。

这样结合词义和概念的关系来研究词义的特征,可以使我们对词义有一个更为清楚的认识。

§2　以下我们试从六个方面来说明词义和概念的关系和区别。

(1) 词是概念产生和存在的必要条件,但是并非每一个词都有概念作为自己的基础,尽管每一个词都具有意义。例如语言里的感叹词,它既不称谓什么,也不指示什么;它所表现的不是概念而是说话人的感情或意志。感叹词有的表达一般的感情(如"啊"),有的表达某种特定的感情,如喜悦("哈哈")、悲伤或痛楚("唉"、"哎哟")、愤怒或鄙视("哼"、"呸")、惊讶("唉呀"、"咦")等,有的则是呼唤应答的声音(如"喂"、"嗯")。它们都具有意义,可是并不表达概念。

(2) 概念是一个思维的范畴,不带感情色彩;与此相反,许多词的意义却不仅反映客观事物,而且还表现对客观事物的态度。这种蕴涵在词义里的对客观事物的感情态度(如尊重、羡慕、喜爱、赞许、轻蔑、厌恶、憎恨等)就叫做词义的感情色彩。例如,"英雄"、"典范"、"崇高"、"豪迈"等词带有喜爱的感情色彩,"流氓"、"霸权"、"残忍"、"谄媚"等词带有憎恶的感情色彩。自然,感情色彩并不是每一个词都有的,例如"人"、"手"、"看"、"说"、"轻"、"重"这一类词就不带感情色彩。

总之,词义可以带有感情色彩,而概念则无所谓感情色彩。有的语言学者把词的感情色彩和风格色彩排斥在词的意义之外,[①]这是不恰当的。

(3) 属于思维范畴的概念一般说来各民族是共通的,而属于语言范畴的词义则

---

① 周迟明《汉语修辞》,山东人民出版社,1960,页 27 以下。

具有明显的民族特点。比方说,某种语言里某个词所表达的概念的外延的大小就有着民族的特点。因此常常有这样的情形,就是一种语言里跟另一种语言里的某个词相当的不止一个词。例如:汉语里跟英语 brother 相当的是"哥哥"和"弟弟",跟 sister 相当的是"姐姐"和"妹妹"。不过这并不证明英吉利人不能区分哥哥和弟弟、姐姐和妹妹,而只是证明了在这两种不同的语言的词义里概念结合的情况有所不同。同样,英语里跟俄语 палец 相当的是 finger(手指)和 toe(脚趾),俄语里跟英语 blue 相当的是 синий(蓝)和 голубой(浅蓝)。这就是说,每一种语言的词在划分和概括客观对象上的办法可能是不相同的,但是这不等于说操不同语言的人关于这些对象的概念也是不同的。

(4) 词义和概念的非同一性还表现在:一方面,一个概念可以由几个词构成的词组来表达,即一个概念由几个词的意义来表现,如"高元音"、"低元音";另一方面,几个彼此联系的概念可以由一个词来表示,多义词的情况就是如此。

(5) 一个词的意义跟语言里其他相关的词的意义共同形成一个意义体系;由于各个词义的互相制约,一个词的意义范围可能跟相应的概念的外延或内涵不相一致。比如,现代汉语里"短"这个词的意义就不完全包罗"长度小"这个概念,换句话说,"短"这个词的意义范围小于"长度小"这个概念的外延,因为人的"长度小"这个特征不包括在"短"的词义范围之内。①

(6) 许多概念本是界限分明的,但表达这些概念的词却可能把这些界限打破,使词义变成模糊的了。② 比方说,触、听、视、味、嗅这五种感觉在客观上和在概念上本是界限分明的,但是语言中表达这些感觉的词却往往相通,不区别其间的界限。例如:"尖"表示触觉("刀锋很尖"),也表示视觉("眼尖"、"尖塔")、听觉("耳朵尖"、"尖声")、嗅觉("鼻子尖");"亮"表示视觉("灯不亮"、"天亮了"),也表示听觉("响亮"、"洪亮");"圆"表示视觉("长河落日圆"),也表示听觉("呖呖莺歌溜的圆")。这种现象在心理学和语义学上叫做"通感"或"感觉挪移"(synesthesia),③在文学上"通感"常常被用作一种修辞手段。

§3 以上我们通过词义和概念的比较简单地论述了词义的特点。这些特点都是词义的语言学本质和词义跟语言的各个方面的联系所决定的。概念的表达虽然是词义的最重要的成分,但不是它的唯一的成分;在词的意义里除了它所表现的概念以

---

① 在古汉语里人的"长度小"也包括在"短"的词义范围之内,例如《荀子·非相》:"帝尧长,帝舜短;文王长,周公短。"白居易《编集拙诗成一十五卷因题卷末戏赠元九李二十》诗:"每被老元偷格律,苦教短李伏歌行。"

② 参看伍铁平《模糊语言初探》,《外国语》1979 年第 4 期,页 43～44。

③ 详见乌尔曼(S. Ullmann):*The Principles of Semantics*(语义学原理),第 2 版,1957,页 233,266 以下;兹维金采夫(В. А. Звегинцев):*Семасиология*(语义学),1957,页 41,45;钱钟书:《通感》,《文学评论》1962 年第 1 期,又收入所著《旧文四篇》,上海古籍出版社,1979,页 50～61。

外还包含其他一些成分,即感情色彩、风格特征、某些补充观念和各种联想。词的意义受语言的词汇-语义系统的制约,即是说,词义是在某种语言中词和词的具体联系和相互制约的条件下形成的。概念一般说来是各种语言共通的,而词义常常是带有民族特点的。此外,一个概念可以由几个词的意义来表现;反过来,一个多义词却可以在它的意义里结合几个彼此联系的概念。总之,词义和概念不是完全吻合的。

词的多义性

§1 词一般都具有概括性,而且词所概括的往往是对象的若干特征,而不是一个特征;同时,在一个概念所包含的特征里往往有若干特征跟其他概念的某些特征相通——这就构成了词的多义性(polysemy)的基础。例如,"头"除了"脑袋"这个意义以外还有"首领"、"端绪"等意义,就因为"脑袋"的概念和"首领"、"端绪"的概念包含着"事物的最高或最前的部分"这一共通的特征。

多义性是语言里大多数的词所具有的属性。凡是历史长久、使用频繁、经常出现在不同的上下文里的词,它们的意义也就特别地多。例如:汉语动词"打",据《现代汉语词典》,有二十三个意义;英语动词 take,据《The Advanced Learner's Dictionary of Current English》,有二十八个意义。

§2 虽然语言里大多数的词都具有多义性,但是这并不会造成误解,以致妨碍人们的交际,因为词在言语里不是孤立的,一定的语言环境(上下文和说话时的情境)会排除词的多义性的干扰,给予它一个确切的含义。换句话说,一个词尽管有好些个意义,但是当它每一次在言语里使用的时候,实际上得到实现的只是其中的某一个意义,其余的意义则处于潜在的或被抑制的状态中。

例如,"头"和"运动"都是多义词,但是人们对"这孩子头很大"和"材料太乱,理不出一个头"这两句话里的"头",或者对"他爱好运动,所以身体很健康"和"人民需要一个安定团结的局面,对大规模的运动厌烦了"(邓小平)这两句话里的"运动",显然是不会误解的。

§3 了解词的多义性对语文实践(包括阅读和写作)有重要的意义。特别值得注意的是我们已经认识的词以平常意义之外的另一个意义出现的情况,因为这种情况常常使读书不求甚解的人发生误解。例如:"可怜"这个词我们都认识,知道它是"可哀,值得怜悯"的意思。凭着这个知识去读唐诗,可以懂得"可怜身上衣正单,心忧炭贱愿天寒"(白居易《卖炭翁》),"可怜无定河边骨,犹是春闺梦里人"(陈陶《陇西行》)之类的"可怜",可是碰到"借问汉宫谁得似,可怜飞燕倚新妆"(李白《清平调》三首之二),"可怜九马争神骏,顾视清高气深稳"(杜甫《韦讽录事宅观曹将军画马图》)之类的"可怜",就不免有点障碍,要是把它们也了解为"值得怜悯",那就讲不通了。原来"可怜"是个多义词,除了"值得怜悯"这个意义以外还有"可爱"的意义,上引李、杜诗句里的"可怜"正是用的这后一个意义。又如形容词"长",除了"长短"的"长"这个意义以外，还有"多余"的意义，①如陆机《文赋》说"要辞达而理举，故无取乎冗长"，②《世说新语·德行》篇载王恭说他自己"作人无长物"，其中的"长"都是这个意思。如果我们不知道这一点，那么碰到钟嵘《诗品》（卷中）所说陶渊明"文体省净，殆无长语"或者杜甫《哀王孙》诗的"不敢长语临交衢"，就可能对其中的"长语"发生误解了。又如"蚁（螘）"，除了"蚂蚁"这个直接意义以外，还有一个比喻义"新熟的米酒面上的浮糟"，如白居易《问刘十九》诗："绿螘新醅酒。"曾经有人把陶渊明《拟挽歌辞》三首之二中的"春醪生浮蚁"讲成"虽然是美酒，却已经浮满了一层虫蚁"，③那就是由于没注意词的多义性而造成的疏失了。

§4　严格说来，词的多义性是一个共时的概念，不指词义的历时的演变。如果某一个词在语言发展的某一个历史阶段是甲义，到了另一个历史阶段失去甲义而产生乙义，我们就不宜说这个词因有甲乙二义而具有多义性。比方说，"处分"这个词在六朝和唐代是"处置"、"处理"的意思而现代口语是"处罚"的意思。假如有人把古诗《孔雀东南飞》中的"处分适兄意"讲成"哥哥高兴怎样处罚我就怎样处罚"，那我们就说他不知道古今词义的演变而不说他不懂得词的多义性。

§5　此外，我们还要注意，不要把词的多义性跟词汇同音现象（homonymy）混淆起来。例如，在上古汉语里有两个"醜"，一个是形容词，当"丑陋"、"（样子）难看"讲，一个是名词，当"类"、"同类"讲。如果我们看到有人把《尔雅·释鸟》的"凫，雁醜"误读为"凫雁醜"，误解为"凫和雁都很丑（不漂亮）"，④那我们就说他误认了同音词，而不说他不了解词的多义性。

§6　如果我们要更深入地认识词的多义性，那就得进一步研究一个词的各个意义之间的关系，即词的意义结构和词汇意义的类型。这就是我们在下一节里所要讨论的问题。

词的意义结构和词汇意义的类型

§1　词的意义结构就是一个词的整个意义体系，包括在不同的上下文中产生的感情色彩、风格色彩、意义色彩和用法特点在内。

分析词的意义结构有助于确定词的词汇意义的类型。关于词汇意义的类型，目前还没有一个统一的划分法，比较常见的有如下一些分类：基本意义（本义）和引申意义，词源意义和现行意义，直接意义和转移意义（转义），具体意义和抽象意义，中心意义（主要意义）和边缘意义（次要意义），等等。

普通语言学研究导引

---

① 这个"长"《广韵》有平声"直良切"（cháng）和去声"直亮切"（zhàng）两读。

② 《文赋》这一段全押去声韵，故"冗长"的"长"应读 zhàng。

③ 见"挽歌的故事"，《国文月刊》第 61 期，1947，页 21。

④ 王纶《闻一多先生"诗新台鸿字说"辩正》，《光明日报》1956.12.30。

这些分类法的出发点是不尽相同的。从起源或发生的观点看,词的意义可以分为基本意义和引申意义或者词源意义和现行意义。这是历时的分类法。如果着眼于现代语言里词的各个意义之间的语义关系,那么就可以把词义分为直接意义和转移意义或者具体意义和抽象意义,其中转移意义又可以分为比喻意义和借代意义等。这是共时的分类法。此外,同一个词随着文体风格和应用场合的不同也可以具有不同的意义。这样就产生了词义的第三种分类法,即风格学的分类法。按照这种分类法,词义可以分为不带风格色彩的意义(中性意义)和带风格色彩的意义,后者又可以分为术语意义、俗语意义、诗义,等等。

总括起来,词的词汇意义的类型可以列表表示如下:

A. 历时的分类

　　基本意义——引申意义

　　词源意义——现行意义

B. 共时的分类

　　a. 语义学的分类

　　　　直接意义——转移意义

　　　　具体意义——抽象意义

　　　　中心意义——边缘意义

　　b. 风格学的分类

　　　　中性意义——带风格色彩的意义

下面我们就"香"这个词的意义结构略加分析作为例证。《说文》七上香部:"香,芳也。从黍从甘。《春秋传》曰:'黍稷馨香。'"朱骏声《说文通训定声·壮部》:"谷与酒之臭曰香。"可见"香"的最早的意义是"谷物和用谷物酿造的酒的气味",这就是"香"的本义。后来"香"又有"气味好闻"的意义,这就是"香"的引申义,也是它的现行意义。以上是历时的看法。如果用共时的观点(即从现代汉语的平面)来看,"气味好闻"是"香"的直接意义,直接意义是不依赖上下文就能被人们立刻想到的意义。此外"香"还有"舒服"("睡得很香")、"亲密"("他俩香得很")、"受欢迎"("这种货物在农村很香")等意义,这些都是"香"的转移意义,简称转义。"香"的这些转义都是由比喻用法而来的,因此又可以称为比喻义。如果再从风格学的角度来看,"气味好闻"是不带特殊风格色彩的中性意义,而"亲密"和"受欢迎"则是带有口语或俗语风格色彩的意义。

一个词的各类意义是可能重合的。比方说,本义可能同时是直接意义,引申义可能同时是转义;本义或直接意义往往是具体意义,引申义或转义往往是抽象意义。例如,"道"的"路"义既是本义,也是直接意义、具体意义,"道理"、"方法"义既是引申义,也是转义、抽象意义。"花"、"草"、"鱼"、"鸟"的直接意义既是现行义又是本义。

有一些多义词它们的各个引申义或转义都是从一个共同的语义中心发展出来

的,这个语义中心就是所谓中心意义,各个引申义或转义对中心意义而言就是边缘意义。词义发展的这种方式叫做"辐射"式(radiation)①。以"头"这个词的意义结构为例:

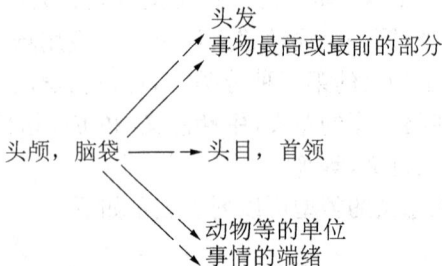

头发
事物最高或最前的部分

头颅,脑袋 ——→ 头目,首领

动物等的单位
事情的端绪

一个引申义或转义还可能再派生出新的引申义或转义。例如:"打"的本义和直接意义是"击",如"打门"、"打鼓"。人们在制造某些东西的时候也要击打,所以"做一把刀"也说"打一把刀"。这个"制造"的意义已经是"打"的转义。至于制作其他一些东西,如"织毛衣",本来跟"击打"无关,但是因为这些动作跟"打"的转义"制造"相通,所以也说"打毛衣"。"打"的这个"编织"义就是从"制造"义再派生出来的转义。这类转义或引申义要通过居间的意义才能跟词的直接意义或本义取得联系。词义发展的这种方式叫做"连锁"式(concatenation)②。辐射和连锁这两种方式往往是密切结合着的(请看下面"却"字意义的图解)。

了解词的意义结构中的这些内部联系是很重要的。只有这样,我们才能把错综复杂的一词多义的现象理出头绪,并贯串起来,从而更好地掌握一个词的全部意义。否则我们在处理意义纷繁的多义词的时候,就会不得要领。比方说,张相《诗词曲语辞汇释》的释义就常常有这个毛病。例如他解释"却"字,列举了八条十四义,③可是却没有说明这些意义之间的内部联系,排列也凌乱无序:

却一 语助辞,用于动辞之后。有"掉"、"了"、"得"、"着"等义。④

却二 犹"于"也。

却三 犹"正"也。于语气加紧时用之。

却四 犹"倒"也;"反"也。此为由"正"字义加强其语气者,于语气转折时用之。

却五 犹"返"也;"回"也。此由"退却"之本义引申而来。

却六 犹"还"也;"仍"也。

---

① 参看拉耶芙斯卡娅(N. Rayevskaya)*English Lexicology*,1957,pp. 47~50。汉译本《英语词汇学引论》,商务印书馆,1960,页 56~59。

② 见 51 页注①。

③ 张相《诗词曲语辞汇释》上册,中华书局,1979,页 41~50。

④ 为节省篇幅,例证从略。

却七　犹"也"也,意义有时与作"还"字解者略近。

却八　犹"岂"也。

如果根据我们上面所讲的一些原理来看,就可以知道:"却"本来是个动词,意义是"退",由此演变为"返"或"还"(huán)的意义,词性向着副词转变,逐渐趋于虚化,这就是"却五"。这是诗词里"却"字的中心义。由这个意义再向三方面发展:1)由还带有动词性质的"返"变为纯粹副词的"反"或"倒",这就是"却三"的前半(原书所举唐诗诸例)和"却四";这个"倒"用于反诘语气,有时可译为"岂",这就是"却八"。2)由还带有动词性质的"还"(huán)变为纯粹副词的"还"(hái),这就是"却三"的后半(原书所举宋词诸例)和"却六";由这个"还"可以很自然地演变为"再",这就是"却七"。3)"退"、"返"、"还"都含有"去"的意义,其用于另一个动词后面的逐渐虚化为带有词尾性质的"-去"、"-掉"或"-了",这就是"却一"。我们就原书所提供的材料,经过这样的重新爬梳,除了"却二"的性质和来源尚待考索外,"却"字的意义结构和各个意义先后嬗变的轨迹就显得比较清楚明了,有条不紊了。① 如图:

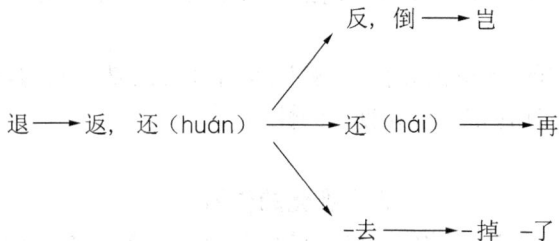

反,倒 —→ 岂

退 —→ 返,还(huán) —→ 还(hái) —→ 再

-去 —→ -掉 -了

§2　词的词汇意义除了按照历时—起源的原则、共时—语义的原则和风格学的原则来分类以外,还可以根据意义在言语里实现的条件分为如下三类②:

(1)称谓意义或自由意义,即直接指称事物、现象、行为、性质的意义,这是其余一切意义和用法的支点和基础。称谓意义既然是直接指称事物,它的应用是相对地自由的。一个词在上下文之外也能具有自己的称谓意义。

(2)词组制约意义,即依赖于词所参加的词组的词汇成分而具有的意义。例如,"打刀"、"打水"、"打灯笼"、"打电话"、"打毛线"、"打喷嚏"、"打主意"中的"打"的不同意义就是词组制约意义。

(3)结构制约意义,即依赖于词组或句子的语法形成而具有的意义,或者词在执行一定的句法功能时才具有的意义。例如,英语动词 go 的称谓意义是"去",但是当

① 参看张永言《古典诗歌"语辞"研究的几个问题》,《中国语文》1960 年 4 月号,页196～197。

② 参看维诺格拉多夫(В. В. Виноградов)《词的词汇意义的主要类型》,《俄语教学与研究》1958 年第 2～3 期;李友鸿《词义研究的一些问题》,《西方语文》1958 年第 1 期,页 21～22。

其用于持续体，后头接无定式动词的时候，就具有"（将）要"的意义，如 He is going to resign（他要辞职了）；当其用过去分词的形式，前头接助动词 be 的时候，就具有"消失"、"不存在"的意义，如 The gardens are gone（花园都没有了）。

§3　上面已经提到，词的意义体系中不仅包括词的感情色彩和风格色彩，而且包括词的意义色彩和用法特点。词的意义色彩（shades of meaning）主要是由于语言里存在着几个表现同一概念的同义词而产生的。例如，"领会"和"领略"都是"体察"的意思，但具有不同的意义色彩："领会"偏于指理性上的了解，而"领略"则偏于指感性上的体验或感受。

从逻辑的角度来看，或者说从词义和概念的相关性来看，词的意义色彩所表示的是反映在概念里的事物的次要特征，因此意义色彩不是在词的每一次使用中都表现出来的。

§4　最后我们谈谈词的"用法"。语义学上所谓词的用法是指词在个别的特殊的应用场合临时带上的含义；例如："木"在"行将就木"这个成语里带上了"棺材"的含义；"红"和"绿"在"应是绿肥红瘦"（李清照：《如梦令》）这样的词句里带上了"花"和"叶"的含义。

词的意义是稳定的、普遍的，对于所有说该语言的人是共同的，而词的"用法"则是不稳定的、特殊的，往往带有个人创新的性质。[1]

词义变化的原因

§1　词的意义是经常变化的。词义的变化是语言词汇发展的重要源泉。一方面，词义的变化促成词的多义性的发展，使得词的意义更为丰富，而由于多义性的分解又可以产生出新词来。另一方面，词义的变化也表现为新旧意义的交替，这实质上也无异于新词的产生。例如，"秋"：庄稼成熟→四季的第三季；"钱"：一种象铲的金属农具→货币。

当一个词的新义和旧义还保持一定的联系，处于同一个词的意义结构之中的时候，这是词汇的质的发展而非量的增长；如果一个词的新旧意义的联系已经断绝，或者说意义结构已经解体，结果就是新词的产生，即词汇的量的增长，同时也包含着质的发展。

§2　词义变化有各种不同的分类法，其中最通行的是发生学分类法，即根据引起词义变化的原因来分类的方法。按照这种分类法，词义的变化可以分为由语言外部的原因（如社会历史的原因）引起的变化和由语言内部的原因引起的变化两大类。下面我们先讲前一个方面。

列宁在《哲学笔记》中曾经指出："人的概念不是一成不变的，而是变动不居

---

[1]　参看布达哥夫（Р. А. Будагов）*Введение в науку о языке*（语言科学引论），1958，页19～20。

的,……不这样它们就不能反映生动的生活。"词义既然是表现概念的,它就不能不随着概念的变化而变化。这就是说,人的思维的发展变化和词义的发展变化有着直接的联系。

人的思维从具体到抽象、从特殊到一般的发展都反映在语言里,反映在词义的变化里。思维从具体到抽象的发展和从特殊到一般的发展是紧密联系的,抽象化的过程往往同时就是一般化的过程。例如:"道"本来指具体的"路",①后来发展出了"途径"、"方法"、"规律"、"法则"等抽象的意义。"掌握"的现行的抽象意义"主持"、"控制"和"了解"、"通晓"也是从它的具体的词源意义发展而来的。"理"本来特指"治玉",②后来引申为一般的"治理"、"整理"的意思。

物质文化的发展、人对客观事物和现象的新的认识也是导致词义变化的原因。例如,钟:一种青铜制的敲击发声的响器—→一种计时的机动器具;卷:卷轴,卷成圆筒形的书卷—→(书的)一本或一部分。又如,"鲸"的古代意义(一种鱼)和现代意义(一种胎生的哺乳动物)有所不同,其原因就在人们对生物界的认识的进步。

随着文化和认识的发展,有的概念变得陈旧了或者消亡了,于是表示这些概念的词有的改变了自己的意义,例如现在主要用于转义的"神"、"鬼"、"天堂"、"地狱"等;有的就干脆死亡了,例如"祊"(庙门内之祭)、"禬"(除疾殃祭)、"禖"(求子祭)、"祃"(道上祭,逐强死鬼之祭)等。

人类在改造世界的过程中不断有新的发现和发明。语言里反映这些新事物的手段除了创造新词以外就是赋予旧词以新的意义。例如,"厂(廠)"本来指"没有墙壁的马房",现在则指"进行大规模工业生产的场所"。又如,由于航空和航天事业的出现和发展,原来仅指"在水中行船"的动词"航"就获得了新的意义。

由于功能相同或相似而引起的名称的转移也跟人类的创造发明有着联系。这就是说,一种事物被另一种起着同样或类似作用的事物所代替,旧事物的名称就会转移到新事物上来。例如,"布":麻布或葛布—→棉布,灯:油灯—→电灯;英语pen(<拉丁语 penna "羽毛")、法语 plume(<拉丁语 pluma "羽毛"):鹅毛笔—→钢笔。

生产方式和社会状况的改变也会引起词义的变化。例如,在古代畜牧社会,关于马的词很多,单是指小马就有好些个词,如一岁马叫"毈",二岁马叫"驹",三岁马叫"駣"等。等到畜牧时代一过去,没有必要用不同的词来表示不同年龄的小马,于是"毈"、"駣"等词死亡了,而生存下来的"驹"的意义也就扩大,泛指小马了。

此外,词义的变化或名称的转移还有人类心理的原因。这就是说,词义的变化有时是在联想作用的影响之下或者是由感情色彩的相似而造成的。

---

① 《说文》二下辵部:"道,所行道也,……一达谓之道。"

② 《说文》一上玉部:"理,治玉也。"

联想作用有相似联想、接近联想等。基于相似联想的名称的转移就是"比喻"(metaphor);基于接近联想的名称的转移就是"借代"(metonymy)。

除了联想作用以外,还有一种心理现象即所谓"通感"也跟意义的变化或名称的转移有关;由通感而来的词义的变化也可以看作比喻的一种特殊情况。关于通感,请参看前论,这里不多讲了。

如本章第二节所述,许多词的意义都带有某种感情色彩。感情色彩的相似性有时候也会导致名称从一个对象转移到另一个对象。明显的例子是一些表爱词(爱称),如英语 kid:小山羊→小孩儿,小家伙。俄语 голубка:鸽子→亲爱的,乖乖。

§3 词义变化的内部原因,即语言学的原因,是多种多样的,但是也可以归结为一条,这就是:任何一个词无论在语言里或言语里都不是孤立的,而是跟别的有关的词彼此联系着的;语言的词汇不是词的偶然的堆积,而是构成一定的体系;每当一个新词或新义加入语言的词汇体系,它就要跟词汇里已有的相关的词或词义相互影响,从而导致词义的变化。例如,英语 tide 在古英语里有"时间"、"时节"、"小时"、"潮汐"等意义,后来在出于同一词根的 time(时间)以及借自法语的 season(时节)和 hour(小时)的影响之下,tide 的意义就起了变化,把"时间"的意义让给了 time,把"时节"和"小时"两个意义分别让给了 season 和 hour,于是在现代英语里 tide 这个词就只保存"潮汐"、"潮水"的意义了。

又如,由于一个词组或复合词中某一成分的省略或失落,余下来的成分就会承担整个词组的意义,从而造成新的词义的产生。许多物品的出产地的名称变成了这些物品的名称,专有名词变成了普通名词,就是这样来的。例如:龙井<龙井茶叶,茅台<茅台酒,绍兴<绍兴黄酒①;英语 china(瓷器)<chinaware,pipe(烟斗)<tobacco-pipe。

§4 在词义变化中语言学的原因和社会历史的原因往往是同时起作用的。例如:英语里本来有 swine、ox、sheep 三个词,分别指猪、牛、羊,到了十一世纪法国的诺曼底人征服英国之后,又从法语传来了分别相当于上面三个词的 porc>pork、boeuf>beef、mouton>mutton。但是这两组词的意义却有了这样的区别:固有词专指活的牲畜,而外来词专指已经屠宰的牲畜及其供人食用的肉。这里同义词的意义划分了界限是由于语言学的原因。而其所以如此划分则跟社会历史条件密切相关,因为当时饲养、照管牲畜的是口操本土语的萨克逊族农奴,而享用这些牲畜的肉的却是诺曼底贵族以及在宫廷府邸供职的娴习外来语的英国上层人士。②

---

① "茶房似答非答地一点头就走,刚出房门,潘先生又把他喊回来道:'带一斤绍兴,一毛钱熏鱼来!'"(叶圣陶《潘先生在难中》)

② 参看司各特(Walter Scott 1771~1832)《艾凡赫》(Ivanhoe)第一章,汉译本,人民文学出版社,1978,页 8。

词义变化的分类问题

§1　关于词义变化有如下三种分类法：

（1）发生学的分类法，即从意义变化的原因出发的分类法。这已经在上一节里讲述了。

（2）心理学的分类法，即根据参与意义变化过程的联想作用的类型来进行分类的方法。这也在上一节里讲到了。

（3）逻辑的分类法，即依据词义所表示的概念的内涵和外延的变化来进行分类的方法。这种分类法向来很流行。下面我们就对它作一个较详的介绍。

§2　词义变化的逻辑分类法是德国语言学家赫尔曼·保罗（Hermann Paul 1846～1921）在他的《语言史原理》（Prinzipien der Sprachgeschichte, 1880）里首先提出来的。稍后法国语言学家布勒阿尔（M. Bréal）在他的《论语义学》（Essai de sémantique, 1897）里也有类似的论述。到了本世纪，语义变化的这一种分类法又通过汪德里耶斯（J. Vendryès）的《语言论》（Le langage, 1921）等比较通俗而影响巨大的著作而得到了广泛的传播。

按照这种分类法，词义的变化分为四类：1）意义的缩小，2）意义的扩大，3）意义的易位或转移，4）其他类型。

所谓意义缩小就是指词义所表示的概念内涵增加，外延缩小，即旧意义相当于属概念而新意义则相当于种概念。例如，"禽"：鸟兽的总称①→鸟类。"汤"：热水②→菜汤。"臭"：气味③→难闻的气味。又如，英语 fowl④：鸟→家禽。deer：兽→鹿。hound⑤：狗→猎狗。girl：小孩儿→女孩儿。

所谓意义扩大就是指词义所表示的概念内涵减少，外延扩大，即旧意义相当于种概念而新意义则相当于属概念。⑥ 例如，"嘴（觜）"：鸟的口⑦→口。"猪（豬）"：小猪⑧→猪。"灾（災）"：火灾⑨→灾害。"布"：麻织物⑩→麻、棉等织物。"房"：正屋

---

① 《白虎通·田猎》："禽，鸟兽之总名。"如《易·师·六五爻辞》："田有禽。"

② 《说文》十一上水部："汤，热水也。"如《孟子·告子上》："冬日则饮汤，夏日则饮水。"

③ 《易·繫辞上》："同心之言，其臭如兰。"虞翻注："臭，气也。"《左传·僖公四年》："一薰一莸，十年尚犹有臭。"孔颖达疏："臭是气之总名。"

④ 比较德语里的同源词 Vogel（鸟）。

⑤ 比较德语里的同源词 Hund（狗）。

⑥ 关于"种"、"属"概念，参看杭州大学等十院校《逻辑学》，甘肃人民出版社，1980，页 20。

⑦ 潘岳《射雉赋》："裂嗉破觜。"徐爰注："觜，喙也。"

⑧ 《尔雅·释兽》："豕子，猪。"

⑨ 《公羊传·宣公十六年》："夏，成周宣谢（榭）灾。"《左传》："天火曰灾。"

⑩ 《说文》七下巾部："布，枲织也。"

两旁的房间，①厢房→房屋，房子。又如，英语 pipe：笛→管子。journey②：一天的旅行→旅行。

　　所谓意义的易位或转移就是指由相似联想和接近联想引起的名称的转移，即比喻和借代。

　　作为比喻性转移的基础的两种事物或现象的相似性包括形状的相似（如"瓶口"、"柳絮"、"藕丝"），位置的相似（如"山脚"、"船头"），职能、作用的相似（如"新长征突击手"），等等。

　　给比喻性转移提供特别丰富的语言材料的是有关身体、天象、动物、服装等的名称。例如：头、心、心腹、耳目、爪牙、骨干、骨肉、血肉，风雨、风声、冻结、卫星，豺狼、狐狸、老虎、走狗，领袖、帽子、小鞋。

　　作为借代性转移的基础的是两种事物或现象的经常的接近或联系，这种联系包括空间的、时间的、因果的，等等。例如：乐府（汉代采集民歌配上乐曲的官署→乐府所采集并配乐的民歌），英语 dish（盘子→〔盘中的〕菜肴），evening（晚上→晚会）。以局部代全体或以全体指部分是一种特殊的借代，这就是所谓"提喻"（synecdoche）。例如：英语以 sail（帆）代 ship（船），以 bread（面包）代 food（食物），或以 the army（军队）指 a soldier（兵士），以 creature（生物）指 man（人）等。此外，用事物的发明（发现）者的名字作为该事物的名称（如以"杜康"作酒的代称），以物质的名称来指成品（如英语以 glass〔玻璃〕指玻璃杯），以用具的名称来指成果（如以"翰墨"〔笔和墨〕指文章或书画），也都属于借代性的转移。

　　赫尔曼·保罗所提出的词义变化的分类法最初本来只有"缩小"、"扩大"、"转移"三类，可是由于这三类还不能包罗所有的词义变化过程，于是又补充一个第四类来容纳不便归入上述三个基本类别的一些现象。这个第四类包括意义的"贬降"和"扬升"、"夸张法"（hyperbole）和"曲言法"（litotes）。

　　所谓意义贬降是指一个词的否定的感情色彩产生和加强，甚至吞没其他意义，成为词义的中心。这种词义变化过程往往跟一定的社会阶级对人和事物的评价有关，主要见于某些指人的名词。例如：老爷、少爷。又如：英语 knave（无赖，坏蛋，流氓）本是"男孩子"的意思③。旧时穷人的男孩子常常给人家当仆人或听差，所以 knave 的意义很自然地转为"仆人"，而主人对仆人的态度又给这个词加上否定评价的感情色彩，这个色彩逐渐变成了词的中心意义，于是在现代英语里 knave 就只有"无赖"、"坏蛋"、"流氓"的意义了。类似的例子在英语里还不少，如 blackguard：仆人→坏蛋，恶棍。villain：田庄上的农民→乡巴佬，粗人→坏蛋，恶棍。显然，英语中这些词

---

　　①　《说文》十二上户部："房，室在旁也。"如《书·顾命》："在西房。"

　　②　比较法语 journée（一天）。

　　③　比较德语里的同源词 Knabe（男孩子）。

义的变化跟封建统治者对劳动人民的阶级偏见和恶劣态度有着联系。

所谓意义的扬升是指一个词的肯定的感情色彩或评价因素的产生和增强。例如：英语 knight（骑士）最初指"男孩子"或"仆人"，后来指"青年战士"，在中古英语里又添上"骑士"的意义，而到了现代英语里前三个意义都相继失去，knight 就只用于"骑士"的意义和"勇敢而高尚的人"这一个转义了。Knight 和 knave 这两个词本义相同，可是意义变化的方向却恰恰相反。这是很有趣的。

至于夸张法和曲言法，它们本来都是修辞手段，应当是修辞学的研究对象，这里就不讨论了。

以上介绍的就是赫尔曼·保罗根据逻辑原则制订的词义变化的分类方案。不过事实上在这个分类法里并没能始终贯彻逻辑的原则。不错，前三类是比较新旧意义所表现的概念的内涵和外延而定的分类，可是第四类就不然，词的感情（评价）色彩的增减变化并不属于逻辑的范畴。此外，这个分类法还有一个缺点，就是各类之间没有确定不移的界限，存在着相互交叉重叠(overlapping)的情况。比方说，所谓意义转移的过程往往同时是意义扩大或缩小的过程，所谓意义扬升或贬降的过程有的也就是意义转移的过程。总之，这个分类法系统还是不够严谨和完整的。

除此以外，关于词义变化还有许多别的分类法，不过并没有一种是完满无缺的或者被普遍采用的，这里就不加介绍了。①

＝延伸阅读＝

1.〔美〕J·艾奇逊《现代语言学导论》(Linguistics)，方文惠、郭谷兮译，福建人民出版社，1986。

2.〔美〕Dwight Bolinger《语言要略》(Aspects of Language)，方立等译，第四至第七章，外语教学与研究出版社，1993。

3.〔美〕爱德华·萨丕尔《语言论》，陆卓元译，第四至六章，商务印书馆，1964。

4. 伍谦光《语义学导论》，湖南教育出版社，1988。

5.〔美〕诺姆·乔姆斯基《句法结构》，邢公畹等译，中国社会科学出版社，1979。

6.〔英〕杰弗里·利奇《语义学》，李瑞华等译，上海外语教育出版社，1987。

7.〔美〕伯纳德·科姆里《语言共性和语言类型》，沈家煊译，华夏出版社，1989。

8.〔德〕威廉·冯·洪堡特《论人类语言结构的差异及其对人类精神发展的影响》，姚小平译，商务印书馆，1997。

---

① 参看兹维金采夫(В. А. Звегинцев)《语义学中的主要学派》，《语言学译丛》1959 年第 4 期。

＝问题与思考＝

1. 如何理解语音的社会性？一生只用过一种语言或方言的人，往往分不出音和它运载的义，如一个中国老太太说："法国人管'五个'叫'三个（cinq）'，日本人管'十'叫'九'（ジェー），英国人管'水'叫'窝头'（water），法国人管它叫'滴漏'（del'eau）。"这说明了什么？

2. 元音和辅音各自划分小类的依据是什么？

3. 音位和音位变体是什么？为什么说只有在具体的语言或方言中才能确定音位？

4. 常见的语法范畴有哪些？这些相应的语法意义在汉语中是通过什么方式来表达的？常见的语法手段有哪些？根据语法手段可以对语言进行什么样的分类？

5. 试举例说明语调对语法意义的影响。

6. 词义和概念的关系如何？

7. 词义由哪些内容构成？试据此辨析几组同义词或近义词。

8. 如何理解同义聚合？人们常说的"同义词"到底是什么意思？如何理解反义聚合？反义聚合有哪些类型？有人说"从义素分析的角度来看，同义聚合和反义聚合没有质的区别"，你同意这一观点吗？

9. 语义场是什么？这个概念对我们进行语言研究有什么意义？

10. 找出几组同义词和反义词对它们进行义素分析并辨析其语义。

11. 层次分析法和成分分析法各自有什么优缺点？

12. 用层次分析法来分析一些语言单位。

13. 划分词类的标准是什么？应该如何划分汉语的词类？

14. 如何理解"广义形态"，它包括一些什么内容？

第四章　语言的产生和发展

导　论

　　本章讨论语言的产生和发展。主要内容有：语言的起源；语言的发展变化——语音的发展变化、语义的变化和词汇系统的发展、语法的发展变化；语言的分化和统一；语言的接触等等。要求掌握共同语、方言和亲属语言，语言的变化和变异，双语和双言等概念。

　　语言的起源是语言学家、人类学家、历史学家等共同感兴趣的课题，也是至今为止尚未解开的一个谜团。关于语言的起源主要有两种说法：神授说和人创说。人创说又可以分为：摹声说、感叹说、劳动号子说、社会契约说、手势语说和进化说。目前是进化说占优势。进化说认为人的进化形成直立行走、手脚分工，使劳动变得更为复杂，也使协作增多，使语言的产生成为必然；同时直立行走使视野更加开阔，思维能力增强，也使喉头逐渐下移，发音通道变长，能发出更多更清晰的音，这样就从思维能力和发音器官两方面为语言的产生提供了可能性。具备了必要性和可能性，语言也就产生了。

　　语言是稳定的，又是不断发展变化的。语言的语音、语义、词汇和语法等都在不断地变化发展。

　　语音的变化我们很容易发现，譬如：用普通话去读古代的诗词，会发现许多词语不再押韵了；英语当中有许多词的写法与读音不一致了。这些都说明古今语音起了变化。在方言、地名、人名中会保留一些古音，是古音的"活化石"。语音的变化既表现为个别音的历时音变，也表现为音位系统的变化。音位系统的变化又可以分为两种情况：（1）音位的合并与分化。如从古到今汉语的浊音归入清音是合并，双唇辅音分成重唇音和轻唇音是分化，而非音质音位声调的变化则是有分有合，即"平分阴阳，入派三声"。（2）音位组合规律的改变。如/p'/、/t'/、/k'/、/m/在古代汉语中既能出现在音节的开头也能出现在音节的结尾，也就是既能作声母也能作韵尾，但在现代汉语普通话中只能出现在音节的开头，也就是只能作声母，不能作韵尾。

　　语义的演变和词汇系统的发展变化是最快、最明显的。语义演变源自于内部因素和外部因素两方面的原因。语义演变的方式主要有：语义的缩小、语义的扩大、语义的转移等。词汇系统的发展变化表现为新词语的产生和旧词语的消亡,虽然一种语言中总是同时存在着新词语的产生和旧词语的消亡,但旧词语消亡的速度、数量远比新词语产生的速度、数量要慢和少,所以任何语言的词汇系统总是越来越丰富、越来越发达。新词语是词汇系统中最活跃的部分,应该引起我们足够的重视。

语法相对来说变化较慢,语法的变化表现为组合规则的演变和聚合规则的演变。组合规则的演变主要表现为语序的改变,聚合规则的演变主要表现为语法范畴的消长、词类的变化。语法演变的方法主要有:类推(类化)和异化。类推即用某一种形式把表示同一语法意义的不同形式统一起来。异化即原来用同一种语法形式表示不同的语法意义,后来为了互相区别而改用不同的语法形式分别表示不同的语法意义。

语言的发展变化有其内部规律和特点,集中表现为:渐变性和不平衡性。语言发展的渐变性指语言作为社会的规约,同时作为社会成员共同的交际工具,它需要保持相对稳定的状态,不允许一下子发生大的变化。因此,语言不可能发生突变,其发展变化是缓慢的、逐渐的。语言发展的不平衡性表现为各个方面:既指不同语言之间的发展不平衡,也指同一语言在不同时代、不同地域发展的不平衡,还指在语言的内部要素语音、词汇、语法之间发展不平衡——词汇发展变化得最快,语音和语法相对稳定。

语言发展的地域不平衡性表现为"同时代的辐射性和不同时代的复杂性",各地语言的差距逐渐加大,其结果是形成地域方言或亲属语言。

现代语言研究把方言分为两类,一类是地域方言,一类是社会方言。地域方言是全民语言在不同地域的分支,社会方言则是社会内部不同年龄、性别、职业、阶级、阶层的人们在语言使用上表现出来的一些变异,是言语社团的一种标志。要把变化和变异区别开来。变化是一种历时现象,是替代;变异是一种共时现象,是共存。

亲属语言是从同一种语言分化出来的几种独立的语言。如汉语和藏语来自史前的原始汉藏语,同出一源,所以是亲属语言。各亲属语言之间,在语言要素里和语言成分里或多或少地保留了一些同出一源的痕迹,因此可以把不同语言的材料加以比较,研究它们之间是否存在有规则的对应关系,以此来确定它们的亲属关系,并以此对语言作谱系的分类。所谓谱系分类,就是根据远近亲疏关系将源自同一始源语的诸语言划分成语系、语族、语支等层次,属于同一语支的语言关系最亲密、相似点最多,属于同一语族的次之,属于同一语系的又次之,不属于同一语系的语言之间则没有亲缘关系,相似点较少。同一语言在不同地域的后代是方言关系还是亲属语言关系,往往并不取决于语言本身差异的大小,而是取决于语言使用者的心理认同。

语言的统一主要表现为地域方言统一为民族共同语和不同语言的融合两种情况。

共同语是在某一地域方言的基础上形成的。哪一种方言能成为共同语的基础方言取决于社会经济、政治、文化等各方面的条件。推广民族共同语,是为了消除方之间的隔阂,增强民族凝聚力,而不是为了禁止和消灭方言。方言的语言材料不断丰富和充实共同语。

语言在互相接触过程中会发生融合现象,即一种语言排挤和替代其他语言而成为全社会的共同交际工具,在融合的过程中,哪一种语言能够替代其他语言而成为胜利者,成为全社会的交际工具,是由社会历史条件决定的,一般是经济文化地位高的一方排挤替代经济文化地位低的一方,政治上是否处于统治地位并不是决定的因素。语言融合的方式有自愿融合和被迫融合两种方式。语言融合是个漫长的过程。在这个过程中,大体上是先出现双语现象,最后是一种语言排挤、替代另一种语言,从而完成语言统一。双语现象是两种语言融合的相持阶段,可能很短,也可能很长。如果两个民族向分离的方向发展,语言就会各自独立,最后也不融合。

不同的语言在相互接触之中,必然要从对方语言中吸收一些有用成分来丰富自己,以满足交际的需要,这就是语言成分的借贷。语言的借贷最常见的是词汇层面的,也可以是语音和语法层面的。词汇的借用可以有音译、意译、音译兼意译、形译等方式。语言的借用是民族关系的一个见证。有些原本差异较大的语言因为地域上的接近而长期借贷,产生很多的共同点,形成语言联盟。

洋泾浜(又称皮钦语)和混合语(又称克里奥耳语)是语言接触中的特殊形式,两者都是被改造过的、支离破碎的、不地道的外语,但洋泾浜一般不用作正式交际用语,混合语则用作正式交际用语,而且作为母语传给第二代。国际辅助语是综采众语言之长、人工制订出来的国际交际用语,目前较成功的是世界语。

语言是一种特殊的社会现象,语言和社会相互依存。语言具有一切社会现象都具有的特点,即为社会服务。语言随着人类社会的产生而产生,也是随着人类社会的发展而发展的。社会的发展变化是语言发展变化的基本条件和强大动力。社会的任何变化都会在语言中反映出来。当然,语言朝什么方向发展变化则要受到语言内部各要素的相互制约影响。

选 文

语言的发生和演变

〔美〕王士元

导言——

本文选自北京大学中文系编《语言学论丛》第 11 辑,商务印书馆,1983。

作者王士元(1933～　　),生于上海。1951 年毕业于美国哥伦比亚大学,1960 年获美国密西根大学语言学博士学位。美国加州柏克莱大学语言系教授,香港城市大学语言工程学系客座教授。台湾中央研究院院士。著名语言学家。他提出的"词汇扩散理论"在语言学界影响很大。

选文是作者1979年在北京大学的学术报告整理稿的节选。论述语言的发生、语言的演变、语言和文字的生理基础三方面的问题。围绕关于语言起源的时间背景、语言和语音的关系、发音器官和大脑等三个方面的问题来论述关于语言的起源问题。关于"语言的演变"重点介绍了"词汇扩散理论"及其运用情况,并就词的变化速度的决定因素、儿童学话及与词汇扩散有关的其他问题结合语言材料与相关实验作了具体论述。最后讨论了语音与文字的关系,并介绍研究文字的一些新收获,提出"世界上一般语言所用的文字,字和意义之间都不直接发生联系,而是通过语音,然后才达到意义"的观点,并以他人的实验加以验证。

一、语言的发生

语言的发生问题就是语言的起源问题。这个问题在西方的传统文化里很早就引起人们的兴趣了。《圣经》的开头部分就有好几个地方提到上帝是怎样把语言传给亚当的。因为基督教是犹太人创立的,所以直到今天还有人以为人类最早的语言就是希伯莱语。还有比《圣经》更早的记载。最有名的是一个古埃及皇帝的故事。他把两个刚生下的婴儿放在一个屋子里,不让他们听到任何人说话。等婴儿长大学话的时候,他就注意听,有一次听到发出来的一个声音像某种语言里的一个词,就由此推断人类最早的语言就是那种语言。[1] 这些自然都只是传说故事,但说明在国外很久以前就有人对这问题感兴趣。但是这些文献记载只限于西方文化,因此是片面的。中国古代文献里有多少这方面的记载,我不清楚。中国文化的发展和古希腊、古埃及、古希伯莱完全不同。如果国内有人能对这个问题做一些研究工作,我想,对人类的思想发展史是会有贡献的。

从埃及的故事到现在已经有两千年之久,这方面的记载非常之多,可是没有什么有科学价值的。比如有人认为语言起源于原始人劳动时所发出的声音,这就是所谓"唷,希呵"理论。有人认为原始人是从摹仿大自然的声音开始慢慢建立语言的,这就是所谓"叮当"理论。还有人认为语言是从摹仿动物的叫声开始的,这叫做"Bow—wow"理论[2](Bow—wow指狗叫声)。这些理论之所以没有价值,一个很明显的弱点是把科学和宗教的概念混在一起了。另一个基本弱点是完全用哲学方法来推测,而

---

[1] 参看岑麒祥《语言学史概要》,科学出版社,1958年,第8页。

[2] L. Bloomfield:*Language*(语言论),1933年,第6页。国内现有袁家骅等的译本,可以参看。

不是用科学方法去研究,去实践。各种说法都是不可能有反证的,因而也就没有被证明的可能,有时甚至连问题本身都是模糊的。两千年来,尤其是近几百年来,为了研究这个问题,耗费了不少哲学家和语言学家的精力,从而阻碍了语言学的进展。所以,1866年法国语言协会订了一条规则:在巴黎法国语言协会开会的时候,不允许有人做有关语言起源的报告,他们的学报也不接受有关语言起源的文章,因为可以猜想那大概都是一些废话。此后,许多语言协会也都订了这样类似的规则。在这以后的一百多年里,关于语言起源的问题就没有展开什么讨论。

1976年,美国纽约州的科学院主持召开了一次规模很大的会,讨论的题目是"语言和语音的起源和演变"。参加这个会的有语言学家、人类学家、心理学家、动物学家、考古学家、地理学家等好几千人。这个会很受外界重视,《纽约时报》还做了详细的报道。会后把会上讨论的文章汇集在一起,印出了一本将近一千页的厚书,内容涉及十几个不同的学科。[①] 这个讨论会是近几年语言研究中最精彩的活动之一。今天我想谈的内容就和它有密切的关系。下面围绕三方面的问题谈:一、关于语言起源的时间背景,二、语言和语音的关系,三、发音器官和大脑。

在语言起源的时间背景中,最关键的一点是世界上生物的历史到底有多久。一百多年前,生物学界对生物的起源问题作了一些基本研究,提出了两种原则上对立的意见:一种认为各种生物都有它个别的来源;另一种相反,例如达尔文,认为所有的生物都是由一种或几种不同的原始生物分化、演变而来的。如果要把这两种不同看法进行比较,就必须同时考虑生物进化历史的长短。要是生物的历史很短,看不出什么变化,那么语言的来源,种种生物的来源,就变得很神秘,就只能承认语言是神给我们的,或者还有其他神秘的来源。相反,要是认为生物有很长很长的进化历史,那么上面的第二种意见就容易被人接受。也就是说,生物是从一个很简单、很原始的系统,经过亿万年的演化,然后才达到现在这种奥妙复杂的境地的。而人的手,人的眼睛,以及语言等等,也都是经历了漫长的演变过程的。

生物的演化史到底有多长? 根据地质学、天文学、古生物学等许多学科的综合资料来看,地球大致形成于四十六万万年以前。地球存在的早期,自然是不会有生物的。在达尔文的时代,生物学家认为最初的生物出现在五万万年以前。但是二十世纪五十年代,发现了一些极为微小的化石,这些化石确实是古生物所留下来的,经过研究,对生物的历史又有了进一步的认识。现在一般公认生物已经有三十六万万年的历史。在这样长的历史时期内,可以相信,有很多东西是可以产生,可以变化的。为了使大家看得更清楚一些,我们姑且把历史上的三十六万万年算做一年。一年有

① Stevan R. Harnad, Horst D. Steklis, and Jane Lancaster, editors, 1976, "Origin and Evolution of Language and Speech"(语言和言语的起源和演变),*Annals of the New York Academy of Sciences*, volume 280, 1976。

三百六十多天,那么,一天差不多等于一千万年。一天有二十四小时,那么,每小时等于四十二万年。这样推算下去,每分钟大约等于七千年。这就把时间范围大大地缩小了。在这个缩小了的时间范围内,如果元月一日生物开始出现,到十二月一日恐龙出现又死亡,十二月二十五日灵长目动物出现,十二月三十一日猿类出现,十二月三十一日晚上十一点周口店猿人才开始用火。由此可见,生物的演化时间有多么长久。语言这么一个复杂奥妙的现象正是在这很长很长的生物历史背景中产生的。现在看到的一些原始文化遗迹都是在这一年的最后一分钟形成的,汉字也是在这最后一分钟出现的。但是,在这最后一分钟内发展的速度是过去无法比拟的。因为,从原则上讲,有了语言文字以后,文化演进的速度比生物的演进就要快得多。比如,生物从在地上爬变成能在天上飞,要用几千万年的时间;而文化上解决飞的问题,即使从意大利人达芬奇最早开始设想飞机算起,到进入现代喷气机的时代,也只用了不到一千年。语言的演变,有它的生物部分,也有它的文化部分。当语言的演变有了它的生物部分的基础以后,它的演变就跟着文化前进,速度就变得非常之快了。

对生物演变的时间背景有了了解以后,就可以进一步讨论这一段时期内生物之间的关系了。这方面的研究过去大都是利用化石,看化石上骨头的形状,什么骨头接什么骨头,等等。这些都是很粗的办法。现在不仅仅依靠人类学和考古学,还可以根据遗传学和生物化学来进行研究。每种生物的遗传基因都有自己的遗传密码,在适当的研究条件下,可以把一种动物的基因分离出来。比如,把马和驴的基因各自分开,然后又把它们的一部分基因合在一起,看看是不是能粘合起来。根据遗传基因能否粘合在一起,粘合部分有多少等等,就可以测定马和驴的亲缘关系如何。所有的生物都可以用这样的办法来研究它们亲缘关系的远近。此外,免疫学也为这方面的研究工作提供了一些技术。比如,研究血球对于化学因素的反应,反应相近的,亲缘关系就比较接近,反应差得远的,亲属关系就远。由于各种学科的共同努力,现在对世界上两百多万类生物之间的关系,已经了解得相当清楚了。

从灵长目动物开始(六千万年前),逐渐分出了各个支派。其中一支是新世界的猴子,即南美、北美的猴子,保存了较多的原始特征。另一支是旧世界的猴子,原始特征比前一支少。大约在两千万年以前,才开始出现猿类。猿的分类,已经研究得相当清楚。有一组在亚洲,包括长臂猿和东南亚的一种猿。在非洲也有两种猿:一种是大猩猩,一种是黑猩猩。根据生物化学和遗传学的方法来研究,人和黑猩猩的关系是非常密切的。灵长目动物至少已经有六千万年的历史。人和黑猩猩都是从古猿演变来的,分开的时间只不过在一千万年以前。由于黑猩猩和人在生物演变的过程中有那么长的相同阶段,因此有很多共同的地方。例如,黑猩猩牙齿的种类和数目跟人类最相似,脑的结构和神经系统也跟人类最相似,血球的构造百分之九十九以上是一样的。因此有人说,人和黑猩猩的差别大部分只是量上的差别,而不是质上的差别。所以,要研究语言的起源和演变,一定要研究新世界的猿和猴子是怎样变成人的。因为到了这个阶段，才开始有了这样丰富的用于交际的工具——语言。[①]

从古代的猿变成现代的人，是和生活环境有密切关系的。猿猴生活在森林里，在树上活动，睡觉、走路是用四只脚。现在非洲有一种很大的猴子，也还是用四只脚走路的。后来，由于地球上气候发生了极大的变化，许多地区的森林逐渐消失。一部分古代的猿猴因为不能适应环境的变化而灭绝了；一部分找到了新的森林定居下来，进化为现代的猿类，也就是黑猩猩、大猩猩等等；另外一部分移居到平原，它们就是现代人类的远祖。[②]

这部分猿猴移居到平原以后，由于环境的变迁，生活方式发生了变化，于是逐渐从四只脚走路变成三只脚走路（现在我们看到的黑猩猩和大猩猩，它们走路就等于用三只脚，因为总有一只手按在地上当脚用），躯干逐渐发展成半直立状态，最后完全摆脱了用上肢帮助走路的习惯，直立起来用两只脚走路。从身体与地面平行用四只脚走路到直起身体用两只脚走路，这是和语言的产生有密切关系的。用四只脚走路的时候，吃东西，移动东西，打架，各种动作都只能依靠嘴。嘴担负了这么多的职能，就不大可能发出各种不同的声音，语音产生的可能性也就小了。站起来以后，拿东西、打架等等动作都可以用手来代替了，嘴就逐渐变成了进行交际的重要工具。同时，由于站起来以后，喉头受地心吸力的影响渐渐往下移，从嘴到声门间的空腔慢慢扩大了，因此增加了发音能力。由于这些功能上的变化，人类的嘴的发展就和别的灵长类动物有了很大的区别。对于人类语言的产生和发展来说，这一步发展是有着极其重要的意义的。

从 30 年代开始，美国很多学者在发现黑猩猩和人类有密切关系的基础上，猜想黑猩猩也许是可以说话的。一些心理学家在这方面进行了不少实验，其中比较有名的是 Keith 和 Cathy Hayes 所做的实验。他们在家里养了一只黑猩猩，叫 Viki，和自己的一个和 Viki 同岁的孩子放在一起照料。开始的时候，Viki 比他们的孩子能干多了，很早就会跑，能拿东西，抢着出门，非常淘气。对比之下，他们的孩子就只能躺在床上，活动能力很小。但一两年以后，情形就不同了。小孩子越来越聪明，懂事了，会说话了。但是，他们无论花多少精力，都无法使 Viki 说出话来。直到最后，Viki 所能听懂的话，仍不超过十个词。于是就有人下结论，认为黑猩猩是很愚蠢的，它没有用符号象征思想的能力。但是后来事实证明，这个结论是错误的。

60 年代，有一对夫妇叫 Allen Gardner 和 Beatrice Gardner，他们认为，Viki 学话

① William S-Y. Wang（王士元），editor，1982，*Human Communication：Readings on Language and its Psychobiological Bases*（人类交际：语言及其心理生理基础读本），San Francisco：W. H. Freeman Company。

② 人类学家对这个问题的最新说法，请参看 D. C. Johanson 和 T. D. White"A Systematic Assessment of Early African hominids"（早期非洲人种的系统估计），*Science*，202～321～30，1979。

之所以失败，并不是因为它没有用符号象征思想的能力，而是因为在长期演化的过程中，人类的嘴和黑猩猩的嘴走上了两条根本不同的道路，要黑猩猩的嘴去做人类的嘴所能做的事，这要求可能是不合理的。尽管如此，黑猩猩的脑子也许是很发达的。于是，他们饲养了一只名叫 Washoe 的黑猩猩，它是在不到一岁时被从非洲带到他们家里去的。他们不是去教它说话，而是教它学习聋哑人的手势语。结果，Washoe 在短短几个月的时间内就学会了一百多个手势语。（而 Viki 用了好几年时间才学会了四个发音很含糊的词）不仅如此，Washoe 还会创造性地使用手势语，用它表达一种新的意思。比如，用表示"脏"的手势表示它对狗的厌恶，不喜欢，用表示开门的手势表示要打开收音机（在英语里，这两个动作根本不是用一个词来表示的，"开（门）"是 open，"开（收音机）"是 turn on）。它甚至还会把两种手势结合起来表示一个新的意思，比如它想吃西瓜，就用表示"水果"和"水"的两种手势来指西瓜，意思是西瓜是含水的水果。可见黑猩猩并不只是死板地学一些手势，而是有它的创造性的。

从 Washoe 开始，大家对黑猩猩的学话能力有了进一步的认识。此后，又有一些实验室分别饲养了一些猩猩，它们学的"语言"各不相同。比如，有一只叫 Sarah 的猩猩，学话的办法是在铁板上放上不同的符号，表示不同的意思。左图就是 Sarah 所用的符号的一些例子。Sarah 不仅学会了命令句，而且还学会很多不同的句法结构，像"Sarah 如果想吃香蕉，那么 Sarah 应该把铅笔放在抽屉里"这样复杂的句子，它也可以看懂。还有一只叫 Lana 的黑猩猩，是由电子计算机带大的。它会按电子计算机的按钮，让计算机给它开门，让计算机叫人来跟它玩。它还可以通过电子计算机听懂一些问题，并且作出回答。目前，还有一些人正在对灵长类的其他猿类进行类似的语言实验。

	Sarah
	插入
	苹果
	厌倦
	香蕉
	盘子

现在的问题是，像 Washoe 这样的猩猩到底算是学会了语言没有。这要看你对语言下的是什么样的定义。如果你认为语言必须是有声的，那么它就没有学会。如果你认为语言可以是任何一种用 A 来代表 B 的符号系统，那就可以说它已经学会了一种语言。事实上语言系统是可以用种种不同的符号来表示的，语音只是其中的一种符号，手势是另外一种符号。人类在演化过程中把语言和语音联系在一起，这种联系是无法教给别的动物的。但是，黑猩猩和大猩猩在演化过程中和人类有那么长的相同阶段，所以它们也应该有用符号象征思想的能力。以前，我们认为语言离不开语音，所以得出一个错误的结论，认为别的动物都不可能有语言。现在只能说，别的动物不可能有语音，但还是可以有很简单的语言。在各种符号中，语音是最理想、最有效的符号。人类选择了这种符号，才使语言能达到今天这样丰富发达的地步。黑猩猩和大猩猩只会用另一种符号，所以在语言的发展上远远赶不上

人类。

　　人类选择语音作为符号并不是偶然的,这是可以从生理结构上作出解释的。过去几十年,有些人在这方面做过一些研究,发现人的声门的部位比别的灵长类动物低得多。最近美国 Brown 大学的语言学系主任 Philip Lieberman 在前人的基础上做了进一步的研究。他对比了狗、旧世界的猴子、黑猩猩和人的声门部位,发现狗的声门最高,会厌和软腭有很大的交错的地方。旧世界猴子的软腭和会厌交错的地方减少了,因为它们半直立以后,肺和气管的位置慢慢地往下移,会厌也就跟着下降了。黑猩猩的软腭和会厌就完全分开了。人类的声门部位下降更多,会厌和软腭之间相距达几十毫米。这样,人的口腔和咽腔就形成了两个相当独立的气腔。两个气腔配合起来,就可以发出很多不同的声音。别的动物由于声门部位高,只有一个气腔,可以发出的声音就要少得多。Lieberman 的这些论述虽然有一些动物学家、生物学家和医学家表示不同意,但是我个人认为大致是可取的。声门下降确实可以大大增加音高控制的范围,也可以增强发音的能力。比如,常见的元音[i]、[u]、[ɑ]都需要声门相当低才能发出来,[k]、[g]、[ŋ]这一类舌根音也是这样,至于更根本的口音和鼻音的区别,更需要声门相当低才能分开。①

　　语音和声门的关系虽然这样密切,但是研究语言的产生,如果把注意力完全集中在这方面,方向就错了。因为人能说话,主要不在于多了几个元音和声调,而是在于表达思想的象征能力强,这种能力来自大脑,而不来自喉头。近十几年来,我们对于人的大脑,主要是大脑和语言的关系,有了不少新的了解。

　　把人和动物的大脑加以比较,至少有这几点重要的区别:第一,人的脑子比任何动物的脑子都大。大猩猩虽然身体比人大两倍到四倍,但它的平均脑量只有 400 多克,而人的平均脑量有 1500 克左右。第二,人的大脑皮层的面积大。大脑皮层表面皱在一起,有许多非常紧密的皱纹使面积大大增加,脑神经的细胞可以达 140 亿个左右。第三,人脑发展的速度快。猩猩的脑子一生下来就相当完整了,脑子的重量差不多是最大的时候的一半。人类完全不同,初生婴儿的脑量只有 350 克左右,而且很不中用,各种神经之间的突触大部分还没有连接起来。但是以后它的发展速度很快,到两岁的时候,平均脑量是 1000 克左右,到成年的时候,平均脑量是 1400～1500 克左右。由此可见,人生下来的时候,大脑只有四分之一的重量,在以后的发展过程中才逐渐完善起来,所以人受环境支配的程度比猩猩大得多。当然,脑量不能作为智力发展的唯一标准。但是,一般来讲,尤其是从动物之间的对比来讲,脑量的大小和智力还是很有关系的。下图是人和一些动物脑子大小的对比:

　　早在一百多年前,就有人发现大脑的左部和语言有很密切的关系。近几十年来,

　　① Philip Lieberman, 1975, *On the Origins of Language*(语言的起源),New York, MacMillan Publishing Company。

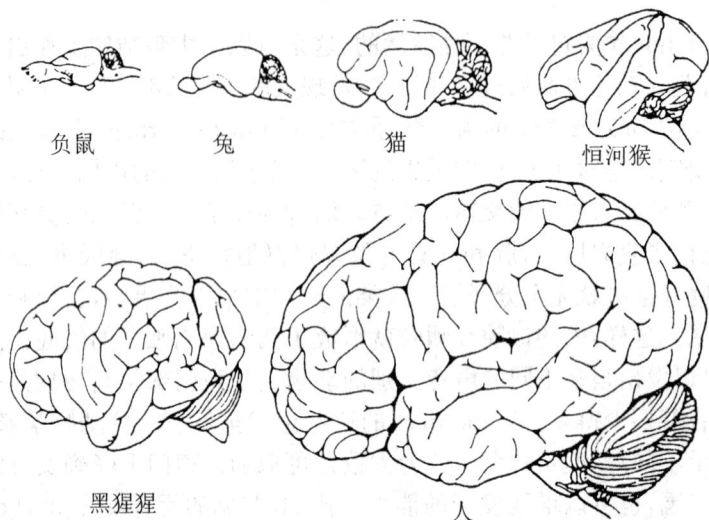

负鼠　　　　兔　　　　猫　　　　恒河猴

黑猩猩　　　　　　　　人

对大脑和语言的关系又有了进一步的认识。例如，哈佛大学的 Norman Geschwind 教授根据神经功能上的不同，把大脑皮层的语言中枢分成三个区域。① 不同的区域受伤后，表现出来的失语症各不相同。比如，如果其中一个区域受了损伤，听懂话虽然没有问题，但是说话时一个字一个字连不起来，特别是使用虚词发生了困难。如果另一个区域受了伤，表现就完全不同。这种病人说话很流利，语调也正确，但是他说的完全是不合理的话，听起来不知所云，有些词甚至是他胡诌出来的。听人说话，看书也都会发生问题，因为他了解语言的机能出了故障。刚得这种失语症的人往往不知道自己有这种病，以为自己说的话都是有条理的，因此别人听不懂他就非常着急。在语言中枢的三个区域之间，还有一套神经把它们联系起来，如果这些神经损坏，失语症就表现为不能重复自己刚才说过的话。比如他说了一句："你今天好吗？"你要他再说一遍，他虽然懂你的意思，但是做不到，因为联系三个语言区域的神经受伤了，不能把这个意思传递过去。

对语言起源问题的研究，现在越来越具体了。有一些人进一步考虑：脑子和语言的关系既然如此密切，这种关系究竟是后天环境造成的，还是先天就有的呢？这确实是一个很基本的问题。最近一些动物学家和心理学家对动物的行为产生了很大的兴趣。比如，有人发现小鸭子在刚刚出生后的十小时之内，如果给它看到一个正在动的东西，它就会老是跟着这个动的东西走，把它当作妈妈。像这种行为自然一大部分是先天的，不是教出来的。还有一个英国的生物学家以海鸥为对象进行了一项实验，

---

① Norman Geschwind，1974，*Selected Papers on Language and the Brain*（语言和大脑文选），Boston，D. Reidel Publishing Company。

几年前因此获得了诺贝尔奖金。他趁孵卵的海鸥外出觅食的时候,在海鸥蛋旁边放了一个木头做的非常大的假海鸥蛋,做得和真的完全一样。海鸥飞回窝来以后,判断不了哪个蛋是真的,最后竟然选择了那个特别大的木头假蛋来孵。海鸥的脑子告诉它,蛋越大越好。这也是一种先天性的行为。如果海鸥有后天形成的识别本领,那就很容易判断哪个蛋是真的了。

　　以上都是从动物身上观察到的现象:它们生下来的时候,脑子里就有了固定的电路,这些电路告诉它们在什么样的情况下应该有什么样的行动。那么,人类在学习语言的时候是否也有类似的情况呢? 小孩学话的能力那么强,学习的速度那么快,是不是我们生下来的时候,脑子里也有电路在指挥我们,让我们注意什么样的声音重要,什么样的声音不重要,以及这些声音之间的关系是什么样的呢? 自然,这方面的问题是极其复杂的,还有待于进一步探索、研究。

　　现在,我们已经把一开始提出来的三方面的问题都谈到了。虽然对语言是怎么发生的这个基本问题目前还不能作出肯定的、完整的答复,但是,经过 1976 年纽约州的科学大会以后,这个问题的解决已经有了一个正确的方向。现在,在这方面进行研究的人不再是纸上谈兵了,不再是泛泛地空谈了,而是从各个方面把问题分成个别的、很小的题目,收集材料进行研究。有的问题已经得到了比较满意的答案,有的还在继续探讨。总之,关于语言起源的问题,现在已经提得比较科学、比较具体了,解决问题的基础也已经打下来了。问题不一定很快能解决,但是至少已经朝着正确的方向在一步一步地往前走了。语言是人类的一种最复杂、最奥妙的行为,牵涉到种种不同的活动。做学问像金字塔一样,基础广阔才能高。单单由一门学科,比如语言学、心理学或声学去研究语言,局限在一个窄小的领域内,收获一定小得多。要由许多相关的学科,不同的专家,一起协作,共同努力,才能获得巨大的成果。

二、语言的演变

　　首先要说明的是,语言是和许多生理、心理现象紧密联系着的。有些人认为,语言这种机制在神经系统里是作为一个单独的部分存在的,和别的部分并没有很大的关系。有人甚至把语言看成是一种单独的器官,认为语言是人类演变历史中由于某种基因的巨大突变而产生的。N. Chomsky 在 1976 年讨论"语言和语音的起源和演变"的大会上就曾经说过,语言等于是一种心理上的器官。这种看法未免把语言和语音的发生看得太神秘了。不过目前接受这种看法的人已经越来越少了。种种事实证明,语言并不是孤立存在的,它和许多生理和心理现象密切相关。

　　首先,语言和人的记忆力有直接的关系。人在老年或病重的时候,往往会忘记不少以前常用的语词。其次,它又和分析能力紧密相关。人可以把词组合成句子的这种高度的抽象分析能力,在各方面都有所表现。比如,音乐的结构和语言的结构是大同小异的,都是一层一层组织上去的,形成一种分层次的系统。现在已经有不少语言学家在注意语言和音乐在发生和演变上有没有互相联系的因素。最后,语言又和人的感觉能力有密切的关系。人耳所能听到的声音,幅度可以超过一百分贝,频率可以超过一万多赫。正是有了这样敏锐的感觉器官,才能产生像语音这样一整套复杂丰富的信号系统。这些能力——记忆能力、分析能力、感觉能力以及别的一些能力都是语言必须具备的,而且在语言发生之前必定已经存在了。别的动物,像黑猩猩,也有这些能力。举一个例子,非洲的黑猩猩爱吃一种白蚁,但蚁洞很小,手伸不进去,它就找一根又细又长的树枝伸到洞里,等白蚁爬到树枝上以后拉出来再吃。这说明黑猩猩也有相当强的分析问题的能力。人类的特殊发展在于能够把这几种能力联系在一起,综合成一种有系统的工具,这种工具就是语言的前身。语言发生以后,又对这些有关的能力起了反馈的作用,使它们发展得更快。别的灵长目动物则由于不能把这几种能力综合在一个系统里,在和人类的演变的竞争中越来越落后了。用电子计算机的术语说,语言是一种交接面,是把人类的有关智力的几部分综合在一起组成的。这种综合究竟用了多长时间才完成,这是一个现在还解答不了的问题。但是,从开始具备这种综合能力直到现在,这个漫长的发展过程,我想可以分为两大阶段:生长阶段和稳定阶段。可以用下图来表示。①

如图所示,在开始阶段,语言的生长大概很不稳定,发展得对头就增加了语言的丰富性,发展得不对头就反而减少了丰富性。这样反复地经历一个很长时期,直到某一时候一个新的阶段开始,语言结构就比较稳定了。生长阶段

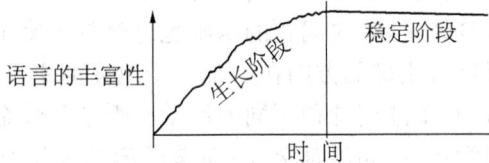

到底有多长,还不清楚,也许曾经经历过几十万年甚至几百万年的时间。稳定阶段则是现在的情况。目前世界上各种语言都有很多共同的特征,即所谓"语言普遍性"(language universals)。有了这些特征之后,就意味着进入了语言的稳定阶段。这些特征把人类语言的范围固定住,限制住,语言的演变也就只能在一个较窄的范围内进行了。

人们对语言演变的研究是从什么时候开始的? 这是一个属于学术史范围的问题。1968 年,U. Weinreich,W. Labov 和 M. Herzog 合写了一篇文章,叫做《语言演

---

① William S-Y. Wang(王士元),1978,"The three scales of diachrony"(历时分析的三个尺度),pp. 63～75, in *Linguistics in the Seventies*, B. Kachru, editor, Department of Linguistics, University of Illinois.

变原理的经验基础》(Empirical Foundations for a Theory of Language Change)①，这篇文章对语言演变做出了基本的贡献，研究历史语言的人不可不读。当然，他们的意见也并不是完全可以接受的。例如，他们认为这种研究开始于拉丁语的历史范围内，这就把语言学和历史语言学研究的开端只推到 16 世纪初的意大利。这种说法显然太片面了，因为早在中国汉代，许慎在《说文解字·序》里就已经有很多地方提到语言演变的问题了。中国语言学在思想史上是有很大贡献的，不幸往往被人忽略。希望国内有人在这方面多下功夫，把前人的贡献介绍出来。

在近代语言学里，对语言演变问题提出最为完整有力的理论的，还要算大约一百年以前德国的一个学派，就是所谓新语法学派(Neogrammarians，简写作 NG)。新语法学派在语言演变问题上有很多根本性的贡献，今天只介绍他们在语音方面的贡献。他们认为，要研究语音的变化，首先要明白语音的变化不是杂乱无章的，而是有规律的。这在当时是一个很有力量的理论。他们还认为，研究语音的变化，就是要找出这个规律，然后加以说明。所谓有规律，是指某个语音，比如说在二百多个词里头的某个语音，如果要变，就同时都变。他们认为语音变化可以从两个方面去看，一是作为词汇中的词，二是作为变化中的语音的不同特征。作为词汇，要变就都变，因而是一种突变。作为语音，变化是逐渐的，因而是一种渐变。这两者的关系正好相反。

把语音变化看成是一种渐变，这是由于一般研究语音的人观察不到语音总在变化。新语法学派认为，语音变化是逐渐的，变化的每一步都是很小的。这种看法从一百多年前提出来以后一直到现在，还是国外历史语言学中最为人们广泛接受的看法。② 丹麦著名语言学家 Jesperson 曾经作过一个比喻：就像锯木头一样，如果你想把每块木头都锯得一样长，每次都用锯下来的木头比着去锯下一块木头，只要稍不小心，开头和最后两块木头的长短就可能差得很远。Jesperson 认为，语音演变的情况正就是这样的：每次差一点，但积累几十年，几百年，差别就显著了。

但是这种说法仍然不免使人产生疑问。我在 60 年代时就曾感到有些问题很难理解。举一个简单的例子：英语中音节开头的字母 k 曾经经历过一个历史音变过程，目前在一定条件下变得不发音了。比如 know，古英语发音是[kn-]，现代英语是[n-]（但如果 k 的前面还有元音，发音仍旧保留，如 acknowledge[əkn-]）。如果根据新语法学派的理论来看这个音变现象，就有问题了。这个 k 究竟是怎样渐变的呢？它总不能在这个词里变了百分之五十，在那个词里变了百分之六十五，又在另外一个词里变了百分之八十吧？k 要么就有，听得见；要么就没有，听不见。或是有，或是没

①　载于 *Directions for Historical Linguistics*（历史语言学的方向），pp. 95～195，W. P. Lehmann and Y. Malkiel, editors, University of Texas Press。

②　参看"Resolving the Neogrammarian controversy"（解决新语法学派的争论），William Labov，1981，*Language*，57. 267～308。（会长致词全文，1979 美国语言学年会，洛杉矶）

有，不存在什么中间的道路。这样看来，变化就似乎应该是突然的，而不是逐渐的了。

但是，如果认为语音是突变的，也会产生问题。因为语音的变化的确不会是那么突然的。比如这个 k，绝不可能头一天晚上睡觉还在，第二天早晨就没有了。所以，音变总的来说仍然是一小步一小步走的。但在某些语言现象中，语音的变化既然是突然的，词汇的变化就不会也是突然的。这样看来，新语法学派的语言演变是渐变的理论，至少可以说是不全面的，不能用来说明所有的语言现象。

我把这种语音是突变、词汇是渐变的现象称之为"词汇扩散"（Lexical diffusion）。它和新语法学派语音渐变，词汇突变的说法正好相反（见下表）。

	词　汇	语　音
NG	突　变	渐　变
词汇扩散	渐　变	突　变

"词汇扩散"理论的基本内容是，我们虽然不容易看到语言在变，但很容易看到语言在任何时候都存在共时变异的现象，比如总是有些词具有两个或更多不同的念法。这种共时变异正是"词汇扩散"常常经过的途径。[①] 下表可以说明"词汇扩散"是怎样通过这种共时变异进行的。

阶段词	未变	变化中	已变
W_1			$\overline{W}_1$
W_2		W_2—$\overline{W}_2$	
W_3		W_3—$\overline{W}_3$	
W_4	W_4		
...			

W 代表一个词，$\overline{W}$ 表示变化完成的词，W—$\overline{W}$ 表示变化中的词。在一般典型音变中，有些词变得较快，有些变得较慢。所以在音变过程中，总是可以把词分成未变、变化中、已变三类。比如表中 W_1 已经完成了变化，W_2 和 W_3 有时是原有读音，有时是新的读音，W_4 则还没有变。

这里可以举一个具体的例子。英语中由双字母 oo 表示的元音［uː］在很多方言里已经在向［ʊ］变了，也就是音长缩短了一些，舌位降低了一些。比如 look 读［lʊk］，已经变了；room 有时读［ruːm］，有时读［rʊm］，两可；而 food 读［fuːd］，没有变化。这

---

① 王士元编，*The Lexicon in Phonological Change*（音位转移中的词汇），1977 年，Mouton。几年来有很多用"词汇扩散"理论研究历史语言学的人，分析了十几种不同的语言，他们的部分论文收于此书。

就是"词汇扩散"的一种表现。这样来看音变过程就不再显得神秘了。

　　但是要使一个理论建立起来,就不能只有三五个例证,而是需要大量材料。六十年代,我们曾经以北京大学中文系《汉语方音字汇》*为主,收集了现代汉语各方言以及中古音、日译吴音、日译汉音等近三十种方言的材料,每种都有两千多字音。我们用了两三年的时间把这些材料全部送进电子计算机去,[1]现在用起这些材料来,既迅速,又可靠。这些材料为"词汇扩散"理论提供了大量例证。[2] 比如,汉语双峰话里古浊声母还没有全部清化,在音节开头的条件下,[+ voiced]>[− voiced]的音变,要受声调的支配,在不同调类中变化的频率不同:古浊声母在古入声字中全部清化,如"笛"[ₑtʻi];在古平上去声字中一般保留浊声母不变,如"狂"[ₑɡɑŋ],"病"[binˀ],但少数也已清化,如"叛"[pʻiɛ̃ˀ]。再如潮州话的声调,平上去入各分阴阳,共八个调。但近几十年已经有好几个人发现,潮州话二百多个阳去调字,已经有一百多个归入阳上调,如"健"[ᶜkieŋ],另外一百来个还保持原来声调,如"阵"[tiŋˀ]。通常一个典型的音变大概是开始时慢,中间快,最后又慢。潮州话阳去调字变入阳上调的趋势大致已进行到一半,正好在中间。我们还可以举一个例子。广州话和香港粤语是非常接近的,但最近了解到,香港粤语鼻韵尾的发音部位有由舌根[-ŋ]移向舌尖[-n]的趋势,变化速度因韵腹元音舌位高低而不同:在高元音后变得快,在低元音后变得慢,在中元音后介乎二者之间。这是加州大学一个研究生研究的成果,发表在 1979 年的《中国语言学报》上。很明显,以上几个例子都不像新语法学派说的那样,所有的词汇都是突变的。从词汇上讲,它们其实是渐变的,几个词几个词地变过去。这正是"词汇扩散"的证据。

　　"词汇扩散"的现象不仅存在于汉语,也普遍见于其他语言。它不只是个别证据,而是和一般语言有关。比如英语在近几百年来产生一种语音变化现象:动词在用作名词的时候改变重音的位置。例如 affíx[əˈfiks](动词):áffix[ˈæfiks](名词)。加州大学有个研究生,从古代不同时期的几部词典中去寻找这种重音改变的发展情况,发现 affíx 在 1612 年已经可以用作名词,但是重音不变,重音的改变要到 1775 年的字典里才出现。情况大致如下:

词典年份	动词	名词
1533 年	affíx	——
1612 年	affíx	affíx

---

　　* 编者按:《汉语方音字汇》现正由北京大学中文系现代汉语教研室修订。

　　[1] 共同做这个研究的有郑锦全、陈渊泉和谢信一等几位朋友。1973 年我回国时也做过报告,刊于《中国语言学报》1974 年第 2 期,1～26 页。

　　[2] William S-Y. Wang(王士元),*Language change—a lexical perspective*(语言演变——词汇上的透视),1979 年,Annual Review of Anthropology,9. 353～71。

1755 年	affix	affíx
1775 年	affix	áffix

把类似 affix 的这类例证收集起来,观察这种现象在近三四百年历史中数量上的发展情况,可以归纳绘成下图。①
图中数字说明,1570 年动词用作名词改变重音的只有三例,十二年后增加到八例,然后是二十四例,三十五例,七十例,直到 1934 年一百五十例,充分说明"词汇扩散"是随着时间一步一步增加变音词的数量的。

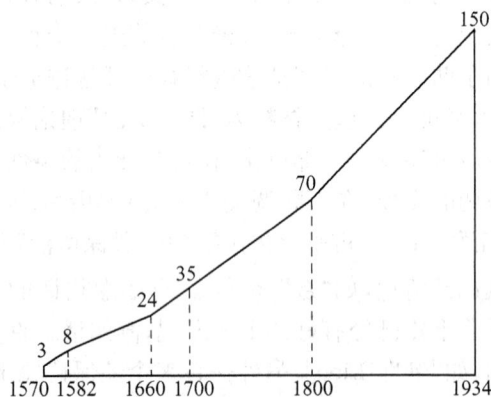

近几十年来,在汉语、藏语、英语、德语、法语以及印度南部方言等许多语言和方言里,都找到了大量的"词汇扩散"的例证,说明它是一种确实无疑而且普遍存在的语言现象。但是,一个新理论出现后,随着也会出现一些新问题。如果能解决这些问题,对于语言演变的认识就能更深入一步。

这些新问题中的第一个是,既然一种语音变化是有的词变得快,有的词变得慢,那么,一个词的变化速度到底是由什么决定的呢?

很早就有人提出语音的变化和词的使用频率有关的说法,并且举出了几个例子来证明。但是,由于举的例子站不住脚,解释又欠客观,所以遭到很多人的反对。其实,当时所缺少的只是大量确凿的材料。几十年前,美国 Brown 大学的两位语言学家 Kucera 和 Frances 根据字典材料做了一个很好的、很可靠的英语词汇频率分析,从字典就可以看出哪些词常用,哪些不常用。最近,Joan Hooper 又在这个基础上前进了一步。他对"词汇扩散"的说法很有兴趣,收集了一百多个辅音后加[əri]的词,其中的[ə]都是非重读央元音(Schwa),把这样的词列成表格,请很多人念,并且问他们的语感,然后又把调查结果列成表格。表格上有一部分词,比如 nursery[ˈnəːsri](托儿所)有时可以念成[ˈnsri],armory[ˈɑːməri](军械库)有时可以念成[ˈɑːmri]。他发现,这个非重读元音[ə]失落的现象,是发生在使用频率高的词里的。但是他又发现,有些词使用频率虽然比较高,却并没有丢掉这个[ə]。又经过进一步分析,才知道这是有特殊原因的,因为这些词如果要丢掉[ə],它前面的辅音和后面的[r]就会构成一个在英语里不能存在的辅音丛。因此结论仍旧应该是:一个词的频率越高,越常

① Donald Sherman, 1975, "Noun-verb stress alternation: an example of the lexical diffusion of sound change in English"(名动词的重音交替——英语语音演变中的词汇扩散一例),*Linguitics*,149,43~71.

用,就变得越快;一个词的频率越低,越少用,就变得越慢。这是完全符合"词汇扩散"的理论的。①

语音变化可以分成典型音变和类推音变两类。后者在印欧系语言里特别常见,这是因为语法上的屈折性特别容易引起类推现象。比如,英语中动词的过去时一般是用后加-ed 的办法来表示的,有一些不规则常用动词则是以元音交替的办法来表示的。但是近来有一种趋势,不规则动词的过去时因为类推作用也逐渐变为后加-ed。例如:

未变	变化中	已变
kept(保持)	crept,creeped(爬行)	bided(忍耐)
rose(起立)	leapt,leaped(跳跃)	reaped(收割)
knew(知道)	dove,dived(跳水)	mowed(割草)
lost(丢失)	dreamt,dreamed(做梦)	seethed(沸腾)

有趣的是,在类推音变中,变得较快的词不是使用频率较高的,而是较低的。词的使用频率和音变速度的关系,和典型音变恰恰相反。这种现象用"词汇扩散"的理论却是很容易说明的。Hooper 的看法是,这两种相反的趋向和儿童学话的情况可能有关。那些使用频率高的不规则动词,儿童在学话时很早就经常听到,就学过,熟悉得早,因此很早就固定下来,不再可能发生类推音变。典型音变恰恰相反,使用频率高的词听起来容易懂,容易懂的词一般说得比较快,说得快就比较容易丢掉其中某些不重要的语音成分(如非重读央元音[ə]),儿童听到和学着说的机会比较多,就容易产生典型音变。

和"词汇扩散"有关的第二个新问题就是儿童学话的问题。语言演变和儿童学话是密切相关的,语言通过老一代传给年轻一代的时候,总是会有一些变化的。那么,"词汇扩散"和儿童学话到底存在什么关系呢?

深入分析儿童学话的过程,对了解语言的发展和进行语言的教学研究都是很关键的问题。现在有很多人在研究儿童是怎样从一岁、两岁直到五岁左右掌握如此奥妙的语言的。1941 年 R. Jakobson 在一篇叫做《儿童语言、失语症和语音普遍性》(Kinder-sprache,Aphasie and allgemeine Lautgesetze)的文章中提出,儿童学话不但用音位的观点来对语言现象进行分析,而且还把每个音位分成区别性特征,儿童学习语言就是这样一步一步向前进的。这个说法非常有启发性。不过,由于当时材料不多,Jakobson 的这个理论现在看来是显得过于简单了,尽管它曾经有过很大贡献,但毕竟已经只是历史上的贡献了。现在根据一些实验证明,儿童学话并不是一个音位

---

① Joan Hooper,1977,"Word frequency in lexical diffusion and the source of morphophono-logical change"(词汇扩散中的频率和形态音位变化的根源),pp. 95～105 in *Current Progress in Historical Linguistics*,W. Christie,editor,Amsterdam。

一个音位学的,更不是一个区别性特征一个区别性特征学的,而是一个词一个词学的,学会了一部分词,然后再慢慢地摸索出词和词之间的关系来。音位和区别性特征并不是儿童学习语音的基本单位。八九年以前,谢信一曾经观察一个台湾儿童学习台湾闽语声母的情况。经过几个星期的记录,很明显地看出来这个儿童正是一个词一个词学的。一个词学会了,同一声母的第二个词又不会了;过了若干星期学会了这第二个词,又把第一个词忘了。这个儿童学话的时候,记忆变动的单位是词。而"词汇扩散"的最小单位也正是词。

这方面最完整最有系统的一项工作是语言学家 C. A. Ferguson 和他的一个学生在几年前进行的。① 他们调查了四个幼儿,从一岁多就开始记录他们的发音经历,一直记录到每个幼儿都学会五十个词为止。工作是做得非常周密的。下表可以说明他们调查的情况:

词例＼周次	六	七	八	九
baby	b—β	b—w—ph	b	b
book	b—Φ	b	b	b
bye-bye	b—ph	b—β	b	b
ball	b	b	β	b
banker	b	b	—	b
bounce	b	b	—	b
bang	—	b	—	—
box	—	b	—	—

从这个表里正可以看出幼儿学话的"词汇扩散"现象。他们从第六周到第九周学习双唇浊塞音[b],这个音在不同的词里进展的情况不同。在有的词里,开始的时候经常读错,但是很快就稳定下来,如 baby,book;有的词一开始学得很顺利,但是在中间偶然会糊涂一下,如 ball,banker;有的词开头学得很顺利,但是过了两周就又忘了,如 bounce;有的词学得一直不顺利,如 bang。我想这样的例子一定很多,很容易找,只是过去研究这方面问题的人受 Jakobson 的理论影响太深,不去注意。Jakobson 的

---

① Hsin-I. Hsieh(谢信一),1972,"Lexical diffusion:evidence from child language acquisition"(词汇扩散:儿童语言学习提供的证据),*Glossa* 6. 89~104。Charles A. Ferguson and Carol B. Farwell,1975,"Words and sounds in early language acquisition:English initial consonants in the first fifty words"(早期语言学习中的词语和读音:最初五十个词里的英语词首辅音),*Language* 51. 419~30。两文也见于 William S-Y. Wang(王士元) editor,1977,*The Lexicon in Phonological Change*,Mouton。

理论可以和新语法学派的理论联系起来,而现在的这种看法则是和"词汇扩散"理论密切相关的。语言演变过程本来就是代代相传的,怎样去研究呢? 恐怕只能以儿童学话的情况作为基础。

下面讨论第三个和词汇扩散有关的问题:语言或方言是怎样分类的? 伟大的生物学家达尔文在一百多年前曾经说过,语言的演变和生物的演变相比,二者有很多平行的地方。这样,用来表示灵长目动物不同关系的树形图,也许可以同样用来表示语言或方言之间的不同关系。在达尔文的影响下,当时著名的语言学家 A. Schleicher 就把树形图借用到语言研究中去。下面是灵长目动物分类和语言分类的两种树形图。

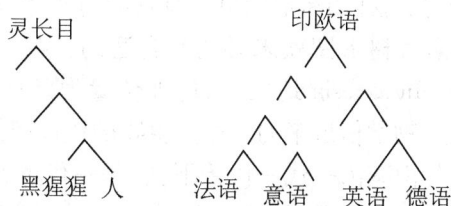

在语言树形图中,语言分类是以音变为标准的。比如,甲、乙两方言浊声母都已经清化,就认为它们的关系比较近;如果乙方言和丙方言开口韵有同样变化,就认为乙、丙两方言关系更近,等等。不过,能作为这种标准的音变材料不多。即使是历史材料如此丰富的汉语,从中古到现在的一千三百年里,目前也不过才有二十多种可靠的音变材料,其他语言要寻找这么多的材料就更困难了。可是,为了语言分类的可靠,这种材料自然是越丰富越好。谢信一在《中国语言学报》第一期里提出,不以音变作为语言分类的标准,而以音变影响所及的词作为这种标准。这样,标准就可以由几十个音变扩大为成百成千的词。他把江苏省四十几个点的方言材料(包括吴方言和北方方言)用"词汇扩散"的方法进行分类。尽管他研究的范围很小,材料也不很多,没有能引起人们的注意,但是他的研究结果表明,用"词汇扩散"的方法研究方言分类是很有希望的。[①]

Krishnamurti 曾经对印度南部的泰卢固语(Telugu)的方言群进行过类似的研究工作。他在这方面的研究工作和我们研究汉语方言有相似的地方。我们的出发点是中古音《切韵》音系的摄、等、开合口等等,他用的是一个花了几十年工夫做出来的叫做 DED(Dravidian Etymological Dictionary)的材料,所以他可以知道每个词的词

---

① Hsin-I. Hsieh(谢信一),1973,"A new method of dialect subgrouping"(方言分类的新方法),《中国语言学报》1.64~92。

源是什么。① 泰卢固语是印度南部一个很大的方言群,其中各方言都经过一些不同的音变。他把各种方言中的音变现象加以分类,从中发现有"词汇扩散"的现象,然后用电子计算机根据词汇中语音已变、变化中、未变的三类词的数量计算,比较各方言间的关系,得出结果。他这个最新的研究结果还没有正式发表。这样的分类,我想在方法论上是有很大贡献的。几百个或是几千个词在"词汇扩散"程序中有不同的分布,把这个分布作为方言归类的基础,就有了比较客观的程序,而不像过去那样主要决定于个人的主观意见了。

目前一般人好像认为把语言树形图作为历史分析的工具是毫无问题的,是有效的。对这种看法我是怀疑的。我认为它过去之所以显得有效,是因为可供研究的语言材料太少了。当然,现在这样的树形图也还有它的用处,但是,从长远来看,等到材料逐渐丰富严密起来,语言树形图就未必还是合适的。在这方面,我和 L. Cavalli-Sforza 曾在南太平洋的 Micronesia 地区,以地理位置为条件作过一个调查研究。② 树形图的方法本来是从生物学借过来的。可是生物的代代相传和语言的代代相传是根本不同的。生物传代是由基因一代一代传下去,每一代生物有它的基因群或基因部,不同基因群的动物,比如狗和马,就不能生出什么"狗马"来。可是语言就不是这样。例如,两千年前一部分说日尔曼语的人侵入英格兰,和当地人密切接触,产生了英语。一千多年前,法国诺曼底人又侵入英国,统治英国一二百年,很多法语词在这时期进入英语。所以英语实际上不是一个单纯的语言。这种现象在生物学上就是不可能有的,在语言树形图里也不可能得到反映。这是语言历史中非常少见而又非常根本的问题,不过目前似乎还没有办法进一步去了解它。

语言演变问题是人类行为的研究中最为复杂的问题。因为它不仅仅是语言内部的问题,而且还牵涉到社会中人和人交往这个因素,又和人生理方面的发音、听觉、记忆等方面有关。所以,虽然对这个问题的研究已经有了几百年的历史,可是对它的了解到现在为止还仍然是很不完全的。要得到全面的了解,还要作出很大的努力。在这方面,我想中国语言学一定会起中心的作用,会作出重要的贡献。因为世界上再没有任何地方有中国那样丰富的历史语言材料和方言材料。无论是空间上还是时间上,中国的语言材料都是最为丰富的。而且,中国还有语言研究的历史传统,从许慎《说文解字》和扬雄《方言》开始,差不多每个朝代都有注意语言研究的学者。特别是近代的学者,对中古音和上古音的研究都有根本性的贡献。有人说,西洋的科学方法是在化学、物理的实验中形成起来的,而中国的科学方法是在差不多同时期——明末

① Bh. Krishnamurti,1977,"Areal and lexical diffusion of sound change:evidence from Dravidian"(语音变化的地区和词汇扩散:达罗毗荼语提供的证据),*Language* 54.1~20。

② L. L. Cavalli-Sforza 和 M. W. Feldman,1981,*Cultural Transmission and Evolution:a Quantitative Approach*(文化的交流和发展:一种定量的方法),Princeton University Press。

普通语言学研究导引

清初——在书本中，特别是在古书中探索出来的。我觉得这个对比也许有它的道理。这样悠久的传统不能不继承下来。当然，目前研究语音演变，不能只注意书本了，一定还要注意许多别的方面，特别是要利用电子计算机、实验语音学等现代技术。也需要改变汉语研究和少数民族语言研究互不相关的局面。现在学术性刊物《方言》《民族语文》创刊了，这是一个很好的发端，给我们增加了一支生力军。目前，语言演变的一些理论问题还不能解决，一方面是因为缺乏足够质量和数量的语言材料，另一方面也是因为在学术思想上太受印欧系语言系统的束缚。在这方面，我希望能在中国语言学的范围内得到一些新的了解，而这也是国外很多人的希望。

三、语言和文字的生理基础

我们现在大概都相信语音跟语言的发生和发展是有密切关系的。虽然语言的符号不限于声波上的信号，但是正因为人类选择了语音作为符号，我们的语言才能发展得如此完善、丰富。可是语音到底有它的局限性，最大的局限就是它的暂时性，一发即逝。这使语言在时间上和空间上都受到了限制。因此，文字的发明在人类历史上是非常重要的一件事。今天，我想借这个机会讨论一下语音和文字的关系，介绍最近研究文字的一些新收获。

和语言的起源相比，文字的产生要晚得多。通常认为语言至少有几十万年，甚至一百万年的历史。可是文字的产生，照目前的材料看，大概不会早于一万年以前。文字的发明可能和农业的产生有关。根据目前的研究，农业的发明差不多是在一万年以前。

语言的产生比文字早得多，文字是从语音中发展出来的。但是，不同语言发展出来的文字，所走的道路是不同的。各种文字跟语音的关系和距离是不一样的。根据这种不同的关系和距离，也许可以把世界上的文字分成四大类。

和语音关系最密切、距离最近的文字大概要算朝鲜的谚文。朝鲜的谚文是一笔一笔写的，和朝鲜语语音里的区别性特征很有关系。写起来，元音是一个系统，辅音是一个系统。在元音里怎样写是前元音，怎样写是后元音，在辅音里怎样写是送气，怎样写是不送气，这些在谚文里都能表达出来。从各方面看，朝鲜文和语音的关系都是最密切的。

在印欧系语言里，比如英语、俄语、德语、西班牙语等等，文字单位所代表的是音段（segment），而不是区别性特征。当然，不同的文字和所代表的音段的关系也并不相同。比如英文字母所代表的音段，大部分不是音位（phoneme），而是词音位（Morphophoneme）。sane 这个词里的 a 代表的是元音 [ei]，sanity 里的 a 代表的是元音 [æ]，同一个字母代表了两个不同的音位，这是因为要保持词、词位和语法之间的简单关系，所以读音变了，音位变了，文字并没有变。又如 electric，如果后边加上 -ity 成为 electricity，最后的 c 就由 [k] 变成 [s]，但是，为了保持词形的联系，文字上并没有作相应的改变。由此可见，以音段为单位的各种文字还是有差别的，有的离音位近一点，有的离词音位近一点。英文字母在很多场合代表的不是音位音段，而是词音位音段。

朝鲜文字代表的语音单位最小，英文、俄文这一类文字所代表的语音单位就比较大，至于日本文字——假名所代表的语音单位就更大了。假名所代表的是音节，例如かな(假名)两个字母代表两个音节 kana，每个音节包含两个音段。日文的假名是典型的音节文字。

在各种文字中离语音最远的要算汉字了。朝鲜谚文、英文、日本假名和汉字分别代表了世界上文字的四大类。无论从哪一种语言来看，文字和语音总是有一种固定关系的，只是这种关系的远近不同，距离不同而已。

文字虽然是从语音中发展出来的，但是有的时候也可以反过来影响语音的发展。瑞典语就曾经出现过这种情况。瑞典文像英文一样，也是一种音段文字。早在二三百年以前就有很多人指出，瑞典语里紧接着元音后边的某些辅音是不发音的。例如 zöd(铜)，ved(木头)，med(同，连词)，这些词在拼写上有字母 d，但是不发音。① (这种音变现象，印欧语系许多语言都有，法语尤其典型，很多拼在元音后边的辅音都是有字无音。)到了二十世纪二十年代，瑞典的扫盲运动搞得很好，大批大批的文盲都能识字看书了。他们按字母读音，把元音后边的字母 d 也读了出来。于是，由于文字的影响，二百年来的历史音变又倒转回去了。我想，文字对语音的影响大概不限于音段文字，汉字一定也会有这一类的例子。汉字简化的时候把"賓、鄰、進"简化成"宾、邻、进"，繁体字的声旁是舌尖鼻音韵尾[-n]，简体字声旁是舌根鼻音韵尾[-ŋ]。说不定将来就有可能因为文字的影响，"宾、邻、进"的读音由舌尖鼻音韵尾变成了舌根鼻音韵尾。

汉字虽然比别的文字离语音远得多，但是也有它的好处。中国历史悠久，疆域辽阔。在语言的发展过程中，各地语音的变化很大，但是不论哪个方言区的人，都可以看同样的书报。从历史方面说，汉字的这个优点也是显著的。虽然很多汉字现在简化了，在读古书时出现了一些新问题，但是，教我们的一个中学生看懂两千年前的古文，仍然要比教一个美国中学生看懂几百年前的英文容易一些。像中国这样一个地广人多的国家，文化上能够如此高度一致，这在世界上是少有的。在这方面，汉字是起了一定作用的。相比之下，中国的近邻印度情况就复杂得多。印度也是一个人口众多、地域广大的国家，但是文字的情况要复杂得多。由于文字上的不一致，文化的传统、社会的习俗都受到很大的影响。别的且不说，就以一张五个卢比的钞票来说，票面上除了必须印上英文和印地文(Hindi)以外，还要印上其他十几种文字。如果不把这些文字都印出来，有时候买东西都成问题。

---

　　① 参看 Tore Janson 的文章，载于 *Lexicon in Phonological Change*(语音变化中的词汇)。

当然，也必须承认汉字也有很多不方便的地方。比如，上万个汉字要编成一个固定的次序就很难，打字、印刷、电讯、编排索引、计算机的输入和输出等等方面，至少在目前的技术条件下，汉字都给我们带来许多麻烦。不过，我们应该看到技术总是在不断进步的，也许再过十几年、几十年，情况就会很不一样。①

文字是每个文明社会必不可少的基本工具，成千上万的人每天在学习它，使用它。因此，有关文字的研究工作如果做得好，对社会的进步就会有很大贡献。文字的好坏是一个特殊的问题，可以用科学的方法去研究它，了解它。比如，一个一个的字是怎样学会的，学会了以后，一个一个的字是怎样读的，这些都是语言行为上的基本问题，应当用科学的方法去研究它。当然，回答了这些应用语言学上的问题之后，并不是马上就可以根据它确定一个理想的政策，因为政策的制定并不只是一个科学知识的问题。但是，我想，有关语言文字的政策总是应当有最充分的科学基础的。

文字的单位是字，可以是字母，也可以是汉字。认字的目的就是要知道字所代表的意义。世界上一般语言所用的文字，字和意义之间都不直接发生联系，而是通过语音，然后才达到意义。汉字是否也是这样的呢？这个问题引起国外许多学者的很大兴趣。现在很多人都在研究这问题。目前国外有不少学者认为，汉字不需要经过语音这个阶段，可以直接从字形达到意义。

早在几十年前，有一些国家，比如美国、英国、法国，发现有很多小孩说话毫无问题，但是在认字方面发生了很大困难。有的小孩到了十几岁还是不能看书，阅读。这是一种病症，严重的叫"失读症"（Alexia），比较轻的叫"诵读困难症"（Dyslexia）。在这些国家里，这个问题已经成为教育界的一个严重问题。1968 年，有一个叫 K. Makita 的日本人在《美国行为精神病学学报》（American Journal of Orthopsychiatry）上发表了一篇文章，题目是《日本儿童丧失阅读能力的实际情况》（The Rarity of Reading Disability in Japanese Children）。他认为，在日本由于学的是汉字和假名，所以日本儿童根本就不存在这样的问题。这篇文章引起了一些争论，有人认为这种差别可能是教育制度不同造成的，而不是因为文字的性质不同。但是差别确实存在，问题在于究竟是什么原因产生了这种差别。两三年以后，心理学家 P. Rozin 在 1971 年 3 月的美国《科学》（Science）杂志上发表了一篇文章，题目是《有阅读问题的美国儿童容易学会阅读用汉字表达的英语》（American Children with Reading Problems Can Easily Learn to Read English Represented by Chinese Characters）。他在美国东海岸的一所小学里做了一个实验，这所小学患有失读症的儿童比较多。实验的办法是用汉字代替英文，但不改动英语的语音，让患有失读症的儿童读。比如写出来是汉字

---

① W. S-Y. Wang（王士元），1981，"Language Structure and Optimal Orthography"（语言结构和理想正字法），The Perception of Print："Reading Research in Experimental Psychology"，Tzeng and Singer，eds. Lawrence Erlbaum Assoc。

"妈妈放书"，读出来仍旧是"The mother put the book"，也就是文字和语音搬了家。用汉字来解决失读症问题，实验的效果非常好，原来连看很简单的书都有困难的孩子，在改用汉字阅读以后，学得非常之快。Rozin 认为，小孩阅读英文字母拼的词的时候，大都是一个字母一个字母地拼出来，这对有失读症的儿童是很困难的。改用汉字就没有问题了，因为汉字是不怎么依赖语音的，它可以由字形直接达到意义。

1973 年，我有了一个小女孩。我觉得如果她长大以后根本不懂汉语，那是很不应该的事情。学习汉语并不难，最困难还是汉字。于是，我仿效 Rozin 的办法，在她两岁多的时候，就教她认汉字。我在一块块的小木头上用毛笔写上汉字，例如"妈妈、飞机、桌子、椅子、牛奶"，等等，但是教她用英语来读，"妈妈"读成 mother，"桌子"读成 table，"牛奶"读成 milk，等等。结果她在两岁零三个月到九个月这半年的时间内，在一个完全是英语的环境里，居然学会了一百多个汉字。而一般美国儿童在这么大的时候还没有开始认字母呢。当时她以为英语就是那么写的。一直到四岁多进了幼儿园，才发现英语原来不是那么写的。从我女儿学汉字的例子来看，汉字未必像许多人说的那么难学难认，问题也许还是在于学习的时间、学习的方法和学习的环境。如果把这一类比较细致的问题都弄清楚了，都解决了，也许学习汉字并不是什么很麻烦的事情。汉字毕竟还是有很多基本优点的。

世界上一般语言用的是拼音文字：是由字母读出语音，然后再由音达到意义。许多儿童看书看得慢，是因为他并不只是在看字，他还在默默地拼，喉头的动作自然比眼看慢得多。大部分人在认字的时候都经过这个阶段，先通过语音，再得到它的意义。汉字可能并不是如此。它不需要经过语音，可以从字直接达到意义。

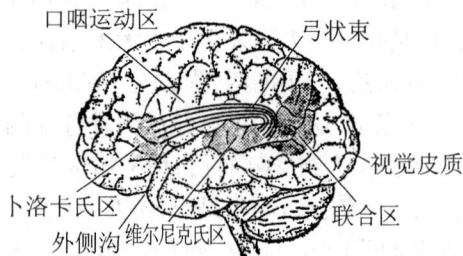

口咽运动区　弓状束　视觉皮质　联合区　卜洛卡氏区　外侧沟　维尔尼克氏区

Makita 和 Rozin 的两篇文章在这方面有很大的启发性。但是我们还需要进一步的科学的证明。近几年来，出现了一批很有趣的文章，主要是在日本。日本很重视医学和语言学的关系，语言学家常常和医院合作进行科学研究。最值得介绍的是一位日本女学者 Sumiko Sasanuma，1974 年她在《中国语言学报》(Journal of Chinese Linguistics)2，141～158，1974 年上发表了一篇文章，题目是《日本失语症患者在书面语言上的障碍：假名和汉字的处理》(Impairment of Written Language in Japanese Aphasias：Kana versus Kanji processing)。她研究的主要是一种失语症(aphasia)。这种病症常常是大脑受伤引起的，比如脑溢血、摔跤、撞车、殴斗等都会引起失语症。Sasanuma 就从这种失语症来研究文字是怎样和语音、意义联系的。我们知道，语言主要是由左大脑掌管的。左大脑的分区如右图。Sasanuma 把卜洛卡氏区（Broca's area）受伤的病人叫第一类病人，维尔尼克氏区（Wernicke's area）受伤的叫第二类病人,这两类病人在文字阅读上的表现是不同的。例如,第一类病人里有一个受过高等教育的43岁的工程师。他到医院的时候已经不怎么能说话了,但是还能写字。他在写字的时候,有一种很有意思的现象。这个工程师在写汉字的时候一点问题也没有,(一般日本人至少认得两千多个汉字)可是假名就几乎完全忘掉了。比如请他把"女の人が手紙を書いている"(那个女人在写信)这样一句话写出来,他就写成"女の人手紙書"。这在日文里是完全不通的。他单把汉字写了出来,假名除了一个"の"以外都不会写了。Sasanuma 接着做了进一步的实验。让他听写单词,比如"子供"(小孩),"着物"(和服),"封筒"(信封),这些汉字他写起来一点问题也没有。可是一听写假名,他不是忘了,就是写错了。其实假名笔划简单,比汉字容易写得多。从他写错的假名里可以看到,他的错误是有系统的。比如把ど[do]写成了の[no],大部分错误都在某个区别性特征上,或是清浊不对,或是发音部位不对。因此,可以说这个病人在假名书写上的错误实际上反映了语音判断上的错误,这和一般人写错假名的情况不同。Sasanuma 认为,这个实验说明,第一类失语症病人是左大脑管语音的部分受了伤。虽然假名写起来简单,但是因为它和语音关系近,所以病人不会写;汉字形状虽然复杂,可是和语音的关系远,所以倒都记得。

第二类失语症病人的情况恰恰相反。比如,有一个病人是29岁的中学毕业生。叫他写假名的时候,不管是片假名还是平假名,他都能写。但是写汉字的时候,就有很多写不出来,也认不出来,再不然就是写错了。他写错的时候也和一般人的错误不一样。他记得字音,但忘了字形。例如让他写"金钱"(きんせん kinsen),他就写成了"近线"。声音相同,但是写出来的字毫无意义,连他自己看了也不懂。更有意思的是第二类失语症病人把字的音读(由汉字读音发展而来的)和训读(日语固有的读音)完全给弄混了。例如"田舍",只有训读いなか(inaka),没有音读,但是他照音读念成でんしゃ(densha)了;"中风"在日语里一般只用音读ちゅうふう(chūfu),但是他又照训读念成了なかかぜ(naka kaze)。由于他把字的音读和训读弄混了,所以念出来以后自己也不懂是什么意思。像上面这一类很有趣的病例,最近八九年在日本收集了很多。这些材料有很大的启发性。很显然,文字的性质不同,在大脑里处理的部位也不同。在日本的这些病人当中,左脑前部受了伤,书写假名就不行了;左脑后部受了伤,书写汉字就会发生困难。

这方面的研究成果虽然富有启发性,但是从科学观点来看,还是有它的局限性的。因为首先,这种失语症病人毕竟只是少数,不能只根据少数病人的情况就得出一般性的结论。其次,这些失语症病人虽然脑子这一部分受了伤,但是我们不知道是不是还有别的部分也受了伤,因为如果别的部分受了伤,也有可能会影响到这一部分的功能。要进一步解决这方面的问题,就必须从健康人的身上去寻找答案,一步一步地去研究。这方面的问题是很多的。下面只想谈两个问题:一个是汉字是不是真的和语音没有关系,另一个是汉字和大脑的关系。对这两个问题的研究,我看最有贡献的是一个年青的心理学家,叫曾志朗(Ovid J. L. Tzeng)。下面就介绍他的一些研究成果。

前面说过,有些人认为,汉字并不通过语音,而是由字形直接达到意义的。这种说法究竟在多大程度上是符合实际情况的呢? 就这个问题,曾志朗做了一个很有价值的实验,发表在 1977 年的《实验心理学学报》(Journal of Experimental Psychology)3、621～30 上,题目是《阅读汉字时言语的再编码》(Speech Recoding in Reading Chinese Characters)。他首先选择三组语音性质不同的汉字,让一些中国人参加这个实验:

第一组:SC(同辅音的字)。例如:克,康,开,哭,口……

第二组:SV(同元音的字)。例如:七,吉,西,李,你……

第三组:SCSV(同辅音、同元音的字)。例如:石,示,十,事,史……

实验分三个阶段。第一阶段是认字。用幻灯机放四个字,一秒钟一个字。四个字都是从同一组里选出来的,或者全是 SC,或者全是 SV,也可以全是 SCSV。要求看的人记住幻灯片上的四个字。第二阶段是干扰(interference)。给他带上耳机,放送预先在录音带上录制的六个字,要求他一边听,一边跟着念。(见下图)一共干扰他两次,每次六个字。这些干扰的字也是同一组取出来的,可能和第一阶段看的字同组,

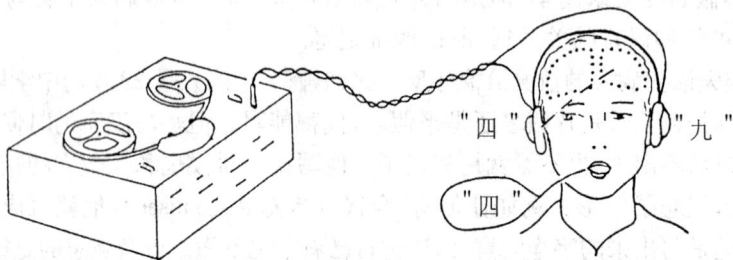

也可能不同组。例如看的字是 SV,干扰的字可能是 SV,也可能不是 SV,而是 SC 或 SCSV,但是各次干扰必须是同组的字。第三阶段是测验记忆。要求他把第一阶段看到的字按照原来的顺序写下来。我们知道,第一阶段是完全不发声的,全凭视觉看字;第二阶段完全靠语音,全凭听觉念字。如果汉字真的和语音完全没有关系,第二阶段就不会干扰第一阶段,也就不会影响第三阶段的记忆。但是实际上并不如此。下表是对几十个人测验的结果:

干扰字表 (interference list)	测验字表(Target list)			
	SC	SV	SCSV	平均
SC	0.47	0.70	0.55	0.57
SV	0.71	0.35	0.62	0.56
SCSV	0.66	0.51	0.32	0.50
平　均	0.61	0.52	0.50	—

表中的数据,是根据几十个人的测验结果统计出来的。测验字表中第一组字 SC,受 SC 干扰以后,到第三阶段只能记忆 0.47,能记住的不到一半;受 SV 干扰以后,能记

忆 0.71;受 SCSV 干扰以后,能记忆 0.66;平均能记忆 0.61。从这一组的情况来看,当干扰字和测验字是同组(SC‐SC)的时候,干扰最大;当干扰字是 SV 的时候,干扰最小,从 0.47 增加到 0.71;SCSV 的干扰则介乎二者之间。其他两组测验字的情况也是如此。比如第二组测验字 SV,受 SC 干扰,能记忆 0.70;受同组字 SV 干扰,下降到 0.35。受干扰最厉害的是第三组测验字 SCSV,它受同组字 SCSV 干扰时,只能记忆 0.32,也就是说,几百个字当中能记住的不到三分之一。从表上还可以看到元音的干扰性比辅音强。这和几十年来研究语音听觉方面的实验结果是一致的。在大脑里,元音的影响通常是要比辅音强得多的。

上面的实验是以单个汉字作为实验材料的。但是我们看书的时候并不是一个字一个字看的,而是一整句一整句看的。那么,在一整句一整句看的时候,到底和语音有没有关系呢?就这个问题,曾志朗又作了第二个实验。他以四种句子作材料。第一种,押韵,而且成句,例如"糊涂夫妇砍树木"。除了一个"砍"字,其他字的韵母都是[u],也可以说都是押韵的。也就是说,句子里字和字之间有语音干扰。第二种,不押韵,但是成句,例如"迷糊夫妻摘花草"。不押韵就是字和字之间没有语音干扰。第三种,押韵,但不成句,例如"糊树涂夫砍木妇"。第四种,不押韵,也不成句。把这四种句子分别用幻灯片放出来让人看。如果认为幻灯片上的字成句,就按一个电钮,如果认为不成句,就按另一个电钮。要求按得越快越好。

这个实验和前一个实验的道理基本上是一样的。判断幻灯片上的字成句还是不成句,只需要知道意义就行了。如果从字到意义是不经过语音的。那么,押韵(有语音干扰)不押韵(没有语音干扰)对判断成句不成句,应该是毫无影响的。如果从字到意义是经过语音这一阶段的,那么,语音的干扰就会影响到判断的速度。下面就是根据实验统计出来的结果:

	成 句	不成句	平 均
押 韵	2.555	2.395	2.475
不押韵	2.129	2.113	2.121
平 均	2.342	2.254	—

从表上可以看出,成句押韵的句子,反应时间需要 2.5 秒;成句不押韵的句子,反应就比较快,只需要 2.1 秒。总起来看,当有语音干扰的时候,反应时间就要增加五分之一左右。不成句的情况也一样:有语音干扰,反应时间就长;没有语音干扰,反应时间就短。

上面这两个实验否定了这样的说法:看汉字和看图画一样,是不通过语音的。实验结果证明,看汉字的时候并不能由字直接达到意义,而也是要通过语音的。

以上的实验引起很多人的兴趣。有些人就想进一步知道,汉字和英文虽然都和语音有关系,但是汉字终究离语音远一些,这种差别是不是能用实验来证实呢?宾夕法尼亚大学和天普(Temple)大学的语言学家和心理学家曾经在一起对这个问题做了一个实验。① 他们把接受实验的人分成两组，一组是中国人，一组是美国人，分别在香港和美国进行实验。用的方法和曾志朗的实验原则上一样，就是看语音干扰对判断句子的影响。比如，分别用幻灯片映出下面两句话：

(1) A pier is a fruit。(码头是一种水果)

(2) A banana is a fruit。(香蕉是一种水果)

(1) 不成话，应当作出否定的反应；(2) 成话，应当作出肯定的反应。但是，在英语里还有一个和 pier 声音近似的词 pear(梨)。所以通常对于像(1)这类句子作出反应的时间就比较慢，因为在他的脑子里有另外一个声音相同或相近的词在干扰："A pear is a fruit"(梨是一种水果)就是成话的句子。他们在香港对中国人所进行的实验和以上完全是平行的。例如：

(1) 煤是一种水果。

(2) 铅是一种水果。

对(1)作出反应的时间比(2)也要慢。因为第一句话里有一个同音词"梅"在进行语音干扰。把美国人的一组和中国人的一组实验结果加以比较、统计，证实了这样的猜测：在阅读的时候，汉字和英文都和语音有关系，但是英文和语音的关系比较密切，所以在上面这种实验中，语音干扰对作出判断的影响要比汉字严重得多。宾夕法尼亚大学的这个实验很有意思。前些天我刚收到他们这篇文章，恐怕要到一年多以后才能正式发表。

下面简单介绍一下第二个问题，汉字和大脑的关系。

过去有不少人认为，象英语这样的拼音文字和左大脑的关系密切，是因为语音是由左大脑管的；汉字和右大脑关系密切，是因为汉字和语音没有关系，它和图画倒很接近，图画一般正是由右大脑管的。这种说法到底有没有根据？曾志朗最近也作了一个实验，②叫作"两眼不同视觉实验"(dichoptic experiment)。

做这个实验需要一种很基本的仪器叫做 tachistoscope(简称 T-scope)。我们知道，在看东西的时候，人们总是使视点(所要看的东西)、晶状体以及视网膜里的中央凹处在一条直线中，这样看得最清楚，因为中央凹在视网膜里是神经最多、最敏感的部分。两眼所看到的范围当然比视点大得多。以视点为中心，视区可以分成两半：

① Rebecca A. Treiman, Jonathan Baron, and Kenneth Luk(陆仲真)："Speech recoding in silent reading：A Comparison of Chinese and English"(文字、语音与阅读理解：中英文的比较)，《中国语言学报》1981，116 页。

② O. J. L. Tzeng(曾志朗)，D. Hung(洪兰)，B. Cotton and W. S-Y. Wang(王士元)，1979，"Visual Lateralization of China"，ed. by W. P. Lehmann, Univ. Texas Press, *Language*, 56. 197~202。

左视区(left visual field)和右视区(right visual field)。在看视点的时候,视区内其他东西也是反映到两眼的视网膜里的,只是位置不同。比如左视区内出现一个"x",它反映在右眼视网膜中央凹的右侧,视神经在这块视网膜上是透过去的。对左眼来说,也反映在它的视网膜中央凹的右侧,但是视神经在这块视网膜上是透不过去的。同样,右视区内出现一个东西,比如一个"o",它也分别反映在两眼视网膜的左侧。但是,视神经在左眼这块视网膜上是透过去的,在右眼这块视网膜上是透不过去的。上述情况大致如下图。

由于神经构造的不同,左视区里的东西,先送到右脑,然后才送到左脑。相反,右视区的东西,先送到左脑,然后才送到右脑。许多人就是根据这个道理,研究相片是左大脑还是右大脑分析的,文字又是在哪一部分分析的,图画又是在哪一部分分析的。做这种实验,可以在同一个时间内,在左右两个视区分别出现不同的东西,然后问他看到了什么,看他反应的速度如何,看他看得对不对。这样,就可以测量出究竟是左大脑灵敏,还是右大脑灵敏。有人用这个办法进行实验,认为汉字像图画,放在左视区,到右大脑的效率比较高;放在右视区,到左大脑的效率就略差。

视野
外上象限 — 黄斑区
外下象限
鼻侧网膜
颞侧网膜 — 视束
视神经 — 动眼神经
动眼神经核
视束交叉 — 外侧膝状体
内侧膝状体
脑室 — 上丘
RD
视效线
视觉皮质

曾志朗认为,对于语言来说,这种说法未免过于简单,何况汉字并不就是图画。于是他就作了一系列实验。实验分三步。第一步,用单字作材料,其中有的是象形字,有的是形声字。形声字里包含着声符,所以和语音的关系比较接近。然后用T-scope仪器进行两眼不同视觉的实验,得到的结果的确和上面那种说法一样,右大脑比较灵敏。但是,现代汉语里单音词毕竟是比较少的,绝大多数的词都是双音词。于是他又做了第二步实验,用双音词作材料,例如"黑板、桌子、粉笔、爸爸、妈妈、地板、风扇"等等。实验的时候,同时在左右两个视区放不同的双音词,让看的人立刻说出看到的词是什么。实验的结果非常有趣。和看单字完全相反。看单字的时候,右大脑灵敏;看双音词的时候,左大脑灵敏。也许有人说,因为要求看到以后立刻说出来,反应的速度受到左大脑语音部分的影响,所以右大脑不如左大脑灵敏了。为了反驳这种看法,就要作第三步实验,给左右视区同时放不同的字组,有的成词,例如"牛奶",有的不成词,例如"铅奶"。但是,这次要求不做口头回答,而只是用手按电钮。如果认为成词,就用右手按,表示肯定;如果认为不成词,就用左手按,表示否定。有时又倒过来,用右手按,表示否定,用左手按,表示肯定。总之,要考虑得很周到,控制得很严密,否则得出来的结果就没有什么意义了。第三步的实验结果表明,确实还是左脑灵敏。

曾志朗从实验中得出的结论是这样的：过去认为图画和右大脑关系密切,语音和左大脑关系密切,实际上反映的是右大脑和左大脑在功能上的区别。左大脑一般讲来是比较有分析力的,右大脑一般讲来是接受整个印象的。所以,如果收进来的信号是一个整体(例如图画),不需要再进一步作深入的分析,右大脑起的作用就比较大；如果收进来的信号是一串东西,在时间上有差别,进入大脑以后要把它的次序搞清楚,要进一步分析,那么左大脑的作用就是主要的。过去有人所以认为看汉字右大脑灵敏,并不是因为汉字和图画一样,而是因为他们的实验只用单字作材料,这种材料不需要大脑进一步分析,所以进来的这些信号主要在右大脑里处理。如果把字组成双音词作为实验材料,那么进入大脑的信号就有了时间上的差别,字和字之间的关系也需要进一步分析,所以主要就由左大脑处理。总之,信号的性质不同,在大脑里处理的部位也不同。我想,曾志朗的结论比简单地说学汉字是右脑灵敏还是左脑灵敏要深入得多、科学得多了。文字是这么复杂的一个系统,和语音又有密切的关系,因此不可能只由脑子里某一个很小的部分专管这类文字或那类文字,而是要由整个脑子协同处理的。但是,由于不同信号的不同性质,大脑各部分功能的比重是有主次之分的。

关于汉字和大脑不同部位关系的问题,当然还有待于广泛深入地进行研究。曾志朗的说法,我现在还很难说是不是完全同意。但是我觉得这个实验非常有意义。值得再进一步做很多这样的实验。有了曾志朗这个实验,我们至少不会像过去那样把问题简单化了。我觉得,研究汉字是一项迫切需要进行的工作。汉字不但影响那么多的人,而且对语言理论的研究也很有意义。因为自从有了文字以后,语言就有了耳朵和眼睛两个渠道。从两个角度——耳朵和眼睛——去研究大脑是怎样处理语言信号的,收获一定比只从一个角度研究要大。对我们来说,更重要的是这方面的研究可以使我们对汉字有更透彻、更深刻的了解,从而为国内的文字改革方针打下坚实的科学基础。这是中国语言学对中国的社会可以做出贡献的一个地方。

历史上汉语和其他语言的融合问题说略

徐通锵

导言——

本文选自北京大学中文系编《语言学论丛》第 7 辑,商务印书馆,1981。

作者徐通锵(1931~　),浙江宁海县人。1956 年毕业于北京大学。北京大学中文系教授。主攻理论语言学。

选文在介绍了什么是"语言融合"之后,用大量的史料论述了产生语言融合的两个原因:其一经济、文化原因,其二各民族必须生活在同一地区且形成杂居的局面。接着介绍"自愿融合"和"被迫融合"这两种主要融合类型,指出在汉语和其他语言的融合中,隋唐以前以自愿融合占优势,隋唐以后被迫融合的比重大一些,文章叙述了汉语和其他语言的融合简史,并选取魏孝文帝、金世宗、清太宗时期汉语的融合情况作了重点介绍,同时也指出"自愿"中有斗争、"被迫"中有客观规律。文章最后以大量的汉语和汉字发展的史料来论述"语言融合的具体过程是通过双语现象而最后导致一种语言排挤和替代另一种语言,完成语言的统一"这一观点。

一、语言系统的排挤和替代

语言融合是随着不同民族①之间的接触或融合而产生的一种社会现象,指一种语言排挤和替代其他的语言而成为不同民族的共同交际工具。这是使不同的语言统一成一种语言的一条重要规律。斯大林指出:"在融合的时候,通常是其中某一种语言成为胜利者,保留自己的语法构造和基本词汇,并且按自己发展的内在规律继续发展,另一种语言则逐渐失去自己的本质而逐渐衰亡。"②我国历史上汉语和其他民族语言的融合,完全遵循着这样的规律。

每个民族都有自己的语言。氏族合并为部落,部落合并为民族,必然伴随着语言的融合。从春秋战国时期开始,历史上就有关于东夷、南蛮、西戎、北狄的记载。所谓夷、蛮、戎、狄,都是居住在汉族周围地区的兄弟民族,它们各有自己的语言。遗憾的是,这方面留传下来的史料太少,我们只能窥知其中的一鳞半爪。据《左传·襄公十四年》记载戎子驹支的话说:"我诸戎饮食衣服,不与华同,贽币不通,言语不达。"汉刘向的《说苑·善说》记载楚国的子皙汎舟于新波,越人拥楫而歌,表示欢迎。但是子皙

---

① 为了叙述的方便,这里的"民族"一词也兼指氏族、部落等社会单位。

② 斯大林《马克思主义和语言学问题》,人民出版社 1971 年,第 21~22 页。

听不懂，要求随员翻译："吾不知越歌，子试为我楚说之。"①从这种记载中我们可以看到，这些兄弟民族的语言与汉语是根本不同的。但经过春秋战国时期的会盟、战伐、吞并等方式，发生了民族和民族语言的融合，因而史书上看不到各族人民往来时要求有翻译的记载，倒可以见到很多直接通话的文字。例如卫庄公避石圃之难奔入戎州己氏，示己氏以璧说："'活我，吾与女璧。'己氏曰：'杀女，璧其焉往？'"(《左传·哀公十七年》)从类似这样的记载中我们可以推知所谓夷、蛮、戎、狄的语言很多已与汉语融合。文字是记录语言的工具，秦始皇统一六国以后能做到"书同文"，也可以说在一定程度上反映语言融合、统一的事实。春秋战国是我国历史上的一个混乱时期，但在民族关系和语言关系上来说，却是一个大融合时期。汉语在融合中成为胜利者，继续按照自己的内部发展规律发展。

两汉以后，居住在我国北方的匈奴、鲜卑、羯、氐、羌等民族和汉族发生了密切的关系，隋唐以后，契丹、女真、满等民族和汉族发生了密切的关系，汉语随着民族关系的发展和这些民族的语言都发生了融合。汉语在融合中都是胜利者。这样，汉语就在历史发展过程中排挤和替代了上述民族的语言而成为各族人民的共同的交际工具。

二、融合的原因

在融合过程中，为什么有的语言能排挤和替代其他语言而成为胜利者并继续按照自己的内部发展规律发展，而有的语言却成为失败者而渐趋消亡呢？这是由社会历史条件决定的。建立在生产资料私有制基础上的阶级社会，各民族在经济、政治、文化等方面的发展是不平衡的，有先进与落后、发达和不发达之分。当两个民族的关系日益密切而发生融合的时候，生产力发展水平低、文化落后的民族，只有学习生产力发展水平高、文化发达的民族的经济、政治和文化，才能有利于自己的发展。政治上是否处于统治地位，不是决定的因素。例如在我国，汉民族在几千年的历史发展过程中曾数度被一些经济、文化上比较落后的民族所统治，但由于它在经济上、文化上处于先进的地位，因而"比较野蛮的征服者，在绝大多数情况下，都不得不适应征服后存在的比较高的'经济情况'；他们为被征服者所同化，而且大部分甚至还不得不采用被征服者的语言"。②

魏晋以后，原来居住在我国西北，东北的一些少数民族，如匈奴、鲜卑、羯、氐、羌、

① 根据写音，拥楫歌的歌辞是："滥兮抃草滥予昌柭泽予昌州州饶州焉乎秦胥胥缦予乎昭澶秦踰渗惿随河湖。"这与汉语没有共同之处，难怪子皙不懂。经过翻译才知道是："今夕何夕兮？搴中洲流；今日何日兮？得与王子同舟。蒙羞被好兮，不訾诟耻；心几顽而不绝兮，知得王子。山有木兮木有枝，心悦君兮君不知。"

② 恩格斯《反杜林论》，见《马克思恩格斯选集》第3卷，第123页。

契丹、女真、满等，相继入居中原，建立政权，把汉族置于它们的统治之下。但这些民族基本上还处于游牧时代，经济、文化等都远远落后于汉族，人数也比汉族少。像匈奴"毋文书，以言语为约束"①；契丹"其俗，旧随畜牧，素无邑屋，得燕人所教，乃为城郭宫室之制于漠北……"②没有文字，"惟刻木为信"③；而女真族到金太祖伐辽时还没有文字④，到金世宗时还非常怀念原始社会的遗风，并且还在与群婚制的残余作斗争。金世宗告诫群臣，"女直旧风最为纯直，虽不知书，然其祭天地，敬亲戚，尊耆老，接宾客，信朋友，礼意款曲，皆出自然，其善与古书所载无异。汝辈当习学之，旧风不可忘也""以勃海旧俗男女婚娶多不以礼，必先攘窃以奔，诏禁绝之，犯者以奸论"⑤。这些经济、政治、文化都处于这种落后状态的民族，要建立、巩固其在汉民族地区的统治权，不努力学习汉民族的先进的经济和文化是不可能的。正由于这种客观的需要，这些民族的统治者不得不重用一些汉人为他们筹划建立相应的制度，发展生产，提高文化，使处于乱世中的人民的生活安定下来。像王猛佐符坚"整齐风俗，政理称举，学校渐兴。关陇清晏，百姓丰乐……"⑥的情形就是其中一个例子。其他像崔浩对于北魏、韩延徽对于契丹、韩昉对于金在这些方面都起了重要的作用。他们所筹划的制度、倡议的措施促进了民族之间的接近和融合。

任何阶级在取得政权之后在恢复、发展生产的同时都需要发展文化，进行文治。上述这些经济上、文化上处于落后状态的民族的统治者需要文治，就不得不求教于孔孟之道，重用一些汉儒。下引记载，可见一斑：

> 顷逆命纵逸，方夏未宁，戎车屡驾，不遑休息。今二寇摧殄，士马无为，方将偃武修文，遵太平之化，理废职，举逸民，拔起幽穷，延登俊义，昧旦思求，想遇师辅，虽殷宗之梦板筑，罔以加也。访诸有司，咸称范阳卢玄、博陵崔绰、赵郡李灵、河间邢颖、勃海高允、广平游雅、太原张伟等，皆贤俊之胄，冠冕州邦，有羽仪之用……庶得几人，任之政事，共臻邕熙之美。（《魏书·世祖本纪》）

> 朕所以令译五经者，正欲女直人知仁义道德所在耳。（《金史·世宗本纪》）

> 律科举人止知读律，不知教化之源，必使通治《论语》《孟子》，涵养器度。

---

① 《史记·匈奴传》。

② 《旧五代史》第 137 卷。

③ 《五代会要》第 29 卷。

④ 《金史·乌野（勖）传》。

⑤ 《金史·世宗本纪》。

⑥ 《晋书载记·符坚传》。

（《金史·章宗本纪》）

　　自明末扰乱，日寻干戈，学问之道，阙焉弗讲。今天下渐定，朕将兴文教，崇儒术，以开太平……诸臣政事之暇，亦宜留心学问，佐朕右文之治。
（《清史稿·世祖本纪》）

　　这种向汉民族学习经济、文化的要求迫使这些民族学习汉语，把汉语作为彼此间共同的交际工具。这样一种历史发展的趋势是不可抗拒的。一些比较高明的统治者就顺应这种历史潮流，采取相应的措施，促进民族融合和语言融合的过程。北魏孝文帝的汉化政策就是我国历史上愿意自觉地和汉族、汉语融合的一个有名的例子。列宁说过："本国的哪种语言有利于多数人的商业往来，经济流通的需要自然会作出决定的。"①正是这种需要，才迫使经济、文化方面发展水平比较落后的民族学会、掌握先进民族的语言，把它作为各民族间共同的交际工具。

　　有了融合的经济、文化的原因，还需要有一个客观的条件，这就是各族人民必须生活在同一地区，形成杂居的局面。在交通不发达的古代，这一点是很重要的。汉语和其他语言融合的实际情况也清楚地说明了这个问题。"前汉末，匈奴大乱，五单于争立，而呼韩邪单于失其国，携率部落，入臣于汉。汉……割并州北界以安之。于是匈奴五千余落入居朔方诸郡，与汉人杂处……后复与晋人杂居，由是平阳、西河、太原、新兴、上党、乐平诸郡靡不有焉。"②其他如氐族等的情况大抵与此类似，都散居在数量上占优势的汉族人民中间，所以"刘石慕容符姚，皆世居中国，虽族类不同，而其豪杰好恶之情，犹与中原不甚异。"③像刘渊、符坚、姚兴等不仅能说汉语，而且还熟读汉语的经史文献。刘渊"习毛诗、京氏易、马氏尚书，尤好春秋左氏传、孙吴兵法，略皆诵之，史、汉、诸子，无不综览"，甚至还讥笑汉初的名臣名将"隋陆无武，绛灌无文"④。鲜卑族的拓跋氏以及后来的契丹、女真、满等民族在入主中原以后也与汉族人民杂居，因而也逐步与汉族融合。只有蒙古族在建立政权之后继续保持它相对聚居的局面，而和汉族人民杂居的蒙古人，统治者也怕其和汉族融合，因而经常"诏迁其久任者"⑤，元顺帝还"遣使尽徙北还"⑥，因而蒙古族和蒙古语没有与汉族和汉语融合，只有一部分和南方各族人民杂居而没有北归的蒙古人融于汉族。所以，和数量上占优势的汉族人民杂居也是造成语言融合的一个重要条件。

---

① 列宁《关于民族问题的批评意见》，见《列宁全集》第20卷，第3页。
② 《晋书·匈奴传》。
③ 《习学纪言》第32卷。
④ 参看《晋书载记·刘元海传》及其他有关各传。
⑤ 参看《元史·世祖本纪》《成宗本纪》。
⑥ 《元史·顺帝本纪》。

普通语言学研究导引

三、自愿融合和被迫融合

在汉语和其他语言的融合过程中,有些民族顺乎历史发展的规律,自觉地放弃使用自己的语言,而选用汉语作为共同的交际工具;有些民族则为保持本民族的语言进行了艰苦的斗争,而迫于经济、文化发展的需要又不得不放弃自己的语言,学会汉语,实现语言的融合。我们把前面的那种情况叫做自愿融合,而把后面的那种情况叫做被迫融合。就总的趋势看,隋唐以前,以自愿融合占优势,而在隋唐以后,被迫融合的比重大一些。

在隋唐以前,和汉民族发生融合的主要是匈奴、鲜卑、羯、氐、羌等民族。这些民族在取得政权以前,多数已与汉族杂居,受汉民族的历史文化的影响比较深。由于交际的需要,这些民族的人民大多已学会汉语,如氐族"语不与中国同",但"多知中国语,由与中国错居故也"①。所以,这些民族在建立政权以后,把汉语作为相互间的共同交际工具,并没有多大的障碍。鲜卑族的拓跋氏在建立北魏王朝以前虽然没有与汉族杂居,是"以真匈奴入据诸夏,纯用胡俗,强变华人。"②,但由于经济、文化发展的需要,也追随其他民族之后学说汉语。为了加速这一融合过程,魏孝文帝还制订了一系列政策,禁止讲本民族的鲜卑语,要求讲汉语。《魏书·咸阳王禧传》记载了孝文帝对咸阳王论述这个问题的重要性:

> 高祖曰:"自上古以来及诸经籍,焉有不先正名,而得行礼乎?今欲断诸北语,一从正音。年三十以上,习性已久,容或不可卒改;三十以下,见在朝廷之人,语音不听仍旧。若有故为,当降爵黜官。各宜深戒。如此渐习,风化可新。若仍旧俗,恐数世之后,伊洛之下复成被发之人。王公卿士,咸以然不?"禧对曰:"实如圣旨,宜应改易。"高祖曰:"朕尝与李冲论此,冲言:'四方之语,竟知谁是?帝者言之,即为正矣,何必改旧从新?'冲之此言,应合死罪。"乃谓冲曰:"卿实负社稷,合令御史牵下。"冲免冠陈谢。

鲜卑族为什么要学习汉语,实行汉化?孝文帝讲得很清楚,就是为了避免"数世之后,伊洛之下复成被发之人",丧失拓跋氏的统治权。因此魏孝文帝于太和十有九年"六月己亥,诏不得以北俗之语言于朝廷,若有违者,免所居官。"③由于鲜卑族的统治者的政策符合历史发展的规律,因而语言融合的速度相当快,形成"后魏初定中原,军容号令,皆以夷语,后染华俗,多不能通"的情形。④

---

① 魏略《西戎传》。
② 见《习学纪言》第 32 卷。
③ 《魏书·高祖孝文帝本纪》。
④ 《隋书·经籍志》。

魏晋南北朝是我国历史上的民族和民族语言融合的一个重要时期。隋唐王朝、特别是唐，顺着这一融合的势头，进一步把各民族融为一体。唐朝的很多将相大臣，甚至连唐太宗的皇后长孙氏，都出身于少数民族。"唐自大中至咸通，白中令人拜相，次毕相诚、曹相确、罗相邵……崔相慎猷曰：'可以归矣，近日中书，尽是番人。'"①这这些情况说明，魏晋以来的民族融合已进入最后泯灭民族界限的时期，而语言融合自然要早于这个时期。

　　唐、五代以后和汉族与汉语发生融合关系的主要是契丹、女真和满族。它们和南北朝时期的几个少数民族有所不同：一是建立王朝以前没有与汉族杂居，二是在建立王朝以后反对学习汉语，因而在融合中带有一种被迫的色彩。金世宗的下述一段话是有代表性的：

　　　　会宁乃国家兴王之地，自海陵迁都永安，女直人寖忘旧风。朕时尝见女直风俗，迄今不忘。今之燕饮音乐，皆习汉风，盖以备礼也，非朕心所好。东宫不知女直风俗，第以朕故，犹尚存之。恐异时一变此风，非长久之计。甚欲一至会宁，使子孙得见旧俗，庶几习效之。（《金史·世宗本纪》）

金在世宗以前，熙宗和完颜亮时已渐趋汉化，所以到世宗时"女直人寖忘旧风"，连皇室的制度也不能不因"备礼"之故而"皆习汉风"，而东宫还到了"不知女直风俗"的程度。金世宗想力挽狂澜，挡住融合的车轮，避免被汉族同化。语言是民族的特征之一，继续保持、使用自己的语言被认为是保持民族独立性的一项重要措施，因此金世宗屡次告诫群臣，或发出诏谕，要求使用女真语，保持女真旧风。他还特别命令歌手歌唱女真词，以此告诫皇子和诸王：

　　　　朕思先朝所行之事，未尝暂忘，故时听此词，亦欲令汝辈知之。汝辈自幼惟习汉人风俗，不知女直纯实之风，至于文字语言，或不通晓，是忘本也。汝辈当体朕意，至于子孙，亦当尊朕教诫也。

又命令：

　　　　应卫士有不闲女直语者，并勒习学，仍自后不得汉语。

在谈到原王大兴时，金世宗又强调：

　　① 《北梦琐言·中书蕃人事》第5卷。

普通语言学研究导引

又闻有女直人诉事,以女直语问之,汉人诉事,汉语问之。大抵习本朝语为善,不习,则淳风将弃。(这几段引文均见《金史·世宗本纪》)

这几段话很清楚地说明在女真族的皇室内部、近卫士对女真的语言文字已到了"或不通晓"的程度。在这种不可逆转的趋势面前,金世宗作了一些规定,"诏谕宰执曰:'诸王小字未尝以女直语命之,今皆当更易,卿等择名以上。'""禁女直人不得改称汉姓,学南人服装,犯者抵罪。"[1]并且他还设法改变女真人与汉人杂居的情况,以免被融合:"(金)世宗虑种人(指女真人)为民害,乃令明安穆昆,自为保聚,其土地与民犬牙相入者,互易之,使种人与汉人各有界址,意至深远也",[2]这个"意至深远",具体地说,就是怕与汉人同化,并且想团结女真人以制汉人。但这些措施只能起一时的作用,无法改变女真族、女真语与汉族、汉语最后融合的结果。

建立中央王朝之后而与汉族融合的最后一个民族是满族。它总结了历代少数民族与汉族融合的历史教训,定出措施,竭力保持自己的独立性,避免融合。清太宗皇太极告诫群臣,"昔金熙宗循汉俗,服汉衣冠,尽忘本国言语,太祖太宗之业逐衰……诸王贝勒务转相告诫,使后世无变祖宗之制"[3]。天聪八年还下了这样一个诏谕:

朕闻国家承天创业,未有弃其国语反习他国之语者。弃国语而效他国,其国未有长久者也。蒙古诸贝子,弃蒙古之语,名号俱学喇嘛,卒致国运衰微。今我国官名,俱因汉文,从其旧号。夫知其善而不能从;知其非而不能省,俱未为得也。朕虽未成大业,亦不听命他国,凡我国官民及城邑名俱易以满语……嗣后俱照我国新定者称之。若不遵我国新定之名,仍称汉字旧名者,是不奉国法,恣行悖乱者也。查出决不轻恕。[4]

但历史发展的规律不以人们的主观意志为转移,汉族的先进的经济和文化迫使满族学习汉语,所以到顺治的时候情况就发生了很大的变化,清宗室子弟已习惯于汉书汉俗,需要为他们另立宗学教习满语满文了:

朕思习汉书,入汉俗,渐忘我满洲旧制。前宗人府礼部请设立宗学,令宗室子弟读书其内,因谕令设立宗学,教习满书,其愿习汉书者,各听其便。今思既习满书,即可将番译各汉书观玩,其宗室子弟,永停止其习汉书,仍习

---

① 《金史·世宗本纪》。
② 赵翼《廿史札记·金末种人被害之惨》。
③ 《清史稿·太宗本纪》。
④ 转引自王古鲁《言语学概论》,世界书局 1930 年,第 209 页。

满书。①

这段话说明汉满两种语言的融合已到了相当的程度,顺治已在为满语、满书的生存而斗争了。他在临死前还总结了一条教训,认为"且渐习汉俗,于淳朴旧制,日有更张。以至国治未臻,民生未遂,是朕之罪一也"②。他写下这样的遗嘱,要他的继承人保持、发展"淳朴旧制"。但历史喜欢跟人开玩笑,它决不会像臣子忠于君主那样按照皇帝的意志办事,它只能按照自己的发展规律发展。顺治之后的康雍乾三代正是顺着顺治的"渐习汉俗"的趋势,逐步放弃满语,走上与汉族、汉语融合的道路。

　　语言犹如空气和水那样,与人们的日常生活息息相关。要一个民族放弃自己的语言文字,这的确不是一件容易的事情,一定程度上说都是被迫的、不得已的。上述的所谓"自愿融合"与"被迫融合",只就统治者所采取的政策而言,而不是说"自愿"中没有斗争,"被迫"中没有客观规律的基础。北魏孝文帝的汉化政策是自愿融合的典型,但却受到以太子为代表的保守的贵族集团的反对,最后不得不给以严厉处置。所以,融合中的"自愿"和"被迫"实际上都是和传统势力作斗争的一个艰苦的过程。

　　上述的自愿融合也好,被迫融合也好,处于主导地位的汉族和汉语并没有给其他民族及其语言施加任何特权,而且汉族在政治上处于被统治地位的情况下也不可能有任何特权。这种不以特权而进行的融合方式是完全符合历史的发展规律的,我们应该欢迎。

　　凭借特权强迫被统治的民族放弃自己的语言、推行强迫同化政策的,我们在史书上没有看到有关的记载。只有元蒙统治者规定汉官子弟学习蒙古语,在汉族地区强迫通行蒙文诏书等,可以看成为元蒙统治者凭借特权推行蒙语的一种努力:

　　　　且元制本听汉人学蒙古语。本纪至元九年。和礼霍孙奏:蒙古字设国子学,而汉官子弟未有学者,及官府文移,犹用畏吾字。诏自今凡诏令皆用蒙古字。仍遣百官子弟入学。……至元二十七年,河南、福建省臣奏请诏书用汉字,帝命以蒙古语诏河南,汉语诏福建。又程巨夫传:时诏令皆用蒙古字,帝遣巨夫求贤于江浙,独用汉字书诏。(据《廿二史札记》)

从这些材料中可以看到,除江浙、福建等省外,元蒙统治者根本不准大臣奏请,诏书坚持都用蒙语蒙文,想凭借政治上的特权建立蒙语的权威。元蒙统治者和女真族的统治者有一个很大的区别。金自太祖开国,已重汉文,至金熙宗以后,"无有不通汉文者",而元蒙"诸君,惟知以蒙古文字为重,直欲令天下臣民皆习蒙古语,通蒙古文,然

　　① 转引自王古鲁《言语学概论》,世界书局 1930 年,第 209 页。
　　② 《清史稿·世祖本纪》。

后便于奏对"。① 元蒙统治者凭借特权推行蒙语、蒙文的政策开始时在汉人中也起了一定的作用,汉人改名为蒙古名字成为一时的风气。② 但这种政策与经济、文化的发展规律是相违背的,只能起一时的、局部的作用。到元末时,元顺帝看到各地汉人起义反元,产生一种畏惧心理,反而害怕汉人学习蒙语、蒙文,因而下令:"省、院、台、部、宣慰司、廉访使及群府幕官之长,并用蒙古人、色目人。禁汉人、南人不得习学蒙古、色目文字。"③这无异于在客观发展规律面前承认强迫推行蒙语、蒙文政策的失败。

四、融合的过程

语言融合的具体过程大体上是通过双重语言现象而最后导致一种语言排挤和替代另一种语言,完成语言的统一。这是一个漫长的过程,不是"在几年中就能得出结果的一次决定性的打击行动"④。双语现象的出现是融合过程中重要的、富有特征性的现象,是由两种或几种语言统一为一种语言的必经的过渡阶段。固然,双语现象形成后是否导致一种语言系统最后排挤、替代另一种语言系统,从而完成语言的融合,这完全决定于社会历史条件(看两个民族是向统一、融合的方向发展,还是向分离、独立的方向发展),但融合必须经过双语现象阶段,这一点是没有问题的。一般说来,当两个民族生活在同一地区的时候,由于交际的需要都会互相学习对方的语言。这在史书的一些记载中还可以看到一些线索。即使以鲜卑族和汉族的关系而言,想依附鲜卑族到北魏朝廷里去做官的汉人,看来在孝文帝以前都得会鲜卑语。李冲反对孝文帝的"不得以北俗之语言于朝廷"而主张"帝者言之,即为正矣,何必改旧从新"的情况,可以从反面印证做官的汉人也需要会说"帝者"的语言。魏分裂后,北齐的高欢及其继承人,虽然想提高鲜卑语的地位,免被汉语融合,但双语现象的存在是很清楚的。"于时,鲜卑共轻中华朝士,唯惮服于昂。高祖每申令三军,常鲜卑语。昂若在列,则为华言。"⑤可见北齐的鲜卑族统治者和其统辖的"三军"都同时掌握汉语和鲜卑语,因而既可以用鲜卑语讲话,也可以用汉语讲话。而当时的汉人也有"转易其声音以效北语"⑥的,因而也有不少人会说鲜卑语。例如刘昶"呵骂童仆,音杂夷夏"⑦,北齐的一个士大夫为了取悦于鲜卑统治者,教其儿子说鲜卑语和弹琵琶,"以此伏事公卿,无不宠爱"⑧。由于汉族在经济、文化方面处于先进地位,汉族人学鲜卑语不是当时的

① 请参看赵翼《廿二史札记·元汉人多作蒙古名》条。
② 同上。
③ 《元史·顺帝本纪》。
④ 斯大林《马克思主义和语言学问题》第 21 页。
⑤ 《北齐书·高昂传》。
⑥ 参看《抱朴子》外编第 26 卷《讥惑》篇。
⑦ 《北史·刘昶传》。
⑧ 参看《颜氏家训·教子》篇。

主流,而且被人讥笑为"不得邯郸之步而有匍匐之嗤者,此犹其小者耳"①,而鲜卑等族学习汉语则是当时不可阻挡的历史潮流。

随着不同民族掌握汉语,它们的语言也会对汉语产生一些影响。《颜氏家训·音辞》篇概述当时的汉语"南染吴越,北杂夷虏",就具体地反映了这种影响。"说者谓自五胡乱华,驱中原之人入于江左,而河淮南北,间杂夷言。声音之变,或自此始。然一郡之内,声有不同,系乎地者也;百年之中,语有递转,系乎时者也。况有文字,而后有音读,由大小篆而八分,由八分而隶,凡几变矣,音能不变乎?"②这段话指明语音随时与地的不同而有变化的观点在当时是难能可贵的,但把这种变化与语言间的相互影响对立起来,显然是不对的。当时的各少数民族语言与汉语的大融合对汉语的发展有影响,这一点是不应该成为问题的。我们可以从当时文字的发展中看到一个大概的情形。

文字是记录语言的工具。字数的增加、新字的产生等都可以在一定程度上反映语言的变化和发展。顾炎武在《金石文字记·孝文皇帝吊殷比干墓文》中有这样一段话:

> 此碑字多别构……《颜氏家训》言晋宋以来,多能书者,故其时俗递相染,尚所有部帙,楷正可观,不无俗字,非为大损。至梁天监之间,斯风未变。大同之末,讹替滋生……北朝丧乱之余,书迹鄙陋,加以专辄造字,猥拙甚于江南。乃以百念为忧,言反为变……今观此碑,则知别体之兴,自是当时风气,而孝文之世,即已如此,不待丧乱之余也。江式表云:皇魏承百王之季,世易风移,文字改变,篆形错谬,隶体失真……盖文字之不同,人心之好异,莫甚于魏齐周隋之世。……
>
> 又考《魏书》,道武帝天兴四年十二月,集博士儒生,比众经文字,义类相从,凡四万余字,号曰众文经。太武帝始光二年三月,初造新字千余,颁之远近,以为楷式。天兴之所集者,经传之所有也;始光之所造者,时俗之所行,而众文经之不及收者也。则知《说文》所无,后人续添之字,大都出此。

从这段话所引的史料中我们可以看到北魏是汉字发展中的一个重要时期:第一,"《说文》所无,后人续添之字"出自北魏;第二,"文字改变,篆形错谬,隶体失真"的现象始自北魏;第三,成为当时风气的"字多别构"的现象在"孝文之世,即已如此,不待丧乱之余";总之,"盖文字之不同,人心之好异",都始自北魏,而南朝出现"改易字体""颇行伪字"要到大同之末,比魏太武帝"初造新字"的始光二年要晚120年左右。为什么这种种重要的现象都出自北魏? 我们只能从社会交际的客观需要中去寻找答

---

① 《抱朴子·讥惑》篇。

② 顾炎武《音论》。

案。由于不同民族在融合过程中出现大量新事物、新概念，因而在语言中出现大量新词语，原来的文字不能满足需要，只能"好异"而去"专辄造字"。北魏太武帝利用行政的力量使"时俗之所行"的新字规范化、合法化，加以推广。这些新造的字如果不是适应语言表达的需要，就不会沿用到后世。汉字书写形体的变化、"字多别构"的异体字的产生，同样与不同民族在融合过程中学习汉语、汉文有关，把它单纯地归结为会不会写字（"多能书者"）显然是不对的。至于产生上述现象还有其他什么原因，那不是本文讨论的范围。

在文字的发展中我们还可以看到语言融合过程中一种语言向另一种语言接近或靠拢的痕迹。满文源自蒙文，是根据"以蒙古字协我国语音，联属为句，因文以见义"[1]的原则制定的，受蒙文的影响比较大，而对满语本身的特点考虑不够，因而有些地方不能准确地表达满语。"十二字头无识别，上下字相同。幼学习之，寻常言语，犹易通晓；若人姓名及山川、土地，无文义可寻，必且舛误"[2]，因而清太宗命达海"酌加圈点"，以利于准确地书写满语。满语后来与蒙语的关系逐渐疏远，而与汉语逐渐接近，并进一步融合，因而在这一过程中其文字的书写形式也进一步考虑到和汉语的关系："又以国书与汉字对音，补所未备，谓：'旧有十二字头为正字，新补为外字。犹不能尽协，则以两字合音为一字，较汉文翻切尤精当。'国书始大备。"[3]这显然已具体地考虑到如何与汉语的对音和转写的问题，使满文有利于书写汉语的借词。清初满文[s][z]不分，只用一个字母表示。而[z]与汉语的[ts]相似，因而满文多用[s]转写汉语借词的[ts]："罪"，满文作[sui]，"蝎子"，满文作[xiyese]。随着汉满两种语言的融合的发展，懂得汉语的人越来越多，知道[s]与[ts]不同，因而另造一个新的字母代表[ts]，以转写汉语的词语。而后还进一步创制清篆，连文字的形体也向汉字靠拢。[4]这种现象与语言融合的过程是相呼应的。满族入关以后，满语的语气句法，逐渐受汉语的影响，满文的发展反映了满汉两种语言的相互关系的一个侧面。随着满族最后放弃满语，把汉语作为相互间的共同交际工具，满文也只能成为一种历史的陈迹。

总之，在语言融合的漫长过程中，双语现象时期语言之间的相互影响会对语言的发展产生积极的影响，甚至在文字中也可以看到这种影响的痕迹。

---

① 《清史稿·达海传》。

② 同上。

③ 同上。

④ 请参看李德启《满洲文字之来源及其演变》，见《北平图书馆刊》第 5 卷第 6 期。

语 言 和 民 族

马学良　戴庆厦

导言——

本文选自《民族研究》1983 年第 1 期。后被收入戴庆厦著《语言和民族》一书,中央民族大学出版社,1994 年。也曾被译成英文,发表在《中国的人类学》一书(Anthropology in China, Edited by Gregory Eliyu Guldin, M. E. Sharpe, Inc. 1991)。

作者马学良(1913~1999),字蜀原,山东荣成县人。1939 年于北京大学获语言学硕士学位。著名语言学家、民族语言文学家。中央民族大学教授。

戴庆厦(1935~　),福建厦门人。中央民族大学语言文学学院教授。

选文主要论述语言和民族的关系。语言和民族有着密切的关系,正确认识二者的关系对语言学和民族学都有重要的意义。作者认为语言和民族既有区别又有联系,从区别上看,二者各有自己的特征和自身的发展规律,从联系上看,自民族形成后语言就打上了民族的烙印,与民族密不可分。文章从三个问题上论述了语言和民族的关系:(1)语言在民族诸特征中的地位。认为语言在民族的诸特征中占有特殊的地位:语言能够比较全面而深刻地体现民族特点,指出其他的民族特征往往要通过语言来反映;语言不仅反映民族现在的特点,还反映民族历史上的特点;语言在民族诸特征中比较稳固,变化得最慢;语言既是民族的特征之一,又是民族发展必须依赖的工具。(2)语言界限同民族界限的关系。作者认为语言界限同民族界限在多数情况下是一致的——即同一民族使用同一语言,不同的民族使用不同的语言;但也存在不一致的情况:有时一个民族使用一种以上的语言,有时不同民族使用相同的语言,有时同一民族内部的语言或方言的差别大于其中一种语言或方言同另一民族语言的差别。(3)从民族的角度来研究语言。作者提出了从民族的形成来看民族语言的形成,从民族分化与统一来看语言的分化与统一,从民族的社会特点来看语言的特点,从民族特点来看双语现象的发展。

提起语言,人们常常把它同民族联系在一起,认为语言是组成民族的一个重要的特征,其发展变化是受民族的发展变化制约的;谈到民族,人们也总想到语言,觉得民族是离不开语言的,语言的状况对民族的发展是有影响的。所以,语言学家和民族学家在研究语言和民族时,常常遇到如何认识语言和民族的关系问题,都感到有必要从理论和实践上认清二者的关系。在我国的民族工作(包括民族语文工作)中,也常常提出一些涉及语言与民族的关系的问题,也曾出现过由于对二者的关系认识不清而造成工作上的失误。

诚然，语言同民族存在一种相互依存的密切关系。但是，这种关系十分复杂，不容易被认识清楚。特别是在我们这样一个具有悠久历史的多民族国家里，由于各民族经历过长期的历史发展，曾不断有过不同形式的分化与融合，语言和民族的关系出现了许多错综复杂的现象。所以，要科学地认识我国的语言与民族的关系，就必须从我国的民族实际出发，进行一番认真细致的分析研究。

弄清语言与民族的关系，对于科学地认识语言和民族的特点以及正确制定我国的民族政策（包括民族语文政策），会有许多帮助。本文主要使用我国的民族和语言的材料，从以下三个问题上论证语言和民族的关系。

一、语言在民族诸特征中的地位

一般说来，语言和民族既有区别又有联系。从区别上看，语言和民族各有自己的特征和自身的发展规律。语言是人类社会中最重要的交际工具，承担人们互相交际、交流思想的任务，它是由语音、语法、词汇三要素组成的，与人类的思维有密切的联系。而民族，则是人类在历史上形成的一种稳定的共同体，它在语言、居住区域、经济生活、心理状态等方面表现为共同的特征。语言的发展主要表现在语言内部诸要素的变化上，而民族的发展主要反映在民族特征的变化上。而民族则不是人类社会一开始就有的，而是人类社会发展到一定阶段的产物，比语言出现晚。由于语言和民族各有自己的特征和自身的发展规律，所以从研究对象上看，是两个不同的研究客体，研究语言的称语言学，研究民族的称民族学。

但是，自人类社会形成民族后，语言就打上了民族的烙印，同民族发生了密不可分的联系。从这时起，语言便从属于每一个具体的民族，成为民族的一个重要特征，如从属于汉民族的共同语称汉语，从属于维吾尔民族的共同语称维语，等等。从这时起，也就不存在不属于某个具体民族的语言，而是每个语言都带上了民族的标志。语言成为民族的特征后，二者在发展中互相影响，互相制约。一方面，语言的发展和变化受民族发展的影响制约；另一方面，语言也影响民族的发展。一部语言史总是同一部民族史紧密地联系在一起的。所以研究语言不能离开对民族的研究；同样，研究民族也不能离开语言。

认识语言是民族的特征之一是重要的，但这还不够，还要进一步认识它同民族的其它特征的关系，以及语言在民族诸特征中的地位。一般认为，民族是人们在历史上形成的一个有共同语言、共同地域、共同经济生活以及共同心理素质的共同体。这说明人们已经认识到语言是民族诸特征之一，而且是民族特征中比较重要的一个特征。但是，在考察语言和民族的关系时我们又看到，语言虽是民族的特征之一，但它同民族的其它特征相比，存在许多不同的特点，在民族的诸特征中占有特殊的地位，一般说来，它是民族特征中最重要的一个。为什么这么说呢？

（一）语言能够比较全面而深刻地体现民族的特点，这是民族的其它特征所不能比拟的。我们知道，语言的本质特征是一种社会现象，其活动范围十分广阔，几乎同人类的种种活动都有密切的关系。而且，语言又同思维有密切联系，人们认识客观要借助语言来进行，还要通过语言来巩固。所以，社会的特点，人们的生活方式，以及自然环境的特点等，总会或多或少地在语言中有所反映，不同的民族，由于社会经济发展的情况不同，所处的民族关系、语言环境不同，所经历过的文化阶段不同，语言发展的特点也不相同。从这个意义上说，语言像一面镜子能如实地照出不同民族的特点；从语言的"万花筒"中能够看到民族的各方面特点。特别是语言的词汇，反映民族的特点最为敏感、迅速。不同民族语言的词汇系统，在词的内容和数量上，在词义的搭配上，都各有自己的特点。比如，我国北方从事牧业的民族，词汇里有一整套反映畜牧的名称、动作的词，而且这类词的词义分得很细，是南方从事农业的民族所不能完全理解的；而南方一些从事农业的民族，粮食作物和蔬菜、野菜的名称则比较丰富，是北方从事牧业的民族语言所不及的。

语言以外的几个民族特征，往往要通过语言来反映。拿共同的心理素质来说，它必须通过语言来传达，依靠语言来维系。没有共同了解并反映共同情感的语言，共同的心理素质就难以存在。我们常常看到，同一民族互不相识的人，当他们使用共同的语言沟通后很快就熟悉了，并交谈得很融洽。这靠什么呢？靠共同的语言沟通共同的心理素质。居于异国的人听到家乡话时倍感亲切，是共同的语言传达了共同的民族感情。不仅如此，语言本身也在一定程度上表现民族心理的特点。哈萨克族牧民在互相交谈中忌说"狼"〔qasqər 或 børi〕，而喜欢使用"狗"〔ijt〕和"鸟"〔qus〕连成 ijtqus，以表示"狼"。这显然同他们长期从事畜牧业生产而形成的对狼的厌恶心理有关。

语言还反映民族共同的经济生活特征。特质生活对每一个民族都是最基本的、最经常的活动内容，当人们长期过着同一的经济生活，接触的是相同的客观事物，就必然要在语言里留下某些特点。另一方面，共同的经济生活也得靠共同的语言来联系；没有共同的语言，就不能使共同的经济生活得到协调。景颇族居住在山区，解放前长期经历刀耕火种的生产方式，所以在景颇语里有大量反映刀耕火种的词。例如：khjen³¹ lu⁷³¹ khjen³¹ ʃa⁵⁵"刀耕火种"、ji⁷⁵⁵ khu⁵⁵"刀耕火种一年后丢荒的地"、ji⁷⁵⁵ ʃ̃a⁵⁵ ʒi⁵⁵"熟荒地"、jit³¹ ta⁵⁵"丢荒的旱地"、khʒan³³"刀耕火种时烧剩的树枝柴火"、khʒan³³ ji⁷⁵⁵"刀耕火种的地"等。由于景颇族在生产生活和日常生活中离不开"刀"，所以反映刀的名称和表示使用刀的动作的词特别丰富。例如：kǎ³¹ tham³¹"砍"、kʒan³³"砍伐"、phʒaŋ³¹"砍削"、tha³¹"砍（柴）"、kǎ³¹ toŋ³³"砍（成短节）"、toi³³"平砍"、khjen³¹"横砍"、tum³¹ phjot⁵⁵"斜砍"、a³¹ tai³³"齐根砍"等。哈萨克族妇女生了孩子，把男孩叫 qojʃa"放羊人"，把女孩叫 dʒəlqəʃə"有马人"。意思是说生了男孩以后就会有放羊的人了，生了女孩后就会有换马的人了。这些词语的特点显然是哈萨克族过去经济生活的反映。

（二）语言不仅反映民族现在的特点，而且还反映民族历史上的特点。从现代的语言里，还能看到过去不同时期的社会特点。即使是远古社会的某些特点，也会或多或少地在现代语言里留下某些痕迹。比如丽江、维西等地的纳西族，解放前早已形成以夫权为中心的个体家庭，妇女从属于丈夫，社会地位低下。但在现代纳西语里，仍保留一些词或词组反映古代母系社会"女性优于男性"的社会特点。例如："夫妻"是 ni^{33}nv^{31}（妻子）ə^{33}kæ^{31}zi^{33}（丈夫），"妻子"在"丈夫"之前；"男女"是 mi^{55}（女）zo^{33}（男），"女"在"男"之前。另外，"母"和"大"同义，"男"和"小"同义，因而"大树"为 ndzər^{31}（树）me^{33}（母），"小树"为 ndzər^{31}（树）zo^{33}（男）[1]。这是因为语言的发展具有继承性，这不是一个时代的产物，而是经过许多时代逐渐积累、发展起来的。由于语言能同时综合反映不同时代的特点，所以使它更富有浓厚的民族气息。当同一民族的不同成员在使用共同的民族语言时，互相交流的情感是非常丰富的，既有现时的民族特点，又有传统的民族特点，有反映思想文化的，又有体现风俗习惯的，汇集成一种特殊的民族感情。

（三）语言在民族诸特征中比较稳固，变化得最慢。因为语言是交际工具，不能变得太快，更不能随便改变，必须保持相对的稳定性和历史的继承性。否则，人们之间的交际就会遇到障碍。语言可以超越时间的限制，世代相传，也能突破空间的限制，随着民族的迁移，从一个地区移到另一个地区。在人类历史上，民族的迁移经常发生，民族的分布不断有过变动，但每次变化并不立刻引起语言的变化。语言的变化虽然受社会条件的制约，但一般看来变化是比较缓慢的，要经过较长的时间才有比较显著的变化。所以在许多情况下，社会分化了，居住地区分隔了，但语言仍然是统一的。红河两岸的哈尼族与西双版纳的哈尼族，两地相隔甚远，相互间已缺少联系，但仍使用统　的语言，并同属　个方言。傣族主要分布在云南的德宏自治州和西双版纳自治州两地，由于长期分隔，社会发展不平衡。解放前，德宏的傣族已从封建领主经济向地主经济过渡，而西双版纳地区还保存比较完整的封建领主经济。但两地仍使用同一语言的不同方言——德宏方言和西双版纳方言。不同的社会经济形态并没有使方言分化为不同的语言。

风俗习惯、宗教信仰等特点在有的情况下也比语言容易变化。有些民族由于长期和别的民族杂居，服饰有了较大的变化，甚至主要采用了别的民族的服饰，但本族语言仍保留下来（当然也受到一定的影响）。如陇川地区的阿昌族，由于长期同傣族生活在一起，妇女的服装基本上采用傣族妇女的服装，但语言并没有改换，仍然使用阿昌语。历史上，蒙古族的宗教信仰有过多次变化，曾先后信仰过萨满教、喇嘛教等，

---

[1]　和志武《从象形文东巴经看纳西族社会历史发展的几个问题》，《中央民族学院学报》1980年第 2 期。

但语言却一直是蒙古语。傈僳族过去主要信仰多神教。十九世纪初起有的改信基督教和天主教，其语言也没有太大的变化。

（四）语言既是民族的特征之一，又是民族发展所必须依赖的工具。没有同一民族所共同了解的语言，民族便无法发展。每一种民族语言，都在一定程度上反映该民族的人们对客观事物认识的水平，凝结着人们经过长期实践所积累的知识。人们学习和使用自己民族语言的过程也是学习、继承和交流自己民族文化的过程。没有共同的语言，民族便无法发展。每一种民族语言，都在一定程度上反映该民族的人们对客观事物认识的水平，凝结着人们经过长期实践所积累的知识。人们学习和使用自己民族语言的过程，也是学习、继承和交流自己民族文化的过程。有了共同的语言，民族的历史、文化、科学才有可能不断提高，不断发展，也才有可能一代代地传下去。在我国长期的历史发展过程中，各民族共同为祖国创造了光辉灿烂的历史文化，通过不同的民族语言文字留下了大批珍贵的文化遗产，包括文学、艺术、天文、历法、医药等各方面的内容。语言对民族发展的作用是不可估量的。

总之，语言在民族诸特征中占有特殊的地位。人们在使用自己的民族语言时，倾注了民族的情感，使语言闪耀着民族特征的光芒。在听话者一方，也是带着各种丰富的民族情感、民族知识来理解语言的。正因为语言同民族情感有如此密切的关系，所以如何对待语言问题总是同民族问题联系在一起的。人们的共同感觉是，对语言的不尊重或歧视，就是对民族的不尊重或歧视；伤害语言就等于伤害民族。"四人帮"猖狂的时期，云南傣族地区的一些民族学校被迫停用民族语文，傣族群众十分气愤，把学校称为"他们的学校"；粉碎"四人帮"后，民族语文恢复使用了，群众转称这些学校为"我们的学校"。可见，对语言的歧视必将导致民族矛盾，而尊重语言则有利于民族团结。我们主张坚持语言平等的原则，主张各民族语言不分使用人口多少一律平等，正是看到了语言特征在民族特征中的地位和作用。

二、语言界限同民族界限的关系

由于语言是民族的一个特征，所以语言界限同民族界限在多数情况下是一致的，即同一民族使用同一语言，不同的民族使用不同的语言。如藏族使用藏语，苗族使用苗语，朝鲜族使用朝鲜语等。但是，由于语言和民族的发展各有自己的特点，不可能是齐头并进地向前发展，所以在一定的条件下，语言界限和民族界限会出现不一致的情况。我们一般说语言随着社会的分化而分化，随着社会的统一而统一，是就语言整个发展的趋势来说的，并不是说语言每时每刻都在反映社会的变化。语言的变化往往比民族的社会变化得慢。当民族发生分化后，语言不会马上随之分化；当民族融合后，语言也不会立刻随之融合。所以，出现语言界限和民族界限不一致的情况，并非偶然，有其社会历史的原因，也是符合语言发展规律的。我们考察语言和民族的关系，必须探讨这种现象产生的原因和特点。

从我国的民族语言情况看,语言界限和民族界限一致的占多数。除了这一基本类型外,还有以下几种情况:

(一)一个民族使用一种以上的语言。有使用两种语言的,也有使用三种语言的。不同的语言有分属于不同语支的,也有分属于不同语族的。如瑶族使用三种语言,一种叫勉话的,属于瑶语支;一种叫布努话的接近苗语;还有一种叫拉珈话的,同壮侗语族的侗语接近。景颇族使用两种语言:一种叫景颇语,属藏缅语族景颇语支;一种叫载瓦语,属藏缅语族缅语支。裕固族也使用两种语言:东部裕固语属蒙古语族(又称恩格尔语),西部裕固语属突厥语族(又称尧乎尔语)。

上述这些同一民族使用不同语言的人们,在民族的其他几个特征上都有着明显的一致性,差异主要在语言上。比如使用景颇语的景颇人和使用载瓦语的景颇人都共同居住在云南德宏自治州地区,过着相同的经济生活,服饰、生活习惯、嗜好等方面都有共同的特点,而且长期以来互相往来,相互通婚。他们有着共同的民族心理,都认为虽然语言不同但还是一个民族。这说明语言的不同并不妨碍统一民族的形成,说不同语言的人们可以成为一个统一的民族。

值得我们进一步研究的是,同一民族使用一种以上的语言时究竟怎样解决他们内部的联系与交流呢?几种语言并用,相互间又有什么影响呢?从景颇族语言的使用和发展中我们看到,他们主要通过操双语来解决民族内部的交流与联系。在景颇族地区,不少人既懂景颇语又懂载瓦语,特别是在杂居的地区,同时会说两种语言的比较多。有趣的是,在许多家庭里,长者如果是使用不同语言的,两种语言长期并用。父母各说各的语言,互相都能听懂;子女也会两种语言,同父母交谈时分别使用。在使用单一语言的聚居区,虽然懂双语的人目前还比较少,但有逐渐增多的趋势。当然,我们也看到使用语言的不同也给民族内部的交流与联系带来一定的困难,而且这个实际矛盾也是短时间内不能解决的。再从语言的发展上看,两种语言出现了互相影响的趋势,各自从对方吸收所需要的成分来丰富自己,共同成分逐渐增多。这种发展趋势在词汇上反映比较明显。其中载瓦语从景颇语中借用的词较多,包括政治、经济、文化等各方面的词。如载瓦语的 njn^{21} po^{55} "领袖"、$3ap^{21}$ $3a^{55}$ "平等"、$khjin^{21}$ "服饰"、tso^{221} si^{21} "钥匙"、$phun^{55}$ $thau^{55}$ "砧板"、$kǎ^{21}$ pu^{55} "高兴"、$lǎ^{21}$ van^{55} "快"、san^{21} sen^{51} "干净"、$lǎ^{21}$ kon^{21} "懒"等。以上现象说明,景颇语和载瓦语正朝着有利于统一的方向发展。至于这两种语言有无可能融合为一种统一的语言,目前尚难断定。即使有可能,大约也要经历一段漫长的历史发展过程。

东部裕固语和西部裕固语也是两种差别较大的语言,相互间不能通话。但这两种说不同语言的人是一个民族则是确定无疑的,因为他们在别的特征上有许多共同的特点。如他们共同分布在甘肃肃南裕固族自治县,在经济生活、服饰、称谓等方面也都保持基本相同的特点。至于民族内部的交际,他们采取两个办法来解决:一是少数人兼通两种语言;另一是有不少人使用汉语作为共同的交际工具。

（二）不同民族使用相同的语言。如我国的回族、满族使用汉语，一部分畲族、土家族等也使用汉语。不同的民族使用相同的语言也是由社会条件决定的，主要取决于不同的民族长期生活在一起，在政治经济文化等方面发生了密切的关系，没有这个条件，使用一种共同的语言是不可能的。一种语言被不同民族使用时往往还带有一些不同的特点，但不同的特点一般是很细微的，不影响语言的基本特点。

我国的回族是七世纪中叶以后陆续迁移到中国的中亚各族人、波斯人以及阿拉伯人等组成的民族共同体，不仅来源复杂，使用的语言也是多种多样。他们曾分别使用过阿拉伯语、波斯语等。由于历史迁徙的种种原因以及各种社会因素的影响，回族大多数居住在我国各地，同别的民族特别是汉族杂居一起，形成大分散小聚居的特点。语言环境的变换决定了使用语言的变化。经过较长的时间，回族逐渐转用了汉语，以汉语做为本族的语言。汉语不仅是回族同其它民族交际的工具，也是回族内部交际的工具。在回族中，文化的积累与交流，民族情感、心理特征的表达，以及共同经济生活的发展，都使用汉语这一交际工具。使用汉语已成为回族的特征之一，汉语实际上已成为回族的共同语言。回族使用汉语的主要条件是同汉族杂居一起，此外同他们曾使用过不同的语言也有一定的关系。

但是，回族使用的汉语带有一些特点，主要表现在使用的词语中夹杂了少量的波斯语、阿拉伯语的词语（多是反映宗教特点的词语）。如称"朋友"为"多斯提"，"多斯提（朋友），您对我帮助太大了"，"多斯提"来自波斯语。称"圣地"为"汉志"，"朝圣地"说成"朝汉志"，"汉志"来自阿拉伯语。又如：杜赫台尔（小姑娘）、乜帖（心意）、垛子海（地狱）、乃妈子（礼拜）（以上来自波斯语）、顿亚（世界）、尔嘎布（天诛）、尼卡罕（婚姻）、白黑来（吝啬）、塞瓦布（谢谢）（以上来自阿拉伯语）等。当然，使用这些外来词并没有改变语言的性质，他们说的仍然是汉语，只不过是带有某些色彩罢了。

据有关调查材料，居住在海南三亚的回族，至今还使用一种不同于汉族又不同于当地别的少数民族的独特语言。他们在民族内部使用这种语言交际，和汉族交往时则说当地汉语。这是个较特殊的现象①。

畲族使用畲语和汉语。使用畲语的畲族，人口较少，仅一两千人，不到总人口的1%。这种语言属汉藏语系苗瑶语族苗语支。但占总人口百分之九十九以上的畲族已使用汉语客家方言。畲族使用汉语同畲族的迁移、分布有密切的关系。隋唐以前，畲族就已居住在闽、粤、赣三省交界的山区，从十四世纪陆续向闽东、浙南等地迁移，形成大分散小聚居的分布特点，大部分人同汉族杂居一起。长期以来，畲族和汉族在经济生活上密切联系，文化上互相交流，有许多相同的生活习惯，过着大致相同的节日。这些都是形成畲族使用汉语的社会条件。

---

① 郑贻青《海南岛崖县的回族及其语言》，《民族研究》1981 年第 6 期。

畲族使用的汉语客家方言不同于汉族使用的客家方言,在语音、语法、词汇上都有一些不同的特点①。比如有一些不同于客家方言的词。如:pi³⁵"肉"、hau²¹"亮"、kuai³³"这"、lau³³khoe²¹"蜘蛛"、khiu³³"蜈蚣"。这些不同的词中,有一些同瑶族布努语、广东博罗畲语接近。例如:

	蜈蚣	杀
畲族使用的客家方言	khiu³⁵	lo²³⁵
广东博罗畲语	khɔ³³	ta³¹
瑶族布努语	chɣu⁴²	to⁴²

以上是就整个民族或一个民族的大多数人使用别的民族语言的情况来说的。如果就一个民族中的少部分人使用别的民族语言来说,情况就更多一些。我国许多少数民族都或多或少有一些人转用汉语或别的民族语言。如蒙族、壮族、白族、彝族等。这种现象的出现,同我国是一个以汉族为主体的多民族国家的特点分不开的。

（三）同一民族内部的语言或方言的差别大于其中一个语言或方言同另一民族语言的差别。如景颇语和载瓦语的差别比载瓦语和阿昌语之间的差别大。具体地说,景颇语和载瓦语之间同源词比较少,而且语音对应规律很不严整,每条对应条例所包含的例词都不多。但载瓦语和阿昌语、哈尼语之间同源词就多一些,而且语音对应规律也比较整齐,所包含的例词也比较多。下面举些载瓦语同景颇语不同源而同阿昌语、哈尼语同源的词,以见一斑。

景颇语	载瓦语	阿昌语	哈尼语	汉义
woi³³	mju²²¹	ȵu⁷⁵⁵	a⁵⁵mju̠³¹	猴子
tsit³¹	ŋjui⁵¹	ȵau⁵⁵	ȵu⁵⁵	绿
tiŋ³¹la³³	maŋ²¹	mɔŋ³¹	mo³¹	老
khup³¹	pan²¹	phan⁵⁵	phe⁵⁵	涩
tsau³³	no̠²⁵⁵	nɔ²⁵⁵	na²³¹	早
ʃu²³¹	po̠²¹	phɔ³¹	xa³¹pha³¹	青蛙
kã³¹pje³¹	naŋ²¹	nɔŋ³¹	no³¹	踩

又如,壮语南北方言的差别比北方方言同布依语的差别大。这种情况的形成都有其历史发展的原因:或者由于不同的共同体融为一个民族后,语言还来不及统一,仍然保持原来的差别;或者由于同一共同体的分化,使得一部分人从一个民族中分离了出去,方言变成了语言,等等。

---

① 毛宗武、蒙朝吉《博罗畲语概述》,载《民族语文》1982 年第 1 期。罗美珍《畲族所说的客家话》,载《中央民族学院学报》1980 年第 1 期。

三、从民族研究语言

由于语言同民族之间存在密切的关系,所以势必从语言学和民族学中分出两个新的学科,通过民族研究语言的特征和过程的称"民族语言学",通过语言研究民族的特征和过程的称"语言民族学"。在《论"语言民族学"》一文中,我们曾经从语言和民族的密切关系中论述了通过语言研究民族的特殊意义以及它的特殊方法等问题,这里拟进一步探讨通过民族研究语言的内容和方法等问题[①]。

民族对语言的影响是多方面的,复杂的。从总体上看,民族的发展、变化对语言的发展、变化起着制约的作用,它规定语言发展的方向。但是,就某段时间来看,民族的变化并不立即引起语言的变化。所以通过民族研究语言,既要看到民族对语言制约的一面,又要看到语言自身发展的特殊性。一般看来,从民族研究语言可注意以下几个方面:

(一)从民族的形成看民族语言的形成。民族的形成是民族语言形成的决定条件,有了民族的共同体,也才有共同的民族语言。研究某一民族语言的形成问题,只有联系该民族的社会历史,用社会历史材料来印证语言材料,才有可能认清问题。蒙古语族诸语言——蒙古语、东乡语、达斡尔语等是在十六世纪前后形成的,是同蒙古帝国的崩溃以及统一蒙古族的分化联系在一起的。联系蒙古族分化的历史,就不难解释蒙古语族诸语言的关系。在我国,有些语言的系属归类问题难以解决,同这些民族的来源问题尚未弄清有关。如白族语言的系属问题虽经过讨论还未取得一致意见,有的认为属藏缅语族彝语支,有的认为是藏缅语族内的一个独立语支。至于白族的来源问题更是众说纷纭,有的甚至认为是由历史上的几个民族结合而成为一个民族,是异源同流。如果白族的来源问题能得到科学的回答,无疑将有助于语言系属的解决。

(三)从民族的分化与统一看语言的分化与统一。在历史上,一个民族的分化、迁徙,常常影响语言的分化,甚至使一部分人转换使用别的语言;而当民族走向统一时,语言也随之出现统一发展的趋势。认清民族分化和统一的情况,将有助于认识语言的变化。我国许多少数民族语言,方言的划分同民族支系的划分有密切关系,而且往往有等同的界限。或则一个支系是一个方言,或则两个、三个支系是一个方言。所以,我们用支系的划分材料作为划分方言的参考或印证方言划分的结论,是个较为可靠和简便的方法。试看下面哈尼语方言划分同支系的关系:

① 马学良、戴庆厦《论"语言民族学"》,载《民族学研究》第 1 辑 1981 年。

普通语言学研究导引

```
                    ┌ 1. 哈雅方言（哈尼、雅尼支系）
                    │    ① 哈尼次方言（哈尼支系）
                    │    ② 雅尼次方言（雅尼支系）
                    │  2. 碧卡方言（碧约、卡多、哦怒支系）
         哈尼语      │    ① 碧约土语（碧约支系）
        （哈尼族）    ┤    ② 卡多土语（卡多支系）
                    │    ③ 哦怒土语（哦怒支系）
                    │  3. 豪白方言（豪尼、白宏支系）
                    │    ① 豪尼土语（豪尼支系）
                    └    ② 白宏土语（白宏支系）
```

民族语言内部不同方言的分布与山川的自然分隔有密切的关系。纳西语分西部和东部两个方言，方言的界线大致以河流为界。东部方言在无量河和金沙江以东、五郎河以北，西部方言在无量河和金沙江以西、五郎河以南。壮语的南北方言以邕江南北为界。

（三）从民族的社会特点看语言的特点。不同语言的特点，主要是由不同语言的内部发展规律决定的，但是社会发展的不同特点，则影响语言的发展，使它具有不同的特点。联系社会的特点研究语言，能加深对语言的理解。

解放前，我国各民族的社会发展很不平衡，处于不同的社会经济形态。有的民族同汉族一样已进入封建社会（如壮、苗、朝鲜、白等），有一些处于奴隶制阶段（如四川彝族），甚至有的还不同程度地保存原始社会的残余特点（如独龙、景颇、佤等）。不同的社会经济形态对语言的发展有何影响，是很值得研究的。从总的情况看，我国各民族大都处于前资本主义的历史阶段，标准语的流通、形成、发展受到一定的限制，甚至有许多语言还未形成统一的标准语。如彝、苗、哈尼等语言，方言分歧较大，统一的标准语尚未形成。解放后我们党和政府在解决这些民族的文字问题时，就遇到如何建立标准语的问题。这个问题的解决，必须结合民族的社会特点。

跨境语言的发展问题，是值得研究的一个问题。所谓"跨境语言"，是指分布在不同国度的同一语言。我国少数民族语言，大多分布在边疆，有不少是跨境的。如哈萨克族、柯尔克孜族、傈僳族、拉祜族、景颇族……等。同一语言分布在不同的国度，或者由于社会制度不同，或者由于历史传统、自然条件、生活环境等方面的差异，语言的发展也会出现一些不同的特点。比如使用景颇语的人除了在我国外，在邻邦缅甸也有分布。两国所说的景颇语，特点基本相同，差异很小。但由于所处的环境不同，各自也出现了一些不同的特点。其中的特点之一是：我国景颇语受主体民族的语言——汉语的影响多些，而缅甸景颇语则受那里的主体民族语言——缅语的影响较多。跨境语言的发展规律有什么特点？应该怎样正确对待两地语言的关系？这些问题都还没有好好研究。

从民族研究语言,在一般情况下,民族的社会情况只能为语言研究提供线索和证据,帮助人们正确地认识语言现象。但在有的情况下,确定某一语言现象的性质,则主要取决于民族的社会情况。比如判断有些"话"是语言差别还是方言差别,主要由民族成分来决定,语言特点不是重要的。哈萨克语和柯尔克孜语是两种不同的语言,但差别较小、互相能听懂一部分。而彝语方言的差别程度比上述两种语言之间的差别大,而又是方言的差别。在这里,语言特点差别大小不是决定因素,而民族成分却起了重要的作用,因为前者是两个民族,后者是一个民族。在人们的心理里,不同的民族说的话只要有一些差别就认为应该是不同的语言,而同一民族说的话即使差别较大(当然有一定的界限),也应该是同一语言的不同方言。又如民族语言的相互影响,常常取决于民族关系。当民族关系融洽时,语言的相互影响就大些。语言相互影响的大小,主要取决于社会条件,只有从社会原因上才能找到可靠的答案。仡佬语受汉语影响较大,常用词中的汉语借词已超过五分之二,解放后出现的新词术语,大都借自汉语。有许多概念本民族语词和汉语借词并存并用。仡佬语还从汉语里吸收了不少虚词,语法的特点也受到汉语影响发生了一些变化。仡佬语能接受汉语这样多的影响,主要是因为仡佬族同汉族长期密切往来,一般都兼通汉语,并有学习和使用汉文的传统①。

(四)从民族特点看双语现象的发展。双语现象是一个世界性问题,世界上任何一个民族都不同程度地存在双语问题。当今世界的民族,由于科学文化的不断发展,由于交通往来越来越方便,操双语的人越来越多。双语问题解决得怎样,直接关系到民族文化、教育事业的发展,关系到一个民族的繁荣发展。双语的发展有其客观的内部规律,而这种规律主要受民族的社会条件的制约。在我国,由于各民族发展不平衡,以及不同民族存在不同的特点,不同民族之间双语的特点也不相同。比如,双语特点因人口多少而不同,人口多的民族,如维吾尔族、藏族等,本族语言的通用范围比较大,用途比较广,因而操双语的人就比较少。而有些人口较少的民族,如锡伯族、阿昌族、基诺族等,由于本族语言通用范围比较小,加上同外族往来比较多,因而操双语的人也就比较多。新疆的锡伯族,许多人除了操用锡伯语外,还能比较熟练地使用汉语、维吾尔语等。云南的阿昌族,有不少人除了使用阿昌语外,还能使用汉语、傣语。又如聚居区和杂居区不同,有文字的民族同没有文字的民族不同,经济文化水平高的和水平低的特点不同。在一个多民族的国家里,民族关系的状况如何对双语的发展有很大的影响。民族团结搞得好的地方,互相学习语言的风气就比较浓厚,操用双语的人也比较多;而民族关系出现问题的地方双语学习往往受到阻碍。解放后,由于民族团结不断加强,我国各族人民之间互相学习有了不断的发展,是解放前所不能相比的。联系民族的社会特点研究双语发展的规律,是语言研究的一项重要内容。

---

① 郑国乔《试论汉语对仫佬语的影响》,载《中央民族学院学报》1980 年第 4 期。

方言与移民的关系

周振鹤　游汝杰

导言——

本文选自周振鹤、游汝杰著《方言与中国文化》第二章,上海人民出版社,1986年初版,台湾南天书局1988年繁体字本,上海人民出版社1996年修订本。

作者周振鹤(1941～　　),福建厦门人。1983年获复旦大学历史学博士学位,为文革后我国首批两名文科博士之一。复旦大学中国历史地理研究所教授。擅长政治地理、文化地理、地方制度史、近代新闻史、以及文化语言学、语言接触史的研究。

游汝杰(1941～　　),浙江温州人。复旦大学中国语言文学研究所教授。主要研究方向为方言学和社会语言学。

文章论述方言与移民的关系,主要从三个方面来谈:一、移民特征(指移民数量的多少、迁徙过程的长短、迁徙距离的远近、移民原居地和新居地的情况等)对移民方言和土著方言的影响。作者总结出了九种类型:1. 移民带来的方言取代土著方言;2. 移民放弃旧地方言改用新地方言;3. 移民的旧地方言和新地方言相融合;4. 移民远距离转移仍保持其固有方言;5. 移民的原方言在新居地演变成新方言;6. 移民造成民族错居并引起方言的更替;7. 移民引起毗邻地区方言发生不同程度的质变;8. 移民的方言冲淡了土著方言的特征;9. 移民产生双语现象。二、移民方式和方言地理分布类型的关系。作者认为古代不同的移民方式决定了现代方言的地理类型,有这样六种类型:1. 占据式移民和方言内部大面积的一致性;2. 墨渍式移民和蛙跳型方言传布方式;3. 蔓延式移民和渐变型方言;4. 杂居式移民和掺杂型方言;5. 闭锁型移民社会和孤岛式方言;6. 板块转移式移民和相似型方言。三、阐述移民与汉语方言渊源和汉语方言地理格局的关系。作者分析了汉语南方六大方言——吴、湘、粤、闽、赣、客产生的渊源及与移民的关系,也分析了我国历史上几次大的移民运动对汉语方言的影响及对汉语方言地理格局形成的作用。

在研究文化史的时候,人们往往只是讨论文化本身的发展,而忽略了创造文化的人、人的迁徙及其与文化发展的关系。不同类型的文化从相互隔离进入渗透和交融状态,其最主要的原因之一就是人口的迁徙,亦即移民。移民一方面造成文化的传播,另一方面又使不同地域的文化发生交流,产生新的文化,推动文化向前发展。所以移民史在文化史上应占有重要的地位。人口的迁徙在促使文化发展的同时,也使语言发生很大的变化。方言是语言逐渐分化的结果,而语言的分化往往是从移民开始的。方言的形成和移民有关者,至少有下述两种基本情况。一是讲同一种语言的人同时向不同地区迁徙,在不同的条件下经过发展演化,成为不同的方言;二是操甲地方言的部分居民在某一历史时期迁移到乙地,久而久之,同一种方言在甲、乙两地演变成两种不同的方言。有的方言形成的历史较为特殊。如闽语的主要渊源应该是东汉末三国时期的吴语,因为福建的汉人主要是这一时期开始从江浙一带迁入的。他们带来的这一时期的吴语与当地闽越族语言经过交融后,逐渐形成与今日吴语大不相同的闽语。

所以很显然,移民史可以用来解释方言的部分成因,反过来方言现象也可以为移民史提供佐证,两者的关系极其密切。抽象地说两者之间有些类似函数关系,亦即移民形式的变化必然引起方言类型的变化。具体而言,对方言和移民的关系可以从两个角度进行分析:一个是移民特征和方言演化的关系,另一个是移民方式和方言地理类型的关系。第一节和第二节分别讨论这两类关系的各种表现形式。

第一节　移民特征和方言演化的关系①

所谓移民特征是指移民数量的多少,迁徙过程的长短,迁徙距离的远近,以及移民原居地和新居地的情况等等因素。方言演化既指移民方言的种种变异,也指土著方言所受到的种种影响。历史上移民特征表现出各种复杂的面貌,它们引起方言发展演化出许多不同的形态。两者的关系归纳起来大约有九个方面。

一、移民带来的方言取代土著方言

如果外地来的移民在人数上大大超过土著,并且又占有较优越的政治、经济、文化地位,同时迁徙时间集中,那么移民所带来的方言就有可能取代土著的方言。最典型的例子是西晋永嘉丧乱之后,北方移民的方言取代了江南宁镇地区原有的吴方言。西晋前宁镇地区是属于纯粹的吴语区。留传至今的南朝乐府民歌中有一类题名为"吴声歌曲","吴声"是"吴语方音"的意思,吴声歌曲是当时用吴方言传唱的民间歌谣。《吴声歌曲》里保存了一个典型的吴语词汇:"侬"。

《晋书·乐志》说:"自永嘉渡江之后,下及梁、陈,咸都建业,吴声歌曲起于此也。"可见吴声歌曲产生于建业(今南京)一带。至于它产生的年代,据《晋书·乐志》说:"吴歌杂曲,并出江南。东晋已来稍有增广。"这说明东晋以前已经产生,东晋以后有了进一步的发展和流传。民间的吴歌应该是很早就有的。《世说新语·排调篇》载:"晋武帝问孙皓,闻南人好作尔汝歌,颇能为不?皓正饭酒,因举觞劝帝而言曰:'昔与汝为邻,今与汝为臣,上汝一杯酒,令汝万寿春。'帝悔之。"晋武帝时已流传到北方上层阶级,可见起源还要早得多。所以在永嘉丧乱之前宁镇地区使用吴方言,是没有疑问的。

---

① 详见拙著《人口变迁和语言演化的关系》,《学术季刊》1986 年 4 期,上海。

但是在永嘉丧乱之后，大批移民，主要来自苏北和山东，南渡进入建康地区。东晋先后在该地区设置的侨郡、侨州多达二十多个。移民的人口估计在百万以上，超过了土著。并且移民之中有不少是大族，如跟晋元帝司马睿一道从琅琊（今山东临沂一带）来的千余家，其中大族就占上百家。这些大族在政治、经济、文化水平方面自然超过土著。《颜氏家训·音辞篇》说："易服而与之谈，南方士庶，数言可辨，隔垣而听其语，北方朝野终日难分。"这是说南方的士族说北方话，庶人说吴语，所以"数言可辨"；而北方的官民都使用北方话，所以"终日难分"。可见在南朝做官的是说北方话的北方人。

由于北来移民在人口、政治、经济等方面的优势，北方官话就逐渐取代了吴语。

二、移民放弃旧地方言改用新地方言

如果移民在政治、经济、文化方面的地位远逊于土著，人口相对较少或分散而处于土著的包围之中，那么他们就不得不放弃旧地的方言，逐渐改用新地的方言。

在五十几个少数民族中完全不再使用本民族语言而改用汉语的，只有回族和满族。此外，绝大多数畲族人早已改说汉语的客家方言了。

满语完全被汉语取代是比较晚近的事。一直到本世纪四、五十年代还有个别满族老人会说满语的。满族起源于东北地区，本来使用本民族的满语。清初满人入关之后，东北满人减少，随后汉人陆续移居关外，遂形成满汉杂居局面。入关的满族散居各地，处在汉语的包围之中。所以没有多久，东北的满语和关内的满语均被文化地位较高的汉语所取代。

跟满族的情况类似的是中国的犹太人。在中国的犹太人数量很少，他们的语言情况也绝少有人提起。犹太人移入中国自唐代开始就有，一直到民国不断，而以宋代为最盛。他们原来是说希伯莱语的，但是在中国因为人数太少，而又是散居的，所以都改说当地汉语，只有掌教的神职人员才会用希伯莱语诵读和讲解犹太经文。

回族人数虽然比犹太族要多得多，但是也因为分散杂居，迁入中国的时间又是断断续续的，所以早就改用各地汉语了。

三、移民的旧地方言和新地方言相融合

在移民和土著势均力敌的情况下，他们的语言有可能互相融合，而不是一个被另一个所取代。

在今天的吴语区北部有一个所谓"半官话"的小区域，它的四周被纯粹的吴语所包围。这就是杭州话。它的分布地域很有限，大致相当于杭州市区的范围。

在语音结构上，它可以说是道地的吴语：保留全浊声母，塞音和塞擦音有三级分法；声调有七个，保留入声，并且带喉塞尾；鼻韵尾只有一套，"因、音、英"三字同音；古咸、山两摄韵尾失落，如三 sE、南 nE。这些都是官话没有的特点。

但是它却缺少文白异读系统。许多字在吴语中普遍有文白两读，如在苏州话中"人"字有两读：人[nin]家、人[zən]民，但是在杭州话中只有一读。这一点与吴语不同而与北方话一致。

从词汇方面看,杭州话里有许多词跟官话一致,而跟周围的吴语完全不同。下表举例比较杭州、余杭(与杭州市区邻接的县)和上海词汇的异同。

官话	你	他	我们	你们	他们	我的书	不说
杭州	你	他	我们	你们	他们	的	不
余杭	尔[n]	夷	ŋa	倷	jia	个	勿
上海	侬	夷	阿拉	倷	夷拉	个	勿

杭州话的"半官话"性质显然跟历史上宋室南移时的大批北方移民有关。关于这些北方移民在人数上跟原有土著的比例,《建炎以来系年要录》说:"切见临安府(即北宋杭州)自累经兵火之后,户口所存,裁十二三,而西北人以驻跸之地,辐辏骈集,数倍土著。"由于临安成为南宋首都(正式名称虽然是行在所),所以北方居民集中此地,以至人口比原住居民多上几倍。这当然要使杭州原有语言发生变化,带上北方话的特点。北来移民主要只是集中在杭州城里,并不是分布在临安府的所有七个属县之中。如果府城以外地区也有许多移民,那么现代方言地理格局势必会类似于宁镇地区,即整个地区被北方话所取代。

北来的移民虽然在政治、经济上占优势,但是在人口数量上,就整个府来说并不占优势,在这种情况下两种方言不可能产生一种被另一种替换或同化的现象,而只能产生互相融合的现象。

以上三种情况正好代表移民方言的三种基本变化类型,第一种是不变,第二种是全变,第三种是半变。第一种是化为乌有,第二种是依然故我,第三种则是你我参半。但是这三种类型并不囊括方言演化的所有形式,还有若干其他类型介乎这三种类型之间。

四、移民远距离转移仍保持其固有方言

这种类型是在晚近出现的,锡伯语的转移是典型的。

锡伯语在许多方面跟满语很接近。在满人入关之前,满语只使用于东北地区。为什么跟东北相隔千山万水的新疆竟有一种跟满语相近的语言存在呢?

原来锡伯人的故土本是东北的嫩江流域,今天在辽宁、吉林、黑龙江的一些地方也还有他们的同胞。锡伯语和满语相近是自有其历史渊源的。锡伯族的祖先是室韦,满族的祖先是靺鞨。《唐会要》说:"室韦言语和靺鞨相通。"据《北史·室韦传》记载,酋长称为"莫弗"或"莫何弗"。在后来的满语中"老翁、长老"称为 mafa,音与"莫弗"相近。[1]

---

① 关于锡伯族跟室韦的关系,详见赵展《锡伯族源考》,载《中央民族学院学术论文选集》(历史学),1980 年。

清乾隆二十九年(1764)平定准噶尔及大小和卓木之乱之后,在伊犁建立了将军衙门,为了充实兵力,将锡伯族官兵,包括家属及跟随而来的闲散人员共五千多人迁到新疆。这些人在那儿屯田、繁衍,经过二百多年形成现代新疆锡伯族。他们居住的地方比较集中,邻近地区是其他少数民族聚居地,经济和文化与之彼此不相上下,所以他们的语言也就保留下来了。相反东北故土的锡伯人却不再用本族语而改说汉语了。其中的原因之一是居住地分散,二是跟人口、经济、文化明显占优势的汉人杂居,语言自然容易被取代。这种情形跟今天东北和全国各地的满族人不再说本族语而改用汉语是相同的。

五、移民的原方言在新居地演变成新方言

这种情形的产生是因为移民带来的方言在新地扎根,与原居地的方言隔离,演变较慢,留在原居地的方言反而发展较快,久而久之成为两种差异较大的方言。

现代长江以南有一百个以上的县住有客家人。"客家"这个名词是 17 世纪才出现的,以前的地方志没有提到这个名词。在后来的文献中不仅出现"客家",而且常常是"土客"并提。"客家"显然不是土著,他们是历代从北方南下的移民。据今人罗香林的考证,客家南徙共分五期。其中只有前两期是直接从北方迁到南方的,即第一期于东晋至隋唐从山西和河南迁至长江南北岸;第二期于唐末至宋从河南、皖北渡江入赣,更徙闽南、粤北。后三期都是前二期已经在南方落户的客家再次向南方别地转移。最近有人提出异议,认为客家人退居到闽粤赣边区,发展自己的社会、文化特点的时代至少晚至宋元之交,甚至更晚些时候。

我们曾将现代客家话与宋代汴洛方言、切韵及元代周德清《中原音韵》作过一番比较,所得到的结论是:客家人大规模南下应该是在唐中期至宋初,接近于罗香林所说的第二期。唐中期安史之乱后有许多北方人南下,这一点却为罗氏所忽略。

客家人迁到南方后,保持自己的社会、文化特征,并没有改说新地的方言,但是由于与原居的中州长期分隔,方言也变得跟中州大不相同。

六、移民造成民族错居并引起方言的更替

我国西南苗、瑶、壮、侗等族历史上多迁徙之举,迁定之后,又多与他族错居,语言也因此有相互更替的现象亦即某一个民族中的部分成员放弃本民族语言,而改用他民族语言。

广西金秀的茶山瑶不说瑶语,而使用一种跟壮侗语族接近的语言。茶山瑶的人口据 1982 年的统计有 8586 人,占瑶族总人口不到 10%。"茶山瑶"是汉人对他们的称呼,他们自称"拉珈","拉"是"人"的意思,"珈"是"山"的意思,他们说的话叫"拉珈话"。茶山瑶居住的广西金秀县是瑶族最大的聚居区,共有瑶族三万多人,除了茶山瑶之外,还有盘瑶、山子瑶、坳瑶和花兰瑶。后四个族系都是说苗瑶语的,唯独拉珈语跟壮侗语言相近。所以茶山瑶的语言跟盘瑶差别很大,竟至不能通话。

有人认为拉珈话跟壮侗语族的侗水语支更接近。但金秀一带并没有侗族或水族。据茶山瑶本民族的传说，他们主要是从广东迁来的，很可能他们还远在广东老家跟当地侗水族杂居的时候，就放弃本族语了。金秀瑶族五个族系中最小的是花兰瑶，只有一千多人，他们的语言则接近苗语支。传说他们是从贵州迁来的。他们放弃瑶语也可能是早在贵州的时候。

因移民而引起语言交替的例子还有不少，如湖南通道、贵州黎平、广西三江有几千苗人说侗语，海南岛的苗人说瑶语；瑶族、苗族、黎族、壮族等民族都有部分人说汉语。我们还没有在西南地区找到语言融合的典型例子，看来在民族杂居地区语言的更替比语言的融合更为普遍。

七、移民引起毗邻地区方言发生不同程度的质变

甲、乙两个相邻的方言区，如果甲区的经济、文化较发达，而人口又几近饱和，乙区则相反，那么甲区就有可能向乙区移民。起初是占据边界地带，慢慢地深入到腹地。甲区的方言也因此扩散到乙区。

汉代扬雄《方言》屡次将"南楚江湘"相提并论。"南楚江湘"的地域大致相当于今湖南全省。古代湖南应该是使用同一种方言——湘语的。但是到了现代湖南境内的方言却有好几种，这是历代以来受邻省方言侵蚀的结果，其中又以江西方言的影响最大。

今天湘东的平江、浏阳、醴陵、衡山、攸县、茶陵、耒阳、常宁、鄜县、桂东、汝城等县的方言具有明显的赣语特征，最显著的是古全浊声母今音不论平仄都读送气清音，例如"头"和"洞"两字，声母都是[tʰ]，如果用长沙话读，则是不送气的[t]。尤其是平江话，赣语的特征更明显，如入声字保留塞音韵尾-t，古泥来两母在洪音前混读作[l]，在细音前泥母读[n]，来母读[l]。这两条特征与赣语相同，而为湖南其他地点的方言所无。

往西去，湖南中部腹地，赣语的特征相对减弱，再往西，湘西地区赣语的影响虽然还有，但是已很微弱。

湖南的赣语地盘和赣语影响是历代大量接受江西移民的结果。江西移民所使用的方言，对湖南方言产生程度不等的冲击。两者之间发生取代、融合、混杂等变化，变化的情况跟移民的数量、年代和迁徙的路线有着密切的关系。关于这个问题的详细讨论详见笔者所撰《湖南省汉语方言区划及其历史背景》一文（载《方言》1985 年第 4 期）。

八、移民的方言冲淡了土著方言的特征

移民带来的方言有时并不完全取代新地方言，而是不同程度地冲刷、消磨新地方言的特征。这表现在两方面，一是旧地方言特征在地理分布上的萎缩，二是这些特点本身在程度上的减弱。

在两种方言交界地区，移民的方言冲淡新地方言是很常见的。例如皖南的铜陵和太平一带的方言原来完全是吴语系统的，就是到今天还保留全浊声母。但是由于

近年来受移民带来的官话的影响,它的词汇却变成官话系统的了。浙南平阳蛮话的情况也如此,它保留全浊声母这一个特点跟属于吴语的温州方言一样,但是它有许多闽语词汇。还有些语法特点也带闽语特征。如小称词尾用"团",不用"儿"。男孩是"丈夫团",女孩是"作母团"。《集韵》说:"团,闽人呼儿曰团。"平阳蛮话中的闽语成分显然是入浙的福建移民带来的。

吴语和官话的分界线有一段是穿过苏南的溧水县的。溧水县城在抗战时因为日军狂轰滥炸,人口剧减,其后有相当数量的操江淮官话的居民移入,因此现在县城的方言完全是江淮官话系统。县城东南的几个乡也由于官话居民的不断移入,冲淡了原有的吴语特征。塞音虽然保持三级分法,但是全浊音的浊度跟苏沪一带吴语比较,都有不同程度的减弱。有的字本来该读浊音的,甚至已经变读清音了。如"败"字不读[be],而读[fe],"步"字不读[bu],而读[fu]。这些地方的居民一般喜欢听两种戏,一种是吴语系统的锡剧;一种是官话系统的黄梅戏。苏、沪、浙一带流行的越剧在当地并不受欢迎。

九、移民的双语现象

到达新地的移民如果在人数上只占少数,在经济、文化上的地位又相对较低,那么他们不得不学会新地的方言。但是由于他们往往是大分散小聚居,以便于保留旧地的风俗习惯和在新地的生存发展,所以他们在自己的家庭和移民的社区里仍然是使用旧地方言的。这样就产生移民的双语现象。

今天苏南吴语区的许多县,特别是太湖以西的,有许多祖籍是河南、湖北等地的居民。他们被称为"客民"或"客边人"。各地的"客民"人数没有统计。大致是丘陵地带人烟稀少,较穷,客民就多些,平地富裕的地方客民少些,甚至没有。这些客民多是大分散小聚居的。他们是太平天国战争后迁入的,虽然已经繁衍了好几代,但是一直到他们的父辈时代还保留河南或湖北的年节和婚丧的风俗。在与当地人交际的时候他们所说的话是道地的当地话,但是他们自己人互相交际时,却说"客边话"。也有人把他们所说的话叫"棚子话"的,这是因为他们初来时只能搭建一些临时的棚子栖生。"客边话"大约是受当地吴语的影响,长期以来又跟原居地方言没有什么联系,所以跟北方话已有所不同。例如溧水县共和乡的客边话,其语音系统从总体上看是属于官话的,但是有些入声字却读成带喉塞尾,如"约"字读 iɔʔ。读法跟吴语相仿。

如果没有特殊原因,双语制不能长久维持。必须有下述特殊原因,双语制才能长期存在,一是两种不同方言的邻接地区的人民为了交际的需要,常常使用对方的方言;二是移民有较强的"族系"意识,有意识地保持原有的文化传统;三是移民聚居,自成社区。例如苏南的河南移民双语制已经维持百年而未衰,其原因就是为了在新地能够生存下去,他们必须聚居在一起,还必须保持内聚力,以抵抗土著居民的地方主义和排外倾向。海外华侨,尤其是在东南亚,为了保持中国文化传统,则是有意识地维持双语制。据一九七二年的统计,新加坡的华裔还有 91.1% 的人在使用闽南话,其中又有 45.8％的人兼用马来语,41.2％的人兼用英语。新加坡华裔使用闽南话还有一个特殊情况,华人占总人口的 76％,虽然其中闽南人只占总人口 30％(占华裔人口的 40％),可是说闽南话的人却占华人总数的 91.1％,这说明在华人社会中以闽南话最有权威。

第二节 移民方式和方言地理分布类型

现代汉语方言地理是历史上长期以来各方言互相取代、交融、渗透、影响的产物。在上一节分析移民特征和方言演化关系的基础上,我们进一步来探讨方言地理类型与移民方式的关系。这种关系用一句话来概括,就是:现代方言地理类型在很大程度上取决于古代移民方式。分开来讲这种关系表现为六种不同的类型。

一、占据式移民和方言内部大面积的一致性

现代汉语北方方言分布地域之辽阔,使用人口之众多,内部结构之统一,在世界上是罕见的。从哈尔滨到昆明,从南京到酒泉,甚至远至乌鲁木齐和拉萨,各地汉族居民通话并无多大困难。

造成北方方言大面积一致性的重要原因得从移民史实中去考察。自汉代以来,北方汉语的主要地盘只限于长城以南和长江以北,六朝之后北方汉语大规模越过长江。在长城以北和西南地区,则一直到明清时代,北方方言才随着大规模移民,占据了东北和云贵大片土地,席卷大半个中国。这些从北方大本营出发的移民在新居地大规模的占据式移殖大大扩展了北方话的地盘。下面对东北方言和移民的关系作一举例性的分析。

东北方言跟以北方方言为基础的普通话是很接近的,大体说来,它内部是相当一致的,不过细究起来,内部也还有些差异。就辽宁省而言,辽东半岛方言和辽西方言就有些不同之处。辽东的一些特点跟隔海相望的胶东半岛相同,辽西的一些特点则跟毗邻的河北北部相近。

辽东、辽西的这些不同特征正是由不同的移民历史带来的。

在清代之前移居东北的汉人还寥若晨星,只是在沈阳有些汉人从事贸易活动。满人入关之后,为保全满洲根据地起见,厉行闭锁政策,下令限制汉人出关垦殖。只允许少数被流放到关外的汉人服刑期满以后留下来当旗军或杂役。一直到太平天国战争之后,清廷才迫于形势,不得不废除禁垦令,实行开放政策。但是在整个十九世纪移入的汉人还是断续的少量的。移殖的地点集中在齐齐哈尔、呼兰和宁古塔等地。到 1903 年中东铁路通车的时候,北满还只有这三处有汉人移居,其余铁路所经荒漠之地,尚为游牧部落所居。东北的汉族移民只是到了本世纪初年才骤然增加的。1900 年满洲人口总数是四百五十万,1928 年增至二千二百万。二十八年中北满人口

增长八倍,南满增长五倍①。增长的人口,除少数属自然增殖外,绝大多数都是"闯关东"的关内农民。如果遇上灾年闯关东的人更是成千上万蜂拥而来,如 1927 年直隶灾民赴东三省者竟达百余万人。

迁入东三省的移民绝大多数是山东、河北人,其中又以山东为多。山东人多从海路迁入,在大连和营口登陆,先到辽东半岛和辽河流域,再扩展到辽宁的东南部和东部及北满。河北人则由陆路进去,河北和辽宁毗邻,边境地区的河北人大约清初以前就向锦州地区渗透。锦州是古代边境地区汉族移民的中心。清初之后河北人是先进入辽宁西部,再扩展到北部和其他地区的。

"闯关东"的山东人主要来自旧青州府、登州府和莱州府。他们到达新地后往往是先立一窝棚,窝棚的集合则以同族同姓为基础,宗族制度也就从山东输入东北。因为他们是族居的,又是大批地占据大片土地,所以旧地的方言也容易保存下来。山东的移民基本都是务农的,河北的移民除了务农的以外,还有不少人是从事商业经营的,特别是在各地开设酒坊。至今东北还有当时的酒坊名字保留在地名中,如伏隆泉、永盛泉等。

从山东的登、莱、青三府来的移民是以辽东半岛为基地的,所以今胶东话和辽南话相近,在官话这个大区中胶辽方言是可以自成一区的。在本世纪的前五十年,山东人和河北人占据了全部东北地区,所以今天的东北方言和华北方言在大面积的地域上有着一致性。

二、墨渍式移民和蛙跳型方言传布方式

外来的移民有时候并不占领成片的广大地区,而只是选择其中的一些地点定居下来,然后慢慢地对周围的地区有所浸润,好像在一张大白纸上滴上若干滴墨汁一样。这些在新地落脚的居民因文化地位较高,所以不但维持旧地带来的方言,并且逐渐扩散到周围地带。但是从全局来看,它们还未联成一片,中间尚被别的方言或语言隔开,方言的传布,好象青蛙跳着前进,不是遍布整个地区,而只是散落其中若干地点。

这种现象在广西、贵州、云南是很普遍的。

在广西的壮族聚居区内,较大的城市通用汉语,较小的县城通用汉语和壮语,只是在农村里通用壮语。广西的部分农村地区,北起灵川,南至凭祥,西至百色,东达灵山,还通行平话。南宁市区使用粤语,但是郊区居民就使用平话了。桂林市区说官话,郊区则是平话的天下。平话的最早源头跟《宋史》所载狄青南征"平定"侬智高起义有关,事定后宋王朝把"平南军"留在广西屯驻。广西的"平南县"这个地名和"平话"这个方言名称,都是"平南"战争留下的痕迹。屯驻的军人的原籍很可能大多是山东。有的说平话的村庄,一直到本世纪四十年代,每隔数年还要派代

---

① 　东北历年人口数引自朱偰《满洲移民的历史和现状》,《东方杂志》25 卷 12 号(1928 年)。

表回山东祭扫祖坟。不过今天的平话跟北方话差异已很大,桂南平话甚至已经变得跟粤语近似。①

云贵地区的西南官话也远不是遍布每个角落的。在城镇里和某些农村地区使用的汉语常常被少数民族语言分隔开。

广西、云南、贵州自古以来是少数民族聚居地。粤人进入桂西时代应该较早。大批北方汉人进入云贵和桂北还是明代的事。明王朝在平定云贵后,为了巩固统治,保卫边疆,就留驻守军并实行兵屯。除了守留一些城市外,还选择一些农村地区设置兵屯。这些官兵皆有家室,军籍也可世代相传。大批汉人就此安家落户,使用和传布他们带来的北方官话。到今天云贵还有许多含"旗、官、堡、营、屯"等字的地名,留下了当年军屯的遗迹。如云南陆良县的刘官堡、朱官堡;伏泉营、孔家营;占屯、邑市屯;曹旗营、朱旗田;黄家庄、孙官庄;棠梨哨、松林哨等等。

蛙跳型的方言最初是由墨渍式移民所造成的,但是它之所以能够长久维持还有别的因素在起作用。譬如移民的文化较高,并有保持原有文化的愿望。据说贵州的旗堡人直到现代在服装等习俗上还有明代的遗风。如果各地移民之间交通往来较多,而跟包围他们的土著交际反而较少,那么互相分散的各地移民语言还可以保持一致性,如云贵的西南官话。

如果墨渍式移民的文化不见得比土著高,那么他们的蛙跳式方言是不能长期维持的,如畲族语言被土著的客家方言所代替;瑶族拉珈人、布努人的方言被壮侗语或苗语所代替。

苗族也是大分散小聚居,它在历史上的移民方式是类似于墨渍式的,所不同的是它在新地落脚后,绝少扩散的可能,各地的苗人由于交通的阻隔,语言也越来越歧异,以致于相互不能通话。

三、蔓延式移民和渐变型方言

历史上的移民方式虽然形形色色,但是大别之只有两种,一是远距离的跋涉,从甲地到乙地,中间虽然经过大块土地,但是并不停留,如西晋永嘉和北宋末年的南迁,这多半是由战乱引起的;二是从某一开发较早、经济发达、人口稠密的中心地区向四周较荒僻的地带蔓延渗透。第一种移民带到新地的是完整的旧地方言。第二种移民只是将中心地区的方言缓慢地扩散开来,离中心越远的地方,其方言的变异越大。造成变异的原因有三方面。首先,移民越走越远,跟中心地区的来往就越来越少,方言也就越来越隔阂,这在交通不便的古代是很自然的。其次,移民带来的方言难免要与土著方言接触,并且吸收土著方言的成分,这也增加方言的变异。第三,一个方言区的两头又受邻区方言的影响,歧异也因此增加。

今天的吴语区在历史上是从北向南开发的。春秋战国之际汉人的活动中心仅在

① 关于广西平话详见杨焕典等《广西的汉语方言(稿)》,《方言》1985 年 3 期。

今苏州、无锡附近(吴国)和绍兴、诸暨一带(越国)。秦汉时期浙北、苏南渐次得到开发。三国西晋以后始将开发范围推向浙南,唐代以后扩展到浙西南及边境地区,吴方言也就相应由北向南扩散。上述开发程序从今浙江各县的建置先后也可见一斑。秦代在浙江境内设置了十九个县,大部分集中在今杭嘉湖和宁绍平原,只有少数几个县位于浙西天目山和金衢诸暨盆地。就清代浙江十一府而言,其中有四府在秦代,有三府在西汉连一个县也没有。

春秋战国时代的吴、越方言应该是有所差异的,南进的移民的先民大约是从今宁绍、杭嘉湖平原出发的,他们越走越远,方言也与古越地方言越来越歧异,再加上与土著百越语言的融合,发展到了后来,进到浙南的移民后代的方言跟出发地的方言竟至互相不能通话。从现代吴语来看,从北到南在地理上有一个渐变的过程,这在词汇、语法、语音上都有所表现。

四、杂居式移民和掺杂型方言

移民到新地后与土著杂居,方言中往往会掺杂进土著的方言成分。这种现象在杂居式移民中是屡见不鲜的,不过掺杂的程度不等,最常见的是吸收一些借词,也有改变语音或语法结构的。这里所说的"掺杂"主要是指后者。

掺杂程度严重的移民方言可以以青海五屯话为例。①

五屯人聚居于青海省黄南藏族自治县,人口总数有两千左右,周围多系藏族村落。五屯人至迟是在明代万历年间从四川迁入的。五屯话本来应该是一种汉语的方言,但是由于四、五百年来受到藏语的强烈影响,人们甚至怀疑它能不能算作汉语方言了。下面我们以词汇为例说明它的掺杂性。在词汇的总数上以汉语词占优势,在词汇库中除了有汉语词和藏语词以外,还有汉、藏词互用的现象,如冬天 toŋˈɕi/kəŋˈkha、草原 tshoˈthi/tsaˈthaŋ;汉、藏语合璧词,即其中有一部分是汉语成分,另一部分是藏语成分:门帘 mənˈtəjerˈwa、被里子 pinaŋˈma(这两个词的第一个成分是汉语成分);藏语词根接上五屯话词缀:出发 ˈlamalaŋˈla,其中 ˈlamalaŋ 是同仁藏语词根;汉语词根接上藏语词缀:犯人 loˈke-wa,其中 loˈke(劳改)是汉语词根,wa 是藏语表示"人"的词缀。

五屯话受藏语影响是如此深刻,以至于我们不得不费一番辨认的功夫,才能找出其中的汉语成分。

五、闭锁型移民社会和孤岛式方言

移民到达新地之后聚居在一个较小的地域内,他们自成社区,跟外界的接触交流不太多,当地人一般也并不介入移民的社区。那么这些移民的方言就可能长期保留原有的基本面貌或某些特征,而与包围它的土著方言有明显的区别。它所流行的小块地域在包围它的大片土著方言区中正好像大海中的孤岛。方言岛上的移民从来源

---

① 五屯话语音材料引自陈乃雄《五屯话初探》,载《民族语文》1982 年 1 期。

来看可以分为两大类，一是军队的驻防或屯垦；二是平民逃荒、逃难迁徙而来。

中国的西南和西北地区是各民族杂居地区，一种方言被另一种方言所包围是很常见的，譬如广西各地的瑶语多被壮语所包围。不过大瑶山的拉珈语不能算方言岛，因为它跟不止一种语言（壮语、苗语、汉语等）相邻接。还有海南岛的黎族虽然也被汉语所包围，但是面积较大，一般也不算作方言岛。

汉族聚居区的方言岛很多，这里且举一例。

海南岛的汉语方言是属于闽南语系统的，称为"琼文话"。但是在崖县大约有五千多人（1956 年的估计）的方言却是接近北方话的，当地把它叫做"土军话"。同治甲子重刊的《广东通志》上曾提到"土军话"这个名称。顾名思义，它的来源可能跟南平话、洋屿话、金乡话一样，与来自北方的驻军有关，但是还没有直接在文献上找到证据。光绪《琼州府志》引《黄通志》说，土军话和地黎话"乃本土音也"。似乎当地早就有这种方言存在。不过我们从它的某些语音特点可以推测它南下的历史决不会早于明代。这些特点是：入声虽然自成调类，但是喉塞尾也已消失了；次浊和全浊的上声字中有相当一部分已经归并到去声中去了；鼻韵尾分-n、-ŋ 两套；咸、深两摄的-m 尾已并入-n 尾。这些特征都是北方话在元明之际才有的。（这个时代或许可以提前到元代，因为《中原音韵》中的-m 尾有人怀疑是周德清仿《广韵》制订的，而在实际口语中已经消失。）广东的感恩县也有一种"军语"，民国《感恩县志》说："感语有三种，曰军语、客语、黎语。军语与正音相通，客语似闽音，琼属多此语。"所谓"正音"即指"官话"，可见感恩的"军语"也是北方话方言岛，但来源是否与"土军语"相同，不能肯定。

许多地点的客家话是以方言岛的形式存在的，例如浙闽两省畲族所说的客家话即是方言岛。四川的客家方言岛有几十个之多①，不过人数大有悬殊，少则几百（如威远石碎）、几千，多则几万、几十万（隆昌县达二十多万）。全省客家人总人口在一百万以上。他们绝大多数是康熙中叶至乾嘉之际从粤东迁入四川的。客家人遵循祖先"能卖祖宗田，不忘祖宗言"的遗训，尽量保留自己的方言，至今与粤东人交谈困难还是不大。但是近几十年来社会发展特快，以至客家方言岛的地盘越来越少，不少青少年竟已完全不会讲"祖宗言"了。语言学上曾经是很著名的华阳凉水井客家话方言岛，那岛上的"岛民"仍然使用客家话的近年来也已大为减少。

现代方言岛的方言跟出发地的方言只是接近而已，并不完全相同，这有两个主要的原因，一是方言岛和出发地的方言长期隔绝，各自有所发展，到了今天面目当然不同，二是我们说方言岛的方言是闭锁型的移民造成的，这只是相对而言，这些移民不可能不跟土著接触，因此也难免要吸收当地的语言成分。

六、板块转移式移民和相似型方言

移民从祖辈的大本营大规模地转移到与原居地并不邻接的地区，去开辟一个新

① 关于四川省客家方言的分布，参阅崔荣昌《四川方言的形成》，载《方言》1985 年 1 期。

的天地,他们带来的方言至今与旧地的方言基本相似,仍属一个系统。这种板块转移式的移民的历史一般说来是比较晚近的。最早的客家人的移民方式也可以说是板块转移式的,他们在北方的大本营主要是并州、司州、豫州一带,迁入地起初集中在江西中部。不过因为年代已经相当久远了,在今天看起来,他们的语言跟大本营相差颇远,已不是相似型,而是歧异型了。最好的相似型例子是闽南人向外移居。

今天的闽南话,除了使用于闽南和与之邻接的潮汕地区外,还使用于广东南部沿海、海南岛、浙南及沿海岛屿(还有海外的东南亚,暂不具论)。各板块移民方言除琼文话外,语音系统较接近。

闽人大规模入台是南明永历十五年郑成功收复台湾以后的事,起初是以泉州人为多,后来闽南其他地区人也陆续渡海移殖。至今他们所说的话仍然和大陆上的厦门话差不多。从大陆入台的移民以闽南人最多,其次是从粤东入海的客家人。今天的台湾,除桃园、新竹和苗栗外,其他地区是以闽南话占优势。客家人入台也是属板块转移式的,今天他们的语言与梅县一带客家话也还十分相似。客家话只是在新竹和苗栗两县占优势,在桃园则与闽南话平分秋色。

浙南在语言地理上本来是跟闽语的闽东片(以福州为代表)相接的,但是在现代平阳的鳌江流域以南却有闽南话的地盘。这是由历史上闽南人的板块型转移造成的。浙南闽语主要集中在平阳县和新近从平阳县分置的苍南县,人口占平阳县一半(苍南县未分置以前)。平阳除了有闽南话之外,还有瓯语(即平阳通行的温州话)、蛮话、金乡话和畲语。据《平阳县志》称,这跟明代倭寇之扰和郑成功抗清造成浙闽沿海居民播迁有关。

浙南一些海岛上还有闽南话的零星板块。最大的一块是洞头岛,总人口十一万,说闽南话的占三分之二,其次是玉环岛。这些闽南话的小板块往北只到温岭的石塘为止,因为据说浙江沿海洋面的捕鱼作业区,舟山的渔民不过石塘以南,而闽南的渔民不过石塘以北。久而久之,闽南的渔民及其眷属就在石塘以南的海岛上落脚,并且世代繁衍,使闽南话在这里生了根。

闽南话在广东的地盘除了有跟福建相邻接的潮州以外,还有三个不相连续的板块。第一块在电白至阳江沿海(不包括阳江县城);第二块在雷州半岛东部(第一、二两块都称为雷州方言);第三块在海南岛东北部(称为琼文话或海南话)。这三个闽南板块的历史成因尚不清楚。同治甲子(1864年)重刊的《广东通志》说:"琼岛孤悬海外,音与潮同,杂以闽人。"又说"琼语有数种,曰东语,又曰客语,似闽音,有西江黎语,有土军语、地黎语。"光绪《琼州府志》引《黄通志》所述更为详确,并称土军语和地黎语是本土音。可见闽南话入岛是在土军语之后。

电白至阳江一带的闽南话可能是明代开始出现的,光绪《电白县志》称:"唐宋以前,獞(壮)猺(瑶)杂处,语多难辨。前明军卫留居电城,今城中人语曰,旧时正海旁,声音近雷琼,曰海话,山中声音近潮嘉,曰山话(章志)。"而《阳江志》亦称:"土音⋯⋯

惟西境儒峒等处接近电白,与电白、雷琼音通,与土音迥异,谓之海话。"

从地方志的有关记载和这些土话的当地名称,可以推测:第一,海南岛的闽语板块是从潮州一带转移而去的。第二,雷州和电白、阳江一带的两块可能是从海南移去的,所以称为"海话"。第三,闽南话在海南岛落脚比土军话晚些。所以当地人认为土军话是本地话,闽南话是客语。闽语传到海南的时间大约在明代中晚期。

第三节　移民与方言渊源和方言地理格局

总结上述两节的分析,我们可以说,历代移民是汉语各南方方言的历史渊源,也是汉语方言地理格局的主要成因。汉语南方六大方言:吴、湘、粤、闽、赣、客的产生,都是由历代北方居民向南方迁徙发其端的。

吴语在六大方言中最为古老,可以溯源到三千年前先周时代太伯、仲雍的南迁。据《史记·吴太伯世家》记载,周太王的长子和次子太伯、仲雍为了让王位于季历(周文王之父),南奔至今江苏无锡、苏州一带。所谓让贤只是表面文章,这个记载实际上暗示着当时有一股北方移民南徙到江南地区。由于这支移民的原居地(渭水中游)文化比较发达,因此他们带来的语言便在相对比较落后的地区扎下了根,成为吴语的最初基础。经过一千多年的发展,到六朝以前,原始吴语已经演化成与当时中原地区很不相同的一种方言。所以永嘉丧乱以后,大量北方汉人南迁,发现他们的方言与吴语有很大差距,这在以《世说新语》为代表的古籍中有着明确的记载。吴语历史虽然最为久远,但在表现形态上却不算最古老。因为三千年来它一直受到不断南下的北方话的强烈影响。比较原始的吴语特征反而保留在闽语里头。

湘语的形成晚于吴语,但两者有密切关系。湘语源于古楚语。春秋时代楚国已与湖南境内的罗(今湘阴、平江)、縻(今岳阳、临湘)有过战争接触。战国初年,楚国南取洞庭、苍梧(即今湘资流域)之地,其后西并沅澧流域,置黔中郡,湖南全境遂属楚所有,通行古楚语。而楚人溯其源也来自中原移民。殷墟卜辞有"如楚"的记载,说明商王或商贵族曾娶妇于楚族。楚人居地的中心即后来春秋卫国的楚丘邑(今河南濮阳西南)。殷末大乱,楚人鬻熊率族人西南迁至丹阳(湖北境内),成为南方楚国始祖。[①]南迁楚人所用语言当然属于华夏族语言,后来演化成为楚语,反映在屈原的楚辞之中。在湖南境内的古楚语后来则逐步演化为古湘语。

古吴语和古楚语比较接近,所以今天的湘语和吴语还有不少相同之处。

粤语晚至秦代才形成。战国时期,楚国南疆只到五岭。秦始皇统一天下之后,始南下占有岭表地区——即《史记》所谓南至北户,建立南海等三郡。

因为秦人进攻越人占有岭南地区,花了很大的力气,为了防止得而复失,遂留下五十万人戍守岭南三郡。这些戍卒所使用的语言就成为日后粤语的先声。

254　　① 楚人当然未尽南迁,所以西周铜器"令殷"有"佳(唯)王于伐楚白在炎"的铭文。

闽语的形成比粤语更迟。秦代虽在浙南、福建地区建立闽中郡，但是没有任何史料证明秦代曾经移民或设县于闽。直到西汉后期，福建才有冶县（今福州）出现，说明已有小量移民由北南来。但是闽语的形成应该后推至汉末三国晋初的百年之间，这一时期，来自江南浙北的移民分别从海路（以福州为中途港）和陆路（经浦城）大批涌入福建。沿海地带相继新设了罗江（福鼎）、原丰（福州）、温麻（霞浦）、东安（泉州）、同安五县，在闽西北则出现了汉兴（浦城）、建安（建瓯）、南平、建平（建阳）、邵武、将乐六县，形成了古闽语的基地。这时的福建方言即是当时的吴语。由于移民来自不同的路线，而且沿海和内地两地区长期隔离，所以至今闽语内部的最重要的歧异依然存在于沿海与闽西北之间。

　　赣、客语的形成最晚。今江西地区古称吴头楚尾，应当是古吴语和古楚语的交汇处。汉代扬雄于此独留下空白。东晋南朝时期，有部分北方移民进入赣北、赣中地区，他们带来的北方话成了赣、客语的前身。

　　以上所追溯的都是南方各方言的最初源头。这些方言实际上都是北方华夏语言或其后身汉语演化并与少数民族语言交融的结果。当然它们并不是少数民族语言本身，但是无可置疑这些南方方言中会残留南方土著语言的底层成分，这是民族融合的必然结果。即使是今日的北方方言也不是古汉语纯粹直线发展的产物，而是融合了长城以北游牧民族阿尔泰语的成分的结果。民族的融合既是血统的融合，也是文化的融合，当然免不了要有语言的融合。南方方言由于受到南下移民的不断影响，形成层次积压的关系。在每种方言内部都可以找到其他方言的某些特征，在某些方言中这种层叠性表现得非常明显。例如闽语就叠有几个层次的影响（例见下文），即便是上文提到的取代了吴方言的下江官话（宁镇地区）也并非纯粹的官话，细辨之，仍可发现吴语的底层成分。方言的地域差异实际上表现时代之间的差异。不同的时代都给原有的方言添上不同的层次。所以研究汉语方言学不能生搬西方语言学的谱系树方法。我们在第五节所制的汉语方言发生学的树形图只是大大简化了的示意图。譬如粤语就不是秦代出现的古粤语后世独立发展的产物，相反的粤语在历代都受到北来的汉语的影响，尤其在战乱时期北方人民长驱直下比较容易。所以粤语在形态上不比闽语古老，它有一套完整的文白读音系统，以至任何现代歌曲都可以用粤音演唱。相对而言，闽语的形态却要古老得多。本字无考的读音很多。许多用普通话填词的歌曲都无法改用闽音演唱，如勉强唱出，也显得不伦不类。其原因就是福建僻处一隅，地形比较闭塞，长期以来与外界交往较少，受北方方言影响相对较少，所以保留了较多的古代语言特色。

　　在我国移民史上，从西晋末年延续到南北朝时期的北方人民大南移，是历史上第一次大规模的内地移民运动。西晋永嘉丧乱引起大量北方流民从秦雍（晋、陕、甘）沿汉水流域南下渡长江到达洞庭湖流域；从司豫（冀、豫）沿汝水南行，越江到鄱阳湖流域，或沿江南下到皖南、苏南；从青徐（鲁、苏、皖）渡淮水越长江到太湖流域。东晋南朝当局在从建康(南京)以西至洞庭湖北的大江两岸布满了许多侨置州郡,以安顿这些流民。这次大移民使汉语方言地理的基本格局初具雏形。赣客方言的先声像一个巨大的楔子打进江西地区,把吴语和湘语的联系切断。在宁镇地区,北方方言取代了吴方言,奠定了该地区下江官话的最初基础,并且将吴语推到镇江以东,而在洞庭湖北部则出现了西南官话的最初雏形。

第二次移民大浪潮,发生在唐代中叶的天宝至德年间,由于安史之乱骚动了整个北部中国,再度迫使北方人民大规模向南迁移。研究移民史,包括研究客家源流的学者,历来多注意唐末黄巢起义引起的移民活动,而完全忽视了唐中叶的移民运动。其实黄巢起义军是流动作战,从北到南,又复从南到北,路线曲折,战场遍布,所引起的移民运动无定向,不集中,长途跋涉少,就近辟入深山僻壤多。在移民史上尤其是对客家方言形成所起的影响较少。从史料上找不到由北向南的有关大规模移民的记载。

相反,安史之乱不及南方,所以移民活动由北到南,方向集中明确,而且移民的规模可以从有关史料中推测出来。如《旧唐书·地理志》载:"自至德后,中原多故,襄邓(豫南鄂北)百姓、两京(长安、洛阳)衣冠,尽投江湘,故荆南井邑,十倍其初,乃置荆南节度使。"这说明在湖南方面,唐中叶移民比西晋末年移民走得更远,前锋已到达湘资流域;规模也更大,以至从湖北江陵到湖南常德一带的移民数量竟十倍于土著。如此大量的移民必然带来北方方言的巨大冲击,从而取代了荆南地区的固有方言,而奠定了西南官话的基础。同时湘资流域下游的湘语也受到北方话的影响而淡化。

与此同时,江西地区也接受了大量的北方移民。据《元和郡县志》记载,唐代下半叶全国户口普遍减少,唯独江西鄱阳湖地区和赣水中游地区户口大增,这种反常现象显然是由唐中叶移民引起的。以饶州(今上饶地区),在安史之乱以前的开元年间有户一万四,到百年之后的元和年间户数增加到七万左右,净增四倍之多。对照当时户口普遍减少的现象,北方移民与土著比例远超过四比一之数。洪州(南昌地区)、吉州(吉安地区)也有相当数量的户口增加。

中唐以后这样大量的北方人民进入江西,使赣客语基本形成,而且随着北方移民逐步向赣南推进,赣客语这个楔子也越打越深,不但把吴语和湘语永远分隔了开来,而且把闽语限制在东南一隅。唐末以后随着黄巢起义的影响和五代十国的分裂局面,则更扩大了各地之间的方言差异,汉语方言地理的宏观格局至此已经基本形成。宋代以后的移民活动只是对这一格局进行局部的修正和调整,而未发生根本性的变动。

例如,两宋之际发生的由北而南的第三次移民浪潮,使客家话最终形成,并且扩散到闽西南和粤东北。又在吴语之中掺进了带有北方方言味道的杭州话。其后宋元之际的移民使闽南方言大量扩散至潮汕地区,并沿粤东海岸跳跃前进,绕过粤语区,经雷州半岛入海南岛。到了明清时代,西南官话随着流民和屯垦活动向四川、贵州、云南地区逐步推移,南线到达西南边陲。

客家方言则因为闽赣交界处人多田少,而陆续向广东沿海,向粤西、桂东发展,形成了许多客家方言岛(所谓非纯客住县的客家方言都处于这种状态)。

明清时代由于农村经济破产,常造成大量"流民"问题。这些流民大批涌向深山老林,垦田建厂,他们的语言也就自然填补了这些地方的空白。例如,清代康乾之际有大量湖北、四川、安徽流民进入陕南地区,据《大清一统志》的有关府志进行综合统计,从康熙三十二年至嘉庆二十四年的百多年间,陕南人口从十五万激增到三百五十万,净增二十余倍,陕南也就自然成了川楚方言的天下了。

最后到了清末民初,方言地理格局的微观部分也基本定型。其中最重要的变化是:太平天国战争后北方官话占领皖南部分地区以及北方官话随河北、山东移民向东北地区迅速扩散。

从上面的分析可以看出,南下的北方方言循着两个不同的方向演变,一是成为各方言的源头;一是成为北方方言的新分支。前者如客家方言,在地缘上因为与江北官话相隔离,而且客家人社会生活相对封闭,所以与已经向前发展了的北方官话产生很大差异。后者如西南官话和下江官话,始终与北方官话地缘相接,两者交流也很频繁,因此大体上同步向前发展,至今差异不大。

历史上发生移民运动的主要原因有二:一是因为战乱或天灾而被迫迁移;一是由经济开发程度较高地区向田多地旷地区的自发迁移。上文所说的移民在明代以前主要是战乱引起的。这种移民延续时间较短,数量集中,所引起的方言变化也较直接明显。另外一类移民比较隐蔽,例如由五代开始延续到明朝的江西向湖南的移民,虽然历时四、五百年,对湘语产生很大影响,但是在史籍上却没有足够的记载。研究移民和方言的关系要同时注意这两类移民的影响。

历史上移民的大方向主要是从北到南,从南到北的情况很少见。吴语侵入江北南通、启东、海门、靖江、如东等五县,这样的例子是很少见的。其中靖江的情况很特殊,靖江的横港以南、靖八公路以西的五个乡使用江淮官话,其他地区使用吴语。靖江县在明代前期还是长江中间的小岛,后来到明弘治元年(1488)这个小岛与江北之间江沙上涨,遂与江北连成一片。晚至清代才置靖江县。原有的土地叫老岸,后来上涨的江滩叫沙上。老岸人现在说的话还与隔江的常州方言相似,可以推断,他们原是江南人。沙上人多是建县后从江淮官话区的扬中县迁入的,所以说的自然是江淮官话。这两地居民来历不同,不仅至今方言不同,风俗也不同。老岸人一般是在清明节、七月十五日、冬至节的前十天祭祖,只是新丧才在节日那天祭祖,而沙上人(西沙)恰好相反,一般只在节日那天祭祖,只有新丧才提前祭祖。沙上还有个别地点说崇明话(属吴语)和泰兴话(属江淮官话)的,他们的祖先是从崇明和泰兴迁来的。①

① 详见叶祥苓、钱兴奇《靖江县内吴语与官话的分界》,载《方言》1984 年 2 期。

长江北岸除了上述几个县之外,南方方言是没有立脚之地的。

移民是方言地理格局的主要成因,但是决不是唯一成因。方言区的形成实际上是多种因素综合作用的结果,其中包括移民、政区、交通、山川以及方言自身内部的演变等等。我们将在以下各章加以阐明。

从借字看文化的接触

罗常培

导言——

本文选自罗常培著《语言与文化》第四章,语文出版社,1989。

罗常培(1899~1958),字莘田,号恬庵,笔名贾尹耕,斋名未济斋。北京人。满族。北京大学毕业。历任西北大学、厦门大学、中山大学、北京大学教授,历史语言研究所研究员,北京大学文科研究所所长。建国后,筹建中国科学院语言研究所,并任第一任所长,中国文字改革委员会委员。毕生从事语言教学、少数民族语言研究、方言调查、音韵学研究。著名的语言学家、语言教育家。

文章通过引经据典,对汉语中借进来或借出去的一些词语进行追本溯源,展示了历史上汉语与其他语言之间的接触,从而展示了汉文化与其他民族文化之间的接触,同时也分析了语言借用的常见方式以及汉语借多贷少情况出现的原因。通过对这篇文章的学习,我们可以较好地了解历史上汉语的借贷情况。但要注意的是,随着时代的变迁,有些专业术语起了变化,如标题中的"借字"今天我们叫"借词",关于借词方式的分类和表达类型的概念今天也多有变化。

语言的本身固然可以映射出历史的文化色彩,但遇到和外来文化接触时,它也可以吸收新的成分和旧有的糅合在一块儿。所谓"借字"就是一国语言里所羼杂的外来语成分。它可以表现两种文化接触后在语言上所发生的影响;反过来说,从语言的糅合也正可以窥察文化的交流。萨皮尔说:"语言,像文化一样,很少对他们自己满足的。由于交际的需要,使说一种语言的人们直接或间接和那些邻近的或文化优越的语言说者发生接触。这种交际也许是友谊的,也许是敌对的。它可以从事业或贸易的平凡关系来输入,也可以包含一些借来的或交换的精神食粮,像艺术、科学、宗教之类。要想指出一种完全孤立的语言或方言,那是很难的,在初民社会里尤其少。但不管邻近民族间接触的程度或性质怎样,普通足够引到某种语言的交互影响。"①

中国自有历史以来,所接触的民族很多。像印度、伊兰、波斯、马来、暹罗、缅甸、西藏、安南、匈奴、突厥、蒙古、满洲、高丽、日本和近代的欧美各国都和汉族有过关系。每个文化潮流多少都给汉语里留下一些借字,同时汉语也贷出一些语词给别的语言。对于这些交互借字仔细加以研究,很可以给文化的历史找出些有趣解释。中国和其他民族间的文化关系几乎可以从交互借字的范围广狭估计出个大概来。咱们姑且举几个例:

(一)狮子 凡是逛过动物园或看过"人猿泰山"一类影片的人们,对于那种野兽应该没什么希罕。可是假如要问:"狮子是不是产在中国? 如果不是,它是什么时候到中国来的?"这就不是一般人所能解答的了。狮也写作"师",《后汉书·班彪传》李贤注:"师,师子也。"又《班超传》:"初月氏尝助汉击车师有功。是岁(88 A.D.)贡奉珍宝,符拔师子,因求汉公主。超拒还其使,由是怨恨。"又《顺帝纪》"阳嘉二年(133 A.D.)疏勒国献师子封牛。"李贤注:"《东观记》曰:疏勒王盘遣使文时诣阙。献师子,似虎,正黄有髯䬵,尾端茸毛大如斗。封牛其领上肉隆起若封然,因名之,即今之峰牛。"可是,《洛阳伽蓝记》卷三,永桥下说:"狮子者,波斯国王所献也。"那么,照文献上讲,狮子的来源有月氏(Indo-Scythians),疏勒(Kashgar),波斯(Persian)三个说法。从命名的对音来推求,华特尔(Thomas Watters)认为狮 ši 是由波斯语 sēr 来的。② 劳佛(Berthold Laufer)对于这个说法不十分满意。"因为在纪元 88 年第一个狮子由月氏献到中国的时候,所谓'波斯语'还不存在。大约在第一世纪末这个语词经月氏的媒介输入中国,它最初是从某种东伊兰语(East-Iranian language)来。在那里这个词的语形素来是 šē 或 ši,(吐火罗语 Tokharian A. śiśak),也和中国师 ši(*š'i)一样没有韵尾辅音。"③沙畹(Edouard Chavannes),④伯希和(Paul Pelliot)⑤和高体越(Henri Gauthiot)⑥等法国汉学家也都注意到这个字的对音。伯希和以为"关于波

① E. Sapir, *Language*, P. 205.

② Thomas Watters, *Essays on the Chinese Language*(以下简称 *Chinese Language*),Shanghai,1889,P. 350.

③ Berthold Laufer, "The Si-hia Language",《通报》*Toung Pao*(以下简称 *T. P.*)s. II, XVII (1916),81;还有他的 The Language of the Yiie-chi or Indo-Scythians, Chicago, 1917, p. 4; Chinese Pottery of the Han Dynasty, pp. 236~45。

④ Edouard Chavannes, "Les Pay Occident d'après le *Heou Han Chou*", T. P. s. II, VIII (1907),177,note 5,"符拔,狮子";Trois Generaux Chinois de la Dynastie des Han Orientaux, *T. P. s.* II,VII(1906),232.

⑤ Paul Pelliot, *T. P. s.* II, XXI(1922),434, note 3,(Review to G. A. S. Willians'*A Manual of Chinese Metaphors*, p. 128).

⑥ of, *Memoir de Societie de Linguistique*, XIX(1915),132.

斯语 šēr，伊兰学家采用过一些时候的语源 xšaθrya 必得放弃了。因为高体越已经指出这个字是从粟特语（Sogdian）的 * šryw，* šarɣə "狮子" 来的。总之关于这个语词虽然有人不承认它是所谓 "波斯语"，但对于它是伊兰语属几乎没有异议。高本汉（Bernhard Karlgren）也采取莫根斯廷教授（Prof. G. Morgenstierne）的话，说 "狮 si 在那时是伊兰语 sarɣ 的对音。"①

（二）师比　是用来称一种金属带钩的。在史传里也写作犀比，犀毗，私纰，胥纰，鲜卑等异文。《楚辞·招魂》"晋制犀比，费白日些"。《大招》"小腰秀颈，若鲜卑只"。阮元《积古斋钟鼎彝器款识》卷十丙午神钩下说："首作兽面，盖师比形。《史记》汉文帝遗匈奴黄金胥纰一，《汉书》作犀毗。张晏云：鲜卑，郭落带、瑞兽名，东胡好服之。《战国策》赵武灵王赐周绍具带黄金师比。延笃云，师比，胡革带钩也。班固与窦宪笺云：复赐固犀比金头带。《东观汉记》，郭遵破匈奴，上赐金刚鲜卑绲带。然则，师比，胥纰，犀纰，鲜卑，犀比，声相近而文相异，其实一也。"阮元所说，对于"师比"一词的来历考证得源源本本。在中国古书里凡是一个同义复词同时有许多异文，那一定是外来的借字而不是地道土产。那么师比的语源究竟是从那儿来的呢？

关于这个问题的解答也颇不一致：许多考古学家和汉学家都认为"师比"这个词是汉族从中国西方和西北方的游牧民族借来的。② 王国维仅仅泛指作"胡名"。③ 伯希和、白鸟库吉以为它是匈奴字 * serbi。白鸟氏还拿它和现代满洲语的 sabi "祥瑞，吉兆"（happy omen）牵合。④ 卜弼德（Peter Boodberg）虽然没说明他对于这个字的来源有什么意见，他却拿 * serbi 和蒙古语 serbe 来比较。⑤ 照郭伐赖无斯基（Kovalevskij）的《蒙俄法词典》serbe 的意思是"小钩，V 形凹入口"（small hook，notch），serbe-ge 是"V 形凹入口，小钩，鳃，顶饰，钩钿"（notch，small hook，gill，crest，agraffe）。⑥ 总之，姑且不管当初匈奴说的话是蒙古，东胡（Tungus）或突厥（Turkish），照以上这些人们的假设"师比"这个字无论如何不是印欧语。……

（三）璧流离　《说文》玉部珋字下云："璧珋，石之有光者也"（依段注校改）。段

---

①　Bernhard Karlgren, "Word Families in Chinese", *Bulletin of the Museum of Far Eastern Antiquities*（以下简称 *B. M. F. E. A*）No 5，（1934）30，Stockholm.

②　在江上波夫（Egami Namio）和水野广德（Mizuno Kōtoku）的 *Inner Mongolia and the Region of the Great Wall* pp. 103～110（Tokyo and Kyoto，1935）列有目录。

③　《观堂集林》贰贰，"胡服考"，页二。

④　P. Pelliot, "L'Édition Collective des œuvres de Wang Kouowei", *T. P. XXVI* （1929）141；Shiratori Kurokichi, *Memoirs of the Research Dept. of the Toyo Bunko*（东洋文库）No. 4. 5（Tokyo，1929）. p. 5.

⑤　Peter Boodberg, "Two Notes on the History of the Chinese Frontier", *Harvard Journal of Asiatic Studies*（以下简称 *H. J. A. S.*）I，（1936，306，n. 79.）

⑥　Ko⟨alevskij, *Dictionaire Mongol-Russe-Francsais*，Ⅱ. 1373.）

普通语言学研究导引

玉裁注说:"璧琊,即璧流离也。《地理志》曰:'(黄支国)……人海市明珠璧流离。'《西域传》曰:'罽宾国出璧流离'。璧流离三字为名,胡语也,犹珣玗琪之为夷语。汉武梁祠画有璧流离,曰'王者不隐碑过则至'。吴《禅国山》纪符瑞,亦有璧流离。梵书言吠瑠璃,吠与璧音相近。《西域传》注孟康曰'璧流离青色如玉'。今本《汉书注》无璧字,读者误认璧与流离为二物矣。今人省言之曰流离,改其字为琉璃;古人省言之曰璧琊。琊与流琉音同。杨雄《羽猎赋》'椎夜光之流离'。是古亦省作流离也"。关于璧流离这个语词在汉以前的出处,段玉裁所说已经介绍的非常详尽,可惜他只泛指为胡语而没能仔细推究它的语源。案这个语词的对音可以分作两派:一种是旧译的璧流离,吠琉璃;另一种是新译的毗头黎,鞞头利也。前者出于梵文俗语(Prakrit)的 velūriya,后者出于梵文雅语(Sanskrit)的 vaidūrya。[1] 本义原为青色宝,后来变成有色玻璃的通称,和希腊 Βιρυλλοð,拉丁 beryllos,波斯,阿拉伯的 billaur,英文的 beryl 都同出一源。从段玉裁所引许多历史上的证据,可知璧流离这种东西以及这个语词在汉朝时候已经从印度经由中央亚细亚输入中国了。

(四)葡萄 《史记·大宛列传》载汉武帝通西域得葡萄苜蓿于大宛,可见这两种东西都是张骞带回来的。葡萄《史记》、《汉书》作"蒲陶",《后汉书》作"蒲萄",《三国志》和《北史》作"蒲桃"。西洋的汉学家们,像陶迈谢(W. Tomaschek),[2]荆思密(T. Kingsmill),[3]和夏德(F. Hirth)[4]都假定这个词出于希腊语 βóτρυς "a bunch of grapes",沙畹和赖古伯烈(Terrien de Lacouperie)也附和这一说。劳佛以为葡萄很古就种植在伊兰高原北部一带,时代实在比希腊早。希腊人从西部亚细亚接受了葡萄和酒。希腊文的 βóτρυς 很像是闪语(Semetic)借字。大宛(Fergana)人决不会采用希腊字来给种植在他本土很久的植物起名字。他以为葡萄盖与伊兰语 * budāwa 或 * buðawa 相当。这个字是由语根 buda 和词尾 wa 或 awa 构成的。照劳佛的意思 buda 当与新波斯语 bāda(酒)和古波斯语 βατláκη(酒器)有关。βατláκη 等于中古波斯语 bātak,新波斯语 bādye。[5] 最近据杨志玖考证,葡萄一词当由《汉书·西域传》乌戈山离的扑挑国而来。扑挑字应作"朴桃"。它的所在地,照徐松说就是《汉书·大月

① Thomas Watters Chinese Language, p. 433;何健民译,藤田丰八著,《中国南海古代交通丛考》,页 115;冯承钧《诸蕃志校注》页 132,133;季羡林《论梵文t d 的音译》,1949,页 29,30。

② "Sogdiana", Sitzungsber. Wiener Akad., 1877,p. 133.

③ "The Intercourse of China with Central and Western Asia in the 2nd Century B. C.", Journal of the Royal Asiatic Socicty(以下简称 J. R. A. S.), China Branch XIV (1879),5,190.

④ Fremde Einfliisse in der Chin. Kunst, p. 25; and Journal of American Oriental Society (以下简称 J. A. O. S)XXXVII,(1917),146.

⑤ Berthold Laufer Sino-Iranica, pp. 225~226; of. Horn, Neupersische Etymologie. No. 155.

氏传》的汏达,照沙畹说就是大夏(Bactria)都城 Bactra 的对音。① 因为这个地方盛产葡萄,所以后来就用它当作这种水果的名称。②

(五)苜蓿 在《汉书》里只写作"目宿",郭璞作"牧蓿"。罗愿作"木粟"。劳佛曾经发现古西藏文用 bugsug 作这个语词的对音,③因此他就把它的原始伊兰语构拟作 * buksuk, * buxsux 或 * buxsuk。④ 陶迈谢(W. Tomaschek)曾经试把这个词和一种 Caspian 方言吉拉基语(Gīlakī)的 būso("alfalfa")相比。⑤ 假如我们能够证明这个 būso 是由 * buxsox 一类的语源孳衍而来那就可以满意了。我们得要知道中国最初接触的东伊兰民族从来没有文字,他们所说的语言实际上已经亡掉了。可是仗着汉文的记载居然能从消灭的语言里把大宛人叫 Medicago sativa 的语词 * buksuk 或 * buxsux 保存下来,这真不能不感谢张骞的功绩!

(六)槟榔 《汉书》司马相如上林赋:"仁频并闾",颜师古注:"仁频即宾根也,频或作宾"。宋姚宽《西溪丛话》卷下引《仙药录》"槟榔一名仁频"。这个名词应该是马来语(Malay) pinang 的对音。爪哇语(Java)管 pinang 叫做 jambi,也或许就是"仁频"的音译。⑥

(七)柘枝舞 段安节《乐府杂录》所记各种教坊乐舞里有一种叫作"柘枝舞"。唐沈亚之《柘枝舞赋》序说:"今自有土之乐舞堂上者唯胡部与焉,而柘枝益肆。"⑦晏殊也说这是一种胡舞。⑧ 刘梦得《观舞柘枝诗》:"胡服何葳蕤,仙仙登绮墀",⑨也只泛言胡服,并没说明是哪一国。近来据向达考证说:"余以为柘枝舞出于石国。……石国《魏书》作者舌,《西域记》作赭时,杜还《经行记》作赭支。《唐书·西域传》云:"石或曰柘支,曰柘折,曰赭时,汉大宛北鄙也"。《文献通考·四裔考·突厥考》中记有柘羯,当亦石国。凡所谓者舌,赭时赭支柘支柘折以及柘羯,皆波斯语 Chaj 一字之译音。……"⑩我想从字音和文献上交互证明,向氏的拟测是毫无疑义的。

(八)站 站字的本义照《广韵》上说"久立也",原来只有和"坐"字相对待的意

① Edouard Chavannes, *T. P. s.* Ⅱ, Ⅵ,(1905),514.

② 杨志玖《葡萄语源试探》,全文载青岛《中兴周刊》6 期,页 11～14,1947 年出版。

③ B. Laufer, "Loanwords in Tibetan", *T. P. ,s.* Ⅱ,XⅦ,(1916)500,No. 206.

④ B. Laufer, *Sino-Iranica* , p. 212.

⑤ "Pamir-Dialekte" *Sitzungsber. Wiener Akad* , 1880, p. 792.

⑥ T. Watters, *Chinese Language* , p. 343;并参阅藤田丰八《中国南海古代交通丛考》中"宋代市舶司及市舶条例",页 241;冯承钧《诸蕃志校注》页 117～118。

⑦ 《沈下贤文集》,《四部丛刊》本页 8。

⑧ 北京图书馆藏抄本《晏元献类要》卷 29,"杂曲名"条"五天柘枝横吹",原注"《古今乐府录》曰:胡乐也"。

⑨ 《刘梦得文集》卷五。

⑩ 向达《唐代长安与西域文明》页 94～95。

思。至于近代语词驿站或车站的站字，那是从蒙古语 jam 借来的。这个字和土耳其语或俄语的 yam 同出一源。《元史》中所谓"站赤"是 jaměi 的对音，意译是管站的人。[①]

（九）八哥　八哥是鸜鹆的别名。《负暄杂录》说："南唐李后主讳煜，改鸜鹆为八哥"。《尔雅翼》也说："鸜鹆飞辄成群，字书谓之唰唰（原注，卜滑切）鸟"。唰唰就是阿拉伯语 babghā' 或 babbaghā' 的对音。阿拉伯人管鹦鹉叫做 babghā'，鸜鹆和鹦鹉都是鸣禽里能效人言的，所以可以互相假借。

（十）没药　这味药是从开宝六年（973A. D.）修《开宝本草》时才补入的。马忠说："没药生波斯国，其块大小不定，黑色似安息香"。当是阿拉伯文 murr 的对音，译云"苦的"。中文或作没药，或作末药。"没"muət 和"末"muât 的声音都和 murr 很相近的。李时珍说："没、末皆梵言"，那是因为不知道来源才弄错的。

（十一）胡卢巴　宋嘉祐二年（1057A. D.）修《嘉祐补注本草》时才收入，一名苦豆。刘禹锡说："出广州并黔州，春生苗，夏结子，子作细荚，至秋采。今人多用岭南者。或云是番萝卜子，未审的否？"苏颂《图经本草》说："今出广州，或云种出海南诸番，盖其国芦菔子也。……唐以前方不见用，《本草》不著，盖是近出。"这味药也是阿拉伯文 hulbah 的对音，大约在第 9 世纪左右才输入中国的。

（十二）祖母绿　绿柱玉（emerald）一名翠玉。《珍玩考》又称"祖母绿"。《辍耕录》作"助木刺"，《清秘藏》作"助水绿"（水盖木字的讹写），后面这三个名词都由阿拉伯文 zumunrud 译音而成。[②]

以上所举的例子，有的历史比较早，有的流行很普遍，都是很值得注意的。此外像"淡巴菇"，"耶悉茗"借自波斯语的 tambaco，jasmin；"阿芙蓉"借自阿拉伯语的afyun。这一类例子一时无从举完，我只能挑出些极常见的来以示一斑。

＊　　　＊　　　＊　　　＊

自从海禁大开以后，中国和欧美近代国家的来往一天比一天多，语言上的交通自然也一天比一天繁。要想逐一列举那是绝对不可能的。为便于概括叙述，咱们姑且把近代汉语里的外国借字分作四项：

（甲）声音的替代（phonetic substitution），就是把外国语词的声音转写下来，或混合外国语音和本地的意义造成新词。细分起来，再可列作四目：

（1）纯译音的　例如广州管保险叫燕梳（insure），邮票叫士担（stamp），叫卖叫夜冷（yelling），牌号叫嘜（mark），商人叫孖毡（氈）或孖趸（merchant），时兴叫花臣（fashion），发动机叫磨打（motar），十二个叫打臣（dozen），四分之一叫骨或刮（quar-

①　冯承钧《西域南海史地考证译丛续编》——伯希和《高丽史中之蒙古语》，页 78. 系读白鸟库吉《高麗史に見え扣る蒙古語之解释》（《东洋学报》18 卷 pp. 72～80，东京，1929）的提要。

②　这四条例子里的阿拉伯文对音都承马坚教授指示，特此声谢！

ter)，支票叫则或赤（check），一分钱叫先（cent）之类，都是由英语借来的。上海话管机器叫引擎（engine），软椅叫沙发（sofa），暖气管叫水汀（steam），电灯插销叫扑落（plug），洋行买办叫刚白度（compradore）也是从英语借来的。此外像各地通行的咖啡（coffee），可可（cocoa），雪茄（cigar），朱古力（chocolate），烟土披里纯（inspiration），德谟克拉西（democracy）等等也应属于这一目。

（2）音兼义的　有些借字虽然是译音，但所选用的字往往和那种物件的意义有些关系。例如吉林管耕地的机器叫马神（Машѝна），哈尔滨管面包叫裂粑（хлеō），火炉叫壁里砌（Ⅱeqb），这是受俄语的影响。此外广州话管领事叫江臣（consul），管电话叫德律风（telephone）；还有人把美国一种凉爽饮料译作可口可乐（cocacola），把世界语译作爱斯不难读（Esperanto）也都属于这一目。

（3）音加义的　这类借字有一部分是原来的译音，另外加上的一部分却是本地话的意义。例如广州话管衬衣叫裇衫（shirt），管支票叫则纸（check），还有普通话里的冰激凌（ice cream），卡车（car），卡片（card），白塔油（butter），佛兰绒（flannel）之类，都属于这一目。药名金鸡纳霜和英语的 quinine 不大相符，可是咱们得知道这个字的前半是西班牙文 quinquina 的对音，霜字是形容那种白药末儿的样子。

（4）译音误作译义的　例如"爱美的"一词原是 amateur 的译音，意思是指着非职业的爱好者。可是有人望文生训把"爱美的戏剧家"误解作追逐女角儿的登徒子，那就未免唐突这班"票友"了！

（乙）新谐声字（new phonetic-compound）　外国语词借到中国后，本国的文人想把他们汉化，于是就着原来的译音再应用传统的"飞禽安鸟，水族著鱼"的办法硬把他们写作谐声字。在不明来源的人看，简直不能发现他们的外国色彩。这种方法由来已久。例如从玉亝声的琊字，见于许慎《说文》，很少人知道它是梵文俗语 veluriya 的缩写（参看上文璧流离）；从衣加声和从衣沙声的袈裟见于葛洪《字苑》，很少人知道它是梵文雅语 kāsaya 的译音。此外，像莳萝（cummin）由于中世波斯语的 zīra，茉莉（jasmin）出于梵文的 malli：在习焉不察的中国读者恐怕极少知道这两种植物是由外国移殖过来的。自从科学输入以后，像化学名词的铝（aluminum），钙（calcium），氨（ammonia），氦（helium）之类，更是多得不可胜数。至于广州话管压水机（pump）叫做"泵"那似乎又是新会意字而不是谐声字了。

（丙）借译词（loan-translation）　当许多中国旧来没有的观念初从外国借来时，翻译的人不能把他们和旧观念印证，只好把原来的语词逐字直译下来，这就是所谓借译。这类借字大概以抽象名词居多。当佛法输入中国以后，佛经里有很多这一类的借译词。像"我执"（ātma-grāha），"法性"（dharmakara），"有情"（sattva），"因缘"（hetupratyaya），"大方便"（mahopāya），"法平等"（dharmasamatā）之类，都属于这一项。近代借字的许多哲学名词，像葛林（Thomas H. Green）的"自我实现"（self-realization），尼采（Friedrich W. Nietzsche）的"超人"（Übermensch），也都是所谓借译词。

（丁）描写词（descriptive form），有些外来的东西找不出相等的本地名词，于是就造一个新词来描写它，或者在多少可以比较的本地物件上加上"胡"，"洋"，"番"，"西"一类的字样，这就是所谓描写词。这种借字的方法从很早就有的。在中国把西方民族统通看作"胡人"的时候，已经有胡葱（Kashgar 的 onion），胡椒（印度的 pepper），胡麻（外来的 flax 和 sesame），胡瓜（cucumber），胡萝卜（carrot）等等。稍晚一点儿便有把泛称的"胡"字改作地名或国名的，像安息香（the fragrant substance from Arsak or parthia），①波斯枣（Persian date）之类。近代借字里的描写词，有的加国名，像荷兰水（soda water），荷兰薯（potato），荷兰豆（peas），有的加"西"字，像西米（sago），②西红柿（tomato）；有的加"番"字，像番茄（tomato），番枧（soap）；有的加"洋"字，像洋火或洋取灯儿（match），洋烟卷儿（cigarettes）。还有不加任何地域性的词头，只就东西的性质来描写的，像广州管煤油（petroleum）叫"火水"，管洋火（match）叫"火柴"，也都是所谓描写词。③

以上所举的几条例子不过想把中国语里的外来借字稍微指出一些纲领。若要详细研究，广博搜讨，那简直可以写成一部有相当分量的书。

当两种文化接触时，照例上层文化影响低级文化较多。然而专以借字而论，中国语里却有入超现象。这当然不能纯以文化高低作评判的标准，另外还有许多别的原因。第一，当闭关自守时代，中国一向以天朝自居，抱着内诸夏而外夷狄的态度。固有的哲学，宗教，艺术，文化，四裔诸邦很少能领略接受，因此语词的交流至多限于一些贸易的商品，或官吏的头衔。第二，中国向来对于外国语不屑于深入研究，遇到有交换意见的必要也不过靠着几个通译的舌人，到底有若干语词流入异域，从来没有人注意过。第三，自从海禁大开以后，西洋人固然翻译了不少经典古籍，可是除去专名和不可意译的词句很少采取"声音替代"的借字法，就是有些借译词或描写词也容易被一般人所忽略。第四，汉语的方言太复杂，从一种方言借出去的字，说别种方言的人不见得能了解。因此就不觉得它是中国话。有这种种原因难怪中国语里的借词多于贷词了。

对于外国语里的中国贷词研究，据我所知，像徐勒吉（Gustav Schlegel）对于马来

---

① Thomas Watters, *Chinese Language*, pp. 328～331.

② sago 中国也写作砂谷或西谷。在安南作 saku，印度作 sagu，马来作 sagu。Crawford（Des Dict. Indian Isl.）以为这个字根本不是马来语，应该是从摩鲁加群岛（Molucca Islands）的土语演变而来的。参看 Thomas Watters 前引书 pp. 342～343。

③ 关于近代语借字所分的四类参看罗常培"Chinese Loanwords from Indic"稿本，pp. 3，4.

话，①劳佛对于西藏话，②李方桂对于泰语，③Ko Taw Seim 对于缅甸语，④佘坤珊对于英语⑤都供给一些材料。可是要作系统研究，还得需要若干专家去分工合作才行。我在这里只能举几个简单的例。

有些中国字借到外国语里以后，翻译的人又把它重译回头，因为昧于所出，不能还原，于是写成了几个不相干的字。这样展转传讹，连"唐人都唔知呢的系唐话喽"！例如，《元朝秘史》壹"捏坤太子"中的"太子"两字，《圣武亲征录》（王国维校本页 35）作大石，《元史》壹零柒《世系表》和《辍耕录》都作"大司"，《蒙古源流》叁又作"泰实"：其实这只是汉语"太师"二字的蒙古译音 taij。⑥ 同样，《元朝秘史》里的"桑昆"（sänggün 或 sänggum），一般人认为是将军的对音，伯希和却怀疑它是"相公"的对音。⑦ 此外，那珂通世以为蒙语兀真（或作乌勤 ujin）就是汉语夫人；领昆（linkum）就是汉语的"令公"。⑧ 照此类推，满洲话的"福晋"（fujin）虽然意思是汉语的公主，⑨可是就声音而论，它和"夫人"更接近了。英语里的 typhoon，在 1560 年 F. Mendes pinto 就开始用过了。关于它的语源，西洋的汉学家们，有的说出于希腊语的 typhon，有的说出于阿拉伯语的 tūfān；有人认为它就是广东话"大风"的译音，还有人认为它借自台湾的特别词汇"台风"。⑩ 在这几说中我个人偏向第三说。不过，"台风"这个词在康熙二十三年（1684）《福建通志》卷五十六，《土风志》里就出现过，王渔洋的《香祖笔记》里也用过了。可见它从 17 世纪起就见于中国的载籍，不过修《康熙字典》时（1716）还没收入罢了。

萨皮尔说："借用外国字往往惹起他们的语音改变。的确有些外国声音和重读特点不能适合本国的语音习惯。于是就把这些外国语音改变，使他们尽可能的不违反

---

①　Gustav Schlegel, "Chinese Loanwords in the Malay Language", *T. P. I*（1890），391～405.

②　Berthold Laufer, "Loanwords in Tibetan", T. P. s. Ⅱ, ⅩⅦ,（1916），403～552.

③　李方桂《龙州土语》，南京，1940，pp. 20～36；"Some Old Chinese Loanwords in the Tai Language", *H. J. A. S.* Ⅷ，344（March, 1945），333～342.

④　KoTaw Seim, "Chinese Words in the Burmese Language", *India Antiquiry*，XXXV（1906），211～212.

⑤　佘坤珊《英文里的中国字》，《文讯》第 1 期，5～17，贵阳文通书局出版。

⑥　伯希和《蒙古侵略时代的土耳其斯坦评注》，见冯承钧译《西域南海史地考证译丛》三编，页 40。

⑦　同上书，页 42。

⑧　李思纯《元史学》第三章，而 126～127 引那珂通世《成吉思汗实录》页 33 和该书序论页 59。

⑨　Thomas Watters, *Chinese Language*, pp. 365～366.

⑩　Henry Yule and A. C. Burnell, *Hobson-Jobson*, new edition, edited by William Crooke, pp. 947～950；G. Schlegel, "Etymology of the Word Taifun", *T. P.* Ⅶ（1896），581～585.

本国的语音习惯。因此咱们常常有语音上的妥协。例如近来介绍到英语来的 cam-ouflage(伪装)这个字,照现在通常的读音和英文或法文特有的语音惯例都不对。送气的 k,第二音节的模糊元音,l 和末一个 a 的准确音质,尤其是第一音节上的强重音,这些都是对于英文发音习惯非意识的同化结果。这些结果把英美人所读的 cam-ouflage 弄得清清楚楚的和法国人所读的不同。另一方面,第三音节里长而重的元音和'zh'音(像 azure 里的 z)的语尾位置也显然是'非英文的'(un-English),恰好像中世纪英文的声母 j 和 v 起初必曾觉得不和英语惯例切合,可是这种异感现在早已消磨完了"。① 卜隆斐尔也说:"本来介绍借字的或后来用它的人常常愿意省去他自己的双重筋肉调节,就用本地的语言动作(speech-movements)来替换外国的语言动作。例如在一句英语里有法文 rouge 这个字,他就用英语的[r]替换法语的小舌颤音,用英语的[uw]替换法语非复音的(non-diphthongal)紧[u]。这种语音的替代在不同的说话者和不同的情境之下程度要不一样;没有学过法语发音的人们一定得作成上面所说的程度。历史家将要把这种现象算作一种适应,这种适应可以改换外国的语词来迁就自己语言的基本语言习惯。"② 由这两位著名语言学家的说法,咱们可以知道借字对于本来语言的改变率是相当大的。现在且举一个大家公认的汉语贷词但还不能确证它的原来汉字是什么的:

在 7 世纪突厥的碑文中有 Tabghač 一个字,这是当时中央亚细亚人用来称中国的。这个名称在一定地域之中一直延存到元朝初年,因为 1221 年邱处机西行的时候,曾在伊犁听见"桃花石"(Tabgacč)这个名词。③ 在东罗马和回教徒的撰述里也见有这个名称,但有的写作 Tamghaj,Tomghaj,Toughaj,也有的写作 Taugaš,Tubgač。它的来源当初并没判明,为什么叫"桃花石"也不得其解。夏德(F. Hirth)和劳佛(B. Laufer)以为这些字乃是"唐家"的对音,④桑原骘藏又进一步解释作"唐家子"。⑤ 伯希和以为"桃花石"的名称在 7 世纪初年 Théophylacte Simocatta 的撰述里

① Edward Sapir, *Language*, pp. 210~211.

② Leonard Bloomfield, *Language*, pp. 445~446.

③ 《长春真人西游记》卷上"九月二十七日至阿里马城。……土人呼果为阿里马,盖多果实,以是名其城。……土人惟以瓶取水,戴而归,及见中原汲器,喜曰:'桃花石诸事皆巧',桃花石谓汉人也。"《丛书集成》本页 12。

④ F. Hirth, *Nachwörte zur Inschrift des Tonjukuk*, p. 35.

⑤ 桑原骘藏说见其所著《宋末提举市舶西域人蒲寿庚之事迹》页 135~143(陈裕菁译《蒲寿庚考》页 103~109;冯攸译《中国阿拉伯海上交通史》页 132~143);又《史林》第 7 卷第 4 号页 45~50。参阅向达《唐代长安与西域文明》页 25,注 1。

早已写作 Taughast，他所记的显然是 6 世纪末年的事迹和名称，同唐朝实在没关系。① 他"曾考究桃花石原来的根据，或者就是拓跋。其对音虽不精确，而有可能。就历史方面来说，元魏占领中国北部，而在中亚以土姓著名，遂使中亚的人概名中国为拓跋。犹之后来占据元魏旧壤的辽朝，种名契丹，中亚的人又拿这个名字来称呼中国的情形一样。这也是意中必有的事。"②这三种假设，严格照对音推究起来，都不能算是精确。"唐家子"的说法虽然可以用同化（assimilation）的规律把 Tamghaj 或 Tomghaj 读作* Tangghaj 或* Tongghaj，又可用西北方音丢掉鼻尾的现象勉强拿 Tau-或 Tou 对译"唐"字，可是 Tubgač和 Tapkač两个写法又不好解释了。总之，当初借字的人把中国古音歪曲太多，以至经过许多专家的揣测还不能确指它的来源，这的确不能不算是遗憾！

然而解释外国语里中国贷词的麻烦却还不止于此。照我的看法，另外还有时间和空间的两种困难：

凡是稍微知道一点汉语变迁史的人都应该明白，中国从周秦到现代，语音是随着时代变迁的。假若拿着现代汉语的标准去衡量不同时代的贷词，那就难免摸不着头绪。例如"石"字中古汉语读źĭäk，现代汉语读ṣï，在西藏借字里把"滑石"读作 hasig，而把"玉石"读作 yü-si，"钟乳石"读作 grun—ru—si。③ "石"字的-k 尾（西藏写作-g）在前一个例里仍旧保存，在后两个例里却完全丢掉。这正可以显示三个字并不是在同一时代从中国借去的。如果单拿现代音作标准就不能确认 sig 和 si 所对的原来是同一个字，并且把这可宝贵的音变佐证也忽略掉了。藏文借字的时代有明文可考的，咱们可举"笔"字作例。汉文的"笔"字藏文借字作 pir。据《唐会要》说：吐蕃王弄赞赞普（Sron-btsan Sgam-po）请唐高宗（650～683A. D.）派遣造纸笔工人。④ 可见中国的毛笔至晚在 7 世纪已经输入西藏了，古汉语的-t 尾许多中亚语都用-r 来对，所以 pir 恰是古汉语 piēt 很精确的对音。准此类推，像"萝卜"作 lá-bug 或 la-p'ug，"铗子"作 a-jab-tse，保存了中古音的-k 尾或-p 尾。他们借入藏语的时代一定比"粟米" su-mi 或"鸭子"yā-tse 早的多。因为"粟"（sĭwok）的-k 尾和"鸭"（âp）的-p 尾，在后两个借字里都不见了。⑤

---

① 参考沙畹（Fdouard Chavannes）撰《西突厥史料》（*Documents surlesč Tou-kiue Occidentaux*，pp. 230，246）。因年代不合而不能考订 Tabghač为唐朝，此说 Yule 在 1866 年早已说过了。（*Cathay and the Way Thither*，*l*，*LIII*）

② P. Pelliot，"L'origine du Nom de 'Chine'"，T. P. s. Ⅱ. ⅫⅠ（1912），727～742；冯承钧《西域南海史地考证译丛》伯希和《支那名称之起源》，页 45～46. 俄语称中国为 КИТАЙ[*k*"it"ai]即契丹之译音。

③ B. Laufer，"Loanwords in Tibetan"，*T. P. s.* Ⅱ. ⅩⅦ（1916）509. 521.

④ 《唐会要》卷九十七，页三下。闻人诠本卷一四六上，3a。

⑤ 关于藏文借字各例，参看 Laufer 前引文，*T. Ps.* Ⅱ，ⅩⅦ，（1916），503，508，518，522.

汉语贷词在方言里的纷歧也正像在古今音中的差异一样。中国首先和马来人贸易的以厦门或其他闽南人居多。所以不单闽南语里渗入许多马来语词，就是马来语里的汉语代词也都限于这一隅的方言，旁地方的人很难辨识它是从中国借去的。例如马来语里的 angkin 借自"红裙"，bami 借自"肉面"，bak 或 bek 借自"墨"，tjit 借自"拭"，niya 借自"领"，tehkowan，tehko 借自"茶罐"，"茶鼓"……凡是能说厦门语的一看见上面这些汉字就会读出很相近的[aŋ˧ kun˧]，[ba?˧ mĩ˧]，[bak˧ ，biək ˧]，[tɕ˧it ˩]，[n l̃ã ˩] [te˧ kuan ˧] [te˧ kɔ˩]等等声音；反之，他们听见那些马来声音也会联想到这些汉字。① 假设换一个旁的方言区里从来没听见过厦门或其他闽南方言的中国人，他无论如何马上找不出相当的汉字来。这在从外国借来的字也有类似的现象。例如，梵文的 Bodhidharma，在中国的禅宗经论里一向译作菩提达摩或简称达摩，可是厦门人却把他写作陈茂。② 这不单把这位禅宗初祖汉化了，而且照厦门音读起来，陈茂[tã˧ mɔ˧]的确和达摩[tat˩ mo˩]没有什么大分别。同样，回教的教主 Mohammed 普通都译作漠罕默德，可是赵汝适在《诸蕃志》里却把他写作麻霞勿。③ 这两个人名用国语读起来相差很多，从后一个译名绝对找不出它和 Mohammed 的渊源来。不过，假如咱们请一位广东人念"麻霞勿"三字[ma˩ ha˩ mɐ˩]，岂不是很好的对音，比"漠罕默德"更贴切吗？

近百年来，中国和英美的接触最多，语言上的交互影响当然也最大。关于汉语里的英文借字，我在上文已经约略提到，这里我想再举几个从汉语借到英文里的例子。中国对外贸易以丝瓷茶为大宗，所以咱们先从这三种东西说起。

现在英语的 silk(丝)中世英语作 silk 或 selk，它是从盎格鲁撒克逊语 seolc，se-oloc 演变来的；和古北欧语 silki，瑞典丹麦语 silke，立陶宛语 szilkai，俄语 shelk'，拉丁语 sericum，sericus，希腊语 sēres，sērikos 都有关系。英语里的 seres，seric，seri-ceous，serge，sericulture 等都是它的孳乳字。④ 汉语"丝"字的现代音 sl 和中古音 si：虽然和印欧语里的各种语词不太切合，可是它的上古音*si̯əg 就有几个音素可以和他们比较。所以印欧语里这些关于"丝"的语词无疑是从中国*si̯əg 借去的。从历史来讲，丝业最初是中国发明的，也是我们物质文明最早传布到全世界的。我们养蚕和缫丝的方法在 3 世纪的时候传到日本。先是，日本派了几个高丽人到中国来学习，

① 参看 Gustav Schlegel, "Chinese Loanwords in the Malay Language", *T. P.* (1890),394,400,402,403；罗常培《厦门音系》，北京 1930。

② Thomas Watters, *Chinese Language*, pp. 393～394.

③ Friedrich Hirth and W. W. Rockhill, *Chau Ju-kua*, His Work on the Chinese and Arab Trade in the 12th and 13th Centuries, enttled *Chu-fan-Chih*, St. Petersberg, 1912, pp. 116,120.

④ 参看《牛津字典》Ⅸ, s～p. 46；Walter W. Skeat, *A Concise Etymological Dictionary of the English Language*, p. 485；*Webster's New International Dictionary of the English Language*, 2nd. Ed., pp. 2285 b,2337 b.

这些人回到日本去的时候带回了四个中国女子专教皇宫里的人各种纺织的技术。后来日人在 settsu' 省为这四个女子建了一座庙以纪念她们的功德。相传在 5 世纪的时候,有一个中国公主把蚕种和桑子缝在她的帽子里,然后经和阗越葱岭而传到了印度。等到地中海的人学会养蚕的时候已经是 6 世纪了。当时罗马皇帝茹斯逊年(Justinian)派了两个波斯僧侣到中国来学习各种缫丝和纺织的秘密。约在纪元 550 年左右,这两个僧侣把蚕种藏在一根竹竿里才带到了君士坦丁,于是,"西欧 1200 多年的丝业都发源在这竹管里的宝藏。"①欧洲人所以叫中国作 Sĕres 或 Serres,正可见他们心目中的中国就是产丝的国家。西洋人对于蚕能吐丝的事实好久不能了解,于是发生了很有趣的观念。有的人以为丝是一种植物,生长在树上。在 15 世纪的时候有一个英国人说:"有一种人名叫 Serres,他们那里有一种树长着像羊毛一般的叶子"。因此英国人常称丝作"中国羊毛"(Serres' wool)。这种观念的历史很古,罗马诗人 Virgil 就说过:

How the Serres spin, Their fleecy forests in a slender twine.
(中国人把他们羊毛的树林纺成细纱)

一直到 16 世纪,Lyly 的书里还记载着很奇怪的传说以为丝的衬衫能使皮肤出血!②

后来中国和西欧的海上交通发达起来,我们输出的丝织品的种类也渐渐多了。于是流行在英国的贷词,有 Cantoncrape(广东皱纱)或 China-crape(中国皱纱),有 pongee(本机绸),Chefoo silk(芝罘绸)或 Shantung silk(山东绸)。此外像 pekin 指北京缎,nankeen 指南京黄棉布,那又从丝织品推广到棉织品了。③

可以代表中国文化的输出品,除了丝以外就得算瓷器,我们中国的国名 China 也因此竟被移用。不过,Sērres 是用出产品代表国名,China 却是借国名代表出产品罢了。China 和拉丁语 Sinae,希腊语 Thinai,印度语 Cina 都同出一源。关于它的语源,虽然有人以为它或者是纪元前 4 世纪时马来群岛航海家指示广东沿岸的名称,④可是我个人还赞成它是"秦的对音"。⑤ 当瓷器输入欧洲的时候,英国人管它叫 chinaware 意思就是 ware from China(中国货)。随后 chinaware 的意思变成 ware made

---

① *Encyclopædia Brltanica*, vol. 20(14th. ed.)pp. 664~666.

② 佘坤珊前引文,页 7.

③ 同上,页 6,7.

④ 劳佛(B. Laufer)"The Name China"(支那名称考),*T. P. s.* Ⅱ,ⅩⅡ.(1912),719~726.

⑤ 伯希和(P. Pelliot)"Deux Itinéraires de Chine en Inde", *B. E. F. E. O.*, Ⅳ,(1901),143~149;又 *T. P. s.* Ⅱ,ⅩⅡ.(1912),727~742(见前).

of china(瓷器),末了把 ware 也省去了,于是就变成了 china。现在"中国"和"瓷器"在英文里的分别只是字首大小写的区别。可是在说话里,Chinaman(中国人),china-man(卖瓷器的人),甚至于和 chinaman(瓷人)三个字的第一音段读音是一样的,只是第二音段的元音,因为轻重读的不同,分成[ə]和[æ]两音罢了。

中国的瓷器最初是 16 世纪的葡萄牙人带到欧洲去的。他们不像英国人那样含糊的叫"中国货",而特别取了一个名字叫它 porcellana(后来变成英文的 porcelain)意思就是"蚌壳",他们把那光润乳白的质地比作螺甸那样可爱。

英国的陶业到了 18 世纪才有,以前都是依靠着中国输入大量的瓷器。随着陶业的发展,许多技术上的名词也进了英文。起先他们由中国输入不可缺的原料如"高岭土"(kaoling)和"白土子"(petuntze)。kaoling 是江西景德镇西北高岭的译音。高岭土亦叫做 china-clay,porcelain-clay 或 chinametal。白土子也是原料之一,但是没有高岭土价值贵。这两种原料配合的成分"好的瓷各半;普通的用三分高岭土对六分白土子;最粗的也得用一分高岭土对三分白土子"。① 制成瓷器以后,第二步当然要加彩色,于是 china-glaze,china-paints,china-blue,china-stone 种种瓷釉的名称也跟着来了。最初他们着重模仿中国瓷器上的花纹,所以"麒麟"(chilin or kilin),"凤凰"(fenghwang)和"柳树"(willow pattern)也被他们学去了。柳树花纹是英人 Thomas Turner 在 1780 年输入英国的。后来这个图案很受欢迎,于是日本商人看到有机可乘,就大量的仿造,用廉价卖给英美的平民。②

第三种代表中国文化的出产品就要推茶了。这种饮料在世界文明上的贡献恐怕不亚于丝和瓷。中国饮茶的风气从唐时才开始盛行起来,③但张华《博物志》已经有"饮真茶令人少眠"的话,可见茶有提神止渴的功用晋朝时候的人早就知道了。外国流行一个关于茶的传说,也可证明它的功用。相传印度的和尚菩提达摩(Bodhidhar-ma)发愿要睁着眼打坐九年。三年终了的时候他发觉两只眼睛闭上了,于是割去了眼皮继续打坐。到了第六年终了正疲倦要睡的时候,偶然伸手从身旁的一棵树上摘下一个叶子来含在嘴里,顿觉精神百倍,使他达到九年不睡的初愿。④

---

① Encyclopædia Britanica, vol. 5, p. 549, china-clay;《牛津字典》Ⅱ.35Ⅰ,又Ⅴ,652。

② 佘坤珊前引文,页 7~9。

③ 《封演闻见记》:"李季卿宣慰江南,时茶饮初盛行。陆羽来见。既坐,手自烹茶,口通茶名,区分指点,李公心鄙之。茶罢,命奴子取钱三十文酬茶博士。"案陆羽于上元初(760 A. D.)隐苕溪,则茶饮盛行于 8 世纪中叶。

④ *Encyclopædia Britanica*, vol. 21(14 ed.), p. 857.

欧洲最早的茶商是葡萄牙人。① 他们在 16 世纪的末叶到中国来买茶,那时他们采用普通话的读音 chaa。后来远东的茶叶都操在荷兰人的手里。这些荷兰人都集中在南洋一带,所以厦门人先把茶叶由中国运到爪哇的万丹(Bantan),然后再用荷兰船载往欧洲各国。厦门口语管茶叫做 [teⁱ],荷兰人也跟着读 téh。因此欧洲人凡是喝荷兰茶的像法德丹麦等国的人都采用厦门音(例如法语 thé,德语 Tee 或 Thee,较早的欧洲音 tā),而喝大陆茶的俄波意诸国都保持官音(例如,意语 cia,俄语 Чай [tʃˈaːi],葡萄牙语 ochá。)。英国最早也采用官音(例如 Thomas Blount 在 1674 年的作品里就拼作 cha),后来因为大量的购买荷兰茶的关系才把 cha 废掉而改用 tea。tea 在英文里最初的出现,是 1615 年东印度公司一个职员威克涵(Wickham)的信里;1660 年 9 月 28 日斐匹斯(Samuel Pepys)的日记里又拼作 tee。② 起初英人把茶看作一种极珍贵的饮料,后来渐渐变成一般平民不可少的日用品。同时英人也不专靠荷兰茶商的供给,他们自己到中国来采购各地的名产。一时茶类名目的繁多引起了下面四句诗:

What tongue can tell the various kinds of tea?

Of Black and Greens, of Hyson and Bohea;

With Singlo, Congou, Pekoe and Souchong,

Cowslip the fragrant, Gunpowder the strong.

Bohea 就是福建的"武夷",Pekoe 是"白毫",Congou 是所谓"工夫茶",Hyson 是"熙春",Cowslip 是"牛舌",Gunpowder 近于我们所谓"高末儿"。在这首诗以外的还有 Twankay"屯溪",Keemun"祁门",Oolong"乌龙",young Hyson 或 Yü-chien"雨前",也随着茶叶输入到英文里去。茶叶以外还有砖茶(brick-tea),瓦茶(tile-tea)和粒茶(tisty-tosty)等,那只是质地和形状上的区别罢了。

一部分英国人以为饮茶可以使人懦弱,所以管好喝茶的人叫 tea-spiller 或 tea-sot。从茶字英文也产生了一个成语:"to take tea with",意思是和人计较,特别是含敌对的意思。这也许由上海所谓"喫讲茶"来的。因为吃茶的习惯,英国人在日常生活里增加了不少新东西;像 tea cloth(茶巾),teapot(茶壶),teacup(茶杯),teakettle(开水壶),tea urn(茶罐),teaspoon(茶匙),tea table(茶桌),teatray(茶盘),teaset(茶具),tea rose(茶香月季),tea biscuit(茶饼),tea gown(茶礼服),tea party 或 tea fight

---

① 关于茶的最早记录,在 852 年有阿拉伯 ā 字见于 *Relation des Voyages faits par les Arabes et les persons dans l'Indie età la Chine dans le IXe Siècle de l'ere Chritienne*, Reinaud 译本 I, 40;又作 Chai Catai 见 1545 年 Ramusio *Dichiaratione. in* II, f. 15;参阅 *Hobson Jobson*, new edition, pp. 905~908。

② W. W. Skeat, *A Concise Etymological Dictionary of the English Language*, p. 545; *Encyclopædia Britanica*, vol. 22(14th. ed.)p. 857.

（茶话会），tea service（备茶，清茶恭候）等等，都是从茶的文化输入英国后才产生的。我国近来所用"茶话会"的名词和办法也恰好像管牛肉汁叫"牛肉茶"（beef tea）一样，他们都是中国字到外国旅行一趟，沾染上些洋味儿又回到本国来了。[1]

除了茶叶之外，我们还有好多种植物输入英美去。属于花草类的有 china-aster（蓝菊），china-rose（月季），china-berry（楝树），china-pink（石竹）等；属于水果类的有 china-orange 也叫 mandarin orange（金钱橘），loquat（枦桔或枇杷），litchie（荔枝），cumquat（金桔），whampee（黄皮）；属于蔬菜类的有 pakchoi，petsai 或 chinese cabbage（白菜），china-squash（南瓜），china-pea（莞豆），china-bean（豇豆）等；属于药材类的有 ginseng（人参），galingale（莎草或高凉姜），[2]chinaroot（菝葜根）等。此外还有中国的苎麻（China—grass 或 Chinas＋raw）据说是自然界中最坚固的纤维；由桐树上所榨取的桐油（tung-oil 或 wood-oil），它在抗日战争时几乎变成我国唯一换取外汇的输出品。

咱们再看看有关商业和海上生活一类的字。西洋人来和咱们通商第一当然要明了中国的度量衡和币制。有些名词像"细丝"（sycee），"两"（liang），"里，厘"（li），他们就用"声音替代"法直接借过去。"细丝"本来是指银子的纹理，后来就变成了"元宝"的别名。不过，中英贸易本来是由南洋渐渐北移到沿海的中国本土，因此有些名词英国商人就懒得译音，而采取他们熟识的马来字来代替：tael（银两），catty（斤），picul（担）等，便都是这一类。关于海上生活的字，像 typhoon 是"大风"的对音，咱们在上文已经讨论过了。除此之外，sampan（舢板）和 tanka（蛋家）一类的字也可以给"浮家泛宅"的蛋民生活映出一张小照。上海自从道光二十二年（1842）开作商埠后成了国际贸易的重心，所以 shanghai 这个字在英文里的意义也特别多。它除去代表一种鸡（据说能生双黄蛋），一种油（恐怕就是桐油）和一种枪以外，还代表一种绑票的行为。当一只船上缺少水手时，常到岸上找一个人，把他用药酒灌醉，叫他在船上做苦工。

---

① 佘坤珊前引文，页9～12。

② 高凉姜现广东称良姜，汉高康县，三国时名高良郡，今广东高州。此字在中世纪时西行路线，一般以为是汉语（广东）—波斯语—阿拉伯语—法文—英文。在英国有极长久的历史。《牛津字典》上说：galingale 大概是来自中文的"koliang kiang"，意思是"mild ginger from *ko*"，a prefecture in the province of Canton。这种姜除了当药用之外，主要是作烹饪里的香料。凡是中古欧洲的厨子都要会用这不可缺少的调味姜。英诗人乔叟（Chaucer 1340～1400）在他的 Canter-bury Tales 里曾经描写他的厨子有专门手艺做姜煨小鸡，说：

A cook they hadde with hem for the nones,

To boille the chikens with the mary bones,

And poudre-marchant tart, and galingale。

可是远在乔叟以前350年，英文已经发现有 galingale 这个字。它也写做 galangal。参看 Rev. G. A. Stuart, *Chinese Materia Médica*, pp. 31～33。案马坚教授云：阿拉伯人译高凉姜为 khulinjān，传入德国变成 galingal，传入英国后再变为 galingale。

这种主动行为叫"to shanghai,"被害方面叫"to be shanghaied"。上海还有一种中西交通的特产就是洋泾浜英语。这种语言英美人叫 pidgin 或 pigeon English。据说 pidgin 是中国人误读英语 business 的讹音。因为中国人不会读 business 遂致错成 pidgin,有些人说受葡萄牙语 occupaçao(前二节丢了)的影响,此字亦拼作 pigeon。洋泾浜英文的确是中英杂揉的结晶,是由一个不懂英语的中国人和一个不懂中国语的英国人要想交换意见,自然而然产生的。它应用中文语法和有限的英文讹读字,临时凑成一种语言工具。应用的时候,双方各佐以手势和种种脸上的表情,随机应变。类似 pidgin 方式产生的字,咱们可以举 cumshaw 作例。这个字虽然有人以为粤语"感谢"的音译,可是很可能是 commission 的误读。因为 cumshaw 的意思并不限于"礼物","小账",而实在含有"佣钱"的意思在里头。①

此外,由我国近代史实或官制借到英文里去的,有 Taiping(太平天国),Boxer(义和拳),Kuomintang(国民党),yamen(衙门),tupan(督办),tuchun(督军)②,tsung-li-(总理),tipao(地保)等等;由我国输出的玩艺儿得名的,有 tangram(七巧图),fire-craker(爆竹),gold-fish(金鱼),Chinese-tumbler(搬不倒儿),Chinese-lantern(纸灯笼)等等;甚至于连代表"本位文化"的赌博:"番摊"(fan-tan)和"麻将"(mahjong),在英美的交际场上也都不是陌生的语词了!chopsuey 起初不过是一碟普通的"抄杂拌儿",推究语源只是"杂碎"的对音。可是现在它已成了中国菜的总名,连纽约极大的餐馆,像羊城,顶好,上海饭店也都用 chopsuey house 作招牌。外国人吃中国饭的大障碍显然是那双筷子,起初他们译作 nimble sticks,不过现在还是叫 chopsticks 最普通。由我们的民间迷信用语流入英文里的,可以拿 feng shui(风水)作代表。Joss 这个字本来是 pidgin 英语从葡萄牙文 Deos(神)借来的,在中国特指神的偶像。于是他们管中国的佛堂叫 Joss-house,庙里边的香叫 Joss-stick③。

中国素号"礼仪之邦",咱们传统的繁文缛节不免给西洋人很深刻的印象。有时他们觉得咱们过分的拘泥礼节了。法国人很幽默的把一切繁文缛节叫做 chinoiserie。这个字的精彩很快的被英国人所赏识,于是就借了去变成 chinesery。④ 咱们还有时为顾全对方的面子起见不肯当时表示异议,英国人管这种虚伪叫作 Chinese compliment。说到"顾全面子"恐怕是我们对于英文最得意的贡献了。在英文常用的成语里有"to save one's face"一句话,据《牛津字典》记载这句话的来源说:

----

① 见《牛津字典》,pp. 13~14。

② 由这个字演生的还有 tuchunate 和 tuchunism 两个字。

③ 佘坤珊前引文,页 14~16。

④ 《简明牛津法文字典》,p. 163,a;《牛津字典》Ⅱ,p. 354;《韦氏字典》pp. 468,469;向达说:"Chinoiserie 一词始于 18 世纪,其时它的字义指着一种中国风尚。Reichwan 的 *China and Europe* 一书有专章讨论它。"

Originally used by the English community in China, with reference to the continual devices among the Chinese to avoid incurring or inflicting disgrace. The exact phrase appears not to occur in Chinese, but "to lose face"(丢脸), and "for the sake of his face"(为他的面子) are common.

可是在《韦氏字典》却承认"to lose face"在美国的普通性了。①

在旧礼节中，外国人顶不习惯的是跪拜礼。所以《牛津字典》里对于 kowtow(叩头)这个字有一句富有幽默的描写：

The Chinese were determined they should be kept in the constant practice of the koo-too, or ceremony of genuflection and prostration。②

其实中国人哪里都是常常练习叩头的呢！

英文里还有 chin-chin 一字，本来是我们的口头语"请请"的译音。《牛津字典》上说"请请"是"A phrase of salutation,"照它所引证的例句来看：

We soon fixed them in their seats, both parties · · repeating *chin chin*, *chin chin*, the Chinese term of salutation. (1795 Symes, *Embassy to Aua* 295(Y.))

这句话里的"请请"分明是让座的意思，并不是问好。不过展转引申，渐渐地变成致敬的意思：

On the thirty-sixth day from Charing-cross a traveller can · · be making his *chin-chin* to a Chinese mandarin. (1885 *Paul Mall G.* 15 Apr。4/1)

后来索性变成动词"to salute, greet"：

She '*Chin-chins*' the captain · · and then nods her pretty head. (1859 *All Y. Round* No. Ⅰ, 18.)(③).

---

① 《牛津字典》Ⅸ, p. 137;《韦氏字典》p. 1460, C。

② 《牛津字典》Ⅴ, p. 753。

③ 《牛津字典》Ⅱ. p. 352, *Hobson-Jobson*, pp. 200~201。

这未免以讹传讹,离开本义很远了。

以上关于中国话借进来或借出去的语词已经拉杂的举了好些例子,可是这仅仅是汉语借字研究的起例发凡。我很希望后起的同志能够受我这一点儿示例的启发更有进一步的探讨。最后我且引柏默的话作本章的结束:

> 从语言借字的分析,可以看出文化的接触和民族的关系来。这恰好像考古学家从陶器、装饰品和兵器的分布可以推出结论来一样。①

咱们应该知道借字在语言研究中的重要,但咱们切不可陷于牵强附会的错误。正确的结论是由充实的学问,致密的方法,矜慎的态度追寻出来的。

语言生活的五个里程碑

周有光

导言——

> 本文选自周有光著《新语文的建设》,语文出版社,1992。
>
> 作者周有光(1906～　　),江苏常州人。著名的语言学家,曾担任中国文字改革委员会和国家语言文字工作委员会研究员,参加了《汉语拼音方案》的制订。
>
> 选文指出人类语言生活延续至今,已经历了五个里程碑式的发展阶段:(1)文字的创造和传播;(2)民族共同语和国家共同语的确立和普及;(3)传声技术的发明、发展和推广;(4)计算机的发明和语词处理的智能化;(5)国际共同语的成长和流通。其中,文字把模糊的传说写成明确的历史,人类从此步入文明社会;共同语的确立和普及使得全民义务教育变成可能,从而促进了工业化的迅速发展;传声技术的发明、发展和推广进一步打破了语言的时空限制,大大扩展了语言生活;而计算机的发明和语词处理的智能化使人类语言生活在文书、图书馆、翻译、教学等方面发生了巨大变化,人类由此进入信息时代;随着全球化进程的加快,国际共同语成为一种迫切的客观需要,其中英语的强势地位已成不争事实。

---

　　① L. R. Palmer, *Modern Linguistics*, p. 159.

人类语言生活的历史发展经历了五个里程碑。它们是：一、文字的创造和传播；二、民族共同语和国家共同语的确立和普及；三、传声技术的发明、发展和推广；四、计算机的发明和语词处理的智能化；五、国际共同语的成长和流通。文字、传声技术和计算机是技术的成果；民族的、国家的和国际的共同语是教育的成果。语言生活的发展既是社会发展的结果，又是社会发展的动力。

一、文字的创造和传播

　　人类形成的时候大致语言就开始形成了。人类成为"万物之灵"的主要条件是发展了语言。语言扩大了脑袋对信息的记忆量，便利了把信息提炼成知识，利用知识支配环境。

　　大约在1万年前开始了农业化时代。农业化使采集改进为耕种，狩猎改进为畜牧，个体觅食改进为集体生产，流散栖息改进为屋宇定居。于是，物质生活之外发展了文化生活。

　　从语言生活来看，农业化的1万年分为两个阶段。前一阶段5000年是口语生活时期，只有听觉信号的语言，没有视觉信号的文字，这是"单信号"(monosignal)时期。后一阶段5000年创造和传播文字，进入"双信号"(disignal)时期。

　　许多民族创造过原始文字。只有极少几种文字达到能够完备地按照词序记录语言的成熟水平。最早达到成熟水平的文字是5500年前西亚两河流域的钉头字(cuneiform，又译楔形字)和北非埃及的圣书字(hieroglyphic)。在东亚，文字的成熟比西亚和北非晚2000年；3300年前中国的甲骨文是已经释读的最早汉字。在美洲，文字的创造更晚，中美洲尤卡坦(Yucatan)半岛的马亚文字(Maya)不到两千年。

　　跟甲骨文相同的时代，西亚地中海东岸从表意兼表音的文字中发展出纯表音的字母。字母不是凭空产生的，而是经过了两千年的孕育然后诞生的。比拨罗(Byblos)字母是已经释读的最早字母，它向四方传播，经过不断变化，成为今天全世界的各种字母文字。

　　文字使眼睛帮助耳朵，把难于传久和行远的声音，变成可以留给后世和送到异地的符号，打破了语言的时间和空间的局限。母子传授的口语教育时代过去了，师生传授的文字教育时代开始了。造纸术和印刷术使文字记录大量增加。图书馆出现了。图书馆扩大了人类脑袋的记忆容量，把脑袋储存不下的大量知识储存到千千万万本书籍中去。从此，人类多了一种学习和应用文字的脑力劳动。

　　文字把模糊的传说写成明确的历史。有历史记录的社会被称为文明社会。文字和文明几乎成了同义语。今天世界上已经没有不用文字的国家，但是还有以万万计的文盲，他们落后于历史5000年。

二、民族共同语和国家共同语的确立和普及

开始于大约 300 年前的工业化，使人类的语言生活发生急剧的变化。工业化时期的语言生活可以分为两个阶段。第一阶段 200 年，主要特点是确立和普及民族共同语和国家共同语。第二阶段 100 年，主要特点是发明、发展和推广传声技术。

工业化需要全民义务教育。全民义务教育需要全国共同语。普及共同语成为工业化国家的基础政策。

农业化时期就有文字教育，但是全民义务教育是工业化的产物。农业化时期就有共同语，但是共同语普及到全国人民是工业化的产物。

共同语有范围大小的不同。有方言区的共同语，有民族共同语，有全国共同语（国语），有区域性的国际共同语，有世界性的国际共同语。工业化国家需要普及全国共同语，作为全民义务教育的教学媒介和社会活动的交际工具。

在农业化时期，农民安土重迁，全国共同语用处不大。当时的农业知识比较简单，可以口头传授，不一定用文字。需要文字和共同语的只有官吏和商人。到了工业化时期，生产知识复杂了，口头传授不够了。人民需要文字，需要学习基础知识和专业知识。工人和商人大量增加，他们流动频繁，不受乡土限制。于是，实行全民义务教育，首先普及"读书、写字和算术"的基础知识。读书和写字在拼音文字国家里就是学习共同语。儿童进学校，第一件事是接受正音教育。官吏的语言生活也发生了变化。做官要竞选演讲，把自己的政治主张，口头讲给人民听。普及口头共同语和书面共同语（语体文）成为全国上下的头等大事。

全国共同语主要有两种来源。一种是在多民族国家中，以主体民族的共同语作为全国共同语。另一种是由殖民地独立而成的国家，以原先宗主国的语言作为全国共同语。

在欧洲，跟中国汉朝大致同时代的罗马帝国（前 30～后 284），实行以拉丁文统治多民族大帝国的"书同文"政策。掌握拉丁文的主要有官吏和军人。广袤的国土是一片文盲的荒原。经过中世纪黑暗时代以后，各民族独立成为国家。文艺复兴解放了思想，废除"文言"拉丁文，提倡各民族的共同语和语体文。这样就准备好了工业化的语文土壤。

共同语需要有语音标准。语音标准是否确定是共同语"成年"的标志。共同语是否普及，首先在全国学校成为校园语言，是教育"成年"的标志。西欧在两百年前达到了这两个"成年"标志。日本在 100 年前达到了这两个"成年"的标志。凡是认真工业化的国家都以普及共同语作为建国大事。

中国在 1912 年废除帝制以后，开始工业化的尝试，提出了义务教育和共同语（国语）的要求。1982 年的新宪法规定"普及初等义务教育"和"推广全国通用的普通话"。

汉语方言复杂。推广普通话不等于废除方言。方言是主要从母亲那里学来的

"母亲语"。共同语是主要从教师那里学来的"教师语"。原来只说方言,这是"单语言"生活(monoglossia);现在要说方言和共同语,这是"双语言"生活(diglossia)。从"单语言"到"双语言"是语言生活的重要发展。

日本在明治维新(1868)以后只用 20 年时间就普及了国语。日本能够迅速普及国语,依靠两项措施。一项是重视小学教育,重视国语。另一项是利用"假名"字母,夹在汉字中间,注在汉字旁边。日本的法律和公文现在只用 1945 个常用汉字。由于用字减少,假名旁注只在难字上应用了。假名字母是日本普及国语和义务教育的钥匙。日本的正式文字在 1000 年以前只写汉字,是"单文字"生活(monographia);后来既写汉字,又写假名字母,变为"双文字"生活(digraphia)。

在中国,"五四"运动(1919)废文言,兴白话。白话文就是"用汉字书写的国语",又称"国语文"。汉字是"超方言"的,同样的文章各地读成不同的方音。"用汉字书写的国语"是否也读成各地的方音呢?不行!读成方音还成什么"国语"?于是要求"读音统一"。读音统一要给汉字注音。

1918 年公布的"注音字母"可以看作是中国的假名,比日本创造假名晚了 1000 年。注音字母使中国人从只用汉字的"单文字"生活,变为又用字母的"双文字"生活。1928 年公布的"国语罗马字"和 1958 年公布的"汉语拼音方案",把民族形式的注音字母改为国际形式的罗马字母。

2200 年前秦始皇实行"书同文"政策,当时只可能实行"书同文",不可能实行"语同音"。2200 年后的今天,如果只有"书同文",就不合时代要求了,必须进一步实行"语同音"。其实,"书同文"不仅是文字符号的共同化,"书面语"也必须共同化。秦始皇时代遗留下来的文献,以及后来历代的文言文,都是当时的"共同书面语"。汉字有"超方言性",各地可以读成不同的"字音",但是"共同书面语"并不读成不同的"方言"。这好比今天中国的《人民日报》,有的地方读如"银民伊报",有的地方读如"存民实报"。可是"你先走"并不读成"你行先"(广州话);"我们"并不读成"阿拉"(上海话)。

三、传声技术的发明、发展和推广

1876 年贝尔(A. C. Bell)发明电话。1877 年爱迪生(T. A. Edison)发明留声机。从此,人类的语言生活开始了传声技术时代。后来发展成为广播、电视、录音、录像、微波电话、卫星传播等等,使语言的声音可以直接打破时间和空间的限制,不一定依靠文字。

文字把听觉信号转变为视觉信号,依靠信息承载体的改变打破时空限制。承载体的改变需要长时间的学习。传声技术不改变信息承载体,直接把语言的声音送到远处,留到未来。使用传声设备几乎不需要什么学习。

半个世纪以前,好些国家普及了电话,进入电话社会。现在进入电话社会的国家更多了。所谓电话社会，就是除办公室用电话以外，每个家庭也至少有一个电话。电话成为现代社会生活的必需品。利用电话扩大人的活动范围，提高人的工作效率。有了电话，不识字的人也能跟远方通口信。写信麻烦，寄信太慢，打电话方便，可以立刻得到回音。电话代替了很大一部分信件。办理公事先用电话谈妥，书信只作后补的记录。电话会议节省了人们的开会奔波。微波电话可以通到外空的地球卫星，海底的潜水艇，高速飞驰中的汽车和飞机。

唱片把音乐送到家庭。录音带把无声的书本变成有声的书本。有声图书正在成为新兴的庞大事业。有声图书是"听读"的书本，健全人可以"听读"，盲人也可以"听读"，文盲也可以"听读"。既有文字图书，又有语音图书，图书从"单信号"变为"双信号"。

传声技术促进了共同语的普及和文体的口语化。广播和电视使广大群众在娱乐中学到共同语。广播文稿必须把其中读出来听不懂的文言改为大家听得懂的白话，否则广播就失去作用。小说的初稿不必用笔写了，可以用口语说给录音带，然后依照录音带打成文字。听不懂的小说只能有文字版本，听得懂的小说还能有语音版本。小说原来是"说"的，后来变成"写"的，现在又变成"说"的了。新闻记者用电话传送新闻，一方面刊登在报纸上，一方面在电台广播，这样的新闻不可能用文言。保守性最强的《圣经》也翻译成现代文体了，由广播员朗读，录音后在教堂和电台广播，加强传教效果。时代跟文言文告别了。

传声技术不但能代替文字，还能做各种文字不能做的工作。传声技术和文字同时并用，大大扩展了语言生活。传声技术开始至今已经 100 年了，可是它作为人类语言生活一个里程碑的重大历史意义还没有被人们充分认识。

四、计算机的发明和语词处理的智能化

二次大战以后，历史进入"新技术"时代。新技术革命来势迅猛，它对人类的语言生活发射出强烈的冲击波。新技术时代的语言生活，有两件突出的事情。一件是电子计算机的发明，另一件是国际共同语的新发展。

计算机的语词处理智能化使语言生活发生多方面的革命。

第一是文书革命，包括印刷革命和通信革命。"文房四宝"成为古董了。打字机把"书写"变为"打写"，计算机又把"打写"变为"触写"。文书、档案、编辑、出版、邮政、电报，这一切活动的方法和程序彻底改变了。

第二是图书馆革命。图书馆可以看作是人类的第二个脑袋。计算机可以看作是人类的第三个脑袋。图书馆是"纸脑"。计算机是"电脑"。二次战后，出版物急剧增加。全世界一年出版的图书，等于中国过去 3000 年。浩如烟海的图书，要求缩小储藏和快速检索。计算机一举两得。电磁和激光的记录将代替缩微胶片，庞大的书库可以变成小小的书橱。电脑检索代替卡片目录，"大海捞针"能够一捞就得。还可以

在万里以外遥控检索。情报的电脑化节省了全世界学术研究者的时间三分之一。

第三是翻译革命。计算机使人工翻译向机器翻译发展。已经实现的"机助"翻译，初稿用机器翻译，再由人来加工，可以节省人力十分之八。计算机可以把一种文字翻译成另一种文字，还可以把一种口语翻译成另一种口语。电话和机器翻译结合，一地讲的是"外"国话，另一地听到的是"本"国话，这样的国际翻译电话，在不太遥远的明天将成为事实。

第四是教学革命。计算机创造出各个学科的新式教学法，帮助教师辅导学生，回答学生随时提出的问题，改正学生的作业。计算机和电视结合，使教学活动跳出了学校的围墙，把课堂搬到每一个家庭中去。教学革命使科技知识大众化。在车站、机场，以及各种公共场所，计算机的"人机问答"可以 24 小时不停地在询问处为顾客服务。

语词处理机已经解决了中文语词处理的难题。只要输入汉语拼音，计算机能够自动变换成汉字输出，不用编码。这使中文语言处理机接近于英文。

在新技术时代，计算机的使用是大众教育的主要课程。扫盲教育不但要"扫除文盲"（literscy）和"扫除科盲"（numeracy），还要"扫除机盲"（computeracy）。

五、国际共同语的成长和流通

国际活动范围不断扩大，共同语的范围跟着扩大。二次战后，国际活动急剧增加。国际共同语由于客观需要而事实上已经成长、成熟，而且迅速传播、非常活跃。

以铁路和轮船为主的客运时代过去了。跨国航空的客运时代开始了，国际航空忽然使地球变小。广播和电视突破了国境界线。世界还没有一个世界政府，但是已经有了一个世界议会的雏形，那就是联合国。

联合国开会用什么语言呢？国家平等，语言平等，但是联合国不可能用 160 多种语言。联合国成立的时候规定，只用五种工作语言：中、俄、西、法、英。

中文是 10 亿人口的语言，但是国际性不强，因为 10 亿人口说的不是同一种普通话，而是各种不同的方言，加上汉字繁难，联合国的文件只有一小部分印成中文。

俄语是苏联的国语，又是苏联集团（东欧和蒙古人民共和国）的第一外国语。可是俄语活动范围主要以此为限，俄文字母难于在国际上流通。

西班牙语在西班牙和拉丁美洲是区域性的国际共同语，但是在更广的范围内作用不大。

法语原来是国际会议用语；两次大战使法帝国瓦解，法语作用缩小了。但是法语仍旧是法国、比利时、瑞士、加拿大等国的国语或者国语之一，"法语非洲"各国的行政和教育用语，多数国家的第二外国语。不过，作为国际会议用语已经大部分让位给英语了。

英语在一次战后开始在国际会议上跟法语平分秋色。英帝国瓦解了，可是英语的应用更加扩大了。英语是英、美、澳、新等国的国语,加拿大的国语之一,印度各民族之间的知识界通用语,亚洲和非洲许多国家的行政和教育用语。它是国际政治、贸易、科技和旅游的主要用语,是全世界大多数国家的第一外国语。由于历史的原因,它已经事实上确立了国际共同语的地位。不过,在感情上,有些国家,尤其是法国和苏联,不愿意承认这个事实,可是他们在国际活动中也不得不经常用英语。

阿拉伯国家成为石油富国之后,要求把阿拉伯语也作为联合国的工作语言,实际只有阿拉伯国家应用,而自右而左的阿拉伯字母不便在国际间流通。

联合国经费困难,原因之一是工作语言太多。如果只用一种工作语言,不仅可以节省大量经费和人力,还可以提高文书工作的效力。欧洲共同体有同样的问题,他们闹经费不足,可是又把预算的五分之一用于多种语言的相互翻译。"语言经济学"告诉我们:"共同语多了是浪费。"这一真理还没有被感情所接受。

德语是西德、东德和奥地利的国语,在欧洲大陆流行甚广。二次战后,德语不争国际地位,德国人也用英语进行国际贸易,写科技论文。

"爱斯不难读"(Esperanto),原意"希望者",日本和中国译称"世界语",是想象中的国际共同语。但是,100 年来,它在国际政治、贸易和科技三个关键领域中,都未能取得地位。文艺出版物也不多。经验证明,语言是可以人造的,可是人造语的活力无法跟自然语相比。"世界语"没有取得联合国的工作语言地位。

语言发展有一条规律,叫做"滚雪球"。雪球越大,越容易滚大。语言要求有共同性。共同性越大,越有人学习。越有人学习,共同性越大。英语成为事实上的国际共同语是历史"滚雪球"造成的。赞成也好,反对也好,已经是不可改变的事实了。

科技发展,风驰电掣。国际信息交流要求有一套统一的字母符号,便利计算机的国际传输。于是产生"单一罗马化"的设计,用同一套罗马(拉丁)字母,书写全世界的语言,由"国际标准化组织"(ISO)规定非罗马字母文字的罗马字拼写法国际标准。这是技术设计,不是文字改革。"汉语拼音方案"已经成为汉语罗马字的国际标准,编号定为:ISO7098。

计算机的发明、国际共同语和单一罗马化的发展,是相辅相成的。计算机促进国际共同语和单一罗马化的发展,国际共同语和单一罗马化又使计算机的功用更大地发挥出来。

人类语言生活的发展节奏越来越快。从语言的开始到文字的开始大约经过 200 万年。从文字的开始到国家共同语的开始大约经过 5000 年。从国家共同语的开始到传声技术的开始大约经过 200 年。从传声技术的开始到计算机的开始大约经过 100 年。语言生活的五个里程碑不是跨过一个结束一个,而是个个都延续发展,同时并用。从 5000 年前看今天,人类的语言生活已经达到"上穷碧落、下及黄泉"的神话境界。可是,历史永远不会停止,还在更快地前进。

＝延伸阅读＝

1. 周振鹤、游汝杰《方言与中国文化》(修订本),上海人民出版社,1996。
2. 罗常培《语言与文化》,语文出版社,1989。
3. 徐通锵《历史语言学》,商务印书馆,1996。
4. 史有为《汉语外来词》,商务印书馆,2000。
5. 陈建民《中国语言和中国社会》,广东教育出版社,1999。
6. 陈松岑《语言变异研究》,广东教育出版社,1999。
7. 鲍明炜《六十年来南京方言向普通话靠拢情况的考察》,《中国语文》1980 年第 4 期。

＝问题与思考＝

1. 请结合身边的语言事实谈谈你对语言发展变化的认识。
2. 以自己所了解的方言实例来谈谈对"自愿融合"和"被迫融合"的理解。
3. 简述汉语与其他语言的融合史。
4. 如何看待民族和语言的关系?
5. 普通话与方言的关系如何? 你如何看待两者今后的关系?
6. 几千年来汉语与其他语言之间的借贷情况有没有变化? 是如何变化的? 请谈谈当前汉语借贷情况的特点。
7. 你接触过洋泾浜吗(以英语或其他语言为基础)? 能否举出一些具体例子?
8. 现在我们很多人能熟练地使用两种以上的语言或方言,这也是一种双语现象,不过是个人的双语现象。请谈谈在什么样的情况下你会选用哪种语言,为什么。
9. 收集若干个新词语或产生了新义的固有词语,说明它们产生的原因和方式。
10. 了解你所熟悉的方言的演变史。

第五章　语言研究方法与语言学流派

导　论

方法在语言研究中非常重要。方法常常和理论密切相关。一般说来,理论和方法往往表现出一致性。建立起来一套理论,往往有或者说要依赖于相应的方法。例如以乔姆斯基为代表的理论语言学潮流的目标是认识人类语言的普遍现象,建立语言的形式化的表述系统,一个包括初始元的公理系统,就不得不使用现有的公理系统(如数学和形式逻辑等)中的初始元,因此需要用到数学和逻辑的方法。人类语言学和社会语言学以研究语言的差异为目标,就不得不使用许多语言调查和描写的方法。心理语言学以了解人类语言习得和使用语言的心理过程为目标,而心理过程是看不见、摸不着的,就不得不使用实验的方法。有的学科的情况可能比较特殊,例如计算语言学在进行自然语言处理时,就可能因不同的理论而使用相应的方法:一种做法是让计算机具有和人同样的广泛知识和逻辑思维的能力,这需要演绎逻辑的手段把规则形式化,然后处理自然语言,这是人工智能的方法。另一种做法是把庞大的语料库放到计算机里,使用定量分析的方法,对自然语言现象进行概率性预测。这是语料库方法或概率的方法。

理论和方法具有一致性,同时,某一理论下的方法并不是单一的。不同理论下的方法也可以互补:进行纯理论研究也可以辅助以实验和统计的方法;在语言描写方面可以有定性的分析,也可以有定量的分析;在社会语言学研究中,人们常用量化的方法,但并非所有的研究都可以通过量化来进行。

不同的理论方法形成了不同的语言学流派。现代语言学一百多年来的发展经历了三个主要时期,历史比较语言学、结构主义语言学、转换-生成语言学分别是这三大时期的代表[①]。

1. 历史比较语言学

历史比较语言学过去又称比较语法,它通过语言亲属关系的比较研究语言的发

---

① 也可以说是语言学发展经历了四个阶段:语文学、历史比较语言学、结构主义语言学、转换生成语言学。

284

展规律,拟测共同母语。历史比较语言学是在 19 世纪逐步发展和完善的,主要是印欧语系的历史比较。19 世纪之前也有这些方面的研究,但都是孤立的分散的研究,系统的研究到 19 世纪才出现。它使语言学走上了独立发展的道路。

历史比较语言学在语言学史上具有十分重要的地位。在历史语言学产生以前,语言学还不是严格意义上的语言学,一般称之为语文学,不是独立的学科,只是别的学科的附庸。语文学时期对语言的研究多是主观的规定和臆测,缺少客观的描述和检验,研究对象往往仅限于书面语,目的是校勘古书,解释传统经典中的微言大义,忽视语言本身的结构与发展,更不理解语言作为交际工具和思维工具的社会功能。历史语言学建立了比较的方法,既注意语言古今的对比,又注意现代不同语言的对比,重视当代活的语言的研究,运用达尔文的进化论观点,考察语言的历史来源和亲属关系,为语言建立了谱系,对各种语言做出了谱系分类。所以,历史比较语言学是语言学走上独立发展道路的标志,是语言学史上的一个里程碑。

2. 结构主义语言学

结构主义语言学导源于瑞士的语言学大师索绪尔,诞生标志是 1916 年索绪尔的代表作《普通语言学教程》的问世。结构主义语言学反对孤立地分析语言现象,主张系统的研究。其主要论点为:(1) 每种语言都有一套独特的关系结构;(2) 每种语言的个别单位都不是孤立存在的,而是在跟其它单位的区别、对立中存在的。结构主义强调不能孤立地从事物的个别性去认识它,而要同时从各个成分之间的关系、从结构的分层符号系统的整体性去认识。这无疑是正确的,但结构主义语言学后来陷入了形式主义的死胡同,过于追求抽象形式,而忽视语句的具体内容,显得比较片面。

结构主义语言学后来又分为三大学派:(1) 布拉格学派,又称"结构-功能学派"或"功能学派",它强调语言是一个功能体系,对语言现象的评价应着眼于它的功能;(2) 哥本哈根学派,又称丹麦学派,强调为语言而研究语言;(3) 美国结构主义语言学派(也称美国描写语言学),是结构主义语言学中发展最完善、最重要的一个学派,它强调要对语言做客观的共时描写,而且确立了一整套描写分析的方法,对语言研究产生了很大的影响。

结构主义语言学自产生以来,不仅影响到语言学研究的各个领域和各个流派,而且还影响到其他人文社会科学的发展,其严密的分析方法已渗透到人类学、哲学、心理学和文艺批评等其它领域。这样,结构主义就由一种语言学理论演变成一股几乎对人文社会科学各个学科都产生影响的思潮,因而引起学术界的广泛关注。

3. 转换-生成语言学

1957 年乔姆斯基出版《句法结构》一书,标志着"转换-生成语法"的诞生。这一理论是建立在理性主义的哲学基础之上的,它完全不同于建立在经验主义基础之上的美国结构主义语言学。它的出现是对当时居于主流地位的美国结构主义语言学的一大挑战,被人称作"乔姆斯基革命"。转换-生成语法强调对人的语言能力做出解释,而不是仅仅描写语言行为,它要研究的是体现在人脑中的认知系统和普遍语法。转换-生成语法采用现代数理逻辑的形式化方法,根据有限的公理化的规则系统和原则系统用演绎的方法生成无限的句子,以此来解释人类的语言能力。总的来说,转换-生成语法无论是在研究目的、研究对象,还是在研究方法上都和历史比较语言学、结构主义语言学有原则的区别,展现了一个全新的发展方向。它对其他学科的发展也产生了重要的影响。

转换生成语言学自1957年诞生以来的近50年间不断地得到发展和完善,自身经过了五个发展阶段,它们是:古典理论时期(1957~1964)、标准理论时期(1965~1971)、扩展的标准理论时期(1972~1978)、支配约束理论时期(1978~1992)、最简方案时期(1993~现在)。转换生成语言学一直是20世纪下半叶最有影响的理论和方法。其间,虽然有社会语言学、心理语言学、计算语言学、语义学、语用学等一些新的理论方法相继产生,但其风头都没有盖过转换生成语言学。但是,近年来认知语言学的影响越来越大,有学者指出,认知语言学已成为继转换生成语言学之后的又一大语言学流派。

选 文

历史语言学中的比较方法(节选)

〔法〕梅 耶

导言——

本文选自《国外语言学论文选译》,岑麒祥译,语文出版社,1992①。

作者安托万·梅耶(Antoine Meillet,1866~1936),法国近代最著名的语言学家。他一生著作宏富,其中大部分是历史比较语言学方面的,最重要的有《印欧比较研究导论》(1903)和《印欧语方言》(1908)。他先研究斯拉夫语族的语言,后来扩展到几乎涉及所有的印欧语系语言。

《历史语言学中的比较方法》(La Méthode comparative en linguistique historique)是历史比较语言学的经典著作。源自梅耶于1924年在挪威比较文化研究所开幕典礼上的学术演讲。

选文简明扼要地论述了历史比较语言学的一些理论、方法和原则。作者首先指出两种不同的比较方式:从比较中揭示普遍规律和从比较中寻找历史,并认为正是

---

① 梅著1957年由科学出版社出版过岑麒祥译的单行本。岑氏晚年据巴黎1984年新排本对译文进行了校订,重刊于《国外语言学论文选译》。这里是从重刊本节选的。

语言符号的任意性使得历史比较法成为语言学研究中一个行之有效的方法。这种方法也是我们建立语言史的唯一方法，它有助于我们确定所比较语言间的亲属关系进而构拟出它们的原始共同语。作者进一步指出在构拟过程中，必须在所比较的语言中尽量找出某古代语言在形态、语音和词汇方面被保存下来的特性，这些特性可用来证明共同语和后代语之间具有连续性。另外，作者还简要介绍了"方言"以提醒语言学者，原始共同语并非只是一些统一体，其内部也存在许多界线，"方言"概念的存在会使我们的构拟更为逼真。最后，作者还介绍了地理方法，这种方法提倡对地方土语进行有组织的调查。作者认为，地方土语或许可以提供语言学家所需要的语言的统一性，这将有助于我们拟出一些关于语音事实和形态事实的精密的有规则的对应，从而使得历史比较法得到出乎意料的精密性、普遍性和便利性。

一、比较方法的定义

进行比较工作有两种不同的方式：一种是从比较中揭示普遍的规律，一种是从比较中找出历史的情况。这两种类型的比较都是正当的，又是完全不同的。

世界上各处地方都有一些关于动物的故事：动物与人的相似之点是这样明显，所以把一些人类固有的行为加到动物身上，来表明一些不容易直接使人了解的事情，是很自然的。我们可以比较这些故事，确定它们的形式、性质和应用范围，从而建立一个关于动物的故事的一般理论。我们在其中所发现的相同之点，是由共同的人类心理所造成的；其中的不同之点，是由文明的类型和程度的差别所造成的。用这样的方法，我们可以知道人类的共同性质，但是一点也不能知道人类的历史。

假如我们和一位法国青年学者杜美西尔(Dumézil)先生一同去研究那些关于"长生水"的印度欧罗巴神话，所得的结果就完全不同了。这种以为有一种水可以使人长生的想法实在太自然了，所以不是什么民族的特点。可是，在每个印欧语民族中，都或多或少的可以遇到这种在一个巨桶里酿造"长生水"的传说，这个传说还加上假未婚妻的故事或神仙和恶魔相斗的说法，可见这里面是包含着许多特殊的事情。这些特殊的事情之间并没有什么联系，所以它们的结合决不是偶然的。

假如语言所表达的意思和那些用以表示这意思的声音之间有一种或松或紧的自然联系，就是说，假如语言符号可以撇开传统，单用它的音值本身可以使人想到它所表达的概念，那末，语言学家所能采用的就只有这种一般的比较方法，任何语言的历史也就都不会有了。

但是事实上语言的符号是任意规定的：它只有靠传统的力量才能有意义。如果在法语里，大家用 un, une 来表示"一"，用 deux 来表示"二"，……那并不是因为 un, une 和 deux 等词本身和"一"、"二"等意思有什么关系，而只是因为说法语的人教给学法语的人的习惯是这样的。

只是因为语言符号具有这种完全任意的性质，所以才能有现在所要研究的这种历史比较方法。

比方法语、意语、西班牙语的数词是这样的：

	法　语	意　语	西班牙语
一	un，une	uno，una	uno，una
二	deux	due	dos
三	trois	tre	tres
四	quatre	quattro	cuatro
五	cinq	cinque	cinco
六	six	sei	seis
七	sept	sette	siete
八	huit	otto	ocho
九	neuf	nuove	nueve
十	dix	dieci	dies
二十	vingt	venti	veinte
三十	trente	trenta	treinta
四十	quarante	quaranta	cuarenta
一百	cent	cento	ciento

这里面的相符之点决不是出于偶然的；其所以不是偶然的，是因为从一种语言与另一种语言的那些差异中，可以找出一些确定的对应规律来。比方 huit, otto, ocho "八"等词间的差异初看起来很大，但是这个差异并不是偶然的，因为这样的对应还有很多，如法语的 nuit"夜"，意语的 notte，西班牙语的 noche；或法语的 cuit"煮"，意语的 cotto；以至法语的 lait"乳"，意语的 latte，西班牙语的 leche；法语的 fait"事实"，意语的 fatto，西语的 hecho 等等。这些显而易见的相符之点固然给我们指出了应当遵循的途径，但是可以利用的却只是那些语音对应的规律。

显而易见的相似之点给我们指出了很好的途径的地方，常常有些特殊的细节予以证实。比方 un 和 une 有阴阳性之分，而其他的数词却都没有，这一点是很重要的。

因此，我们可以假定，法、意、西班牙三种语言的数词出于同一个来历。在这种情形之下，经验告诉我们，只有两个可能的来历：一，这三组数词同出一源；二，这三组中有两组的形式是由另外一组借来的。在这个例子里，第二种假设是不可能的，因为在这三种语言中，我们不能用任何一种语言的形式来解释另一种语言的形式。法语的 huit 不能出于意语的 otto 或西班牙语的 ocho，意语的 otto 不能出于法语的 huit 或西班牙语的 ocho，西班牙语的 ocho 也不能出于法语的 huit 或意语的 otto。由此可以证明法、意、西班牙这三种语言的数词有一个共同的出发点，而这出发点不是法语，不是意语，也不是西班牙语。

在以上所举的例子中，相符之点又多又完备，对应的规律又极容易认识，连门外汉也可以马上看得出来，用不着语言学家才看得到它的证明价值。假如我们考察一些在时间上和空间上相隔较远的语言，如梵语、古雅典希腊语、拉丁语和古典亚尔明尼亚语等，相符之点就没有这样显著，对应的规律也就比较难于确定了：

	梵　　语	古雅典希腊语
一	ekah，ékā，ékam	hēs，mia，hen
	拉丁语	亚尔明尼亚语
	ūnus，ūna，ūnum	mi

［以上三个形式中，第一个是阳性的，第二个是阴性的，第三个是中性的；亚尔明尼亚语没有这种语法上的性的分别。］

	梵　语	希腊语	拉丁语	亚尔明尼亚语
二	d(u)vā	dyo	duo	erku

［"二"这个数词是有性的分别的，这里只举出阳性的形式；"三"和"四"也是如此。］

	梵　语	希腊语	拉丁语	亚尔明尼亚语
三	tráyah	trēs	trēs	erek'
四	catvārah	téttares	quattuor	čork'
五	páñca	pénte	quinque	hing
六	sát	heks	sex	vec
七	saptá	heptá	septem	ewt'n
八	ástá①	óktō	octō	ut'n
九	náva	ennéa	nouem	inn
十	dáça	déka	decem	tasn

除了"一"这个数词暂且不论，可以说希腊语、拉丁语、以至梵语间的对应大部分是显而易见的，可是亚尔明尼亚语和其他语言间的对应就没有这样明显了。

但是我们把亚尔明尼亚语的各种事实详细考察一下，就可以看到这些相符之点的证明价值。

比方亚尔明尼亚语的 erku"二"和拉丁语的 duo 等是不相似的；不过一些其他的对应表明 erk- 可以与其他语言的 *dw- 相当，例如：希腊语有一个词根 dwi- 表示"怕"的意思，亚尔明尼亚语也有一个 erki-（erkiw"怕"）；希腊语有一个很古老的形容词 dwārón，表示"长久"，亚尔明尼亚语也有一个 erkar"长"（参看中译本第 26 页。从这个相符之点可以得出一条一般的对应规律：古代的 ·dw-②在亚尔明尼亚语变成

---

① 在辅音前的吠陀梵语形式，在元音前变成 ástāv。——原注。

② "·"表示构拟的形式，下同。——编注。

了 erk-)。

作为复合词的第一个成分，希腊语有一个 dwi-，亚尔明尼亚语有一个 erki-。所以有这组特殊的相符之点是不容许我们存任何怀疑的（参看中译本第 91 页）。

亚尔明尼亚语 erek'"三"和 ćork'"四"等词的形式和希腊语的 trēs，téttares 相差很远；但是它们至少有一部分可以用同类的对应来解释。并且有一种特殊的细节，就是在梵语和希腊语中，"三"和"四"都有正规的格变形式，而自"五"以后的数词却是不变的；在亚尔明尼亚语中，"三"和"四"也有正规的格变形式，特别是语尾 -k' 是亚尔明尼亚语多数体格（nominatif）的记号，而这个记号在其他各数词里就找不着了。

由此看来，这些数词形式的相符之点，在梵语、希腊语、拉丁语和亚尔明尼亚语中，初看起来虽没有像在法语、意语、和西班牙语中那么明显，其实是同样可靠的。

这些相符之点不能用各语言间互相借用来解释，可以假设它们有一个共同的来源。但是我们还要用一种系统化的方式来解释，这就是比较历史语言学的目的。（1页至 6 页）

二、共　同　语

比较方法既然是建立语言史的唯一方法，因此，一种语言只要是孤立的，就没有历史可言。……（11 页）

就系属已经确定并且按照一定方法研究过的各组语言来说，对它们进行比较的办法，就是在它们之间构拟出一种原始的"共同语"（"langue commune" initiale，德语叫做 Ursprache）来。这并不是提出语言之间一些局部的相符合之处，语言里头每一项事实都是一个息息相关的整体的一部分。我们不应当把一件琐碎的事实和另一件琐碎的事实拿来比较，而应当把一个语言系统和另一个语言系统拿来比较。当然，用上述的那些比较，并不是随时都能够构拟出一种语言的整体；我们甚至不能先验的肯定，在任何情况下都必须构拟出一种统一的原始语言——"混合语"的问题下文再讨论。可是在比较研究进行得成功的地方，比较研究是能构拟出原始语来的。

这种构拟有什么价值呢？那是几乎决不能拿一个我们所知道的实际语言来对比的。但是在一个场合可以这样做：就是在各种罗马族语言中。不过比较各个罗马族语言构拟出来的共同语，和这些语言分化时的拉丁语比起来，还差得很远。假如我们只是就各个罗马族语言来认识拉丁语，那是连 amabo（爱，第一人称将来式），dicam（说，第一人称将来式），dices（说，第二人称将来式）这样的古代将来时也不会知道的。首先我们会对于那些名词的变格得不到一点概念：直到 13 世纪，那些高卢罗马族的土语还在阳性的名词里分出一个主格和一个宾格，而其他罗马族土语却都已经没有这种分别了；13 世纪末叶以后，无论哪种罗马族语言的名词，不论单数多数，都是不变的了。可是在罗马帝国解体的时候，名词的变格却还存在着，并且有很大的作用。比较方法虽然在许多方面提供出一些材料与事实上有证据的语言相符合，比方关于动词的变化，但是决不能提供语言的整体。……所以"构拟"只能给我们一个不完备的，而且毫无疑问是极不完备的关于"共同语"的概念。（11页至12页）

　　……构拟并不能得出人们说过的那种真正的拉丁语；任何构拟都不能得出曾经说过的"共同语"。用一些历史上已经证实了是同族的语言来"构拟"出印欧语，在施来歇尔（Schleicher）是一种天才的大胆；但是用这种"构拟"出来的语言来写成一篇文字，在他也是一个严重的错误。比较方法只能得出一种相近的系统，可以作为建立一个语系的历史的基础，而不能得出一种真正的语言和它所包含的一切表达方式。

　　在用比较方法构拟出来的原始"共同语"和在事实上有证据的语言之间，可以有一种或几种过渡的"共同语"。比方在印欧语和各个罗马族语言之间，就夹着一种很大的"共同语"，即"共同罗马语"，普通叫做"大众拉丁语"（latin vulgaire）；同样，在印欧语里，歌特语、古高德语、古英语和古北欧语之间，也曾有过一种"共同语"，即"共同日耳曼语"。这"共同日耳曼语"在事实上还没有得到证据，它的存在是根据许多有系统的创新假定的。这些过渡阶段使解释工作容易了许多。

　　如果要解释法兰西语、意大利语、西班牙语、葡萄牙语和罗马尼亚语的事实，罗马语言学家必须追溯到共同印欧语，而没有"共同罗马语"这一个过渡阶段，那些事实的解释就会特别不完备，而且常常是不可能的。

　　如果没有这样一些过渡阶段，就要遇到许多重大的困难。罗马族语言学家研究各种高卢罗马族或意大利族的土语时就是这样。因为没有"共同高卢罗马语"，没有"共同意大利语"，所以只好把每种高卢罗马族或意大利族的土语直接拿来和共同罗马语比较。这并不是说，像法国北部的那些土语之间，是没有许多共同的特性的；这些特性中最显著的，我们可以在以巴黎话为基础的法兰西书面语言里找到。不过自从各种罗马族土语分化之后，它们都各有自己的历史。所以一般从事研究高卢罗马族和意大利族土语的罗马族语言学家，就不得不按照他们所研究的土语的类型，为每种土语构拟出全部的历史，或者采用一些相当任意的简化手段。为了解决这个困难，已经有许多人作过各种尝试，特别是伯洛克（Oscar Bloch）先生对佛日山（les Vosges）一个地区（勒米尔蒙 Remiremont 地区）的土语所作的。但是他们的方法无论怎样巧妙，这种困难是不可能完全消除的。

　　假如我们有一些过渡的共同语，这些事实的解释就容易得多了。（14页至15页）

三、所用的证明

　　我们要确定一种古代共同语的存在，必须在所比较的语言中尽量找出这种古代语言的那些被保存下来的特性。因此应当研究这种语言的各个成分的作用是怎样的，因为它们并不是以同等的程度保存下来的，也不是以同样的方式保存下来的。任何语言都包含有三个不同的系统，彼此之间有一定的联系，但是大体上这三个系统可以各自独立发生变化。这三个不同的系统就是：形态、语音和词汇。（19 页）

可以作为确定"共同语"和后代语间的连续性的证据的，只有那些表现形态的特殊规则。比方大家都知道两个名词的领属关系，可以用一个前置的虚词来表示，如法语的 de，可以用一个后置的成分来表示，如英语的-s。但是这个虚词用 de 的形式还是用-s 的形式，这件事却是有特殊性的；因为这种关系用任何音素来表示都是可以的，只要传统没有决定用别种音素来表示它。所以我们可以说：用放在补语前面的 de 来表示这种关系，是一种法国土语的特性；用放在补语后面的-s 来表示这种关系，却是一种英国土语的特性。

这一类的特殊事实常常是很稳固的。发音尽管起变化，词汇尽管改变，而这些特性却是不变的。比方在现在法国北部的那些土语中，本地的词的形式起了变化来适合法语的形式，词汇有了革新，人们一般地有依照共同法语的习惯来说话的趋势。最后留存的就只有一些形态学上的地方特点；比方阳性与阴性的分别，共同法语说 il dit（他说），elle dit（她说），他们却说 i dit, a dit。这一类的特殊事实，是从小就学到的，不知不觉地成了习惯，其他一切尽管起变化，这些特殊事实却可以不变。

因此，一种形态繁杂的语言，包含着很多的特殊事实，它的亲属关系自然比较容易得到证明；反过来，一种形态简单的语言，只有一些一般的规则，如词的次序，要找出有力的证据就很不容易了。我们差不多用不着去证明一种语言是印欧系的：只要碰到一种大家还不认识的印欧系语言，如最近发现的吐火罗语（tokharien）或喜低特语（hittite），我们略加考释就可以看出它的印欧语的特性。反过来，远东的那些语言，如汉语和越南语，就差不多没有一点形态上的特点，所以语言学家想从形态的特点上找出一些与汉语或越南语的各种土语有亲属关系的语言，就无所凭借，而想根据汉语、西藏语等后代语言构拟出一种"共同语"，是要遇到一些几乎无法克服的阻力的。

两种语言之间相符的事实愈特殊，这个相符之点的证明力量就愈大。所以例外的形式是最适于用来确定一种"共同语"的形式。（21 页至 23 页）

在语音方面，我们也要把一个古代的系统和新的系统互相对照，这些系统间的差别可以是非常之大的。

但是系统之间的差别并不是乱来的。要认识两种同源的语言之间的有规则的对应，虽然常常是不可能的，然而共同语和从它演变出来的语言之间的对应却有一定的规则。我们可以把它们列成许多确定的公式。这就是所谓"语音规律"。

日耳曼语的 f,p,x（以后变为 h），以及在某些条件之下的 ƀ,đ,γ 和印欧语的 p,t, k 相对应；日耳曼语的 p,t,k 和印欧语的 b,d,g 相对应；日耳曼语的 b,d,g（在二元音

之间则为 ƀ,đ,γ)和印欧语的 bh,dh,gh 相对应。日耳曼语的这套有规则的对应系统,就是所谓"辅音转化",或格林姆(Grimm)规律(在格林姆之前不久,大部分已经为拉斯克 Rask 所发现,不过到了格林姆才把它定为规律)。这种原始"共同语"和各个后代语言之间语音对应的规律性,表现出发音的变化并不是孤立的影响某一个词或某一形式,而是影响到整个语音系统的。

根据方法上的原则,可见对应的规则可以在原始语和它的每一种后代语之间拟定,而不能在各种出于同一共同语的后代语之间拟定。我们可以拟定印欧语的首音 p 在希腊语和梵语为 p,在歌特语为 f,如希腊语的 patĕr,梵语的 pitã 和歌特语的 fadar(父亲),印欧语的首音 kʷ 后面跟着一个 o 的时候在希腊语为 p,在梵语为 k,在歌特语为 hw,如希腊语的 póteros,梵语的 kataráh,歌特语的 hwapar(二者之一)。实际上观察到的这两个对应:

希腊语 p=梵语 p=歌特语 f

希腊语 p=梵语 k=歌特语 hw

只有在和那个为了解释它们而拟定的印欧语的形式对照之下,才可以理解。

我们比较同族语言时所注意的并不是形式上的相似,而是对应的规律。上文第 5 面已经说过,亚尔明尼亚语的数词"二"是 erku,和古印欧语的 *dwō(或 *duwō)对应。这个对应初看来好像很奇怪。但是亚尔明尼亚语的 erk-和欧印语的 dw-相对应是遵守一个一般的规则的。因为此外我们知道还有两个别的例子。印欧语曾有一个词根 *dwei-(怕),在荷马的希腊语里是广泛的以一些动词形式如 *dedwoa(写作 deidō),dedwoike(写作 deidoike)(我怕)或一些名词形式如 *dweos(写作 deos)(怕)来表现的;亚尔明尼亚语与它对应的就有 erkiwl(怕),erkeay(我曾经怕)。印欧语曾有一个形容词 *dwāro-(长),在希腊语里还显著的保存着,而亚尔明尼亚语也有一个形容词 erkar(长)。所以这个规律有三个明显的相近的例子作为基础。如果我们想到已知的以 *dw-, *duw-为首音的印欧语的词数目非常少,就可以看出这三个符合的例子同时并存有证明的价值了。

这个对应还可以有解释。舌尖辅音后面跟一个 w 而造成的音组,在亚尔明尼亚语里变成了舌根音:tw 变为 k'-如 k'o(你的),与希腊语的 twe(古雅典语变为 se)之类的形式相对应。这个清音 k 的来源是这样的:在亚尔明尼亚语中和在日耳曼语中一样,从前曾经有过一个由浊塞音变为清塞音的变化,如 d 变为 t,g 变为 k。前面的那个 r,就是这个音组中首音的古代浊辅音性质的一个痕迹①,随后这个 r 又引出一个首音 e,erku。可是如果那个词中间本来有一个-r-,如 kr-kin(两倍),这个首音 r 就不能产生了(kr-kin 是由古代的 *kirkin 或 *kurkin 变来的)。所以在亚尔明尼亚语的 erk-与 *dw-这个非常奇特的对应中,一切都是由亚尔明尼亚语的结构所造成的。

---

① 详情参看格拉蒙 M. Grammont 在《巴黎语言学会专刊》第 20 种,第 252 页的解释。

任何对应,假如不能得到这样的解释,就是可疑的。(25 页至 27 页)

词汇虽然常常是不稳固的,但是在比较各种语言时,最先引人注意的却是那些词汇上的相符,常常甚至于只是处理词汇。其所以这样做,或者是由于对所考察的那些语言知道得太少,只有从词汇上来找证据;或者是由于所研究的语言语法非常简单,如在远东的各种语言;或者是由于存留下来的形态建立得太晚,是在所拟定的共同时期之后。因此我们要特别细心考察怎样才能证明词汇之间的相符。

上面已经说过,有效的语原上的符合决不是根据一些语言形式间的相似而确定的,而是根据一些对应的规律:我们之所以能够拿亚尔明尼亚语的 erku 来和俄语的 dva 相比较,并不是因为这两个形式相似:在语音方面,它们是毫无共同之点的;而是因为那些对应的规则容许我们这样比较,印欧语的 ō 在斯拉夫语变成了 a,在亚尔明尼亚语变成了 u,印欧语的 duw,在俄语变成了 dv-,在亚尔明尼亚语变成了 erk-。

对应中的不规则的情形,假如不能用某个词的特殊情况来解释,那就或者是由别的语言借来的,或者是由于语源不合。比方古拉丁语的 ca-,在法语变成了 cha-、che-、chè-,例如 campum 变成了 champ(田),carrum 变成了 char(车),caballum 变成了 cheval(马),carum 变成了 cher(亲爱的),等等;至于有个 camp(营地)和 campum 相当,那是因为这个词并不属于法语的旧传统,实际上是由意大利语借来的,并且事实上还知道它是在什么时候、为什么“借来”的。可以与日耳曼语的 b-相对应的是拉丁语的 f-,如拉丁语的 flōs,flōris 和德语的 Blume(花);所以德语的 Feuer 和法语的 feu(火)毫无关系:想一想各个罗马族语言中那些与法语的 feu 相对应的词,如意大利语的 fuoco,西班牙语的 fuego,就可以知道 feu 与 Feuer 的相似是不相干的。所以我们进行比较时只能用一些精密的对应公式——并且要小心避开那些借用的成分。(29 页至 30 页)

如果所考察的是一些真正由“共同语”直接变来的词,那末就应当构拟出这种“共同语”的一个各方面都确定的词,而不要满足于比较一些词根上的细小成分。错误的危险性既然很大,所以我们必须用一些精密的证据来断定观察到的相符不是偶然的。

大家所同意的第一点(如果不是在原则上同意,至少是在事实上同意)就是:一个词源,只有确实符合语音对应规则,或者虽有歧异之点,也能用一些严格确定的特殊情况来解释,这样的一条词源研究才是有效的。

不消说,相对应的语音成分数目愈大,相符之点的偶然性的危险就愈小。(30 页至 31 页)

意义方面的相符也应当与语音方面的相符(根据语音的对应规则)同样正确,同样精密。这并不是说,意义相符的程度应当比语音相符的程度大;而只是说,如果有意义上的分歧,就不应该只用一些含胡的、一般的“可能性”来解释,而必须用一些特殊的情况来解释。法语的 ouaille 是由拉丁语的 ouicula(羊)变来的,ouaille 这个词在现代法语里仅指礼拜堂里的教士的忠实信徒而言,这条语源决不会因此变得可疑。

我们知道，一所基督教礼拜堂的忠实信徒是常常被人比作这所礼拜堂的牧师所牧养的羊群的，由于这个原因，这个意义上的比较便得到说明了。此外，ouaille 这个词在法国某些土语里也还有作"羊羔"解的，这一点更可以证明这个词源的正确性。（31页至32页）

我们要构拟一种原始"共同语"时，必须注意到我们对于某个词所拥有的证据有多少。两种语言之间的相符，如果不是全部的，就会保不定不是偶然的。但是如果相符之点扩充到三种、四种或五种很不相同的语言，偶然的可能性就大大减少了。虽然古波斯语的 rādiy（因为）和斯拉夫语的 radi（因为）在他种语言里找不出来，我们还是毫不迟疑地拿它们来比较，因为这两个词在形式上、意义上和用法的细节上都是完全一致的。除了这一类的例子以外，假如我们只在两种印欧系的语言里找到一组相符的词，而在别的语言里却找不到使它们失掉这个语词的特殊情况，这种相符就是可疑的了。

无论那种语言，必定要全体的密切相符之点，确定了所比较的词之所以相似不可能是出于偶然的，才能说词源得到了证明。（32页至33页）

无论在形态方面、语音方面还是词汇方面，我们决不能忽视一条原则，就是：所有的比较，只有合乎严格的规则，才是有效的。语言学家愈是粗心大意，他的比较愈是任意，他的证明也就愈不可靠。（35页）

五、方　言

直到现在，我们讨论原始共同语和各种历史上有证据的语言，都好像把它们当作一些统一体似的。其实不然。语言学中不断地有"方言"这个概念穿插进来，就可以证明。（44页）

方言的存在，对于比较语法学家是有一些重大意义的；不过这些意义因方言形成的方式而不同。

有时候共同语和一种语言一样，是统一的。比方就罗马族语来说，"共同罗马语"就是这样，因为它是罗马一个城里通用的语言，我们至多只要依着格勒柏（Gröber）的假设，注意到拉丁语传入各个地区的年代就行；萨地尼亚语还保存着短 ĭ 和长 ē，短 u 和长 ō 的区别，因为当萨地尼亚（Sardaigne）被征服时，罗马城里还分别 ĭ 和 ē，ŭ 和 ō；而高卢罗马语（和大部分的罗马系语言一样）对于 ĭ 和 ē，ŭ 和 ō 却都只是用一个音来代表，因为当这些地区被征服和拉丁语在那里确立的时候，ĭ 和 ē，ŭ 和 ō 混合的趋势已经存在了。但是总起来说，罗马族语言的来源是一种统一的语言。

共同印欧语却不然。我们在印欧系语言间所观察到的那些差别中，有一些同时也可以在一些相邻近的语言里找出来。这就使我们可以假定：这些差别的出发点，是在印欧语里就已经存在的一些差别里。

比方"十"这个数词，一方面，在希腊语中为 dĕka，在拉丁语中为 decem，另一方面,在梵语中为 dáça,在亚尔明尼亚语中为 tasn。日耳曼族语言和克勒特族语言的形式以中间包含一个 k 音的形式为根据;伊兰族语言、斯拉夫族语言和波罗的族语言的形式却以那些内部包含一种摩擦音的形式为根据。就这一点看来,印欧语有两组方言。这些方言的不定疑问词,在希腊语、拉丁语、克勒特语、日耳曼语这一组的是 qu 或 qu 的各种代表音,如拉丁语的 quis;在印度-伊兰语、斯拉夫语和波罗的语、亚尔明尼亚语这一组的却是 k 或 k 的代表音,如梵语的 káh(谁),立陶宛语的 kas 等。这一点可以使我们假定在印欧语里就已经有了两个方言组:一组以希腊语、意大利-克勒特语和日耳曼语为代表,另一组以斯拉夫语、波罗的语、亚尔明尼亚语和印度-伊兰语为代表。由舌根辅音的观点看来,这样分是很正确的。所以大家常常说印欧语里有 satem(根据伊兰语的"百")、和 centum(根据拉丁语"百")两组。

但是假如我们考察另一些事实,又可以有一些不同的分法。比方 o 和 a 的分别,在亚尔明尼亚语、希腊语、意大利-克勒特语里还保存着;但是在日耳曼语、波罗的语和斯拉夫语、印度-伊兰语里却已经消失。这一次,日耳曼语是与斯拉夫语等一致行动,而亚尔明尼亚语却与希腊语等一致行动。

所以我们不能假定在印欧语内部有一些确定的方言,而只能假定有某些语音上、形态上或词汇上的差别。并且这些差别都各有一定的界限。所以共同印欧语的领域里有许多界线,把那些在几个观点上采用各种不同形式的区域划分开来。这些界线,即所谓同语线(lignes d'isoglosses),彼此之间只有一部分是相符合的。

这一种情况跟我们在许多地方所看到的相一致。比方在高卢罗马语或立陶宛语的领域里,就有许多同语线,把几种语言特点划分开来,而这些同语线却并不相符。

可以实际观察的事实和给印欧语构拟出来的事实属于相同的类型,可见用比较方法给印欧语构拟出的形象是多么逼真。我们所研究的并不是一个简单的轮廓,而是一个和现实本身同样变化多端的对象。(47 页至 49 页)

六、语 言 地 理

我们既然要想在一种"共同语"和各种有证据的后代语之间,拟出一些关于语音事实和形态事实的精密的有规则的对应,那末,就要找出一些可以严格应用这些规则的单纯的语言类型。各种大语言所包含的成分太不一致了。方言连在定义上都没有统一性。于是有人想到,民间的土语,假如就一个小区域加以观察,或者可以提供出这种为语言学家所需要的基本的统一性。因此就有了各种地方土语的研究。(50 页)

如果我们用比较方法去研究一组近代的土语,调查就应该是有组织的,使所得的材料可以直接拿来比较。

首先所研究的整个区域的调查点必须分配得大致均匀。最理想的是把所有的地区都加以调查。但是在一个平常的区域里,相似的土语分布的面积相当广,而每个区域的土语和它的邻区又没有什么主要的差别,我们随便挑选几个地方来调查,作出一个可以包括整个区域和包括各种类型的标本的调查网,也就够了。调查网越密,遗漏重要特点的危险就越少,对于每一个事实也就可以更加有把握的画出一些准确的界线来。但是对比较语言学家说来,主要的还是要得到一些可以用来对整个领域作全面考察的材料。

其次,所得的材料必须能够拿来作比较;因此,所搜集的资料应该涉及同类的事实,如相同的词(以便知道共同语的一个词在整个区域里的各种读法),同义的词,同样的或者作用相同的语法格式等等。

为了要适应这个双重的需要,应当准备一个调查表,这是要拿到所有的调查点去填写的。调查的人就把表里头拟的句子在每个调查点的说法记录下来。(51页至52页)

调查的结果可以表示在地图上面,每张地图只表示一件事实:单是这一项已经使我们的工作容易了许多。大家知道:统计学的长处就在于能用图表来说明事实,使人一目了然。语言学家能够在一张地图上,或者在两三张可以拿来对比的地图上看到与一个问题有关的事实,解决这个问题的那些要领就一下都出现在眼前了。(54页)

无论对哪种语言,只要我们能够应用地理方法,就可以取得一些确定的进步。地理方法需要作尽可能广泛的调查,需要利用我们对一个语言区域整个地区所掌握的全部材料。因此,比较方法得到了出乎我们意料之外的精密性、普遍性和便利性。

可是我们应当预料到一件事:研究各种对应系统的比较语法所要考察的,与其说是各种土语——土语本身对它是不重要的——不如说是从同一"共同语"传下来的全体土语中的那些同类的事实。(58页)

话语分析说略(节选)

陈 平

导言——

本文选自《语言教学语言研究》1987年第3期。

陈平(1954~),江苏无锡人。1981年毕业于中国社会科学院研究生院语言系,1986年在美国洛杉矶加州大学语言学系取得理论语言学博士学位。历任中国社会科学院语言研究所研究员、香港城市大学应用语言学系教授兼系主任、澳大利亚昆士兰大学亚洲语言研究系教授兼系主任。

选文主要论述了话语分析的重要价值、推动力量、特点、目的以及典型的研究课题。作者认为,话语分析作为一种语言研究方法,在很多情况下是解决问题的唯一途径。布拉格学派、弗斯学派、结构主义美国学派都曾运用过这一方法来研究语言。自1960年代末开始,话语分析得到了迅猛发展,其动力一方面来自理论语言学内部,一方面来自同语言学密切相关的一些交叉学科,尤其来自计算机自然语言处理领域对理论语言学提出的要求。同传统的语法分析相比,话语分析具有这样一些特点:1)话语分析的对象是从书本或录音材料等自然素材中选择的实际用语;2)在研究类型异同的同时,十分关注实例的多寡,注重定量分析;3)更注重把研究对象作为一个动态过程来考虑;4)密切联系话语环境来研究词语和句子。话语分析有两类目的:一是对有关现象的静态特征和动态特征作深入细致的描写,其研究课题主要包括:个别词语的用法、指代词语的用法、句子的主述结构、信息结构和篇章结构;二是对语言特征的起源、演变过程和制约因素做出合情合理的解释,其研究领域更加广泛。作者最后还指出了当前话语分析存在的不足,亟须加强同其他语言分析方法之间的联系和理论建设。

话语分析(discourse analysis)是一种语言研究方法。自1960年代末、1970年代初以来,日益受到国际语言学界的重视。话语分析的最大特点,就是紧紧结合语言的实际应用,探索语言的组织特征和使用特征;同时,从语言的交际功能和发话人与受话人双方的认知能力等角度出发,对有关特征作出合情合理的解释。

结合实际应用来研究语言,这在心理学、社会学、修辞学、文艺批评等涉及语言话语篇章的学科中,是一种具有悠久传统的研究方法。在很多情况下,话语分析是解决问题的唯一研究途径。在纯语言学(linguistics proper)研究中,这种方法也有先例可循。1920年代崛起于欧洲的布拉格学派一直以其注重语言的交际功能而著称于世。这个学派的代表人物如 V. Mathesius 等人敏锐地抓住话语传递连续信息的特点,根据句子成分负载话语信息的典型格局,把句子分为主位(theme)和述位(rheme)两大部分。一般情况下,主位在前,标明发话人待传信息的出发点;述位在后,代表发话人对主位部分所作的评述。这种以信息传递功能为着眼点,把句子分成两大块的分析方法,又称作为"句子的功能透视(Functional Sentence Perspective)",最鲜明地体现了布拉格学派在句法研究上的特色。

英国现代理论语言学的奠基人 J. R. Firth 也高度重视结合语言的实际应用来研究语言。他多次强调,语言从本质上来看是一种行为,因此,语言学家必须把语言置于实际使用环境之中,研究话语的生成与理解过程,这样才能把握语言的实质。不过,Firth 本人在这方面说得不少,做得却不多,他的许多主张主要是通过他的传人

M. A. K. Halliday 的大力实践才得以流传开来。Halliday 创立的系统语法(systemic grammar)把语言的语法特征与功能特征有机地结合在一起,在对语言事实的描写广度和解释深度方面,超过了许多同类的语法理论。

结构主义美国学派也做过一些话语分析工作。L. Bloomfield 本人对他加禄语(Tagalog)的篇章结构做过比较详细的调查,布龙菲尔德之后学派的 Z. Harris 于 1952 年发表了一篇专论话语分析的文章,目的是把替换和分布那一套方法用于比句子大的篇章材料,试图比照音位、语素等,找出话语平面上的类似结构单位,从而确定篇章的结构组织。不过,Harris 的尝试进展不大,主要原因是那套方法本身具有较大的局限性。不积极利用语义因素,分析单句尚且费力,要研究主要是依靠语义关系联为一体的话语段落,就更难奏功了。

以上谈到的学派或人物所从事的话语分析工作,虽然也取得了高低不一的成就,但是,就 1970 年代以前国际语言学界的主流来看,话语分析方法被淹没在崇尚机械式操作,脱离上下文对孤句进行研究的大潮之中。这股大潮的源头起自 Saussure 创建的结构主义理论。Saussure 主张明确区分语言和言语的观点,对 20 世纪语言学理论的发展有着深刻的影响。自 Saussure 以后,一个普遍流行的观点认为,话语中包含了大量的与语言本身无直接关系的因素,语言是可以脱离使用环境独立存在的实体,要掌握语言系统中各个组成部分的性质及其相互关系,可以把句子从实际应用环境中抽象出来进行研究。这种看法是否符合 Saussure 的原意,语言学界仍有不同意见,限于篇幅,本文暂不讨论。

自 1960 年代末开始,话语分析的重要价值逐渐为越来越多的语言学家所认识。许多人开始有意识地摒弃脱离语境以孤句为唯一分析材料的语言研究方法,转而结合语境研究"活"的语言。语言学家们的大量实践,不断地充实和发展了话语分析的理论与方法。在今天,它已经卓然成为一种有系统、有理论、有广泛应用领域并且已经取得了可观成果的语言研究方法。许多重要的国际语言学刊物和国际语言学会议论文集,都经常登载话语分析的研究报告,以及对话语分析这种研究方法本身进行理论探讨的论文。不止一家出版社推出了话语分析研究的丛书,这一领域里的专著已经出了好几十种。

话语分析这段时期发展迅猛,主要是来自两个方面力量推动的结果。一股力量源出理论语言学内部,1950 年代起理论语言学自身的发展演变,势所必然地导致话语分析方法受到更多的语言学家的高度重视。另一股力量来自同语言学密切相关的一些交叉学科研究领域,主要是计算机自然语言处理领域,对理论语言学提出的要求。出于解决实际问题的需要,越来越多的语言学家们投身到以前为大多数人所忽略的话语分析工作之中。

先说第一方面的推动力量。1950 年代末和 1960 年代初,以美国的 Chomsky 为主帅的转换生成学派在同当时雄踞欧美语言学界的结构主义学派的论战中一步一步地占得上风,赢得越来越多的语言学家,尤其是少壮语言学家的青睐。1965年,Chomsky 正式出版了《句法理论要略》(Aspects of the Theory of Syntax),1968年 Chomsky 和 M. Halle 合著的《英语音系》(The Sound Pattern of English)定稿付印。这两部大著的出版,标志着转换生成学派正式取代了结构主义学派,成了语言学论坛上的主导力量。从某种意义上来说,这是一场库恩(Kuhn)理论中所说的范式的革命。语言学界的指导理论、主要研究方法以及热门研究课题,大都经历了急剧的变化和更新。以前认为语言学的研究对象是具体的语言材料,现在则认为应该是人类有别于其他动物的、与生俱来的语言能力。因此,为描写具体语言材料而研制出来的一整套语言分析方法,包括替换、分布等等原则,以前被认为是代表了整个语言学理论的实质,现在则被不无讥诮地比作为家庭主妇的烹饪指南,而布龙菲尔德之后学派的语言学理论也由此获得了一个“菜谱语言学”的绰号。不敬之辞,随处可见。以前大家倾注了巨大的热情反复讨论辩难的问题,到了现在,则大都弃若敝屣。与结构主义学派在这场动荡中的衰微成鲜明对照的是转换生成学派的步步高升。《句法理论要略》一书在那个圈子里被奉为圣经,成了多数语言学系学生的必读书。在句法、语义、音系等问题上,Chomsky 的几乎所有观点都得到人们的高度重视,以麻省理工学院为中心的一批语言学家,所有的精力都集中在 Chomsky 提出的语法理论上面,孜孜不倦地对他的观点加以进一步阐明、发展和完善。通过种种方式,这个圈子的影响越来越大,终于征服了几乎整个美国语言学界。当时的转换生成学派,其内部基本上是团结一致的。大家认为,照现在的这条路子走下去,把 Chomsky 提出的问题一一解决,把这套转换生成语法理论进一步完善一下,理论语言学就可以与牛顿的经典力学理论和爱因斯坦的相对论媲美了。

　　好景不长。从1966年开始,转换生成学派内部围绕着句法与语义的关系问题展开了激烈的争辩。持对立意见的两派互不相让,结果便造成这个学派的第一次大分裂。原来意气相投的同志现在分成对立的生成语义学派(Generative Semanticists)与词汇解释学派(Lexical Interpretivists)。

　　Chomsky 在《句法理论要略》中规定,每个句子的表层形式都对应着一个深层的结构,句子的意义在深层结构上得到解释。这个所谓深层结构的具体性质是什么,成了这场争论的焦点。按《句法理论要略》的观点,深层结构应该有下面四种性质:

　　1. 最基本的句法成分的基础;
　　2. 规定共存限制和选择限制的场所;
　　3. 规定基本语法关系的场所;
　　4. 词库中所含词项插入句子的场所。

G. Lakoff、J. Ross 等人认为,上面讲的前三种性质实质上是语义表现部分体现出来的性质。同时,他们还指出,某些词类不同的成分在语义和语法特征上表现出相当大的相似性,例如:

a. I regret that.　　　　　　　　我对此感到遗憾。

　　b. I am sorry about that.　　　　我对此感到遗憾。

regret(感到遗憾)和 sorry(感到遗憾)在这儿语义相同,但前者为动词,后者为形容词。要是因为词类不同就把上面两个句子看成分属两个深层结构,那就得规定两条语义映射规则,一条用于动词谓语句,一条用于 be＋形容词谓语句,尽管这两个句子的意思是一样的。如果直接把深层结构规定为语义表现,那么,我们就可以说这两个句子实际上出自同一个深层结构,sorry 在深层结构中是动词,只是在句子由深层结构向表层结构派生的过程中才转换成了形容词。Lakoff 和 Ross 等人主张,既然句子的语义解释由深层结构规定,那么,倒不如明确宣布,所谓深层结构,就是语义表现,所有的句子都以最深层的语义表现为其基本形式,通过种种转换机制一步一步地得到表层形式。持这种观点的人被称作生成语义学派,在 1960 年代末十分活跃,除了 Chomsky 等少数人之外,当时的美国语言学界几乎全都服膺这一学派的观点。

　　Chomsky 本人对此不以为然。以《句法理论要略》中有关深层结构的观点为参照点,我们可以看到,生成语义学派一步一步地把深层结构往语义表现方面拉去,最后干脆将两者合而为一。而 Chomsky 到了这个时候,则把深层结构往句法表现方面拉去,认为转换不能改变深层结构上规定的词类,句子的语义由表层结构和深层结构共同确定,这样一来,使深层结构距离语义表现更远,同时使用$\overline{X}$理论和语义解释规则等手段来说明各种语法和语义现象。持这种观点的人被称作词汇解释学派。

　　上述对立的两派在一个时期内争执十分激烈,1970 年代初一度达到白热化的程度。后来,由于种种原因,生成语义学派的势头逐渐减弱,以 Chomsky 为代表的词汇解释学派慢慢地又占了上风。

　　经过这一番较量,Chomsky 又恢复了他在以麻省理工学院为中心的转换生成学派内部的领袖地位。但是,就美国和欧洲整个语言学界的情况来看,他在 1965 年左右那种几乎是一呼百应的盛况已难再现。虽然生成语义学派中也有一些人后来皈依 Chomsky 的阵营,但大多数人却化整为零,各自在自己感兴趣的研究领域里勤奋耕耘,给语言学领域带来一派多元化的局面。正是在这些人当中,出现了一批埋头致力于话语分析工作的语言学家,大大地推动了话语分析理论和方法的发展。

　　前面谈到,生成语义学派的基本出发点是试图用语义规律来统摄句法现象,一切句法特征分析到最后都被归结为语义因素使然。但是,分析到语义这一层次时,许多人自然而然地发现,语义特征又是同语言的实际应用密切相关的。许多错综复杂的句法和语义现象,只有联系发话人和受话人双方的认知特征,联系语言本身的交际功能特征,才能得到满意的解释。而要准确地判定这些认知特征和功能特征,就一定要把研究对象放到使用环境中去进行分析。今天,大家对于语法特征与话语特征的相互关系仍有许多不同意见。有人认为有所谓的句子语法与话语语法,两者自成系统,有些句法现象受话语因素的控制,也有些句法现象起源于人类先天的语言本能,同话语因素没有关系。持这种观点的主要是以 Chomsky 为首的转换生成学派。有人则认为句法现象的本质是话语功能的凝结,话语分析是从根本上解释语法现象的最可靠、最卓有成效的研究方法。持这种观点的主要属于功能学派的一些语言学家。在两种截然对立的态度之间,还有一些倾向性强弱不等的其他观点。时至今日,语言学界已经几乎没有人再会否认话语因素对于句法和语义现象的重要制约作用,虽然各家各派在这种制约的程度和方式上仍有这样那样的意见分歧(详见陈平 1987)。

话语分析的另一股推动力量来自需要理论语言学家提供帮助的其他研究领域。尤其是被新技术革命浪潮推到科学研究前沿的计算机自然语言处理,迫切要求语言学家更多地注重话语分析,以满足实践向人们提出的具体要求。举一个大家比较熟悉的例子。美国麻省理工学院的 Terry Winograd 于 1971 年左右设计了一个名叫 SHRDLU 的人机对话系统,供人利用自然语言向计算机发出指令或提出问题,模拟控制一只机械手,搬动外观各不相同的八块积木。Winograd 在这个系统中把句法分析、语义分析和知识推理有机地结合在一起,取得了举世瞩目的成果。这个系统里专门有一个推断程序,称作为 SMIT,用以分析指代词所在的上下文,以便确定它们的所指对象。同当时计算机自然语言处理领域里研制的其他系统相比,SHRDLU 的话语分析工作是它的一大特色。Winograd(1972)谈到,如果没有话语分析程序,有些句子便无法生成或理解。例如,在实验中,Winograd 先命令计算机把一块大的红色方块积木,一块大的绿色方形积木以及一块小的红色方形积木依次相叠,计算机遵命完成任务之后,Winograd 发问: How did you do it? (你是如何完成的?) 计算机回答:

> By putting a large red block on the table, then letting go of it. Then putting a large green cube on it; Then letting go of that cube. Then putting the red cube on that cube, then letting go of that cube.
>
> 抓一块大的红色积木摆在桌子上,然后把它放开。然后抓一块大的绿色方块积木摆在它上面,然后把那块方块积木放开。然后把那块红色方块积木摆在那块方块积木上面,然后把那块方块积木放开。

Winograd 指出,要是计算机不用 it 和 that,答话将是以这种形式出现:

> By putting a large red block on the table, then letting go of a large red block, then putting a large green cube on a large red block, then letting go of a large green cube, then putting the red cube on a large green cube, then letting go of the red cube.

抓一块大的红色积木摆在桌子上,然后把一块大的红色积木放开,然后抓一块大的绿色方块积木摆在一块大的红色积木的上面,然后把一块绿色方块积木放开,然后把那块红色方块积木摆在一块大的绿色方块积木的上面,然后把那块方块积木放开。

这样一来,光听这段话,在堆叠积木的过程中,机械手到底搬到了几块积木,我们很难讲清楚。显然,没有以话语分析为基础的指代词研究,无法指望 SHRDLU 系统能圆满地完成预定的任务。

Winograd 的成功,给了广大从事计算机自然语言处理工作的人工智能专家和语言学家们很大的启发与促进。我们在使用自然语言时,不是仅仅涉及狭义的语法知识,而是运用了贮存于我们头脑里的各式各样的语言知识和非语言知识,这种观念从此更加深入人心。不消说,要确定和处理这些形形色色的知识,把握这些知识内部的关系,话语分析工作是必不可少的。今天,在研制任何稍具规模的计算机自然语言处理系统时,话语分析工作都在其设计思想中占据一个极为重要的地位。例如,1970年代美国斯坦福国际研究所(SRI International)研制的语言理解系统,1980 年代美国信息科学研究所(Information Sciences Institute)研制的文本生成系统等等,都具备话语处理功能,在设计过程中有许多话语分析的专家参与其事。从工程角度提出的许多问题,都要求从事话语分析的语言学家给出理论上有说服力、实际操作中又切实可行的解答。

同大家熟悉的结构主义学派或转换生成学派所做的传统语法分析相比,话语分析有以下四个特点:

其一,从分析语料上来看,传统语法分析研究的是孤立的句子,可以是自造的,也可以是经过一番剪裁改编的实例。话语分析则一般要求分析对象是从书本材料或录音材料等自然素材中选取的实际用语。根据 Lyons 的归纳,在进行传统语法分析时,如果从书面或口头材料中选取例句,照例要做一些整理改造的工作,把那些所谓属于语言行为(performance)的因素尽量地排除在外。例如,请看下面三个句子:

a. 小王才来过。
b. 小王……嗯……才来过。
c. 小王吗,才来过。

如果是传统语法分析,一般都是把上面的三句话(utterance)看作为同一个句子(sentence)。句 b 中主语同谓语之间由于犹豫而造成的时间间隔,句 c 中主语后面出现的"吗",都被视为说话时的非语言因素造成的现象,因此不能体现语言本质,在语法分析时应该忽略不计。但是,在进行话语分析时,这些现象均属调查研究之列。一般意见认为,在这种情况下,它们往往是我们推断发话人语言心理过程的重要依据,同语境中其他有关因素结合在一起考虑,这些现象很能说明话语的组织和展开过程。

其二,传统语法分析的注意力集中在类型(type)的异同上面,对各种类型所含实例(token)的多寡则一般不予理会。话语分析在研究类型异同的同时,十分关注实例的多寡,认为定量分析是定性分析的基础。传统语法分析的结果一般表现为规则(rule),例外容许量很小,而话语分析既定性又定量的分析结果则更多地表现为一种规律性(regularity),或者表现为一种以百分比的形式出现的倾向。同时认为,这种分析结果正是折射了这样一个客观事实:无论在语言系统里还是在语言运用中,对立的成分、格式、过程或者环境等等,很少表现为非黑即白、截然分明的两个范畴,在绝大多数情况下,它们呈现为一个由此向彼逐渐过渡的连续体(continuum),对立的两极之间存在着数量不一的中间阶段。

其三,传统语法分析把研究对象看作为一个静态的成品(static product),而话语分析除此之外,更注重把它作为一个动态过程(dynamic process)来考虑。因此,除了分析语句的组成成分和相互关系,更重要的是联系发话人和受话人的语言认知策略,剖析同语言行为有密切关联的记忆的表现、贮存、提取,以及短期记忆容量的限制、最佳信息传统程序等等内容。传统的描写手段,如句子成分、关系、结构层次等等,显然已不足以准确地说明这些动态过程的全貌。于是,语言学家和人工智能专家们又设计出了诸如转移网络(transition network)、程序语义学(procedural semantics)等动态模式,广泛地应用于语言学研究和计算机自然语言处理等领域里。

其四,传统语法分析往往脱离语境来研究词语句子,而对于话语分析工作来说,密切联系语句的使用环境是它在方法论上最重要的特征。可以说,脱离了话语环境,也就谈不上话语分析。这儿所说的语境,一般可以分为三种。一是局部的上下文环境,限于同分析对象前后毗连的语句。二是话语的微观使用环境,包括整段话的主题、目的、当时当地的情景、对话双方的关系,等等。三是话语的宏观使用环境,指的是范围更为广泛的社会和文化背景。这三种语境中的有关因素都会对话语的组织、生成和理解产生这样那样的影响。因此,从原则上讲,进行话语分析时得将这三类语境因素全部考虑在内。不过,在实际研究中,往往依具体分析对象的不同而对某一类语境有所侧重。例如,在主动句式与被动句式的选择问题上,我们的注意力较多地集中在第一类语境上面。在重音的配置、调型的选择等问题上,须同时注意第二类语境。

下面,我们讨论在语言学领域里,人们运用话语分析方法时想要达到的主要目的以及典型的研究课题。

从语法研究为主要目的这个角度来观察,可以把话语分析分成两大类。一类着眼于对有关现象的静态特征和动态特征作出深入细致的描写,一类则侧重于对这些语言特征的起源、演变过程和制约因素作出合情合理的解释。与主要研究目的不同相关联的是这两类话语分析工作在典型课题的选择上表现出来的差异。

主旨在于描写的话语分析，其主要研究课题是那些同语境密不可分，不用话语分析方法就很难讲得透彻的一些词语用法、句法特征、语义概念、篇章组织，等等。我们下面分别举一些例子，说明这种话语分析中最典型、成绩最显著的研究课题。

个别词语的用法。例如，"也"、"连"、"再"、"就"、"都"、"还"等副词或连词的用法，是话语分析的理想对象。这些词一般都有一个共同的特点：它们与预设（presupposition）、焦点（focus）、蕴含（implicature）等语用概念有着极为密切的关系。这些词语的基本用法和派生用法大都建筑在这些语用因素之上，并依赖这些因素来沟通其间的联系。脱离了语境提供的信息，脱离了对语境使用者的语言心理分析，很难指望能把这些词语的用法讲清楚。

指代词语的用法。任何语言中都有特定的语言手段，可以用来指示或者代替语境中的某个成分，可以用于指代的语言手段往往不止一种，因此，在具体场合中发话人要对某个成分进行指代时会出现选择哪一种指代形式的问题。另一方面，在具体场合中往往不止有一个事物存在，受话人在碰到一个指代词语时也有一个确定其所指对象的问题。这类指代词语的选择和理解的问题，主要得通过话语分析来寻求答案。在计算机自然话语处理工作中，这类问题是阻碍我们取得突破性进展的少数难题之一。虽然近年来在这方面陆续取得了一些成绩，但是，要比较圆满地解决这些问题，还有相当长的一段路要走。

句子的主述结构（thematic structure）。我们可以从句子的各种成分在推进整个话语展开的过程中所起的作用这个角度出发，分析句子的主述结构。句子的主述结构一般有两个组成部分，主位（theme）和述位（rheme）。两者的区分一般通过语序或者特定的句式表现出来。通过分析话语句子的主述结构，我们可以阐明整段话语的主题及其展开方式。

信息结构（information structure）。透过连续话语的表面形式，我们看到的是自发话人向受话人传递的一股连续的信息流。为了便于发送和接收，这股信息流是以各种信息单位（informationunit）的形式组织起来的。根据受话人对于单位成分所负载的信息的熟悉程度，发话人把各个单位成分所传的信息归为新信息和旧信息两大类。如果发话人认定受话人对该信息毫无了解，或者认定该信息同受话人的预期不合，或者想引起受话人对于该信息的特别注意，他便把它作为新信息传给对方，否则，便作为旧信息处理。话语成分在信息结构中的地位，直接影响到它的表现方式。在具体语言中，一般利用重音、语调、特定词语或句式来指示话语信息结构中的种种特征。这类指示信息结构特征的语言手段，是话语分析的一个重要课题。

篇章结构。话语分析最典型的研究材料是超出单句长度的语段。由前后相连的句子构成的段落，如果在语言交际中表现为一个相对独立的功能单位，我们便称之为篇章（text）。句子在篇章中的组织遵循着一定的原则。有的句子连用时表现了一个连贯的意思,如下面的(1)和(2);有的句子单用时语义十分清楚,但连在一起则令人莫名其妙,如下面的(3)和(4)。

(1) 假若祥子想不起孔圣人是什么模样,那就必应当像曹先生,不管孔圣人愿意不愿意。
(2) 他的跑法可不好看:高个子,他塌不下腰去,腰和背似乎是块整的木板。
(3) 一个队员倒挂金钩将球打入网内,吐一口痰罚五毛钱。
(4) 他外出总带着保镖,花棚里到处都是萝卜味儿。

探索句子在篇章结构中的组织方式以及指示这种组织特点的语言手段,也是话语分析的一个重要研究方面。

主旨在于解释的话语分析,研究领域更加广泛。其主要研究课题一方面也包括上面所说的那些话语成分和话语组织特点,但侧重点是从语言的交际功能和语言使用者的认知特征来解释有关特征的起因和制约因素。另一方面,一般认为纯粹属于句法领域的许多语言现象,也都在这种话语分析的研究范围之内。试图通过话语分析,找出最终说明现存语法成分和语法现象的人类心理认知特征和语言作为交际工具的功能特征。这方面的研究近年来相当活跃,并且取得了不少很有价值的成果。下面,我们举一个英语中的例子。

许多人认为,篇章范围内,一个代词与另一个名词性成分是否指称同一个所指对象,涉及到的一般是语义因素和语用因素。但是,在同一个句子里出现的代词与另一个名词性成分两者是否有同指的可能,则取决于这两个语言成分在句法结构中的相互关系,纯属句法问题,与语义因素和语用因素无关。Chomsky、Lasnik 等人认为,如果代词在句子结构中位于名词之前,并且在结构上统御(command)后者(可以用树形图的形式显示),那么,两者不可能同指,请看下面的例句:

(1) * It surprises him that John is so well liked.
(him＝John)
约翰如此招人喜爱使他感到很惊讶。
(2) That he was unpopular was finally realized by Oscar.
(he＝Oscar)
奥斯卡终于意识到他不受人欢迎。

句(1)中,代词 he 在句法结构中既在名词 John 之前,又统御后者,所以,这两个成分不能指称同一个人物。而在句(2)中,代词 he 虽然在名词 Oscar 之前,但是从句法结构关系上来看对后者没有统御关系,因此,两者可以指称同一个人物。在这类句子中,代词和名词是否可以同指,完全由句法结构因素决定(参见 Lasnik 1976)。

但是,D. Bolinger 等人则认为 Lasnik 的这种观点只是一种皮相之谈。类似句(1)这样的句子之所以不能说,根本原因并不是有关代词和名词在句法结构中的相互关系。要证明这一点并不困难。代词和名词的句法结构关系保持不变,但在其他方面对句(1)稍加改动,代词完全可以与后面它所统御的名词指称同一个人物。请看下面的例句:

> (3) It surprised him that John, was so well liked.
>
> (him＝John)
>
> 从前,约翰如此招人喜爱使他感到很惊讶。
>
> (4) It obviously surprises him that John is so well liked.
>
> (him＝John)
>
> 约翰如此招人喜爱显然使他感到惊讶。
>
> (5) Does it surprise him that John is so well liked?
>
> (him＝John)
>
> 约翰如此招人喜爱使他感到惊讶吗?

句法格式相同或者相近,但个别词语或者使用语境相异的句子,在意义上是有差异的。尽管这种差异有时表现得十分精细微妙,非目光敏锐者不能辨。对于这类现象,Bolinger 具有独特的辨析入微的审察能力。他详细分析了(1)至(5)这类代词在前、名词在后的句子,令人信服地说明,在这种情况下代词与名词能否同指,与它们在句子组织中的结构关系没有必然联系。实际状况是,发话人用了代词之后,在同一句中再次提及该所指对象时,根据语境中的种种因素(Bolinger 把它们归为四大类)考虑,决定是用名词形式指称,还是用代词形式指称。因此,归根结底,(1)至(5)这类句子能说不能说,起决定作用的是语用因素。这是利用话语分析的手段来解释语法现象的一个著名例子(详见 Bolinger 1979)。

如上所述,近 20 年来,话语分析发展势头日益迅猛,运用领域不断扩大,同音位分析、语素分析、句法分析等一起,俨然成为语言研究中不可或缺的一个方面。但是,与此同时,话语分析也暴露了自身存在的不少问题,主要表现在以下几个方面。

在话语分析与句法分析之间的关系问题上,语言学界的思想相当混乱。有人似乎把话语分析看作为万应灵药,认为它可以完全取代句法分析,也有人主张这两种分析方法实际上是相辅相成的,不应有所偏废。但是,到底应该如何分工划界,并没有让人普遍信服的指导性原则。话语分析能够解决什么样的问题、不能够解决什么样的问题,有待进一步研究。

不少从事话语分析的语言学家对语言研究中的抽象化、形式化持强烈反对态度，有时不免走向另一个极端。实际上，任何有一定深度的科学研究都不可避免地要对研究对象进行某种程度的抽象，话语分析工作本身也不能例外。一方面要紧密联系语境，另一方面要具备一定的理论抽象，两者之间的关系应该如何把握，是一个很不容易处理好的问题。有些话语分析著作过分夸大语句对所在语境的依赖，忽略了长时期约定俗成的社会存在赋予它们的相对独立性，难免有时会给人一种随文释义、主观立说的不良印象，不仅使所得结论缺乏普遍意义，在理论上也往往无法自圆其说。

最令人不安的是，话语分析至今仍然缺乏一个相对纯正统一的理论系统，各家在研究实践中或隐或现的理论思想成分复杂，色彩斑斓，有时让人觉得话语分析工作中可以各行其事，怎么有理怎么说，怎么方便怎么说。因此，尽管话语分析在许多具体问题上以及在一些专门领域里取得了许多令人鼓舞的成就，但是，从长远的观点看，话语分析领域必须建立一整套严密合理、自成组织的理论体系，不仅能够贯通该领域中已经取得的成果，将它们分别纳入一个完整的理论框架之中，而且可以为研究工作的进一步系统化、条理化提供有力的理论指导，结束目前存在的折中调和（eclectic）倾向。

话语分析领域里仍然存在许多问题，这并不是件坏事。相反，它使话语分析工作更富有挑战性，更能激发人们的研究热情，并且吸引更多的研究人员投身到该领域中来。我们认为，话语分析要进一步发展，主要有两方面的工作亟须加强。

第一，话语分析需要加强同其他语言分析方法，尤其是句法分析之间的联系，深入探讨它们在研究对象方面的分界与重叠，以及在研究角度方面的对立与互补，使话语分析更好地发挥自己的作用，在其他方法束手无策或收效甚微的问题上大显身手。

第二，话语分析需要加强理论建设。最有希望为话语分析提供理论基础的是语用学。事实上，人们常常把两者自然地连结在一起，合称话语—语用分析。就目前情况来看，话语分析中的许多工作原理，都可以由语用学的基本原则推衍出来。不过，语用学本身也还有待于进一步成熟与深化。在目前和今后一段时期内，语用学尤其要同认知心理学和社会语言学两方面的研究结合起来，汲取它们的营养。随着这些方面的进步，语用学会为话语分析提供坚实的理论基础。

主要参考书目

陈平（1987），《描写与解释：论西方现代语言学研究的目的与方法》，《外语教学与研究》1987 年第 1 期。

Bolinger, D. 1979. *Pronouns in discourse*, in: Givón, ed. 1979.

Brady, M. & R. C. Berwick, eds. 1983. *Computational Models of Discourse*, Cambridge: The MIT Press.

Brown，G. & G. Yule 1983. *Discourse Analysis*，Cambridge：Cambridge University Press.

Chomsky, N. 1973. Conditions on Transformations, in：*A Festschrift for Morris Halle*，S. Anderson and P. Kiparsky. eds. New York：Holt, Rinehart and Winston.

Coulthard. M. 1977. *An Introduction to Discourse Analysis*，London：Longman.

Beaugrande，R. de 1980. *Text，Discourse and Process*，London：Longman.

Givón，T. ed. 1979. *Syntax and Semantics*，Vol. 12. *Discourse and Syntax*，New York：Academic Press.

Halliday，M. A. K. 1985. *An Introduction to Functional Grammar*，London：Edward Arnold.

Harris，Z. 1952. Discourse analysis, in：*Language 28*.

Lasnik，H. 1976. Remarks on coreference, in：*Linguistic Analysis 2：1*.

van Dijk，T. A. ed. 1985. *Handbook of Discourse Analysis*，London：Academic Press.

Walker，D. ed. 1978. *Understanding Spoken Language*，New York：North-Holland.

Winograd. T. 1972. *Understanding Natural Language*，New York：Academic Press.

——1983. *Language as a Cognitive Process*，Vol. 1. *Syntax*，Reading：Addison-Wesley.

在社会环境里研究语言（节选）

〔美〕W. 拉波夫

导言——

　　本文选自中国社会科学院语言研究所语言学情报研究室编《语言学译丛》第一辑，张琰译，中国社会科学出版社，1979。

　　拉波夫（William Labov）(1927～　)出生于美国新泽西州。社会语言学创始人之一。自1971年至今他一直在宾夕法尼亚大学(UPENN)语言学系教书和研究，把宾大的语言学系变成了世界著名的"语言演变"研究中心。

　　文章讨论如何联系社会环境来研究语言的结构和演变。作者指出，由于存在着这样两项错误的假设,即语言具有纯一性和本地人对语言有直觉,也由于对语言事实进行直接研究确实存在一些困难,传统的语言学研究存在着脱离社会环境孤立地研究语言的总趋势,把注意力放在本地人对自己语言的语感上而不是放在他们所说的话上。然而这种研究所建立的语言学理论在对某个语言事实进行是否合法的判断时,往往得不到听众的同意。作者以及其他学者所设计的测验也证明,从人们的直觉中去寻找纯一性的企图无疑是失败的。在对传统的语言学研究方法进行批评的同时,作者也提出了直接研究语言事实的必要性,认为通过在社会环境中对语言进行直接观察,有用的资料大大增加,这为我们决定哪一种理论最好提供了有效的方法和手段,即"理论就由事实来决定"。同时,作者还提出直接研究语言事实是可行的,并非想象中那么困难。接着作者分三部分阐述了如何直接研究语言事实:(1)在语言集团里搜集可靠资料的方法;(2)分析这些资料的方法;(3)社会语言学的结构以及社会因素和语言因素之间的相互作用。

在这篇论文中,作者指出了传统的语言学研究所存在的不足,对索绪尔的"语言"观和乔姆斯基的生成语法进行了猛烈的批评。作为社会语言学的奠基人之一,作者拉波夫在"破"传统的语言学研究的同时,也有自己的"立",提出语言学的研究应该重视语言事实,并身体力行,如他关于玛沙葡萄园的音变研究、大城市黑人区非标准英语的音韵和语法结构等的研究。他的一系列见解和相关研究为语言学研究提供了一个更为广阔的天地,也为后来者提供了很好的范式。

近年来语言学中出现了一种新的研究途径,即把注意力集中于在一个语言集团(speech community)里实际运用着的语言上头,企图建立一套能合理解释这些语言事实的语言学理论。这类研究有时被称为"社会语言学"(sociolinguistics)。这个名称是不确切的。语言是社会行为的一种形式,像这样的说法,我们可以在随便哪一本概论性的教科书里找到。在孤独的环境中长大的儿童是不会说话的。语言是人类在社会中互相传达各自的要求、思想和感情的工具。孩子们的自言自语不过是从作为社会交际工具的语言中派生出来的东西,而且很少有人老是跟自己说话。把这种不向任何人传达思想的话看成是语言的一部分是很成问题的。"社会语言学"这个名称之所以不合理,就是因为它暗示还有"非社会的"语言学存在。

有一类研究工作,通常也把它包括在"社会语言学"里头,其实叫作"语言社会学"可能更准确一些。这指的是对于一些有广泛影响的社会因素以及它们和语言、方言之间相互作用的研究。这方面牵涉到许多悬而未决的问题以及少数民族语言的衰废和同化、双重语言(bilingualism)的发展、语言规范化、新兴国家的语言发展规划等相关的实际问题。最近有一些文章介绍了这一类研究工作的情况（Fishman，1969）*。关于这方面的工作，本文不打算讨论。

还有一类研究工作有时也包括在"社会语言学"里，这就是对于在实际运用中的语言的细节的研究。对于属于同一种文化的不同的语言和方言的描写和分析还有许多工作要做。例如："语言活动"的形式（forms of "speech events"），如何选择合适的调查对象，说话者、对话者（addressee）、听众、话题、语言通道（channel）和说话的环境（setting）之间的相互关系，说话的人如何凭借他们所掌握的语言使之行使某些功能。这种对于语言功能方面的研究跟对于语言结构方面的研究是互相补充的。关于这方面目前的研究情况以及这种研究的目的，Hymes（1966）的书中有很好的介绍。本文在讨论到调查工作方法的时候，会牵涉到这方面的一些材料，但本文不准备全面讨论这个领域里的问题。最近出版了一些介绍"社会语言学"的著作，读者可以从下列诸人的著作中找到一些出色的、透彻的研究成果：Bright，1966；Gumperz 与 Hymes，1966；Lieberson，1966；Fishman，1968；Ervin-Tripp，1968；Grimshaw，1968。

本文讨论的是如何在一个语言集团的社会环境中去研究这种语言的结构和演变。我们所讨论的范围相当于通常称为"普通语言学"的范围，牵涉到音韵学、形态学、句法学和语义学各方面。本文提到的一些理论问题，涉及到语言规则的形式，语言规则组成的系统，几种不同的系统的并存，语言规则和系统的演变。如果我们不把这种研究跟脱离开社会环境的语言研究方法（见下）对立起来的话，我觉得这些正是语言学应该讨论的问题。如果有人问：为什么必要把在社会的基础上研究语言学作为一种新的途径呢？语言学不正是应该把本地人在日常生活中互相交际时说的话作为研究的基本材料吗？过去语言学的情况正好不是这样，所以讨论正题以前先谈谈这个问题是有好处的。

索绪尔的"语言"（Langue）观

对语言进行结构分析的基本方向是索绪尔在本世纪初开创的，今天大多数语言学家虽然仍旧遵循这个方向，但事实上他们已离开了索绪尔原来的观点。语言学家在讨论语言学理论问题的时候，常常从索绪尔提出的"语言"（langue）的概念开始。索绪尔所说的语言（langue），一方面和"话"（parole）不同，另一方面也和"语言活动"（langage）不同。按照索绪尔的看法，语言（langue）是"语言活动"（langage）的社会的方面。……它只能作为社会成员之间约定俗成的东西而存在。就是由于这个原因，索绪尔的日内瓦学派常常被称为语言学中的社会学派。索绪尔把语言学看成是"研究社会中符号的生命的科学"的一部分。奇怪的是追随索绪尔传统的语言学家（这占语言学家中的绝大多数）根本就不理会社会生活。他们只是关在自己的研究室里和

---

* 文中引用文献只举作者及出版年份，参看本文后附参考书目。——译注

一两个发音人打交道，或者连发音人都不要，专门靠自己对于语言的知识工作。尤有甚者，他们坚信对于一些语言事实的解释只能从另外一些语言事实中去寻找答案，而不能从语言以外的社会行为中去寻找。

如果每一个人都掌握〔自己的母语的〕语言结构的知识，如果语言(langue)就像索绪尔说的那样，是"潜存于每个人脑子里的一套语法系统"。那末语言学家就可以从任何一个人——甚至他自己那里获得关于这个语言的全部知识。另一方面，有关"话"(parole)的事实却只能从许多个人运用这种语言时的行为中去寻找。这样一来，我们就陷入了索绪尔式的矛盾(Saussurian paradox)中去了：研究语言与社会相关的一方面(语言 langue)时，只要观察任何个人就行，而研究语言与个人相关的一方面(话 parole)时，却要从社会环境中去观察。对于"话"的研究从未得到发展，而对于"语言"的研究，在过去半个世纪中却取得了极大的成果。

这种对抽象的"语言"(langue)的研究，近年来从乔姆斯基那里得到了新的动力。乔姆斯基重新强调了索绪尔关于语言和话的对立，他提出了"语言能力"(competence，即本地人具备的关于语言规则的抽象的知识)和"语言行为"(performance，即说话的人对于这些规则的具体的选择和运用)的对立。乔姆斯基认为语言学应该研究的是语言能力。他把那种建立在索绪尔式的矛盾上的语言学研究工作的原则说得非常明白，即作为语言学研究的对象应该是抽象的、均匀的(homogeneous)语言集团，在这个集团里，每个人说同样的语言而且从小就很快地掌握了这种语言(1965：3)。此外。乔姆斯基坚信语言学所根据的资料不是个人说的话，而是他对语言的直觉，首先是他对于哪些句子合乎语法、哪些句子不合乎语法的判断，以及对于句子和句子之间的判断，即哪些句子表示同样的意义。建立语言理论的目的就是为了解释这种直觉。

这种理论根据的是以下两个相当明确的假设：

(1) 语言结构和语言的均匀性(homogeneity)是密切相关的(Weinreich, Labov and Herzog 1968)。索绪尔认为："语言活动(langage)是不均匀的，而语言(langue)，根据定义则是均匀的"。因此，我们可以根据语言行为中一致的，均匀的那部分来建立语言学理论，尽管从实际的或者应用的观点看，语言中存在的差异也是重要的。但这类事实对于建立语言学理论来说是不必要的，而且事实上在关于语言能力的理论建立起来以后，我们可以更好地理解这种差异。

(2) 说一种语言的人对于他们自己的语言能力是有直觉的，而且这种直觉是能够说得出来的。

根据这些假设，在给语言学下的定义里一直是把社会行为的研究即对于话的研究排斥在外的。这样的定义对于下定义的人来说是很合适的。他们的癖性比较喜欢靠自己的知识，靠一两个调查对象，也就是说，靠第二手的材料来进行工作。尽管如此，这种研究方式还是有成果的。我们没有任何先验的理由证明语言学家必须到社会上去搜集资料,而且为搜集这类资料花费大量的时间和精力是否值得也是个问题。五十年来在抽象的语言分析方面取得的成果把对于"话"的研究排除在语言学研究工作之外。过去语言学研究领域的狭窄肯定促进了生成语法(generative grammar)的发展——这种语法理论企图根据我们对于句子的语感来建立抽象的语言模式。我们当然不能在这方面后退,我们要想在语言研究上前进,这类抽象的工作就还得继续做下去。但是另一方面,我们不能不同意根据普通常识得出的结论,即语言学研究的对象毕竟是语言集团用来作为交际工具的语言。如果我们不研究这样的语言,我们的工作中就有浅薄的一面。由于种种原因,对于这一类语言的研究是语言学中最困难的课题。下边我们概括地介绍一下产生困难的某些原因。

研究"话"的时候引起的问题

尽管存在着孤立地研究语言的总趋势,语言学家仍然常常遇到一些场合需要对话进行研究,以便从中验证某些事实。这样做的时候,大家常常提到以下四方面的困难,这些困难对于语言研究工作有深刻的影响。

(1) 不合语法的话(the ungrammaticality of speech)。有一个时期,布龙姆非尔德学派的语言学家认为本地人从来不会说错话。可是近年来大家更倾向于相反的看法,由于表达上的困难,说话的人往往不能充分施展他的语言能力(competence),因此在人们说的话(speech)里充满了不合语法的句子。目前大家普遍认为从口语里引用的句子并不一定是研究时的可靠的根据,因为其中往往包含许多组织得不好的句子,当我们把说话的人的注意力引到这类句子上去的时候。他们自己往往也认为有问题而加以改正。

(2) 个人所说的话里的差异和语言集团内部存在的差异。任何一种语言里都可以用许多不同的方式表示"同样的"意思。有些词如 car 和 automobile 指的是同样的东西。有些词可以有不同的语音形式,如 working 和 workin。此外在句法上也有可供选择的形式,例如:Who is he talking to? ～To whom is he talking? 以及 It is easy for him to talk～For him to talk is easy 不管是哪一种情况,都需要我们确定这种差异在语言结构系统里所占的地位。通常的语言分析方法只提供了两种选择的可能:(1) 认为这些不同的形式分别属于不同的语言系统,它们的交替出现应该看成是"方言的混合",或"信号系统的变换"(code-switching)。(2) 认为这些不同的形式是同一个语言系统内部的"自由变体"(free variants),而且认为对于变体的选择是属于比语言结构更低的层次里的东西。以上两种处理方法都把这种差异推在被研究的语言系统之外。应该承认,有些现象确实应该采取这两种方法来处理。但是如果认为我们遇到的确实是"信号系统的变换"的情形,我们就要证明说话的人确实从一组内部协调一致的语言规则系统转移到另一组语言规则系统上去了。要是认为我们遇到的是所谓"自由变异"(free variation)的情形,我们就要证明说话的人并没有转移。

就多数情况而论,这两种解释都有困难。我们举一个真实的例子来看:

> An'den like IF YOU MISS ONESIES, de OTHuh person shoot to
> skelly; ef he miss, den you go again. An' IF YOU GET IN, YOU
> SHOOT TO TWOSIES. An'IF YOU GET IN TWOSIES, YOU GO TO
> tthreesies. An IF YOU MISS tthreesies, THEN THE PERSON THa'
> miss skelly shoot THE SKELLIES an' shoot in THE ONESIS: an' IF HE
> MISS, YOU GO f'om tthreesies to foursies.

这是一个 12 岁的黑孩子解释一种叫做 skelly 的游戏时说的一段话。我们可以把这个例子里的变异解释为信号系统的变换,每当说话的人用一个有明显标志的变体的时候,我们就认为他从原来的语言系统转移到包含这个变体的另一个语言系统。因此在上面的引文里,小写字体和大写字体代表两种不同的语言系统:小写字体代表"非标准的黑人英语"(NNE),大写字体代表"标准英语"(SE)[①]。不过这种解释并不能让人信服。我们看不出说话的人有什么明显的动机要在这短短的一段话里连续18 次从一种语言系统转移到另一种语言系统。此外,这段话里绝大部分的语言形式都是两种语言系统所共有的,我们给这些语言形式归类的时候,主要的根据是看它跟哪些有明显标志的变体连在一起说的。这种划分标准显然有很大的偶然性。例如第二行的"you go again"划在 NNE 里只是因为它刚好出现在 den 后头,而 YOU GET IN 归入 SE 里,则是因为它刚好在 IF 这个带标志的形式后头。那末我们能不能把de 和 THE 之类的区别看成是"自由变异"呢?这样说无论对说话的人或是分析的人都没有意义,因为他们都很清楚,de 和 THE 不同,是一个不文雅的说法。既然没有别的办法可想,我们只好勉强地说这是一种"风格变体"(stylistic variants)。可是我们找不到风格变体和语言结构之间有什么固定的关系。

有些变化不定的语言现象更让人伤脑筋。非标准黑人英语里复辅音的简化(consonant cluster simplification)就是这样的例子。这是一个处于语法学和音韵学交界处的问题。例如 bold 在 NNE 里常常简化成 bol',但也不是永远如此。过去式动词 rolled 后头的 d 也同样可以简化掉。这样问题就来了,是不是包含动词过去式语尾的复辅音 CVC＋D[*] 可以跟简单的 CVCC 一样简化,如果是的话,那么 D 被简化掉以后,过去时的信息不是就表达不出来了吗?经过细致的观察,我们发现CVC＋D和CVCC的区分并没有消失。在每一个说 NNE 的人的嘴里,动词过去式

---

① NNE 代表 Non-standard Negro English。SE 代表 Standard English。

* C 代表辅音,V 代表元音,D 代表动词过去式语尾/d/。"＋"号表示两个语素的交接处。——译注

的复辅音简化要比其他情况下的复辅音简化出现得少。可是这个语言事实在我们的语言学理论里没有办法作形式上的表述，因为在目前的语言学理论里，bold 和 rolled 的复辅音简化问题同样都是由所谓"选择性规则"（optional rule）*支配的。我们关于 NNE 里复辅音简化现象的观察在这种只表述"语言"（langue）的规则里没有理论上的位置。

（3）听音和录音方面的困难。要把人们在实际生活里说的话录下来，录音质量往往不够理想。实验语音学家可以在隔音室里在可能做到的最好的条件下录下他们的语言资料。可是我们在现场录音时，房间里和街上的噪音以及其他的干扰必然会影响资料的语音质量。要是我们把调查对象带到理想的环境里去录音，他们说的话就会变得正式起来，不自然起来，而这正是我们力图避免的。由于我们说话的时候，大多数语言信号都伴随着许多羡余的信号（redundant signals）一起出现，每一个信号所负载的信息量都不是很大，因此尽管听话的人希望了解对方的全部信息，也完全没有必要把每一个信号都听到。可是语言学家总是希望把每一个信号都听得十分清楚，好像只有全部信号都清楚的录音才能传达信息，因此他们就把在实验室里录下来的那种不自然的语言资料看成是能够最清楚地显示出语言的根本构造的东西。

（4）罕见的句法形式。真实的说话的录音资料对于研究最普通的音韵和句法形式是有用的，但要对语言的语音结构型式（sound patterns）作深入的分析，就有必要从发音人那里引出一些不常见的字如 adz（锛子，英语中唯一的以两个连续的浊的塞音或擦音结尾的单纯语素）。在句法研究里，一般的录音资料之不够用就更为明显了。试图确定句法规则的时候，必然会牵涉到一些在一般的调查中不大会遇到的句法形式。例如在研究由动词 got 构成的被动句时，就有必要了解是否有"He got kicked out of the army by playing the trumpet"（他因为瞎吹军号被赶出了军队）这样的罕见的句式（X got Verb＋ed...by ø Verb＋ing-Z）存在。

由于这种种困难，语言学家的注意力就自然地集中在对于语言能力（competence）的研究上去，而不去研究其他的语言事实。一方面我们在语言的抽象的研究方面取得了显著的进步，另一方面在实际环境中去研究语言时又遇到这么多困难，因此语言学朝着离开社会环境的研究方向发展，也就不足为怪了。但是对于语言的抽象研究方面也有许多不足之处，其中有一些目前已经可以看得很清楚了。这种根据有限的资料建立语言学理论的企图所遭遇到的困难比起上文提到的在社会集团中去研究语言时所遇到的困难可能更大。

＊　在乔姆斯基的生成语法理论里：语言规则有两类：强迫性规则（obligatory rules）和选择性规则（optional rules）。强迫性规则是必须运用的，选择性规则可以用也可以不用。——译注

研究本地人的语言直觉的问题

当乔姆斯基初次提出语言学研究的主题应该限制在本地人凭直觉对自己的语言所做的判断时,他以为这种判断的绝大部分是明确的(1957:14)。乔姆斯基相信使语言学家和/或本地人感到为难的两可的情况不会很多,而且我们根据那些明确的判断归纳出来的法则又可以回过来帮助我们去确定两可情况的语法性质。但后来发生的情况不是如此,因为那些使人感到为难的情况总是牵涉到理论本身的。问题不在于这类情况数量的多少,而在于这类情况总是出现在语法理论中有争议的关键之处。我们经常在讨论语言学的会议上碰到这种情况,许多论文在引用某个语言事实说它合语法或不合语法的时候,往往得不到听众的同意。这并不是由于作者的粗心大意或者语言学水平不够,他们真诚的愿望是想在自己对语言的直觉的基础上来探索语言学理论。导致这种情况的原因就是上面提到的关于语言的纯一性和本地人对语言有直觉这两项假设。

在语言学讨论会上对语言事实发生争论的时候,作者常常这样来为自己辩护:不同的说法属于不同的"方言",而他引用的语言事实是符合他自己的"方言"的。把"方言"这个术语用在这种意义上是很奇怪的。这就带来了一个问题:语言学能够描写的对象是什么? 它应该描写的对象是什么?

语言学描写的对象:"方言"和"个人方言(idiolect)"

语言学家为了使自己研究的对象尽量符合索绪尔提出的均匀模式的假设和要求,他们不断缩小自己所要研究的语言的范围。正是由于这个原因,布洛克(Bloch)提出了所谓"个人方言"(idiolect)的概念。所谓个人方言是指一个人在一段短时间之内对另外一个人谈一件事时所用的语言(1948)。尽管这个概念被广泛采用了,但我们是否能像布洛克希望的那样在所谓个人方言里找到均匀的语言资料,还是很可怀疑的。值得注意的是创造出个人方言这个概念,让它作为语言学描写的正当的对象这件事本身就说明索绪尔所谓整个社会对之有一致的理解的那种"语言"(langue)观念的破产。

语言学家把自己的注意力放在本地人对自己的语言的语感上而不是放在他们所说的话上,以为这样就可以绕过语言变异这道难关。就某些方面说,这种想法是对的。语言集团的成员所说的话虽然有多种层次的差异,但是他们确实有一套共同的标准语言型式(Labov,1966a,4~35ff)。不过在人们的直觉中,这种一致性只存在于那些受到过社会校正的成分之间,而多数语言规则则处于这个水平之下,缺乏共同的社会标准。在我们最近做的关于反身代词的研究中,我们从 167 个说英语的本地人中搜集了他们对于下列句子是否合乎语法的判断(下边加横线的代词指同一个人):

　　　He stuck the knife into himself.　　　　　　　　　　　　(1)

He was shot by himself. (2)

He stuck the knife into him. (3)

Himself was shot by him. (4)

对于语言学家来说,(1)完全合乎语法,(4)完全不合语法。在测验中我们把完全合语法的句子记为 3 点,绝对不合语法的句子记为 1 点,处于中间状态的句子记为 2 点,167 人中平均最高点数是(1)——2.62,最低点数是(4)——1.40,(2)的平均点数是2.00,(3)是 1.75。这个测验之所以没有得到绝对的判定结果,可能跟受测验的人的误解,临时发生的错误以及他们对于合不合语法的看法不同有关,但是许多别的方面的证据表明人们对于合不合语法的判断是渐变的(Quirk,1966),而且在某些情况下,看法可以有很大的出入。

在最近一篇论文里,Postal(1968 a)报道说,人们对以下四种类型的代词复指句有四种不同的反应。他认为根据这些不同的反应可以说英语在代词复指句这类句式上至少存在四种不同的"方言"。

	方		言		
	A	B	C	D	
Who did he claim I saw	—	—	—	—	(5)
Who did his realization I was sick disturb?	—	—	+	+	(6)
Who did the realization I was sick disturb?	—	+	—	+	(7)
Who did finding that out disturb?	—	+	—	+	(8)

Postal 断言,人们对于这四类句子的反应是一致的,而且如果再做测验,同样的反应还会重现。但根据我们在 38 个人中所做的测验,只有四个人的回答是一致的。38 个人的答案中没有 C 和 D 两种类型,A 类和 B 类各有两个,其余的人的回答则是各种各样的。

对于设计这种测验的人所遇到的困难和他们设计的巧妙应该表示敬意。显然这类测验的技巧还需要进一步发展。但是没有任何迹象表明我们能从本地人之间获得对于这类测验的一致的、纯一的判断。研究人们对于语法的直觉反应是有益的,而且分析这类反应中所包含的意义有助于我们确立语法规则(Elliott,Logum and Thomson,1969)。不过有一点现在是很清楚了,即从人们的直觉判断中去找纯一性的企图是失败了。既然如此,我们就不能再把语言学的研究限制在对于本地人的语感上。从许多方面看,人们的语感是不一致的,同时也是很难解释的。如果我们想要利用人们的语感，我们的根据只能是人们对于语言的未经思索的、无意识的反应；否则我们只能得到一堆和作为人类交际工具的语言没有什么明确的关系的含胡的资料。

理论和语言资料之间的关系问题

生成语法为我们提供了一套精巧的、有洞察力的语言结构模式，使我们发现了大量的过去从未接触到、也没有讨论过的问题。"生成语法是最好的探索语言的方法"之类的话目前已经是老生常谈了。对于人们直觉判断的研究使我们把注意力集中到句子和句子背后的深层结构（deep structures）之间的重要关系上去。但作为一种语言理论，生成语法是有严重缺点的，因为它无法使我们确定这种模式是正确的还是错误的。生成语法原来的企图是能够造出所有合乎语法的句子，而不会造出任何不合语法的句子。可是如果我们把这种语法模式拿来和人们实际说的话来对照的话，我们无法确定这种模式是否与事实相符合。

（1）如果有人用了一种句子结构是在这套语法所能造出来的句子以外的，那末我们可以很有理由地说这个句子是错误的或者认为是方言里的说法而推开不管。

（2）如果按照这套语法造出的某种句子结构是人们从来不说的，那末我们又可以说，复杂的句法形式在实际说话中是比较少见的。人们不说这样的句子，只是因为还没有遇到该用这类句法结构的语言环境。

如果涉及的句子结构正好碰在理论问题的焦点上，那末上面提到的第二点就更使人感到为难了。乔姆斯基原来反对"有限状态语法"*（finite state grammars）（1957）的理由是因为在自然语言里存在着"自包孕结构"（self embedded structures）。例如：

The man (that) the girl (that) I used to go with married just got drafted. (9)
〔同常常跟我在一块儿的那个女孩子结婚的那个男人被征召入伍了。〕

他认为从语言能力方面（competence）说，人人都得承认这样的句子是合乎语法的，尽管从语言行为方面（performance）说这样的句子确实不大容易懂。可是最近 Peter Reich 对这类句型提出了异议，他重新确认自然语言的"有限性"（finiteness）（1969），既然如此，我们在实际语言里去寻找这种多重包孕形式（doubly embedded forms）就是徒劳的了。在我们和调查对象接触时记下的他们在无意识中，不假思索说的话里，一直没有发现这类句型。除非我们有坚强的证据证明像（9）这样的句子确实在自然的对话中出现而且能够被人理解，否则我们用来证明这类句子合乎语法的那种层次分析就失去了可靠的基础。

语言学家在处理他们的语言资料时所遭遇到的困难并不是语言学这门学问所独

* 参看乔姆斯基的 *Syntactic Structures* 第 3 节。——译注

有的，而是所有社会科学都会碰到的共同问题。Garfinckel(1967)曾经指出在所有的研究领域中，客观事实本身(the raw date as it occurs)和人们关于这些事实的记录之间总是有距离的。在社会语言学的文献中，我们可以找到各种各样的关于实际语言的资料。调查统计数字，利用调查表得来的资料(questionnaires)，从戏剧或小说中摘引的片断，心理测验，关于某些语言集团的语言规范的民俗学报告等等。不论这类研究工作多么透彻和富有成效，它并不能使我们更接近基本的语言事实。这里有许多问题是我们回答不了的。例如小说家的套语和人物的实际的语言行为之间是什么样的关系？单词联想测验(word association tests)和语言的语义结构之间有什么联系？我们如何能从一个人说话的时候用了法语的"tu"(你)这个词的事实资料来推测他在什么情况之下用这个词？或是根据他说法语的事实资料来推测他什么时候说法语？从原始事实到语言学家的报告之间，要经过观察、记忆、选择、解释、翻译等种种程序。正像Garfinckel指出的那样，我们在记录事实的过程中，不可避免地要采用一些常识范围内的工作手续，而这种东西是无法归纳成条例的。因此为了抓住语言(langue)这个东西，我们必须尽量做到密切地、直接地去观察日常生活中说的话，同时尽可能准确地去描述这些事实和我们的语法理论之间的关系，不断地修正和调整我们的理论使它符合我们的研究对象。现在我们可以回过来重新考察一下我们用过的方法，这可以大大促进我们对于我们研究的对象的理解。

直接研究语言事实

上面对于传统的语言学方法的批评并不等于说我们建议放弃这些方法。诱导调查对象说出某些词的形态变化，探索本地人的语感，书面材料的研究，实验室里的工作，用填表的方法对语言的用法进行测验都是重要的有价值的研究方法。前两项尤其是每个想进行有意义的语言分析工作的人所必须掌握的方法。下文将讨论的直接观察实际运用中的语言的方法有一个先决条件，即我们对于这种语言的语法轮廓已有所了解。让我们为一种完全不懂的语言去记音是超出我们的能力之外的。对于确定孤立的语音的性质来说，我们的耳朵是非常可怜的工具；可是如果对于相关的句法和语素有了解之后，耳朵就成了可以帮助我们对某些可能性作出判断的出色的工具。在句法研究上也是如此，我们对于一个给定的形式的初步分析总是比较表面的，可是等到注意到这个形式和其他句子的关系之后，确定这个语法形式的各种可能性就出现了。由此我们可以看到语言学中的另一个矛盾现象：我们对于一种语言了解得越多，我们能够从中发现的东西也就越多。

由于乔姆斯基把他选来作为"输入"的语言资料加上了重重限制，因此他相信："理论不为事实所决定"(theory is undetermined by the data. 1966)，他认为同样的语言资料总可以有几种不同的分析办法，我们应该根据内在的标准来衡量这些分析方法，决定取舍。我们的看法正好相反。通过从社会环境中对语言进行直接观察，有用的资料的数量大大地增加了,这些事实为我们提供了决定哪一种分析最好的方法和手段。

如何解决研究日常语言时遇到的困难

上文已经谈到,语言学家所以把自己的研究对象局限于人们的语感,原因之一是研究人们日常说的话会遇到许多困难。幸运的是对我们的研究来说,这些困难里有许多是虚构的,或是被大大地夸张了的。

(1) 认为人们日常说的话不合语法是没有事实根据的。拿我们从许多实际工作中搜集到的语言资料来说,其中 75% 以上是组织得很好的句子(well-formed sentences)。当我们对其余的句子运用省略规则加以解释并根据通常的校正方法对某些句子里的口吃或语误现象加以调整以后,真正不合语法的以及组织得不好的句子还不到 2%(Labov,1966)。一般人讲他们所熟悉的事——叙述个人经历——的时候,需要校正的句子降到只占 10% 的样子。许多研究过日常对话的语言学家都支持上面所说的情况。所以会产生口语不合语法这种奇谈的原因之一是:根据的语言资料是从学术会议记录里得来的。在这种会议上,往往是一些受过很高教育的人企图把一些以前从来没有人用语言表达过的复杂的观念表达出来。另一个原因是在语言学家当中常常可以看到的一种倾向,即只按照我们自己习惯的框框去接受一些说明,而不管周围的实际情况。

(2) 任何语言集团里都存在着语言变异和不纯一的语言结构,这是已经被事实证明了的。至于是否存在一种没有变异的纯一的语言集团,倒是值得怀疑的。可是在语言学家之中有一种神话,认为等待他们去研究的是一个纯净的,真正说同一种语言的语言集团。语言学家往往认为他自己所属的那个语言集团离开了规范,变糟了。这或是由于受别的语言的影响,或是教育的结果,或是标准语的压力,或是由于受到某种禁忌语(taboo)和行话的影响。近年来我们认识到,语言的不纯一性是正常现象,这是语言中许多基本因素互相起作用的自然结果。我们认为没有风格变化,没有几种不同层次的语言系统的并存,反而会使语言功能失调。(Weinreich, Labov and Herzog,1968,101)

认为语言都是纯净的这种臆想打消之后,我们就可以不受束缚地去创造一种为研究语言集团内部固有的变异所需要的"形式工具"(formal tools)。我们发现语言变异在社会上的分布是十分明显的。语言学家一直担心这种研究可能需要对几百个调查对象的语言资料进行统计分析(Hockett,1958,444)。事实正好相反,我们发现从很有限的调查对象——例如说 25 个人里头,就可以看出语言的社会层次的分布情况。我们了解到的某些最规则的风格层次和社会层次的分布情况,是从仅仅由五个人组成的小组的语言资料里归纳出来的,而且我们向每个调查对象询问的语言变体的例证不过 5 个到 10 个。这种有规则的并且可以重新验证的语言事实资料使我们

普通语言学研究导引

可以解释清楚我们所谓的"风格的"或"社会的"的精确含义。要是离开社会环境去研究语言的话,这些概念的含义就会变得难以捉摸。

(3)现场录音是一个技术问题。目前供专业人员用的电池录音机的发展使我们能够得到高质量的现场录音。如果有好的话筒,我们只要尽量把话筒靠近说话人的嘴,就可以在有噪音的环境里得到高质量的录音。

(4)第四个问题是有时我们要找的关键的语法形式正好是比较罕见的,如何搜集这种资料现在还没有什么现成的方法,可是我们已经看出该从哪里着手来解决这个问题了。如果对于语法形式交流思想的功能有更深的了解,我们就能搜集到更丰富的日常会话的资料。最理想的工作方法是我们能够跟调查对象很自然地进行谈话,并且在谈话中使调查对象能够很自然地把我们需要的语法形式说出来,而我们自己却根本不提这个语法形式。很明显,在对语言的抽象分析和我们的现场工作方法之间存在着一种反馈现象(feed-back):我们从调查对象口里诱导出一个给定的语言形式的能力可以证实我们对这个形式的分析的正确性,并且还能为我们提供有关运用这个语言形式的上下文的资料。我们曾经用这种方法成功地诱导出英语的被动式和现在完成式等语言形式,并且能够控制这些语言形式的出现。如果我们一直无法使一个说话的人在一种上下文里说出某个语言形式,而这个语言集团的其他的人却经常在这种上下文里用这个形式,那末我们就可以肯定在这个说话人的语言系统里不存在这个形式。

在社会环境中研究语言的有关文献

目前已经出版的一批研究著作充分说明对语言进行直接研究的方法是切实的而且是有成效的。下文将要讨论到的研究工作包括七个个人和集体近年来所做的工作。他们都是把在社会环境中实际运用的语言的记录作为他们进行研究的基本资料的。在下面列举的文献里,前两种比较简短,其他都是规模较大的,专门对英语集团进行研究的著作:

(1)John L. Fisher 关于新英格兰一个语言集团里儿童运用语尾—ing 的简要的研究(1958)。

(2)Henry Kučera. 关于捷克语的口语和书面语变体的观察(1961)。

(3)John Cumperz 关于印度 khalapur 和挪威 Hemnes 的方言层次和信号系统转变的调查(1964,1967)以及他关于印度 Kupwad 的双重语言(Marathi-Kannada)的研究(1969)。

(4)Lewis Levine 和 Harry Crockett 关于希尔兹巴勒市(Hillsboro, N. C.)元音后头的 r 的用法的报告(1966),Frank Anshen 关于这个城市里的黑人的四个音韵变体的研究(1969)。

(5)Joshua. Fishman, John Gumperz 和 Roxana Ma 关于纽约和泽西(Jersey)

两个城市中波多黎各人的西班牙语—英语双重语言的调查(1968)，特别是 Ma 和 Herasimchuk 关于西班牙语和英语的变体的研究。

（6）Roger Shuy，Walt Wolfram 和 Ralph Fasold 关于底特津英语中音韵和语法变体的社会层次分布的研究(Shuy, Wolfram and Riley 1967)以及 Wolfram 关于黑人英语的分析(1969)。

（7）我自己关于玛沙的葡萄园*的音变的研究(1963)；纽约城英语的社会层次分布的研究(1966a)；我和 Paul Cohen，Clarence Robins 以及 John Lewis 关于大城市中黑人区非标准英语的音韵和语法结构的研究(1968, vol. I)以及关于在这些语言集团中运用语言的研究(1968, vol. II)。

此外，我还将引用 Lambert 和他的合作者关于社会上对于语言和方言的态度的研究(1967)。尽管他的研究完全以测验为根据，但是他的结论不仅与上面引用的著作中的资料相符合，而且还有助于解释那些资料。

如果我们把这些研究工作的成果运用到所有语言学家都关心的有关语言结构的某些理论问题上去，我们就能充分了解这类研究的价值。在社会环境中研究语言所涉及到的语言学问题的范围跟用其他方式研究语言是一致的。我们可以提出五个带普遍性的问题：

1. 语言规则应该有什么样的形式？语言规则要受到哪些限制？

2. 语言规则施用在什么样的深层形式(underlyingforms)上？如何精确地确定这些深层形式？

3. 如何把语言规则组成系统？如何在系统里给语言规则编排顺序？

4. 在双重语言或多重语言并存的情况下，不同语言系统之间有什么关系？

5. 语言规则和语言规则的系统是怎样演变的？人类学会说话的根本机制是什么样的？在语言演变的大过程里，语言规则是怎样发生变化的？

下文第一节讨论在语言集团里搜集可靠的资料的方法；第二节讨论分析这些资料的方法，并且为语言内部的问题提出可能的解决办法。第三节讨论社会语言学的结构以及社会因素和语言因素之间的相互作用。在所有这些讨论中，我们将利用语言本身固有的变异的事实来解决一些抽象的问题：如果离开这些事实，这一类问题就只能成为无法解决的悬案。我们的目的不是为了给语言学建立新的语言理论，而是提供一种新的工作方法。

一、工作方法

当我们在语言学课程里谈到如何在语言集团中进行研究工作时，大家总是对怎么开始工作感到很大的兴趣：对调查对象说些什么？这不是一个无关重要的问题。对于研究者来说，工作开始时必须解决的问题，例如怎样去确定调查对象，怎样跟他

---

* 玛沙的葡萄园(Martha's Vineyard)是美国马萨诸塞州东南方的一个岛。——译注

322

普通语言学研究导引

们交谈，怎样才能使他们在录音过程中无拘束地说话，这些都是非常困难的问题，不注意这些问题是错误的，因为目前我们所用的调查技术和工作方式里体现了许多有关语言行为和社会行为的重要原则。仔细考察这些有关方法论的假设和发现，将会使我们在日常对话的性质以及语言的功能方面了解到许多东西。

根据实际调查工作中取得的经验，我们可以提出以下五项关于工作方法的原理。这五项原理都把我们引向一个矛盾现象上去，解决这个矛盾是方法论的中心问题。

（1）风格变化。就我们所知，没有一个人老用一种风格说话。有的调查对象风格变化的范围特别宽。但是当说话的场合或是话题发生变化的时候，所有的调查对象选用的语言变体里总有一些要跟着起变化。某些变化可以从调查对象对自己说过的话进行不大引人注意的校正的时候觉察出来，而且这种校正总是朝着一个方向进行的。

（2）注意力。分析者可以从语言里分析出许多种不同的风格以及衡量风格的各种不同的尺度。但是我们发现：不同的风格可以用单一的尺度来衡量，即根据对于所说的话所施加的注意力的大小来衡量。当一个人听自己说话的时候，这种注意力最容易产生。这项原理（实际上是一个假设）从下述事实中得到了有力的支持：许多重要的语言变体在漫不经心时说的话里出现的情况和在感情激动时说的话里出现的情况基本相同。这两种情况的共同点是，说话的人对于自己所说的话施加的注意力最少。

（3）纯口语（vernacular）。语言学家并不是对各种不同风格的语言都怀着同等的兴趣。在某些种风格的语言里，音韵型式和语法型式很不规则，存在着大量"矫枉过正"（hypercorrection）的现象。* 在另外一些风格的语言里，音韵型式和语法型式则很有系统，这就是纯口语风格的语言。用这种风格说话的时候，说话的人对于语言施加的注意力最少。观察纯口语可以为我们分析语言结构提供最有系统的事实资料。

（4）正式性（formality）。对于一个调查对象进行系统观察的时候总会造成一种说话环境，使他对于自己说的话所施加的注意力不能达到最小的程度。当调查对象答复我们的询问的时候，我们不能指望他是在用纯口语说话。不管调查对象显得多么随便，多么友好，我们总可以设想他还有一种更随便的说话风格，即当他跟他的朋友开玩笑时或是跟他的妻子吵嘴时所用的那种风格。

（5）可靠的资料。尽管我们可以采用许多其他的方法来搜集语言资料（例如调查会，匿名观察），要从一个调查对象那里搜集到最可靠的语言资料的唯一方法是个人之间的录音谈话。

（6）现在我们来讨论关于"观察者的矛盾"（observer's paradox）的问题。我们的目的是要知道人们在不被观察的时候是怎样说话的，可是我们只能通过系统的观察来取得这类语言资料。这个困难当然不是不能解决的。办法不外是：（1）想办法用其他的资料来补充在正式谈话中搜集到的资料；（2）想办法改变跟调查对象谈话的

---

　　* 参看第三节中"下层中产阶级的矫枉过正"一段。——译注

方式。上文提到的那些研究工作在解决这个问题的时候并不是都很成功的。很多观察者研究的风格的范围是很有局限的,注意力集中在比较正式的语言风格。开始对于纯口语进行系统观察的研究工作有:Gumperz 的工作,我们在纽约以及城市里少数民族居住区的工作以及 Fishman-Gumperz-Ma 在泽西城的工作。

克服这个困难的一个办法是打破正式谈话时所受的约束,把调查对象的注意力引到别的方面去,使他说纯口语。我们可以在正式谈话的间隙里或休息时间里使调查对象不自觉地认为此时他没有受到观察(Labov,1966a)。我们还可以把调查对象引导到一些话题上去使他回到过去曾经感受过的强烈的情绪中去。这类话题里最有效的一个是关于死的危险:"你有没有差一点死掉的经验?"回答这个问题时,调查对象说话的风格差不多都要发生变化,即从留心说话的风格向纯口语风格转移。

当然这些方法并不是永远有效的。有的时候我们不采用调查者和调查对象正面接触的方法,而是系统地观察调查对象在他们自己的圈子里彼此之间正常的交谈。在 Harlem 的工作中,我们参加到一个青少年的圈子里去进行长期观察。我们和这个小圈子里的每一个成员谈了话,从这里得到了关于每个人的语言资料。另外还开了一系列的调查会,我们把会上每个人说的话都录了下来。在这些会上,调查对象的举止说话都和平常一样,不受什么拘束。系统观察在调查对象中产生的影响似乎已减到了最小的程度。〔下略〕

二、如何解决语言结构里的问题

在这一节里我们要提出在研究非标准黑人英语中遇到的三个不同的语言结构方面的问题。* 这些问题牵涉到语言结构的内在规则以及这些规则作用的对象——深层成分的问题。在对于语言进行抽象研究的范围内,这些问题只能部分地解决。如果利用我们在上文介绍的在社会环境中研究语言所得到的语言事实资料,这些问题似乎都能得到彻底的解决。

我们关于这三个问题所做的结论都得到其他来源的语言资料的验证。就我们自己的研究工作来说,我们分别从六个说 NNE 的青年人圈子、几个成年人集团以及从其他城市取得的资料都是一致的。此外 Wolfram 在底特律(1969)所做的工作,尽管地区不同,研究者也不同,但也证实了我们的结论。从完全不同的研究工作中取得的资料的一致性使我们能够断定,我们对于这些问题的解决是正确的。

(1)复辅音简化现象和动词过去式语尾。上文提到过,非标准黑人英语里存在着词尾复辅音简化的现象。标准英语(SE)里的-t,d 结尾的复辅音在 NNE 里常常变得只剩下前一个辅音①。例如,bold, find, fist 常常读成 bol', fin', fis'。这就带来了

---

* 这三个问题是:(1)复辅音的简化,(2)系词的省略,(3)多重否定。(3)译文从略。——译注

① Wolfram 指出简化的复辅音中的两个辅音的清浊是一致的。因此像 jump, belt, else 等词不包括在这一类里。

一个问题：这是真正的复辅音简化现象，还是在 NNE 里根本不存在以复辅音结尾的词？ NNE 把 lists 说成 lisses，好像说明这一类词的深层形式里没有 t。下面关于这个问题的论证是 Labov(1968:3.2)的摘要。我们从说 NNE 的人里看到下面的事实：

a) 没有人完全不说词尾的复辅音，也没有人永远保留词尾的复辅音。

b) 不论是对个人或是对小组所做的统计都表明：复辅音的后一个辅音脱落的现象发生在第二个词以辅音开头的时候多于第二个词以元音开头的时候。下一个词开头的元音的影响也表现在其他的音韵规则上。例如在许多方言里，下一个词开头的元音对前一个词末尾的 r,l 和鼻音的元音化有限制作用。

c) 几乎没有发现矫枉过正(hypercorrection)的现象。这就是说，-t,-d 从来没有加在不该加的地方。例如没有人把 mole 说成 mold，把 lip 说成 lipt。

以上这些事实说明在 NNE 里，act,bold,find 一类词的深层形式是有复辅音的，同时也说明有一条省略词尾复辅音里后一个辅音的可变性规则(variable rule)存在。我们怎样把以上这些事实的形式上表示出来呢？ c)是很好办的，只要在 NNE 的词典里把词的深层形式列出来就可以做到。至于 a)，只要说明省略规则是选择性规则就可以了。可是 b)却无法用生成语法的术语来表示。如果我们把它表示为：

$$t,d \rightarrow (\phi)/C\text{——} \sharp \sharp (\sim V)^* \tag{10}$$

t 和 d 可以自由省略，条件是它位于词的末尾，前头是辅音，后头一个词不是元音开头的。对于中产阶层的口语来说，这条规则是有效的。这个阶层的人常常说 firs 'thing, las 'month，但不说 firs 'of all，也不说 las 'Octobor。但对于一些非标准方言来说，(10)是不适用的。因为在这些方言里，在后头是一个元音开头的词的条件下，词尾辅音群也有 30%～50%的机会简化。为了把这个事实表示出来，我们可以为每一条规则指定一个量 φ，使：

$$\varphi = \frac{规则实际起作用的次数}{规则在理论上可以起作用的次数}$$

对于绝对规则(categorical rules)来说，$\varphi=1$，对于可变性规则(variable rules)来说，$\varphi=1-k_0$，其中的 k_0 表示这条规则运用时所受的限制。就复辅音简化规则来说，如果紧接在后头的词不是元音开头的，这有利于这项规则起作用，此时 K_0 的值显然变小了，假定这个差数是 K_1，那末，$k_1 < k_0$，而

$$\varphi = 1 - (K_0 - \alpha k_1)$$

＊ 这是一个语言规则的符号表示式。如果我们把一个语言规则表述为"如果 A，则 B"的形式，那末式中斜线左边的符号代表 B，斜线右边的符号代表 A。换句话说，斜线右边的符号代表这条语言规则能够成立的条件。式中 ϕ 表示零形式，$t,d \rightarrow \phi$ 表示 t 或 d 省略，把 ϕ 放在括弧里，表示这是一个选择性规则，即 t 或 d 可以省略，也可以不省略。斜线右边的横线表示 t,d 所在的位置。$\sharp \sharp$ 表示词和词的交接处。因此 $C\text{——}\sharp \sharp$ 表示 t,d 位于词的末尾，前头是辅音。$\sim$ 号表示"非"。$(\sim V)$ 表示后头一个词不是元音开头的。——译注

其中的 α 代表正号或负号。如果紧接在后头的词是元音开头的，α 代表一号，如果不是元音开头的，α 表示＋号。根据这样的解释，我们可以把规则改写为：

$$t,d \rightarrow (\phi)/C\text{——}\sharp\sharp\alpha(\sim V) \tag{11}$$

把规则改写成(11)的形式，这对于许多非标准的白人方言是适用的，在这些方言里偶尔可以听到 firs 'of all 的说法。但到目前为止，这项规则只适用于—CC 形式的复辅音，即两个辅音是属于同一个语素内部的东西，不适用于—C♯C 的辅音群，即前一个 C 是第一个语素的结尾，后一个 C 是第二个语素的开头(♯表示语素和语素交接处)，例如 passed〔pæst〕,rolled〔rod〕,这两个词的最后一个辅音都是动词过去式词尾。由于在 NNE 里，包含动词过去式语尾的复辅音也同样简化，因此我们可以把规则写成：

$$t,d \rightarrow (\phi)/C(\sharp)\text{——}\sharp\sharp\alpha(\sim V) \tag{12}$$

这个式子带来了一个麻烦问题，如果这个式子里的辅音简化掉了，那末表示动词过去式的信号就消失了。现在的问题是：在 NNE 里，这个式子里的♯是不是真正存在？换句话说，说 NNE 的人是否知道 passed 里的复辅音(-st)表示过去式？我们调查的资料表明存在下列事实：

（a）没有人永远把这个-ed 甩掉，也没有人从来不这么做。

（b）这里也有音韵条件：后头跟着元音的时候，显出有保留-ed 的强烈倾向。

（c）在相同的音韵条件之下，过去式辅音语尾的脱落比单纯语素的辅音尾巴的脱落少见。

（d）没有矫枉过正的现象：没有在该用现在式的时候错误地加上-ed。

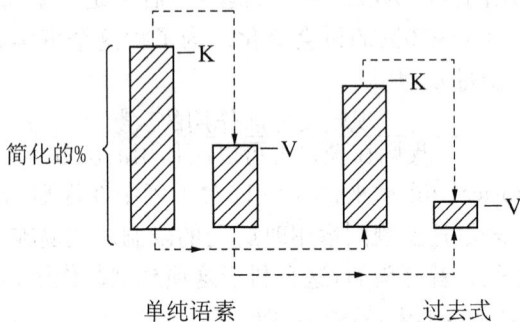

图一

在任何一个有一定长度的语言片断里，都存在图一里所显示的那种关系。如果我们把带-t,d 的辅音群分成图中标出的四类，我们就会发现，包含动词过去式的复辅音比单纯语素内部的复辅音简化得少，在元音前的复辅音比处于其他音韵环境中的复辅音简化得少。这种关系是惊人的一致，我们接触的每个人和每个小组都表现出这种一致性。考虑到这些限制，我们的规则就应写成：

$$t,d \rightarrow (\phi)/C\text{——}\beta(\sharp)\text{——}\sharp\sharp\alpha(\sim V) \tag{13}$$

在这里 $k=1-(k_0-\alpha k_1-\beta k_2)$。其中音韵限制 α 的力量比语法限制 β 的力量强。但是随着说话人年龄的增加,或是当他用比较正式的口气说话的时候,语法环境的作用就会加强,直至 α 和 β 互换位置。限制条件的这种排列顺序的变化代表了语言的历时的(genetically 或 diachronically)演变的一种基本形式。这是我们把可变性限制条件(variable constraints)编入我们的规则表示式里的最重要的动机之一。如果不这样做,我们就无法把语言发展的这一重要方面表示出来。

语言里有变异现象存在这个事实本身并不说明在深层语法里一定有可变性成分(variable element)。举例来说,由动词第三人称单数形式-s 构成的复辅音,在 NNE 里也是有变异的:例如 He works 和 He work 两种形式并存,但情形和-t,d 不同。我们的调查证实了下列事实:

(a) 有些人从来不用第三人称单数-s,甚至在很小心地说话的时候也是如此;另外一些人是有-s 这个形式的,但出现的次数因人而异,差别很大。

(b) 找不出一条总的音韵规则来说明以-s 或-z 结尾的辅音群的简化,因为在 NNE 里,名词复数语尾全部保存,没有变异。

(c) 后头一个词以元音起头对于保存-s 不起作用,事实是:在这种环境里-s 反而出现得更少。

(d) 存在着大量的矫枉过正的现象,例如:We works there,甚至 He can gets hurt。

我们从各种类型的测验(repetition tests, perception tests, comprehension tests)中得到的事实证明,不同年龄的说 NNE 的人,说-ed 语尾跟说名词复数语尾-s 一样容易,可是对于动词第三人称单数语尾-s,他们既难于觉察和领会,也难于运用。

关于 NNE 中复辅音的简化现象,Wolfram 在底特律的独立调查中提供的事实与我们所观察到的事实若合符节。表一是从纽约市的三个不同阶层的成年人和四个青少年小圈子以及底特律的四个社会阶层中得到的统计资料。我们可以看到对于每一类调查对象来说,情况都和上文图一所表示的情况相符合。表一的第一行中的百分数大于第二行,第三行大于第四行,这显示了第二个词的开头的元音对于简化规则的作用;第一行的百分数大于第三行,第二行大于第四行,这显示了动词过去式这个语法条件对于规则的作用。

底特律城关于-t,d 脱落现象的资料证实了我们从纽约观察到的事实,可见 NNE 中确实存在着一个深层的-ed 形式,同时也证实了简化规则的正确性。

变异是否系统本身所固有的? 在接着往下讨论以前,我们必须考察一下我们调查到的资料是否确实代表纯口语。因为即使在最没有教养的青少年中,我们也观察到有不简化的复辅音存在。这个现象是否说明十岁左右的儿童已经受到标准英语的影响,因而使他们在最无意的谈话中显示出了方言混合成分。如果是这样的话,我们就应该到年纪更小的儿童里去找纯口语资料。照我们看,情况不是这样。第一,我们在年纪更小的儿童里的调查,并没有发现任何迹象证明他们所说的话比年龄较大的儿童有更大的纯一性。第二,上文已经指出过,-t,d 的脱落是很有规律的。这就表明,最大的可能是这类结尾的辅音确实存在于 NNE 的深层形式中。但是从理论上说,还有一个更重要的理由使我们相信(13)所代表的可变性规则准确地刻画了纯口语。如果复辅音简化规则在某个"纯粹"的系统中是一个正在逐步走向完成的消除所有的-t,d 复辅音的绝对规则,那末这就消除了规则本身。因为在这种情况下,我们把 bold 这样的深层形式列入这个方言的词典里去就失去了依据,儿童们会认为这个词的基本形式是 bole,因此这条语言规则就失去了作用的对象,变得"英雄无用武之地"了。rolled 的情形也一样,这样的绝对规则从根本上消除了动词的过去式语尾变化。

我们必须注意到,在语言演变的过程中,某些变化确实在逐步走向完成,可变性规则终于变成了不变性规则(invariant rules)。但当这种情况发生的时候,不可避免地会发生另外一些结构上的变化来补偿由于前一类变化所引起的意义方面的损失。下面举三个有趣的例子来证实我们的说法。

(a) NNE 保存了不规则动词的过去式形式如 give-gave, keep-kep', tell-tol',同时-rolled' 的过去语尾-ed 也潜存于可变规则里。但特立尼达英语(Trinidad English)里动词过去式用的就是现在式 roll,give,keep,tell,那末如何来区别过去式和现在式呢? 在特立尼达英语里是用 do 来表示这种区别的:现在式 He does give 和过去式 He give 对立。

	单纯语素内的 辅音群		动词过去式 辅音群	
	—K	—V	—K	—V
纽约				
成人:				
中产阶级	60	28	19	04
上层工人阶级	90	40	19	09
下层工人阶级	89	40	47	32
青少年:				
雷鸟 * (10~13)	91	59	74	24
飞将军 * (10~13)	98	64	85	43
眼镜蛇 * (12~17)	97	76	73	15
喷气式 * (12~17)	90	49	44	09
底特律				
上层中产阶级	79	23	49	07
下层中产阶级	87	43	62	13
上层工人阶级	94	65	73	24
下层工人阶级	97	72	76	34

* "雷鸟""飞将军""眼镜蛇"等是一些青少年集团的名称。——译注

（b）在苏格兰的英语方言里，清塞音后头的-t，d 一律脱落了，因此 act 变成了 ac'，apt 变成了 ap'。这条绝对规则必然导致动词 liked，stopped 后头的过去式语尾的消失。但在这种方言里，另有一条嵌音规则（rule of epenthesis）在起作用，它使动词过去式语尾-t，d 保留下来，但又不形成辅音群，例如 liked 变成了〔laikit〕，stopped 变成了〔stapit〕。

（c）在法语的演变过程中，有一种音变现象自北向南蔓延开来，这就是处于词尾的-p，-t，-k 和-s 的消失。当-s 在大多数方言里消失以后，原来借以区别冠词、形容词和名词的单复数的手段随之消失，这样一来，冠词的单数形式 la. 和复数形式 las 之间的对立，除了后头跟着以元音开头的词的场合之外，也就不存在了。不过在大多数情况下，复数形式的某些根本的变化使单数和复数形式仍旧保留着区别。我们在《法国语言地图》（Atlas Linguistique de France）里可以看到，法国中南部一个地区的南缘，随着-s 的消失，发生了另外一种音变，即非重读的 a 变成了 o。在一般情况下，这条音变规则对于单数形式和复数形式同样适用。但是在这个地区北部一块不小的地方，a→o 的变化只适用于单数形式。因此冠词的单数和复数仍然是对立的（前者是 lo，后者是 la）。Dorothy Eckett 的这个发现（1969）有极重要的意义，因为它说明由于要维持语言的交际功能，语法有时可以直接改变语言规则。这个发现跟我们目前讨论的问题也有关系。由于 a→o 这种补偿性的语言变化只发生在-s 的消失成为绝对的不变规则的地区，而在-s 的存亡处于摇摆不定的状况的地区，a→o 这条规则就不起补偿作用了。这说明当一条可变性规则的规律性很强的时候，它就为学习语言的人提供了足够的信息，使他能够把必须区别的东西区别开来而且使他能够识别语言成分的深层形式。

我们的结论是：像-t，d 在复辅音里消失这一类变异不是无规律可言的方言混合的结果，而是 NNE 系统本身所具有的性质。也可能有人会从另外一个方面对可变性规则在语法中的地位提出疑问，认为这类规则在解释人运用语言（production）和人理解语言（perception）两方面是不对称的，是畸重畸轻的。例如说话的人省略-ed 的情况比省略别的辅音少，这个事实显示出说话的人对于过去式语尾的知识。可是对于听话的人来说，他需要知道的仅仅是-ed 的省略是选择性的（optional）还是强迫性的（obligatory），因为他只要理解他听到的每一个表示过去时的信号就行了。我们认为，可变性规则之为运用语言的规则是没有问题的，有争论的是，运用和理解两方面的对称对于语言结构来说是不是一种有根据的假设，是不是我们建立语言理论时应该达到的目标。这种假设看起来很吸引人，可是我们有坚强的证据证明这种假设是错误的。在对 14～17 岁的青少年所做的重复测验（repetition test）中，我们发现有人在重复 I asked him if he did it 这个句子的时候，不假思索地把它说成 I axed him did he do it，测验对象对于原句的意义是完全理解的，可是在说的时候，却自然而然地按照 NNE 的语法规则来组织句子，可见在理解（SE 和/或 NNE）和运用（NNE）两方面显然是不对称的。

最后，可能有人以可变性规则是关于运用语言的规则（rules of performance）为理由来否定它。我们认为最好不要把运用语言的能力（performance）这个概念当作字纸篓来滥用，因为变换语法规则和音韵规则中的绝大部分也可以看成是关于运用语言的能力的规则。

十分明显，人类接受、保持和解释可变性规则的能力是他们对于语言的认识能力（competence）的一个重要方面。可是从来没有人觉察到人们具有这种认识能力，而且从人们对于语言的直觉中也看不出有这种能力的迹象。确实我们对于自己的和别人的语言行为的认识总是绝对性的（categorical），只有仔细地研究人们实际运用的语言，才能显示出人类具有运用可变性规则的能力。

（2）NNE 中系词的省略。我们现在来研究另一个复杂得多的问题，即关于 NNE 中现在式系词和助动词 is 的变异情况。在这种方言里，我们常常听到如下的句子：He wild（SE：He is wild），she out the game（SE：She is out of the game），He gon' try to get up（SE：He is going to try to get up）。这类没有系词的句子跟没有现在式系词的俄语、希伯来语、匈牙利语里的句子相似，和只在名词语（和处所语）前头出现系词的牙买加英语里的句子相似，也和儿语中 That a lamb，Mommy busy 一类句子相似。我们要弄明白的是在 NNE 的深层结构里有没有这类系词存在。如果有的话，那末系词是在词法这个层次上整个省略掉的呢，还是在较低的层次上按照音韵规则省略掉的？这些问题无论在理论上还是在实用上都是很重要的，因为它牵涉到不同方言之间的区别在哪里以及应该如何教人说不同的方言等等有争论的问题。下边是 Labov，1969a 和 Labov，1968：3.4 中关于这个问题的讨论的摘要。

（a）我们首先看到的是在说 NNE 的人里头，没有人永远省略系词，也没有人从来不省略系词。每个人都是有时用系词的原来形式，有时用紧缩式，有时用零形式。这种在语言行为上的一致性以及下文将要讨论到的可变性限制（variable constraints）的型式表明我们处理的是一个可变性规则的问题。

（b）在某些句法位置上，系词从来不省略，例如在省略句中（He is too），由 wh-组成的短语之后（That's what he is）等等。总的说来，在标准英语里能用系词紧缩式的地方，NNE 可以省略系词；标准英语里不能用系词紧缩式的地方，NNE 也不能省略系词。

（c）由于系词的省略和系词的紧缩有关，所以我们首先要弄清楚英语系词紧缩的条件。我们发现 am，is，are，will，has，have，had 等词的紧缩都是在一个包含着时态成分的词里把一个位于单独的辅音前头的中性元音（schwa）消去。例如：He's here，I'm coming，You're there，I'll go，He's got it. 这种紧缩的过程是在运用省略开头的滑音（glides）的规则以及把非重读的松元音变成中性元音的元音弱化规则的基础上进行的，而元音弱化规则又是建立在乔姆斯基和哈利（1968）从表面句法结构上推导出的重音规则上的。

（d）在 NNE 里，be，ain't，can't 是不能省略的，这类词里的元音是紧元音（tense vowels），是不能弱化为中性元音的，因此没有紧缩形式。这个事实也说明系词省略是和系词紧缩相关联的。此外，I'm 里的 m 不能省略，也可以看出系词省略是一个音韵过程。在 NNE 里词尾的鼻音是不能省略的。

（e）NNE 里控制着系词的紧缩和省略的可变性规则包含一系列和语法环境相关的可变限制条件（variable constraints）。前边是代词的时候有利于这个规则起作用。系词后头的语法成分使规则起作用的力量，按下列顺序由弱趋强：谓语位置上的名词短语，形容词和处所词，动词，动词前边的助动词 gonna*。如果我们认为紧缩规则先起作用，然后省略规则消去紧缩以后剩下来的单个辅音，我们就可以看到上面列举的那些限制条件对于两条规则起相同的作用。我们所以认为紧缩和省略是两条分开的规则是由于以下的事实：语法环境的限制条件对于系词省略所起的作用从量上说要比它对于紧缩所起的作用大，可见这些限制条件曾经两次起作用。

（f）虽然对于紧缩和省略起作用的语法限制条件是相同的，可是前边是元音还是辅音对于系词的紧缩和省略在音韵上所产生的结果却是不同的。对于紧缩来说，以元音结尾的主语有利于紧缩规则起作用；对于省略来说，以辅音结尾的主语有利于省略规则起作用。这种相反的情况正好和紧缩与省略所导致的不同的音韵效果相对应：紧缩时消除一个元音，省略时则消除一个辅音，而两种情况都同样导致出在英语里占优势的音韵结构型式：CVC（辅音＋元音＋辅音）。

根据以上所说的事实，我们可以确定系词 is 的紧缩规则和省略规则分别为：

紧缩：

$$ \vartheta \rightarrow (\phi) / \begin{bmatrix} \alpha\text{pro} \\ \gamma\text{V} \end{bmatrix} \# \# \begin{bmatrix} - \\ +\text{T} \end{bmatrix}^z \# \# \begin{bmatrix} \beta\text{Verb} \\ -\gamma\text{Noun} \end{bmatrix}^{**} \tag{14} $$

省略：

$$ z \rightarrow (\phi) / \begin{bmatrix} \alpha\text{pro} \\ -\gamma\text{V} \end{bmatrix} \# \# \text{\textemdash} \# \# \begin{bmatrix} \beta\text{Vevb} \\ -\gamma\text{Noun} \end{bmatrix} \tag{15} $$

跟其他许多情况一样，我们在这里得到的结论和乔姆斯基的下述观点是相符合的，即方言之间的差别往往是低层次的语言规则之间的差别，表面上的差别要比存在于深层结构里的差别（要是有差别的话）大。

我们发现的事实对于如何教说 NNE 的人学标准英语有重要关系。如果在 NNE 里系词确实是消失了，那末我们就应该教他们标准英语的基本句子结构：S→NP＋VP。但是事实上 NNE 的系词不在句子里出现是由一条以系词紧缩形式为基

＊　gonna＝going to. 美国俚语。——译注

＊＊　pro（pronoun）——代词，v——元音，T——时态成分。——译注

础的低层次的省略规则控制的,我们就应该教他们学会系词紧缩形式的读法和写法。

从许多测验中得到的事实也证实了我们的结论。在模仿测验(imitation tests)里,调查对象毫无困难地重复了系词(Labov,1968:3.9)。在对于系词的理解测验(comprehension tests)里,调查对象也没有发生什么问题。这和动词第三人称单数-s的情况形成了鲜明的对比,在 NNE 的语法结构里没有和-s 相当的语法成分。

Wolfram 在底特律得到的结果也同样证实了我们的结论。Wolfram 发现的关于系词省略的可变限制条件和我们所发现的出人意料地相似。在他调查的每一个小组里都可以看到前边的代词对于系词省略的影响。出现在后边的各类语法成分对于省略所起的影响的顺序,也和我们看到的一样。表二是纽约和底特律两个城市中关于 is 后边的语法成分对于省略的影响的数据的比较。

表二 在各种语法成分前省略 is 的百分比

	名词短语前	形容词和处所词语前	动 词	gonna
纽 约				
雷 鸟	35	51	74	91
眼镜蛇	53	77	80	100
喷气式	63	72	78	95
底特律				
工人阶级	37	46	50	79

必须注意,我们关心的不是这些数据的绝对数值,而是这些带根本性的语言结构事实。(下略)

三、社会语言学结构

我们把"社会语言学因素"(sociolinguistic variable)定义为跟社会环境中非语言因素(nonlinguistic variable of the social context)如说话的人,对话的人,听众,说话的环境等相关联的语言因素。某些语言特征形式(linguistic features)在不同的社会经济阶层、不同的种族、不同年龄的人群中分布的情况不一样,但是任何个人运用这些特征形式的时候,不管在什么样的上下文里,大体上都是一致的。我们把这样的语言特征形式叫作"指示特征"(indicators)。如果跟这些指示特征相关的社会因素是能够根据某种顺序排列的(例如社会经济阶层,不同年龄的人等),我们就说这种指示特征是有层次的(stratified)。高度发展的社会语言学因素不仅有不同的社会分布,而且还能显示风格上的差异。我们把这种社会语言学因素叫做"记号"(markers)。我们在第一节里曾经指出语言风格可以按照说话的人对他自己说的话的注意力的程度排列成不同的等级,因此在社会层次(social stratification)之外,还有风格层次(stylistic stratification)。早期关于社会语言学因素的研究多半把这两方面分开进行观察(如 Fischer 1958，Kučera 1961)，近来的研究则注意到这两方面的相互关系(Labov，1966，Wolfram，1960，Anshen，1969)。

一个稳定的社会语言学记号：(th)。(th)是英语里最普遍最单纯的社会语言学记号之一。(th)指的是 thing，thick 等词里的清齿间摩擦音/θ/。这个音的标准形式(prestigeform)是摩擦音，读成塞擦音或塞音是粗俗形式(stigmatizedform)。

要为(th)这个社会语言学因素下定义会碰到一些技术性问题，最简单的办法是只考虑它出现在词的开头时的情况。从图二我们可以看到纽约市(th)的风格层次和社会层次。图二所用的指数数值如下：塞音〔t〕记作 2 点，塞擦音〔tθ〕记作 1 点，标准形式〔θ〕记作 0。如果在任何场合都无变异地用塞音形式，那末最高累积点数为 200，在任何场合都无变异地用标准形式，累积点数为 0。

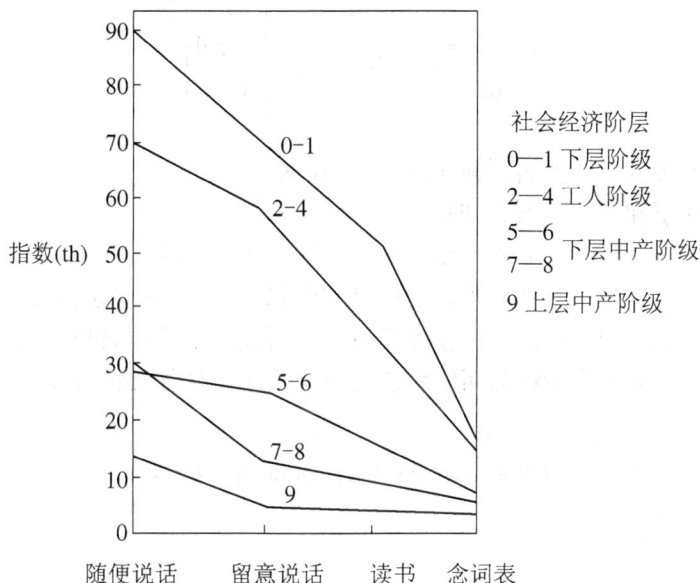

社会经济阶层
0—1 下层阶级
2—4 工人阶级
5—6 下层中产阶级
7—8
9 上层中产阶级

指数(th)

随便说话　　留意说话　　读书　　念词表

图二

语 言 风 格

图二中垂直轴表示(th)的指数，水平轴表示语言风格：从左边最不正式的语言场合到右边最正式的语言场合。图二的制作法是先把五个属于不同社会经济阶层的小组中的每一个的平均指数标出来，然后把每一小组的点用直线相联结。从这个图可以看出(th)的风格层次的规整性：

(a) 在每一种语言场合中，不同社会经济阶层的成员使用(th)的情况都有差别。

(b) 可是不同阶层的人在各种语言场合使用(th)的升降趋势却是一致的。

(c) 说话的人并不了解图二所包含的全部事实。上面指出的(a)(b)两项他们就不知道。他们知道的只是本阶层的人风格变异的范围以及跟他有过接触的其他阶层的人在某些语言场合中的语言行为。他不可能意识到各阶层的人风格变异的升降趋势的一致。

（d）由于同一个社会语言因素既表现社会层次，也表现风格层次，所以我们无法根据一个语言形式本身断定它是一个商业推销员随随便便说的，还是一个管子工在留心的说话中说的。

（e）我们不可能根据图二预测说话的人在一句特定的句子里将选用（th）的哪一个变体，但是根据很有限的人和很有限的例句（5～10句）制成的这张图却显示出了惊人的规律性。

我们把（th）的可变性规则表述为：

$$\begin{pmatrix} +\text{cons} \\ -\text{voc} \end{pmatrix} \rightarrow (\lbrack -\text{cont} \rbrack)\Big/ \begin{bmatrix} -\text{strid} \\ -\text{back} \\ +\text{cor} \end{bmatrix}^{*} \tag{19}$$

跟这个式子相关的可变性输入（variable input）K_0
是社会经济阶层和风格的函数，即：**

$$K_0 = f(\text{SEC}, \text{Style}) = a(\text{SEC}) + b(\text{Style}) + c \tag{20}$$

有人研究过其他一些社会语言学记号，其结果和图二所显示的关于（th）的情况大体上是类似的。但（th）也有一些为其他记号所没有的特点，例如我们在图二里看到代表工人阶级和中产阶级的两组线条之间有一大块空白，界限非常清楚。此外，这

---

* 关于这个表示式的写法参看 Chomsky 与 Halle(1968)。式中：

    cons＝consonantal

    voc＝vocalic

    cont＝continuant

    strid＝strident

    cor＝coronal

$\begin{bmatrix} +\text{cons} \\ -\text{voc} \end{bmatrix}$ 表示辅音，〔-cont〕表示"非摩擦的"，〔-cont〕外边加圆括弧，表示这是一条可变性规则。

$\begin{bmatrix} -\text{strid} \\ -\text{back} \\ -\text{cor} \end{bmatrix}$ 表示发音部位在舌头的"非 strident"的辅音。这个表示式可以读为：辅音有时失去它的摩擦性质，如果它是"非 strident"的而且是用舌尖部位发音的。这个式子里的 strident，coronal，continuant 等都是所谓"区别性特征"(distinctive features)，参看 Roman Jakobson 等：Preliminaries to speech analysis，1951。——译注

    ** $K_0 = f(\text{SEC}, \text{Style})$ 表示 K_0 是 SEC 和 Style 两个变数的函数。SEC——社会经济阶层，Style——风格。——译注

两组线条很少有交叉的地方,其他一些记号的情况就不是如此(看下文图三)。

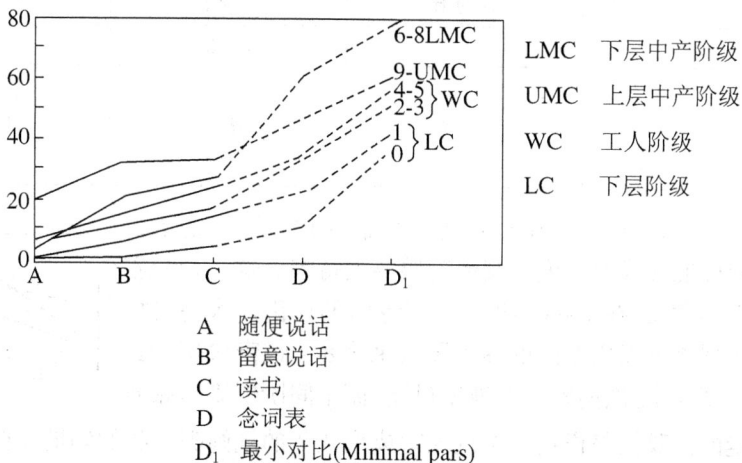

LMC	下层中产阶级
UMC	上层中产阶级
WC	工人阶级
LC	下层阶级

A 随便说话
B 留意说话
C 读书
D 念词表
D₁ 最小对比(Minimal pars)

图三

男人和女人的区别。这一方面的情况,图二没有反映。女人在留心的说话里,粗俗形式用得比男人少,而且女人对于标准形式比男人敏感。因此在风格转移的时候,女人的变化坡度很大,特别是在正式语言场合。这种现象已被无数次的观察所证实。对于下层中产阶级的妇女来说,这种现象尤其显著。

下层中产阶级的矫枉过正(hypecrcorrection)。语言集团中的次高阶层(the second-highest status group)在语言风格的转移上往往趋于极端,走得比最高阶层(the highest status group)还要远,这是已被确认的社会语言现象之一。要看清这一点,最好去观察社会语言学结构正在发生的某种变化。图三是纽约市各社会阶层关于词尾和辅音前(r)的风格层次。纽约本来有一个无(r)的口语,二次大战以后,带(r)的读音变成了标准形式。图三中垂直轴表示(r)的指数,即 ear, where, car, board 一类词中〔r〕出现的百分数。指数越高表示这个标准形式〔r〕用得越多。要注意的是下层中产阶级在两种最正式的语言场合中曲线上升超出上层中产阶级的情况。纽约市的其他几个社会语言学因素也有类似的情况。Levine 和 Crockett 在北卡罗来纳的研究中所得的数据和我们的观察惊人地一致,见表三:

表三

	读句表	读词表	差 数
教育程度			
高等学校学生	52.7	58.9	6.2
高中毕业生	54.6	65.6	11.0
高中生	50.0	57.0	7.0

	读句表	读词表	差　数
小学生	52.6	57.3	4.7
性　别			
男	52.3	57.4	5.1
女	52.9	61.1	8.2

在这里，次高阶层是高中毕业生。他们在比较正式的语言场合中趋向标准形式的幅度比其他阶层要大得多。这个现象在语言演变中的意义，在 Labov1965 中有专门的讨论。次高阶层矫枉过正的现象可以用左面的抽象图式来表示：最高阶层和最低阶层的坡度最小，次高阶层的坡度最陡，而中间阶层则是跟着次高阶层走的。我们怎样把这个现象写成形式化的规则呢？我们知道在白人集团里〔r〕的元音化规则的普遍形式是：

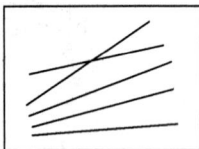

$$\text{〔+cen〕} \rightarrow (\text{〔-cons〕}) / \text{〔-cons〕}\text{——}\sim V \qquad (21)$$

问题是如何给这个规则的 K_0 写出一个和(20)一样简单明白的公式。解决这个问题的关键在于人们对于风格变化的意义的理解，这种理解是由人们对于语言的正确形式的社会标准的认识所制约的。我们在第一节里曾经说到风格变化的语言行为可以用一种"语言不安全指数"（index of linguistic insecuriy）来计量，而这种指数恰好可以让我们用来描绘图三中表示风格变化的线条的坡度（Labov，1966：47），因此我们可以为(21)写出下列公式：

$$K_0 = f(\text{class}, \text{style}) = a(\text{SEC}) + b(\text{ILI})(\text{Style}) + c \qquad (22)$$

语言标准和语言行为的关系。我们在上文讨论社会语言学结构的时候，考虑的一直是人们事实上怎么说话的问题，只是偶尔才提到他们认为话该怎么说的问题。考虑话该怎么说是人们对于语言的一种间接的反应，布龙姆菲尔德（Bloomfield，1944）认为这种对语言的通俗的看法值得好好研究。对一般人来说，他们用来讨论语言问题的词汇是很有限的。譬如说到某人的发音时，翻来复去用的几个词汇就是"带鼻音"（nasal twang），"机械地一高一低"（sing-song），"咬字硬"（harsh），"喉音重"（gutteral），"慢吞吞的"（lazy）。谈到语法的时候，常用的字眼是"混乱"（mixed-up）或是"不合逻辑"。

有一些社会语言学记号（sociolinguistic markers）现在已经为社会上的人们意识到了，逐渐成为他们鉴定别人说的话的一成不变的标准（stereotypes）。在美国，

---

①　这条形式规则是说："如果央辅音〔r〕位于元音或滑音之后，而且后面不是紧跟着元音，则〔r〕的辅音特征消失。"

(ing)和(dh)就是这种标准之一。人们常说某人 drop his g's(丢掉了 g),或是说某些人是"dese,dem and dose guys(说 dese,dem,dose)的家伙"。此外在多数语言集团里还有对于本地方言的鉴定。例如纽约布鲁克林区的人把 thirty-third 说成 thoity-thoid;波士顿人的 cah(car),pahk(park)中的前 a 很为人注意;北卡罗来纳州哈特勒斯角说当地方言的人被称为"hoi toiders"(说 hoi toid 的人),因为在这种方言里,high,tide 里的第一个元音圆唇而且靠后。

人们对于语言的这种印象至少代表了他们对于语言结构的一种粗略的、不成系统的看法。一般说来,社会上对于语言的矫正(social correction)是极其不规则的,矫正的对象仅限于最常见的词汇。可是促成某些特殊语言形式产生的语言演变的实际过程却是非常规则的。说话的人最不经心时说的口语所以最能显示语言结构的系统性,根本原因就在这里。

但是人们对于语言的主观反应并不局限于那些已经成为社会意识的对于语言形式的鉴定标准。我们还可以用 Lambert 的 matched guise 测验以及第一节里提到过的其他方法来测出社会上人们对于语言的无意识的反应。这里存在着一条基本原则:在一个语言集团中,人们对于语言的看法是极其一致的。Lambert 的研究表明,不仅魁北克的英语集团里的人对加拿大法语持否定态度,就连说法语的人也几乎一致持这种态度。我们在研究人们对于(r)之类记号的无意识的主观反应的工作中也发现,尽管在(r)的用法上存在着极大的差别,可是人们对于(r)的反应却是惊人地一致的。社会语言学结构有一条公理(axiom):和一个社会语言学因素的不同的层次分布(regular stratification)相关联的是人们对于这个因素的主观反应的一致性。这可以用图四来说明。这个图把纽约人关于(r)的语言行为和主观反应进行了比较。从图四 a 可以看出年轻人日常口语里的(r)的层次分布。在 40 岁以上的人里,用(r)的情况和社会阶层之间没有什么必然的联系,可是在 40 岁以下的人里,上层中产阶级和其他阶层之间存在着明显的差别。图四 b 表明,40 岁以上的人对于(r)的主观反应测验的结果接近于随机水平(random level),可是 18 岁到 39 岁之间的人的反应则是完全一致的:42 个测验对象全部都在无意识的反应中显示他们把带(r)的读音看成是标准的发音。

我们再回过来看图二和图三,这两幅图里表示风格转移的线条的坡度的一致反映了社会上对语言标准的态度的一致。但是对于像(th)这样稳定的社会语言学记号,我们会发现一个问题:为什么人们不按照他们意识到的语言标准说话呢?通常总是拿省劲、不注意以及和标准形式缺乏接触等原因来解释。不过认为粗俗形式便于发音的观念是毫无根据的,而且有坚强的证据证明大城市里的人对于语言是很注意的。对于这个难题的仔细的研究使我们断定有一套与标准语言形式相对立的语言规范标准潜存于人们的意识中,这种规范标准给纯口话以正面的、积极的评价。在大城市的正式语言场合中,例如语言调查或心理语言测验中,要想把人们的这种规范标

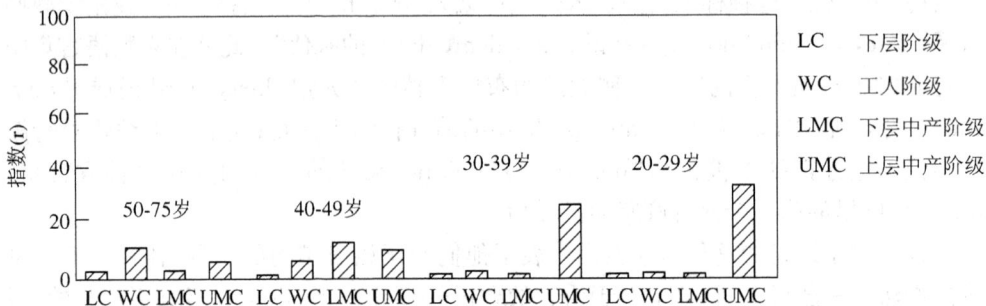

LC   下层阶级
WC   工人阶级
LMC   下层中产阶级
UMC   上层中产阶级

(a)

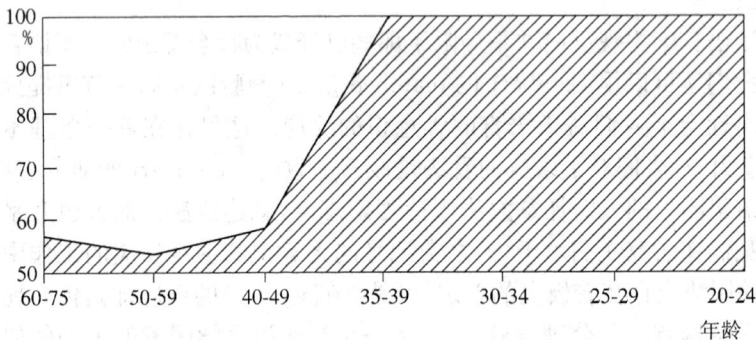

(b)

图四

准诱导出来是极端困难的。在这种语言场合中,中产阶级的规范标准的影响强烈到使调查对象无法感觉到对立的规范标准的存在,尽管在别的语言场合中,这种规范标准对他们的语言行为的影响是极强的。通过近来在黑人社会中的研究工作,我们找到了这种对立的语言规范标准存在的证据。我们同意 Homans(1955)的意见:我们的研究对象不仅仅是人们的语言行为,也不仅仅是人们意识中的语言标准,而是人们背离语言标准的程度及其规律。只是在这种抽象中,我们才能发展语言学理论和社会语言学理论。

四、对话分析(discourse analysis)中的一些不变性规则

以上讨论的几乎全部都是有关语言的可变性规则的问题,即如何利用可变性规则为语言结构问题提供明确的证据,可变性规则在社会语言结构中的地位以及在语言演变中的作用。但是大量的语言规则不是可变的,而是绝对规则。跟其他研究人类行为的学术领域相比,语言学是唯一一门成功地把潜存于表面现象之下的不变结构揭示出来的科学。我们在第 2 第 3 两节介绍的研究工作正是建立在这种基础上的。我们对于可变性规则所做的形式表述是以一些不变性规则为基础的,是和这些

不变性规则交织在一起的,而这些不变性规则是从离开社会环境的语言研究中推导出来的。

可是在语言分析的某些领域中,如果不考虑语言行为的社会环境,要想发现其中的基本的不变性规律简直是不可能的。最突出的例子就是对话分析。对话分析的根本问题是如何发现把前后两句话联系起来的规则,换句话说,我们要弄明白人们是怎样去理解连贯的对话的。我们是依靠我们的直觉来区别连贯的对话和不连贯的对话的。例如在下面的例子里显然看不出有什么规则可言:

A:What is your name?(你叫什么名字?)

B:Well,let's say you might have though you had something from before,but you haven't got it any more.(好吧,你大概以为你从前有过什么东西,可是现在没有了。)

A:I'm going to call you Dean(我打现在起管你叫迪安。)　　　　　　　(23)

这几句话是从一个医生和一个患痴呆症病人之间的对话中摘引出来的。在研究这段对话的时候,首先要考虑的就是我们自己对它的直觉的反应。问题是我们要像参加对话的人那样对于这一连串的对话作出正确的判断和解释,需要掌握什么样的事实,以及掌握多少。最简单的情形是像(24)那样的用省略句形成的反应:

A:Are you going to work tomorrow?　　　　　　　　　　　　　　(24)

　　(你明天工作吗?)

B:Yes.

　　(是的)。

我们关于英语句法的最一般的知识就能让我们确定 B 的回答是从 yes,I am going to work tomorrow 这句话里来的。这里有一条关于对话的规则:

如果 A 发出一个 Q—S₁ 形式的问题,而 B 的反应是一个表示存在的语言形式 E(包括 yes,no,probably,maybe 等等),人们就认为 B 是在用 E—S₁ 这个陈述来回答 A。　　　　　　　　　　　　　　　　　　　　　　　　　　　　(25)

现在我们来考虑下列的对话:

A:She never helps at home.　　　　　　　　　　　　　　　　(26)

　　(她在家里没用)。

B:Yes.

　　(是的)。

A:She told you what we are interested in.　　　　　　　　　(27)

　　(她告诉过你我们对什么感兴趣)。

B:Yes.

　　(是的)。

A:You live on 115th St.　　　　　　　　　　　　　　　　　(28)

（你住在 115 街）。

B：No，I live on 116th.

（不对，我住在 116 街）。

对于这类例子，规则(25)显然不适用，因为 A 说的话里没有 Q—S₁ 的形式。那末我们能不能说在任何陈述后头都可以有 yes 或是 No 出现？下边的例子证明这个说法不对：

A：I don't like the way you said that.　　　　　　　　　　　　　　　(29)

（我不喜欢你那么说）。

B：* Yes.

（* 是的）。

A：I feel hot today.

（我今天觉得热）。　　　　　　　　　　　　　　　　　　　　　　　(30)

B：* No.

（* 不）。

（29～30）不能用 yes 或 no 来回答，而（25～28）却正需要这样的回答。往往有这样的情况，说话的人一定要等对方说了 yes 或者 no 以后，才肯把话接着说下去。这里有一条关于对话的最简单的不变性规则。对于进行对话的 A 和 B 两个人来说，有些事情是 A 知道而 B 不知道的，我们管它叫"A—事件"，有些事情是 B 知道而 A 不知道的，我们管它叫"B—事件"，至于对话双方都知道的事，我们则管它叫"AB—事件"。有了这些概念，我们就可以把这条规律表述如下：

如果 A 做了一个关于 B—事件的陈述，那末人们就把 A 的话理解为：他要求 B 对他的陈述加以证实。　　　　　　　　　　　　　　　　　　　　　　　　　(31)

在（29～30）里，A 所做的陈述是关于 A—事件的，在（26～28）里，A 的陈述是关于 B……事件的，所以二者对 B 的回答的要求是不一样的。在上述规则里包含"共有的知识"（shared knowledge）这类社会性的概念，在一般情况下，语言学规则里是不包含这类概念的。上述规则是一种解释性的规则（rules of interpretation）。解释性规则是把"说的话"（what is said）——问题、陈述、命令和"做的事"（what is done）—请求、拒绝、断定、否认、侮辱、责备、回避等联系起来的规则。行为和所说的话之间的关系不是一对一的简单的关系。解释性规则（以及和它几乎是对称的"说话的规则"rules of production）是极其复杂的，它要把在各个不同层次上的行动（actions）互相联系起来，而且还要把这些行动和话（utterances）联系起来。

事实上，连续说出来的话的本身之间是没有什么联系的。对话分析的总格局可以勾划如下页的图式。

现在我们可以来考虑，一个更复杂的例子：

A：Well，when do you plan to come home？（那么，你打算几时回家呢？）（32）

```
         行动              (行动₂)  ──────→   行动₃
          ⇓                  ↑                 ⇓
   A ────────────────────────────────────────────────
          话₁                                  话₃
          ┊                  话₂                ┊
   B      ┊                   ⇑                 ┊
          ↓                   ┊                 ↓
       (行动₁)  ──────→    行动₂            (行动₃)

              ──────→ 系联规则
              ⇒⇒⇒⇒⇒ 说话规则
              ┈┈┈→ 解释性规则
```

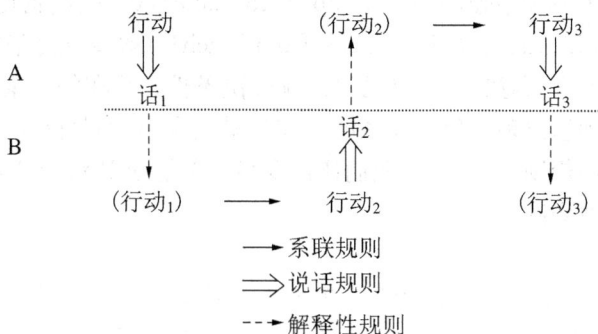

B：Oh why-y?（哦，为什么）?

在这两个问句之间不存在任何句法上的关系,而且抽象的分析方法也不可能帮助我们正确地找出它们之间的关系来。把 B 的问话解释为 Q—S₁:"为什么我打算回家?"显然讲不通。当然我们可以把 B 的话解释为是对 A 的话里的一个潜存形式说的:

A：〔I ask you〕When do you...（〔我问你〕你打算几时……）

B：Why〔do you ask me...〕（为什么〔你要问我……〕）

这样的解释显然是错误的。如果我们对于说话的人和说话的环境没有足够的了解,我们就不可能对于这段对话作出直觉的判断并以此作为我们分析的起点。我们必须知道,A 是一个大学生,B 是她的母亲。B 已经离家四天了,她是到她一个结了婚的女儿家里去帮忙的。A 和 B 都明白 A 希望 B 回来,同时 A 和 B 也都记得 B 过去不止一次说过 A 不会照管她自己,可是 A 不承认这一点。了解了这些情况,我们就知道(32～A)是要求一种行动,不是要求提供信息(information),A 要求她母亲回家来。

这里有一条把任何话解释为要对方采取某种行动的请求（或命令）的普遍的规则:

> 如果 A 要求 B 在 T 这个时间采取行动 X,那末只有在符合下列先决条件的情况下,A 的话才会被理解成是对 B 的请求或命令：B 认为 A 认为（即这是"AB—事件"）：
>
> 1. 为了目的 Y 必须采取行动 X,
> 2. B 有能力做到 X,
> 3. B 有义务做 X,
> 4. A 有权利让 B 做 X。　　　　　　　　　　　　　　　　(33)

有的时候我们故意明显地违反这些先决条件,这就产生了开玩笑的话或是讽刺话。

341

例如：Drop dead!（你去死吧!）Go jump in the lake!（你去跳河吧!）Get this dissertation finished by the time I get back from lunch!（等我吃完午饭回来的时候你就得把这篇学位论文写好!）上面举的这四项先决条件几乎在每一条关于命令的解释性规则和说话规则里出现。值得注意的是(33)里包含"义务""权利"一类显然是社会概念的词语。给出规则(33)之后，我们还需要另一条能使 B 对于 A 在(32)里的问题作出反应的解释性规则：

> 如果 A 向 B 提出关于行动 X 完成没有或是在什么时候 TX 将会完成的问题，同时规则(33)的四项先决条件也同时生效，那末 A 的问话的深层形式将被理解为："去做 X!" （34）

因此 B 的反应"Oh, why?"（哦，为什么?）不是针对 A 的表面上看来是要求提供信息的问题而发的，而是针对要求行动的先决条件 1 而发的：Why are you asking me to come home?（你为什么要我回家?）当 B 针对先决条件 1 发问以后，他事实上是把 A 的请求甩开了，因为根据规则(33)要是先决条件中的任何一项不是 A 和 B 共有的知识的话，这个请求就不能成立。此时，A 的下一步棋就是针对 B 要求信息的问话作出反应，她于是解释说家里的事多，她的功课又忙，她实在对付不了。从 A 的这种反应中我们可以看出她对 B 的问话的解释正好和我们相同。

这个时候，A 在(32)中提出的请求仍然有效，在这种情况之下，另一条不变性规则在起作用：

> 如果 A 提出一个请求，而 B 的反应是要 A 供给某种信息，那末 A 就用供给此种信息的手段再一次提出原来的请求。 （35）

对话的下文是：

A：Well, things are getting just a little too much.

〔笑〕This is—it's just getting too hard....（事儿好象越来越多了。〔笑〕这——这真是越来越没法办了）

B：Well, why don't you tell Helen that? （36）

（那末你为什么不跟海伦去说?）

由于原来的请求又重新提出来了，B 必须再一次作出反应。这次她甩开这个请求的办法是提出一个牵涉先决条件 2 的问题，暗示她应该去问海伦，而不该来问她，她自己没有能力满足 A 的请求。

很明显，问题要比这里讨论的复杂得多。我们举的对话规则的例子只是为了显示这种规则应有的形式和其中应包含的基本概念。虽然以上的论述是根据我们几年来对于某些语言材料的分析做出的,但是我们对此不像对第 2 第 3 两节中的论证那样有信心。正相反,我们认为比起那些领域来,对话分析现在还处于刚开始的阶段,正如早期的句法研究和词法研究那样。有意思的是在这个领域里最重要的进展不是靠语言学家而是靠社会学家取得的。〔Sacks(1969)和 Schegloff(1968)〕语言学家在这方面所以处于不利的地位是由于他们不掌握一些必须具备的社会学概念。

关于对话分析的研究终将达到能够定量的阶段。到那个时候必将出现关于对话分析的可变性规则,而且那时我们掌握的大量事实将能证明我们在这里提出的这些假说性的规则是否正确。有一个方面显然牵涉到可变性规则,这就是在对话中提出请求的时候委婉的程度或加重的程度(degree of mitigation or aggravation)。我们在(32)里可以看到,女儿必须使她的请求显得委婉一些。要是她对她母亲说 Come home right now!(你马上回家来!)这就违反了一项强有力的社会性限制(social constraint),可是母亲却可以对女儿这么说。说话的人提出请求的方式以及委婉的程度都牵涉到以下一些可变量:年龄、社会经济阶层,说话的人和听话的人的相互关系以及上文说过的话的形式。这种可变限制终将在与第 2 第 3 节所举的规则类似的规则中出现。我们现在还做不到这点,因为我们的知识太零碎了。要进行定量的研究,我们就必须知道哪些量是该计算的。可是这种知识只有经过长期试验以及有大量的理论研究作为可靠的基础的时候才能取得。分析的人如果知道他该计算的是什么,那时问题实际上已经解决了。

五、语言学的现状

本文开头部分曾经指出语言学家在搜集基本的语言事实资料的时候遇到了困难。在这方面,语言学和其他社会科学并无区别。语言学家特殊的地方是它重新给自己的工作范围下了定义,因而把社会上日常说的话排斥在语言学之外,把它叫作“话”(speech),不叫作语言。他们不仅不为研究这一类资料将会遇到的困难操心,反而从理论上认为这类资料没有研究的必要,认为语言学家不必去管有关“话”的许多事实。

这种研究方向还能在多长的时期之内继续下去而仍能出成果确是一个问题。很明显,由于给研究的范围加上了限制,语言学曾因此得到了好处。但是语言学比其他社会科学更进步的原因是由于我们的研究对象本身具有严整的结构,并不是因为我们的研究方法有什么高明之处。我在上文曾举出一些很久以来没有能突破的问题,看来要彻底解决这些问题,就必须把我们的眼界放宽一些。离开社会研究语言的方向无疑仍应继续下去作为语言学的一个分支,可是语言学理论不能无视说一种语言的人的社会行为,就像理论化学不能无视元素的可见的属性一样。

忽视社会上的语言事实给我们的惩罚是一种越来越厉害的挫折感,难解决的问题的蔓延以及把语言学看成是一种可以按照语言学家个人的脾气或灵感来任意摆弄的游戏的信念。我并不认为我们现在需要一种新的“语言理论”,我们需要的是一种足以使语言学能够彻底解决一些问题的新的路子。如果我们的语言观变得宽广一些,我们做对的可能性也就大了起来,并且能使我们找到某些问题的答案,这种答案是为无数可以反复进行的测度所支持的。在这种情况之下,观察者不易避免的偏见将被许多观测到的事实的一致性所勾销。

我并不认为本文对某些问题的解决是绝对正确的,无论多么好的研究工作,我们都可以对它进行批评、修正、补充,甚至把它改造得和原来完全不一样。但是我们认为本文对于复辅音群的简化、系词省略和否定形式的照应等问题的解释揭示了隐藏在语言事实深处的一些语言要素之间的抽象关系。这些解释不是分析者的虚构,而是语言本身的性质,如果我们对于我们的每一个研究成果都能这么说,那么语言学的情况将是令人鼓舞的。

参 考 书 目

Anshen, F.：Speech Variation Among Negroes in A small Southern Community. (Unpublished N. Y. U. dissertation 1969.)

Bailey, C.-J. N.：The Integration of Linguistic Theory：Internal Reconstruction and the Comparative Method in Descriptive Linguistics, with an appendix of 107 pan-dialectal ordered rules. Paper given before Conference on Historical Linguistics in the Light of generative Theory, Los Angeles, 1969a.

— Introduction to Southern States Phonetics, (University of Hawaii Working Papers in Linguistics 4~5, 1969b.)

Bernstein, B.：Elaborated and Restricted Codes. In：Gumperz and Hymes 1964, pp. 55~69,1964.

Bloch, B.：A Set of Postulates for Phonemic Analysis. *Language* 24 (1948) 3~46.

Bloomfield, L.：*Language.* New York：Henry Holt 1933.

— Secondary and Tertiary Responses to Language. *Language* 20 (1944) 45~55.

Bright, W. (ed)：*Sociolinguistics.* The Hague：Mouton 1966.

Brown L.：The Social Psychology of Variations in French Canadian Speech Styles. (Unpublished McGill University Dissertation, 1969)

Chomsky, N.：*Syntactic Structures.* The Hague：Mouton 1957.

— *Current Issues in Linguistic Theory.* The Hague：Mouton. 1970.

— *Aspects of the Theory of Syntax.* Cambridge, Mass.：MIT Press 1965.

— Topics in the Theory of Generative Grammar. In：T. Sebeok (ed), *Current Trends in Linguistics* 3：*Linguistic Theory.* Bloomington, Ind.：Indians University Press 1966.

— Halle, M. : *The Sound Pattern of English*. New York: Harper and Row 1968.

Eckert, D. A. : Grammatical Constraints in Phonological Change: The Unstressed Vowels of Southern France. (Unpublished Columbia University Master's Essay 1969)

Elliet, D. , Legum, S. , Thompson, S. : *Syntactic Variation as Linguistic Date*, mimeographed, 1969.

Ervin-Tripp. S. : *Sociolinguistics, Working Paper No.* 3, Language Behavior Research Laboratory, Berkeley 1967.

Fischer, J. L. : Social Influences on the Choice of a Linguistic Variant. *Word* 14 (1958) 47~56.

Fishman, J. （ed）: *Readings in the Sociology of Language*. The Hague: Mouton 1968.

— Cooper, Robert L. , Roxana Ma et al. : *Bilingualism in the Barrio*. Final Repcrt on OECD‐I‐7‐062817. Washington, D. C. Office of Education 1968.

— Sociolinguistics. In: K. W. Back （ed.） *Social Psychology*. New York: Wiley 1969.

Garfinckel, H: *Studies in Ethnomethodology*. Englewood Cliffs, N. J. : Prentice-Hall 1976.

Grant, W. , Dixon, J. : *Manual of Mordern Scots*. Cambridge, 1921.

Grimshaw, A. D. : Seciolinguistics. In W. Schramm et al. , （eds） *Handbook of Communication*. New York: Rand McNally 1968.

Gumperz, J. J. : On the Linguistic Makers of Bilingual Communication. In: J. Macnamara. （ed）, *Problems of Bilingualism* （*The Journal of Social Issues* Vol. 23, No. 2) 1967.

— Hymes, D. （eds.） *The Ethnography of Communication*. American Anthropologist, Vol. 66, No. 6, Part 2, 1964.

— Language Contact or Pidginization. In: D. Hymes（ed.） *Creolization and Pidginization*. London: Cambridge University Press, to appear.

— Linguistic and Social Interaction in Two Communities. In: Gumperz and Hymes （eds.） *The Ethnography of Communication. American Anthropologist*, Vol. 66, No. 6, Part 2, 1964.

Homans, G. C. : *The Human Group*. New York: Harcourt, Brace and Co. 1955.

Hymes, D. : Introduction: Toward Ethnographies of Communication. In: *Cumperz and Hymes* 1964 pp. 1~34, 1966.

— The Ethnography of Speaking, In: T. Gladwin and W. C. Sturtevant （ed.）,

Anthropology and Human Behavior, Reprinted in Fishman, 1968.

Kučera, H. : The Phonology of Czech, Mouton, The Hague, 1961.

Labov, W. : The Social Motivation of a Sound Change, Word, 19 (1963).

— On the Mechanism of Linguistic Change. Georgetown University Monograph No. 18, Language and Linguistics, Washington, D. C. ; Georgetown University, 1965.

— The Social Stratification of English in New York City. 1966a.

— On the Grammaticality of Every-Day-Speech. Paper given before the Linguistic Society of America, 1966b.

— Contraction, Deletion and Inherent Variability of the English Copula. Language 45 (1969a).

— Rules for Ritual lnsults. In: D. Sudnow(ed.), Studies in Social Interaction • New York: MacMillan 1969b.

— Cohen, P. , Robins, C. , Lewis, J. : A Study of the Non-Standard English of Negro and Puerto Rican Speakers in New York City. 1968.

Levine, L. , Crockett, H. J. Jr. : Speech Variation in a Piedmont Community: Postvocalic r. 1966 Lieberson, S. (ed.); Explorations in Sociolinguistics, 1966.

Postal, P. : Cross-over Constraints, Paper given at the Linguistic Society of America, 1968a.

Quirk, R: Acceptability in Language. Proceedings of the University of Newcastle upon Tyne Philosophical Society 1, 79~92 1966.

Sacks, H. : The Search for Help. In: Sudnow D (ed.) Studies in Social Interaction, New York: MacMillan 1969.

Schegloff, E. : Sequencing in Conversational Openings. American Anthropologist 70 (1968), 1075~1095.

Shuy, R. , Wolfram, W. , Riley, W. K. : A Study of Social Dialects in Detroit, 1967.

Solomon, D. : The System of Predication in the Speech of Trinidad. Unpublished Columbia University Master's Essay, 1966.

Weinreich, U. , Labov, W. , Herzog, M. : Emperical Foundations for a Theory of Language Change, 1968.

Whorf, B. L. : Phonemic Analysis of the English of Eastern Massachusetts, Studies in Linguistics 2 (1943).

Wolfram, W. : Linguistics Correlates of Social Stratification in The Speech of Detrcit Negros. 1969.

普通语言学研究导引

现代语言学的特点和发展趋势

戚雨村

导言——

  本文选自《外国语》1989 年第 5 期,后收入戚雨村著《现代语言学的特点和发展趋势》,上海外语教育出版社,1997。

  作者戚雨村(1928～),浙江余姚人,上海外国语大学教授。长期从事理论语言学的教学和研究工作。

  选文介绍了 20 世纪五六十年代以后现代语言学的特点和发展趋势。作者认为这一时期语言学的特点和发展趋势主要体现在以下三个方面:(一)从语言系统的研究到语言使用的研究。研究语言使用的语用学、篇章语言学、语篇分析、言语交际学等新兴学科得到建立和发展。打破了把语言看作纯一系统的框架,把语言看作非纯一的、多方面、多层次的系统,重视各种变体的研究;打破了把语言看作是一种自足、封闭系统的框架,重视一切与语言有关的外部因素的研究;打破了把语言看作是从音位到句子的层级系统的框架,重视对大于句子的结构——句群、段落、篇章的研究。(二)语言理论变得多样化,形成了流派林立、诸说纷呈的景象。主要的语法理论根据其渊源关系可以分成三组:(1)与结构主义语言学相关的语法理论,有层次语法、法位学、系统语法;(2)转换生成语法及与之相关的语法理论,包括生成语义学、格语法;(3)其他语法理论,如蒙塔古语法、广义短语结构语法、关系语法、词汇-功能语法。这些语法理论的共同特点是:重视形式化,重视功能研究,重视语言共性和普遍性的研究。(三)重视跨学科的研究,建立了众多的边缘学科或交叉学科。人类语言学、社会语言学、心理语言学、神经语言学、数理语言学等都是这一时期出现的极富活力的边缘学科。

  对于现代语言学开始的时限,在西方语言学著作中有两种不同的提法:一种指与传统语言学相对而言的历史比较语言学①,另一种指与历史比较语言学相对而言

---

  ① 如美国语言学家霍凯特把琼斯(W. Jones)1786 年在亚洲学会上论述梵语起源的《三周年报告》、维尔纳《K. Verner》1876 年发表的《第一音变的一个例外》、1916 年出版的索绪尔的《普通语言学教程》和乔姆斯基 1957 年发表的《句法结构》,称誉为现代语言学史上的四项重大的突破。见 C. Hockett, "*Sound Change*", in *Language* 41, 1965。

的结构主义语言学①。目前大都倾向于后一种提法。

持这一主张的人把瑞士语言学家索绪尔（F. de Saussure）奉为现代语言学的奠基人。索绪尔的语言理论确实对现代语言学的发展起过不可磨灭的作用，现代的各个语言学流派都在不同程度上，直接或间接地受到《普通语言学教程》的影响，他的某些观点直至今天还没有失去积极的意义。莱昂斯（J. Lyons）在《理论语言学导论》中曾概括地提出现代语言学的六个最重要的特征，它们是：1. 口语占优先地位；2. 语言学是一门描写性而非规定性的科学；3. 语言学家对所有的语言都感兴趣；4. 共时描写占优先地位；5. 重视语言的结构分析；6. 区分"语言"和"言语"②。显然，这些特征都是在索绪尔语言学说的基础上形成的。莱昂斯那本书的初版是在 1968 年问世的。二十多年来，语言学的进展很快，情况已发生很大变化，上面所列的特征已不足以反映现代语言学的面貌了。如果以 50～60 年代作为界限，那么可以说，在此之前是索绪尔语言学说的延伸和发展，在这之后则是以索绪尔为对立面，对他理论中的薄弱环节的冲撞和突破。本文试图从三个方面来论述现代语言学近期发展中的一些特点，同时对在这一期间提出的主要语言理论以及新建立的一些学科作扼要的说明。

一、从语言系统的研究到语言使用的研究

索绪尔区分语言和言语，区分语言的语言学和言语的语言学，强调语言学的对象只能是"就语言和为语言而研究的语言"。在《普通语言学教程》出版后半个世纪，对语言系统的研究不论在理论上和方法上都有重大进展，取得了丰硕的成果；但对语言使用的研究相对来说显得十分薄弱，言语的语言学没有能够建立起来。正如瑞士语言学家鲁莱（E. Roulet）所说的那样："索绪尔提出的这种区分所引起的结果是，对语言系统的研究迅速发展起来了，但同时也产生了不幸的后果，它导致语言学家脱离对语言使用的研究"③。这就不能不引起众多语言学家的重视，要求开展对语言使用的研究。吕叔湘在《语言研究》创刊号的题词中指出："语言的研究不应局限于语言本身，也要研究人们怎样使用语言，研究语言在人类生活中的作用。"从 50～60 年代开始，对语言使用的研究在国外语言学界蔚为风气。这种研究是在打破原有的三个理论框架的过程中发展起来的。

第一，打破了把语言看作纯一系统的框架。索绪尔把语言存在的方式表述成如

---

① 如英国语言学家莱昂斯把索绪尔《普通语言学教程》的出版视为现代语言学的开端。见 J. Lyons, *Introduction to Theoretical Linguistics*, Cambridge University Press, 1977, p. 38.

② 见 J. Lyons, *Introduction to Theoretical Linguistics*, Cambridge University Press, 1977, pp. 38～53。

③ E. Roulet, *Linguistic Theory*, *Linguistic Description and Language Teaching*, Translated by C. N. Candlin, Longman 1976, p. 76.

下的公式：1＋1＋1＋…＝1（集体模型）①。在他看来，语言是储存在人们头脑中的一套词汇和语法，它对任何人都是共同的。但随着研究的深入，语言学家发现语言是非纯一的，是多方面、多层次的系统。除了共同的东西之外，它还以种种变体的形式储存在人们的头脑中。主要的变体有地方方言和社会方言。地方方言是因地理因素和时间因素引起而产生的语言变体，这是古人早就注意到的。我国扬雄的《方言》成书于公元 17 年，而方言学作为一门学科是在 19 世纪下半叶建立的。社会方言是因社会因素引起而产生的语言变体，这是语言近期研究作出的贡献。不同的社会阶层，从事不同职业的人，乃至不同年龄、不同性别和不同文化程度的人，他们所储存的语言成分各异，表现在遣词造句上有差别。还有一种情景方言，这是指人们在不同情境中使用的语言变体，又叫风格（key）。美国的裘斯（M. Joos）把它分成五级：（1）严肃的（frozen）：Miss Smith must keep silent！（2）正式的（formal）：Kindly stop talking now, Miss Smith.（3）商量的（consultative）：Do you mind not talking now, Miss Smith?（4）随便的（casual）：Better not talk now, Mary.（5）亲密的（intimate）：Darling—shhh!② 最后是语言的个人变体，又叫个人方言（idiolect），这是指个人在使用语言时表现出来的各种特点（职业的、社会的、地区的、心理的等等）的总和。个人方言因人而异，就像树上没有两张相同的树叶一样。

第二，打破了把语言看作是一种自足、封闭系统的框架。索绪尔区分语言的内部要素和外部要素，把一切与语言的组织、语言的系统无关的东西排除出去，只留下属于系统内部的成分③。这样，语言与社会、语言与文化、语言与时间、空间等的关系全被搁置一边，而对研究语言的使用来说，这些因素恰恰是必须考虑的。人是使用语言的主体，人们正是在一定的时间地点、一定的社会环境、一定的文化中使用语言的。美国的海姆斯（D. Hymes）把言语事件（speech event）涉及的各项因素，按词的起首字母归成八组：

S—涉及包括时间、地点在内的实际环境的背景（setting）和场面（scene）；

P—涉及说话和听话的参加者（participants）；

E—涉及"结果"和"目标"的目的（ends）；

A—涉及形式和内容的行为序列（act sequence）；

K—涉及信息表现方式的风格（key）；

I—涉及言语传播渠道的媒介手段（instrumentalities）；

---

① 索绪尔《普通语言学教程》（中译本），商务印书馆 1980 年版，第 41 页。

② M. Joos, *The Five Clocks*, New York：Harcourt Brace Jovanovish, 1976. 吕叔湘把这种风格变体分成庄重、正式、通常、脱略四级，见吕叔湘《漫谈语言研究》，载《中国语文天地》1986 年第 1 期第 4 页。

③ 索绪尔《普通语言学教程》（中译本），商务印书馆 1980 年版，第 43～46 页。

N——涉及发话人达到预期效果的规范或规约(norms);

G——涉及通过他们使用的词语加以识别的体裁(genres)及其范畴①。

这些起首的字母拼起来正巧是 SPEAKING 一词,它的意义与索绪尔所说的言语大致相当。

第三,打破了把语言看作是从音位到句子的层级系统的框架。传统语言学家研究各种语言单位,其下限是句子,他们所做的工作是给各种句子分类。索绪尔把自由组合的句子列为言语单位②,从而导致对句型的研究。总之,在传统语法和结构主义语法中,其研究对象一般不超出句子的范围。但是在人们实际使用语言的过程中,总是把句子组成话语的。这就要求开展对大于句子的结构——句群、段落、篇章的研究,研究句子与句子、段落与段落之间的各种关系以及它们的衔接手段。

对语言使用研究的直接结果,是语用学、篇章语言学、语篇分析和言语交际学等新兴学科的建立和发展。

语用学(pragmatics)的名称是美国哲学家莫里斯(C. W. Morris)在 1938 年提出来的。在这以后,语用学问题的研究主要在哲学家和逻辑学家的圈子里进行,因此带有语言哲学的性质。由德国学者弗雷格(G. Frege)最早提出的预设(presupposition)概念,以及美国犹太学者巴尔-希列尔(Y. Bar-Hillel)提出的指示(deixis),是较早列入语用学研究的两个课题。英国奥斯汀(J. L. Austin)和塞尔勒(J. R. Searle)的言语行为理论及美国格赖斯(H. P. Grice)的会话合作原则充实了语用学的内容。语用学作为一门语言学学科建立于 70 年代。

言语行为理论的基本出发点是认为人类交际的基本单位不是句子或话,而是一定的行为,如断定、提问、命令、描述、解释、致歉、道谢、祝贺等。奥斯汀提出三种不同的言语行为:言内行为、言外行为、言后行为。其中言外行为是主要的,它构成分析句子的间接意义的基础。例如,曹禺的《雷雨》第四场中有这样一个场面:与周萍有暧昧关系的后母周繁漪苦苦哀求周萍带她离开家庭,周萍另有所爱,想摆脱这种关系而拒不答应。仆人鲁贵在门外偷听了这段对话。周萍走后,鲁贵进门对周繁漪说:"太太,给您请安来了。我在门口等了半天。"后面一句话的言外行为便是"威胁"。塞尔勒提出间接言语行为的概念来补充奥斯汀的理论。同一句话在不同的情境中可能表达不同的言语行为,例如 I promise I'll be there by three o'clock,如果这句话是听话人所要求和期望的,它的言外行为是许诺,如果是违反听话人意愿的,它的言外行为可能是警告或威胁。塞尔勒主要对间接请求问题进行了分析。格赖斯在他的会话合作原则中提出了量、质、关系和方式四项准则。它的意义不仅在于阐明对话双方

① D. Hymes, *"Models of the Interaction of Language and Social Life"*. In J. J. Gumperz & D. Hymes (eds), *Directions in Socioiinguistics*, New York: Holt, 1970, pp. 60~65.

② 索绪尔《普通语言学教程》(中译本),商务印书馆 1980 年版,第 172 页。

的意图,而且在于解释他们的语用寓意。作家苏叔阳在《故土》中有一段话:"只要别人带着夸张的口吻说'哎呀,你真年轻',那就意味着被夸赞的人实际上已不年轻,或者甚至很老了。"说话人违反质的准则,使听话人产生相反的会话寓意,这便为格赖斯的合作原则提供了很好的例证。语言的使用也是受规律支配的,因此也可以系统地加以研究①。

篇章语言学(textlinguistics,又译话语语言学)这一术语是德国语言学家瓦恩里希(H. Weinrich)于1967年提出的。这是一门与语用学几乎并行发展起来的学科。篇章语言学的对象是连贯性话语,它研究话语的发生和理解及话语模式等问题。篇章语言学具有以下七个方面的属性:(1)外在接应(surface cohesion);(2)内在接应或意思连贯(coherence);(3)目的性或意图(intentionality);(4)可接受性(acceptibility);(5)信息度(informationality);(6)情景性(situationality);(7)篇章之间的关联性(interlextuality)②。布拉格学派的马泰休斯(V. Mathesius)从功能的角度观察句子,发现句子各组成部分的相对重要性及其所表示的新信息或旧信息,与它们在句中的位次有密切关系。他提出的分析句子的方法叫"句子的实义切分"(actual division of sentence)。实义切分按交际功能分析句子的语义内容,把句子分为主位(theme 缩写成 T)和述位(rheme,缩写成 R)两部分。主位是句子表述的出发点,述位则是表述的核心。从句子传递的信息来说,主位一般是已知信息,述位则是说话人提供的新信息。就其在句中的位次来说,一般是主位在前,述位在后。实义切分后来成为分析话语模式的重要方法,如《红楼梦》中的一个句子:"这阊门外有个十里街,街内有个仁清巷,巷内有个古庙……"可切分为"$T_1/R_1, T_2/R_2, T_3/R_3$",等等。仿照符号学的三分法,篇章语言学也相应地分为三部分:(1)篇章语用学,主要研究构成篇章的外部因素,如目的性和情境性等问题;(2)篇章语义学,主要研究语义接应和篇章主题等问题;(3)篇章语法学,主要研究形式接应的问题。后两部分分析篇章本身的内部因素③。

篇章语言学主要在欧洲特别在德国盛行。在美国,对连贯性话语的研究一般称作"语篇分析"(discourse analysis,又译话语分析)。这个术语是由哈里斯(Z. S. Harris)在1952年提出的。哈里斯采用转换和分布的方法来分析大于句子的结构,试图在话语平面上找出类似音位、语素的结构单位④,结果收效甚微。因为哈里斯撇开语义因素,而不从意思连贯入手,是难以确定句子以上序列的结构组织的。语篇分

---

① 参见戚雨村《语用学说略》,载本书第147~168页。

② R. de Beaugrande & W. V. Dressler, *Introduction to Textlinguistics*, London: Longman, 1981.

③ 参见刘鸿绅《篇章语言学的发展史及其研究领域》,载《国外语言学》1987年第3、4期。

④ Z. S. Harris, "*Discourse Analysis*", in Language 28, 1952.

析主要研究以下一些课题：指示、指称（reference）、外在接应和内在接应（cohesion and coherence）、话题和说明（topic and comment）、替换（substitution）等。不难看出，语篇分析通过言语主体（发话人和受话人）与语境的联系，分析句子序列的主位结构、信息结构和语篇结构，着重动态分析，与语用学和篇章语言学有不少交叉和重叠的地方。值得一提的是，荷兰语言学家戴伊克（T. A. van Dijk）于 1985 年编辑出版的《语篇分析手册》四卷本，是这门学科的集大成之作。

言语交际学（speech communication）是研究言语交际现象及其规律的学科。这门学科建立于 70 年代初。米勒（C. R. Miller）于 1972 年出版了《言语交际学导论》，以后又有学者出版了不少这方面的专著，使这门学科得到引人注目的发展。言语交际学研究的重点，一是把处于交际中的言语形式看作是一种过程，二是设计出言语交际的模式。过程观把一切人类行为（其中包括言语行为）看作是动态的、进行着的、不断变化的连续体。对过程进行分析有三个必要的条件：（1）承认系统的相对封闭性；（2）选择和确定每个系统的相关变项；（3）发现和提出变项之间的关系。模式与过程观密切相关。设计言语交际模式就是制订出一种分类的封闭系统，对过程中潜在的变项进行抽象并使之范畴化。模式应该成为值得模仿的典型和理论的范例，但因为言语现象极为复杂，从 60 年代开始，学者们曾设计出不少模式，都没有达到应有的高度。这里仅举出伯洛（D. K. Berlo）于 1960 年提出的 SMCR 模式为例。伯洛选择了言语交际中四个主要方面，把它们作为相对封闭的系统：S 为发话人（source），M 为信息（message），C 为信道（channel），R 为受话人（receiver）。每一系统包括五个变项。其模式如下[①]：

发话人	信 息	信 道	受话人
编码技巧	成分	视觉	解码技巧
态度	结构	听觉	态度
知识	内容	触觉	知识
社会系统	处理	嗅觉	社会系统
文化	信码	味觉	文化

系统中每一变项的变化会影响到其他系统中的变项，例如，发话人的编码技巧的优劣会影响到受话人对他的态度（信任程度的递增或递减）。这些不断变化的变项的相互作用，构成了并反映出动态的、持续进行的、不断变化的交际过程。

言语交际是与非言语交际（nonverbal communication）相对而言的。非言语交际

---

① *D. K. Berlo*, *The Process of Communication*, *An Introduction to Theory and Practice*, New York：Holt, 1960, p. 72.

包括手势、身势、面部表情、目光注视、触摸、服饰、时间观念和空间利用等方面。从80年代开始，对非言语交际的研究也有很大的进展。不论言语交际或非言语交际，都跟一定的文化有密切的联系。文化与言语交际和非言语交际的关系在具有不同文化背景的人们的交际活动中表现得最为明显，因此在近二三十年来，又一门新的学科——跨文化交际学（intercultural communication）开始建立并得到发展。对于非言语交际现象和跨文化交际学，将另行撰文加以阐述。

二、语言理论的多元化

在西方语言学中，传统语法、历史比较语法和结构主义语法都曾经各领风骚，在它们的时代处于主导或独尊的地位。而从本世纪50～60年代起，过去那种归于一统的局面已被打破，出现了众多的语法理论，形成了流派林立、诸说纷呈的景象。这些语法理论从不同的侧面来解释语言机制，从而表明了它们各自的语言观，因而也可以说是出现了语言理论多元化的局面。

下面对若干主要的语法理论作些介绍。为便于叙述，依据它们的渊源关系分成三组。

第一，与结构主义语言学相关的语法理论

到50年代，捷克的布拉格学派和丹麦的哥本哈根学派已告衰落。美国描写语言学派布龙菲尔德（L. Bloomfield）去世后分出了两个支派，一个是以耶鲁大学为中心的耶鲁派，另一个是以密歇根大学为中心的密歇根派。

耶鲁派提出的语法理论叫层次语法（stratificational grammar），形成于60年代，由兰姆（S. M. Lamb）创立，以他的《层次语法纲要》（1966）为代表作。兰姆除继承布龙菲尔德的传统外，还接受了叶尔姆斯列夫（L. Hjelmslev）的观点，把语言看作是一个纯粹由各种关系组成的网络。这一网络一方面与思想概念相连，另一方面与语音实体相连，其间存在着若干层次。语言结构中可分出四个最主要的层次：音位层、形位（语素）层、词位层和语义层，通过配列关系和体现关系加以连接。前者指同一层次中各个单位的组合排列，处理横向平面上语言单位之间的关系；后者指不同层次间各个单位的转化联系，处理纵向平面上语言单位之间的关系。可见层次和关系是层次语法的核心概念。这一语法理论在60～70年代有相当影响，但由于兰姆目前不再继续进行研究，层次语法已趋沉寂。

密歇根派提出的语法理论叫法位学（tagmemics），也形成于60年代，由派克（K. L. Pike）创立，以他的《语言与人类行为体系通论》（1967）为代表作。派克接受了布龙菲尔德行为主义的语言观，把语言作为人类的一种行为加以分析。法位学认为语言由语音、语法和所指三个层级系统组成。语音系统包括音素、音节、重读组、节奏组等，语法系统包括语素、词、短语、小句、句子等，所指系统包括语义内容、语用成分、人物、事件等。法位学分析的核心概念是法位。在每个层级系统中，大小单位层层套叠,依次排列,可以按序进行法位分析。若干法位构成法位段,如句子包含小句,句子是法位段,小句是法位;小句包含短语和词,小句是法位段,短语和词是法位,等等。值得注意的是派克在80年代对法位学进行了全面的革新。他吸收了现代语义学和语用学的研究成果,提出要从组合体学、聚合体学、语用学和概念-背景关系四个方面来分析法位,以探索和描写人类总的行为中言语活动的规律[①]。

系统语法(systemic grammar)是在英国伦敦学派学说的基础上发展起来的语法理论,形成于60年代,由韩礼德(M. A. K. Halliday)创立,以他的《语法理论的范畴》(1961)和《论英语中的及物性和主题》(1967)为代表作。这一流派以澳大利亚悉尼大学为中心。韩礼德接受了弗斯(J. R. Firth)的理论,主张从社会的角度而不是从心理的角度来研究语言,旨在揭示语言的社会功能。系统语法把语言分为三个层次:语义层次、词汇语法层次和音系层次。语言的功能表现为传递信息、进行交际和构成篇章,分布在语义层次中,组成一个包含潜在意义、交际手段、话语构造的庞大网络。词汇语法层次包括三个阶和四个范畴;三个阶是级别阶、精度阶和标示阶;四个范畴是单位、类别、结构、系统。到70年代,系统被提到中心的位置,系统语法因此而得名。音系层次主要描写语音结构。系统语法不拘一格,博采众长,而且涉及语义和语用,日益受到语言学界的重视。

第二,转换生成语法及与之相关的语法理论

50年代后期,由乔姆斯基(N. Chomsky)创立的转换生成语法诞生了。这一语法理论是对美国结构主义的猛烈冲击。它以麻萨诸塞理工学院为中心,曾一度跃居主流,在西方语言学界特别是在美国语言学界占首要地位。从70年代中期起,这股势头有所减弱。转换生成语法的早期代表作是乔姆斯基的《句法结构》(1957)和《句法理论的若干问题》(1965),特别是后者,曾被宣称为"标准理论"。标准理论提出语法由句法、音系和语义三个部分组成,句法是出发点,音系和语义都以句法为基础;句法具有生成性。它当时研究的重点是探讨个别语言中的具体句法规则,其作用在于生成某种语言中一切合格的句子。在这以后,乔姆斯基曾几度局部地更易自己的理论模式。到80年代,他的研究重点已转移到探讨自然语言中普遍存在的抽象原则,其作用在于限制句子结构和语义解释。1981年出版的《管辖和约束理论讲演集》是它的代表作。

60年代后期,在转换生成语法内部曾围绕语义问题展开一场辩论,结果引起分裂,导致生成语义学(generative semantics)和格语法(case grammar)的建立。

生成语义学形成于60年代末,以波斯塔尔(P. Postal)、雷科夫(G. Lakoff)、麦考莱(J. MaCawly)、罗斯(J. R. Ross)等人为代表,他们都是乔姆斯基的学生和同

① K. L. Pike, *Linguistic Concepts: An Introduction to Tagmemics*, Lincoln-London, 1982.

事。与标准理论相对立,生成语义学认为在句法、音系、语义三个组成部分中,语义是出发点,句法以语义为基础,音系以句法为基础,语法还包括语用问题。与此同时,他们提出语义具有生成性,而逻辑又是语义的基础。生成语义学在 70 年代初期和中期曾获得不少人的拥护,一时声势很大,但到 70 年代后期已由盛转衰。

格语法也形成于 60 年代后期,由菲尔莫尔(C. J. Fillmore)创立,以他的《论格的问题》(1968)为代表作。格语法也是就句法和语义的关系问题对标准理论所作的一种修正。它提出语义为主,句法结构为辅,认为主语和宾语只是表层中的关系,在深层中,动词和名词的关系则是格关系。菲尔莫尔提出的格关系有施事、工具、承受、结果、方位、对象等。但随着不断发现新的语义现象,他在不同文章中所提到的格的名称和数量也不断变化,格语法也因而受到指摘。1977 年菲尔莫尔发表了《再论格的问题》一文,提出底层语法关系平面,以弥补原有单一的格分析平面的不足。每个句子都有参与者承担的格角色和在底层中通过透视域选择出来的语法关系两个平面,它们把句子所描述的事件跟句子联系起来,以解释语义现象和句法现象。

第三,其他语法理论

当前比较活跃和引人注目的还有其他一些语法理论。它们或是另辟蹊径,异军突起,或是与前面所述的语法理论有一定的渊源关系,但又具有自己的特色。

蒙塔古语法(Montague grammar)形成于 70 年代,创始人是美国数理逻辑学家蒙塔古(R. Montague),以他的《普通英语中量化的特定处理》(1971)为代表作。他把内涵逻辑应用于自然语言的分析,提出了对语言作精密化、形式化研究的另一模式。蒙塔古去世后,这一语法理论在麻萨诸塞理工学院、德克萨斯大学、俄亥俄州立大学等处建立了基地,麻萨诸塞理工学院的帕蒂(B. Partee)和巴赫(E. Bach)取得了比较显著的成绩。蒙塔古语法把语言学看作数学的一个分支,主张采用递归定义来描写并解释自然语言和人工语言(逻辑语言)。它的体系由句法、翻译、语义三个部分组成。句法部分主要通过一套规则把小单位组成大单位,翻译部分把句法部分的语言材料翻译成内涵的逻辑表达式,这一表达式最终可以在语义部分通过语义规则得到模型论的解释。

广义短语结构语法(generalized phrase structure grammar)是受蒙塔古语法的启发发展起来的,形成于 80 年代初,由英国的盖兹达(G. Gazdar)、萨格(I. Sag)、克莱因(E. Klein)和美国的普伦(G. Pullum)创立,以他们四人合作撰写的《广义短语结构语法》(1985)一书为代表作。它的语法体系主要由句法和语义两个部分组成。句法部分只用单一的层次描写句子的成分结构,不作深层结构和表层结构的区分,语义部分参照蒙塔古语法的模式,对句法输出作模型论的解释。盖兹达等人坚持严格的形式化,制订出一套繁复的标记和公式,它使一般读者感到琐碎,却便于计算机的演算,因此受到计算语言学家的欢迎。

关系语法(relational grammar)形成于 70 年代初,由美国的珀尔玛特(P. Perl-mutter)和波斯塔尔创立,以珀尔玛特等人编辑出版的《关系语法研究论集》1、2 卷(1983,1984)为代表作。这一语法理论主要研究语法关系在不同层次中的转换。在关系语法中,语法关系指的是诸如主语、直接宾语、间接宾语等概念的语法功能。语法通过不同的规则允许语法关系的转换,同时又运用不同的定律制约转换。珀尔玛特等人认为,各种语法关系的总和组成语言的关系网络,个别语言的语法研究在于确定该语言中的关系网络,普遍语法的研究则在于定义自然语言中合格的网络。关系语法在 70 年代曾一度时兴,后来逐渐走向衰落。

词汇—功能语法(lexical-functional grammar)形成于 80 年代初,由美国的布雷斯南(J. Bresnan)创立,以她的《语法关系的心理表达》(1982)为代表作。这一语法理论是计算语言学和心理语言学相结合的产物,它既坚持形式化的数学描写,又要求反映心理机制的作用。布雷斯南把语法功能(主语、宾语等)作为语法研究的主要概念,通过它使语义和句法联系起来。语法功能首先在词库中用词汇编码规则与表示语义的谓词—主目结构相匹配,然后在句法平面上用句法编码规则与成分结构相联系。这样,语法功能起的是中介作用,它把语义引入句法部分。词汇—功能语法以斯坦福大学为中心,目前尚呈上升趋势。

纵观当今各派的语法理论,可以看出以下一些带倾向性的特点:

1. 语言研究的形式化,即一切从形式出发而不是从内容出发,对研究对象(包括语法和语义)作形式化处理,以便精确地加以分析和表达。形式化的研究可按不同的模式进行,有的属生成模式,如转换生成语法;有的是非生成性质的,如蒙塔古语法。随着语言学日趋紧密地与计算机和工程技术相结合,这种研究还将继续发展。语言研究的形式化与前面说过的语用学和后面要说到的社会语言学互相对立,但这并不妨碍它们各行其是,按照自己的方向发展。

2. 功能语法的兴起,已形成一股学术思潮,足以与上述形式化的倾向相抗衡。目前功能语法的研究大致可分两类:一类以自然语言的功能观为基础,着重语言在交际中的作用,除韩礼德的系统语法外,还有荷兰狄克(S. Dik)和美国库塔(Susumu Kuno)的功能语法较为著名;一类以语言成分在结构中的功能关系为基础,着重它们在话语中的作用,关系语法和词汇-功能语法与之接近。

3. 阐释语言的共性或普遍现象(universals),寻求各种语言间的共同点。这种研究在观点和具体做法上并不一致。有些语法理论主张,只要对一种语言作深入的分析,就有可能发现语言的普遍现象,例如,转换生成语法是在英语研究的基础上发现自然语言中的普遍存在的原则,然后用其他语言(尤其是非印欧系语言)来验证,并加以补充和修改;而功能语法学家则主张从各种语系和各个地区中选取有代表性的语言,就某些问题进行分析和比较,找出它们的普遍现象①。

三、跨学科的研究和边缘学科的建立

索绪尔提出语言学的任务之一是确定自己的界限和定义②,其目的在于使语言学尽可能摆脱对其他科学的依赖而成为一门独立的科学。但是由于语言现象十分复杂,在现阶段,语言学家对语言性质的解释各不相同,对语言学的归属也说法迥异。现代语言学不仅吸收并采用了其他科学的研究成果,而且对语言作跨学科的研究,从而导致众多边缘学科或交叉学科(trans-displines)的建立,这已成为一个富有时代特色的趋势。

人类语言学(anthropological linguistics)是建立较早的一门边缘学科,它研究语言结构及其变化与人类文化结构的关系。这门学科是语言学和文化人类学两门学科相结合的产物,跟民族学和民俗学也有密切的联系。德裔美籍人类学家博厄斯(F. Boas)和波兰裔英籍人类学家马林诺夫斯基(B. K. Malinowski)对学科的建立作出了贡献。法国人类学爱列维-斯特劳斯(C. Lévi-Strauss)在《结构人类学》(1958)一书中,把语言学与人类学的关系分为三个层次:一是个别语言与个别文化的关系;二是一般语言与一般文化的关系;三是语言学与人类学的关系。人类语言学形成于 20 世纪初,到了 50 年代,这门学科又有新的发展,人类语言学家开始对文化类型和语言类型进行比较研究。

社会语言学(sociolinguistics)继承了人类语言学的传统,联系社会文化、民族、历史、地理等因素进行语言研究。这门学科是在 50 年代形成的。它的建立在语言学界引起了很大的反响。吕叔湘给予社会语言学以高度的评价,把它与历史比较语言学、结构主义语言学并列,称之为语言学的第三次解放③。广义地说,社会语言学研究语言与社会的关系;狭义地说,它研究语言结构变异与社会结构变异之间系统的对应关系。由于社会文化背景(包括语言学传统和语言学家的学术基础在内)不同,面临的社会语言问题不同,各个国家甚至各个语言学家的研究重点也不相同。例如,美国的社会语言学研究就可以分为三派:一派是以费什曼(J. A Fishman)为代表的社会学派,研究语码转换、语言规划和双语教育等问题;一派是以拉博夫(W. Labov)为代表的语言学派,研究不同社会集团的语言特点,探讨语言差异与社会阶层、说话风格、说话人的主观态度等一系列社会参数之间的关系;一派是以海姆斯为代表的人类学派,他提出"言语民俗学"(ethnography of speaking)的概念,从事不同民族的语言交际模

① 参见陈平《描写与解释:论西方现代语言学研究的目的与方法》,《外语教学与研究》1987 年第 1 期第 13~14 页。

② 索绪尔《普通语言学教程》(中译本),商务印书馆 1980 年版,第 26 页。

③ 吕叔湘《语言作为一种社会现象》,载《读书》1980 年第 4 期。

式的研究。在苏联,随着俄语作为各民族际交际工具作用的增长,语言学界提出了"俄语与苏维埃社会"这样一个课题,要求联系苏联社会发生的种种变化来研究俄语的发展。我国的社会语言学研究,是结合语言政策(如汉语规范化、推广普通话、汉字改革)的制订开展起来的。这些年来,还对少数民族地区的双语现象进行了实地调查并提出了新的研究课题。

　　研究语言与社会、语言与文化的关系已成为现代语言学的一个热门课题。这一热潮不可避免地影响到外语教学。海姆斯针对乔姆斯基的"语言能力"提出了"交际能力"这一概念。交际能力包含以下四方面的内容:(1)能分辨合乎语法的语言形式;(2)能分辨实际可接受的语言形式;(3)能分辨恰当的语言形式;(4)能分辨一种语言形式的常用程度①。除第一项与乔姆斯基的"语法性"(grammaticality)相应外,其他三项都涉及社会文化因素。美国外语教学协会(American Council on the Teaching of Foreign Languages)在其编写的外语能力标准的规定中,已正式提出交际能力这一术语。交际能力包括五个方面的内容,即四种语言运用能力(听、说、读、写)和社会文化能力(文化修养)。苏联在进行作为外语的俄语教学的基础上,近年来已形成一门旨在向学生介绍所学语言国家文化的新学科,叫作语言国情学(лингвострановедение)。语言国情学研究具有鲜明的色彩,最能反映该民族文化特点和生活习俗的语言单位特别是词语的文化内涵。例如英语中的 Blue Room,如果不了解这是指美国白宫中总统接见至亲好友的那个粉刷成天蓝色的房间,就不能准确地把它译成"内客厅";俄语中的 вечер встреч,如果不了解这是指中学校友的传统聚会,译作"相聚的晚会"就会令人莫名其妙,又如俄语 Старик лежит на печи 这个句子,仅仅知道 печь 指俄式火炉,在乡村中,炉顶上可以躺人(类似我国北方的炕)还不够,还必须了解炉顶是房间中最暖和的位置,这句话意味着老人在家庭里受到尊重②。苏联学者一般把它列入应用语言学或外语教学法,但有些语言学家把语言国情学看作是语言学的一门分支学科③。

　　另一门令人瞩目的新兴边缘学科是心理语言学(psycholinguistics)。这门学科也是在 50 年代形成的。心理语言学研究人们掌握语言和使用语言的心理过程。因学术渊源和观点的不同,心理语言学也分成不同的派别。有的以行为主义心理学和结构主义语言学为基础,如美国的奥斯古德(C. E Osgood);有的以认知心理学和转换生成语言学为基础,如美国的乔姆斯基和米勒(G. Miller);有的以发展心理学为

　　① 海姆斯《论交际能力》(中译文),载《社会语言学译文集》,北京大学出版社 1985 年版,第48～78 页。

　　② 据此,《大俄汉辞典》把它译为"老人躺在火炕上"不够确切,似应译为"老人躺在热炕头"。

　　③ Г. Д. Томахин, Линтвистические аспекты линтвострановедения, Вопросы языкознания, 1986, No 6.

基础,如瑞士的皮亚杰(J. Piaget)。这门学科研究的主要课题有:(1)言语的发生,研究说话人从确定要说的话到发出声音的心理过程;(2)言语的理解,研究听话人从感知声音到分析句子结构和释义的心理过程;(3)语言的掌握,研究儿童习得语言即从不会说话到会说话的整个过程;(4)语言与思维的关系,研究怎样通过语言认识客观事物,不同的语言会不会影响人们对外界的认识等问题。心理语言学的成果广泛地应用于人工智能、通讯技术和语言教学等领域。

心理活动是以生理机制为物质基础的。研究语言的生理基础本来是心理语言学的一个课题,到70年代它已发展成为一门独立的新学科——神经语言学(neurolinguistics)。它研究大脑与语言的关系,对言语交际、言语发生和言语理解进行神经心理分析。这门学科主要研究两个方面的课题:一是正常言语的内部神经机制,二是言语病理。人们早就注意到大脑皮层中的某些区域与语言功能的关系十分密切。1861年法国外科医生布洛卡(P. Broca)发现大脑左半球额下回后半部主管口语的生成,这个区域(后被命名为"布罗卡区")的损伤或病变会造成运动性失语症,患者不能组成完整的话语。1874年德国生理学家韦尼克(C. Wernicke)发现大脑左半球颞叶后部主管口语的接受和理解,这个区域(后被命名为"韦尼克区")的损伤或病变会造成传感性失语症,患者不能听懂别人的话。现在人们对言语中枢单侧化和大脑左半球优势已经取得比较一致的认识。神经语言学的成果应用于失语症的诊断和治疗,也有助于探索人类自然语言习得和言语生成、理解的奥秘。

最能赋予语言学以现代化特色的是数理语言学(mathematical linguistics)的建立和发展。数理语言学是运用数学思想和数学方法来研究语言现象的学科。现代科学技术的迅猛发展既为建立这样一门学科提出了要求,也为它的建立提供了可能。这门学科在50年代中期建立后,在许多国家受到重视,二三十年来,它在理论和应用方面都取得了很大的进展。

数理语言学本身有两个分支,一个是统计语言学(statistical linguistics),一个是代数语言学(algebraic linguistics)。统计语言学是较早出现的分支学科。进行语言统计,可以根据量的描述给出质的评价,即依靠定量分析得出定性分析。其中主要的部分是统计语言单位(如音位、语素和词)的出现频率。例如,语言学家进行词汇统计的结果表明:最常用的2000个词在英语中的覆盖率为78%,在捷克语中为75%,在俄语中为80%。对作家的用词数量、用词频率和句长分布等进行统计,可以了解作家的语言风格和语体特征。通过统计同源词来确定亲属语言从始源语中分化出来的年代,这种研究叫语言年代学(glottochronology)。代数语言学旨在建立语言的数学模型,在这个基础上研究形式语言及其与自动机的关系,探讨自然语言自动处理的方法和理论。

数理语言学的成果对语言自动分析和语言自动生成的研究有重要作用。特别是语言学与计算机相结合,利用计算机进行语言研究,更为语言学的应用开拓了广阔的前景。现在计算机正在越来越广泛地处理与自然语言和文字有关的课题,如实验语音学、机器翻译,情报检索、自然语言理解、语言文字信息处理、计算机辅助教学等。语言学的这门分支学科叫作计算语言学(computational linguistics)。

在现代语言学中,跨学科的研究正方兴未艾。

乔姆斯基和他的学说

赵世开

导言——

本文选自赵世开编著《美国语言学简史》第四部分"乔姆斯基时期",上海外语教育出版社,1989。

作者赵世开(1926~　),生于浙江宁波,籍贯上海。1950 年武汉大学外文系毕业,1960 年北京大学中文系普通语言学研究生毕业。中国社会科学院语言研究所研究员。主要从事理论语言学、语言学史和英汉对比研究。

选文主要介绍乔姆斯基和他的转换生成语法(TG)理论——20 世纪下半叶最重要的语言理论。先简要介绍了乔姆斯基的个人情况和转换生成语法产生的时代背景,然后分四个阶段介绍了转换生成理论的发展情况及各个阶段理论的主要内容,这四个阶段是:古典理论时期(1957~1964)、标准理论时期(1965~1971)、扩展的标准理论时期(1972~1978)、支配和约束理论时期(1978~　),最后从八个方面分析了转换生成语法与美国结构主义描写语言学的不同之处。

需要注意的是,由于该文成于 1989 年,而那时及以后直至如今乔姆斯基都一直活跃于语言学界,转换生成语法也一直处于不断发展更新的状态,故文章未能穷尽转换生成语法发展的全过程。根据最新的研究成果,支配约束理论时期应延续至 1992年,其后还有一个阶段:最简方案时期(1993~现在)①。

乔姆斯基(1928~　)

20 世纪 50 年代的后半叶,美国语言学中出现了一种新的学说。它逐渐形成一股新的潮流。它的出现猛烈地冲击了当时在美国占主导地位的结构主义描写语言

① 参见陆俭明为石定栩著《乔姆斯基的形式句法——历史进程与最新理论》所作《序》,北京语言文化大学出版社,2002。

学。这一学说的首创人是乔姆斯基(Noam Avram Chomsky,1928.12.7~　)。他的学说叫作"转换-生成语法"(transformational generative grammar,以下简称 TG)。

　　乔姆斯基于 1928 年 12 月 7 日生于美国宾夕伐尼亚州(Pennsylvania)的费城(philadelphia)。1949 年他毕业于宾夕伐尼亚大学。据他本人说,他是在海里斯的影响下,从 1947 年开始迈进了语言学的领域。他的父亲是一位颇有名望的希伯莱语学者。他曾从他父亲那里学到了历史语言学的一些原理和中世纪希伯莱语的语法。在大学期间,他曾攻读了语言学、数学、哲学和逻辑等。1951 年他在宾夕伐尼亚大学完成了他的硕士论文《现代希伯莱语语素音位学》(Morphophenemics of Modern Hebrew,1979 年出版。New York, Garland)。1951 年到 1955 年他在哈佛大学的研究员学会(The Society of Fellows)期间,他做了他博士论文的大部分工作。1955 年他在宾夕伐尼亚大学获得博士学位,论文题目是《转换分析》(Transformational Analysis)。从 1955 年秋开始,他一直在麻省理工学院(Massachusetts Institute of Technology)工作。

　　起初,乔姆斯基是用结构主义的方法研究希伯莱语的。后来,他发现这种只按分布和替换原则对结构成分进行分类的方法有很大的局限性,于是寻找新的路子,逐步建立起了 TG。他在 1952 年才开始研究英语的转换语法。在这过程中,埃里厄斯(Peter Elias)曾建议他用信息论的方法。到 1953 年,他彻底放弃了分类的发现程序(discovery procedure),集中全力研究 TG 的理论和应用。1954 年他开始写作《语言理论的逻辑结构》(The Logical Structure of Linguistic Theory)。到 1955 年他完成了这本书的初稿。这本书已初步提出了 TG 的理论和方法。由于种种原因,该书直到 1975 年才正式出版。1957 年他写的《句法结构》(Syntactic Structures)①出版了。这本小册子可以说是《语言理论的逻辑结构》的纲要。就在《句法结构》出版的同年,黎斯(Robert Lees)为这本书在美国《语言》杂志上发表了一篇书评②。这引起了人们对当时年仅 29 岁的乔姆斯基的语言学思想很大的重视。1957 年成了美国语言学史中有重要意义的一年。它标志着"乔姆斯基革命"(Chomskyan revolution)的开始。

　　乔姆斯基是一位勤奋而且富有探索精神的学者,他具有良好的学术素养。从1957 年以后,他不断修正和发展他的学说。他曾应邀在国内外作学术演讲,如 1967年在美国伯克莱加利福尼亚大学的贝克门讲座、1969 年在英国牛津大学的约翰·洛克(John Locke)讲座、同年还在伦敦大学的谢尔门纪念讲座讲学。美国的芝加哥大学、芝加哥洛约拉大学和伦敦大学都授予他名誉博士学位。他是美国当代一位很有

　　①　按此书根据其内容译为《语法结构》较为准确。但因此书中译本已出版,书名为《句法结构》,故本书仍沿用这一译名。

　　②　Robert Lees, "Review of Noam Chomsky's Syntactic Structures" *Language* 33，No. 3, 1957.

影响的语言学家。

"转换生成语法"(TG)产生的时代背景

一种理论或学说的产生绝不是偶然的。它总是在某种历史条件下才得以形成。TG在本世纪五十年代诞生有它特定的时代背景。

(1) 哲学背景。

结构主义是建立在经验主义基础之上的。美国的描写语言学就是以逻辑实证主义为基础的。五十年代在欧美的哲学思想中理性主义重新兴起,经验主义面临新的挑战。TG正是在这样的哲学背景中诞生。乔姆斯基自称是理性主义者,他公开主张笛卡儿的理性主义哲学。他在1966年写了一本书,书名就是《笛卡儿语言学》(Cartesian Linguistics),该书的副标题是"理性主义思想史的一章"。他在该书的小结中指出,TG使17~18世纪的唯理语法复活了(Chomsky,1966,p.72)。乔姆斯基在哲学上曾受古德曼(Nelson Goodman)《表现结构》(Structure of Appearance,1951)中结构系统观点以及奎恩(V. O. Quine)对逻辑经验主义批判的影响。奎恩认为命题不一定受经验的检验。这使乔姆斯基在语言学理论中站到了面向理论(theory-oriented)的立场。这从他在论著中引的例句也能看出。他从不注明例句的出处,只要是合乎规则的就是合格的句子,即使现在没有人说,将来也还可能有人说。人们往往会发现有些例句十分古怪。这种例句的选择同样反映了他的基本立场。

(2) 自然科学的背景。

任何一门学科的发展往往受其他学科的影响。在现代科学的发展中,学科之间相互影响、相互渗透,这是不可避免的。语言学中结构主义的诞生跟20世纪初自然科学中物理和化学对原子和分子的深入分析是有关的,它也跟心理学中的完形(Gestalt)心理学的发展有关。本世纪五十年代计算机科学、信息论、数理逻辑以及认知心理学等学科的发展对语言学也产生了影响。乔姆斯基本人说过,"生成"(generate)这个词就是从逻辑中借来的。他把语言学看成了认知心理学的一部分。他在结构分析中运用数学模型使之高度形式化。这一切都反映了上述各门学科对其学说的影响。如果没有这些知识的基础,人们很难设想TG会是现在这个样子。

(3) 语言学的背景。

自从布龙菲尔德的《语言论》在1933年出版以后,以经验主义和行为主义为基础的结构主义的语言观和结构分析方法支配了美国的语言学。它的主要特点是把语言看成是刺激反应链,在结构分析中用分布和替换的原则和方法进行切分和分类。这种语言观和结构分析方法很难对人类语言的生成能力作出解释,例如,为什么儿童能说出先前并没有听到过的话? 也很难对一些同形异构(homotaxis)现象作出解释,如汉语的"鸡不吃了",按照直接成分分析只能是"鸡/不吃了",可是在这个结构里,"鸡"

可以是施事,也可以是受事。这是描写语言学难以解决的。这说明结构主义的描写语言学有很大的局限性。随着人们对语言现象逐步深入的观察,描写语言学也日益暴露出它的一些明显的不足。乔姆斯基也正是在这种背景下探索新的路子和方法。这就是 TG 诞生的语言学背景。

古典理论(1957~1964)

1957 年《句法结构》的问世标志着 TG 的诞生。它是 TG 的古典理论,也是初期阶段。这一阶段的理论中有三点特别引人注目:(1)强调语言的生成能力,(2)引入了"转换"规则,(3)语法描写中不考虑语义。这三点分别见于《句法结构》如下的论述中:

(1)关于语法生成能力的论述。

乔姆斯基在《句法结构》的前三章,特别是第 3 章"一个基本的语言理论"里重点论证了语法的生成性。他认为:"语法是研究具体语言里用以构造句子的原则和加工过程"(Chomsky,1957,p. 11)①。语法就像是一种装置(device),它应该能生产出所有合乎语法的句子,而不会产生不合乎语法的句子。"语言"是"句子的(有限的或无限的)集(set),每个句子在长度上是有限的,它由结构成分有限的集构成"(Chomsky,1957,p. 13)。乔姆斯基的这一思想正是洪堡特(W. von Humboldt)所谓的"语言是以有限的手段作无限的运用"②的发展。根据这一思想,他认为语法应该具有以下性质:(1)它本身应是有限的,(2)它应能预言无限数目的句子,(3)它应该是纯形式的。为了论证语法的生成能力,他列举了三种人工语言,它们的字母只有 a 和 b,句子分别按以下方式组合:

> [0] i,ab,aabb,aaabbb,……,即所有的句子都含有出现 n 次的 a,后边跟着出现 n 次的 b;
>
> ii,aa,bb,abba,aaaa,bbbb,aabbaa,abbbba,……,即所有的句子都由 x 语符列(string)和它的"镜像"(mirror image)组成,例(ii)中的句子都由前半部分字母(即 x 语符列)和跟它排列相反(即其"镜像")的字母组成;
>
> iii,aa,bb,abab,baba,aaaa,bbbb,aabaab,abbabb,……,即所有的句子都由前后两部分相同的字母序列组成。

为了描写这三种语言,按照语法本身应该是有限的,不妨举一种语法来试试,这种语法是有限的装置:

---

① 此处"语法"的英语原文是 syntax,乔姆斯基的 syntax 是跟 phonology"语音"和 semantics "语义"相对的广义的用法,不是跟 morphology"词法"相对的狭义的用法,所以我把它译作"语法"。

② 引自 Chomsky 1965,p. v。

[1]

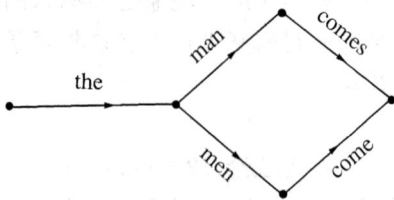

图Ⅳ-1 引自 Chomsky,1957,p.19

例(1)(图Ⅳ-1)可以叫做"状态图"(state diagram)。这种装置可以从一种状态转到另一状态,并生成一个符号(例如英语的一个词)。例(1)这个装置可以生成两个"句子":The man comes"这个人来"或者 The men come"这些人来"。这种语法包括有限的状态,所以叫做"有限状态语法"(finite state grammar)。它生成的语言叫做"有限状态语言"。由于这种语法不能生成无限数目的句子,它显然描写不了以上列举的(ⅰ),(ⅱ),(ⅲ)型语言。为了生成更多的句子,这种装置可以加上"封闭圈"(closed loops),如下图:

[2]

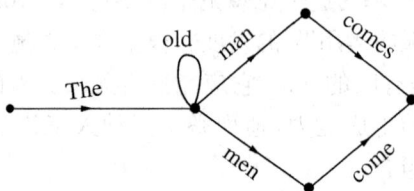

图Ⅳ-2 引自 Chomsky,1957,p.19

例[2](图Ⅳ-2)这种装置可以生成 The old man comes"这个老人来",The old old man comes"这个老老人来",The old men come"这些老人来",The old old men come"这些老老人来",等等。例[2]的语法装置符合自然语言的语法的两个条件:① 它是有限的,② 它能生成无限数目的句子。但是它不能生成英语里所有合乎语法的句子。这是因为英语不是有限状态的语言。例如,在英语里可以有以下的句子:

[3] (ⅰ) If S_1, then S_2,"如果 S_1,那末 S_2"

　　(ⅱ) Either S_3, or S_4,"或者 S_3,或者 S_4"

　　(ⅲ) The man who said that S_5 is arriving today."说 S_5 的那个人,今天就要到达"

(引自 Chomsky, 1957,p.22)

例[3]中的 S 代表任何陈述句。例[3]的(ⅰ),(ⅱ),(ⅲ)各句中,都可以内嵌一个陈述句 S_1,S_3,S_5,这些句子中逗号的两边都有依存的关系(即 if—then, either—

or, man—is)。内嵌句也可以是[3]里（ⅰ-ⅲ）三句中的任何一句。如果在（3ⅰ）里用（3ⅱ）做 S₁。用（3ⅲ）做 S₃，那么我们还可以得出：

[4] if, either(3ⅲ), or S₄, then S₂

像例[4]这种句子决不是用从左到右的简单的方式（如例[1]和例[2]的那种装置）所能生成的。也就是说，例[3]和例[4]这类内嵌句表明英语决不是一种有限状态的语言；同样，以上所举的例[0]中的（ⅰ-ⅲ）也不是有限状态的语言，例[2]的语法也无法生成它们的全部句子。例[1]和例[2]的装置在数学上叫做"有限状态马尔科夫过程"(finite-state. Markov processes)。乔姆斯基认为霍凯特在《音位学手册》(A Manual of Phonology, 1955)中所制定的语言模式正是这种"马尔科夫过程"型的。这种类型的语法不仅有上述缺点，而且在例[3]中不能在 if... then 和 either... or 的依存关系中作出选择。单纯从左到右也可能生成出 if... or, either... then 这类不合语法的句子。这就证明，这种类型的语法不能生成全部合乎语法而不会生成不合乎语法的句子。乔姆斯基在《句法结构》中正是这样论证了语法的生成能力。

（2）引入了"转换"规则。

乔姆斯基在《句法结构》里提出了三套规则：

① 短语结构规则(phrase structure rules)，

② 转换规则(transformational rules)，

③ 语素音位规则(morphophonemic rules)。短语结构规则包括三种形式：

（ⅰ）合并(collapsing)。它把几条规则合在一起，使之简化，例如：

[5] a, S——A

b, S——C+D+E

c, S——C

d, S——A+B

采用合并的方法，我们可以把(5a—d)写成一条规则：

[6] S——$\left\{ \begin{array}{c} A(B) \\ C(DE) \end{array} \right\}$

（其中{　}表示可选择的成分，(　)表示可有可无的成分）

（ⅱ）递归(recursive)。这表示箭头左边的符号在右边可以重复出现。有了这条规则就可以生成无限的句子。例如：

[7] 设每个语符列都是 ab, aabb, aaabbb，即在 n 个 a 后边跟着 n 个 b。

用递归的方法可以把规则[7]写成：

[8] S——a(s)b

（其中(s)即递归的成分）

（ⅲ）推导式(derivation)。这就是一个公式一个公式地推导。例如，用短语结构规则生成 The man hit the ball"这个人打中了球"这个句子要用六条规则：

[9]（ⅰ）S —→NP＋VP（S代表"句子"，NP代表"名词短语"，VP代表"动词短语"）

（ⅱ）NP —→T＋N（T代表"指示词"，N代表"名词"）

（ⅲ）VP —→Verb＋NP

（ⅳ）T —→the

（ⅴ）N —→man"人"，ball"球"，等等。

（ⅵ）Verb —→hit"打中"，took"拿"，等等。

规则[9]中的 X —→Y 意思是把"X 重写成 Y"。例（9ⅰ-ⅵ）中的每一条规则像是一个指令。根据这些规则，我们可以得出 The man hit the ball 的推导式：

[10] Sentence

NP＋VP	（ⅰ）
T＋N＋VP	（ⅱ）
T＋N＋Verb＋NP	（ⅲ）
the＋N＋Verb＋NP	（ⅳ）
the＋man＋Verb＋NP	（ⅴ）
The＋man＋hit＋NP	（ⅵ）
the＋man＋hit＋T＋N	（ⅱ）
the＋man＋hit＋the＋N	（ⅳ）
the＋man＋hit＋the＋ball	（ⅴ）

（以上右边括号的数字是指运用[9]中的该条规则）

例[10]的推导式也可以用树形图来表示：

[11]

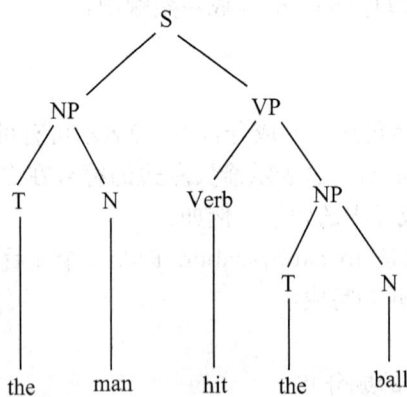

图（Ⅳ-3）

图Ⅳ-3也叫"短语标记"(phrase-marker)。它体现了推导中各个阶段的层次结构。短语结构规则实际上是建立在直接成分分析的基础上的。

短语结构规则的基本形式是 X ——→ Y,也就是说,它在重写时每次只涉及一个符号。为了描写 XY ——→ YX,即重写中同时改变了两个符号,乔姆斯基引入了"转换规则"。它包括移位(movement),即 XY ——→ YX,删略(deletion),即 XY ——→ X,以及添加(addition),即 XY ——→ XYZ。以移位为例:

[12] Af+V ⟹ V+Af♯

    (其中 Af 代表"词缀",♯表示词的界限,⟹ 表示"转换成")

例[12]涉及了两个符号 Af 和 V,并将二者移位。引入转换规则可以分析如 takes,has+taken,will+take,has+been+taken,is+being+taken 等形式。乔姆斯基举了一个具体的例子:the man has been reading the book"这个人一直在看这本书"。这个例句除了用上述例[9]的规则还要加上以下规则:

[13]（ⅰ）Verb ——→ Aux+V

    （ⅱ）V ——→ hit, take, walk, read,等

    （ⅲ）Aux ——→ C(M)(have+en)(be+ing)(be+en)

    （ⅳ）M ——→ will, can, may, shall, must

[14]

  （ⅰ）C ——→ {S 在 NPsing——语境中 / φ 在 NPpl——语境中 / past(过去时)}

（ⅱ）设 Af 代表词缀 s,φ,en, ing 中的任何一个词缀。设 V 代表任何一个 M 或 V,或 have 或 be(即代表动词短语中任何非词缀成分),则:

      Af+V ——→ V+Af♯

（ⅲ）除了在 V—Af 的语境里,用♯代替+。在起始和末尾处加上♯。

[14]中的（ⅱ）即转换规则。现在我们可以按[10]进行推导,将开始的几步省去:

[15]（ⅰ）the+man+Verb+the+book   根据[9ⅰ-ⅴ]

    （ⅱ）the+man+Aux+V+the+book   [13ⅰ]

    （ⅲ）the+man+Aux+read+the+book   [13ⅱ]

    （ⅳ）the+man+C+have+en+be+ing+read+the+book   [13ⅲ]

       （从中选择 c, have+en 和 be+ing）

    （ⅴ）the+man+s+have+en+be

       +ing+read+the+book   [14ⅰ]

    （ⅵ）the+man+have+s♯be+en

       ♯read+ing♯the+book   [14ⅱ]（用三次）

    （ⅶ）♯the♯man♯have+s♯be

　　　　　　　　＋en♯read♯ing♯the♯book♯ ［14ⅲ］

　　［15ⅵ］运用了转换规则［14ⅱ］。这样就大大简化了分析手续,而且只有这样才能生成合格的句子。

　　然后再运用语素音位规则,规则如下:

　　［16］（ⅰ）have＋s ——→/hæz/

　　　　　（ⅱ）be＋en ——→/biːn/

　　　　　（ⅲ）read＋ing ——→/riːdiŋ/等等

通过规则［16］就把［15ⅶ］变换成:

　　［17］the man has been reading the book

　　这就是《句法结构》中三套规则的运用。其中最引人注目的是转换规则。英国语言学家帕默(F.R.Palmer)认为:

> "'转换—生成'这个名字很清楚地告诉我们,这种理论具有两个方面。它提出的语法既是'转换的',又是'生成的'。这两者在逻辑上并不相互依存,虽然这种理论由于把这二者结合起来而更有说服力。然而这两方面可以、而且应该分别考虑。转换这一方面是更基本的,而且也可能是更革命的,……"(Palmer,1971,中译文,pp.147～148)

　　乔姆斯基在古典理论中主要区分了两大类转换规则:

　　①"单一转换"(singulary transformation)和"综合转换"(generalized transformation)。单一转换指只含有一个核心句的转换,例如被动转换是把一个主动的核心句转换成另一个被动的句子。综合转换指含有两个核心句的转换,例如把两个核心句转换成并列关系或主从关系的句子。

　　②"强制性转换"(obligatory transformation)和"随意性转换"(optional transformation)。为了生成句子,有的转换规则必得运用,如例［12］的转换规则,如果 Af＋V 不转换成 V＋Af 就不成其为句子。另外有一些转换规则是可用可不用的。例如被动转换,如果我们不想把主动句变成被动句就可以不用它,可见这种转换是随意性的。

　　(3) 语法描写中不考虑语义。

　　古典理论最显著的特点之一是不考虑语义。在《句法结构》第9章"语法和语义学"这一章里,他指出:要问语法和语义的关系,正如问:"你怎么能不知道说话人的头发的颜色就能建立一种语法呢?"(Chomsky,1957,p.93)。古典理论把语义排除在语法之外。这一时期的理论框架中不包括语义部分。乔姆斯基认为,语法理论不应该建立在语义的基础上,而应该用某种严格的、客观的方法去代替对于模糊的语义的依赖。在《句法结构》第2章"语法的独立性"里,他认为一个句子是否合乎语法不能

根据语义。他举了这样一个例句:

[18] Colorless　green　ideas　sleep　furiously.
(无色的　绿色的　思想　睡觉　愤怒地)

这个句子是由"形容词＋形容词＋名词＋动词＋副词"组成,它合乎英语的语法,但却毫无意义。所以,他认为在语法里语义是不起作用的。

最后,特别需要指出的是,乔姆斯基在《句法结构》里强调了语言理论的解释力,即不仅对语言事实应作出描写,还应该对此作出合理的解释,例如歧义现象。这正是语言理论的目的。TG 就是具有这种解释力的语言理论。

标准理论(1965～1971)

1965 年乔姆斯基的名著《语法理论要略》(*Aspects of the Theory of Syntax*)出版。这是标准理论(standard theory,简称 ST)的代表作。

(1) 标准理论的规则系统

在标准理论中,TG 由三部分规则系统组成: 语法、语义和语音,语法规则系统主要包括基础部分(base component)的规则和转换部分(transformational component)规则。语义规则和语音规则都是解释性规则(interpretative rule)。语义规则对深层结构(deep strucure)作出语义解释,语音规则对表层结构(surface structure)作出语音解释。这几部分的关系如下图Ⅳ- 4。

(2) 语法规则系统①

语法部分的规则系统包括基础部分规则和转换部分的规则。

① 基础部分的规则

基础部分的规则生成深层结构。这部分的基本规则是"重写规则"(rewriting rule),它的形式是:

$$A \longrightarrow Z/X—Y$$

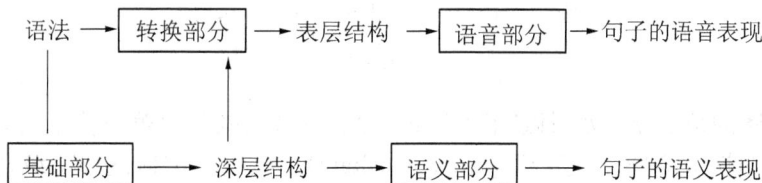

(语言学家应制定上图方框框中的规则)

图Ⅳ- 4

① 这一部分引自拙著《现代语言学》第五章§4。

这条规则可以读成：A 可以改写成出现在 X—Y 语境里的 Z[其中 A,Z,X,Y 都是范畴符号(category symbol)，如 N(名词)，NP(名词短语)，VP(动词短语)等。空档"——"表示 Z 出现的位置)。举例来说：

[19] The boy likes the picture. "这个男孩儿喜欢这张图画。"

这个句子包含以下重写规则：

[20] S⟶NP͡VP(The boy / likes the picture)
　　NP⟶Det͡N(the / boy)
　　VP⟶V͡NP(likes / the picture)
　　NP⟶Det͡N(the / picture)

其中的 S,NP,VP,N,V,Det 都是范畴符号，the，boy，like，picture 是"词汇成分"(lexical item)，likes 中的 {-s} 是"语法成分"(grammatical item)。词汇成分和语法成分统称"成素"(formative)。以上这些符号和成分可以组成"语符列"(string)。

重写规则也可以用"树形图"(tree diagram)来表示。例[19]的树形如下：

[21]

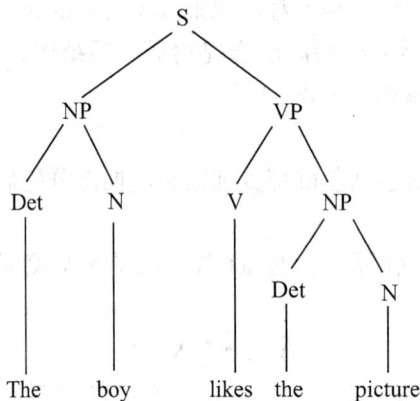

图Ⅳ-5

树形图的每个分权处叫做"节点"(node)。在节点处写上范畴符号。简单的说，这种树形图就叫做"短语标记"(phrase-markers)。短语标记体现了层级，它是由成素和范畴符号组成。在这一系列的短语标记(可用 $\sum = [P_1, P_2, P_3 \cdots P_n]$ 表示)里，第一级的 NP,VP 是"开首语符列"(initial string)，最末端的 The boy likes the picture 是"终端语符列"(terminal string)。在例[21]里，终端语符列恰好是一个句子。一般情况下，它不一定是一个句子，特别是复杂句往往要通过转换才能得出实际的句子。全部短语标记组成深层结构。所以说，基础部分生成深层结构。

基础部分的重写规则从实质上看还是建立在美国结构主义的直接成分分析的基

础上的。乔姆斯基把这一部分规则叫做"短语结构规则"（phrase structure rule,简称PS-rule）。

基础部分里还包括"范畴部分"（category component），次范畴化部分（subcategorizational component）和"词库"（lexicon）。范畴部分确定语法关系（按传统语法的说法，即包括词类、短语以及它们在句子里的位置），次范畴化部分确定语法特征（按传统语法的说法，它包括词形屈折，性，数，时，态，等等）。词库应注明各个词项的语音结构和语义解释等。它有点像通常所说的词典。

范畴部分运用的 PS-rule 叫做"分支规则"（branching rule）。它运用重写规则把一个范畴符号改写成一系列范畴符号，例如：

[22] S $\longrightarrow$ NP $\overparen{AUX}$ VP

VP $\longrightarrow$ $\overparen{V NP}$

NP $\longrightarrow$ Det $\overparen{N}$

$\vdots$

次范畴化部分运用的 PS-rule 叫做"次范畴化规则"（subcategorization rule）。通过这种规则引进了语法特征，它构成了"复杂符号"（complex symbol,简称 CS）。这类规则的形式如下：

[23] N→[＋N,±Common]（Common 表示普通名词,"＋"表示具有这一特征,"－"表示不具有这一特征,"±"表示具有或不具有这一特征）

[＋Common]→[±Count]（Count 表示可数名词）

[＋Count]→[±Animate]（Animate 表示有生名词）

[＋Animate]→[±Human]（Human 表示属人名词）

[－Count]→[±Abstract]（Abstract 表示抽象名词）

分支规则和次范畴规则又分成"语境自由"（context-free）和"语境制约"（context-sensitive）两种不同性质的规则。语境自由是指跟前后成分无关，例如：

[24] N→[＋N,±Common]

例[24]这条规则不管语境如何都能成立。语境制约是指跟前后出现的成分有关，例如：

[25] V→[＋V,＋Transitive]/—NP

例[25]这条规则说明动词可以重写成出现在 NP 前具有及物性（＋Transitive）的动词。

在语境制约的规则里又可以分成："严格的次范畴化规则"（strict subcategorization rule)和"选择性规则"（selectional rule）。严格的次范畴化规则大致是对语法范畴作更细致的分类限制，例如：

[26]

$$V \rightarrow CS/\text{---} \begin{cases} NP \\ \sharp\,(\text{表示停顿}) \\ \text{Adjective} \\ \text{Predicate-Nominal}(\text{表示“谓语-名词性的词”}) \\ \text{like Predicate-Nominal}(\text{表示 like 加上“谓语-名词性的词”}) \\ \text{Prepositional-Phrase}(\text{表示“介词短语”}) \\ \text{that S'}(\text{表示“以 that 引导的子句”}) \\ \text{etc.}\,(\text{等等}) \end{cases}$$

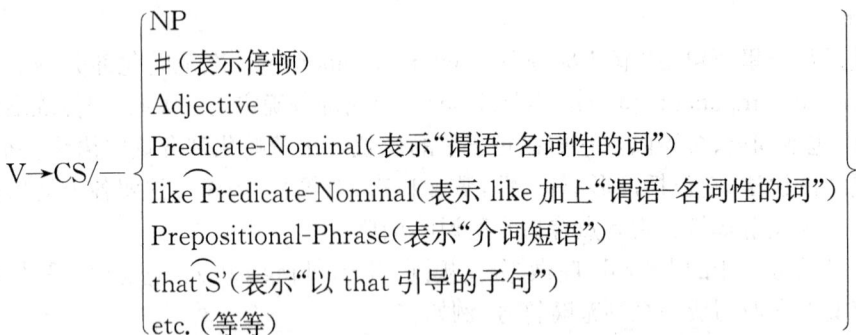

例[24]中的[＋Abstract]表示“抽象性”，[＋Animate]表示“有生性”。根据这条规则可以对动词前后出现的语法特征加以限制。这种语境制约也叫“选择性限制”（selectional restriction）。

② 转换规则

上述基础部分生成了一系列基础短语标记，这就是句子的深层结构。它通过转换规则就能得出表层结构。这一过程叫做“映现”（map）。转换规则像是“过滤装置”（filter），它把作为深层结构的短语标记变成表层结构。

转换规则是在短语标记上进行操作的。例如，设 a＋d＋e＋b＋f＋c＋g＋h 是由以下的短语结构规则生成：

[27]

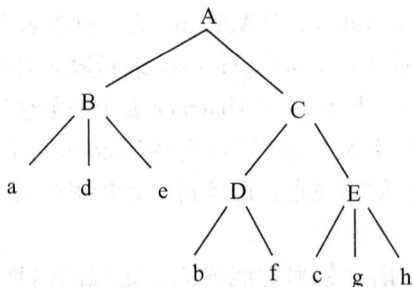

（图 Ⅳ-6　短语结构规则的生成）

例[26]这条规则可读成：“动词重写成出现在大括号里所包括的各个成分前的语境里的复杂符号”。举例如下：

[28] John eats food.（—NP）

　　“约翰吃东西”

[29] John grew.（—♯）

　　“约翰长大了”

[30] John grew sad. (—Adjective)

　　"约翰变得悲伤了"

[31] John became president. (—Predicate Nominal)

　　"约翰成了总裁"

[32] John seems like a nice fellow. (—like Predicate-Nominal)

　　"约翰看起来象是一个好人"

[33] John looked at Bill. (—Prepositional Phrase)

　　"约翰注视着比尔"

[34] John believes that it is unlikely. (—that s')

　　"约翰认为这不太可能"

选择性规则对语法特征作更细致的分类限制,而且跟语义有关,例如:

[35]

$$[+V]\rightarrow CS/\begin{Bmatrix}[+Abstract]Aux—\\—Det[+Animate]\end{Bmatrix}$$

[27] 通过转换得出[36]:

[36]

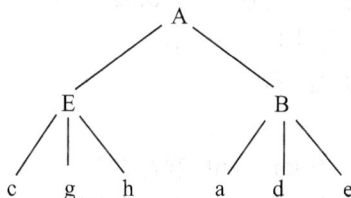

图Ⅳ-7　短语结构的转换

　　[36]的短语标记省略了[27]里的 D(运用省略规则),把 E 提升到 C(运用 raising "提升"规则),再把 B 和 E 换位(运用换位规则)。这样就转换出 c+g+h+a+d+e。这一系列的转换都是在短语标记上进行的。例[27]是底层(underlying)短语标记,例[36]是派生的(derived)短语标记。

　　标准理论里保留了单一转换和综合转换。这两种转换有时要合起来运用,例如:

[37] I persuaded John to be examined by the doctor.

　　　"我劝约翰让这个大夫检查身体"

　　例[37]先用单一转换把 the doctor examines John"这个大夫检查约翰的身体"转换成 John is examined by the doctor"约翰被这个大夫检查身体",然后用综合转换把这个句子跟 I persuaded John"我劝约翰"连接起来,这样就成了例(37)。整个转换过程叫做"转换史"(transformational history)。

　　(3) 语义规则

根据标准理论,由基础部分生成的深层结构要通过语义部分的语义规则对它作出语义解释。语义解释是用义素进行形式的描写如 man"男人"的义素有(人类)、(成人)等(即语义成分)。每个词项可能有好几个义素,为了对具体的句子里的词项作出语义解释必须按规则进行选择。这种规则就叫"投射规则"(projection rule)。

语义规则要限制句子内部成分的同现(cooccurrence)。一种是词汇上的限制,例如:

[38] The man hits the colorful ball. "这个人击中色彩鲜艳的球"

在例[38]中的 ball 如果是指"球",那么它跟 colorful 组合时就要排除 colorful 中"五彩缤纷"和"生动"等义素,只能选择"色彩鲜艳"这一义素。另一种是语法上的限制。例如例[38]中的 hit 具有以下的语法特征:

[39] (hit, [+___ NP Manner, +___ NP, −___ Manner, −___ , …])

这就说明 hit 一定要出现在 NP 之前,在 NP 的后面可以有 Manner(方式状语成分),也可以没有。例(38)是合乎这条规则的。

(4) 语音规则

在标准理论的框架里,语音的底层表现形式(underlying representation)只有通过语音规则才能得出表层的语音表现(phonological representation)。语音规则跟语义规则相类似,它也是按特征(即 distinctive feature"区别性特征")作形式的描写。例如,按语音特征可制定规则如下:

[40]

$$[+\text{Nasal"鼻音性"}] \begin{bmatrix} -\text{sonorant"响音性"} \\ -\text{continuant"延续性"} \\ -\text{strident"刺耳性"} \\ -\text{nasal"鼻音性"} \end{bmatrix}$$

例[40]的组合规则表明具有鼻音性的成分后面跟的成分不能具有响音性、延续性、刺耳性、鼻音性,例如不能出现 *[mbit],换句话说,鼻音性的成分后面不能出现闭塞音。

关于语音解释还可以举一个例子,例如英语 sign / signature 和 malign / malignant 这两对成分里,[g]只出现在每一对的第二个成分里。我们假设底层表现形式都有/g/,并制定如下规则:

[41]
$$\begin{bmatrix} +\text{voice"浊"} \\ -\text{anterior"前"} \\ -\text{coronal"舌尖"} \end{bmatrix} \rightarrow \phi / \text{——} [+\text{nasal}] \$$$

箭头左边是/g/的区别性特征。例[41]的规则表示当这些特征出现在音节末(以 \$ 表示)的鼻音性的音(以[+nasal]表示)之前就成为零形式(以 φ 表示)。通过这条规则,sign 和 malign 里的/g/在表层都成为零形式。

乔姆斯基和哈勒合著的《英语语音模式》(The Sound Pattern of English,1968)是 TG 语音的标准理论。

(5)标准理论对古典理论所作的主要修正

在《语法理论要略》中,乔姆斯基对初期的古典理论作了一些重大的修正,要点如下:

① 标准理论把初期古典理论的短语结构规则扩充成为基础部分。基础部分中加入了词库,它包含了词项的各种特征。为了防止出现不合格的句子,基础部分的规则分得更细,并且加上了种种限制。例如这部分里首先细分为范畴部分和次范畴化部分,然后又把这两类规则分成语境自由和语境制约两类规则,而在语境制约的规则里包括严格的次范畴化规则和选择性规则。这些限制的条件的实质是在动词和名词之间加以限制,因为按照古典理论中短语结构规则,句子都是以 S→NP+VP,VP→V+NP 等等;那么,这就既可以生成"人打开门"这样正确的句子,也可以生成"门打开人"这种不合格的句子:

[42]

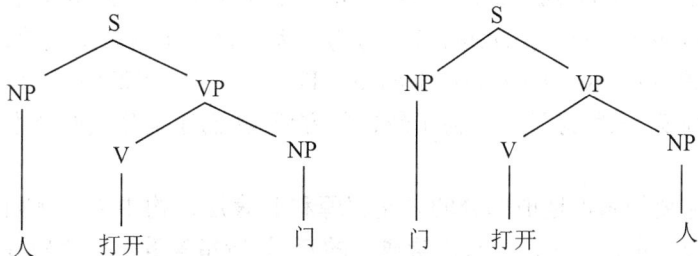

现在有了选择性的限制,这就规定了动词"打开"前边的名词必定是(有生的),是(人),这就排除了"门打开人"这类不合格的句子。可见,标准理论的规则比古典理论的规则更加细致和严密。

此外,按古典理论,短语规则可生成核心句。在标准理论中取消了核心句,基础部分生成深层结构,深层结构通过转换得出表层结构。

② 标准理论又一修正是对转换加以限制。古典理论中的转换毫无限制,一个句子可以转换成被动句,疑问句,否定句,等等。这就会出现一些不合格的句子,或者意义改变了。卡兹和波斯塔在 1964 年曾提出,转换后不能改变意义。乔姆斯基接受了他们的意见,在标准理论中规定转换不能改变意义。因此对转换加上一定的条件加以限制。

③ 标准理论跟古典理论最显著的不同是把语义纳入了语法。在标准理论的框架中增加了语义部分的规则。这跟古典理论中把语义排除在语法之外有明显的不同,也是重大的改变。在这一阶段里,乔姆斯基认为深层结构决定语义。所以在"语

义敏感性"上它比任何一种短语结构语法要强。因为它用深层结构可以说明表层结构里说明不了的语义上的差别。例如：

　　[43] He ｜is ‖ easy ‖ to please "他易于取悦"

　　[44] He ｜is ‖ eager ‖ to please "他急于取悦"

　　例[43]和例[44]的表层结构相同，但语义不同(例[43]的主语是受事，例[44]的主语是施事)。这只能用深层结构来说明，例[43]的深层结构是 To please him is easy，例[44]的深层结构是 He is eager to please。按照标准理论，语法(grammar，广义的语法，相当于传统的语言结构)包括句法(syntax，广义的句法，相当于传统的语法)，语音和语义。句法中也引进了语义，这是标准理论重大的发展。

扩展的标准理论(1972～1978)

　　标准理论出现后，人们又提出了各种意见。为此，乔姆斯基对标准理论的模式又进一步作了修正。在此期间，TG 的理论和模式先后有两次较为重大的变化。第一次以《深层结构，表层结构和语义解释》(*Deep Structure，Surface Structure and Semantic Interpretation*，1972)为代表。乔姆斯基称之为"扩展的标准理论"(Extended Standard Theory 简称 EST)。第二次以《关于形式和解释的论文集》(*Essays on Form and Interpretation* 1977)为代表。这一次的修正被称作"修正的扩展的标准理论"(Revised Extended Standard Theory，简称 REST)。后来，人们通常把 EST 和 REST 统称为 EST。为了叙述的方便，我们还是分成两个小阶段说明其特点。

　　第一次主要的修正是把部分的语义解释移到表层结构中去。例如句子的中心(focus)和前提(presupposition)、逻辑成分的范围、所指等等。以逻辑成分的范围为例，试看：

　　[45] Not many arrows hit the target.

　　　　"不是很多箭射中了靶子"

　　[46] Many arrows didn't hit the target.

　　　　"很多箭没有射中靶子"

例[45]和例[46]的深层结构是：

NOT[many arrows hit the target]

通过转换得出了例[45]和例[46]，这两句由于逻辑成分 NOT 的范围不同，语义也就不同了。可见表层结构对语义解释起一定的作用。不过，此时乔姆斯基仍坚持语义主要由深层结构决定。

　　第二次修正涉及到整个理论的框架，图示如下：

[47]

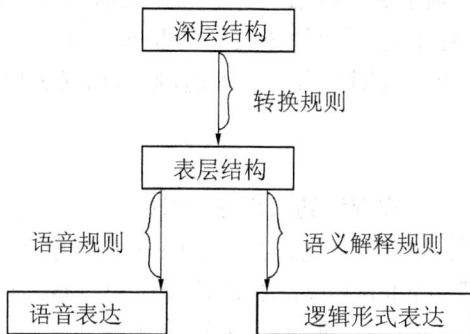

图Ⅳ-8　EST 理论框架①

这次最显著的变化是把语义解释完全放到了表层结构上。由此得出逻辑形式表达。这样就把语义排除在句法(syntax)之外。

深层结构仍由基础部分产生。其中最大的变化是用 X 阶理论(X bar theory)代替短语结构语法的规则。按照短语结构的重写规则,由动词加补语(complement,以下写作 Comp)组成的动词短语可以写成:

[48] VP→V comp

同样,名词、形容词、介词加补语也可以分别写成:

[49] NP→N Comp

　　　AP→A Comp

　　　PP→P Comp

在 EST 的模式中,乔姆斯基把规则[48]和[49]合并成一条规则:

[50] XP→X Comp

其中 X 可用 V,N,A,P 中任何一项代入。规则[50]的树形图是:

[51]　　XP
　　　 ／＼
　　　X　　Comp

乔姆斯基进而把 XP 写成 X,为了标示 X 不同的层级,于是在 X 上面加上短横,这就是"阶"(bar),阶越高层次也越高。上例[51]应改成:

[52]　　X̄
　　　 ／＼
　　　X　　Comp

现在最低层写成 X,每上一层就加一阶,最高层以 XP 标志,XP 以下的整个树形

①　美国麻省理工学院(MIT)的奥尼尔教授(Prof, Wayne O'neil)曾于 1980 年 1 月 25 日在北京中国社会科学院语言研究所作学术报告。此图引自该次报告。

图就是 XP 的"最大投射"（maximal projection）。

基础部分用 X 阶规则生成了深层结构，然后通过转换规则把深层结构变成表层结构①。这一时期的转换规则主要是"移位 α"（Move—α），但不如下一阶段制定得那么明确。表层结构通过语音规则得出语音表达，通过语义解释规则得出逻辑形式表达（即语义解释）。

支配和约束理论（1978～　）

1979 年 4 月乔姆斯基在意大利比萨（Pisa）的一次学术会议上提出了"支配"（government）和"约束"（binding）的理论（简称 GB Theory"支约论"）②。两年后，他将这个理论整理成书，书名叫《支配和约束讲演集》（Lectures on Government and Binding，1981，Foris Publications）。这个理论是从 EST 发展而来的。几年里，他和他的一些同行对此曾作了多次修改。1982 年，他又根据他在 1981 年 6 月在挪威举行的一次学术会议上的演讲写成《支配和约束理论的某些概念和结果》（Some Concepts and Consequences of the Theory of Government and Binding，1982，MIT）出版。这两本书，尤其前一本，是乔姆斯基关于语言理论的新的发展。令人钦佩的是虽然经过七十年代的大辩论，乔姆斯基遭到了来自内部和外部的挑战，他仍然坚强地按照自己的宗旨继续在探索语言本质的道路上前进。"支约论"把我们的注意力又引向了一个新的方向，那就是语言中的"虚范畴"（empty category，简称 EC）。乔姆斯基认为通过它可以进一步认识语言机制活动的过程。这一新的理论尽管还不成熟，乔姆斯基本人和其他一些对此有兴趣的人仍在继续完善它，但它在探索语言本质的进程中给人以新的启示，对此应当给予应有的关注。

普遍语法和核心语法　乔姆斯基在支约论里提出了普遍语法（universal grammar，简称 UG）和核心语法（core grammar）。他认为普遍语法是一种知识系统（即语言，或者广义的"语法"）和呈现的经验（可以理解为现实的言语）之间的中介，我们不妨简单地图示如下：

语言（一种知识系统）——普遍语法——呈现的经验（图Ⅳ-9）

根据普遍语法最终会得出具体的自然语言的复杂的性质，并确定某种语言的完整的核心语法。因此，在乔姆斯基看来，普遍语法也就是一般语言学的理论。

乔姆斯基认为普遍语法可以纳入 EST 的模式。EST 的模式如下：

---

① 这一时期已提出"浅层结构"（shallow structure）的概念，但不够成熟。为了突出不同时期的模式，现将浅层结构略而不谈。

　② 编者按：又叫"管约论"，即"管辖约束理论"。

[53]

指定　→ 语音形式 (PF. phonetic form)

语法 ─ → S 结构 ＜

指定　→ 逻辑形式 (LF.logical form)

图Ⅳ-10

根据这个模式,语法部分生成无限的抽象结构,即 S 结构(请注意,这儿的 S 结构不等于表层结构,它保留了 trace"虚迹",因此比表层结构更抽象了),S 结构指定语音形式和逻辑形式。普遍语法的理论规定 S 结构、PF 和 LF 这三个表达系统的性质以及这三个规则系统的性质,即语法部分规则生成 S 结构,语音部分规则把 S 结构映现为语音形式,逻辑形式部分的规则把 S 结构映现为逻辑形式。

总的说来,普遍语法包括三个基本部分:语法部分、语音形式部分和逻辑形式部分。这三部分都有"移位 α"(move-α)规则,其中 α 代表某个范畴,例如,语法中 NP 有移位的规则,语音形式中有重音移位规则,逻辑形式中有数量词的移位规则。语法中的"移位 α"也就是转换规则。

图Ⅳ-10 的三部分体现了音义由抽象的 S 结构联了起来。这个系统可以说是狭义的语言的机能,一般地说,这种机能也就是人类的心智(human mind),它是一种认知的系统。由此可见,乔姆斯基之所以提出了普遍语法,主要的宗旨还在于探索人类认知的活动,而语言机能是其中很重要的一环。

核心语法也就是具体的自然语言的语法。它是在普遍语法的基础上加上一些参数构成的(也就是指定普遍语法中变量的值)。例如:

[54] S→(NP)INFL VP

[55] S→NP INFL VP

[54]和[55]中的 INFL(inflection)　代表屈折范畴,如(±tense)就是它的值,[±tense]表示定式(finite),[-tense]表示不定式(infinitival)。规则[54]表示这种语言的主语(NP)是任意的(规则中的圆括号表示是选择性的),规则[55]表示这种语言的主语(NP)是必须的。规则[54]表示这种语言的主语是可以省略的,规则[55]表示这种语言必须有主语。

上面已经谈过,核心语法是建立在普遍语法的原则基础上的,加上具体的变量的值。而个人的言语是根据核心语法再加上一些"外围"成分(periphery)组成。核心语法虽然从理论上可以是无限的,但实际上是有限的。

规则系统　普遍语法包括规则系统(rule system)和原则系统(system of principles)两大部分。规则系统包括以下三个基本部分:

[56]

  (A) 词库

  (B) 语法：（ⅰ）范畴部分

       （ⅱ）转换部分

  (C) 解释部分：（ⅰ）语音形式(PF)部分

         （ⅱ）逻辑形式(LF)部分

  词库指定每个词项的属性，其中包括语音形式和语义的性质（规则决定的除外）；此外，还有结构中心成分的"主位标记"（θ-marking）的属性。例如，persuade"说服"是 VP 中的中心成分，它指定某些范畴具有它的宾语，子句补语这样一些"主题作用"（thematic role），也就是"主位作用"（θ-role）。这些作用也就是该词项的语法特征。

  (A)和(Bⅰ)构成基础，通过基础规则并把词项插入(Bⅰ)的各个范畴里（所谓范畴就是指 NP，VP 等）就生成 D 结构（即 deep structure"深层结构"）。D 结构是语法功能（grammatical functions，简称 GFs）的表达，语法功能和主位作用是联系在一起的。所有而且只有被指定是主位位置（具有主位作用），即具有语法功能的位置（A-positions，有时叫做 argument positions "主目位置"）在 D 结构中用词项（包括语音上的零成分 PRO"虚代"）填入。

  转换部分用"移位 α"的规则把 D 结构映现到 S 结构上。试举著名的例子 John is easy to please 为例，它的 D 结构如下：

  [57] John is [AP easy[s̄COMP[s PRO to please PRO]]]

  [57]中的 AP 是形容词短语，COMP 是"标补成分"，它表示它后面是一个补语成分，PRO 是"虚代"（即语音零成分的代词，它不同于有语音形式的 pronoun"代词"），S 代表子句，s̄ 代表高一层级，此处是本句命题成分（propositional component）。[57]通过移位 α 规则得出 S 结构[58]。

  [58] John_i is [AP easy [s̄ PROi [s PRO to please ti]]]

  [57]中 please 后边的 PRO 用移位规则移到了 COMP 的位置，在它原来的位置上留下来"虚迹"（t），它跟前边 COMP 位置上的 PRO 都加上了相同的下（加）标（引）i，表示它们都是指 John，而[sPRO...]中的 PRO 是任指，它不受约束。

  然后，解释部分(C)的语音形式部分(Cⅰ)把 S 结构用语音表达映现到表层结构，这就是[59]：

  [59] John is easy to please.

  解释部分(C)的逻辑形式(Cⅱ)把 S 结构映现到这个句子的逻辑形式上。在我们所举的这个例子里，[58]也就是逻辑形式的表达。如果举[60]为例，它的逻辑形式是[61]：

  [60] Whose brother did he see?

  （他看见了谁的兄弟？）

［61］for which X, X a person，he saw X's brother.

从上述支约论中的规则系统可以看出它有以下的两个显著特点：

ⅰ，S 结构比过去的表层结构更加抽象。

ⅱ，语法中用移位 α 规则代替了过去的转换规则。

原则系统　支约论中另一个子系统就是原则系统。近年来很重视这个系统，乔姆斯基本人和他的同行对此不断进行修改和补充。原则系统主要包括以下六部分：

［62］

      a. 主位理论(θ-theory)

      b. 格理论(Case theory)

      c. 约束理论(Binding theory)

      d. 界限理论(Bounding theory)

      e. 控制理论(Control theory)

      f. 支配理论(Government theory)

① 主位理论

在句子里有些成分具有主题作用(thematic role)，如施事(agent-of-action)，受事(object-of-action)，它们所处的位置叫做主位(θ)，在主位上的成分叫做主目(argument)。主位理论是有关主题的一些原则。其中最基本的原则就是主位标准(θ-criterion)。这条原则规定在逻辑形式中要求具有主位作用的成分(即主目)只赋予它某一种主位作用，而每一个主位作用只指派给某一个主目，例如：

［63］John seems to be sad.

    （约翰似乎是悲伤的。）

［63］的逻辑形式是：

［64］seems (sad(John))

按主位标准只赋予 John 主位的作用，即主目。它只具有一种主位作用，即施事。一般说来，名词短语或代词可以充当主位，非主目(non-argument 如 it，there)或"成语集"(idiom chunks 如 too much)是"非主位作用"(non θ-role)的成分。

在支约理论中，某条原则用于哪个层次是很重要的。主位理论运用于逻辑形式。换句话说，在逻辑形式中确定主题关系以及充当主位的成分(即主目)。所以，表层结构跟逻辑形式的关系也就是 S 结构同指定主位作用的关系。主位标记通过投射原则(projection principle)已把词库中某个词项的语法性质投影到 D 结构上。可见主位理论跟投射原则是有关的。

② 格理论

格理论是关于给某些成分指定格的原则，这些成分处于有格标记的位置，例如介词和及物动词的宾语，有时态句(tense sentence)的主语。关于格的指定(Case-assignment)可以举［65］为例：

［65］如果 NP 受具有____NP（即及物性）的动词的支配，那么它是宾格。

这就是一条原则。凡是由前后语境决定的格叫做"结构格"（structural Case）；还有一种叫"固有格"（inherent Case），它由［66］这条原则决定：

［66］由于受［-N］支配者的性质所决定，NP 天生地加上了格的标记。

以"双 NP"为例：

［67］John gave Bill a book.

　　　（约翰给比尔一本书。）

［67］中的 Bill 根据上述［65］的原则获取了结构格，而根据［67］的原则 a book 获得到了固有格。如果把例［67］换成例［68］：

［68］John gave a book to Bill.

　　　（约翰把书给比尔。）

那么 a book 成了结构格（根据原则［65］），Bill 还是结构格，因为它受介词 to 的支配，也就是说是由结构决定的。

在格理论中还有一条重要的基本原则，那就是"格过滤式"（Case Filter），它规定每一个具有语音形式的 NP 必须有格。

格的指定跟支配有密切的关系（关于支配参看⑥）。某个 NP 的格是由支配它的范畴指定的。一个结构中的中心成分支配它的补语成分，如 VP 中的 V 支配它的补语成分，INFL 支配时态句中的主语。试看：

［69］John[$_{INFL}$[＋ Tense]][$_{VP}$[$_V$ think][$_{\bar{S}}$ that [$_S$ he[$_{INFL}$[＋ Tense]][$_{VP}$[$_V$ leave][$_{NP}$ his book][$_{PP}$[$_P$ on][$_{NP}$ the table]]]]]]

（"John thought that he left his book on the table."）

"约翰以为他把书留在了桌子上"

例［69］中 INFL 有时的特征都是［＋ Tense］，它们分别支配 John 和 he，指定它们是主格。主格的动词 think 支配补语成分（$\bar{S}$），内嵌句中的动词 leave 支配 his book，所以 book 是宾格，on 支配 the table，指定它是宾格。按格过滤式的规则来看，这个句子是合格的。再看下例：

［70］* I said [$_S$ John to be a fool]

根据格过滤式，John 是有语音形式的 NP，它应该有格，可是 to be 这个不定式没有格的支配关系，所以 John 不具有格，这就违反了格过滤式，例［70］成为不合格的句子。

格理论（即格的指定）应该用在 S 结构之前，所以 PF 和 LF 中的 NP 都已经有了格。

③ 约束理论

约束理论是处理照应成分（anaphors）和代词成分（pronominals）跟它们先行成分（antecedents）之间的关系的原则。它的原则主要有以下三条：

[71]

A. 照应成分在它的支配范畴内是受约束的；

B. 代词成分在它的支配范畴内是自由的；

C. R 词语（R-expression，可译"有指词语"，其中 R 是 referential 的缩写）是自由的。

所谓"受约束"（bound）是指前后成分加相同的标引，"自由"（free）的成分不受这种限制。如果说 β 受 α 约束，而 α 处于主目位置（A-position），也就是处于具有主语或宾语语法功能（GF）的位置。这种约束叫 A-bound（主目约束）。如果 β 受 α 约束，而 α 处于非主目位置（Ā-position），如处于 COMP（标补成分）的位置，这就是 Ā-bound（非主目约束）。例如变项（variable）受其标补成分中算子（operator）的 Ā-bound，而 NP 虚迹和照应成分受其先行成分的 A-bound。一般说约束是指在一定位置上受 X 约束（其中 X 代表 A 或 Ā），而 α 往往指 β 最近的约束成分。约束理论一般是指 A-bound。

上述规则中的照应成分（anaphor）指的是显性范畴，如 each other, himself, 还包括虚范畴中的 NP 虚迹和 PRO。代词成分（pronominal）指的是含有人称、性、数、有时还有格这样一些特征的成分。R 词语指的是变项（variables），它可能是显性的（如 John），也可能是虚成分（受算子约束的变项）。

约束的条件主要是 SSC（Specified Subject Condition"特定主语条件"）和 NIC（Nominative Island Condition"主格移岛条件"）。

SSC 的规定大致如下：

[72] 在...X...[α Z... WYZ...]中

如果 Z 是 α 的特定主语，即不受 X 支配的主语，那么 X 和 Y 不能建立约束关系。例如：

[73] * the rabbits$_i$ believed [$_s$ Alice to like themselves$_i$]

例[73]中 Alice 是 S 中的特定主语，它不受 the rabbits 的支配，因此 the rabbits 和 themselves 之间不能有约束关系，而这一句将 the rabbits 和 themselves 同加标引；所以违反了 SSC 的规定，因此例[73]是不合乎语法的。

NIC 的规定大致如下：

主格照应成分在 s̄ 中不能是自由的。

NIC 规定了时态句中的主语必须是词汇性的（如 John），它不允许时态句中有反身代词 PRO,NP,虚迹这类主语。这一条规定主格照应成分在子句中必须受主句中先行成分的约束。

句子里的虚迹如果是 A-bound 的就是照应成分，如果是 Ā-bound 就是变项。例如：

[74] who[$_s$ t seemed[$_s$ t' to have been killed t"]]

（谁像是被人杀害了？）

在[74]中的 t 受 who 的 $\overline{\text{A}}$-bound,所以是变项,而 t' 受 t 的 A-bound,所以是照应成分,t"受 t 的 A-bound,所以也是照应成分。

约束理论主要用于 S 结构。

④ 界限理论

界限理论是规定移位的位置条件,特别是移位规则中的邻接条件(Subjacency condition)。

移位有一定的原则,邻接条件就是一条原则,S 和 NP 这两个范畴是"界限范畴"(bounding category)。按照邻接条件移位只能越过一个界限范畴,例如:

[75] pictures of several people are for sale which I like.

（我所喜欢的那几个人的照片正在出售）

例[75]中的 NP 主语的 S 结构是[76]

[76] [NP [NP pictures of several people]t]

在[76]中的 t 即 which I like(我所喜欢的)外移后留下的虚迹。例[75]中 which I like＝α,它只越过了一个界限,即[N_P...],所以它是合法的。但是例[77]却是不合语法的:

[77] * pictures of several people are for sale who I like.

这是因为例[77]的 NP 主语的 S 结构是(78)

[78] [NP pictures of [NP [NP several people]t]]

在[78]里的 t 是 who I like 外移后留下的虚迹。例[77]中的 who I like＝α,它越出了两个 NP 的界限,以至违反了邻接条件,所以它是不合语法的。

界限理论运用在深层结构。这就是说深层结构通过移位得出 S 结构。

⑤ 控制理论

控制理论是为 PRO 选择先行成分的原则,也就是确定它的所指,或者说受谁的控制,例如:

[79] （ⅰ） John persuaded Bill [PRO to feed himself]

（约翰劝说比尔自食其力）

（ⅱ） John promised Bill [PRO to feed himself]

（约翰答应比尔自食其力）

（ⅲ） John appealed to Bill [PRO to feed himself]

（约翰要求比尔自食其力）

（ⅳ） John pleaded with Bill [PRO to feed himself]

（约翰恳求比尔自食其力）

[80] （ⅰ） John asked Bill [how PRO to feed himself].

（约翰问比尔如何自食其力）

（ⅱ） John told Bill [how PRO to feed himself]

（约翰告诉比尔如何自食其力）

（ⅲ）it is unclear [how PRO to feed oneself].

（不清楚如何去自食其力）

（由于 PRO 是没有语音形式的，实际读这些句子时，可将 PRO 省去）

例[79]中含 PRO 的子句是陈述句，例[80]中含 PRO 的子句是疑问句，PRO 在这些子句中都是主语。根据动词的不同性质，PRO 在这些句中里受不同成分的控制。例[79 ⅰ,ⅲ,ⅳ]和例[80 ⅱ]中的 PRO 受主句中动词的补语成分 Bill 的控制（换句话说，Bill 是它们的先行词或所指），例[79 ⅱ]和例[80 ⅰ]受主句中主语 John 的控制（换句话说，John 是它们的先行成分或所指）。例[79 ⅲ]的 PRO 是任指，正如例[81]中的 PRO 也是任指：

[81] John asked Bill [how PRO to behave oneself under such circumstances]

（约翰问比尔在这种情况下该如何举止）

除了疑问句形式的子句中的 PRO 可以是任指的，形容词的补语成分中的 PRO 也可能是任指的，例如：

[82] it is important (difficult, etc.)[PRO to get an A in math]

"数学得 A 是重要的（困难的，……）"

一般说来，PRO 的所指应当先在子句内找，如是找不到，就可以到子句外去找，这就是"远距离控制"（Long distance control），例如：

[83]（ⅰ）they thought I had suggested [PRO feeding each other]

（他们认为我曾建议各自自食其力）

（ⅱ）they thought I had suggested that [PRO feeding each other] would be difficult.

（他们认为我曾提出各自自食其力是困难的）

（ⅲ）they told John that [PRO feeding himself] was impossible.

（他们告诉约翰自食其力是不可能的）

（ⅳ）John told them that [PRO feeding himself] was impossible.

（约翰告诉他们自食其力是不可能的）

在[83 ⅱ]的子句里找不到控制 PRO 的所指，只好从子句外找，它的所指是主句中的主语 they。[83 ⅲ]中 PRO 的控制成分是主句中的补语成分 John，[83 ⅳ]里 PRO 的控制成分是主句中的主语 John。这就是远距离控制。

控制理论中包含了语义和语用等因素，例如：

[84]（ⅰ）I sold the book [PRO to help the refugees].

（我卖书帮助难民）

（ⅱ）I bought Bill a book [PRO [PRO to give t to Mary]]

（我给比尔买了一本书给了玛丽）

（ⅲ）I got a book from Bill [PRO [PRO to give t to Mary]]

　　　（我从比尔那儿得到了书把它给了玛丽）

（ⅳ）I bought a book from Bill [PRO [PRO go give t to Mary]]

　　　（我从比尔那儿买了一本书把它给了玛丽）

　　例[84 ⅰ]中主句的主语 I 是 PRO 的控制成分(controller)，在例[84 ⅱ-ⅳ]中主句中 book 控制 COMP 里的 PRO(即 PRO[PRO...])中第一个 PRO，这些 PRO 是虚迹 t 的先行词，在 LF 中这些 PRO 是一个变项)，例[84 ⅱ-ⅳ]中处于主语位置的 PRO(即[PRO [PRO...]]中的第二个 PRO)在(ⅱ)中受 Bill 控制，在(ⅲ)和(ⅳ)中却受 I 控制，这就是语义或语用的因素在起作用，因为在[84 ⅱ]意思是我给 Bill 买了一本书，所以只能是 Bill 再把书给 Mary，而[84 ⅲ,ⅳ]的意思都是指我从 Bill 那儿买来了书，所以只能是我再把书给 Mary，这完全是由于语义和语用在起作用。

　　控制理论主要用于逻辑式。

　　⑥ 支配理论

　　支配理论在"支约"理论的整个原则系统中起着主要的作用。它包括"虚范畴原则"(Empty Category Principle，简称 ECP)这样一些原则。ECP 规定每一个虚迹(t)必"严格地受支配"(properly governed)。它用于逻辑形式这一层次。关于支配的基本概念可以举例如下：

　　[85]（ⅰ）[vp V NP (NP')]

　　　　　（ⅱ）[pp P NP]

　　　　　（ⅲ）[s̄ for [s NP$_1$ to [vp V NP$_2$]]]

　　　　　（ⅳ）[xp X [s NP to VP]]

　　　　　（ⅴ）[vp V [s̄ COMP [s NP INFL VP]]

　　　　　（ⅵ）[vp V [NP$_1$ NP'$_2$ s N]]

　　　　　（ⅶ）[vp V [Ap A (of) NP]]

　　　　　（ⅷ）[vp V [pp P NP]]

　　在例(ⅰ)里，V 支配 NP 和(NP')(圆括号表示可有可无)。在例(ⅱ)里，P(介词成分)支配 NP。在(ⅲ)里，介词性补语成分 for 支配 NP$_1$，它不能支配 NP$_2$，VP 中的 V 支配 NP$_2$。在(ⅳ)里，X 支配 NP，其中的 X 可能是一个动词，也可能是一个形容词，所以 XP 可能是 VP 或 AP。例(ⅴ)中 V 不支配 NP，而由 INFL(屈折成分)支配，INFL 代表时态(即±tense)，当 INFL 是有时态的(+tense)有一致关系(AGR)，它就支配主语 NP。在例(ⅵ)里，V 支配 NP$_1$ 而不支配 NP$_2$。例(ⅶ)中 V 不支配 NP，其中的 NP 受 of 支配，而 of-NP 受 A 的支配，在例(ⅷ)中，NP 受 P 支配而不受 V 支配，V 支配整个 PP。

　　从上例可以看出，在短语里中心成分支配补语成分，INFL 当它有 AGR 和[+tense]时支配主语。如果把 INFL 也看成中心成分，那么，总的说来，句子的中心成分支配补语成分。另外,支配有一定的界限,一般说来,支配只能越过一个句子(s),如例(ⅲ)和(ⅳ),但不能越过两个句子(s̄和s),如例(ⅴ)中 V 不能支配 NP,而例(ⅳ)里 X 可以支配 NP。

关于支配关系必须考虑以下条件:

[86] (ⅰ) 选择支配成分(governor)的条件

　　　(ⅱ) 被支配成分的条件

　　　(ⅲ) 支配关系的结构条件

举例来说,关于[86 ⅰ],VP 不是支配成分,V 才是支配者,关于[86 ⅱ],PP 中的 NP 是被支配成分,P 不是被支配成分,至于[86 ⅲ]必须考虑结构类型(比如不能越过s̄,动词只支配宾语不支配主语,主语由 INFL 支配等等)。

关于支配的条件在不同的语言中可能出现各种不同的情况,因此,近年来支配理论不断在进行补充和修正。

上述各项原则之间相互有密切联系,而支配理论是最根本的,它同格理论(见②)、主位理论(见①)关系尤为密切。

4.1.6.4　虚范畴(Empty Categories 简称 EC)

① 虚范畴成分

虚范畴有时也称作"空位"(gaps)。虚范畴是指只具有某些特性但没有实际语音的范畴。它主要指虚代(PRO)和虚迹(trace)。虚代是由基础部分生成的,虚迹是某个 α 由于移位而留下的。虚迹中包括变项(variable)和 NP 虚迹两种。总之,虚范畴包括以下三种:

[87] 虚代(PRO)

　　　虚迹　{变项(variables)
　　　(trace)　NP 虚迹(NP-trace)

这三种虚范畴成分可以说是一种基本的虚范畴 α 的体现,每一个 α 出现都有一组特性。如虚代有人称、性、数的特性,而虚迹没有。虚迹有格的特征,虚代却没有。虚迹还有移位到标补成分(movement-to-COMP)的[wh-]特征。虚迹可以根据有无格区分变项和 NP 虚迹,变项一定有格(+case),而 NP 虚迹却没有格(即[-Case])。

上文已谈到,虚迹是由移位 α 造成的,现举例说明:

[88] (ⅰ) John_i seems (to us) [t_i to like ice cream] (NP-movement)

　　　(在我们看来约翰喜欢冰淇淋)

　　　(ⅱ) John knows [what_i we like t_i] (movement-to-COMP)

　　　(约翰知道我们所喜欢的)

　　　(ⅲ) [_NP a man t_i] was here [_i who John knows] (extraposition)

　　　(约翰知道的人在这儿)

例(88)中 t 的先行成分是 NP(John),例(88 ⅱ)先行成分是处于 COMP 的 whophrase,例(88 ⅲ)先行成分是关系子句。

从上例可以看出虚迹的性质：

[89]（ⅰ）虚迹是受支配的

（ⅱ）虚迹的先行成分不处于主位位置

（ⅲ）"先行成分—虚迹"的关系要符合邻接条件（也就是受界限理论控制，即不能任意移位）。

PRO 没有这些性质，而且 PRO 不一定要有先行成分，例如：

[90] it is unclear [what PRO to do t]

（某人该干什么不清楚）

例[90]中的 t 受动词 do 支配，PRO 不受支配，t 的先行成分（即 what）没有主位作用，PRO 没有先行成分，而具有独立的主位作用，what-t 的关系符合邻接条件（在一个子句内）。

由于 PRO 是不受支配的，有必要说明它可以出现在什么位置上，必须出现的位置以及不可出现的位置：

（ⅰ）PRO 可以出现的位置：它可以出现在不定式主语，NP 的指示成分（specifier）以及标补成分（COMP）的位置上，例如：

[91]（ⅰ）it is unclear [s̄ what [s PRO to do t]]

（该干什么不清楚）

（ⅱ）I'd much prefer [NP PRO going to a movie]

（我倒很想去看一场电影）

（ⅲ）I bought a book [s̄ [COMP PRO [s PRO to give t to Mary]]]

（我买了一本书把它给玛丽）

例[91 ⅰ]PRO 在不定式主语位置上，例[91 ⅱ]PRO 在 NP 的指示成分上，例[91 ⅲ]PRO 在标补成分 COMP 的位置上。

（ⅱ）PRO 必须出现的位置：它必须出现在作为动词的补语的不定式主语的位置上，例如：

[92] John tried [PRO to win]

（约翰试图获胜）

例[92]中的 PRO 处于动词后的补语中，它是内嵌句（embedded clause）中不定式的主语，所以它不受主句动词的支配。作为不定式的主语，在子句内它也不受支配。当不定式补语出现在[-N]——的语境中时，必须有 PRO 作为它的主语，例如：

[93]（ⅰ）V NP [PRO to VP]

"I persuaded Bill [PRO to leave]"

（我劝说比尔离开）

* "I persuaded Bill [Tom to leave]"

（ⅱ）V AP［PRO to VP］

　　　"I was sorry［PRO to leave］"

　　　（我很遗憾要离开）

　　　*"I was sorry［Bill to leave］"

（ⅲ）V PP［PRO to VP］

　　　"I appealed to Bill［PRO to leave］"

　　　（我要求比尔离开）

　　　*"I appealed to Bill［Tom to leave］"

（ⅳ）V...［wh-phrase［PRO to VP］］

　　　"I asked（Bill）［what PRO to do］"

　　　（我问比尔干什么）

　　　*"I asked（Bill）［what Tom to do］"

例［93］明显地说明作为不定式主语在［-N］——语境中必须有 PRO，而不能出现 N。

（ⅲ）PRO 不可出现的位置：PRO 不能出现在受支配的主位位置上，这是因为 PRO 的基本特性是它不受支配，例如：

［94］（ⅰ）* it is unclear［how PRO solved the problem］

　　　（ⅱ）* it is unclear［how to solve PRO］

　　　（ⅲ）* I'd much prefer［his going to PRO］

　　　（ⅳ）* it is unclear［what to give t to PRO］

　　　（ⅴ）* it is unclear［who to give PRO to t］.

例［94 ⅰ.ⅱ.ⅴ］的 PRO 在定式动词的前后是受支配的主位位置，例［94 ⅲ，ⅳ］中的 PRO 在介词 to 的后面，这也是受支配的主位位置，这些句子都是不合语法的。

② 虚范畴的意义

虚范畴学说在支约论中占有重要的地位。乔姆斯基曾经说过下面一段话：

　　"虚范畴的性质是一个特别有意义的问题，其中有好几条理由。首先，对这些成分的研究，同时对与之有关的照应成分和代词进行调查，这已证明是一种最好的探索的途径，通过它去确定语法和语义表达的性质以及构成这种表达的规则。除此以外，研究这些虚范畴成分的性质还有一种内在的吸引力。这些性质几乎不可能根据表面观察到的现象用归纳的方法加以确定，因此，它们很可能反映了内在的心理现象。如果我们的目的是为了发现人类语言机制的性质，而这些性质是从经验的表面现象抽象出来的，那么，这些成分提供了特别有价值的藉以洞察的现象"（Chomsky,1981,p.55）

这段话说明了虚范畴的研究不仅有助于了解语言结构中语法和语义的表达及其规则,而且还能通过它研究人类语言的机制,这后一点正是支约论的主旨所在。

应当指出的是,支约论中关于虚范畴的许多原则是否能运用于一切语言,虚范畴的性质和类型是否适用于所有的语言,也就是说,它们是否具有普遍性,这正是乔姆斯基等人正在深入研究的问题。总之,支约论的理论和原则仍在不断修正和发展中。

乔姆斯基的贡献

自从 1957 年《句法结构》问世以来,乔姆斯基在美国语言学中开辟了一个新的途径。他突破了描写语言学的框框,向人们展示了语言研究新的景象。如果把转换生成语法跟美国结构主义的描写语言学加以比较,人们至少可以发现以下八点不同之处:

① 理性主义。乔姆斯基自称他的语言理论是"笛卡儿语言学",这意味着他是理性主义者。乔姆斯基的确继承了 17 世纪法国波尔·罗瓦雅尔(Port-Royal)的唯理语法的传统,他也继承了 19 世纪德国洪堡特关于语言是一种创造能力以及语言有"内部形式"(innere Sprachform)的学说。这跟结构主义的经验主义有着本质的不同。

② 先天论。乔姆斯基假设人类具有一种先天的语言习得机制(language acquisition device,简称 LAD)。正因为人类具有这一机制,才使得人类区别于其他动物,能够生成并理解语言。美国描写语言学把语言看成是习惯的行为,语言是后天习得的。这显然不同于乔姆斯基的观点。

③ 演绎的方法。结构主义者采用归纳法,他们根据收集到的语料(corpus)进行描写。乔姆斯基采用逻辑和数学的方法把语言描写形式化。他认为,根据他制定的规则系统,人们可以推导出各种语言形式。

④ 强调解释力:乔姆斯基认为语言学家不能像描写语言学那样只满足于对语言素材的描写,更重要的是对人类的语言现象和能力作出解释。解释力的大小是衡量语言理论的主要标准。

⑤ 形式化:结构主义重视对语言材料的实质的分析,TG 要求高度的形式化。无论是论证或描述,TG 都像是数学那样运用一些公理和公式,一步一步的推导。它重视类型(type)而不仅仅是实例(token)。

⑥ 着眼于语言能力:乔姆斯基区分了语言能力和语言行为。

他认为语言研究不能只研究语言行为,而应该深入研究语言能力,TG 的理论要解释人类的语言能力。正因为如此,他认为语言学是认知心理学的一个分支,或者更广泛一些说,语言学是生物学的一部分。他把语言研究和认知的研究结合起来。这跟结构主义者在根本的目的上就有不同。

⑦ 强生成力，结构主义的短语结构语法也有生成力，但较弱。TG 不仅能生成深层结构，还能从深层结构转换成表层结构，所以它的生成力较强，而且可以说明语言结构动态的变换。

⑧ 重视共性：结构主义着眼于具体语言，对语言作个性的描写，TG 重视语言的普遍现象和规律，注重语言的共性。

以上八个特点对现代语言学的研究产生了巨大的影响。对乔姆斯基的学说，人们的意见不一。有的强烈反对，有的热烈支持。但是，它毕竟开辟了一条新的途径，向人们展示了一个新的方向。乔姆斯基虽然也继承了传统的和结构主义的某些概念和方法，但无论在理论上和方法上，他都有新的创造。这一贡献是应该肯定的。乔姆斯基的学说三十年来经历了五次重大的修正，目前还在继续发展。这种不断探索、永不止步的精神反映了乔姆斯基进取的精神。这就使 TG 始终保持一种活力。乔姆斯基培养了一批有成就的学者，其中虽然有些人后来背离了他的学说。但他为语言科学事业培育了人才，这种贡献也是应该肯定的。最后还应该指出，乔姆斯基的影响不仅在美国，它已超出了国界，在世界上不同的地区，他的学说都有不同程度的反响。他的名字经常出现在不同国家出版的语言学文献中，可见其影响之大。

＝延伸阅读＝

1. 〔德〕J. G. 赫尔德《论语言的起源》，姚小平译，商务印书馆，1998。

2. 〔美〕Dwight Bolinger《语言要略》(Aspects of language)，方立等译第十五章《各语言学派及其理论》，外语教学与研究出版社，1993。

3. 〔英〕R. H. 罗宾斯《简明语言学史》，许德宝等译，中国社会科学出版社，1997。

4. 赵世开编著《美国语言学简史》，上海外语教育出版社，1989。

5. 石定栩《乔姆斯基的形式句法——历史进程与最新理论》，北京语言文化大学出版社，2002。

6. 〔美〕海姆斯《论交际能力》，收入祝畹瑾编《社会语言学译文集》，北京大学出版社，1985。

7. 陈保亚《20 世纪中国语言学方法论》，山东教育出版社，1999。

＝问题与思考＝

1. 历史比较法在语言历史研究中有什么意义？在汉语方言中寻找相关的例子来说明历史比较法的使用。

2. 语言构拟有什么缺陷？应该注意什么？

3. 现代语言学与传统语文学有什么区别？

4. 我国的传统语文学研究有什么重要的成就？

5. 结构主义语言学和转换生成语言学有何异同？

6. 从今天的角度看，你认为应该如何评价索绪尔的语言理论？

7. 从 1957 年至今的几十年间转换生成语言学经过了哪几个发展阶段？每个阶段的主要理论是什么？

8. 为什么说乔姆斯基的语言理论引起了一场"乔姆斯基革命"？其理论对现代科学技术有什么影响？

9. 话语分析和传统的语言分析相比有什么特点？

10. 为什么要在社会环境中研究语言？请举例说明。

11. 制订一个你所在城市语言现状的调查方案，看看会遇到什么问题，讨论解决这些问题的方法。

12. 讨论个性研究和共性研究之间的关系。

附录一

国际音标简表

发音方法			双唇(上唇下唇)	唇齿(上齿下唇)	舌尖前(舌尖齿背)	舌尖中(舌尖上齿龈)	舌尖后(舌面硬腭前)	舌叶	舌面前(舌面前硬腭前)	舌面中(舌面中硬腭)	舌面后(舌根软腭)	喉
塞音	清	不送气	p			t				c	k	ʔ
塞音	清	送气	p'			t'				c'	k'	
塞音	浊		b			d					g	
塞擦音	清	不送气		pf	ts		tʂ	tʃ	tɕ			
塞擦音	清	送气		pf'	ts'		tʂ'	tʃ'	tɕ'			
塞擦音	浊				dz		dʐ	dʒ	dʑ			
鼻音	浊		m	ɱ		n	ɳ		ɲ		ŋ	
闪音	浊					ɾ						
边音	浊					l						
擦音	清		ɸ	f	s		ʂ	ʃ	ɕ	ç	x	h
擦音	浊		β	v	z		ʐ	ʒ	ʑ	j	ɣ	ɦ
半元音	浊		w ɥ	ʋ							j(ɥ)	w

舌位	口腔	唇形	舌尖元音 前 不圆	舌尖元音 前 圆	舌尖元音 后 不圆	舌尖元音 后 圆	舌面元音 前 不圆	舌面元音 前 圆	舌面元音 央 不圆	舌面元音 央 自然	舌面元音 央 圆	舌面元音 后 不圆	舌面元音 后 圆
高	最高	闭	ɿ	ʮ	ʅ	ʯ	i	y				ɯ	u
高	次高						ɪ						ʊ
中	高中	半闭					e	ø				ɤ	o
中	正中				ɚ		ɛ	œ		ə		ʌ	ɔ
中	低中	半开					æ			(ɐ)			
低	次低						æ			ɐ			
低	最低	开					a			A		ɑ	ɒ

汉语拼音字母和国际音标对照表

拼音方案	国际音标	拼音方案	国际音标	拼音方案	国际音标
b	[p]	z	[ts]	ia	[iA]
p	[pʻ]	c	[tsʻ]	ie	[iɛ]
m	[m]	s	[s]	üe	[yɛ]
f	[f]	a	[a]	iao	[iau]
v	[v]	o	[o]	iou	[iou]
d	[t]	e	[ə]	ian	[iɛn]
t	[tʻ]	ê	[ɛ]	in	[in]
n	[n]	i	[i]	iang	[iaŋ]
l	[l]	-i(舌尖前)	[ɿ]	ing	[iŋ]
g	[k]	-i(舌尖后)	[ʅ]	ua	[uA]
k	[kʻ]	u	[u]	uo	[uo]
(ng)	[ŋ]	ü	[y]	uai	[uai]
h	[x]	er	[ɚ]	uei	[uei]
j	[tɕ]	ai	[ai]	uan	[uan]
q	[tɕʻ]	ei	[ei]	uen	[uən]
	[ȵ]	ao	[au]	uang	[uaŋ]
x	[ɕ]	ou	[ou]	ueng	[uəŋ]
zh	[tʂ]	an	[an]	ong	uŋ
ch	[tʂʻ]	en	[ən]	üan	[yɛn]
sh	[ʂ]	ang	[aŋ]	ün	[yn]
r	[ʐ]	eng	[əŋ]	iong	[yŋ]

附录三

世界语言的谱系分类

一　汉藏语系

（侗台、苗瑶两语族的系属，根据国内多数学者的意见，先归此）

1. 汉语族
2. 藏缅语族

　　藏语支：藏语　嘉戎语　门巴语

　　缅语支：缅甸语　载佤语　阿昌语　库启-钦语

　　景颇语支：那加语　景颇语　博多语

　　彝语支：彝语　哈尼语　傈僳语　拉祜语　纳西语

　　语支未定的语言有：羌语、普米语、珞巴语、独龙语、怒语、土家语、白语等。

3. 侗台语族

　　侗水语支：侗语　水语　仫佬语　毛难语　拉珈语

　　侗傣语支：壮语　布衣语　傣语　泰语　老挝语　掸语　侬语　土语

　　黎语支：黎语

　　仡佬语支：仡佬语

4. 苗瑶语族

　　苗语支：苗语　布努语

　　瑶语支：勉语

　　畲语的系属未定。

二　印欧语系

1. 日耳曼语族

　　西日耳曼语支：英语　德语　荷兰语　弗拉芒语　依地语　卢森堡语
　　　　　　　　　弗里西亚语

　　北日耳曼语支：瑞典语　丹麦语　挪威语　冰岛语

　　东日耳曼语支：哥特语

2. 罗曼语族（又称拉丁语族）

西罗曼语支：拉丁语　法语　意大利语　西班牙语　葡萄牙语　卡塔兰语

东罗曼语支：罗马尼亚语　摩尔达维亚语

3. 凯尔特语族

北凯尔特语支：爱尔兰语　苏格兰盖尔语

南凯尔特语支：威尔士语　布列塔尼语

4. 波罗的语族

立陶宛语　拉托维亚语

5. 斯拉夫语族

东斯拉夫语支：俄语　乌克兰语　白俄罗斯语

西斯拉夫语支：波兰语　捷克语　斯洛伐克语

南斯拉夫语支：塞尔维亚-克罗地亚语　斯洛文尼亚语　马其顿语　保加利亚语

6. 印度-伊朗语族

印度-雅利安语支：梵语　巴利语　印地语　乌尔都语　孟加拉语　旁遮普语　马拉提语　古吉拉特语　奥利亚语　拉贾斯坦语　尼泊尔语　阿萨姆语　克什米尔语　帕哈里语　信德语　梅瓦尔语　僧加罗语　吉卜赛语

伊朗语支：波斯语　普什图语　俾路支语　塔吉克语　库尔德语　奥塞梯语

7. 阿尔巴尼亚语

8. 亚美尼亚语

9. 安纳托利亚语支：赫梯语　卢维亚语

10. 吐火罗语

三　高加索语系

1. 南高加索语族：格鲁吉亚语

2. 北高加索语族

西北语支：卡巴尔达语等

东北语支：车臣语　印古什语　阿瓦尔语　莱兹金语

四　乌拉尔语系

1. 芬兰-乌戈尔语族：芬兰语　匈牙利语　爱沙尼亚语　拉普语　沃恰克语　沃古尔语

2. 萨莫耶德语族：涅涅茨语　塞尔库普语

五　阿尔泰语系

1. 突厥语族：土耳其语　阿塞拜疆语　土库曼语　哈萨克语　吉尔吉斯语（又称柯尔克茨语）　鞑靼语（又称塔塔尔语）　巴什基尔语　乌兹别克语　维吾尔语　哈卡斯语　楚瓦什语
2. 蒙古语族：蒙古语　布利亚特语　卡尔梅克语
3. 满-通古斯语族：满语　埃文基语　锡伯语

六　达罗毗荼语系

1. 北部语族：库鲁克语（又称奥拉昂语）　布拉会语　马尔托语
2. 中部语族：泰卢固语　贡迪语
3. 南部语族：泰米尔语　坎纳达语　马拉维拉姆语　图卢语

七　南亚语系

1. 孟-高棉语族：越南语　高棉（柬埔寨）语　孟语　德昂语（原称崩龙语）　克木语　帕科语　奇劳语　比尔语　佤语　布朗语
2. 马六甲语族：塞芒语　萨凯语　雅昆语
3. 蒙（扪）达语族：桑塔利语　蒙达里语　库尔库语　喀利亚语
4. 尼科巴语族：包括近十种使用人数很少的语言,如卡尔语、乔拉语、特雷塞语等

八　南岛语系

1. 印度尼西亚语族：印度尼西亚语　马来语　爪哇语　巽地语　马都拉语　他家禄语　米沙鄢语（又称比萨扬语）　马达加斯加语　高山语　布金语
2. 密克罗尼西亚语族：昌莫罗语　特卢克语　马绍尔语
3. 美拉尼西亚语族：斐济语
4. 波利尼西亚语族：毛利语　萨摩亚语　汤加语　塔希提语　夏威夷语

九　闪-含语系

1. 闪语族：阿拉伯语　希伯来语　阿姆哈拉语　提格雷语　提格里尼西亚语　马尔泰语　古叙利亚语　阿拉米语　古拉格语　哈拉里语　吉兹语
2. 柏柏尔语族：什卢赫语　塔马齐格特语　卡布来语　图阿列格语　瑞菲安语　沙维亚语
3. 乍得语族：豪萨语等

4. 库施特语族：索马里语　盖拉语　锡达莫语　贝贾语　阿法尔语　萨霍语

5. 埃及-科普特语族：科普特语（现仅用于礼拜仪式）

十　尼日尔-科尔多凡语系

1. 科尔多凡语族：苏丹努巴山区几种使用人数很少的语言

2. 尼日尔-刚果语族

   贝努埃-刚果语支：斯瓦希里语　卢旺达语　隆迪语　索托语　卢巴语　科萨语　绍纳语　祖鲁语　刚果语　乌干达语　林加拉语　吉库犹语　芳语　别姆巴语　茨瓦纳语　斯威士语　尼昂加语

   曼迪语支：班巴拉语　马林凯语　门得语　克培列语

   古尔语支（又称沃尔特语支）：莫西语　古尔马语　达戈姆巴语

   西大西洋语支：弗拉尼语　沃洛夫语　泰姆纳语

   阿达马瓦-东部语支：桑戈语等

   库阿语支：约鲁巴语　依博语　特威语　埃维语　丰语　比尼语

十一　尼罗-撒哈拉语系

1. 沙里-尼罗语族：卢奥语　努埃尔语　马萨依语　萨拉语　努比亚语

2. 撒哈拉语族：卡努里语

3. 马巴语族：马巴语以及一些使用人数很少的语言

4. 科马语族：包括一些使用人数很少的语言

5. 富尔语族：富尔语

6. 桑海语族：桑海语

十二　科依桑语系

属于这一语系的语言分布于非洲南部，主要有霍屯督语（纳米比亚）、布须曼语（博茨瓦纳、南非、纳米比亚）、散达维语（坦桑尼亚）、哈察语（坦桑尼亚）等。

十三　北美印第安诸语言

1. 爱斯基摩-阿留申语系：包括爱斯基摩诸方言、阿留申语等

2. 阿尔冈基亚语系：分布于美国和加拿大的奥杰布瓦语、布莱克福特语、米克马克语等

3. 阿塔帕斯卡语系：美国的那伐鹤语、阿帕什语和加拿大的奇皮尤扬语等

4. 易洛魁语系：分布于美国的切罗基语、塞内卡语、欧奈达语等

5. 乌托-阿兹台克语系：有分布于墨西哥的尤蒂-阿茨蒂克语和美国的波普阿戈

语、皮马语、河皮语等

6. 奥托-曼克亚语系：分布于墨西哥的扎波特语、米克斯特语、奥托米语、马扎华语

7. 玛雅语系：主要有分布于墨西哥和洪都拉斯的玛雅语、危地马拉的基切语、卡克奇凯尔语、曼语、凯克奇语等

系属不明的语言有日语、朝鲜语和分布于西班牙、法国的巴斯克语。还有一些系属较小的语系未列。

（转引自徐通锵、胡吉成《语言学纲要学习指导书》，北京大学出版社，2001。）

世界主要国家和地区的语言使用情况

亚　洲

中　　国：95％以上的人口讲汉语。使用人口超过 100 万的少数民族语言有：壮语（Chuang）、维吾尔语（Uigur）、藏语（Tibetan）、苗语（Miao）、蒙古语（Mongolian）、朝鲜语（Korean）、瑶语（Yao）、彝语（Yi）、哈萨克语（Kazakh）等。

朝　　鲜：通用朝鲜语。

韩　　国：通用朝鲜语。

越　　南：绝大多数居民讲越南语（Vietnamese）。少数语种包括汉语、泰语（Thai）、高棉语（Khmer）等。

老　　挝：80％以上的人口讲老挝语（Lao）。少数语种有苗语、瑶语等；法语在许多官方部门使用。

柬　埔　寨：85％的居民讲高棉语。法语、汉语、越南语的使用人数都各在 40 万以上。

蒙　　古：主要通行蒙古语，约有 5 万人讲哈萨克语。

菲　律　宾：他加禄语（Tagalog）是南吕宋岛的语言，被视为国语。此外，还有比科尔语（Bikol）、希利盖农语（Hiligaynon）、伊洛坎诺语（Ilocano）等。英语被看做第二语言。

缅　　甸：75％的居民讲缅甸语（Burmese），另外两种重要语言是克伦语（Karen）和掸族泰语（Shan）。

泰　　国：85％的居民讲泰语，另有 400 万人讲汉语。少数语种包括马来语（Malay）、高棉语等。

马　来　西　亚：官方语言是马来语，其次是汉语、泰米尔语（Tamil）等。

新　加　坡：75％的居民讲汉语，其余的主要讲马来语和泰米尔语。马来语被指定为国语，而英语、汉语、泰米尔语、马来语则统称为官方语言。

印度尼西亚：印度尼西亚语（Indonesian）是国语，其他主要语言是爪哇语（Javanese）、巽他语（Sundanese）、马都拉语（Madurese）等。

巴　基　斯　坦：官方语言是乌尔都语（Urdu），但以乌尔都语为母语的只有 500 万人。其他主要语言有旁遮普语(Punjabi)、信德语(Sindhi)和普什图语(Paʼshto)等。

印　　度：在印度通行着 150 多种语言,但没有一种语言的使用人数超过总人口的 30%。主要语言有印地语(Hindi)、乌尔都语、孟加拉语(Bengali)、马拉蒂语(Marathi)、比哈尔语(Bihari)、古吉拉特语(Gujarati)、奥里亚语(Oriya)、旁遮普语、拉贾斯坦语(Rajasthani)、阿萨姆语(Assamese)、比利语(Bhili)、信德语等 12 种。

孟　加　拉：主要通行孟加拉语。

尼　泊　尔：尼泊尔语(Nepali)是国语,其他语言有比哈尔语、藏语等。

不　　丹：国语是琼卡语(Jonkha),它使用藏语文字。南部通行尼泊尔语。

锡　　金：75%的居民讲尼泊尔语,其他人讲一种与不丹的琼卡语有关连的方言。

斯　里　兰　卡：官方语言是僧伽罗语(Sinhalese),其他主要语言是泰米尔语(Tamil)。

阿　富　汗：官方语言是波斯语(Persian)和普什图语(Pashto)。其他语言有乌孜别克语(Uzbek)和土库曼语(Turkmen)。

伊　　朗：波斯语是国语。其他语言有阿塞拜疆语(Azerbaijani)和库尔德语(Kurdish)等。

土　耳　其：95%以上居民讲土耳其语(Turkish),其他语言有库尔德语、阿拉伯语(Arabic)、亚美尼亚语(Armanian)等。

伊　拉　克：国语是阿拉伯语,其他语言主要有库尔德语和亚美尼亚语等。

叙　利　亚：绝大多数居民讲阿拉伯语,法语被许多居民视为第二语言。少数语种有库尔德语、亚美尼亚语等。

黎　巴　嫩：官方语言是阿拉伯语,法语也被广泛使用。

约　　旦：讲阿拉伯语。

也　　门：全体居民讲阿拉伯语。

沙特阿拉伯：通行阿拉伯语。

科　威　特：讲阿拉伯语。

非　　洲

埃　　及：全体居民几乎都讲阿拉伯语。

苏　　丹：官方语言是阿拉伯语。其他语言有努比亚语(Nubian)、贝贾语(Beja)等。

利　比　亚：绝大多数居民讲阿拉伯语,西部有一部分人讲图阿列格语(Tuareg)。

摩　洛　哥：多数人讲阿拉伯语,法语和西班牙语也广为通行。

毛里塔尼亚：法语是官方语言,但大约有 80% 的居民讲阿拉伯语。

塞 内 加 尔：官方语言是法语,但沃洛夫语(Wolof)是该国最重要的非洲语言。其他语言包括：弗拉尼语(Fulani)、谢列尔语(Serer),迪奥拉语(Dyola)和马林凯语(Malinke)等。

冈　比　亚：官方语言是英语。本地主要语言有马林凯语、沃洛夫语和弗拉尼语。

马　　里：法语是官方语言。班巴拉语(Bambara)是最重要的本地语。其他的本地语言有弗拉尼语、素宁凯语(Soninke)、马林凯语、宋盖语(Songhai)等。

赤道几内亚：官方语言是西班牙语。其他语言有芳语(Fang)、布比语(Bubi)等。

象 牙 海 岸：官方语言是法语。在 50 多种本地部族语言中,没有一种语言的使用人数超过全体公民的 15%。较为重要的部族语言有：迪乌拉语(Dyula)、塞努佛语(Senufo)等。

上 沃 尔 特：法语是官方语言。最重要的本地语是莫西语(Mossi),其次是古尔马语(Gurma)、图阿列格语、弗拉尼语等。

尼 日 利 亚：拥有的语言有 250 种,在非洲居首位。官方语言是英语,最重要的本族语言是豪萨语(Hausa),其次是约鲁巴语(Yoruba),伊博语(Ibo)、卡努里语（Kanuri）、埃菲克语（Efik）、伊比比奥语(Ibibio)等。

喀　麦　隆：法语和英语都是官方语言,但讲英语的人要少一些。本地语言有 100 多种,其中最重要的是班图语(Bantu)。

乍　　得：官方语言是法语,使用最广泛的本地语是萨拉语(Sara),其次是阿拉伯语。

加　　蓬：法语是官方语言,主要的本地语是芳语(Fang)。

刚　　果：官方语言是法语,本地语言有林加拉语(Lingala)和刚果语(Congolese)。

中非共和国：官方语言是法语,本地语主要有桑戈语(Sango)、格巴亚语(Gbaya)、班达语(Banda)等。

扎 伊 尔：官方语言是法语,本地语主要有基恩格瓦纳语(Kingwana)、鲁巴语(Luba)、林加拉语(Lingala)及刚果语等。

布 隆 迪：隆达语(Lunda)和法语均是官方语言,斯瓦希里语(Swahili)作为贸易语言使用。

埃塞俄比亚：阿姆哈拉语(Amharic)是国语,其他语言有提格尼亚语(Tigrinya)、提格雷语(Tigre)等。

索　马　里：绝大多数人讲索马里语(Somali)，但许多人懂阿拉伯语。

肯　尼　亚：官方语言是斯瓦希里语，英语也得到广泛使用。其他语言有吉库尤语(Kikuyu)和卡姆巴语(Kamba)等。

乌　干　达：英语是官方语言。本地语言有干达语（Ganda）、恩科列语(Nkole)、契加语(Chiga)、兰戈语(Lango)等十几种。

坦桑尼亚：通行斯瓦希里语，英语也广泛使用。本地部族语言有120种，多属班图语言，其中较为重要的有苏库马语(Sukuma)、尼亚姆维兹语(Nyamwezi)、恰加语(Chagga)、赫赫语(Hehe)等。

莫桑比克：官方语言是葡萄牙语，最重要的本族语是马库阿语(Makua)和宗加语(Tsonga)。

毛里求斯：克里奥耳法语为主要交际语言，其他语言有印地语、乌尔都语、汉语等。英语被认为是官方语言，但讲的人并不多。

马达加斯加：几乎全体土著居民都讲马达加斯加语(Malagasy)。马达加斯加语和法语同为官方语言。

安　哥　拉：官方语言是葡萄牙语。最重要的本地语言是姆崩杜语(Mbundu)。

几　内　亚：官方语言是葡萄牙语。本地语言有巴兰特语(Balante)、弗拉尼语
(比　　绍)：(Fulani)、马林凯语(Malinke)等。

几　内　亚：官方语言是法语。主要的本族语有弗拉尼语、马林凯语、苏苏语(Susu)等。

加　　　纳：英语是官方语言。最重要的本地语言是特威语(Twi)和芳蒂语(Fanti)。

津巴布韦：官方语言是英语。最重要的本地语言是绍纳语(罗得西亚)(Shona)。

赞　比　亚：官方语言是英语。最重要的本地语言是别姆巴语(Bemba)。

博茨瓦纳：官方语言是英语，本地语言是茨瓦纳语(Tswana)。

贝　　　宁：法语是官方语言，丰语(Fon)是本地语言。

欧　　洲

阿尔巴尼亚：讲阿尔巴尼亚语(Albanian)。

罗马尼亚：90%的人口讲罗马尼亚语(Rumanian)。有150万少数民族居民讲匈牙利语(Hungarian)，另有47万人讲德语。

南斯拉夫：3/4的人口讲塞尔维亚-克罗地亚语(Serbo-Croatian)。另外两种官方语言是斯洛文尼亚语(Slovenian)和马其顿语(Macedonian)。

前　苏　联　有130种语言，其中一半有文字。有14200万人把俄语当作母语，
各共和国：另有4200万人把它当作第二语言。除俄语外，较重要的语言有乌克兰语(Ukrainian)、白俄罗斯语(Belorussian)、立陶宛语(Lithua-

nian)、摩尔达维亚语(Moldavian)、爱沙尼亚语(Estonian)、塔吉克语(Tadzhik)、鞑靼语(Tatar)、哈萨克语(Kazakh)等。

波　　兰：讲波兰语(Polish)，少数语种有卡舒布语(Kashubian)。

匈　牙　利：讲匈牙利语。

捷　　克：西部的波希米亚和摩拉维亚地区讲捷克语(Czech)。

斯 洛 伐 克：有450万人讲斯洛伐克语(Slovic)。

保 加 利 亚：90%的人口讲保加利亚语(Bulgarian)，约有75万少数民族居民讲土耳其语。

德　　国：通用德语：唯一的一种少数民族语言是索布语(亦称作卢萨语；Sorbian＝Lusatian)。在该国的东南端，约有5万人讲这种语言。

法　　国：法语是国语。少数语种包括普罗旺斯语(Provencal)、布列塔尼语(Breton)、德语、加泰隆语(Catalan)等。

意　大　利：意大利语是国语。在与奥地利接壤的地区有大约20万人讲德语。西北部地区有10万人讲法语。

荷　　兰：全体居民讲荷兰语(Dutch)，少数语种有弗里西亚语(Frisian)。

比　利　时：北部讲佛兰芒语(Flemish)，南部讲法语，两种语言都是官方语言。

卢　森　堡：法语是官方语言，但德语作为书面语也广为使用。居民之间讲卢森堡语(Luxembourgian)。

英　　国：通用英语。威尔士约有60万人讲威尔士语(Welsh)，即威尔士人讲的凯尔特语。苏格兰约有7.5万人讲苏格兰盖尔语(Gaellc)。

爱　尔　兰：英语和爱尔兰语(即盖尔语)同是官方语言；但讲爱尔兰语的人口只占20%左右。

芬　　兰：90%以上的人讲芬兰语(Finnish)。在西南海岸和南海岸地区约有30万人讲瑞典语，另有1850人讲拉普语(Lappish)。

瑞　　典：通用瑞典语(Swedish)，但在西部边远地区有3万人讲芬兰语，1万人讲拉普语。

挪　　威：通用挪威语(Norwegian)，少数民族拉普人(约2万人)讲拉普语。

丹　　麦：通用丹麦语(Danish)。

冰　　岛：通用冰岛语(Icelandic)。

瑞　　士：有四种官方语言：德语、法语、意大利语、罗曼斯语(Romansch)。

奥　地　利：通用德语。

希　　腊：通用希腊语(Greek)。少数民族语言包括：25万人讲土耳其语，5万人讲马其顿语，5万人讲阿尔巴尼亚语。

马　耳　他：英语是第二语言，本族语是马耳他语(Maltese)。

西　班　牙：西班牙语(Spanish)是国语。东西部地区有500万人讲加泰隆语

（Catalan），西北部地区约有 300 万人讲葡萄牙语的一种方言——加利西亚语（Glaician）。与法国接壤的地区有 60 万人讲巴斯克语（Basque）。

葡　萄　牙：通用葡萄牙语（Portuguese）。

圣　马　力　诺：讲意大利语（Italian）。

摩　纳　哥：法语为主要语言，少数人讲意大利语。

列支敦士登：通行德语。

安　道　尔：通行加泰隆语（Catalan）。

美　　洲

加　拿　大：官方语言是英语和法语。讲法语的 600 万人几乎均住在魁北克省。其他语种包括德语（56 万人使用）、意大利语（使用人口 54 万）、乌克兰语（使用人口 31 万）、荷兰语（使用人口 14.5 万）、波兰语（使用人口 13.5 万）、汉语（使用人口 9.5 万）等。此外还有许多印第安语种。

美　　国：英语是国语。其他主要语言使用情况是：800 万人以西班牙语为母语；600 万人以德语为母语；400 万人以意大利语为母语；150 万人以依地语（Yiddish）为母语。此外还有瑞典语、挪威语、斯洛伐克、葡萄牙语、汉语、俄语、荷兰语、立陶宛语等少数语种。印第安人多讲某种印第安语。

墨　西　哥：官方语言是西班牙语。另有 300 万人讲印第安语。

危　地　马　拉：官方语言是西班牙语。约占人口总数一半的印第安人讲玛雅（Maya）语系的 10 多种不同语言。

洪　都　拉　斯：绝大多数居民讲西班牙语。中、西部地区通行伦卡语（Lenca，系印第安语的一种）。海岸外的巴亚群岛通行英语。

萨　尔　瓦　多：讲西班牙语。

尼　加　拉　瓜：绝大多数人讲西班牙语，东海岸有 2.5 万人讲印第安语的一种——莫斯基托语（Mosquito）。

哥斯达黎加：通行西班牙语，此外有两种印第安语：布里布里语（Bribri）和卡贝卡尔语（Cabecar）。

巴　拿　马：西班牙语是国语。少数语种有瓜伊米语（Guaymi）、库纳语（Cuna），均属印第安语言。

古　　巴：通行西班牙语。

海　　地：法语是官方语言，但大多数人讲一种克里奥耳法语。

多　米　尼　加：通行西班牙语。

牙　买　加：官方语言是英语，但多数居民讲所谓的牙买加英语，外来人常常听不懂。

特立尼达和
多巴哥：官方语言是英语。

委内瑞拉：绝大多数居民讲西班牙语，还通行印第安语族的阿拉瓦克语（Ara-wak）和加勒比语（Carib）。

哥伦比亚：绝大多数人讲西班牙语，少数人讲阿拉瓦克语和加勒比语。

圭　亚　那：绝大多数居民讲英语，沿海地区通行阿拉瓦克语，内地也通行加勒比语。

巴　　　西：绝大多数居民讲葡萄牙语，但相当多的侨民讲德语、意大利语、西班牙语、波兰语和日语。

厄瓜多尔：官方语言是西班牙语。最重要的印第安语是凯楚亚语（Quechua），约有 50 万人讲这种语言。

秘　　　鲁：西班牙语是官方语言。主要的本地部族语言是凯楚亚语和艾马拉语（Aymara）。

玻利维亚：官方语言是西班牙语，但由于这个国家的印第安人很多，所以讲官方语言的人口只占人口总数的 40%。两种主要的印第安语是：凯楚亚语和艾马拉语。

智　　　利：绝大多数居民讲西班牙语。在南方有讲德语的少数民族。最重要的印第安语言是阿劳堪尼亚语（Araucanian）。

巴　拉　圭：75% 的居民讲西班牙语，系官方语言，其余的人多讲属印第安语族的瓜拉尼语（Guarani）。

阿　根　廷：官方语言是西班牙语，另有 100 万人讲意大利语，50 万人讲德语，20 万人讲依地语（Yiddish）。

乌　拉　圭：几乎所有的居民都讲西班牙语。

波多黎各：通行西班牙语，但英语作为第二语言被教授。城市中一般多用英语。

巴　哈　马：通行英语。

苏　里　南：官方语言是荷兰语，但塔基-塔基（Taki—Taki，是洋泾浜英语的一种变体）用作交际语。其他语言有印第语（Hindi）、爪哇语（Jav-anese）、加勒比语等。

大　洋　洲

澳大利亚：除 5 万土著居民外，其余均讲英语。少数民族包括阿兰达语（或称阿龙塔语；Aranda）和门金语（Murngin）。

新　西　兰：通用英语。在约有 20 万的毛利人中间，有一半人讲毛利语（Mao-ri）。

巴 布 亚 新　通行几百种语言，但最重要的交际语言是洋泾浜英语（Pidgin English）
几　内　亚：和玻利斯-莫图语（Police Motu），均属官方语言。

格 林 纳 达：通行英语。一度曾通行克里奥耳法语，现处于消亡边缘。

斐　　　济：约 40％的居民讲本地语——斐济语（Fijian）。占人口总数一半的印度血统居民讲印地语和乌尔都语。但这个国家的官方语言是英语，绝大多数居民会讲英语。

（转录自秦秀白编著《英语简史》，湖南教育出版社，1985。）

《中国现当代文学研究导引》　刘　俊等　编著

　　本书为现当代文学课程教材,在写法上一改过去教材撰写的模式,以具有经典意味的论文为依凭,从五个方面,通过对文学发展过程中关键问题的解析,求得对文学史的认识。本书既是本科教材,也是现当代文学专业研究生重要的阅读、参考材料。

《文学理论研究导引》　汪正龙等　编著

　　本书选择文学活动中的十四个基本问题为章节结构全书,融问题导论、研究论文及导读、延伸阅读、问题与思考、研究实践为一体,以图架构一个中西对话、古今对话和师生对话的平台,体现了全新的教学理念与教材理念。本书适宜作大学中文系本科生文学理论课程教材及文艺学与相关专业硕士研究生的学术启蒙读物。

《中国古代文学研究导引》　许　结等　编著

　　本书以学术的经典性、教学的实用性为原则,收录近现代学人古典文学研究论文32篇,分为中国文学的传统、神话与历史、诗骚与比兴、诸子与散文、赋家之心、文学的自觉、乐府与五言、唐音宋调、文与道、词别是一家、戏曲与小说等十一章,以供大学生研究学习。每章前的导论综述文学史发展及文学研究概况,选文前的导言以提摄论文研究之精髓,而选文后的延伸阅读、问题与思考、研究实践,则意在培养与提升学生对古典文学的研究能力。

《欧美文学研究导引》　唐建清等　编著

　　本书是欧美文学研究文选,精选中外学者的文学评论和研究性论文三十余篇。本书可以作为教师组织教学,学生进一步学习、研究和撰写论文的参考资料,也可以作为教学改革和教材创新的一种尝试和新思路,积极参与课堂教学。本书在尊重文学阶段性发展的基础上,注重把握不同时代的文学精神和文化内涵。本书的基本思路是以作品为中心,强调对文本的阅读、讨论和研究,变单一的灌输性教学为多元的启发性教学,变被动学习为主动学习,培养学生动口(讨论)动手(研究)的能力,倡导开放的、对话的、过程的新型教学理念。

图书在版编目(CIP)数据

普通语言学研究导引 / 郭熙,盛林编著. —南京:南京大学出版社,2006.11(2018.8重印)

(大学研究型课程专业系列教材)

ISBN 978 - 7 - 305 - 04931 - 6

Ⅰ.普...　Ⅱ.①郭...②盛...　Ⅲ.普通语言学-高等学校-教材　Ⅳ.H0

中国版本图书馆 CIP 数据核字(2006)第 133516 号

出 版 者	南京大学出版社
社　　址	南京市汉口路 22 号　　邮　编　210093
网　　址	http://press.nju.edu.cn
出 版 人	左　健
丛 书 名	大学研究型课程专业系列教材·中国语言文学类
书　　名	**普通语言学研究导引**
编　　著	郭　熙　盛　林
责任编辑	顾　涛　金鑫荣　　　编辑热线 025 - 83595509
照　　排	南京紫藤制版印务中心
印　　刷	江苏凤凰数码印务有限公司
开　　本	787×960　1/16　印张 26.5　字数 529 千
版　　次	2006 年 11 月第 1 版　2018 年 8 月第 2 次印刷
ISBN	978 - 7 - 305 - 04931 - 6
定　　价	60.00 元
发行热线	025 - 83592169　025 - 83592317
电子邮件	sales@press.nju.edu.cn(销售部)
	njuperss1@public1.ptt.js.cn